梅州年鉴

MEIZHOU YEARBOOK

2023

（总第31卷）

梅州市人民政府地方志办公室 编

方志出版社
Publishing House of Local Records

图书在版编目（CIP）数据

梅州年鉴. 2023 / 梅州市人民政府地方志办公室编. —北京 : 方志出版社, 2023.11
ISBN 978-7-5144-5867-1

Ⅰ. ①梅… Ⅱ. ①梅… Ⅲ. ①梅州－2023－年鉴 Ⅳ. ①Z526.53

中国国家版本馆CIP数据核字(2023)第216054号

责任编辑： 罗滔
责任校对： 张玉霞
责任印制： 梅中英
出 版 者： 方志出版社
地　　址： 北京市朝阳区潘家园东里9号（国家方志馆4层）
邮　　编： 100021
网　　址： http://www.zgfzcb.cn
发　　行： 方志出版社图书营销中心（010-67110500）
印　　刷： 梅州程江彩色印刷厂有限公司
开　　本： 889毫米×1194毫米　1/16
印　　张： 30.88
字　　数： 946千字
版　　次： 2023年11月第1版
印　　次： 2023年11月第1次印刷
定　　价： 200.00元

梅州市地方志编纂委员会

梅州年鉴编辑部

编辑说明

一、《梅州年鉴》由中共梅州市委、梅州市人民政府主办，梅州市人民政府地方志办公室组织编纂。1993年开始编纂出版，每年出版一卷。《梅州年鉴2023》（以下简称本年鉴）为总第31卷，以马克思列宁主义、毛泽东思想、邓小平理论、“三个代表”重要思想、科学发展观、习近平新时代中国特色社会主义思想为指导，坚持辩证唯物主义和历史唯物主义的立场、观点和方法，着重记载2022年梅州市的基本情况，图文结合，以文为主。

二、本年鉴正文内容采用分类编辑法，以类目、分目、条目组成主体部分，部分分目下设次分目。类目、分目、条目的标题分别以不同字号和版式编排，条目用黑体字加【】表示，个别包含多方面资料的条目，则用楷体标题标明各段资料的主题。全书设置年度关注、大事记、梅州概览、中国共产党梅州市委员会、梅州市人民代表大会、梅州市人民政府、中国人民政治协商会议梅州市委员会、中国共产党梅州市纪律检查委员会·梅州市监察委员会、民主党派·工商联、群众团体、法治、军事、经济监督管理、应急管理、农业农村·水利水电、工业、交通运输、邮政业·通信业、开放型经济、商贸流通业、财税·金融、城乡建设、旅游业·餐饮服务业、教育、科学、文化、卫生健康、体育、社会生活、生态环境、县（市、区）、人物·荣誉、名录、附录、索引。全书约100万字，彩页26版，图片208张。

三、本年鉴在保持基本框架相对稳定的前提下，对部分内容进行更新、调整、充实。其中，将原“城建·生态环境”类目拆分为“城乡建设”“生态环境”2个类目；原“社会生活”类目“应急管理”分目，升格为“应急管理”类目；“法治”类目增设“仲裁”分目；“开放型经济”类目增设“梅州综合保税区”分目；“教育”类目“职业教育”分目增设“梅州市技师学院”次分目；“乡村振兴”分目由“社会生活”类目移出至“城乡建设”类目；“年度关注”类目内容全部更新；等等。

四、本年鉴稿件、图片由梅州市辖区内有关单位提供，所有稿件、图片均经供稿单位领导审阅。文字、标点、数字、计量单位等均按照国家颁布的统一规范书写，所有统计数据来自梅州市统计局《2022年梅州国民经济和社会发展统计公报》及有关单位确定上报的数字。本年鉴中，“党的”指“中国共产党”；为反映全市重大事件、重大活动，部分彩页照片年限延至2023年。所有照片均有署名。

梅州名片

叶帅故里
世界长寿之都
东亚文化之都
国家历史文化名城
国家生态文明先行示范区
国家级客家文化生态保护实验区
中国优秀旅游城市
国家园林城市
国家卫生城市
国家森林城市
全国双拥模范城
中国十大最具安全感城市
中国十佳绿色环保标志城市
中国最美休闲自驾游目的地
最美中国·大众休闲健康养生旅游胜地
国家厕所革命先进市
中华诗词之市
国家全域旅游示范区创建单位
中国楹联文化城市
中国最具幸福感城市
国家重大市政工程领域PPP创新工作重点城市
国家食物营养教育示范基地
美丽山水城市
全国社会治理创新示范市
全国足球发展重点城市
全国社会足球场地设施建设重点推进城市
全国城市社区足球场地设施建设试点城市
首批全国市域社会治理现代化试点城市
中国地级市品牌综合影响力指数百强
全国基层中医药工作先进单位

图1

数字梅州 2022

土地面积：15864.51平方千米
年末户籍人口：539.35万人
年末常住人口：385.80万人
地区生产总值：1318.21亿元
第一产业增加值：257.91亿元
第二产业增加值：407.69亿元
第三产业增加值：652.60亿元
人均地区生产总值：34085元
地方财政一般预算收入：83.96亿元
地方财政一般预算支出：449.63亿元
外贸进出口总额：110.03亿元
外贸出口总额：91.51亿元
实际利用外商直接投资：1.15亿元
社会消费品零售总额：656.82亿元
居民人均可支配收入：27431元
城镇居民人均可支配收入：33924元
农村居民人均可支配收入：20290元

图2

居民人均消费支出：19624元
金融机构存款余额：2807.60亿元
金融机构贷款余额：1969.06亿元
货物周转量：111.81亿吨千米
旅客周转量：3.98亿人千米
高速公路通车里程：752千米
邮电业务总量：49.41亿元
年末电话用户：439.9万户
各级各类学校在校学生：88.45万人
卫生机构：2936个
卫生机构床位：23364张
地表水资源量：143.69亿立方米
用电总量：119.62亿千瓦时
林地面积：118.85万公顷
森林面积：118.28万公顷
国家AAA级以上旅游景区：50家
旅游接待总人数：560.2万人次

图3

实体经济发展

2022年，梅州市地区生产总值1318.21亿元，比上年增长0.5%；全体居民人均可支配收入2.74万元，比上年增长4.7%。立讯智造和嘉元科技（白渡园区）、盈华覆铜板等项目顺利投产，推动铜箔、电子信息、汽车零部件等产业集群加快发展，全市规模以上工业增加值262.59亿元，铜箔产业增加值比上年增长26.2%；工业投资比上年增长11.3%，先进制造业、高技术产业投资分别增长73.9%和104%。

全市新增规模以上工业企业86家，新认定专精特新中小企业52家。梅州经济开发区被认定为省级加工贸易产业转移园，梅县区产业集聚地（电子专用材料）、蕉岭县产业集聚地（绿色建材）特色产业园获批省级特色产业园。

2022年2月21日，梅州市促进实体经济高质量发展大会在市委礼堂举行　（连志城 摄）

2022年3月28日，梅州综合保税区封关运行　（吴腾江 摄）

2022年6月8日，嘉元时代年产10万吨高性能电解铜箔项目动工 （连志城 摄）

梅州经济开发区鸟瞰图 （钟小丰摄于2023年）

实体经济发展

2022年，梅州（五华）抽水蓄能电站项目一期4台机组全部投产、二期动工建设
（吴腾江 摄）

广东盈华电子材料有限公司高性能覆铜板生产车间
（袁志鹏摄于2023年）

2022年，梅州市大埔韩江高陂水利枢纽工程全面完工 （梅州市大埔韩江高陂水利枢纽工程建设管理处供图）

实体经济发展

2022年9月22日，广东嘉元科技股份有限公司4.5微米极薄铜箔获权威专家高度评价
（梅州日报社供图）

2022年，平远县超额完成年度投资计划，固定资产投资增速排名全市第一。图为梅州平远高新区（袁志鹏摄）

实体经济发展

大埔县城工业小区一批重点项目加快推进　（吴腾江摄于2022年）

蕉岭县高标准建设广福园区绿色建材、重钙循环经济产业园，打造融湾入海“桥头堡”　（连志城摄于2022年）

2022年8月29日，丰顺立讯智造年产值30亿元项目投产活动在海珠（丰顺）产业转移工业园举行　（连志城 摄）

随着梅州综合保税区封关运行，区内企业博捷酒业（广东）有限公司迎来首批从法国进口的白兰地酒液试产
（吴腾江摄于2022年）

实体经济发展

海珠（丰顺）产业转移工业园标准化厂房
（林翔摄于2022年）

广东塔牌集团股份有限公司发展水泥上下游配套产业以及光伏组件等新能源项目，助推地方建材产业实现绿色低碳转型
（连志城摄于2022年）

2022年6月21日，位于五华县郭田镇的五华百岁山矿泉水项目竣工投产 （连志城 摄）

乡村产业振兴

2022年，梅州市超额完成粮食生产任务，连续31年实现稳产丰产。新建成高标准农田5333.33公顷。完成复耕复种2.51万公顷，超额完成省下达任务。新认定重点农业龙头企业国家级1家、省级15家，新增全国名特优新农产品7个，新增省级现代农业产业园4个。梅州柚产值增加超7亿元，全市农林牧渔业总产值比上年增长4.7%。乡村振兴综合评价获全省“优秀”等次。所有圩镇达到宜居圩镇标准。

梅县区推进丙雁乡村振兴示范带建设（吴腾江摄于2023年）

平远县“红色记忆”乡村振兴示范带上的八尺镇排下村美丽乡村一景（钟小丰摄于2022年）

乡村产业振兴

兴宁市径南镇东升村多点发力，引进酒店、风味餐厅、民宿等项目，建成18个旅游景点
（吴腾江摄于2022年）

兴宁市以新洲村为先行点和示范点，启动“茶果飘香·醉美径南”乡村振兴示范带建设
（吴腾江摄于2022年）

兴宁市丝苗米省级现代农业产业园
（吴腾江摄于2022年）

乡村产业振兴

丰顺县汤坑镇“两区三村”连线连片示范工程打造精美乡村“旅游+”线路，成为新晋网红打卡点（吴腾江摄于2022年）

丰顺县丰良镇新洞村，曾经的撂荒地变成金灿灿的稻田（林翔摄于2022年）

平远县河头镇通过农业产业合作社带动1200余户农民种李致富，成为名副其实的三华李之乡（钟小丰摄于2022年）

丰顺县大龙华镇探索乡村旅游发展新路径，杂草丛生的闲置地变成“网红打卡地”（高讯摄于2022年）

乡村产业振兴

蕉岭县蕉城镇龙安村德善路畅通带动丝苗米产业发展
（吴腾江摄于2022年）

蕉岭县广福镇豪岭村桃花源山庄鹰嘴桃开摘，吸引各地市民前去体验
（吴腾江摄于2022年）

蕉岭县广福镇发展壮大食用菌产业，让群众走上增收致富路
（吴腾江摄于2022年）

乡村产业振兴

大埔县银江镇明新村整合资源打造金针菜产业园　（高讯摄于2023年）

五华县华城镇“十村联动”打造乡村振兴示范带，黄埔村的武状元李威光故居经过修缮提升后成为游客“打卡点”之一　（高讯摄于2023年）

美丽梅州建设

2022年，梅州市推进污染防治攻坚战，森林覆盖率74.52%、位居全省第一，城区空气质量达标率99.2%、位居全省第一，16个省级及以上断面水质和县级以上城市集中式饮用水水源地水质达标率、优良率持续保持100%。成功创建省级海绵城市建设示范市。完成105个行政村环境整治任务。加快推进山水林田湖草沙一体化保护和系统治理。收储林地8000公顷，完成高质量水源林3813.33公顷、新造林抚育4700公顷。碧道建设获省级激励。

梅江区西阳镇笙竹村，一幅尽显产业兴旺之美、文明淳朴之美、自然生态之美的水墨画卷展现在眼前
（吴腾江摄于2022年）

丰顺县汤西南礤碧道穿村而过，为群众提供了亲水休憩的空间
（林翔摄于2022年）

蕉岭县蕉城镇龙安村以“六事”综合治理方式，实现共建共治共享，绘就乡村秀美画卷
（高讯摄于2022年）

梅县区水车镇茶山村传统村落成为“看得见山，望得见水，记得住乡愁”的地方
（吴腾江摄于2022年）

梅县区松口镇铜琶村一幢幢古民居错落有致
（吴腾江摄于2022年）

梅县区丙村镇溪联村，农家庭院掩映在绿树红花之间，犹如一幅田园山水画 （吴腾江摄于2022年）

美丽梅州建设

兴宁合水水库经过治理后水质清澈　（吴腾江摄于2023年）

兴宁市坚持“保好水”与“治差水”并重，建设美丽河湖、美丽家园　（吴腾江摄于2023年）

平远县长田镇高南村瓜坪村民小组村民连年踊跃捐资美丽乡村建设
（钟小丰摄于2022年）

大埔县丰溪林场依托自然资源优势，将生态景观、寻幽吸氧等元素整合在一起，绘制美丽乡村新图景
（连志城摄于2022年）

大埔县西河镇漳北村，精致的农房和干净整洁的村道成为乡村美景的点睛之笔
（吴腾江摄于2022年）

美丽梅州建设

美丽乡村建设让五华县潭下镇面貌日新月异　　（连志城摄于2022年）

改造后的五华县水寨镇罗湖公园焕发新生机　　（吴腾江摄于2022年）

文化强市建设

2022年，梅州市获授“东亚文化之都”，成为广东省唯一获此殊荣的城市。成功创建全省首个国家级客家文化（梅州）生态保护区，新增省级非物质文化遗产项目6项。完成30处革命遗址和一批历史建筑保护修缮，16处近现代重要史迹及代表性建筑入选第十批省文物保护单位名单。《春闹》等2个作品获得省“五个一工程”奖。出台《梅州市文明行为促进条例》。

2022年，梅州市获授“东亚文化之都”，成为广东省唯一获此殊荣的城市　（梅州市文化广电旅游局供图）

2022年6月2日，梅州市举办“周末去哪里”梅州文旅宣传栏目开播暨“周末去哪里@梅州”抖音短视频大赛

（梅州市文化广电旅游局供图）

2022年4月23日，共青团梅州市委员会组织开展全民阅读系列活动　　（梅州市文明办供图）

2022年10月24日，由梅州日报社、梅县区委宣传部主办的"强国复兴有我 凝聚奋进力量"百姓故事汇主题宣讲活动举办
（梅州市文明办供图）

梅县区畲江镇新时代文明实践所的建成，丰富了群众的精神文化生活

（吴丽伶摄于2022年）

2022年，由梅州市委宣传部选送的客家山歌剧《春闹》获得广东省第十二届精神文明建设“五个一工程”奖戏剧类优秀作品奖。图为《春闹》剧照图

（陈潮华 摄）

2022年6月30日，“青春正好 梦想起航”梅州市庆祝中国共产党成立101周年文化惠民演出在市山歌剧场举行

（梅州市文化广电旅游局供图）

社会事业发展

2022年，梅州市省、市十件民生实事全面完成。“粤菜师傅”“广东技工”“南粤家政”三项工程培训1.89万人次，新增城镇就业2.1万人。推动客家菜传承发展立法。常住人口基本医保参保率达100%。新建5所公办中小学校（幼儿园），新增公办学位8820个，“双减”政策进一步落实。成功创建“十四五”时期全国足球发展重点城市。推进全国首批市域社会治理现代化试点合格城市建设，群众安全感和政法工作满意度持续保持全省前列。

2022年，梅州客家首次征战中超联赛，登上中国足球顶级职业联赛的大舞台（林翔 摄）

2022年，梅州市人社部门主动帮助企业解决“招工难”，图为受益企业“立讯精密”生产车间一景（吴腾江 摄）

2022年，新建成的梅江区会文学校（小学部）可提供1440个小学学位（吴腾江 摄）

2022年，梅州市开展“喜迎二十大 忠诚保平安”平安建设五大专项行动

（梅州市公安局供图）

2022年7月5—6日，以“铸南粤匠心 展家政风采”为主题的梅州市第二届“南粤家政”技能大赛在客天下举行。图为7月5日，举行开幕式

（梅州市人力资源和社会保障局供图）

梅江区西郊街道黄泥墩社区长者饭堂一角

（吴腾江摄于2022年）

社会事业发展

2022年，梅州市人民医院新住院大楼　　（梅州市人民医院供图）

2022年5月18日，梅州市妇幼保健院新院区全面竣工并完成验收　　（梅州市妇幼保健院供图）

目　录

年度关注

大事记

梅州概览

中国共产党梅州市委员会

梅州市人民代表大会

梅州市人民政府

中国人民政治协商会议梅州市委员会

中国共产党梅州市纪律检查委员会·梅州市监察委员会

民主党派·工商联

群众团体

法　治

军　事

经济监督管理

应急管理

农业农村・水利水电

工　业

交通运输

邮政业·通信业

开放型经济

商贸流通业

财税·金融

城乡建设

旅游业·餐饮服务业

教　育

科 学

文 化

卫生健康

体　育

社会生活

生态环境

县（市、区）

人物·荣誉

名　录

附　录

年度关注

梅州各界兴起学习宣传贯彻党的二十大精神热潮

2022年10月22—23日，中国共产党第二十次全国代表大会在北京胜利召开。梅州各界干部群众迅速兴起学习宣传贯彻热潮，通过多种形式深入学习宣传贯彻党的二十大精神，推动党的二十大精神在梅州大地落地生根、结出丰硕成果。

抓好党的二十大精神学习培训，组织全市收听收看党的二十大开幕会。党的二十大胜利闭幕后，梅州市迅速召开市委常委会扩大会议，研究部署梅州市学习宣传贯彻工作。2022年10月29日，全市传达贯彻党的二十大精神大会召开，传达学习宣传贯彻党的二十大精神，动员全市上下全面贯彻习近平新时代中国特色社会主义思想，以党的二十大精神引领梅州苏区加快振兴、共同富裕。同时，印发学习宣传贯彻的通知、总体工作方案，以及学习培训、宣传宣讲、专题调研等具体工作方案，对全市学习宣传贯彻工作作出全面部署安排。2022年11月18日，全市学习贯彻党的二十大精神省委宣讲团宣讲报告会暨梅州市县处级领导干部学习贯彻党的二十大精神专题研讨班举行，迅速在全市掀起学习宣传贯彻热潮。推进学习贯彻党的二十大精神专题研讨班等一系列活动举行，在前一阶段学习宣传贯彻工作的基础上，通过组织全市领导干部深入学习交流研讨，凝聚起奋进新征程、谱写新篇章的磅礴力量。

梅州市各级党组织迅速行动，通过召开党委（党组）会议、理论学习中心组学习会、干部大会、理论报告会等形式，精心组织学习，全面掌握、学深悟透党的二十大报告及相关文件。制订本单位的工作方案、学习计划，主要负责人亲自抓、负总责，各级领导干部以身作则、以上率下，先学一步、学深一层，以“关键少数”示范带动全市党员干部抓实学习宣传贯彻工作。

梅州市组建市、县两级宣讲团，开展学习宣讲进企业、进农村、进机关、进校园、进社区、进网络“六进”活动，通过统筹好传统媒体和新媒体、线上和线下，采取群众喜闻乐见的形式，广泛开展全方位、多层次、立体化的深度宣传，全面准确宣传宣讲党的二十大提出的重要思想、重要观点、重大论断、重大举措。组织社科理论界力量，举办理论学习座谈会、研讨会，刊载一批有质量有深度的学习心得体会和宣传阐释文章，推动党的创新理论广泛普及。抓好贯彻落实。在把握党的二十大确定的总目标、总方向、总要求前提下，紧密联系梅州实际，对未来五年的目标任务进行细化，特别是与落实国家发改委、财政部《支持梅州对接融入粤港澳大湾区加快振兴发展总体方案》（简称《梅州方案》）相结合，有针对性地拿出具体方案，明确时间表、施工图，扎实推进，努力实现更高质量、更有效率、更加公平、更可持续、更为安全的发展。梅州市领导领衔10个课题34个专题调研，示范带动全市各级党员领导干部，深入开展调查研究，科学谋划和推动本地区本部门工作，形成一批高质量的调研报告。组织市党政学习考察团到福建省龙岩市、江西省赣州市等地，学习借鉴老区苏区政策运用、发展实体经济、乡村振兴等经验做法，深化交流合作，共推融湾发展。加强对学习贯彻落实情况的督查督导，确保党的二十大精神在梅州不折不扣落实到位。

（梅州市人民政府办公室 梅州市人民政府地方志办公室）

梅州苏区加快建设融湾先行区

2022 年 6 月 7 日，国家发改委印发的《革命老区重点城市对口合作工作方案》指出，按照国务院批准的《“十四五”特殊类型地区振兴发展规划》精神，梅州市（赣闽粤原中央苏区）与广州市建立对口合作关系。

2022 年 9 月，《支持梅州对接融入粤港澳大湾区加快振兴发展总体方案》获国家批复实施。《梅州方案》赋予梅州新的历史方位和奋斗坐标，明确梅州“一区两城”战略定位，即支持梅州全域建设赣闽粤原中央苏区对接融入粤港澳大湾区振兴发展先行区，打造赣闽粤原中央苏区对接融入粤港澳大湾区的门户城市和粤北地区区域性中心城市。这是继横琴、前海、南沙之后又一国家级战略平台。《梅州方案》提出 2025 年、2035 年两个阶段发展目标，明确梅州融湾振兴发展的时间表和任务图，即到 2025 年，梅州对接融入粤港澳大湾区取得重大进展，经济实力明显提升，居民人均可支配收入增速高于全国平均水平，与粤港澳大湾区优势互补的现代产业体系基本建立；到 2035 年，梅州与粤港澳大湾区市场要素流动更加顺畅、产业分工合作更加高效、规则机制衔接更加紧密，全面融入粤港澳大湾区“经济圈”“交通圈”“生活圈”，与全国同步基本实现社会主义现代化。

2022 年 11 月 10 日，广东省政府常务会议召开，提出进一步激发梅州加快振兴发展的内生动力，支持梅州全域建设赣闽粤原中央苏区对接融入粤港澳大湾区振兴发展先行区。在广东省十四届人大一次会议上，省长王伟中所作的政府工作报告在 2023 年工作安排中明确支持“加快推动梅州建设赣闽粤原中央苏区对接融入粤港澳大湾区振兴发展先行区”。

2022 年，梅州市立足全域原中央苏区，谋划建设赣闽粤原中央苏区对接融入粤港澳大湾区振兴发展先行区。《粤港澳大湾区发展规划纲要》印发以来，梅州市全面对接融入“双区”、两个合作区建设，深化与粤港澳大湾区中心城市的合作。在全省非大湾区地区率先出台《梅州市服务融入粤港澳大湾区建设的意见》，制订《梅州市服务融入粤港澳大湾区建设三年行动计划（2019—2021 年）》和年度重点工作计划，印发《梅州市支持深圳建设中国特色社会主义先行示范区的行动方案》和《梅州市支持广州市推动“四个出新出彩”的若干措施》，举全市之力服务融入粤港澳大湾区建设。

《梅州方案》出台后，梅州市召开市委常委会、市政府常务会议，党政联席会议、专题会议等，传达学习和研究部署贯彻落实工作。成立市委书记、市长任组长的领导小组，以及市领导牵头的 12 个专责小组，组建强有力的工作专班，争取融湾办实体化运作。用好“大学习、深调研、真落实”工作方法，市领导围绕落实《梅州方案》开展学习和调查研究，形成一批高质量调研成果，一批务实管用的政策措施及时转化到工作实践中。坚决扛起主体责任，协助起草省若干措施、2023 年度工作要点，争取加快形成“1＋N”政策体系；制订市实施方案和重点任务清单，提前做好重大政策、重大事项、重大项目落地争取和承接准备工作，推动梅州苏区加快振兴、共同富裕。

（梅州市人民政府办公室 梅州市人民政府地方志办公室）

梅州市加快推进实体经济高质量发展

2022 年 2 月 21 日，梅州市促进实体经济高质量发展大会在市委礼堂举行。大会释放出重大而鲜明的信号：狠抓发展第一要务，大力发展以先进制造业为主体的实体经济。8 月 16 日，全市招商引资工作大会在梅城召开，部署梅州市招商引资工作，动员全市上下大招商、招大商、招好商，奋力推动梅州苏区加快振兴发展。全年先后有梅州综合保税区封关运行、梅州（五华）抽水蓄能电站项目投产、韩江高陂水利枢纽工程全面完工、广东盈华电子科技年产 4 万吨高端铜箔项目和广东盈华电子材料年产 3600 万张高性能覆铜板项目投产、五华百岁山矿泉水项目竣工投产、嘉元时代年产 10 万吨高性能电解铜箔项目动工、总投资 21

亿元的嘉元科技园年产 3.1 万吨高性能铜箔的两期项目全面投产、丰顺立讯智造年产值 30 亿元项目投产、广东粤电大埔电厂二期工程项目正式获得核准批复等一大批项目动工、投产或获得批复。

梅州综合保税区封关运行。2022 年 3 月 28 日，梅州综合保税区封关运行仪式以视频连线方式在梅州综合保税区举行。梅州综合保税区 2020 年 6 月 28 日获国务院批复设立，是广东首个内陆型综保区、粤北生态发展区首个综保区、梅州首个国家级发展平台，地处梅兴华丰产业集聚带核心区 —— 梅州高新技术产业园区二期规划范围内，总面积 2.53 平方千米，分两期建设。其中，一期项目占地 1.46 平方千米，2020 年 6 月 28 日获批建设，2021 年 12 月 2 日通过国家验收，2022 年 3 月 28 日正式封关运营；二期项目占地面积 1.07 平方千米，2022 年 11 月 30 日举行动工仪式，项目总投资 35.31 亿元，分两个阶段实施。

梅州（五华）抽水蓄能电站项目是梅州市历史上单体投资最大的基建工程。2022 年，一期 4 台机组投产，年发电量可达 15.7 亿千瓦时　　（吴腾江　摄）

2022 年，五华景田百岁山矿泉水项目　　（吴腾江　摄）

梅州（五华）抽水蓄能电站项目投产。梅州（五华）抽水蓄能电站项目首期 4 台机组于 2022 年 5 月底前全部投入运营，项目的经济效益和社会效益日益凸显。2022 年，该项目总产值达 6.14 亿元、总税收 7986 万元。其中，12 月的产值更是达到 1.2 亿多元、税收 1567 万元。2022 年 9 月，该项目二期开工建设，项目投资 50 亿元，在首期的基础上新增建设 4 台机组，共 120 万千瓦。项目二期被国家能源局综合司列入《抽水蓄能中长期发展规划（2021—2035 年）》。整个项目全面完成建设后，届时两期 8 台机组共 240 万千瓦投产发电运营，年税收约 2 亿元。

韩江高陂水利枢纽工程全面完工。2022 年 7 月 22 日，韩江高陂水利枢纽工程龙湖水电站最后一台发电机组完成 72 小时试运行，龙湖水电站 4 台总装机量 100 兆瓦的机组全面投产发电。韩江高陂水利枢纽工程是国家 172 项节水供水重大水利工程之一，是一宗以防洪、供水为主，兼顾发电、航运及生态效益等综合利用的大型水利枢纽工程，于 2021 年 1 月 13 日下闸蓄水。2021 年 6 月 10 日，工程首台机组并网成功，并于 2021 年 7 月 14 日通过启动验收。第二、三台机组分别于 2022 年 1 月 18 日、4 月 26 日相继通过启动验收。2022 年 7 月 22 日，最后一台发电机组通过启动验收，韩江高陂水利枢纽主体工程全面完工。龙湖水电站 4 台机组全部投入运行后，每年可提供约 4 亿千瓦时的电量，每年可节约火电标煤 16.04 万吨，成为韩江干流上发电量最大的水电站。

五华百岁山矿泉水项目竣工投产。2022 年 6 月 21 日，梅州五华百岁山矿泉水项目正式投产，该项目位于五华县郭田镇鸿图嶂下，由景田（深圳）食品饮料集团有限公司投资 5 亿元建设，配备 4 条全自动饮用水生产线。项目达产后，预计年产量5亿～8亿瓶、年产值5亿元、年均纳税3000万元。

广东盈华两大项目投产。2022年9月28日，广东盈华电子科技有限公司年产4万吨高端铜箔项目一期在梅江区投产。该次投产的一期项目投资15亿元，达产后预计实现年产值20亿元、年纳税0.8亿元。2022年12月，广东盈华电子材料有限公司年产3600万张高性能覆铜板项目首期在平远县投产，预计实现年产值约26亿元。梅州铜箔—高端印制电路板制造业再添“新军”。

（梅州市人民政府地方志办公室）

梅州市加快交通基础设施建设

2022年，梅州至龙川高铁加快建设，瑞梅铁路、汕梅（汕昆）高速改扩建等重大项目开工建设。梅州至武平高铁、梅州至漳州高铁和大埔至丰顺高速、梅州至泉州高速、潮州至南昌高速（梅州段）等总投资超2000亿元的重大项目有序推进。

梅龙高铁梅州段施工建设进展顺利。梅龙高铁梅州段开工建设后，在全方位服务保障下，施工建设进展顺利，2022年完成梅州段建设投资34.2亿元，占年度投资的117.4%，超额完成年度投资任务；梅州段累计完成投资83.24亿元，占项目总投资的70%。梅龙高铁兴宁南站、五华站站房及相关配套工程补充初步设计于2022年9月5日取得广东省交通厅的批复。截至2022年底，梅龙高铁已完成工程总量的90%，预计2024年6月建成通车，届时，梅州至广州的通行时间将由原来的6小时缩短为1.5个小时，极大地改善梅州至粤港澳大湾区的交通运输条件。

瑞梅铁路开工。2022年9月30日，瑞金至梅州铁路（广东段）在梅江区西阳镇申渡村动工建设。新建瑞梅铁路估算总投资173.22亿元，按单线（客货共线）时速160千米铁路技术标准建设，线路全长240.29千米，该项目计划工期4.5年，计划于2027年3月建成通车。其中广东省境内线路长度75.06千米，总投资64.73亿元。线路在广东省境内经平远县并在平远县城大柘镇东侧设平远站，之后线路经热柘、长田、石扇至梅州城区，与龙梅龙规划铁路并桥跨梅江，随后并行龙梅龙规划铁路西侧接入龙梅龙梅州站普速场。

汕梅高速改扩建项目动工建设。汕梅高速公路1998年动工建设，于2001年至2003年分5期陆续建成通车。2003年底，梅州境内的汕梅高速公路全线通车，这是梅州开通的第一条高速公路，也是梅州连接沿海经济带和汕潮揭都市圈的大动脉。随着经济社会的发展，汕梅高速公路部分山岭重丘区路段的服务水平已不能满足车辆通行需求，亟须实施改扩建。2022年11月22日，汕梅高速公路改扩建项目建设动员会在汕梅高速公路畲江养护基地举行，这是广东省首条山岭重丘区高速公路改扩建项目，为四车道改八车道的改扩建工程，总投资142.5亿元，设计时速100千米，计划于2026年底建成通车。该项目起于与省道17线揭普惠高速公路交叉的揭阳枢纽互通，途经揭阳市揭东区和梅州市丰顺县、兴宁市、梅县区，终于与国道25线长深高速公路、省道12线梅龙高速公路交叉的程江枢纽互通，总里程87.56千米。其中，揭阳新亨至梅州畲江段58.41千米，梅州程江至畲江段29.15千米。项目建成后，对构建广东省“一核一带一区”发展新格局，促进粤东北地区基础设施互联互通、带动地方经济发展及沿线产业布局升级，推动沿线旅游业发展都将起到重要作用。

（梅州市交通运输局 梅州市人民政府地方志办公室）

兴宁市刁坊镇登高眺望，一条“巨龙”穿越乡野。图为梅龙高铁兴宁段的施工现场 （吴腾江摄于2022年）

梅州足球事业迎来里程碑式发展

2022年6月3日，2022赛季中超开赛，18支参赛队分别在梅州、大连和海口3个赛区比赛，这是梅州首次承办中超赛事。2022年9月，《梅州足球十年发展规划（2021—2030年）》印发，提出要全力推动创建全国足球发展重点城市和梅州足球特区建设工作，建设传承和弘扬中国足球改革发展的高地，建设足球发展体制创新的试验田、足球人才输出的丰产田、足球产业融合的示范田，努力打造新时代中国足球改革发展梅州样板。2022年9月14日，《体育总局办公厅关于公布“十四五”期间第二批全国足球发展重点城市的通知》公布，梅州市入选“十四五”期间第二批全国足球发展重点城市，成为广东省第三座全国足球发展重点城市。

梅州是中国的“足球之乡”，历史文化底蕴深厚。早在清同治十二年（1873），现代足球就被德国传教士带到梅州五华元坑，梅州成为“中国内地现代足球发源地”。多年来，梅州深入学习贯彻习近平总书记关于体育、足球工作的重要论述、重要指示精神，把振兴足球作为百年球乡的政治责任和历史担当，久久为功擦亮“足球之乡”特色品牌。2010年，梅州率先在全国提出振兴“足球之乡”，之后相继出台《梅州市振兴“足球之乡”十年规划》《梅州市足球综合改革方案》《梅州市足球中长期发展规划（2020—2050年）》《梅州足球特区建设规划》《梅州足球十年发展规划（2021—2030年）》等一系列足球发展政策，推进青苗青训“双青”工程，抓好幼儿足球和青训等基础性工作，理顺赛事体系，培养足球人才，足球改革发展取得明显成效。截至2022年底，梅州市足球人口比例达28.3%，居广东省首位；足球场地1027块，每万人均2.6块，居广东省第一、全国领先；每年赛事活动保持5000场以上，赛事频次在国内同级别城市中位居前列；成为全国唯一拥有“一城双超”（中超梅州客家和女超梅州客家队）的地级市。梅州先后获得“中国体育非物质文化遗产保护与推广城市”“中国足球协会青训中心”“全国青少年校园足球改革试验区”“全国社会足球场地设施建设重点推进城市”“全国城市社区足球场地设施建设试点城市”等称号。

（梅州市人民政府地方志办公室）

五华奥林匹克体育中心可承办中甲以上足球赛事及国内国际重要赛事

（吴腾江摄于2022年）

梅州经济开发区被认定为省级加工贸易产业转移园，梅县园、蕉岭园获批省级特色产业园

梅州经济开发区被认定为省级加工贸易产业转移园。2022年11月，梅州经济开发区被广东省商务厅认定为省级加工贸易产业转移园，为梅州市开放型经济发展再添一个省级平台。梅州经济开发区位于梅江区，1992年10月经省政府批准设立，园区重点发展高端印制电路板、铜箔新材料、互联网应用等产业，是广东省五星级服务园区、广东省首批节能环保循环经济园区、省市共建战略性新兴产业基地、广东省十大高质量发展突出园区、广东省特色产业园（电子电路制造），2021年实现工业总产值超100亿元。梅州经济开发区被认定为省级加工贸易产业转移园，为梅州市主动融入粤港澳大湾区建设提供重要切入点，将有利于梅州市承接珠三角优质加工贸易企业梯度转移，丰富加工贸易产业类型；有利于推动梅州市加工贸易产业链逐步向高附加值、高技术含量环节攀升；有利于促进梅州市外向型经济发展，进一步提升对外开放水平。

梅县园、蕉岭园获批省级特色产业园。2022年11月，广东省工业和信息化厅组织开展2022年度特色产业园申报和评审工作，经专家评审、实地核查等程序，全省 19 个申报对象通过评审，梅州市梅县区产业集聚地（电子专用材料）、蕉岭县产业集聚地（绿色建材）特色产业园榜上有名。加上 2021 年获批的梅州经济开发区（电子电路制造），梅州市共有 3 个省特色产业园。梅县区产业集聚地于 2015 年 5 月经省批准设立，享受省产业转移相关政策，由城东白渡产业园、水车生态园、畲江现代创业孵化园三大片区组成。2013 年广州增城与梅州梅县确立对口帮扶关系，两地政府合作共建园区，是省级发展平台梅兴华丰产业集聚带重要组成部分。首期规划建设 25.5 平方千米。园区重点发展电子信息、装备制造等产业，2021 年特色产业产值占园区比重为 73.26%。蕉岭县产业集聚地是 2015 年 5 月经省批准依托广梅园带动发展的工业发展区，2019 年 11 月经省批准变更为依托梅州蕉华产业转移工业园带动发展，享受省产业转移相关政策。范围由广福镇广福园区、蕉城镇金城工业园和新铺镇油坑工业园三大片区组成。重点发展绿色建材、电子信息、新材料等产业，2021 年特色产业产值占园区比重为 85.87%。（梅州市人民政府地方志办公室）

梅州经济开发区基础配套设施日臻完善，产业承载能力不断增强

（钟小丰摄于 2022 年）

蕉岭“六事”治理模式获全国推广

2022 年 11 月，乡村振兴战略规划实施协调推进机制办公室组织编写的《乡村振兴战略规划实施报告（2018—2022 年）》（简称《报告》）正式出版发布。《报告》分为综合篇、专题篇、实践篇、政策篇 4 个篇目，全面总结五年来规划实施取得的成效，分主题遴选 31 个地方典型范例，梳理 2018 年以来中央层面制定的乡村振兴重要政策。作为广东省两个入选案例之一，梅州市蕉岭县的《创新“六事”治理方式 搭建“产治”联动体系》案例获全国推广。

蕉岭县于 2019 年入选全国首批乡村治理体系建设试点示范区，三年来蕉岭县探索成效突出，摸索出一个支部管事、一张清单明事、一套机制议事、一个地方说事、一种方法评事、一揽子改革解难事的“六事”乡村治理方式，入选全国乡村治理典型案例，为全国乡村治理探索提供了有益借鉴。（梅州市人民政府地方志办公室）

链　接

蕉岭县“六事”治理模式

一个支部管事：围绕构建党组织领导的乡村治理体系，明确由村党组织书记主持村级各类会议，由村党组织审议研究村级重要事项，提名村委会、监委会、监事会、村民理事会等组织班子人选，由村党组织开具银行账户统管村级资金，由村党群服务中心为主落实惠民举措，推动村级组织力提升。持续完善党支部服务日制度和村干部包片、党员包户服务群众制度。围绕产业发展提升党组织领航力，举办产业发展培训班，培育党员致富带头人，打造党员创业带富基地。

一张清单明事：按照行政审批标准化要求，编制镇、村权责清单，厘清镇、村（社区）职权划分，公开权责运行流程图，将“‘晒’权力清单、‘亮’权力家底”延伸到村（社区）一级，使干部群众“看图说话”“照单办事”，形成覆盖县、镇、村（社区）三级的权责清单制度。

一套机制议事：成立村级协商议事会，形成以村党组织为领导，村“两委”成员、村民代表、村民理事会理事长、村监委会成员、退休人员、驻村工作组等多元主体参与的议事协商机制。在自然村、村民小组成立村民理事会，进行常态化协商议事。根据事项涉及范围，成立专项理事会开展协商，实现“大事大协商”“小事小协商”，常态议事协商与专项议事协商双轨运行机制。

一个地方说事：在村级党群服务中心建设党代表、人大代表村级联络站点，成为县、镇、村三级代表听取意见、服务群众的固定场所。建立支部服务日制度和人大代表服务日制度，村党组织书记、委员服务日定为每周五，县、镇人大代表服务日定为每周二，主要接待服务党员群众，收集民意、解决问题，提升服务群众效能。

一种方法评事：与阿里公司“乡村钉”合作开发“积分+”微治理App，实施村庄、农户“双积分”制度。县级出台积分实施细则，各村以村党组织为领导，经村民协商议事会制定评分细则，采取“基础评分+加分项+减分项”相结合的方式合理设置积分内容，吸纳村庄多种主体组成评议人员库。以片为单位，每季度进行评测，包片村干部和小组长自动成为评议小组成员，库中抽取3名组成五人评议小组。每季度统计，张贴公示，实施全过程纳入镇纪委、村监委会监督范围。村庄积分配套政策奖补，农户积分可在定点超市和钉钉平台兑换日常生活用品，推动村庄和谐稳定。

一揽子改革解难事：在深化农村集体产权制度改革、扶持壮大村级集体经济的基础上，以组织协同、要素联动为基本出发点，围绕解决人、财、地三个核心问题，率先在广福镇开展全要素联动改革，以“党支部+五社”（党支部+股份合作经济联合社、土地合作社、资金合作社、劳务合作社、产业合作社）为组织载体，全面整合土地、资金、劳务、产业、组织人才五大要素，增强农村农民自我发展的内生动力。

五华狮雄山秦汉建筑遗址入选“广东省十年十大重要考古发现（2012—2022）”名单

2022年4月16日，由广东省文化和旅游厅指导，广东省古迹保护协会举办的“广东省十年十大重要考古发现（2012—2022）”名单正式公布。其中，梅州市五华县狮雄山秦汉建筑遗址入选。

狮雄山遗址位于梅州市五华县华城镇，面积约4万平方米。发掘工作在遗址中发现了新石器、商—西周、春秋—战国、秦汉、唐宋、明清共6个时期的遗存，但由于遗址的重复利用和其他不可抗因素的破坏，在狮雄山遗址现存的各时期文化堆积中，除秦汉遗存外，其他时期文化堆积极少见有完整、纯净的单位，秦汉时期城址是发掘工作的主要发现。

狮雄山秦汉时期城址位于人工修整的四级平台之上，平面形状不甚规则，南北长约360米，东西宽约220米。城址内发现的遗迹包括人工平台、环壕、壕沟、围沟、建筑基址、陶窑、水井、灰坑等。城址中的出土遗物十分丰富，数量最多者为建筑材料，数量以板瓦、筒瓦为最，瓦当居次，铺地砖最少。陶器包括瓮、罐、釜、壶、盆、瓿、盂、杯、熏炉、器盖、盒、三足小盒、纺轮、网坠、杈、丸等。此外，还发现了封泥、铁器、矿石原料、植物标本等遗物。

狮雄山遗址的发现为中国秦汉城址的研究增添了新的内容，遗址中秦代和南越国时期遗迹单位和典型器物的区分，为岭南秦汉时期考古学研究增添了新的依据，遗址中出土的封泥和部分建筑材料、陶器上，钤印、拍印、戳印、刻画有各种类型的文字或符号资料，所见文字包括“定楬丞印”“定楬之印”“蕃”“安”“定”等，为研究秦汉时期岭南地区行政区划、职官和手工业等提供了重要材料。

链　接

广东省十年十大重要考古发现（2012—2022）名单

分别为：郁南磨刀山遗址、英德青塘遗址、“南海I号”沉船遗址、英德岩山寨遗址、台山大洲湾遗址、惠东三官坑窑址、五华狮雄山秦汉建筑遗址、肇庆古城墙遗址、南海石燕岩古代采石场遗址、广州南石头监狱遗址。

（梅州市人民政府地方志办公室）

责任编辑：陈旭芳

大 事 记

1月

1日 梅州大桥至德龙大桥沿河跑道提升工程完成建设，梅县区“最美跑道”启用并面向群众开放。该项工程是梅县区为提升城市品质，完善全民健身设施的举措，改造内容为在梅州大桥至德龙大桥人行道铺设透水混凝土跑道，跑道总长3.1千米，跑道宽3.6米，并将嘉应大桥桥头的一处花带空地改造成面积3000平方米的小公园，配备凉亭、健身器材等设施，增加群众休闲场所。

3日 梅州市广悦鞋业有限公司在广州番禺（五华）产业转移工业园投产。该公司主要生产国际品牌Crocs（卡骆驰）男女各式时尚休闲鞋，产品主要出口外销，投产后，预计年产超400万双时尚休闲鞋、年产值7000万美元。

6日 梅州市坚真市民服务中心奠基仪式在梅城举行。项目由梅州杰出乡贤、广州凯源房地产实业有限公司、深圳凯南房地产开发有限公司董事长许应裘全额捐资建设，总投资3.5亿元。项目位于梅州城区秀兰大桥东端南侧，东临客商大道西，西近梅江河，南靠梅州海事局，北接省道223线。项目总用地面积3.25公顷，规划总建筑面积5.2万平方米，内设“一厅五馆”（市政务服务大厅，坚真陈列馆、市文化馆、市非物质文化遗产展览馆、市图书馆和市足球文化馆）。

7日 中共梅州市第八届委员会第二次全体会议在梅城召开。会议的主要任务是：坚持以习近平新时代中国特色社会主义思想为指导，深入学习贯彻党的十九届六中全会和中央经济工作会议精神，贯彻落实省委十二届十五次全会和市第八次党代会精神，总结2021年工作，部署2022年工作，动员全市上下狠抓发展第一要务，全面激发内生动力，推动梅州苏区加快振兴、共同富裕，以优异成绩迎接党的二十大胜利召开。梅州市委书记马正勇代表市委常委会作报告，市委副书记、市长王晖就经济工作作具体部署。会议审议2021年市委常委会传达学习贯彻落实习近平总书记重要讲话和重要指示批示精神情况报告，以及抓党建工作情况报告。

是日 梅州市鸿耀实业有限公司粤东国际家居建材城在五华县红木产业园动工建设。项目计划投资8亿元，分两期开发建设。

8日 梅州市特色农产品展销中心暨梅州农产品年货节启动仪式在梅江区万象江山商业体梅州市特色农产品展销中心举行。该展销中心主打“嘉应优选”品牌，集农业特色品牌产品信息和实物展销于一体，是梅州农业发展成效的展示中心、现代农业成果的展示中心、品牌农产品的集散中心。启动仪式通过直播带货、产品秒杀、展示宣传等多种方式，助力梅州市特色农产品品牌建设。活动当天，带动线上线下销售300多份订单。

10—12日 政协第八届梅州市委员会第一次会议召开。会议表彰16件市政协2021年度优秀提案。会议通过《政协第八届梅州市委员会第一次会议决议》。会议举行选举大会，戚优华当选政协第八届梅州市委员会主席，韩小林、曾祥海、马志元、陈元星、李利平、朱国城、蔡雪嫦、曾碧玉当选副主席。

11—13日 梅州市第八届人民代表大会第一次会

议召开。梅州市市长王晖向大会作《政府工作报告》。书面报告梅州市2021年国民经济和社会发展计划执行情况与2022年计划草案、梅州市2021年预算执行情况和2022年预算草案、梅州市人民政府2022年民生实事候选项目。大会举行选举，马正勇当选市人大常委会主任，王晖当选市人民政府市长，余其豹、蓝伟东、伍德凤、黄立强、张达宏、刘锐清当选市人大常委会副主任，邓国功当选秘书长，陈金銮、詹星、陈伶俐、蒋鲲、谢钦文、陈亮当选市人民政府副市长，蒋万军当选梅州市监察委员会主任，林秀雄当选梅州市中级人民法院院长，吴文志当选梅州市人民检察院检察长。

15日 梅州市丰顺县坚真大湖天池项目开工仪式在丰顺县留隍镇举行。项目计划总投资30亿元，由广州凯源房地产实业有限公司、深圳凯南房地产开发有限公司董事长许应裘全额捐建。项目位于留隍镇溪南村大湖山韩江与丰良河交汇处，规划面积133.33公顷，建设“四基地一中心”，计划3~5年建设完成。

是日 客商银行·2021世界客都长寿梅州马拉松线上赛抽奖仪式暨颁奖仪式在梅县区文体中心举行。现场抽出该届梅州马拉松线上赛的总计1700份奖品，并颁发给参与该届线上赛的跑友代表，同时，该次仪式发布该届梅州马拉松线上赛的大数据报告，16158名跑友在云端“亲梅逐马”，跑出累计可绕地球近12圈的距离。

是日 国家区域（华南）中医诊疗中心梅州市中医医院（梅州市田家炳医院）分中心签约揭牌仪式在梅州市中医医院举行。广东省中医院与梅州市中医医院签订中医重点专科技术协作组合作协议，并成立肺病、肾病、脑病、外科、皮肤病、急诊和重症医学六大国家区域（华南）中医诊疗中心分中心。

17日 广东富远稀土新材料股份有限公司年处理5000吨中钇富铕稀土分离生产线异地搬迁升级改造项目举行开工仪式。项目位于平远县广州南沙（平远）产业转移工业园内，总占地面积13.87万平方米，总投资21481.23万元。

20日 梅州市全域旅游服务中心开放，现场同步开启“客都优选”年货节。梅州市全域旅游服务中心位于梅城江南客都大道与吉祥路交会处，项目规划用地面积3公顷，总建筑面积11773平方米，总投资1.6亿元。内设有开放式展厅、特产展示展销区、接待中心、旅游警务室、数据信息中心、办公区、停车场、汽车房车营地等配套设施。

21日 由梅州市飞往山东省菏泽市的CZ5433航班在梅州机场顺利起飞，标志着深圳⇌梅州⇌菏泽航线开通。

25日 广东省副省长孙志洋一行到梅州开展基层慰问。孙志洋表示，要时刻把百姓安危冷暖放在心上，千方百计保障好困难群众的基本生活，让广大群众切实感受到党和政府的温暖，不断提升人民群众的幸福感、获得感。

26日 农业农村部、国家乡村振兴局印发《关于通报表扬2021年全国村庄清洁行动先进县的通知》，对北京市昌平区等98个县（市、区）予以通报表扬。蕉岭县名列其中，是梅州市唯一上榜县（市、区）。

27日 广东省企业联合会、广东省企业家协会发布2021年广东企业500强、广东民营企业100强及各行业100强榜单。塔牌集团居广东企业500强第237位、广东制造业企业100强第89位，博敏电子股份有限公司居广东企业500强第416位。

1月 第四届阳台山全国实景山歌决赛在深圳市龙华区举行，梅州选手曹艳常以独特的嗓音和出色的演唱获客家山歌组第一名，获得“客家山歌王”荣誉称号。

是月 平远县城乡供水工程首期项目举行通水仪式。项目通水后，日供水规模达到4万吨。

是月 梅州市首座智能变电站——110千伏河东变电站投产运行，标志着梅州电网开始步入智能化时代。河东变电站位于五华县河东工业园核心区，项目总投资约7127万元，新建4万千伏安主变压器2台、110千伏出线2回，新建架空线路总长15.2千米。相比传统变电站，河东变电站以光纤代替传统二次电缆，具有更加智能化和网络化的特性。

是月 蕉岭县富路达沥青制品基地沥青混凝土工程第一条生产线智能化设备全面投产，日生产量最高可达到4000吨，年产值2亿元。

是月 广东省工业和信息化厅公布2021年广东省专精特新中小企业名单，梅州市有18家企业上榜。

是月 经汕头海关所属梅州海关检疫监管，一批80吨的梅州金柚顺利出口中亚地区。这是继梅州蜜柚后，梅州又一柚果品种成功进入“一带一路”市场。

是月 由兴宁市粤和兴农业发展有限公司生产的100吨无核沃柑成功出口泰国、新加坡、越南。这是RCEP（区域全面经济伙伴关系）生效实施后，梅州市农产品首次成功出口。

是月 广东灿阳智能电力设备有限公司年产1.5万台（套）高中低压成套设备项目投产，平建集团梅州中心同时落成启用。

是月 广东省教育厅对2022年省级基础教育高质量发展市县奖补资金安排情况进行公示，资金总计11.84亿元，其中梅州下达资金9067万元。

是月 首批“梅州老字号”名单评选结果出炉。长乐烧、英帅茶业、尚记食品、珍珠红等28家梅州企业（品牌）上榜。

2月

8日 嘉元科技（688388）发布《关于对外投资暨设立控股子公司的公告》和《关于对外投资暨设立全资子公司的公告》。嘉元科技拟与宁德时代新能源科技股份有限公司共同在梅州市梅县区投资设立广东嘉元时代新能源材料有限公司，注册资本为5亿元，嘉元科技拟出资4亿元；拟在梅州综合保税区投资1亿元设立全资子公司广东嘉元供应链管理有限公司。

14日 梅州市发布《梅州市2022年引进博（硕）士等急需紧缺人才公告》，面向社会引进886名以上博（硕）士等急需紧缺人才。符合条件的引进对象将享受经济待遇、岗位安排、职业发展等优惠政策。除工资福利待遇外，博士人才最高可享受各类补贴75万元，硕士研究生最高可享受40万元补贴。

17日 梅州市人民医院钟志雄教授团队自主完成广东首例机器人辅助冠状动脉介入治疗手术，成功治疗一名64岁男性患者，标志着该院冠心病治疗实现技术突破，步入国内先进行列。

18日 广东省农业农村厅公布2021年度新增国家级、省级农业龙头企业名单。其中梅州市新增7家农业企业获认定为2021年度省重点农业龙头企业，分别是梅州市冠诚生态农业发展有限公司、广东桂岭蜂业科技股份公司、梅州市金宝树农业有限公司、大埔县金田园农林科技发展有限公司、兴宁市乌池种养有限公司、梅州市天庄生态农业发展有限公司、五华县新谷树农业发展有限公司。

28日 《梅州日报》推出创刊50周年特刊。特刊分为祝福、回眸、初创、转型、融合、逐梦、铁军、品牌、情缘、风华10个板块，向读者介绍《梅州日报》50年来改革发展的历程。

2月 交通运输部、财政部、农业农村部、国家乡村振兴局联合印发通知，命名全国153个县（市、区）为“四好农村路”全国示范县，梅县区、蕉岭县上榜。还对40个“四好农村路”建设市域突出单位予以通报表扬，梅州市入选，为全省3个受表扬的地市之一。

是月 梅州市人民政府通报梅州市2021年度省市重点项目建设进展情况。2021年，全市240项、年度计划投资340.7亿元的市重点项目完成投资325亿元；59项、年度计划投资130.6亿元的省重点项目完成投资181.3亿元，超额完成年度投资任务；115项投资规模大、带动能力强的重大项目集中开工，总投资453.5亿元。

是月 国家林业和草原局公布第五批国家林下经济示范基地名单，梅县区中大南药中药材种植林下经济示范基地名列其中，梅州再添一个国家级示范基地。

是月 广东省工业和信息化厅联合省相关部门开展2020年度地级以上市制造业发展情况评估工作，按照“一核一带一区”区域划分，对21个地级市2020年度制造业发展情况进行分类评估。并评选出58个制造业发展情况较好的县（市、区），其中兴宁市榜上有名。

是月 广东省林业局对省级森林康养基地（试点）建设单位开展复核工作，最终认定10个单位为第一批广东省森林康养基地，其中梅县区南寿峰森林康养基地、大埔县瑞山森林康养基地入选。

是月 国家知识产权局发布证明商标注册公告，梅州市“大田柿花”“大埔蜜柚”正式获批注册。至此全市共有地理标志证明商标7个，分别为梅县金柚、大埔青花瓷、兴宁茶油、梅塘杨桃、兴宁单丛茶、大田柿花、大埔蜜柚。

是月 位于兴宁市叶塘、新陂麻岭河景区的十里版画长廊建成开放。长廊展墙30多块，高2.5米、宽4米。展出版画300多幅，展示内容分“现代版画艺术概说”“新兴版画运动与兴宁”“版画的功能”“兴宁版画的传承”“版画创新与发展”五大部分。

3月

4日 梅州市农业农村局、中国人民财产保险股份有限公司梅州市分公司联合在梅县区丙村镇柚子洲头举行增殖放流活动，现场向梅江河增殖放流草鱼、鳙鱼、鲢鱼、鲮鱼等淡水鱼类约20万尾。

8日 全国爱卫会发布关于2021年度国家卫生城镇复审结果的通报，梅州顺利通过国家卫生城市复审，入选2021年重新确认国家卫生城市（区）名单。

8—9日 梅州市开展八届梅州市委第一轮巡察工作部署，4个市委巡察组分别进驻市工业和信息化局等8个市直单位党组织，并在被巡察单位召开巡察工作动员会，部署开展新一轮常规巡察工作。

9日 五华县举行蔬菜产业园建设项目开工仪式。该项目计划总投资约2亿元，产业园实施主体共6家，其中牵头实施主体为广东汉光超顺农业股份有限公司。项目计划2023年3月前全面完成建设任务。

10日 广东梅县外国语学校·印度尼西亚任华三语国民学校"云课堂"开学仪式在广东梅县外国语学校举行。这是梅州首次开设海外"云课堂"，广东梅县外国语学校首批选派2名优秀教师，通过"云课堂"为印度尼西亚任华三语国民学校学生进行线上华文教育。

是日 广东远思南药项目落地暨广东省三棵柚公益基金助力乡村振兴落地仪式在平远县高新区举行。广东远思南药生物科技有限公司计划投资约2亿元（其中首期投资1亿元），在平远开发以梅片为核心原料的新一代功效性护肤品、生物科技制品，建设集南药种养、研发、生产、销售于一体的产业集群。

11日 梅州东山医院在广州举行聘任仪式，聘请中国工程院院士钟世镇为东山医院终身名誉院长、钟世镇院士的学术秘书李忠华为东山医院客座教授。

15日 广州中医药大学教学医院及何伟、黄宏兴教授名中医传承工作室在梅州市中医医院挂牌成立。

17日 梅州日报社携手丰顺教育局创办的《梅州日报·丰顺教育》出版发行，是纸质版和"掌上梅州"客户端、网络、H5等全媒体产品同时发布的教育专刊。

28日 梅州综合保税区封关运行仪式以视频连线方式在梅州综保区举行。

29日 在梅州市农业农村局、梅州银保监分局的指导与支持下，中华财险梅州中心支公司联合光大期货有限公司在梅州市丰顺县、五华县落地广东省首单生猪养殖利润指数保险，为养殖户提供184万元的生猪养殖利润风险保障。

3月 广东汉剧传承研究院与广东客都文旅有限公司在梅城举行"广东汉剧IP"运营推广合作框架协议签约仪式。双方围绕广东汉剧主题，共同组建研发与推广工作组，进行包括但不限于汉剧主题卡通IP形象孵化和汉剧主题文创产品设计制作、市场化运营等方面的"广东汉剧IP"全品类开发，实现"广东汉剧IP"商业化运作，共同申报、推进有关项目落地。

是月 根据现有史料和研究，梅州九龙嶂曾有个女红军连。通过综合各类历史文献、田野调查、走访女红军后人等，九龙嶂革命根据地女红军连研究课题组初步厘清九龙嶂革命根据地女红军连的历史。女红军连部分组成人员曾在驻设于梅南水美村星拱楼的东江军事政治学校进行过培训。女红军连是中国共产党领导下最早建立的一支正规建制的女红军队伍，开创建立中国红军正规建制妇女武装的先河，在党史、军史上具有十分重要的历史地位。

是月 一笔来自中铁十局集团有限公司第三建设分公司的83.79万元税款从中国建设银行合肥市钟楼支行扣缴划入国家金库梅县区支库，标志着梅州市首笔跨省异地电子缴税（费）业务成功办理。

是月 广东省民政厅印发《关于发布2021年度获评广东省星级养老机构名单的通知》，梅州市7家养老机构获评星级。其中蕉岭县幸福养老中心获评四星级，梅江区梅新老年公寓、兴宁市桂缘老年公寓、兴宁市兴福养老院获评三星级，梅江区福安康老年公寓获评二星级，兴宁市福康托老院、兴宁市永和镇敬老院获评一星级。至此梅州市有25家星级养老机构，数量居粤东西北地区首位。

是月 梅州市疾控中心省公共检测实验室投入使用，日检测能力达1万单管，采取10∶1混合采样，每日可检测10万人份。

是月 丰顺县特色蔬菜产业园威阳农业项目奠基仪式在汤南镇举行。丰顺威阳农业发展有限公司计划投资2245万元，建设1.27万平方米高质量智能化育种示范园，新建2010平方米的农业全产业链服务中心及种质试验种植示范园，打造粤东北最大的特色蔬菜种苗培育示范基地中心。

是月 梅州第1号总林长令——《关于加强森林

资源保护发展工作的令》发布，要求压实保护发展森林资源目标责任，守好发展和生态两条底线，推动全市林长制工作再完善、再提升。这是梅州市发布的首个总林长令，也是全省第一个发出总林长令的地级市。

是月　国家卫生健康委员会脑卒中防治工程委员会发布“2022 年 2 月全国高级卒中中心综合排名”，梅州市人民医院居广东省第一名、全国第十五名，全国排名再创新高。

是月　广东省第一批南粤森林人家名单揭晓，广东醉美生态农林发展有限公司、蕉岭县新泉森态源农民专业合作社、丰顺县汤坑镇田园好日子农庄等 3 家单位入选。

是月　国家中医药管理局公布 2019—2021 年创建周期全国基层中医药工作先进单位名单。梅州市获评市级全国基层中医药工作先进单位，梅江区、梅县区、蕉岭县、丰顺县获评县级全国基层中医药工作先进单位。

4 月

3 日　中国福利彩票双色球第 2022036 期开奖，全国共开出 7 注一等奖，广东中出 4 注一等奖，其中 1 注花落梅州市，幸运彩民收获奖金 803 万多元。这也是梅州市福彩 2022 年的首注双色球头奖。

13—14 日　广东省委书记李希，省委副书记、省长、深圳市委书记王伟中到梅州市，深入红色教育基地、文物保护单位、农业产业园、企业、镇区等，就认真贯彻落实习近平总书记对广东系列重要讲话和重要指示批示精神，统筹做好疫情防控和经济社会发展工作，推动高质量发展进行调研。

15 日　由梅州乡贤、中国工程院院士、广东省科学院微生物研究所名誉所长吴清平等作为主要完成人的“中国食品微生物安全科学大数据库构建及其创新应用”项目获得广东省科技进步特等奖。

16 日　广东省古迹保护协会举办的“广东省十年十大重要考古发现（2012—2022）”名单正式公布，五华县狮雄山秦汉建筑遗址入选。

是日　梅州市林风眠研究会第二届第一次会员代表大会在梅城召开，张品华当选新一届会长。

20 日　蕉岭著名乡贤、世界数学大师、清华大学丘成桐数学科学中心主任、北京雁栖湖应用数学研究院院长丘成桐院士受聘为清华大学讲席教授。

是日　中国人寿财产保险股份有限公司梅州中心支公司和梅州市名客胜食品有限公司签订《食品安全责任保险保险单》，开出广东省首单预制菜食品安全责任保险，累计保险保障金额 500 万元。

25 日　兴宁市齐昌中学举行综治工作站揭牌仪式，标志着梅州首个学校综治工作站正式成立。

26 日　梅州市乡村振兴产业协会成立大会在梅城举行。大会表决通过协会章程，选举理事会成员、监事长、监事名单。广东国丰源文化健康产业有限公司董事长李海元当选首任会长。138 家企业加入协会，涉及农业、文旅、科研、人才、金融、加工制造、电子商务、信息工程、建设规划、物流等 20 多个行业。

28 日　梅州市在叶剑英纪念园举行叶剑英革命文物史料捐赠活动，叶剑英家属向叶剑英纪念园管理局捐赠一批珍贵的图书、相册、资料、字画和生活用品等，共计 300 多件（箱）。

是日　“红色微讲坛”《广州起义时的叶剑英》专题视频在叶剑英元帅 125 周年诞辰纪念日首次播出。

30 日　梅州市人民政府印发《梅州市 2022 年促消费活动工作方案》，筹措财政补贴资金 1000 万元，以发放消费券的形式，刺激全市零售、餐饮、文旅三大板块消费。

是日　蕉岭县新铺镇林志勇成功登顶世界第一高峰——珠穆朗玛峰，并展示“世界长寿之乡 · 蕉岭”横幅。

4 月　广东省现代农业产业园百家手信（畜禽预制菜）评选结果出炉，兴宁市肉鸽省级现代农业产业园的预制菜陈小鸽风味乳鸽名列其中。

是月　中央文明办公布 2021 年全国文明城市年度测评结果，梅州市得分在全国 97 个地级提名城市中排第 54 名，成绩和排名均有提升。

是月　广东中爱医疗科技股份有限公司项目一期投产。项目位于梅县区白渡镇沙坪工业园，一期满产后年总产值可达 12.8 亿元，项目全部建成达产后年总产值可达 30 亿元。

是月　嘉应学院申报的“中国侨乡文化（梅州）研究中心”获批，是继五邑大学、韩山师范学院后，广东省获批的第三个中国侨乡文化研究中心。

是月　嘉应新区江南新城综合管廊项目中环路、彬芳大道、客都大道（东段）地下综合管廊工程竣工验收，至此，江南新城综合管廊项目所有道路和管廊工程全部完成竣工验收。

是月 财政部、住房和城乡建设部联合发布《2022年传统村落集中连片保护利用示范县（市、区）名单公示》，梅县区榜上有名，是广东省唯一入选的县（市、区）。

是月 广东红佳琪贸易有限公司法定代表人危先生来到梅州市政务服务中心，向梅江区市场监管局窗口工作人员提交歇业备案材料，成功办理企业歇业备案手续。这是梅州市首例办理“歇业”登记的市场主体，从线下申报到完成备案仅耗时10分钟。

是月 梅州东山医院向梅州市镜云慈善基金会捐赠100万元，用于助力梅州疫情防控和医疗健康事业建设。

是月 广东省河长办公布2020年度及2021年度万里碧道建设激励名单，有24个县（市、区、镇）入选。梅县区、大埔县名列其中，各获1000万元奖励资金。

是月 由全国政协委员、金利来集团主席、广东省客属海外联谊会会长曾智明领衔主唱的世界客属第31届恳亲大会主题曲《天下客家》MV在梅州城区亮胜客家艺术中心录音，并在梅县区曾宪梓体育场开拍。

是月 梅州市2022年第1号总河长令《关于开展妨碍河道行洪突出问题排查整治工作的动员令》发布，决定用1年左右的时间，在全市全面开展妨碍河道行洪突出问题排查整治，保障河道行洪畅通，确保人民群众生命财产安全。

是月 蕉岭县举行热心企业疫情防控物资捐赠仪式，一批爱心企业、商会共捐资140万元，助力蕉岭疫情防控工作。

是月 人保财险梅州市分公司承保蕉岭县巨灾指数保险，这是该公司承保梅州市巨灾指数保险后，首次承保县域巨灾指数保险，累计为蕉岭县提供1.3亿元的巨灾保险保障。

是月 梅州首个“南粤侨创基地”在广东壹号投资集团有限公司正式揭牌。该公司成为首批入选，也是梅州市唯一入选的单位。广东壹号投资集团有限公司是梅州市首批、兴宁市唯一的国家级科技企业孵化器培育单位，是一个为科技成果转化、高新企业孵化、创新创业人才培养等提供支撑平台和服务的机构。

5月

1日 在菲律宾举行的2022年羽毛球亚锦赛女双决赛中，中国组合陈清晨（梅州籍）/贾一凡2∶0击败日本组合岩永玲/中西贵映，获得冠军。

6日 中山大学附属第三医院粤东医院疼痛睡眠中心成立，是梅州市成立的首个疼痛睡眠中心，是集医疗、科研、教学培训于一体的疼痛睡眠临床治疗中心。

7日 梅州市中医医院举行睡眠中心、过敏性疾病诊疗中心暨陈少华教授名医工作室揭牌仪式。

8日 梅州市程旼文化研究促进会成立大会在梅城举行。会议通过《梅州市程旼文化研究促进会章程》，选举产生第一届理事会领导机构组成人员，程梅芳当选为会长。

9日 梅州市林业局与广西鹿鼎林业集团有限责任公司签订战略合作协议。广西鹿鼎林业集团将利用资本、技术、管理等优势，在梅州市投资建设高质量国家储备林3万多公顷，预计投资约20亿元，建设期为5年。

11日 中国知名航天专家、国际宇航科学院院士何质彬来到东山中学的东山大讲堂，为该校师生作“中国梦航天梦”专题讲座，分享中国航空航天科技事业发展历程。

13日 梅州市首个面向社会的游泳救生员和游泳社会体育指导员体育行业职业技能鉴定考点单位在嘉应游泳馆揭牌成立。

是日 梅县区档案馆新馆正式揭牌启用。该馆位于梅县区新县城行政区新闻路，占地面积约1100平方米，总建筑面积约6500平方米，项目总投资3700多万元，按照县级一类馆标准建设，内设对外服务区、办公区、业务功能区和档案库房区，配套有查阅大厅、展厅、报告厅、档案整理编目室、档案消毒室、开放档案音像处理室、现行文件保管室、档案数字化室等功能用房。

16日 梅县区人民政府与广东嘉元时代新能源材料有限公司举行年产10万吨高性能电解铜箔建设项目投资协议签订仪式。项目位于梅县区城东镇上坑村，规划占地面积54.4万平方米，总投资约81亿元，全面达产后，预计实现年产值100亿元以上，年税收5亿元以上。

18 日 五华县举行“辉骏集团 5G + 智慧园区”项目建设启动仪式。项目计划总投资约 1458 万元，是梅州市首个基于 5G 专网建设的企业级智慧园区项目，也是五华县制造业数字化转型升级的标杆示范项目。

20 日 梅州市技师学院与广东嘉元科技股份有限公司签订三年校企合作战略协议，拟开设全市首个“电子技术应用”铜箔专业班。

27 日 2022 年广东省“省长杯”青少年足球锦标赛（男子乙 A、乙 B 组）暨中国青少年足球联赛（U15 组）收官，梅州客家分别获得男子乙 A 组亚军和男子乙 B 组第四名。

28 日 2022 年梅州市“中国体育彩票杯”体育舞蹈网络赛暨梅州市首届街舞公开赛在剑英体育馆举行。该场线下决赛竞赛项目为霹雳舞，设男子组和 U14 组，采用省运会霹雳舞比赛形式。

5 月 广东金雁磁电科技有限公司项目在平远高新区正式投产。该项目计划总投资 1.75 亿元，预计可实现年产值 2.4 亿元、创造税收 1800 多万元、新增就业岗位 170 多个。

是月 由国家皮肤与免疫疾病临床医学研究中心认证，梅州市中医医院（田家炳医院）皮肤科获授成为“国家银屑病规范化诊疗中心”，是梅州市唯一获授单位。

是月 广东农业生产托管南粤行争先赛在广州举办。经过激烈角逐，蕉岭县获得二等奖，将获得农业生产托管项目奖补资金 800 万元。

是月 国家二级保护动物猕猴再现五华七目嶂省级自然保护区。

是月 梅州市新增兴宁市粤东云山谷生态旅游区、兴宁市珍珠红诚意酒城旅游区、平远县大河背景区、蕉岭县丘成桐祖居文化旅游区、丰顺县铜鼓峰生态旅游区 5 个单位为国家 AAA 级旅游景区。至此，全市国家 AAA 级以上旅游景区达 50 个。

是月 广东省委、省政府发布关于表彰广东省非公有制经济人士优秀中国特色社会主义事业建设者暨光彩事业贡献奖的决定，梅州市两位民营企业家和一家企业获此殊荣。分别为梅州绿源电力发展有限公司董事长邓振龙和梅州翼天文化旅游发展有限公司董事长刘汉军、广东塔牌集团股份有限公司。

是月 广东省体育局公布 2021 年广东体育产业示范基地、示范单位、示范项目的评选结果。世界客都·长寿梅州马拉松大赛获得“广东体育产业示范项目”荣誉称号。

是月 梅州市丰顺县坚真纪念馆入选全国妇女爱国主义教育基地，是此次全国新入选的 10 个教育基地之一，也是广东首个获命名全国妇女爱国主义教育基地的场馆。

是月 经汕头海关所属梅州海关检验监管，广东裕丰食品股份有限公司生产的 510 千克客家预制煲仔饭顺利进入香港市场。这是梅州预制菜首次进入香港市场。

是月 梅州市人民医院临床检验中心收到由中国合格评定国家认可委员会（CNAS）颁发的“ISO 15189 医学实验室认可证书”，正式成为质量与能力得到 ISO 15189 认可的医学实验室，申报的 98 个检验项目全部通过 ISO 15189 现场认可评审。

是月 广东红禾朗电工有限公司电工产品生产、加工、销售项目，在广州天河（兴宁）产业转移工业园举行动工仪式。该项目选址在东莞石碣（兴宁）产业转移工业园，用地面积 6.4 万平方米，计划投资总额 6.3 亿元。项目建成后，预计年产值可达 7 亿元以上，税收 3500 万元以上。

是月 位于梅县区雁洋镇的广东翔龙科技股份有限公司从德国引进的阿尔派高端重钙湿法生产线进入试产阶段，总投资 9000 万元。正式投产后，年产值突破亿元。

是月 梅州（五华）抽水蓄能电站项目一期第 4 台机组全部投产，年发电量可达 15.7 亿千瓦时。

6 月

1 日 梅州市科学技术馆试运行。该馆位于梅城江南新城剑英湖片区，建筑面积 5815.33 平方米，包括 A 馆、B 馆，其中 A 馆分为科普教育区、科技体验区、消防安全教育体验馆、天象体验馆、足球体验馆，B 馆主要是会演报告厅和其他功能用房。

2 日 广东省农业农村厅发布 2022 年省级现代农业产业园建设名单，大埔县蜜柚产业园（扩容提质）、丰顺县茶叶产业园（扩容提质）、梅县区茶叶产业园、平远县南药产业园（扩容提质）4 个产业园榜上有名。

5 日 2022 年广东省“省长杯”青少年足球锦标

赛女子乙 B 组决赛，梅州 U14 队与深圳队 2：2 战平，点球大战以 5：4 力压对手，最终以 7：6 的总分获得冠军。

是日 梅州生态文明体验馆揭幕仪式在梅城剑英湖畔举行。该馆位于梅州市科学技术馆内，占地面积约 1000 平方米，一期项目已建成，分为序厅、展示区、污染危害区、绿韵长廊区、生物多样性区、国际合作区、环保课堂等区域；互动体验区为二期待建项目。生态文明体验馆利用三维立体、数字融合等先进信息技术，重点展示梅州生态文明建设成果。

6 日 深圳市梅县商会在梅州市中医医院（梅州市田家炳医院）举行公益慈善捐赠仪式，向医院捐赠 40 万元资助白内障患者手术。

7 日 国家发改委印发《革命老区重点城市对口合作工作方案》，推动革命老区重点城市立足特色资源和产业基础，结合与东部城市间既有协作、合作、交流等情况，建立 20 对城市对口合作关系，工作期限为 2022 年至 2030 年。梅州市（赣闽粤原中央苏区）与广州市建立对口合作关系。

是日 2022 年梅州增殖放流活动在大埔县三河镇韩江源观景平台举行。增殖放流草鱼、鳙鱼、鲢鱼、青鱼、鲮鱼等淡水鱼类约 1200 万尾。

8 日 梅县区举行“五个一批”活动，5 个项目集中签约落地梅县区，计划总投资 118 亿元。现场还举行金融授信仪式，8 家银行对梅县区 12 家企业意向授信 121.6 亿元。

是日 嘉元时代年产 10 万吨高性能电解铜箔项目动工仪式在梅县区城东镇举行。这是嘉元科技与宁德时代合资公司广东嘉元时代新能源材料有限公司建设项目，产品以 4.5 微米至 6 微米极薄铜箔为主。项目总投资约 81 亿元，规划用地 54.4 公顷，新增就业岗位 4500 个。

是日 梅江区水产产业园核心区工程在梅江区金山街道东街村开工，并现场举行客都草鱼地理标志使用权授权和产业融合联农带农共建签约仪式。

12 日 在 2022 年印度尼西亚羽毛球大师赛决赛中，中国队获得混双、女单和女双 3 项冠军。女双决赛中，中国队组合陈清晨（梅州籍）/贾一凡 2：0 战胜印度尼西亚组合拉哈尤/西蒂，获得女双金牌。

13 日 中超联赛第三轮迎来广东德比，在五华县惠堂体育场迎战深圳队，最终梅州客家 2：1 战胜深圳队，赢下广东德比，获得赛季首胜。

14 日 梅州市举行知识产权质押融资政银企签约仪式暨“入园惠企”活动，4 家银行机构未来三年将为梅州市企业提供知识产权质押贷款 40 亿元，助推梅州市实体经济高质量发展。

14—15 日 大埔县高陂镇受连续强降雨影响，发生洪涝灾害，部分房屋、农田被淹，部分群众被困家中，当地应急部门安全转移群众 1750 多人，全力保障人民群众生命财产安全。

16 日 2022 年广东省“省长杯”青少年足球锦标赛男子丁组闭幕。梅州客家队在三、四名决赛中，以 4：1 战胜深圳足协 U12 队，获得季军。

17 日 广东省财政紧急下达 2022 年应急救灾资金 1.3 亿元，用于支持受灾地区做好灾害救助工作。梅州市获得中央自然灾害救灾资金、省级自然灾害生活救助资金共计 1000 万元。

19 日 丘应桦被任命为香港特别行政区第六届政府商务及经济发展局局长。丘应桦是祖籍蕉岭的晚清爱国诗人、教育家、抗日保台志士丘逢甲之孙，曾三次回家乡寻根探亲。

21 日 五华县举行实体经济项目签约、动工、投产等“三个一批”活动，总投资额 170 多亿元，涉及 16 个项目，涵盖电子通信、汽车配件、新能源、建材装配、食品饮料等行业。

是日 华润五华循环经济产业园项目动工。该项目位于五华县华城镇，规划投资额约 50 亿元，项目建成达产后，预计可实现年产千万吨精品骨料、80 万立方米新型加气板材、90 万立方米商品混凝土等产品，年产值约 30 亿元，年纳税约 3 亿元，预计可为当地创造就业岗位约 300 个。

是日 五华百岁山矿泉水项目竣工投产。该项目位于五华县郭田镇鸿图嶂下，由景田（深圳）食品饮料集团有限公司投资 5 亿元建设。项目达产后，预计年产量 5 亿~8 亿瓶、年产值 5 亿元、年均纳税 3000 万元。

22 日 梅州军分区组织民兵深夜出发紧急支援英德市抢险，帮助受灾群众清理家园，安全转移群众 294 人。

25 日 第 31 届世界客属恳亲大会主题曲《HAKKA 客家》全球首发暨颁奖盛典在梅州市山歌剧团举行，来自全国各地的众多客属团体代表欢聚一堂。

是日 2022年梅州“客家炒绿”质量评鉴暨梅州“国际茶日”活动在梅州市农林科学院举行。现场评出五华县绿源生物科技有限公司等6个梅州“客家炒绿茶王”和兴宁力量农业有限公司等10个梅州“客家炒绿优质茶”。

26日 为纪念中国妇女运动先驱李坚真115周年诞辰，原创歌曲《唱着山歌闹革命》首发式在广州市、梅州市两地连线举行，各大视听网络平台同步上线。

27日 梅州市八届人大常委会举行第五次会议，决定任命赵东为梅州市人民政府副市长。

28日 五华县举行2022年“广东扶贫济困日”暨全社会助力乡村振兴活动，广泛动员社会各界力量为巩固五华县脱贫攻坚成果，全面推进乡村振兴添柴加火、鼓劲加油。11家企业进行现场认捐，认捐金额6950万元。其中，广东根基教育投资有限公司认捐4000万元，深圳市德和泰实业有限公司认捐1000万元。

29日 梅江区三角镇保利党建公园奠基仪式在保利·学仕府旁举行。该公园是由梅江区三角镇党委、保利梅州公司和墟镇社区党总支共同谋划打造的集“党性教育、文明实践、文娱休闲”于一体的党建主题公园与红色爱国主义教育基地。

是日 梅州市人民医院钟志雄教授团队成功为一名房颤患者植入新一代左心耳封堵器WATCHMAN FLX™，帮助患者预防脑中风，是全国首批且粤东西北首例植入新一代左心耳封堵器WATCHMAN FLX™的手术。

30日 广东嘉元科技股份有限公司白渡生产基地一期项目三号车间正式投产。至此，该基地一期项目3个车间全部投产，可年产高性能锂电铜箔1.5万吨。

6月 由广东李金柚农业科技有限公司在梅县区城东镇建设的梅州柚深加工项目一期正式投产。该项目包括梅州柚采后商品化处理初加工区、食药级小柚果饮片加工区、柚苷提取精深加工区、电商物流集散区、科创综合服务区，全部建成投产后综合柚果加工能力可达4万吨，年产高纯度柚苷1000吨，年产值2.5亿元，带动5000户以上农户增收。

是月 全国政协委员、金利来集团有限公司董事局主席曾智明向梅县区宪梓中学捐资100万元，用于帮助改善办学条件。

是月 五华县城华兴北路智慧停车场项目动工。项目总投资1.6亿元，将建设300个普通停车位、200个机械停车位和6个中巴车位，同时在停车场上方建设1个标准11人制足球场、400米标准跑道和配套服务用房、主席台等。

是月 梅州市委、市政府印发《关于大力推进招商引资促进实体经济高质量发展的意见》，提出要贯彻落实市第八次党代会决策部署，聚焦招商引资主战场，千方百计引进“打粮食”产业项目，至2025年，全市招商项目计划投资总额累计2100亿元以上。

是月 广东省卫健委发布《广东省卫生健康委办公室关于成立第一批市县级心血管病防治中心的通知》，评出15家市级心血管病防治服务机构，梅州市人民医院榜上有名。

7月

1日 人保财险梅州市分公司在前期已经赔付2180万元保险赔款的基础上，向全市受损较为严重的农业种植户预付赔款520万元，涉及农业企业及农户62个，帮助广大受灾农户尽快恢复灾后生产。

5日 全国妇女爱国主义教育基地揭牌仪式在丰顺县坚真纪念馆举行。

6日 梅州综保区封关运作100天，实现进出口贸易额超1.3亿元，有海关注册登记企业17家，正在洽谈项目8家，预计达产后年进出口额约25亿元。

7日 国家卫健委通报2020年度全国三级公立医院绩效考核国家监测指标得分排名，在全国1342家三级综合医院中，梅州市人民医院排名第94名，被评定为“A+”等级，连续2年位列全国百强。

10日 2022年马来西亚羽毛球大师赛决赛在吉隆坡举行，中国队获得女双、混双冠军及女单亚军。女双比赛中，中国组合陈清晨（梅州籍）/贾一凡2：0战胜日本组合松山奈未/志田千阳，获得冠军。

16日 14辆装载着价值2000万元进口设备的集装箱货柜车在梅州综保区顺利通关。这是梅州综保区封关运行以来迎来的单笔价值最大的一批货物。

18日 广东省财政厅发布《关于下达2022年中央专项彩票公益金支持欠发达革命老区乡村振兴项目资金的通知》，五华县获得4000万元资金支持。

19日 五华电网侧独立储能项目成功竞得位于五华县河东工业区的一块建设用地，标志着广东百兆瓦时电网侧独立储能项目正式落户五华并进入建设阶段，投产后预计年产值 8000 万元。

20 日　广东嘉元科技股份有限公司发布公告，向特定对象发行股票申请获得中国证券监督管理委员会同意注册批复。发行对象为包括公司控股股东嘉元投资在内的符合中国证监会规定条件的不超过 35 名（含 35 名）特定对象。募集资金总额不超过 47.22 亿元，扣除发行费用后拟全部用于梅县区嘉元科技园新增年产 1.6 万吨高性能铜箔技术改造项目、福建宁德嘉元年产 1.5 万吨高性能铜箔项目、山东嘉元年产 3 万吨高精度超薄电子铜箔项目（二期年产 1.5 万吨项目）、江西嘉元科技有限公司年产 2 万吨电解铜箔项目和补充流动资金。

22 日　韩江高陂水利枢纽工程龙湖水电站最后一台发电机组顺利完成 72 小时试运行，标志着龙湖水电站 4 台总装机量 100 兆瓦的机组全面投产发电。

是日　丰顺县新区供水工程正式通水。工程总投资 6.74 亿元，日产 14.26 万吨。

24 日　广东省第十六届运动会竞技体育组蹦床项目在肇庆市新区体育中心体育馆举行，梅州市蹦床队获得 4 枚金牌、1 枚银牌、2 枚铜牌，同时获得体育道德风尚奖。梅州市蹦床队运动员罗柳姿获女子乙组个人单跳第一名，罗海涛获男子乙组个人单跳第一名，罗柳欣、罗柳姿获女子乙组团体第一名，罗海涛、饶宇峰获男子乙组团体第一名。

是日　2022 中国足球协会杯（女子）三、四名排位赛在昆明海埂足球基地进行，梅州客家迎战山东体彩女足。梅州客家凭借着维拉和卜嘉盈的进球，最终以 2：1 战胜对手，获得季军。

25 日　五华县最高气温达到 39.6℃，为全省最高，打破当地有气象记录以来的历史最高气温纪录。

26 日　2022 年梅州市青少年科普夏令营开营仪式在梅州市科学技术馆举行。该次夏令营为期 3 天，来自梅江区、梅县区、蕉岭县和大埔县的 70 多名小学生参加。

27 日　广东省第十三届中学生运动会武术比赛在韶关市仁化县体育馆举行。来自梅州市丰顺县汤坑中学的徐嘉慧在女子乙组规定太极拳比赛中获得冠军，为梅州市代表团在该次省赛中获得的首枚金牌。

28 日　梅州市八届人大常委会第七次会议表决通过《梅州市文明行为促进条例》。该条例分为总则、文明行为规范、保障与监督、法律责任、附则等 5 章，共 34 条。

7 月　广东省农业农村厅对符合条件的广州市增城宏兴农机专业合作社等 51 家主体认定为省级“全程机械化 + 综合农事”服务联合体。梅州市正佳农业发展有限公司、建丰粮业发展有限公司、志颖农资有限公司 3 家企业上榜。

是月　广东（蕉岭）健态实业有限公司竹制品深加工综合产业园一期项目试产，该项目位于蕉岭县蕉华工业园区，10 月普竹板和竹炭生产线正式投产，年产值近 2 亿元。

是月　中国太平洋财产保险梅州中心支公司在兴宁市坭陂镇为梅州市雅利农业有限公司签发全省首张玉米区域产量保险保单，保障当地农户在撂荒地复耕过程中产量不足、收入下跌的风险。共计保障玉米 162 公顷，为投保种植户提供 364.8 万元的风险保障。

是月　广东省财政厅印发关于下发 2022 年省级涉农统筹整合转移支付资金（农村集中供水全覆盖攻坚行动省级奖补资金）的通知，其中，五华县获得奖补资金 7225 万元。

是月　梅州红色基因传承研究会向丰顺县坚真纪念馆赠送一尊李坚真蜡像。

是月　梅州市人民政府发布《关于公布第五批梅州市历史建筑名录的通知》，位于梅江区金山街道顺风路 20 号先达公司后院内的光耀电灯公司（电灯机厂）旧址入选，是梅州第一座认定为工业建筑类别的历史建筑。至此，梅州市有 316 处建筑入选梅州市历史建筑名录。

是月　梅江消防对梅江区某酒店消防控制室值班人员未持证上岗的违法行为开出罚单，处以 5500 元罚款。这是《广东省实施〈中华人民共和国消防法〉办法》正式施行后梅州首次实施的行政处罚案件。

是月　汕梅高速公路改扩建项目揭阳新亨至梅州畲江段初测初勘外业工作顺利通过专家验收。全长约 142 千米的汕梅高速公路改扩建项目，由国道 78 线汕昆高速公路揭阳新亨至梅州畲江段和省道 19 线梅汕高速公路梅州程江至畲江段组成，起点位于汕昆高速公路揭阳枢纽互通，终点位于梅汕高速公路程江枢纽互通，全线将由双向四车道扩建为双向八车道，扩建后设计时速 100 千米。

是月　广东省人民政府发出关于公布第十批广东省文物保护单位的通知。梅州市有 16 处被列为第十批省文物保护单位，分别是爱春楼、古大存故居遗址、罗明故居、萧向荣故居、曾国华故居、刘复之故居、何天炯故居、华萼楼、大埔县工农革命政府公安局旧址、恒云楼、松源红四军军部旧址、平远石北乡苏维埃政府旧址、中央红色交通线大埔段、江东小筑、作庐、国立中山大学梅县办学旧址。

8月

2日 梅州市文物局揭牌仪式在梅州市文化广电旅游局举行。

3—5日 广东省委常委、宣传部部长陈建文到梅州调研，强调要把握意识形态工作主动权，巩固壮大主流思想舆论阵地，奋力开创梅州宣传思想文化工作新局面。

3—5日 梅州市第13届香港“摘星计划”励志助学行动新生座谈会先后在梅州市各县（市、区）召开。梅州香港“摘星计划”会长吴溢华率队到梅州参加部分县（市、区）新生座谈会并走访部分受资助学生。2022年新资助学生60名。

5日 广东省第十六届运动会竞技体育组曲棍球项目在五华县曲棍球训练基地正式开赛，广州、深圳、汕头、韶关、梅州、江门、阳江、云浮等8个市代表队展开激烈角逐，进行65场比赛。该次省运会曲棍球项目落户梅州，是梅州市第一次承办省运会比赛项目。

是日 省道223线梅县区松源至雁洋段（出省通道）改建工程第一标段开工仪式在梅县区松源镇新南村举行。东部快线是梅州通往福建武平、永定的重要出省通道，也是梅县区东北部连接松源镇、松口镇、桃尧镇、雁洋镇及蕉岭县的重要道路。第一标段全长16千米（含松源支线0.2千米），预计2025年7月底前完成建设。

6日 广东省第十六届运动会竞技体育组足球比赛在清远恒大足球学校举行，梅州U14队在男乙B组三、四名决赛中，常规时间和广州队战成1：1，点球大战4：2击败对手，最终获得季军。

7日 梅州一市民喜中福利彩票双色球第2022090期一等奖，奖金576万多元，是梅州市彩民年内第二次中双色球头奖。

9日 梅州市乳腺病诊疗中心在梅州市人民医院揭牌成立。

10日 梅江区2022年（第三季度）重点项目集中动工活动在广东梅州经济开发区举行。有3个重点项目集中动工，项目总投资40亿元。梅州科捷电子科技有限公司计划总投资20亿元、年产180万平方米双面多层HDI印制板制造项目，达产后预计实现年产值25亿元、年税收1亿元；梅州鸿泰电路科技有限公司计划总投资12亿元的高端电路板制造项目，达产后预计实现年产值15亿元、年税收6300万元；梅州鸿宇电路板有限公司计划总投资8亿元的高端电路板制造项目，达产后预计实现年产值12亿元、年税收4200万元。

是日 博敏电子股份有限公司、广东嘉元科技股份有限公司分别挂牌“梅州市高价值专利培育布局中心”。

12日 祖籍蕉岭县，抗日保台志士、著名诗人、教育家丘逢甲之孙丘应桦获委任香港太平绅士。

是日 2022年广东梅州（梅江区）增殖放流活动在梅江渔政码头举行，现场增殖放流鳙鱼、鲢鱼、青鱼、鲮鱼等淡水鱼类共300万尾。

13日 梅州第二座500千伏变电站——敬州变电站顺利启动，启动投产后梅州电网将进入“双核”时代。敬州变电站位于五华县河东镇，其作为梅州500千伏五华（兴宁）输变电工程的核心部分，主变容量达100万千伏安；新建500千伏线路4回，全长27.78千米。

16日 在全市招商引资工作大会上，梅州市6支市级驻外招商队正式领旗出征。梅州市委、市政府通过“揭榜挂帅”，在全市范围内选拔41名优秀干部，组建全市招商工作专班和驻北京、上海、厦门、广州、深圳、珠海6支市级驻外招商队，重点瞄准京津冀、长三角、厦漳泉、珠三角开展招商。

是日 梅州市人才公寓揭牌仪式在梅县区举行。市人才公寓位于梅县区富力城E1栋，共有120套精装修公寓，其中一、二层为公共配套区域，单套建筑面积约86平方米，户型均为两室两厅，配套120个地下车位。

18日 梅州联进化工有限公司技改扩项目（一期）投产活动在广东梅州经济开发区举行。该公司为广东省唯一一家生产焦亚硫酸钠的化工企业，技改扩项目（一期）在原建设用地上新建8条高效、优质、节能的焦亚硫酸钠生产线、2条高质碳酸氢钠（小苏打）生产线及 1 条硫酸镁生产线，总建筑面积 23081 平方米，总投资 1 亿元。整体投产后，可年产焦亚硫酸钠 20 万吨，新增碳酸氢钠 7 万吨、硫酸镁 6000 吨，预计实现年产值 6 亿元、年税收 0.4 亿元，新增利润 5000 万元。

是日 韩江高陂水利枢纽工程最后一台发电机组通过启动验收，标志着该水利枢纽主体工程全面完工。

19 日 2022 年全国医疗器械安全宣传周——广东省医疗器械高质量发展助力乡村振兴行活动在兴宁会展中心开幕。开幕式后，举行广东兴宁医疗器械产业园揭牌仪式。该产业园由广东省药品监督管理局和兴宁市政府共建，占地面积 53.33 万平方米，总建筑面积约 120 万平方米，总投资约 50 亿元，规划建设医疗器械研发中心、生产制造中心、仓储物流中心、产业服务中心、生活配套区等。

是日 梦工厂雅物馆开馆暨“梦工厂雅物”——梅州市首届艺术创意产品展开幕式在梅城江南购书中心举行。

20 日 2022 年广东省第十六届运动会竞技体育组足球项目男子丙组决赛在清远恒大足球学校落幕，梅州男丙队以 3∶1 逆转战胜广州队，获得冠军。这是梅州男足继 1998 年第十届省运会之后，时隔 24 年再获省运会冠军。

23 日 丰顺县举行景田（丰顺）饮用水生产基地项目签约仪式。该项目计划总投资 8 亿元，主要建设生产车间、仓库、综合楼以及其他附属基础设施，建成后预计年产值 5 亿元，年缴税 5000 万元，解决劳动力 200 多人。

26 日 第十三次中日韩文化部长会议在山东曲阜举行。中国成都市和梅州市、日本静冈县、韩国全州市获颁授 2023 年度“东亚文化之都”纪念牌匾。

28 日 2022 年世界羽毛球锦标赛在东京体育馆进行决赛，陈清晨（梅州籍）/贾一凡、郑思维/黄雅琼为中国队赢得女双和混双两项冠军。

29 日 丰顺立讯智造年产值 30 亿元一期项目投产活动在海珠（丰顺）产业转移工业园举行。该项目分两期建设，计划投入 3 栋共计 11.76 万平方米厂房，主要生产和销售电线、电缆、连接线、连接器、电脑周边设备、塑胶五金制品、智能穿戴、智能附件、智能家居、智能电子设备、智能机器人、通信类产品等。

8 月 广东省委依法治省办对第一批广东省法治政府建设示范地区和项目予以命名，梅州市获得“广东省法治政府建设示范市”称号。

是月 为扩大零售、餐饮、文旅等重点领域消费，梅州市组织消费券发放活动，累计发放超过 30 万张消费券，直接带动消费额 4000 多万元。

是月 梅州首例卵子冷冻技术助孕成功。梅州市人民医院生殖医学中心为凌女士通过卵子冷冻技术成功受孕。这是梅州市首例卵子冷冻技术助孕成功的案例，也是首例“双冻”试管婴儿成功受孕，填补梅州市这一领域辅助生殖技术的空白。

是月 由广东省文化和旅游发展与保障中心主办，岭南商旅集团广之旅承办的 2022 广东国际旅游产业博览会在广州举行。线上与线下同步开启，吸引来自全球各地和国内多个省市的文化和旅游行政管理部门、头部企业及涉旅科技企业参展，集中展示文旅融合新趋势、新业态及广东文旅产业高质量发展新成果。梅州市组织的梅州展馆推出“梅州名片”“梅州非遗”“梅州美食旅游线路”“梅州特产”等文化旅游精品资源，滚动播放“梅州文化旅游宣传片”“周末去哪里”等宣传栏目视频，展示梅州柚、嘉应茶、客都米、平远橙、长乐烧酒、大埔陶瓷、盐焗食品和柚子酥等梅州特产、旅游商品和文创产品。

是月 新建瑞金至梅州铁路项目顺利通过环境影响评价文件的审查和公示。瑞梅铁路项目总投资约 171 亿元，正线全长约 240 千米，自江西省瑞金站至广东省梅州站，全线共设车站 18 座（新建 5 座），利用既有车站 2 座接轨，远期预留车站 11 座。项目按照国铁Ⅰ级单线客货共线铁路标准建设，电力牵引，设计时速为客车 160 千米、货车 120 千米。

是月 广州市政府办公厅、梅州市政府办公室印发《广州市对口帮扶梅州市助推老区苏区全面振兴发展规划（2021—2025 年）》。广州将助力梅州苏区脱贫攻坚成果全面巩固拓展，居民收入增长幅度高于全省平均水平，培育形成一批产值超百亿元的产业集群，奋力谱写广梅对口帮扶新篇章。

9 月

1 日 “中国柚子看梅州”采风宣传活动在大埔县启动。来自全国各地的新闻媒体、网络达人以及采购商等 20 多人组成采风团走进大埔蜜柚产区，实地选果采购，采风宣传。

是日 第七届广东省政府质量奖名单公布，广东嘉元科技股份有限公司获“第七届广东省政府质量奖”，是梅州唯一一家获奖企业。

是日 省道223线梅县区松源至雁洋段（出省通道）改建工程第二标段开工仪式在梅县区松口镇松郊村举行。工程全长14.13千米，起点位于桃尧镇余坑村，经显朝村、大美村、诰上村、小金村至松口官坪村、松郊村，采用二级公路技术标准，双向四车道，设计速度80千米/小时（局部60千米/小时），路基宽17米，路面宽15.5米。

2日 闽粤联网工程（广东段）福建云霄换流站至广东嘉应变电站间的500千伏云嘉甲乙线顺利投产。闽粤联网工程总投资32亿元，其中广东段线路全长158千米，共151基铁塔。

是日 蕉岭县人民政府和佛山众陶联供应链服务有限公司合作签约仪式举行，双方将围绕“建筑材料产业数字经济创新发展平台”项目，搭建梅州市首家工业互联网平台——众料联。

3日 中央电视台科教频道CCTV-10《地理·中国》栏目推出《寻迹客家民俗》节目，推介梅州客家先民迁徙历史，以及融入当地生活的生存智慧和梅州特色民俗。

5日 广东省文化和旅游厅发布关于广东省全域旅游示范区第五批名单的公示，兴宁市名列其中。

6日 平远县举行庆祝2022年教师节暨县发展教育基金、刘宪奖教奖学金颁奖大会。广东威华集团董事长李建华以其个人名义再向刘宪奖教奖学金捐资1000万元。

是日 白渡嘉元科技园二期A区年产1.6万吨高性能铜箔项目开机投产。该项目位于梅县区白渡镇，规划占地13.27万平方米，总投资21亿元，分两期建设年产3.1万吨高性能铜箔项目。

7日 全国工商联发布2022中国民营企业500强榜单，并发布关于中国民营企业500强的调研分析报告。2家梅州籍乡贤企业上榜2022中国民营企业500强。五华籍乡贤周国辉任董事长兼CEO的深圳市怡亚通供应链股份有限公司居第135位，平远籍乡贤张学政任董事长的闻泰科技股份有限公司居第186位。

8日 塔牌集团发布公告，公司全体非独立董事、监事、高级管理人员拟自公告日起至2022年9月30日前通过集中竞价方式增持公司股份不低于41.5万股，此次增持不设价格区间。

9日 五华县举行教师发展中心培训大楼落成仪式。该大楼由五华杰出乡贤、广东根基有限公司董事长曾汉杰捐资4000万元建设，总建筑面积1.67万多平方米。

14日 《体育总局办公厅关于公布“十四五”期间第二批全国足球发展重点城市的通知》公布。梅州市和北京市、延边朝鲜族自治州、苏州市、杭州市、西安市入选“十四五”期间第二批全国足球发展重点城市，为广东省第三座全国足球发展重点城市。

19日 五华县举行梅州抽水蓄能电站二期开工建设、梅州三渡水抽水蓄能电站项目前期工作启动暨梅州五华龙洞抽水蓄能电站项目签约仪式。抽水蓄能电站位于五华县龙村镇黄狮村，是梅州市投资最大的单体基建工程。项目规划总装机容量240万千瓦，总投资约120亿元，分两期建设。建成后，两期8台机组共240万千瓦投产发电运营，年税收约2亿元。三渡水抽水蓄能电站选址五华与兴宁交界处，总投资约100亿元，总装机容量180万千瓦，建成运营后年税收1.5亿元。龙洞抽水蓄能电站项目选址五华县长布镇和周江镇交界处，总投资约80亿元，总装机容量120万千瓦。

23日 梅州市农业农村局与五华县人民政府举办“庆丰收 迎盛会”梅州市五华县中国农民丰收节活动。主会场设在五华县横陂镇叶湖村广东省悯农农业科技发展有限公司稻虾共作基地。现场播放蔬菜品牌、预制菜、稻虾共作产业宣传推介视频，并播放4个分会场录制的视频，颁发梅州“客家炒绿”茶王奖牌，为20家第十批粤港澳大湾区“菜篮子”生产基地颁发证书。还在现场设置六大特色农产品展示区（茶叶、丝苗米、蔬菜、梅州柚、水产、南药）及农产品&预制菜直播带货区，展出推介梅州农特优产品，助推乡村振兴。

是日 中国·客天下创业岛项目揭牌仪式在明月岛举行。创业岛总建筑面积约23万平方米，共设置50个创客空间。项目分三期打造，分别为一期创业岛、二期凤凰岛、三期康养健康岛，其中项目一期，是以明月岛为载体构建的创业创新平台，设置“旅居康养+亲子互动类”“国潮直播风”“明日玩家电竞”“私房菜+收藏风”“居家办公风”“单身女王风”“艺术创客类”七大创业主题示范区，以及喵宠乐园、偶遇咖啡、次元实验室三大共创空间。

是日 五华宝亚迪新能源电动车项目建成投产，最大年产量可达 20 万辆。该项目由广东南凌电器有限公司和广东博思特厨电科技有限公司共同合作建设，生产基地位于广州番禺（五华）产业转移工业园，投资 1.5 亿元。

24 日 兴宁市版画家协会成立暨第一届会员大会在兴宁市文广旅体局举行，吴浩镐当选为首任会长。

是日 蕉岭县新铺镇绿色低碳“光伏小镇”乡村振兴示范项目一期在新铺镇狮山村开工。项目计划总投资约 9 亿元，总体规划 220 兆瓦（地面集中式光伏规模 200 兆瓦、屋顶分布式光伏规模 20 兆瓦），其中一期规模 64.22 兆瓦、计划投资 2.9 亿元。

27 日 2022 年广东梅州增殖放流活动在梅县区、蕉岭县同步举行，共计增殖放流鳙鱼、鲢鱼、鲮鱼约 600 万尾。

28 日 广东盈华电子科技有限公司年产 4 万吨高端铜箔项目一期投产暨二期动工活动在梅江区举行，项目位于广东梅州经济开发区，主要生产高端铜箔，计划总投资 28 亿元。项目分两期建设，一期项目投资 15 亿元，达产后预计实现年产值 20 亿元、年纳税 0.8 亿元；二期计划投资 13 亿元，达产后预计实现年产值 20 亿元、年纳税 0.8 亿元。项目全面达产后，年产值 40 亿元，年纳税 1.6 亿元。

29 日 梅州市人民医院临床研究治疗中心揭牌仪式在学术交流厅举行。该中心隶属梅州市人民医院药物临床试验机构管理体系，内设梅州首个 I 期临床试验研究室。

是日 平远富远公司年处理 5000 吨中钇富铕稀土矿分离生产线投产仪式在平远高新区举行，标志着富远公司建成“全国最大的中重稀土分离绿色示范工厂”。

30 日 新建瑞金至梅州铁路（广东段）在梅江区西阳镇申渡村规划建设的瑞梅铁路梅江特大桥北引桥东开工建设。

是日 福建和广东两省电网开始电能交互，闽粤电力联网工程竣工投产，福建和广东两省电网首次实现互联互通。

是日 兴宁永和镇 100 兆瓦农光互补项目并网发电，实现当年签约、当年开工、当年投产、当年见效。项目总投资 4.5 亿元，已完成投资 2.2 亿元，全容量并网后可实现年纳税额 650 多万元。

9 月 《梅州足球十年发展规划（2021—2030 年）》印发，提出要因地制宜、发挥特色、远景规划、分步实施、整体提升梅州足球水平，分三个阶段逐步理顺梅州足球发展体制机制，2021 年至 2023 年为夯基础阶段，2024 年至 2026 年为促提升阶段，2027 年至 2030 年为固成果阶段，打造新时代中国足球改革发展梅州样板。

是月 中国作家协会公布 2022 年新会员名单，广东 51 人成为中国作家协会新会员，其中古国伦、朱红娜、温文锦、缪德良 4 名梅州籍作家入选。

是月 广东省工信厅公布 2021 年度省级企业技术中心评价结果，广东嘉元科技股份有限公司的省级企业技术中心被评为优秀，博敏电子股份有限公司、广东固特超声股份有限公司的省级企业技术中心被评为良好。

是月 中国企业联合会、中国企业家协会发布“2022 中国企业 500 强”榜单，2 家梅州籍乡贤企业榜上有名。平远籍乡贤张学政任董事长的闻泰科技股份有限公司以 527.3 亿元的营业收入排第 408 位，营业收入较上一年度减少 24.5 亿元。平远籍企业家黄仕坤任董事长的深圳金雅福控股集团有限公司以 515.2 亿元的营业收入排第 419 位，营业收入较上一年度增加 105 亿元。金雅福集团已连续 4 年登上“中国企业 500 强”的榜单。

2022 年，蕉岭县“寿乡画廊”乡村振兴示范带——蕉岭县新铺镇乡村振兴创业第一站
（梅州市乡村振兴局供图）

是月 蕉岭县长潭镇白马农业主题公园建成开放。该公园总占地面积 6 万多平方米，集党建文化广场、鲜花大道、稻田花海、观光小火车、观景平台农产品展销中心、国家地理标志保护产品文化长廊等旅游打卡点于一体，充分整合闲置土地资源，推动撂荒地复耕复种和农文旅产业深度融合。

是月 广东省卫健委公布 2021 年全省三级综合医院 DRGs 评价指数考核结果。梅州市人民医院考核成绩再创新高，进入全省三级综合医院前五位，连续 4 年蝉联全省地市级医院第一。

是月 新建瑞金至梅州铁路初步设计获国铁集团和江西、广东两省人民政府联合批复。

是月 美国大芝加哥地区华侨华人联合会举行第十二届主席和常务理事会成员选举大会，梅州籍侨领吴灏当选华联会主席。吴灏是广东省侨联海外委员、美国芝加哥客家联谊会会长、美国华洋国际贸易公司和美国帆布供应公司总裁。

是月 梅州市人民医院院长、心血管病中心主任钟志雄教授带领心血管内一科主任李存仁、副主任古献芳外周血管团队，成功开展华南首例 SHOCKWAVE 冲击波技术，为一名股腘动脉严重钙化狭窄患者治疗，取得理想的血管再通效果，标志着梅州市人民医院在外周动脉硬化闭塞症领域治疗水平与国际一线接轨。

是月 2022 年度中国康复医学会科普教育基地名单公布，全国 46 家医院上榜，中山大学附属第三医院粤东医院榜上有名。

是月 梅州市鸿利线路板有限公司投资超 1000 万元实施的双面多层电路板生产线改造项目完成 90%，进入试产阶段，12 月上旬项目全面完成，生产能力从日产 600 平方米跃升至日产 2000 平方米。

是月 博敏电子（603936）发布关于非公开发行 A 股股票申请获得中国证监会核准批文的公告，拟定增募资不超过 15 亿元用于博敏电子新一代电子信息产业投资扩建项目（一期）、补充流动资金及偿还银行贷款。

是月 梅州市盛富金属制品有限公司三期年产 6000 吨金属制品日用品和家具技术改造项目全面试产。三期项目总投资 2 亿元，规划建设 5 万平方米厂房，新增金属制品日用品和家具生产线。

是月 广东粤电大埔电厂二期工程项目开工建设。项目分两期建设，一期机组已建成投产。二期工程建设地点位于大埔县三河镇汇东村，规划建设 2×1000 兆瓦高效超超临界二次再热燃煤发电机组，同步建设烟气脱硫及脱硝、污水处理设施。项目总投资超 80 亿元，投产后可增加年发电量 100 亿千瓦时以上，产值达 50 亿元以上，可为地方创造税收 2.7 亿元以上。

10 月

1 日 在澳大利亚悉尼举行的 2022 年女篮世界杯决赛中，中国队以 61∶83 的比分负于美国队，时隔 28 年再次收获世界大赛亚军。梅州籍球员黄思静作为中国队主力战将，在该届女篮世界杯上表现突出。

9 日 五华县城乡供水一体化升级改造工程动工。项目总投资逾 4.27 亿元，涵盖五华县 8 个镇 243 个行政村，竣工后 76.8 万人将受益。

10 日 由中铁十二局承建的梅龙高铁先行段控制性工程梅兴亭隧道顺利贯通，标志着梅龙高铁兴宁段隧道工程全部贯通。梅兴亭隧道位于兴宁市径南镇境内，总投资 2.97 亿元，全长 5132 米，按双线设计，设计行车速度每小时 350 千米，是梅龙高铁兴宁段最长的隧道。

11 日 广东梅州职业技术学院迎来 2500 名 2022 级新生报到开学，新建校本部北区正式投入使用。

是日 塔牌集团（002233）发布关于回购股份比例达 1%暨回购进展公告。公司通过股票回购专用证券账户以集中竞价交易方式累计回购股份 1192.28 万股，已达公司总股本 1%，最高成交价 8.95 元/股，最低成交价 7.54 元/股，支付的总金额 1.02 亿元（含交易费用）。

12 日 广东省企业联合会、广东省企业家协会举办的 2022 广东企业 500 强研究新闻发布会在广州举行，发布“2022 广东企业 500 强”榜单和《2022 广东 500 强企业发展报告》。500 强榜单中，梅州市 5 家企业榜上有名，分别是广东宝丽华新能源股份有限公司、广东塔牌集团股份有限公司、博敏电子股份有限公司、广东嘉元科技股份有限公司、广东超华科技股份有限公司。

15 日至 2023 年 3 月 15 日 第 132 届广交会在线上举办，梅州分团有 85 家企业线上参展，其中品牌展位企业 19 家、一般性展位企业 66 家，主要展品包括机电、五金、陶瓷、节日用品、家居装饰品、纺织品、服装、箱包、食品、医药等 10 多个大类，分布在 19 个展区。

19 日 大埔县锂电池精密结构件项目签约仪式在大埔县举行，签约项目计划总投资 10 亿元，这是市驻厦门招商队引进的首个产业项目，由大埔县杰出乡贤邓振龙和张定武合作投资，主要产品为新能源电池铝壳、盖板以及光伏逆变器散热器、储能散热器、车载散热器等精密结构件，项目选址在大埔县城工业小区，计划总投资 10 亿元。

19—21 日 广东省政协副主席袁宝成率调研组到梅州，围绕“坚定投资信心，推动制造业高质量发展”课题开展专题调研，强调要坚定发展信心，抢抓历史机遇，主动作为、精准谋划，用好用足用活国家和省各项支持政策，全力以赴推动红色苏区绿色发展。

25 日 “中国柚子看梅州”金柚宣传推广活动在梅县区雁洋镇南福金柚公园启动，拉开 2022 年梅县金柚开摘序幕，同时在松口镇蓬辣村东楼坑举行百年柚树开采仪式。

26 日 铁山嶂废弃矿区生态综合治理修复工程项目（兴宁部分）开工仪式在兴宁市合水镇举行。这是梅州市山水林田湖草沙一体化保护和修复工程项目的重点示范项目，总投资额 4.58 亿元，预计 2023 年底竣工。

26—29 日 广东省第十六届运动会体育竞技组跆拳道比赛在清远市阳山县体育馆举行，梅州市运动员刘曜乐在男甲+74 公斤比赛中获得冠军，这是梅州自 2001 年组建跆拳道队以来，收获的首块跆拳道男子省运会金牌。张楚玲获得女甲 53 公斤比赛冠军，卓裕霞获得女乙+59 公斤比赛冠军。梅州代表队共收获 3 枚金牌、4 枚铜牌和 8 个第五名，获得自 2002 年第十一届省运会参加跆拳道项目以来的历史最好成绩。

10 月 罗乐大桥至省道 333 连接线工程全线交工验收。该工程起于广东梅州经济开发区一路平交路口，止于河坑里与省道 333 线平交，全线位于广东梅州经济开发区范围内。该项目总投资 2.48 亿元，路线全长 2.25 千米，采用一级公路技术标准结合园区道路使用需求进行建设，设计行车速度为 60 千米/小时。

是月 由中山大学旅游学院副院长何莽带队编写的《康养蓝皮书：中国康养产业发展报告（2021）》发布，2021 年度全国康养产业可持续发展能力二十强市榜单和 2021 年度全国康养产业可持续发展能力百强县榜单同步发布。梅县区、蕉岭县入围“康养百强县”。

是月 国家知识产权局公布 2022 年度国家知识产权优势企业和示范企业名单，梅州市 3 家企业榜上有名。广东嘉元科技股份有限公司入选国家知识产权示范企业，梅州市志浩电子科技有限公司、广东明珠流体机械有限公司入选国家知识产权优势企业。

是月 广东省社科联印发《关于认定广东省社会科学普及基地的通知》，认定广东省社会科学普及基地标准型基地 140 家、提升型基地 30 家、孵化型基地 67 家。梅州市平远县红四军纪念馆、东江苏维埃政府暨红十一军成立旧址群、丰顺县集瑞博物馆、梅州市客侨博物馆、丰顺县嘉洪农林研学基地、蕉岭县文福镇仓海诗廊、梅州市东方骄子书画艺术科普基地 7 家基地被认定为标准型社会科学普及基地、美育与国民文化自信推广中心被认定为孵化型基地。

是月 交通运输部、国家邮政局联合发布第三批农村物流服务品牌，其中兴宁市“电商物流 + 农村客货同载 + 商超联运”项目获评为第三批农村物流服务品牌，是广东省唯一上榜项目。

是月 嘉元科技（688388）发布 2021 年度向特定对象发行股票发行情况报告书，向特定对象发行股票的实际发行数量 7025.75 万股，发行价格 48.50 元/股，募集资金总额 34.07 亿元。该次发行对象最终确定为 17 家，涵盖多家公募基金。

是月 省天然气管网“县县通工程”梅州—蕉岭—平远项目开工。该项目包括平远支线和蕉岭支线，起点为省管网揭阳—梅州支干线的梅州末站，途经梅县区、梅江区、平远县、蕉岭县，终点分别为蕉岭末站和平远末站，线路全长 93 千米，是省天然气管网“县县通工程”的重要组成部分，预计 2023 年下半年建成。

是月 在梅州市人民医院院长、心血管病中心主任钟志雄教授带领下，心血管内三科主任李斌团队成功为一名 84 岁老伯完成全国首例“全皮下植入式心律转复除颤器（S-ICD）+ 无导线起搏器（Micra）”一站式植入手术。这两项技术均为当前治疗心血管疾病的前沿技术，标志梅州市人民医院在心源性猝死的器械治疗领域达到全国领先水平。

是月 广东省人民政府办公厅印发《省直机关及有关单位对口支援重点老区苏区工作方案》，明确从

2022 年至 2030 年，采取组团式、多对一方式推进对口支援重点老区苏区工作。广东省商务厅等 24 个省直机关、国有企业、中央驻粤机构将组合成 8 个帮扶集团，分别对梅州市 8 个原中央苏区县（区、市）进行对口支援。

是月 建行梅州市分行开辟绿色通道、优化服务环节，快速为梅州市一重点铜箔制造企业定增投放 3 亿元并购贷款，该公司新建锂电铜箔项目得以如期展开。

是月 广东省文旅厅公布全省 2020—2021 年度博物馆运行评估结果。评审出优秀等次博物馆 25 家、良好等次 52 家、合格等次 168 家。梅州市需参评博物馆 24 家，叶剑英元帅纪念馆获评优秀等次，梅江区博物馆、梅县区博物馆、五华县博物馆、大观园陶艺博物馆获评良好等次，其余 19 家获评合格等次。

是月 中国林业科学研究院热带林业研究所与华南农业大学专家团队一行到蕉岭长潭省级自然保护区考察，意外拍摄到极为罕见的中型猛禽林雕现身于保护区山林上空，这一发现为长潭保护区内鸟类种类新记录。

11 月

1 日 《梅州市文明行为促进条例》经广东省十三届人大常委会第四十六次会议批准，自 2022 年 11 月 1 日起施行。

是日 “2022 年梅县区十佳金柚园”评比活动在梅县区农业农村局举行。活动评选出“2022 年梅县区十佳金柚园”，分别是松源镇赖小勇金柚园和刘仁华金柚园、畲江镇余志伟金柚园、桃尧镇张文锐金柚园和卢伟军金柚园、雁洋镇杨小庆金柚园、南口镇黄凯锋金柚园、城东镇曾志刚金柚园、白渡镇谢敏金柚园、石扇镇刘国勇金柚园。

8 日 广州支援梅州丰顺抗疫物资交接转运仪式在梅城举行。活动筹集总价值 105.24 万元的一批防疫物资，包括纳米银离子生物喷剂、洗手液、化橘红、医用口罩、雾化消毒车、消毒液等，用于丰顺一线疫情防控工作。

18 日 以“多彩橙乡 跑出健康”为主题的平远县第十八届脐橙文化旅游节在平远县人民广场开幕，平远脐橙正式开摘。开幕仪式举办脐橙供销合作签约仪式、公布自驾游脐橙采摘点、平远县第九届道德模范及提名奖颁奖和健康跑等，吸引各地游客、采购商共襄盛事。

是日 赣闽粤原中央苏区对接融入粤港澳大湾区振兴发展先行区（蕉岭片区）蕉华工业园区北部发展区（广福园区）基础设施首期项目动工建设。这是梅州市最大一笔政策性开发性金融工具基金项目，首期项目总投资 3.91 亿元。

20 日 大埔县科技创新产业园标准化厂房建设及基础设施配套工程（一期）设计施工总承包项目开工仪式在大埔县高陂镇举行。项目规划面积 29 公顷，计划总投资 6.56 亿元，已获批政策性开发性金融工具 6558 万元，主要承接陶瓷新材料研发、生产和上下游产业链。

22 日 汕梅高速公路改扩建项目建设动员会在汕梅高速公路畲江养护基地举行，改扩建项目全面开工建设。项目计划 2026 年底建成通车。

25 日 广东盈华电子材料有限公司年产 3600 万张高性能覆铜板项目一期生产线实现全线联机，顺利进入试产阶段。项目计划总投资 36 亿元，项目分三期建设，一期、二期、三期投资分别为 12.5 亿元、11.5 亿元、12 亿元，建成后每期年产高性能覆铜板 1200 万张、商品黏结片 2000 万米。项目设计年总产能高性能覆铜板 3600 万张、商品黏结片 6000 万米，达产后预计年产值可达 80 亿元、提供就业岗位 1000 个。

是日 2020—2021 年度中国建设工程鲁班奖（国家优质工程）颁奖暨行业技术创新大会在南宁举行，大会表彰 246 项鲁班奖工程。五华县足球文化公园体育场馆（第一期、第二期）工程获评“鲁班奖”。这是继 2004 年梅州雁南飞茶田景区的雁南飞围龙大酒店获得鲁班奖后，梅州市再次获得该奖项，也是五华本土企业在本地摘取的首个“鲁班奖”。

30 日 梅州综合保税区二期项目动工。该次动工的二期项目占地面积 1.07 平方千米，总投资 35.31 亿元，分两个阶段实施，第一阶段实施投资 14.71 亿元的配套基础设施建设项目（封关验收项目），第二阶段实施投资 20.6 亿元的标准厂房及其配套建设项目。

11 月 广东省首批林业特色产业发展基地名单公布，梅县区油茶产业发展基地、兴宁市油茶产业发展基地、平远县中药材产业发展基地、蕉岭县竹产业发展基地榜上有名。

是月 《梅州市革命文物保护利用五年行动计划（2021—2025年）》正式印发实施，具体提出3个目标、8项主要任务和6项重点项目。

是月 蕉岭县农村供水巩固提升工程一期EPC总承包项目总投资1.3亿元，建设范围涵盖广福镇、文福镇、南礤镇、长潭镇、三圳镇、蓝坊镇、新铺镇7个城镇，项目完工后将全面解决农村饮水安全问题。

是月 水利部办公厅公布全国水利工程移民安置高质量发展实践典型案例名录，广东省水利厅水库移民处、梅州市大埔韩江高陂水利枢纽工程建设管理处编写的《两手发力，助力水库移民高质量发展——广东省梅州市高陂水利枢纽工程移民安置案例》入选，是广东省唯一入选的水利工程项目。

是月 广东省工信厅组织开展2022年度特色产业园申报和评审工作，19个申报对象通过评审，并进行公示，梅县区产业集聚地（电子专用材料）、蕉岭县产业集聚地（绿色建材）特色产业园榜上有名。

是月 平远县辖区内有壮族、土家族、瑶族、苗族、满族等23个少数民族，少数民族户籍人口567人，外来务工经商少数民族20多人。为让少数民族同胞更好地融入平远、融入梅州，平远县委统战部率先在全市成立首个“石榴籽”工作室。

是月 五华县市场监管局联合公安、烟草、农业等部门，在垃圾处理场，对依法罚没的120个品种、货值14.9万元的侵权假冒商品进行公开销毁。

是月 省道221线大埔县湖寮至枫朗段公路改建项目动工。项目起点位于湖寮镇坳背，终点位于枫朗镇枫朗牌楼处，路线全长约12千米，采用一级公路标准，双向四车道，设计时速80千米，总投资5.96亿元。

是月 梅州海关为一位特别的监管对象——1岁的比熊犬“有福”签发首张出境伴侣动物卫生证书。

是月 农发行梅州市分行在国家发展改革委推送选择农发行的10个入库项目中，择优申报8个项目，其中获批7个项目，投放基金总额达11.2亿元。

是月 梅州经济开发区被广东省商务厅认定为省级加工贸易产业转移园，为梅州市外向型经济发展再添一个省级平台。

是月 梅县区1宗国有建设用地使用权在网上进行公开拍卖，最终由广东恒兆房地产开发有限公司竞得，成交总价为1.9亿元。地块位于梅县区扶大高管会铁炉桥村，出让面积5.51万平方米，是2022年梅县区公开出让面积最大地块。

是月 梅州市商务局组织大埔县陶瓷行业协会发动18家企业组团参加2022THE海南（东盟）酒店及餐饮用品博览会、海南（东盟）建材及家具装饰博览会，设立中国（梅州）跨境电子商务综合试验区主题展区、陶瓷主题展区，集中宣传展示梅州综试区发展优势及大埔县工艺陶瓷、青花瓷、茶具、餐具、定制类瓷器等一百多种陶瓷产品，现场成交额50多万元，达成意向合作金额800多万元。

是月 五华县技工学校（二期）项目正式动工建设。项目总投资约2亿元，占地面积1.68万平方米，建成后可增加学位1500个。

是月 广东省委常委、统战部部长王瑞军到梅州，就深入学习贯彻党的二十大精神和习近平总书记对广东系列重要讲话、重要指示精神，调研“全面推进乡村振兴、促进城乡协调发展”工作，检查秋收冬种、冬修农田水利工作，开展农村疫情防控督导。

是月 国家癌症中心公布“第一批卵巢癌规范诊疗质量控制试点单位名单”，梅州市人民医院榜上有名，这是继成为“中国宫颈癌防治工程定点医院”之后，梅州市人民医院获得的又一块国家级金字招牌。

是月 广东省农业农村厅、省市场监管局印发通知，公布全省首批15个“省级现代农业全产业链标准

2022年，梅江区城北镇扎上—玉水乡村振兴示范带　（林翔 摄）

化示范基地”名单。五华县一基地上榜，为梅州市桃花缘文化实业发展有限公司蛋鸭养殖示范基地。

是月 广东供销天柘冷链物流基地项目在平远高新技术产业开发区试运营，填补平远县农产品冷链物流产业园的空白，首批2200多吨的混合果汁被冷藏入库。

12月

7日 梅州市“一站式”人才服务平台启用暨梅州人才卡首发仪式在中国农业银行梅州分行举行。

是日 一场韩江流域鱼类增殖放流活动在广东梅州高陂水利枢纽工程水库运行管理平台举行，60万尾鱼苗流入韩江。

10日 中国侨乡（梅州）研究中心揭牌仪式暨“海上丝绸之路与梅州客家华侨”学术研讨会开幕式在梅城举行。会上，中国华侨华人研究所理论政策研究部主任罗扬宣读中国华侨华人研究所“关于设立中国侨乡文化（梅州）研究中心”的批复函，举行中国侨乡文化（梅州）研究中心揭牌仪式。随后，举行以“海上丝绸之路与梅州客家华侨”为主题的“海上丝绸之路与梅州客家华侨”学术研讨会。

15日 梅州市润龙汽车配件加工制造生产基地奠基仪式在梅县区城东镇葵下村举行。项目投资2亿元，分两期建设，建成投产后每年可生产半挂车1800台以上，产值1.5亿元。

20日 2022年广东省“省长杯”青少年足球联赛高中、中职组全省总决赛在五华横陂足球特色小镇举行。在高中男子组比赛中，五华县高级中学代表队1∶0战胜深圳翠园中学代表队，获得冠军。

20—29日 客商银行·2022世界客都长寿梅州马拉松线上赛举行。12338名马拉松爱好者在线上“云跑梅马”，再度“亲梅逐马”，线上赛的总跑量达33万余千米。

26日 平远县2022年重点工业项目集中开工投产活动暨梅州市盈华铜箔科技有限公司年产10万吨高端铜箔项目一期开工、广东盈华材料年产3600万张高性能覆铜板项目一期投产二期开工仪式在平远高新技术产业开发区举行，总投资额超过108亿元的12个战略性、示范性重点项目实现集中开工或投产。全部达产后，预计可实现年产值180多亿元、税收7.2亿元，提供就业岗位4000多个。

28日 五华县“南粤家政”产业园正式揭牌开园。五华县“南粤家政”产业园位于五华县创业孵化园和五华县技工学校内，并于水寨镇大岭村村委会旧址建设水寨分园，总建筑面积为5000多平方米，可供10家以上家政服务企业入驻，为入驻家政企业、家政从业人员、市民提供全方位服务。

是日 2022年广东省“省长杯”青少年足球联赛高中女子组决赛在五华横陂足球特色小镇落幕。五华县高级中学代表队4∶0战胜湛江市爱周高级中学代表队，获得冠军。

28—30日 首届中国“年鱼”博览会在珠海国际会展中心举行。梅州市参展的水产加工品包括客都草鱼丸、鱼肉卷、鱼肉肠、香脆草鱼皮、传统风味腊鱼干等。该次亮相博览会的客都草鱼加工品是梅江水产产业园投产的首批产品，推动梅州水产品转型升级。

28日至2023年1月2日 第十八届中国（深圳）国际文化产业博览交易会在深圳国际会展中心举办。梅州展馆以“梅州——致力打造全球客家文化传播推广中心”为主题，充分体现客家元素和梅州特色，来自各县（市、区）的31家展商、300多件展品参展，荟萃陶瓷工艺、木雕、石雕、漫塑、陶塑、紫砂、青铜制造、版画、藤具、竹编、植染、花灯等“客味”十足的文创精品，以及智能产品、硅胶制品等“创味”浓郁的文创新品，推广客家文化和文化旅游产业发展项目，开展交易和招商引资。梅州市在文博会“中国工艺美术文化创意奖”评选中取得2枚金牌、1枚银牌、4枚铜牌的成绩。

29日至2023年1月1日 以“发展县域消费，共享美好生活”为主题的2022广东首届县域商业促消费活动在兴宁市威尔思酒店举行。启动仪式现场进行省级示范特色步行街（商圈）风采展示，发布广东省县域商业地图，并举行县域重点商业项目签约仪式。其重要组成部分“嗨购兴宁·礼享生活”促销展销活动，设置家电促销、汽车展销、电商直播、农产品展销4个展区、170个展位，120多家商户参与促销展销，累计销售总额2107.5万元。

30日 丰顺县教堂水库项目开工仪式在丰良镇举行。该项目以供水、灌溉为主，总投资超1亿元，主要建设包括混凝土重力坝、管养房、输水管网等，预计 2024 年底完成建设。

是日 大埔县茶阳镇防洪工程项目开工仪式在茶阳镇举行。该项目总投资 6.6 亿元，项目由干流汀江段堤围、漳溪河右岸堤围、小靖河分洪工程组成，建成后防洪标准将提高到 20 年一遇。

12 月 梅州市新阶联召开妇女第一次代表大会，成立市新阶联妇女联合会。郑雅倩当选第一届妇联主席，李晓兰、张玲玲、曾春妮当选副主席。

是月 梅州市人民政府公布梅州市第十批市级非物质文化遗产代表性项目名录，兴宁客家锣鼓等 6 大类 30 个项目入选。

是月 梅州市印发《关于做好新冠病毒无症状感染者和轻型病例居家隔离管理工作通知》，并附《新冠病毒感染者居家治疗指南》。中山大学附属第三医院感染性疾病科教授、梅县区新冠肺炎救治专家组组长李刚，就无症状感染者和轻型病例如何做好居家隔离治疗作进一步说明。

是月 梅州首座超级充电站正式投入运营，配备有 12 个新能源汽车充电车位。该充电站位于梅江区学子大道千佛塔停车场，由地方国企梅江控股与天枢能源合作投建，天枢能源自主研发的全功率柔性智能分配充电堆配备有 1 个液冷超充桩和 11 个直流快充桩。其中液冷超充设备在行业中属于领先技术产品，当搭载液冷超充终端时，输出可以达到 1000 伏、480 安，单枪最高输出功率达 480 千瓦，实现充电 5 分钟，续航 200 千米。

是月 兴宁市档案馆新馆正式启用。该馆位于南部新城核心区，按县级一类国家综合档案馆标准设计，总投资 5000 万元，建筑面积约 4857 平方米，一、二层设置对外服务用房和功能用房，三层为报告厅，主要由各类档案库房及阅览室、档案接收、编目扫描复印以及电子档案接收室、计算机室等组成。

是月 中国工商业联合会第十三次全国代表大会召开，选举产生全国工商联第十三届执行委员会。梅州市工商联主席、广东嘉元科技股份有限公司董事长廖平元当选全国工商联第十三届执行委员会执行委员，实现梅州市工商联的历史性突破。

是月 广东省文旅厅公布首批广东省乡村旅游优质项目名单，全省共 11 个项目入选，平远县泗水镇梅畲村乡村旅游优质项目榜上有名。

是月 广东省文旅厅公布第八批省级非物质文化遗产代表性项目保护单位名单，全省共 115 家单位被认定为第八批省级非物质文化遗产代表性项目保护单位。梅州有 6 家单位上榜，分别为中式服装制作技艺（客家服饰制作技艺）、香花祭仪 2 个项目入选第八批省级非物质文化遗产代表性项目名录，船灯（广福船灯）、李家教拳（兴宁李家教拳）、木刻版画（兴宁版画）、酿造酒传统酿造技艺（兴宁珍珠红酒酿造技艺）4 个项目入选省级非物质文化遗产代表性项目名录扩展项目名录。

是月 农业农村部农产品质量安全中心公布 2022 年第三批全国名特优新农产品名录，大埔板栗、蕉岭鹰嘴桃入选。至此，梅州市入选全国名特优新农产品名录的农产品数量达到 30 个。

是月 新“梅江八景”评选结果出炉，8 个景点（景区）入选，分别为风眠故里——林风眠故居和纪念馆，高观揽胜——清凉山主峰黄沙嶂，结庐人境——黄遵宪故居和纪念馆，梅水夜韵——梅江桥和一江两岸夜景，泮坑枫情——泮坑风景区，骑楼凌风——凌风东西路及梅州学宫、八角亭，铁塔梵音——千佛塔景区，迎客天下——客天下景区。

是月 五华县首个集中式大型光伏发电项目——黄泥寨 70 兆瓦农光互补项目光伏子阵一次性并网成功，标志着五华县绿色能源产业发展迈上新台阶。该项目位于河东镇、安流镇一带，项目总投资 3.36 亿元，占地 94.67 万平方米，规划总装机容量 70 兆瓦。投产后每年可为电网提供清洁电能 7519 万千瓦时，节约标准煤约 3 万吨，减少二氧化碳排放量 7.5 万吨。

（廖晓鹏）

责任编辑：廖晓鹏

梅州概览

自然环境

【位置和面积】 梅州市位于广东省东北部，地理位置坐标为北纬23° 23′ ~24° 56′、东经 115° 18′ ~116° 56′。地处闽、粤、赣三省交界，东部与福建省龙岩市和漳州市接壤，南部与潮州市、揭阳市、汕尾市毗邻，西部与河源市接壤，北部与江西省赣州市相连。全市土地总面积 15864.51 平方千米，辖梅江区、梅县区、平远县、大埔县、蕉岭县、丰顺县、五华县，代管兴宁市。梅州市人民政府设在梅江区江南新中路。

【地质和地貌】 梅州地质构造比较复杂，主要有褶皱构造和断裂构造，梅州处于华南褶皱系的南部，有北东向、东西向、北西向、南北向四种走向的断裂带。境内总体地势北高南低，由闽粤赣边境逐渐下降到梅县、兴宁等盆地后又重新高起，再逐渐下降到潮汕平原。按地貌形态可划分为由花岗岩、喷出岩、变质岩、砂页岩、红色岩和灰岩六大岩石构成的平原（盆地）、阶地、台地、丘陵和山地五大类。全市山地面积占 24.3%，丘陵及台地、阶地面积占 56.6%，平原面积占 13.7%，河流和水库等水域面积占 5.4%。

市境地处五岭山脉以南，地势北高南低，山系主要由武夷山脉、莲花山脉、凤凰山脉三列山脉组成。海拔千米以上的高峰有 140 多座，其中位于丰顺县的铜鼓嶂海拔 1560 米，是梅州第一高峰。山地主要有七目嶂、铁山嶂及梅、蕉、平山地。境内主要盆地有兴宁盆地，面积约 400 平方千米，属于梅州第一大盆地；梅江盆地，面积约 120 平方千米；蕉岭盆地，面积约 100 平方千米；汤坑盆地，面积约 100 平方千米。

（梅州市自然资源局　梅州市人民政府地方志办公室）

【河流】 梅州境内河流众多，分属韩江、东江、粤东沿海诸河三大水系。主要的河流有韩江、梅江、琴江、五华河、宁江、程江、石窟河、松源河、梅潭河、汀江、五经富水、榕江北河等。

（广东省水文局梅州水文分局）

【生态环境】 2022 年，梅州市有自然保护区 49 个，总面积 17.48 万公顷。其中，省级自然保护区 7 个，面积共 6.15 万公顷；市级自然保护区 30 个，面积共 8.66 万公顷；县级自然保护区 12 个，面积共 2.67 万公顷。全市森林公园 93 个，总面积 7.53 万公顷，其中国家级森林公园 5 个，分别是广东神光山、广东雁鸣湖、广东南台山、广东镇山和广东阴那山森林公园，面积共 0.84 万公顷；省级森林公园 7 个，分别是广东天鹅山、广东长潭、广东双髻山、广东丰溪、广东五虎山、广东韩山和广东蒲丽顶森林公园，面积共 1 万公顷。全市湿地公园 6 个，面积共 0.09 万公顷。全市省级风景名胜区 2 个（阴那山和五指石），面积共 0.19 万公顷。全市省级地质公园 1 个，面积 0.37 万公顷。

2022 年，梅州市环境空气质量达标率 99.2%，空气质量综合指数 2.50，在全省 21 个地级市中排第一名。县级以上饮用水水源水质优良，达标率 100%。全市主要江河湖库水质总体为优良，30 个监测断面均达到或优于Ⅲ类优良水质。韩江出境跨界赤凤断面为Ⅱ类水质，榕江北河出境跨界龙溪断面为Ⅲ类水质，均达到考核目标要求。梅州市区城市区域声环境质量较好，城市道路交通噪声声环境质量好，城市功能区噪声昼间达标率98.3%，夜间达标率93.8%。

（梅州市林业局 梅州市生态环境局）

【气候】 梅州地处低纬，近临南海、太平洋，且受山区特定地形影响，具有夏日长、冬日短、气温高、光照充足和雨水丰盈且集中等低纬气候特点，又具有冷热悬殊、气流闭塞，易有旱涝灾害，地形小气候突出等山区气候特点。梅州属典型的亚热带季风气候，该气候区是南亚热带和中亚热带气候区的过渡地带，以大埔县茶阳经梅县区松口、蕉岭县蕉城、平远县石正、兴宁市岗背为分界线，平远、蕉岭、梅县北部为中亚热带气候区，五华、兴宁、大埔和平远、蕉岭、梅县南部为南亚热带区。

2022年，梅州市气候呈现气温起伏大、高温异常强、“龙舟水”强的特点。年内全市天气总体平稳，总体看属一般气候年景。

2022年，梅州市各县（市、区）年平均气温在20.8℃~22.7℃之间，全市平均21.7℃，较常年平均（指1991—2020年平均值，下同）偏高0.2℃，属正常范畴。年内气温起伏大，2月、5月、6月和12月平均气温属负距平，4月平均气温持平，其余各月均为正距平。2月、5月和12月气温明显偏低2℃以上，1月、3月和11月气温明显偏高2℃以上。2022年全市各县（市、区）的极端最低气温为-0.6℃~4.6℃，出现时间不一，平远12月19日录得全市最低温-0.6℃；各县（市、区）极端最高气温为38.8℃~39.8℃，出现在7月25日和8月23日，蕉岭录得全市最高温39.8℃。

2022年，梅州市各县（市、区）年总降雨量在1439.2毫米~2087.2毫米之间，全市平均降雨量1777.5毫米，比常年平均偏多12%。从时间分布看，第一季度平均降雨量466.9毫米，比常年同期多77%；第二季度平均降雨量796.3毫米，比常年同期多19%；第三季度平均降雨量320.9毫米，比常年同期少40%；第四季度平均降雨量193.4毫米，比常年同期多60%。从空间分布看：丰顺县城降雨量稍多，年降雨量2087.2毫米；大埔县城降雨量最少，年降雨量仅有1439.2毫米；全市年雨量最大点出现在平远县仁居镇大畲坳，为2357.8毫米。

2022年，梅州市各县（市、区）年总日照时数在1821.9小时~2391.2小时之间，全市平均1974.5小时，比常年平均多9%，属正常范畴。（梅州市气象局）

资 源

【矿产资源】 梅州市处于中国武夷成矿带的南缘，矿产资源较为丰富。已发现矿产资源54种。其中，地质勘查48种，利用30种。矿产地321处，其中储量规模达中、大型的61处，占19%。探明储量的矿种主要有煤、铁、锰、铜、铅、锌、钨、锡、钼、锑、银、稀土、石膏、膨润土、珍珠岩、水泥用灰岩、建筑用花岗岩、矿泉水及地热，其次为钛、钒、钴、铋、金、铍、铀、萤石、冶金用白云岩、硫铁矿、钾长石、叶蜡石、高岭土、陶瓷土、饰面用大理岩、饰面用辉绿岩等。大中型矿床有平远县仁居稀土矿、平远县八尺稀土矿、大埔县五丰稀土矿、梅县区玉水硫铜矿、梅县区嵩溪银锑矿、梅县区银屎铅锌（银）矿、梅县区瑄坑钨矿、五华县汶水钨矿、五华县洋圹钨矿、五华县白石嶂钨钼矿、兴宁市铁山嶂铁矿、兴宁市霞岚钒钛磁铁矿、平远县尖山铁矿、丰顺县八乡铁矿、丰顺县尖笔岽铅锌矿、蕉岭县文福长隆山水泥用灰岩及丰顺县汤坑镇邓屋地热、五华县郭田双光矿泉水等。

截至2022年底，登记探矿权30个，勘查登记面积共214.41平方千米，占辖区面积的1.35%。勘查矿种有稀土、银、铜、铅、锌、铀、铌钽、铷、钼、地热水等。全市登记矿山171家（有效期内141家、过期30家），其中停产115家，在产56家；登记面积55.71平方千米，占辖区面积的0.35%。矿业开采以稀土、铜、铁、建筑用石料、水泥用灰岩、高岭土（陶瓷土）、地热、矿泉水等矿产为主。

梅州市优势矿种有稀土、铜、陶瓷土、水泥用灰岩、地热、煤炭等。

全市已查明的矿产资源大多数进行开发。梅县区银屎铅锌矿、梅县区瑄坑钨矿、五华县汶水钨矿、五华县洋圹钨矿等已闭坑。平远县尖山铁矿、梅县区玉水硫铜矿等可采资源量日趋减少。后备资源少。（梅州市自然资源局）

【水资源】 2022年，梅州市地表水资源量143.69亿立方米，年径流深905毫米，其中地下水36.03亿立方米，占总量的25.1%。全市水资源利用率13.28%，人均水资源占有量3724立方米。

梅州有大型水库 4 座、中型水库 18 座，其中在韩江流域 20 座、粤东诸河（榕江）流域 2 座。2022 年末全市大中型水库蓄水总量 5.8 亿立方米，比上年同期增加 8650 万立方米。

2022 年，全市总供水量 19.09 亿立方米，比上年减少 1.78%。其中地表水源供水 18.45 亿立方米，占总供水量的 96.65%，地下水源（浅层）供水 0.51 亿立方米，占总供水量的 2.65%，其他水源供水 1331.48 万立方米，占总供水量的 0.7%。在地表水源供水中，蓄水工程供水 10.97 亿立方米，占 57.47%；引水工程供水 5.71 亿立方米，占 29.94%；提水工程供水 1.77 亿立方米，占 9.25%。

2022 年，全市总用水量 19.09 亿立方米，比上年减少 0.35 亿立方米。全市用水以农业灌溉为最多，达 13.02 亿立方米，占总用水量的 68.21%；工业用水 0.91 亿立方米，占 4.78%；林牧渔畜用水 1.82 亿立方米，占 9.52%；农村生活用水 1.08 亿立方米，占 5.67%；城镇生活用水 1.32 亿立方米，占 6.93%；城镇公共用水 0.78 亿立方米，占 4.08%；生态环境用水 0.16 亿立方米，占 0.81%。（梅州市水务局）

【动植物资源】 梅州属亚热带季风气候区，区域内水资源丰富，地形复杂多样，独特地理位置，复杂气候类型，蕴藏着丰富的野生动植物资源。结合前人的研究结果，梅州市共记录陆生脊椎野生动物 30 目、120 科、528 种，占广东省有记录脊椎动物总数 928 种的 56.9%。其中，哺乳类 8 目、20 科、64 种，占广东省有记录哺乳类总数 144 种的 44.4%；鸟类 18 目、71 科、334 种，占广东省有记录鸟类总数 553 种的 60.4%；爬行类 2 目、21 科、91 种，占广东省有记录爬行类总数 156 种的 58.3%；两栖类 2 目、8 科、39 种，占广东省有记录两栖类总数 75 种的 52.0%。其中国家一级重点保护动物 14 种，国家二级重点保护动物 82 种，广东省重点保护动物 68 种。主要兽类有穿山甲、豹猫、野猪、豪猪、果子狸等；鸟类有鹭、鹰、竹鸡、麻雀等；两栖类有沼蛙、泽蛙、石蛙、蟾蜍等；爬行类有蟒蛇、金环蛇、银环蛇、眼镜王蛇、泥蛇以及大壁虎、鳖、乌龟、巨蜥等。境内有 2000 多种高等植物，经考察采集和记载的就有 1000 多种，隶属 182 科、598 属。其中，蕨类植物 19 科、29 属、41 种；果子植物 7 科、11 属、14 种，双子叶植物 134 科、471 属、908 种，单子叶植物 22 科、87 属、121 种。按树种分类，有材用植物、药用植物、油脂植物、芳香植物、纤维植物、淀粉植物、果类植物、蜜源植物、鞣料植物，还有属于花卉、观赏和庭园绿化类的野生植物。

（梅州市林业局）

【旅游资源】 2022 年，梅州市新增 5 家国家 AAA 级旅游景区，分别是平远县大河背景区、丰顺县铜鼓峰旅游区、蕉岭县丘成桐祖居文化旅游区、兴宁市珍珠红诚意酒城旅游区、粤东云山谷生态旅游区。截至 2022 年底，全市有国家 AAA 级以上旅游景区 50 家（居全省第二位），其中 AAAAA 级 1 家、AAAA 级 12 家、AAA 级 37 家；有星级饭店 28 家，其中五星级 2 家、四星级 6 家、三星级 20 家；有旅行社 66 家，其中出境游组团社 4 家。

2021 年，梅州市为庆祝中国共产党成立 100 周年，系统整合梅州市文化旅游资源，打造旅游精品线路，进一步擦亮“世界客都·长寿梅州”品牌，组织评选出“梅州十景”“梅州红十景”“梅州文十景”“梅州十四大名人故（旧、祖）居”。

梅州十景：清凉春色（梅江区清凉山郊野公园）、雁南茶韵（梅县区雁南飞茶田景区）、神光普照（兴宁市神光山国家森林公园）、卧佛含丹（平远县南台山天然卧佛）、五指擎天（平远县五指石景区）、石窟画廊（蕉岭县石窟河）、坪山梯田（大埔县坪山千亩梯田）、铜鼓日出（丰顺县铜鼓峰）、韩岽笼云（丰顺县韩岽）、元坑球源（五华县元坑遗址景区）。

梅州红十景：元帅之光——叶剑英纪念园和故居，“八一”火种——三河坝战役纪念园，古田前奏——中央九月来信传达地梅县同怀别墅，粤东井岗——九龙嶂革命根据地旧址群，三进梅州——平远红四军纪念馆、仁居红军街、八尺角坑村、红四军攻占梅城朱德演讲旧址、红四军司令部丰顺马图村旧址、红四军营宿地旧址蕉岭赖氏宗祠，东江军魂——红十一军诞生地旧址群、古大存故居，绝密使命——中央红色交通线大埔旧址群，南委风云——中共南方工作委员会旧址，长征巾帼——坚真纪念馆和故居，生死坚守——罗屏汉张瑾瑜烈士纪念馆和故居。

梅州文十景：父子进士牌坊，狮雄山遗址，花萼楼，泰安楼，肇庆堂，中山纪念堂，中国客家博物馆，客都人家，元魁塔及中国移民纪念广场，长乐学宫、梅州学宫、兴宁学宫。

梅州十四大名人故（旧、祖）居：叶剑英故居、丘逢甲故居、黄遵宪故居、谢晋元故居、张弼士故居、李惠堂旧居、林风眠故居、李威光故居、邹鲁故居、田家炳故居及纪念馆、张荣轩故居、李光耀祖居、丘成桐祖居、宋湘故居。

（梅州市文化广电旅游局 梅州市人民政府地方志办公室）

建置和区划

【建置沿革】 古代属海阳县，南朝齐永明元年（483）析海阳县设程乡县，隋唐属潮州。

五代十国南汉乾和三年（945），亦即后晋开运二年，程乡升为敬州，领程乡县。北宋开宝四年（971），因避宋太祖祖父赵敬之讳，改“敬州”为“梅州”，“梅州”的名称即始于此。

北宋熙宁六年（1073），废梅州，以程乡县隶潮州；元丰五年（1082），梅州复置，仍领程乡县，属广南东路；南宋绍兴六年（1136），废梅州复设程乡县隶潮州；绍兴十四年（1144）复置梅州，仍领程乡县，属广南东路。

元至元十六年（1279），改梅州为梅州路，置总管府；至元二十三年（1286），复为梅州，属江西行中书省广东道宣慰司；元贞元年（1295），隶属潮州路；延祐五年（1318），改直隶广东道宣慰司，均只领程乡县。

明洪武二年（1369），废州为程乡县，隶潮州府。

清雍正十一年（1733），程乡升为“嘉应州”，隶属广东省，辖地包括程乡、平远、镇平及以前为惠州府所统的兴宁、长乐五县，称为“嘉应五属”。嘉庆十二年（1807），升嘉应州为嘉应府。嘉庆十七年（1812），复为嘉应州，仍领兴宁、长乐、平远、镇平四县。宣统三年（1911），嘉应州复名梅州。

民国元年（1912），废州府制，梅州改名梅县。

1949年10月，梅州市设置兴梅专区；1950年1月26日，设置兴梅行政督察专员公署，辖梅县、兴宁、大埔、丰顺、五华、平远、蕉岭7个县；1952年底，撤销兴梅专区，兴梅7个县改隶粤东行政区；1956年2月，粤东行政区划分为惠阳、汕头专区，兴梅7个县属汕头专区；1965年7月，设立梅县专区，原兴梅7县从汕头专区分出，归属梅县专区，后改为梅县地区；1979年3月，原梅县所辖之梅州镇由区级升格为县级称梅州市，梅县地区辖七县一市；1983年6月，梅州市与梅县合并改为梅县市，梅县地区由所辖七县一市改为六县一市；1988年1月，广东实行市管县体制，梅县地区改为梅州市（3月正式挂牌），辖原兴梅7个县及新划县级区梅江区，共七县一区；1994年6月，兴宁县撤县设市（县级），梅州市辖梅江区、梅县、大埔县、丰顺县、五华县、平远县、蕉岭县，代管兴宁市（县级）。

2013年10月，国务院批准同意梅州市撤销梅县，设立梅州市梅县区。梅州市辖2个区（梅江区、梅县区）、5个县（大埔县、丰顺县、五华县、平远县、蕉岭县），代管兴宁市。

（梅州市人民政府地方志办公室）

【行政区划】 截至2022年底，梅州市辖2个市辖区、5个县、1个县级市，有104个乡镇、6个街道、2048个行政村、210个社区。

（梅州市民政局）

2022年梅州市行政区划一览表

表1 单位：个

县（市、区）	镇名称	镇数量	街道名称	街道数量	行政村数量	村民小组数量	社区数量	居民小组数量
梅江区	城北 三角 长沙 西阳	4	金山 江南 西郊	3	81	1052	48	226
梅县区	程江 城东 石扇 梅西 大坪 石坑 南口 水车 梅南 丙村 白渡 隆文 桃尧 松口 畲江 松源 雁洋	17			355	4388	34	152

续表 1

县（市、区）	镇 名 称	镇数量	街道名称	街道数量	行政村数量	村民小组数量	社区数量	居民小组数量
兴宁市	宁中 永和 径南 水口 新圩 坭陂 刁坊 新陂 叶塘 大坪 罗岗 罗浮 石马 合水 龙田 黄陂 黄槐	17	兴田 福兴 宁新	3	458	9141	46	579
平远县	大柘 仁居 差干 八尺 河头 中行 上举 泗水 东石 长田 热柘 石正	12			136	1449	7	40
蕉岭县	长潭 蓝坊 南磜 蕉城 广福 三圳 文福 新铺	8			97	1503	10	89
大埔县	青溪 银江 洲瑞 大东 湖寮 高陂 茶阳 大麻 三河 西河 枫朗 百侯 桃源 光德	14			245	4040	11	115
丰顺县	汤坑 汤西 汤南 埔寨 八乡山 北斗 丰良 建桥 龙岗 潘田 黄金 留隍 大龙华 潭江 小胜 砂田	16			261	3450	20	126
五华县	华城 岐岭 潭下 转水 水寨 河东 双华 郭田 横陂 长布 周江 华阳 安流 棉洋 梅林 龙村	16			415	7805	34	250
合计		104		6	2048	32828	210	1577

说明：

1. 1999 年 11 月 15 日，经市政府同意，梅县程江镇、扶大镇各割出一部分成立新城街道，未经省政府批准。
2. 2011 年村（社区）换届兴宁市、丰顺县各增加 1 个社区。
3. 2012 年 6 月 20 日，新增大埔县洲瑞镇陂营村。
4. 2013 年 1 月 1 日起，梅县西阳镇归属梅江区管辖。
5. 2013 年 12 月 21 日，新增大埔县百侯镇百侯社区。
6. 2014 年 1 月 23 日，新增五华县棉洋镇大光村。
7. 2014 年 7 月 21 日，新增梅江区客天下、三乡 2 个社区。
8. 2015 年 1 月 20 日，新增梅江区碧桂园社区。
9. 2017 年 4 月 11 日，梅县区撤销松源镇宝坑社区。
10. 2017 年 7 月，五华安流镇楼江村更名为楼光村。
11. 2018 年 8 月 16 日，梅江区金山街道新增群福社区、三角镇新增同心社区。
12. 丰顺县撤销砂田镇金沙社区成立砂田镇金砂社区。
13. 2018 年 12 月 25 日，兴宁市兴田街道新增泰宁、永泰、怡兴、明珠，福兴街道新增新城、兴南、锦绣，宁新街道新增商业城、茶都、曙光共 10 个社区。

14. 2019 年 6 月 6 日，梅县区新增程江镇府前和大新城 2 个社区。

15. 2019 年 8 月 9 日，五华县新增龙村镇梅蓄新村、水寨镇黄狮新村。

16. 2019 年 12 月 16 日，梅江区设立三角镇龙东社区。

17. 2020 年 12 月 9 日，丰顺县批复设立汤坑镇城东社区（2021 年 11 月 5 日，正式设立）。

18. 2020 年 12 月 29 日，五华县批复设立潭下镇文安村。

19. 2021 年 3 月 8 日，兴宁市新增合水农场一八村、二三村、四五村 3 个行政村

人口和语言

【人口】 2022 年末，梅州市户籍人口 539.35 万人，常住人口 385.80 万人，比上年末减少 1.89 万人，其中城镇常住人口 203.24 万人，占常住人口比重（常住人口城镇化率）52.68%，比上年末提高 0.3 个百分点。全年出生人口 4.20 万人，出生率 7.34‰；死亡人口 3.23 万人，死亡率 5.65‰；自然增长人口 0.97 万人，自然增长率 1.69‰。

【语言】 梅州市为客家人比较集中的聚居地，客家话为主要语言。境内除丰顺县有部分人使用潮汕方言外，绝大部分人都使用客家方言。客家方言是汉语方言之一，以梅县话为代表。客家方言保留了较多的古汉语成分，被誉为“古汉语的活化石”。

（梅州市统计局 梅州市人民政府地方志办公室）

民族和宗教

【民族】 2022 年，在梅州市内居住的有汉族、畲族、壮族、瑶族、满族、回族、苗族等 45 个民族，全市有少数民族户籍人口 10403 人。梅州市唯一的少数民族聚居村丰顺县潭江镇凤坪畲族村全村 156 户、950 人，其中畲族 107 户、608 人。

【宗教】 2022 年，梅州市有佛教、道教、天主教、基督教四大宗教，宗教活动场所 493 处，其中，佛教 320 处、道教 23 处、天主教 34 处、基督教 116 处；市、县宗教团体 26 个，教职人员 471 人，信教公民 20 余万人。（梅州市民族宗教事务局）

历史文化和民俗风情

【历史文化】 梅州历史悠久，文化底蕴深厚。两千多年来，客家人历经 5 次大迁徙，从中原地区一路南迁，来到梅州。择山开辟的客家先人带来中原传统文化，与当地岭南文化相互碰撞、相互融合，开枝散叶、发扬光大，积淀成既具包容性又独树一帜的客家文化。梅州被誉为“世界客都”，是叶剑英元帅的故乡、海峡两岸交流基地，是国家历史文化名城、国家生态文明先行示范区、国家级客家文化生态保护区、中国优秀旅游城市、国家园林城市、国家卫生城市、国家森林城市，是著名的文化之乡、华侨之乡、足球之乡、将军之乡、长寿之乡、金柚之乡、温泉之乡、客家菜之乡、平安之乡，是“海上丝绸之路”的重要节点。作为客家人南迁的最后落脚点，梅州人或为战乱所迫，或为生活所计，或为向外发展，凭借坚韧、勤奋的精神，从梅县松口古镇出发下南洋，衍播四海，拼搏创业。联合国教科文组织在松口镇设立中国首个移民纪念项目——中国（梅州）移民纪念广场。

截至 2022 年底，梅州市有各级文物保护单位 544 处，其中叶剑英故居、丘逢甲故居、父子进士牌坊、人境庐和荣禄第、谢晋元故居、大埔光禄第、联丰花萼楼、大埔泰安楼、三河中山纪念堂、大埔肇庆堂、狮雄山遗址 11 处是全国重点文物保护单位。省级文物保护单位 103 处，市级文物保护单位 144 处，县（市、区）级文物保护单位 286 处。境内古民居、古学宫、古寺、古塔、古牌坊、古祠、古道等星罗棋布。客家围龙屋被称为中国五大特色民居建筑之一，全市有围龙屋 4367 座，保存较为完好的有 1476 座。

截至 2022 年底，梅州市有各级非物质文化遗产项目名录 420 项，其中梅州客家山歌、广东汉乐、五华提线木偶、席狮舞、埔寨火龙、广东汉剧、竹板歌 7 项是国家级非物质文化遗产，客家山歌、广东汉乐被列为全国首批非物质文化遗产，广东汉剧被周恩来总理誉为“南国牡丹”。省级非物质文化遗产项目 31 项，市级非物质文化遗产项目 112 项，县级非物质文化遗产

项目264项。各级非物质文化遗产项目代表性传承人473人，其中，国家级7人、省级38人、市级97人、县级331人。有“中国民间文化艺术之乡”1个（梅县区客家山歌）、“广东省民间文化艺术之乡”3个（梅县区客家山歌、大埔县广东汉乐、兴宁市杯花舞）。

梅州具有红色革命历史存期完整、内容丰富、意义突出的红色资源，是全国七个之一、广东唯一全区域被认定为原中央苏区范围的地级市。梅州地区在长期革命斗争和社会主义建设历程中，留下极其丰富的红色遗址。根据2019年普查统计，经广东省委党史研究室初步认定，509处遗址列入广东省红色革命遗址名录，总数位居各地级市前列。

【梅州名人】 梅州崇文重教、文风鼎盛，人杰地灵、名人辈出。大迁徙的经历和大山的居住环境，练就梅州客家人团结、吃苦耐劳、艰苦奋斗、勇敢拼搏和开拓进取的精神，形成梅州客家人溯本思源、克勤克俭、崇尚文化的好传统。这里养育了伟大的无产阶级革命家、政治家、军事家、中华人民共和国的开国元勋叶剑英元帅，“广东古八贤之一”程旼，“岭南第一才子”宋湘，清末外交家和诗人黄遵宪，晚清爱国诗人、教育家、抗日保台志士丘逢甲，中山大学第一任校长邹鲁，近代华侨实业家、中国葡萄酒之父张弼士，中国近代洋务运动的风云人物丁日昌，中国美术学院创始人林风眠，世界球王李惠堂，大慈善家田家炳，被国家授予“改革先锋”的“领带大王”曾宪梓等一大批光耀中华、名扬海外的名人贤士。土地革命战争时期，在中国共产党的领导下，梅州大地建立东江苏维埃政府，成立以古大存为军长的红十一军，开辟著名的中央红色交通线，4500多名梅州英雄儿女献出宝贵生命，为中央苏区的形成和巩固发展作出重大贡献。辛亥革命以来，梅州市涌现院士37人、大学校长340多人、将军540多人。

【民俗风情】 梅州市是国家历史文化名城，具有风格独特的客家风俗文化，既具有古代中原汉族的传统，又具有客家民系的特点和地方特色。

尊崇祖宗和崇文尚武　客家人极重血缘关系，对祖宗极为崇拜，把祖宗当作神灵祀奉。每个宗族都建立祠堂庙宇，划定一定数量的田产作为祭祀祖宗的蒸尝。祭祀时，男丁全部参加，按世辈和年龄排列，没有富贵贫贱之分。每个姓氏都修编族谱，把祖宗的事迹和族人的世系加以记录，一代一代留传。客家民系源远流长，足迹遍及海内外，其崇拜祖宗、团结族人、热爱桑梓的传统在各地都得到继承和发扬。客家人以科举为出身之阶，崇文重教之风历久不衰。五华县于清乾隆年间（1736—1795）出了武状元李威光、武进士魏大斌、武举人李南馨等。

传统民俗　除春节、元宵节、清明节、端午节、中秋节、重阳节等主要传统节日外，梅州还有一些地方性的神社祭会和农事节，如观音生日、伯公生日、灶君生日以及天穿日等。还有二次葬，婴儿命名日和开斋，妇女产后月内食用雄鸡炒姜酒，喜食鱼生、狗肉等传统习俗。

特色习俗　主要有兴宁市下坝迎灯、上灯习俗，大埔县西河漳溪墟扫街灯、西河大靖迎马、元宵灯节、广福宫祚福，平远县六月六福祖公王节，五华县梅石宫醮会、七盏灯，丰顺县畲族招兵节、黄金迎灯、砂田菜花灯，梅县区松源扛公王、水车小桑等公王，梅江区太阳生日、香花佛事、下市闹元宵，蕉岭县新铺七月半等。

民间艺术　主要有梅州客家山歌、广东汉乐等传统音乐、席狮舞、埔寨火龙、平远船灯、竹马舞、花环龙舞、杯花舞、鲤鱼灯舞、青溪仔狮灯舞等传统舞蹈，广东汉剧、采茶戏、木偶戏、客家山歌剧等传统汉剧，竹板歌、落地花鼓等传统曲艺。

传统技艺　主要有丰顺埔寨纸花制作、光德陶瓷烧制、客家盐焗鸡制作、蒸馏酒传统酿造、长乐烧酒制作、工艺糕点制作、三及第制作、豆腐传统制作、平远木雕、客家服饰制作、蕉岭县竹编、手工榨油、墨烟张墨条制作等。

（梅州市人民政府地方志办公室）

政治建设

【党的政治建设】 2022年，梅州市坚持把党的政治建设摆在首位，以旗帜鲜明讲政治抓政治的成效引领形成风清气正的政治生态。严格执行广东省委坚决落实“两个维护”十项制度机制，严守党的政治纪律和政治规矩。从严落实《突出政治标准选人用人实施办法》，开展违规选人用人突出问题专项整治，建立干部政治素质档案，规范审慎把好选人用人政治关、廉洁关。坚决杜绝选人用人不正之风，全面彻底肃清李嘉、万庆良恶劣影响。年内，全市回复党风廉政意见9113人次，提出暂缓使用、不宜使用意见144人，坚决防止“带病入围”“带病提拔”。抓牢政治忠诚教育，完善综合分析研判机制，加强各级领导班子政治建设，加大政治监督力度。围绕习近平总书记重要指示批示精神和党中央重大决策部署强化政治监督，加强对梅州对接融入粤港澳大湾区振兴发展落实情况的监督检查，保障政令畅通、落地见效。各级纪检监察机关坚持日常监督从政治纪律严起，审查调查从政治纪律查起，年内，立案查处违反政治纪律问题案件6件6人，持续营造风清气正的政治生态。

【党的思想建设】 2022年，梅州市把学习贯彻党的二十大精神作为首要政治任务，制订深入开展党的二十大精神专题学习培训实施方案，发挥好各级党校主阵地作用，抓好县处级干部全员集中培训，办好中青年干部、新任科处级干部、村（社区）“两委”干部等专题培训班。坚持把学习贯彻习近平新时代中国特色社会主义思想作为头等大事，推动党员干部在学懂弄通做实上持续努力。创建红色教育品牌，打造5个中组部组织振兴试点和12个省级“红色村”党建工程示范点，培育856名市、县两级红色志愿者讲师，评选10个星级镇街党校分教点、15名星级党课讲师、16部市级优秀党课，精品党课连续2年被中组部采用。开展“党课开讲啦·人人做主讲”活动，创设基层党性实践锻炼课程，引导各级党组织和广大党员弘扬伟大建党精神、苏区精神。

【党风廉政建设】 2022年，梅州市各级纪检监察机关坚持有腐必反、有贪必肃，立案审查调查1520件，给予党纪政务处分1447人；重点查处梅州市工业和信息化局原党组书记、局长钟某灵，五华县委原副书记、政法委原书记傅某强，梅州市医疗保障局原党组书记刘某等严重违纪违法案件。以钉钉子精神纠“四风”树新风，持续加固中央八项规定精神堤坝，重点纠治形式主义、官僚主义，深化整治享乐主义、奢靡之风，全市查处“四风”问题253个，给予党纪政务处分493人，通报曝光典型案例58起。开展损害营商环境突出问题专项整治，查处违规审批、乱收费乱罚款、漠视企业合理诉求等问题17个，追责问责35人，通报典型案例4起。紧盯群众急难愁盼问题，在全市开展5项重点整治、14项行业整治、6项地方特色专项整治，查处群众身边腐败和作风问题287个，给予党纪政务处分323人。运用“四种形态”批评教育帮助和处理3518人次，第一、二、三、四种形态分别占比58.2%、36.3%、2.9%、2.6%。开展纪律教育学习月活动，制作李坚真廉洁故事系列视频，创作廉洁公益广告《一束青莲·一路清廉》，策划专题报道“正风反腐大家谈”，营造处处宣廉、时时倡廉、人人促廉的浓厚氛围。

（中共梅州市委组织部 中共梅州市纪律检查委员会 梅州市监察委员会）

经济建设

【经济建设概况】 2022年，梅州市落实“疫情要防住、经济要稳住、发展要安全”的重要要求，高效统筹疫情防控和经济社会发展，积极应对超预期因素冲击，保持经济社会大局稳定，振兴发展迈出新步伐。全市生产总值1318.21亿元，比上年增长0.5%。三次产业结构比重为19.6∶30.9∶49.5。县域地区生产总值（不含市辖区）792.22亿元，占全市比重60.1%，比上年增长1.15%。全市人均地区生产总值3.41万元，增长0.6%。

第一产业　2022年，梅州市第一产业增加值257.91亿元，比上年增长4.7%。推动现代农业产业园建设，2022年新增4个省级现代农业产业园，累计国家级1个、省级25个，产业园总数量位居全省第一。全年粮食作物播种面积18.42万公顷，增长0.4%；稻谷种植面积16.25万公顷，增长0.5%。粮食产量113.77万吨，增长0.1%，其中，稻谷产量105.72万吨，下降0.1%。全年肉类总产量28.03万吨，增长3.6%，其中：猪肉产量15.90万吨，增长5.2%；禽肉产量10.43万吨，增长2.6%。年末生猪存栏127.65万头，增长3.7%；生猪出栏201.25万头，增长4.9%。全年水产品产量10.64万吨，增长1.6%。

第二产业　2022年，梅州市第二产业增加值407.69亿元，比上年下降3.5%。全年全部工业增加值下降0.5%。规模以上工业增加值下降2.8%，其中，国有及国有控股企业增长4.8%，外商及港澳台投资企业增长1.9%，股份制企业下降3.0%，股份合作制企业下降 5.0%，集体企业增长 3.8%。全年全社会建筑业增加值 110.33 亿元，下降 11.3%。全年具有资质等级的总承包和专业承包建筑企业 201 个，增长 3.6%；总承包和专业承包完成建筑业总产值 341.53 亿元，下降 15.6%；实现利润总额 17.41 亿元，下降 10.6%；利税总额 27.05 亿元，下降 12.4%。建筑施工企业房屋建筑施工面积 1461.86 万平方米，下降 16.9%；房屋竣工面积 392.24 万平方米，下降 70.9%。

第三产业　2022 年，梅州市第三产业增加值 652.60 亿元，比上年增长 1.3%。全年批发和零售业增加值 92.61 亿元，下降 2.4%；交通运输、仓储和邮政业增加值 33.42 亿元，下降 3.9%；住宿和餐饮业增加值 20.15 亿元，下降 3.5%；金融业增加值 93.73 亿元，增长 6.0%；房地产业增加值 104.90 亿元，下降 5.9%。现代服务业增加值 352.82 亿元，增长 0.7%。全年规模以上服务业企业实现营业收入 73.80 亿元，增长 2.0%。交通运输、仓储和邮政业增加值 30.81 亿元，增长 24.1%。全年货物运输总量 1.02 亿吨，下降 8.7%。货物运输周转量 111.81 亿吨千米，下降 6.8%。年末全市民用汽车保有量 72.4 万辆，增长 5.4%。

【招商引资和园区建设】　2022 年，梅州市引进招商项目 119 个，计划投资 604.56 亿元，实际完成投资 96.95 亿元。全市产业园区（集聚地）年度投入基础配套设施建设财政资金 29.37 亿元，实现工业总产值 483.70 亿元；规模以上工业增加值 111.53 亿元，比上年下降 3.8%；全口径税收 24.85 亿元，下降 7.2%。工业项目固定资产投资 78.19 亿元，增长 34.0%。

【固定资产和基础设施】　2022 年，梅州固定资产投资比上年下降 11.0%。其中，项目投资增长 15.4%。分投资主体看，国有经济投资增长 21.3%，民间投资下降 31.0%，港澳台、外商经济投资下降 13.6%。分三次产业看，第一产业投资增长 84.4%，第二产业投资增长 11.3%，第三产业投资下降 18.9%。民间投资占固定资产投资的比重为 45.7%。工业投资增长 11.3%，占固定资产投资的比重为 27.4%。基础设施投资增长 12.7%，占固定资产投资的比重为 42.2%。高技术制造业投资增长 104.0%，占固定资产投资的比重为 8.0%。先进制造业投资增长 73.9%，占固定资产投资的比重为 8.6%，其中装备制造业投资增长 85.3%。年末高速公路通车里程 752 千米。年末（固定）互联网宽带接入用户 131.1 万户，增长 6.9%。

【财政税收和金融保险】　2022 年，全年地方财政一般预算收入 83.96 亿元，剔除留抵退税因素后同口径（以下简称同口径）下降 1.7%，自然口径下降 11.6%。其中，税收收入 42.01 亿元，同口径下降 10.8%，自然口径下降 27.3%。民生类支出 370.45 亿元，占一般公共预算支出比重为 82.4%。年末全市证券市场有国内 A 股上市公司 9 家，市价总值 590.04 亿元，比上年末下降 34.1%；香港上市公司 1 家，市价总值折合人民币 0.6 亿元，下降 91.9%。广东嘉元科技股份有限公司通过定向增发实际募集资金人民币 33.78 亿元，是梅州市上市公司历次再融资金额最大的一次。全市有 18 家“新三板”挂牌企业，挂牌企业总数在粤东西北 12 市中排名第一。年末全市有 13 家证券公司，全年实现营业利润总额 1 亿元，下降 26.9%。年末全市金融机构本外币各项存款余额 2807.60 亿元，增长 8.9%，其中，住户存款余额 2088.83 亿元，增长 12.0%。金融机构本外币各项贷款余额 1969.06 亿元，增长 12.0%。全年实现保费收入 67.73 亿元，增长 2.0%。其中，寿险业务保费收入 36.92 亿元，下降 5.8%；财产险业务保费收入 30.81 亿元，增长 13.2%。

【外经外贸和利用外资】　2022 年，梅州市货物进出口总额 110.03 亿元，比上年下降 9.6%。出口总额 91.51 亿元，下降 6.5%，其中，“三资”企业出口 25.27 亿元，下降 5.0%；私营企业出口 64.44 亿元，下降 5.9%。出口总额中，一般贸易出口 67.71 亿元，下降 12.7%，占出口总额的 74.0%。全年新签外商直接投资项目 23 个，实际利用外商直接投资 1.15 亿元，下降 28.4%。

【乡村振兴和巩固脱贫攻坚】　2022 年，梅州市乡村振兴综合评价获评全省“优秀”等次，其中乡村治理成效名列全省第一、产业振兴工作全省第三。推进驻镇帮镇扶村和“九大攻坚行动”，巩固拓展脱贫攻坚成效。超额完成全年粮食生产任务和省下达撂荒耕地复耕复种任务。推进梅州柚、嘉应茶、客都米等特色优势产业提质增效，新增 4 个省级现代农业产业园、3 个省级农业科技园、10 家省级重点农业龙头企业，总数均位居全省第一。农林科学院省级功能平台建设取得“零”的突破。推进32条乡村振兴示范带、10个乡村产业社区建设，推动形成古镇与良田共存、产业与乡村共兴的乡村新貌。

（中共梅州市委政策研究室）

社会建设

【社会民生建设】 2022年，梅州居民消费价格比上年上涨1.8%。其中，食品烟酒类价格上涨1.6%。商品零售价格上涨3.4%。全市工业生产者出厂价格上涨0.5%，其中，轻工业价格上涨1.3%，重工业价格上涨0.1%。全年全市居民人均可支配收入2.74万元，增长4.7%。其中，城镇居民人均可支配收入3.39万元，增长3.6%；农村居民人均可支配收入2.03万元，增长5.4%。全年城镇新增就业2.10万人，就业困难人员实现再就业0.17万人。年末城镇实有登记失业人员1.48万人。

【社会保障体系建设】 2022年末，梅州市参加城镇职工基本养老保险（含离退休）106.71万人，比上年末增长2.0%。参加城乡居民基本养老保险人数166.36万人，下降1.6%。参加职工基本医疗保险58.22万人，下降4.9%。参加城乡居民基本医疗保险370.47万人，城乡居民医疗保险覆盖率100%。参加工伤保险49.39万人，增长0.1%。参加失业保险39.18万人，增长2.3%。参加生育保险42.19万人，增长1.9%。全市五大险种社会保险费收入149.40亿元，增收14.38亿元。全市各类社会福利单位收养人数3794人，其中，88间敬老院入院人数1298人，敬老院床位3133个。全年城乡各种社会救济对象得到各级政府救济人数25.78万人次。全市享受低保救济的困难群众10.26万人，其中，城镇0.53万人、农村9.73万人。城乡社区服务机构和设施2285个。

（中共梅州市委政策研究室）

文化建设

【科学、教育、文化】 2022年，梅州市有县及县以上科研机构25个。年末国有企事业单位拥有自然和社会科学专业技术人员6.77万人。全市专利授权量3521件，比上年下降14.9%，其中，发明244件，增长47.9%；实用新型1991件，下降24.1%；外观设计1286件，下降4.6%。全年普通高等教育招生6138人，在校学生2.66万人，毕业生7885人；成人高等教育招生9192人，在校学生1.85万人，毕业生8125人；各类中等职业教育招生8712人，在校学生2.47万人，毕业生7855人；普通高中招生3万人，在校学生8.88万人，毕业生2.86万人；普通初中招生6.44万人，在校学生18.54万人，毕业生5.49万人；普通小学招生5.46万人，在校学生36.53万人，毕业生6.36万人；技工学校招生7046人，在校学生1.69万人，毕业生4877人；特殊教育在校学生1178人；学前教育在园幼儿15.70万人。小学学龄人口毛入学率104.4%，初中学龄人口毛入学率110.7%，小学毕业生升学率100%，初中毕业生升学率99.7%，高中毕业生升学率99.4%。年末全市有各类专业艺术表演团体（公有制）7个、文化馆9个、公共图书馆10个、博物馆11个、广播电台8座、电视台8座、有线电视台8座，电影放映单位30个，全市广播综合人口覆盖率100%，电视综合人口覆盖率100%，有线数字电视用户32.57万户。全年出版报纸2816.5万份、各类杂志5.28万册，公共图书馆藏书505.13万册。

【卫生、体育】 2022年，梅州市有卫生机构2936个，其中，医院59个、妇幼保健院9个、社区卫生服务中心（站）8个、镇（街道）卫生院119个、专科疾病防治院（所、站）12个，疾病预防控制中心（防疫站）9个，卫生监督所（中心）8个。全市拥有病床2.34万张，其中，医院1.65万张、妇幼保健院935张、社区卫生服务中心（站）139张、镇（街道）卫生院5084张、专科疾病防治院（所、站）753张。全市卫生专业技术人员2.86万人，其中，医院1.59万人、妇幼保健院1862人、社区卫生服务中心（站）451人、镇（街道）卫生院6706人、专科疾病防治院（所、站）444人、疾病预防控制中心（防疫站）420人、卫生监督所（中心）123人；卫生专业技术人员中有执业医师和执业助理医师1.06万人，注册护士1.21万人。全年全市运动员在参加省级以上比赛中，共获奖牌41.73枚（含“双计分”项目），其中，金牌22.73枚，银牌7枚，铜牌12枚。全市各级组织举办县级及以上各种运动竞赛会25次，参加运动会2.30万人次。

（中共梅州市委政策研究室）

生态文明建设

【生态建设】 2022年，梅州市完成人工造林940公顷，当年新封山育林9406.67公顷，退化林修复3513.33公顷，人工更新293.33公顷，中幼林抚育1.32万公顷。全市森林覆盖率74.54%。林木采伐量75.73万立方米，比上年减少1.2%。全市设立县级以上自然保护区49个，面积17.48万公顷；其中省级以上7个，面积6.15万公顷。

【环境质量】 2022年，梅州市环境质量总体保持良好。梅州城区空气质量达标率99.2%；地表水16个省考（含8个国考）断面水质优良率100%、达标率100%，县级及以上城市集中式饮用水水源地水质均保持在III类及以上、达标率100%；梅州市区城市区域声环境评价为较好，市区城市道路交通噪声评价为好，功能区噪声达标率96.8%。全市有城市（县城）生活污水处理厂15座，城市（县城）生活污水处理能力达到58万吨/日，城市生活垃圾无害化处理率达100%。

（中共梅州市委政策研究室）

精神文明建设

【精神文明建设概况】 2022年，梅州市贯彻落实习近平总书记关于社会主义精神文明建设的重要论述，根据全国、全省文明办主任会议和2022年梅州市文明委全体会议暨创建全国文明城市工作推进会的部署要求，统筹文明培育、文明实践、文明创建，广泛践行社会主义核心价值观，做好先进典型选树宣传，推进志愿服务事业高质量发展，加强和改进未成年人思想道德建设，不断提升公民文明素养和社会文明程度，推动新时代精神文明建设各项工作取得新成效。

【文明城市创建】 2022年6月23日，2022年梅州市文明委全体会议暨创建全国文明城市工作推进会在市委礼堂召开，总结2021年梅州市精神文明建设和创建全国文明城市工作，分析形势，找准问题，补齐短板，坚持问题导向和务实扎实的工作作风，全力推动全国文明城市创建工作再上新台阶，争取早日迈入全国文明城市行列。组织召开梅州市创建全国文明城市业务培训会，邀请专家对有关单位进行专题培训，解读测评要求，提高业务工作水平。常态化开展实地督查工作和问卷调查工作。制订印发《2022年梅州市创建全国文明城市测评体系任务分解表》《2022年梅州市未成年人思想道德建设工作测评体系任务分解表》，对各项指标细化分解，明确具体牵头、责任单位。

【文明村镇创建】 2022年，梅州市开展文明村镇创建提质行动，全市行政村全部达到县级以上文明村创建标准。全市2048个行政村100%完成村规民约修订完善任务，6篇村规民约入选2022年广东省民政厅《共治共享 约来粤好 广东百篇优秀村规民约（居民公约）汇编》。

【文明单位创建】 2022年，梅州市精神文明建设委员会办公室（简称梅州市文明办）组织召开2022年梅州市文明单位创建工作推进会、文明单位创建统筹协调会等会议，推动文明单位创建工作向纵深拓展。组织全市9个全国文明单位、47个广东省文明单位开展自查复查，加强文明单位动态管理。

【文明家庭创建】 2022年，梅州市文明办联合市妇联组织开展2022年梅州市“十大最美家庭”“十大优秀书香家庭”等评选活动。全年评选出梅州市“十大最美家庭”“十大书香家庭”20户，获评全国“五好家庭”2户、“最美家庭”2户，省级“五好家庭”2户、“最美家庭”4户。

【文明校园创建】 2022年，梅州市部署开展文明校园创建活动，评选出87所中小学校为第六届梅州市文明校园，组织5所省级以上文明校园开展复查工作。参加“强国复兴有我”2022年岭南童谣征集展示活动，梅州市2首作品《阿妹爱唱歌》《我心向党》分别获评二等奖、三等奖，梅州市文明办获评优秀组织单位。加强未成年人心理健康辅导（中心）站建设，建成市级校外未成年人心理健康辅导中心1个、县级校外未成年人心理健康辅导站8个。

【文明创建“1+6”重点工作】 2022年，梅州市深化文明城市创建工作，重点抓好“1+6”行动。“1”是推动出台《梅州市文明行为促进条例》。该条例于2022年9月29日经广东省十三届人大常委会第四十六次会议批准，于2022年10月13日公布，自2022年11月1

日起施行，从公共场所、公共卫生、交通秩序、社区秩序、乡村风貌、旅游秩序、校园秩序、网络秩序等方面，规定公民的文明行为倡导规范和基本规范，鼓励和倡导践行美德、弘扬正气和传承文化。“6”是六项重点工作，推进落实“门前三包”、环卫保洁提升、城区缆线整治、交通秩序整治、农贸市场改造升级、校园周边环境整治6项创文重点工作取得成效。

2022年7月29日，梅州市文明办组织学习宣传“梅州市第九届道德模范”先进事迹（梅州市文明办供图）

【新时代文明实践中心建设】 2022年，梅州市印发《梅州市关于拓展新时代文明实践中心建设的工作方案》，健全市级抓推进、县级抓落实的工作机制。全市共设立新时代文明实践中心8个、实践所112个、实践站2257个，实现县（市、区）、镇（街）、村（社区）三级全覆盖。培育文明实践志愿服务队1832个，累计开展文明实践志愿服务3.46万场次，服务群众超60万人次。梅州市新时代文明实践主题公园建成开放。

【“志愿梅州”建设】 2022年，梅州市文明委制定印发《关于加快建设“志愿梅州”推进志愿服务事业高质量发展的工作方案》，从完善组织体系、加强队伍建设、拓展服务阵地、打造特色品牌等方面发力，助推梅州志愿服务工作常态化、规范化、制度化。组织开展2022年度梅州市学雷锋志愿服务先进典型宣传推选活动，评选一批“最美志愿者”“最佳志愿服务项目”“最佳志愿服务组织”“最美志愿服务社区”。推进志愿服务事业高质量发展，截至2022年底，梅州市注册志愿者达60.7万人，累计开展学雷锋、梅州城区文明交通等志愿服务活动14.3万场次。

【公民思想道德建设】 2022年，梅州注重树立文明新风，强化典型引领，提升公民文明素质和道德修养。开展群众性精神文明建设活动，梅州市文明办与市委网信办联合举办2022梅州市网络文明宣传季系列活动，与市商务局等单位联合举办梅州市“共建文明餐桌 共筑诚信客都”活动，与市生态环境局等单位联合举办“与文明相伴 与健康同行”活动，联合市公安局、市退役军人事务局等单位开展“铭记历史、缅怀先烈、珍爱和平、开创未来”抗战胜利纪念日活动。组织开展关爱留守儿童、空巢老人中秋慰问活动。发布文明过春节、清明期间文明安全祭扫倡议书，倡导文明新风。选树宣传先进典型，并做好礼遇帮扶工作。对学习宣传贯彻习近平总书记给“中国好人”李培生、胡晓春重要回信精神作出专门部署，组织召开专题座谈会，强化宣传引导，营造向上向善良好氛围。常态化做好道德模范、身边好人、最美人物推荐评选工作，开展先进事迹宣传宣讲活动等。2022年评选出“梅州好人”43人，15人获评“广东好人”。联合市教育局、团市委等部门组织开展2022年度梅州“新时代好少年”学习宣传活动，评选出2022年度梅州“新时代好少年”50名。参加2022年度广东“新时代好少年”学习宣传活动，推选的3名学生均获评广东“新时代好少年”。为梅州市2022年第一季度“广东好人”曾纪娣及第二季度“广东好人”余春梅、卢燕彩申请广东省“关爱好人”基金帮扶共4万元。（梅州市文明办）

责任编辑：吴奕珊

中国共产党梅州市委员会

市委重要会议

【中共梅州市委八届二次全会】 2022年1月7日，中国共产党梅州市第八届委员会第二次全体会议在梅城召开。全会由市委常委会主持。全会坚持以习近平新时代中国特色社会主义思想为指导，深入学习贯彻党的十九届六中全会和中央经济工作会议精神，认真学习贯彻落实广东省委十二届十五次全会和梅州市第八次党代会精神，总结2021年工作，部署2022年工作，动员全市上下狠抓发展第一要务，全面激发内生动力，推动梅州苏区加快振兴、共同富裕，以优异成绩迎接党的二十大胜利召开。梅州市委书记马正勇代表市委常委会作报告，市委副书记、市长王晖就经济工作作具体部署。

【中共梅州市委八届五次全会】 2022年12月14日，中国共产党梅州市第八届委员会第五次全体会议在梅城召开。全会由市委常委会主持。全会坚持以习近平新时代中国特色社会主义思想为指导，全面贯彻落实党的二十大精神，传达贯彻广东省委十三届二次全会精神，落实广东省委书记黄坤明到梅州调研指示要求，动员全市上下高举旗帜、凝聚力量、踔厉奋发，忠诚拥护“两个确立”、坚决做到“两个维护”，推动梅州苏区加快振兴、共同富裕，奋力谱写中国式现代化的梅州篇章。受梅州市委书记马正勇委托，市委副书记、市长王晖代表市委常委会作报告，市委副书记王庆利传达省委十三届二次全会精神。会议审议通过《中共梅州市委关于落实〈中共广东省委关于深入学习贯彻党的二十大精神奋力在全面建设社会主义现代化国家新征程中走在全国前列创造新的辉煌的决定〉的意见》《中国共产党梅州市第八届委员会第五次全体会议决议》。

【梅州市委常委会会议】 2022年，中共梅州市委召开的常委会会议主要有：

市委八届第4次常委会会议 1月28日，梅州市委书记马正勇主持召开市委常委会会议，深入学习贯彻习近平总书记在十九届中央纪委六次全会上的重要讲话精神和全会精神，学习贯彻习近平总书记在中央政治局会议、在2022年世界经济论坛视频会议、在中央政治局第三十六次集体学习时的重要讲话精神以及习近平总书记对政法工作、党的建设研究工作的重要指示精神，传达十二届省纪委七次全会精神，省人大、政协两会精神和省委有关会议精神，研究梅州市贯彻落实意见。

市委八届第6次常委会会议 2月15日，梅州市委书记马正勇主持召开市委常委会会议，深入学习贯彻习近平总书记在中央政治局常委会会议和中央政治局会议上的重要讲话精神，传达省委常委会会议精神，听取市人大常委会、市政府、市政协、市法院、市检察院党组工作汇报，研究部署下一步工作。

市委八届第12次常委会会议 3月16日，梅州市委书记马正勇主持召开市委常委会会议，深入学习贯彻习近平总书记在全国两会上的重要讲话精神和全国两会精神，传达省有关会议精神，研究梅州市贯彻落实意见。

市委八届第15次常委会会议 4月14日，梅州市委书记马正勇主持召开市委常委会（扩大）会议，深入学习贯彻习近平总书记在北京冬奥会、冬残奥会总结表彰大会上的重要讲话精神和在海南考察时的重要讲话精神，传达贯彻省委书记李希、省长王伟中到梅州调研讲话精神，研究梅州市贯彻落实意见。

市委八届第 24 次常委会会议 5 月 12 日，梅州市委书记马正勇主持召开市委常委会会议，深入学习贯彻习近平总书记在中共中央政治局会议、庆祝中国共产主义青年团成立 100 周年大会上和在中共中央政治局第三十八次集体学习时的重要讲话精神，传达习近平总书记对湖南长沙居民自建房倒塌事故的重要指示精神和给中国航天科技集团空间站建造青年团队回信的主要精神，传达省委有关会议精神，研究梅州市贯彻落实意见。

市委八届第 30 次常委会会议 5 月 27 日，梅州市委书记马正勇主持召开市委常委会会议，深入贯彻落实习近平总书记“疫情要防住、经济要稳住、发展要安全”的重要指示精神，传达学习全国稳住经济大盘电视电话会议精神，传达学习贯彻省第十三次党代会、省委十三届一次全会精神和省委专题工作会议、粤东西北地区经济形势研判会精神，研究梅州市贯彻落实意见。

市委八届第 34 次常委会会议 7 月 8 日，梅州市委书记马正勇主持召开市委常委会会议，深入学习贯彻习近平总书记在湖北武汉考察时、在庆祝香港回归祖国 25 周年大会暨香港特别行政区第六届政府就职典礼上的重要讲话精神，传达全省干部大会精神，研究梅州市贯彻落实意见。

市委八届第 36 次常委会会议 7 月 29 日，梅州市委书记马正勇主持召开市委常委会会议，传达学习中共中央办公厅转发《中央宣传部、中央组织部关于认真组织学习〈习近平谈治国理政〉第四卷的通知》精神，传达省有关会议精神，研究梅州市贯彻落实意见。

市委八届第 37 次常委会会议 8 月 11 日，梅州市委书记马正勇主持召开市委常委会会议，深入学习贯彻习近平总书记在省部级主要领导干部“学习习近平总书记重要讲话精神，迎接党的二十大”专题研讨班上的重要讲话精神，研究梅州市贯彻落实意见。

市委八届第 43 次常委会会议 10 月 21 日，受梅州市委书记马正勇委托，市委副书记、市长王晖主持召开市委常委会会议，认真学习贯彻习近平总书记在党的十九届七中全会、党外人士座谈会上的重要讲话精神和参观“奋进新时代”主题成就展时的重要指示精神，传达省有关会议精神，研究梅州市贯彻落实意见。

市委八届第 44 次常委会会议 10 月 24 日，受梅州市委书记马正勇委托，市委副书记、市长王晖主持召开市委常委会（扩大）会议，传达学习党的二十大和二十届一中全会精神，研究部署梅州市学习宣传贯彻工作。

市委八届第 46 次常委会会议 11 月 3 日，受梅州市委书记马正勇委托，市委副书记、市长王晖主持召开市委常委会会议，传达学习《中共中央关于认真学习宣传贯彻党的二十大精神的决定》，研究审议市委关于认真学习宣传贯彻党的二十大精神的通知和总体工作方案，对全市学习宣传贯彻工作提出明确要求，作出全面部署。

市委八届第 47 次常委会会议 11 月 15 日，受梅州市委书记马正勇委托，市委副书记、市长王晖主持召开市委常委会会议，研究审议《关于开展“学习贯彻党的二十大精神，探索全面建设社会主义现代化的梅州实践”专题调研的工作方案》。

市委八届第 48 次常委会会议 11 月 24 日，受梅州市委书记马正勇委托，市委副书记、市长王晖主持召开市委常委会会议，传达贯彻党的二十大精神中央宣讲团报告会精神，研究梅州市贯彻落实意见。

市委八届第 52 次常委会会议 12 月 9 日，受梅州市委书记马正勇委托，市委副书记、市长王晖主持召开市委常委会会议，传达贯彻省委十三届二次全会精神，研究梅州市贯彻落实意见。

市委八届第 53 次常委会会议 12 月 13 日，受梅州市委书记马正勇委托，市委副书记、市长王晖主持召开市委常委会会议，传达贯彻省委书记黄坤明到梅州调研讲话精神，研究梅州市贯彻落实意见。

市委八届第 56 次常委会会议 12 月 29 日，梅州市委书记马正勇主持召开市委常委会会议，认真学习贯彻习近平总书记在中央经济工作会议、中央农村工作会议上的重要讲话精神，以及省委常委会会议有关精神，研究部署梅州市 2023 年经济工作和“三农”工作。

【梅州市党史学习教育总结会议】 2022 年 1 月 27 日，梅州市党史学习教育总结会议在梅城召开。会议坚持以习近平新时代中国特色社会主义思想为指导，深入学习贯彻党的十九届六中全会精神，认真贯彻习近平总书记关于党史学习教育的重要论述和重要指示精神，落实中央和全省党史学习教育总结会议要求，总结梅州市党史学习教育情况，对巩固拓展党史学习教育成果、推动党史学习教育常态化长效化进行部署安排。梅州市委书记、市委党史学习教育领导小组组长马正勇出席会议并讲话，市委副书记、市长、市委党史学习教育领导小组副组长王晖主持会议，省委党史学习教育第七指导组到会指导。

【梅州市传达学习贯彻省委、省政府主要领导到梅州调研讲话精神干部大会】 2022年5月11日，梅州全市干部大会在市委礼堂召开。会议深入学习贯彻习近平总书记关于老区苏区工作重要论述，传达学习省委书记李希、省长王伟中到梅州调研讲话精神，对梅州市学习贯彻落实工作进行再动员再部署。梅州市委书记马正勇主持会议并讲话。市委副书记、市长王晖，市政协主席戚优华，市委副书记王庆利出席会议。

【梅州市学习贯彻习近平总书记在庆祝中国共产主义青年团成立100周年大会上的重要讲话精神座谈会】 2022年5月17日，梅州市学习贯彻习近平总书记在庆祝中国共产主义青年团成立100周年大会上的重要讲话精神座谈会在世界客商中心举行。梅州市委书记马正勇出席座谈会并讲话，市委副书记、市长王晖主持会议，市政协主席戚优华，市委副书记王庆利出席座谈会。

【梅州市传达学习贯彻省第十三次党代会精神干部大会】 2022年5月30日，梅州全市干部大会在市委礼堂召开。会议坚持以习近平新时代中国特色社会主义思想为指导，深入学习贯彻习近平总书记对广东系列重要讲话和重要指示精神，传达学习贯彻省第十三次党代会精神，动员全市上下进一步坚定信心、抢抓机遇，狠抓发展第一要务，全面激发内生动力，推动梅州苏区加快振兴、共同富裕，为广东在全面建设社会主义现代化国家新征程中走在全国前列、创造新的辉煌作出梅州贡献，以实际行动迎接党的二十大胜利召开。梅州市委书记马正勇主持会议并讲话，市委副书记、市长王晖传达省第十三次党代会精神和省委十三届一次全会精神，市政协主席戚优华、市委副书记王庆利出席会议。

【学习贯彻省第十三次党代会精神省委宣讲团宣讲报告会】 2022年6月28日,学习贯彻省第十三次党代会精神省委宣讲团宣讲报告会在市委礼堂召开，省委宣讲团成员、省委宣传部讲师团团长刘海斌作专题宣讲。梅州市委书记马正勇主持会议并讲话。市委副书记、市长王晖，市政协主席戚优华，市委副书记王庆利出席会议。

【梅州市传达贯彻党的二十大精神大会】 2022年10月29日下午，在收看收听全省传达贯彻党的二十大精神大会后，梅州市接着召开全市大会，传达学习宣传贯彻党的二十大精神，动员全市上下全面贯彻习近平新时代中国特色社会主义思想，坚定信心、团结拼搏，真抓实干、奋发有为，以党的二十大精神引领梅州苏区加快振兴、共同富裕，奋力谱写全面建设社会主义现代化国家、全面推进中华民族伟大复兴的梅州篇章。梅州市委副书记、市长王晖主持会议并讲话。市政协主席戚优华、市委副书记王庆利出席会议。

【学习贯彻党的二十大精神省委宣讲团宣讲报告会暨梅州市县处级领导干部学习贯彻党的二十大精神专题研讨班】 2022年11月18日，根据中央统一部署和省委、市委工作安排，学习贯彻党的二十大精神省委宣讲团宣讲报告会暨梅州市县处级领导干部学习贯彻党的二十大精神专题研讨班在市委礼堂举行。梅州市委副书记王庆利作开班动员讲话。省委宣讲团成员、省委党史研究室副主任王涛作专题宣讲报告。市政协主席戚优华出席会议。

【市委理论学习中心组学习会】 2022年，中共梅州市委组织召开市委理论学习中心组专题学习会15次。1月14日，专题学习习近平新时代中国特色社会主义思想和党的十九届六中全会精神；3月4日，专题学习习近平总书记在省部级主要领导干部学习贯彻党的十九届六中全会精神专题研讨班开班式上的重要讲话精神；6月22日，专题学习省第十三次党代会精神；6月28日，邀请省委宣讲团成员、省委宣传部讲师团团长刘海斌作学习贯彻省第十三次党代会精神专题辅导报告；7月22日，专题学习习近平总书记出席庆祝香港回归祖国25周年活动重要讲话精神；8月10日，邀请梅州市发展战略顾问、华南理工大学现代服务业研究院副院长、博士生导师、教授祁明作“客家讲坛·优化营商环境”专题辅导报告；9月8日，专题学习习近平总书记在省部级主要领导干部“学习习近平总书记重要讲话精神，迎接党的二十大”专题研讨班上的重要讲话精神；9月23日上午，邀请华南理工大学法学院副院长、教授、博士生导师夏正林作“百名法学家百场报告会”梅州市委理论学习中心组专场暨南粤法治辅导报告；9月23日下午，专题学习《习近平谈治国理政》第四卷；9月23日下午，专题学习习近平总书记关于安全生产的重要论述；10月9日，专题学习《支持梅州对接融入粤港澳大湾区加快振兴发展总体方案》；11月3日，专题学习习近平总书记关于社会主义精神文明建设的重要论述；11月18日，邀请省委宣讲团成员、省委党史研究室副主任王涛作学习贯彻党的二十大精神专题辅导报告；11月24日，专题学习党的二十大精神。

（中共梅州市委办公室）

市委重要工作

【加强党的全面领导和党的建设】 2022年1月28日，梅州市委书记马正勇主持召开市委常委会会议，听取市纪委监委2021年工作情况和八届市纪委二次全会筹备情况汇报，研究部署2022年党风廉政建设和反腐败工作。1月29日，马正勇在八届市纪委二次全会上强调，要深入学习贯彻习近平总书记在十九届中央纪委六次全会上的重要讲话精神，从新时代全面从严治党伟大成就中坚定信心决心，从新时代全面从严治党经验规律中增强实践自觉，从中央纪委全会、省纪委全会部署的重点任务中明确使命职责，坚决扛起管党治党政治责任，不折不扣执行习近平总书记、党中央和省委决策部署，推动全面从严治党不断取得新成效，为党的二十大胜利召开营造良好的政治经济社会环境。2月10日，马正勇主持召开市委常委会（扩大）会议，听取各县（市、区）委书记和市直有关党（工）委书记2021年度抓基层党建工作述职并进行评议。2月15日，马正勇主持召开市委常委会会议，审议2021年度县（市、区）委书记和市直有关党（工）委书记抓基层党建工作述职评议考核结果。2月28日，马正勇在《梅州日报》创刊50周年座谈会上强调，梅州日报社和全市新闻舆论工作者要坚持以习近平新时代中国特色社会主义思想为指导，认真贯彻落实习近平总书记关于新闻舆论工作的重要论述精神，坚持“举旗帜、聚民心、育新人、兴文化、展形象”的使命任务，不断改进和加强新闻宣传工作，为推动梅州苏区加快振兴、共同富裕贡献更大力量。4月29日，马正勇主持召开市委常委会会议，审议《市委常委会2022年度基层党建重点项目研判安排》。5月12日，马正勇主持召开市委党的建设工作领导小组会议，审议《中共梅州市委党的建设工作领导小组2022年工作要点》。5月18日，马正勇主持召开市委常委会会议，传达贯彻中央关于意识形态有关文件精神。11月3日，受市委书记马正勇委托，市委副书记、市长王晖主持召开市委常委会会议，听取梅州市思政课建设工作情况汇报，研究部署下一步工作。11月24日，受市委书记马正勇委托，市委副书记、市长王晖主持召开市委常委会会议，传达学习《中共中央政治局关于加强和维护党中央集中统一领导的若干规定》《中共中央政治局贯彻落实中央八项规定实施细则》精神，研究梅州市贯彻落实意见。

【新冠疫情防控】 2022年1月17日，梅州市新冠疫情防控指挥部（扩大）工作会议召开，深入学习贯彻习近平总书记关于疫情防控工作的重要讲话和重要指示批示精神，贯彻落实全省新冠疫情防控工作电视电话会议精神，通报五华县有关情况，研判全市疫情防控形势，对梅州市疫情防控和处置工作进行再安排、再部署。1月24日，市新冠疫情防控领导小组（指挥部）召开会议，深入学习贯彻习近平总书记关于疫情防控的重要指示精神，认真落实省委、省政府主要领导对五华疫情处置的指示精神，进一步部署五华疫情处置和全市春节前后的疫情防控工作，全力保障人民群众生命安全和身体健康，让群众度过平安祥和的新春佳节。1月28日，梅州市委书记马正勇主持召开市委常委会会议，听取疫情防控工作情况汇报，研究部署春节期间有关工作。2月1日，梅州市新冠疫情防控领导小组（指挥部）会议召开，深入学习贯彻习近平总书记关于疫情防控的重要指示精神，认真落实全省疫情防控工作电视电话会议精神，通报梅州市疫情防控处置有关工作，部署疫情防控重点工作，全力保障人民群众生命安全和身体健康，度过一个欢乐祥和的新春佳节。2月6日，全市疫情防控工作会议召开，深入学习贯彻习近平总书记关于疫情防控的重要指示精神，认真落实全省疫情防控工作会议精神，研判梅州市疫情防控形势，对疫情防控重点工作进行再部署、再推动、再落实。2月10日，马正勇主持召开市委常委会（扩大）会议，听取近期疫情防控工作情况汇报，研究部署下一步工作。4月21日，市新冠疫情防控领导小组（指挥部）工作会议召开，深入学习贯彻习近平总书记关于疫情防控工作的重要讲话和重要指示批示精神，认真落实省委、省政府疫情防控工作安排，研究部署梅州市疫情防控有关工作。4月29日，马正勇主持召开市委常委会会议，传达学习广东省委书记李希在省委十二届第339次常委会会议上的讲话精神，听取疫情防控工作情况汇报，部署"五一"期间疫情防控工作。5月9日，马正勇主持召开市委常委会（扩大）会议暨全市疫情防控工作电视电话会议，同时套开市新冠疫情防控领导小组（指挥部）会议，深入学习贯彻习近平总书记关于疫情防控工作的重要指示精神，传达贯彻全省疫情防控工作电视电话会议精神，研究部署下一步工作。5月12日，马正勇主持召开市委常委会会议，研究新冠疫情防控专用隔离场所建设及配套设施等经费事宜。6月16日，马正勇主持召开市委常委会会议，传达学习国务院联防联控机制《大规模奥密克戎疫情应对处置方案》，研究梅州市贯彻落实意见。7月15日，马正勇主持召开市委常委会会议，深入贯彻落实习近平总书记关于疫情防控工作的重要指示精神，传达贯彻全省疫情防控工作电视电话会议精神，研究梅州市贯彻落实意见。8月21日，全市疫情防控工作会议召开，深入学习贯彻习近平总书记关于疫情防控的重要指示精神，全面落实"疫情要防住、经济要稳住、发展要安全"的重要要求，通报全市疫情防控形势和梅江区、梅县区疫情处置工作情况，研究部署下一步防控工作，全力以赴打好打赢疫情处置硬仗。8月25日，马正勇主持召开市新冠疫情防控领导小组（指挥部）会议，听取疫情防控工作情况汇报，研究部署下一步工作。9月2日，受市委书记马正勇委托，市委副书记、市长王晖主持召开市委常委会会议，深入学习贯彻习近平总书记重要讲话和重要指示精神，传达学习贯彻省委常委会会议和全省疫情防控工作电视电话会议精神，研究梅州市贯彻落实意见。9月9日，全市新冠疫情防控工作电视电话会议召开，深入学习贯彻习近平总书记重要指示精神，全面落实"疫情要防住、经济要稳住、发展要安全"重要要求，认真贯彻落实全国、全省会议部署要求，研究部署中秋节前后疫情防控和安全生产工作。9月23日，受市委书记马正勇委托，市委副书记、市长王晖主持召开市委常委会会议，传达贯彻全省疫情防控和安全稳定工作电视电话会议精神，听取有关工作情况汇报，研究部署下一步工作。9月28日，全市疫情防控和安全稳定工作电视电话会议召开，深入学习贯彻习近平总书记重要指示精神，全面落实"疫情要防住、经济要稳住、发展要安全"重要要求，认真贯彻落实党中央、国务院决策部署和省委、省政府工作要求，全力抓好国庆节前后疫情防控和安全稳定工作，为党的二十大胜利召开营造平安稳定的良好环境。9月29日，受市委书记马正勇委托，市委副书记、市长王晖主持召开市委常委会会议，传达学习全省疫情防控和安全稳定工作电视电话会议精神，听取有关工作情况汇报，研究部署国庆假期和党的二十大前后疫情防控和安全稳定工作。10月21日，受市委书记马正勇委托，市委副书记、市长王晖主持召开市委常委会会议，传达学习全省疫情防控和安全稳定工作电视电话会议精神，听取有关工作情况汇报，研究部署下一步工作。10月24日，全市疫情防控工作电视电话会议在丰顺县召开，深入学习贯彻党的二十大精神和习近平总书记重要指示精神，全面落实"疫情要防住、经济要稳住、发展要安全"重要要求，认真贯彻落实党中央、国务院决策部署和省委、省政府工作要求，研究部署近期疫情防控重点工作和丰顺疫情处置工作。10月27日，全市疫情防控工作电视电话会议召开，深入学习贯彻党的二十大精神和习近平总书记重要指示精神，认真贯彻落实党中央、国务院决策部署和省委、省政府工作要求，研究部署近期疫情防控重点工作和丰顺疫情处置工作。10月30日，全市疫情防控工作电视电话会议在丰顺县召开，深入学习宣传贯彻党的二十大精神和习近平总书记重要指示精神，认真贯彻落实党中央、国务院决策部署和省委、省政府工作要求，研究部署近期疫情防控重点工作和丰顺疫情处置工作。11月1日，全市疫情防控工作电视电话会议在丰顺县召开，深入学习贯彻党的二十大精神和习近平总书记重要指示精神，全面落实“疫情要防住、经济要稳住、发展要安全”重要要求，认真贯彻落实党中央、国务院决策部署和省委、省政府工作要求，对做好当前疫情防控和丰顺疫情处置工作进行再部署、再落实。11月14日，全市疫情防控工作电视电话会议召开，深入学习贯彻党的二十大精神和习近平总书记重要讲话精神，认真贯彻落实党中央、国务院决策部署和省委、省政府工作要求，全面落实“疫情要防住、经济要稳住、发展要安全”重要要求，深入学习进一步优化疫情防控工作的二十条措施，对做好梅州市疫情处置和防控工作进行再部署、再落实。11月15日，受市委书记马正勇委托，市委副书记、市长王晖主持召开市委常委会会议，深入学习贯彻习近平总书记在中央政治局常委会会议上的重要讲话精神，以及国务院和省有关会议精神，听取全市疫情防控工作情况汇报，研究部署下一步工作。11月24日，市委副书记、市长王晖主持召开市新冠疫情防控领导小组（指挥部）会议，深入学习贯彻习近平总书记关于疫情防控的重要指示批示精神，听取梅州市疫情防控工作情况汇报，研究部署下一步工作。11月25日，全市疫情防控工作电视电话会议召开，深入学习贯彻党的二十大精神和习近平总书记关于疫情防控的重要讲话、重要指示精神，认真贯彻落实党中央、国务院决策部署和省委、省政府工作要求，对做好疫情处置和防控工作进行再部署、再落实。12月9日，市委副书记、市长王晖主持召开市新冠疫情防控领导小组（指挥部）会议，深入学习贯彻习近平总书记关于疫情防控的重要指示精神，传达学习国务院联防联控机制综合组《关于进一步优化落实新冠肺炎疫情防控措施的通知》精神，听取梅州市疫情防控工作情况汇报，研究部署加快推进老年人新冠病毒疫苗接种等工作。

【苏区融湾先行区建设】 2022年4月8日，梅州以市政府名义，向省政府报送支持梅州对接融入粤港澳大湾区加快振兴发展的相关请示文件，6月17日经省政府同意呈报中央湾区办。7—8月，市委、市政府主要领导先后带队到国家发展改革委、财政部、科技部等部委沟通汇报、争取支持。9月1日，国家发展改革委、财政部联合印发《支持梅州对接融入粤港澳大湾区加快振兴发展总体方案》。10月21日，受市委书记马正勇委托，市委副书记、市长王晖主持召开市委常委会会议，审议《广东省支持梅州对接融入粤港澳大湾区加快振兴发展实施方案》（代拟稿）。

【区域协调发展】 2022年1月14日，梅州市委书记马正勇主持召开市委常委会会议，审议并原则通过《梅州市贯彻落实〈中共广东省委广东省人民政府关于新时代支持革命老区和原中央苏区振兴发展的实施意见〉的行动方案》。7月5日，广州·梅州对口帮扶党政联席会议在梅州召开。省委常委、广州市委书记林克庆，梅州市委书记、市人大常委会主任马正勇讲话。梅州市委副书记、市长王晖，广州市副市长王焕清分别通报梅州、广州经济社会发展和两市合作情况。7月8日，马正勇主持召开市委常委会会议，传达贯彻广州·梅州对口帮扶党政联席会议精神，研究梅州市落实意见。11月3日，受市委书记马正勇委托，市委副书记、市长王晖主持召开市委常委会会议，传达贯彻省关于推动北部生态发展区高质量发展的意见精神，研究梅州市贯彻落实意见。

【实体经济发展】 2022年2月21日，梅州市委书记马正勇在全市促进实体经济高质量发展大会上强调，要进一步统一思想，深刻认识到发展实体经济是改变梅州经济欠发达的关键一招，坚持解放思想、实事求是，树立以经济思维抓产业的意识，坚持税收导向、就业导向抓招商引资，踔厉奋发、笃行不怠，坚定走工业强市、产业兴市发展道路。3月28日，梅州综合保税区封关运行仪式以视频连线方式在梅州综保区举行，市委书记马正勇宣布梅州综保区封关运行。6月16日，马正勇主持召开市委常委会会议，审议《关于狠抓招商引资促进实体经济高质量发展的意见》。7月20日，马正勇主持召开2022年上半年全市经济形势分析会，总结上半年全市经济发展情况，分析研判下半年经济发展形势，研究部署下一步工作。7月29日，马正勇主持召开市委常委会会议，传达学习省政协增强粤东西北产业承接能力推动区域协调发展调研报告精神，研究有关工作意见。8月11日，马正勇主持召开市委常委会会议，审议并原则通过《梅州市加快实体经济振兴发展若干措施》。8月16日，全市招商引资工作大会在梅城召开，深入贯彻落实省第十三次党代会，省委、省政府主要领导到梅州调研指示和市第八次党代会精神，部署梅州市招商引资工作，动员全市上下大招商、招大商、招好商，奋力推动梅州苏区加快振兴发展，以实际行动迎接党的二十大胜利召开。8月25日，马正勇主持召开市委常委会会议，传达贯彻李克强总理在广东考察时和在经济大省政府主要负责人座谈会上的讲话精神，研究梅州市贯彻落实意见。9月8日，受市委书记马正勇委托，市委副书记、市长王晖主持召开市委常委会会议，审议《梅州市招商引资绩效管理办法（修订稿）》。10月13日，全市推进新能源产业高质量发展大会召开，深入学习贯彻习近平生态文明思想和习近平总书记关于能源革命的重要论述，认真落实碳达峰碳中和部署要求，加快培育新能源战略性新兴产业集群，全力推进梅州市新能源产业高质量发展。

【全面推进乡村振兴】　2022年2月15日，梅州市委书记马正勇主持召开市委常委会会议，听取迎接2021年度省推进乡村振兴战略实绩考核工作情况汇报。4月1日，马正勇主持召开市委常委会会议，传达贯彻《地方党委和政府领导班子及其成员粮食安全责任制规定》精神，听取春种春播、撂荒耕地复耕复种工作情况汇报，研究梅州市贯彻落实意见。4月29日，马正勇主持召开市委常委会会议，深入学习贯彻习近平总书记在《求是》杂志上发表的重要文章《坚持把解决好“三农”问题作为全党工作重中之重　举全党全社会之力推动乡村振兴》的主要精神，研究梅州市贯彻落实意见。5月27日，马正勇主持召开市委常委会会议，研究审议《关于进一步加快推进乡村特色产业高质量发展的意见》。6月9日，2022年市委农村工作会议暨全市实施乡村振兴战略工作推进会在梅城召开，深入学习贯彻习近平总书记关于“三农”工作的重要论述和对广东系列重要讲话、重要指示批示精神，全面贯彻落实中央农村工作会议精神，认真落实省第十三次党代会精神，总结梅州市2021年“三农”工作，对2022年工作进行再部署、再落实。6月29日，梅州市举行2022年广东扶贫济困日暨全社会助力乡村振兴活动。7月8日，马正勇主持召开市委常委会会议，传达贯彻全省推进粮食生产工作电视电话会议精神，研究梅州市贯彻落实意见。8月24日，市委基层治理领导小组召开会议，深入学习贯彻习近平总书记关于基层党建、基层治理、乡村振兴的重要论述和对广东系列重要讲话、重要指示精神，贯彻落实全省党建引领基层治理促乡村振兴现场会精神，总结梅州市党建引领基层治理和抓党建促乡村振兴工作，对下阶段工作进行研究部署、推动落实。9月29日，受市委书记马正勇委托，市委副书记、市长王晖主持召开市委常委会会议，深入学习贯彻习近平总书记对中国农民丰收节的贺信精神，研究梅州市贯彻落实意见。

【全面深化改革】　2022年4月1日，梅州市委书记马正勇主持召开市委全面深化改革委员会会议，深入学习贯彻习近平总书记在中央全面深化改革委员会第二十四次会议上的重要讲话精神和省委全面深化改革委员会第十五次会议精神，审议有关改革文件，听取有关改革工作推进情况汇报。4月29日，马正勇主持召开市委常委会会议，深入学习贯彻习近平总书记在中央全面深化改革委员会第二十五次会议上的重要讲话精神，研究梅州市贯彻落实意见。7月15日，马正勇主持召开市委常委会会议，研究审议《市属国有资本投资运营平台整合重组实施方案》。

【人才队伍保障】　2022年1月4日，梅州市委人才工作会议在梅城召开，深入学习贯彻习近平总书记关于人才工作的重要论述精神，全面贯彻党的十九届六中全会和中央、省委人才工作会议精神，总结梅州市人才工作，分析梅州市人才工作面临的形势任务，部署全市人才发展工作。5月12日，梅州市委书记马正勇主持召开市委常委会会议，审议《关于加快新时代人才振兴发展的实施意见》。7月8日，马正勇主持召开市委常委会会议，审议《梅州市实施“青梅计划”集聚优秀青年人才的若干措施》。7月21日，梅州市召开“人才振兴16条”暨“青梅计划”政策发布会，重点对人才新政进行解读。《中共梅州市委　梅州市人民政府关于加快新时代人才振兴发展的实施意见》，明确提出要实施“青梅计划”“鸿雁计划”“宗匠计划”“金谷计划”“桂竹计划”等五大人才发展计划;《梅州市实施“青梅计划”集聚优秀青年人才的若干措施》,主要通过10项具体举措,最大限度集聚青年人才来梅就业创业。8月25日,马正勇主持召开市委常委会会议,审议《关于大力支持改革创新宽容失误错误激励广大干部新时代新担当新作为的实施意见》。10月21日,受市委书记马正勇委托,市委副书记、市长王晖主持召开市委常委会会议,集中学习中共中央办公厅印发的《推进领导干部能上能下规定》,研究梅州市贯彻落实意见。

【文化名城建设】 2022年2月25日,梅州市委书记马正勇主持召开市委常委会会议,传达贯彻扎实推进文化强省建设大会精神,听取梅州市足球发展工作情况汇报。4月29日,马正勇主持召开市文明委会议,通报梅州市2021年全国文明城市和未成年人思想道德建设工作年度测评结果,研究部署下一步工作。5月12日,马正勇主持召开市委常委会会议,传达贯彻广东省委书记李希对梅州足球工作的批示精神,研究梅州市贯彻落实意见。6月23日,马正勇主持召开2022年梅州市文明委全体会议暨创建全国文明城市工作推进会,深入学习贯彻习近平总书记关于社会主义精神文明建设的重要论述精神,总结2021年梅州市精神文明建设和创建全国文明城市工作,分析形势,找准问题,补齐短板,坚持问题导向和务实扎实的工作作风,全力推动全国文明城市创建工作再上新台阶。7月15日,马正勇主持召开市委常委会会议,研究审议《梅州市文明行为促进条例》。《梅州市文明行为促进条例》,7月经梅州市第八届人民代表大会常务委员会第七次会议通过,9月经广东省第十三届人民代表大会常务委员会第四十六次会议批准,于2022年10月13日公布,并自2022年11月1日起施行。11月3日,受市委书记马正勇委托,市委副书记、市长王晖主持召开市委常委会会议,听取梅州市创建全国文明城市工作情况汇报,研究部署下一步工作。

【生态文明建设】 2022年3月11日,马正勇、王晖、戚优华、王庆利等梅州市委、市人大常委会、市政府、市政协、市纪委监委领导同志,到梅州高新技术产业园同心湖公园参加义务植树活动,以实际行动践行习近平生态文明思想和“绿水青山就是金山银山”理念,号召全市广大干部群众积极投身新一轮“绿满梅州”大行动。3月22日,全市深入打好污染防治攻坚战推进会在市委礼堂召开,深入学习贯彻习近平生态文明思想,认真贯彻落实全省深入打好污染防治攻坚战推进会精神,按照生态发展区定位要求,对梅州市深入打好污染防治攻坚战进行再动员、再部署、再落实。9月8日,受市委书记马正勇委托,市委副书记、市长王晖主持召开市委常委会会议,听取第二轮中央生态环境保护督察整改工作进展情况汇报,审议《梅州市贯彻落实第二轮中央环保督察报告整改方案》。11月3日,受市委书记马正勇委托,市委副书记、市长王晖主持召开市委常委会会议,审议《梅州市关于深入打好污染防治攻坚战的实施方案》。12月29日,市委书记马正勇主持召开市委常委会会议,听取全面推行河长制、湖长制工作情况和《梅州市韩江秀水长清工作方案》落实情况汇报,研究部署下一步工作。

【重点民生建设】 2022年7月8日,梅州市委书记马正勇主持召开市委常委会会议,传达贯彻全省规范民办义务教育发展专项工作推进会议精神。9月9日,梅州市2022年教师节庆祝大会召开,深入学习贯彻习近平总书记关于教育的重要论述,认真落实全国、全省教育工作会议精神,表扬先进、树立典型,开创全市教育事业发展新局面。9月29日,受市委书记马正勇委托,市委副书记、市长王晖主持召开市委常委会会议,传达学习全省职业教育大会精神,研究梅州市贯彻落实意见。12月9日,受市委书记马正勇委托,市委副书记、市长王晖主持召开市委常委会会议,研究加快推进“攻坚村内道路建设”民生实事办理工作。

【社会治理创新】 2022年1月28日,梅州市委书记马正勇主持召开市委常委会会议,听取安全生产、社会稳定等工作情况汇报,研究部署春节期间有关工作。2月15日,马正勇主持召开平安梅州建设领导小组会议,传达学习习近平总书记对政法工作的重要指示精神和中央、省委政法工作会议精神,研究梅州市贯彻落实意见。2月23日,市委政法工作会议召开,总结2021年全市政法工作,分析形势任务,部署2022年工作。4月1日,马正勇主持召开市委常委会会议,深入学习贯彻习近平总书记对“3·21”东航MU5735航空器飞行事故的重要指示批示精神，听取安全生产、森林防灭火、防汛防旱防台风等工作情况汇报，研究梅州市贯彻落实意见。4月29日，马正勇主持召开市委常委会会议，传达学习广东省委书记李希在省委十二届第339次常委会会议上的讲话精神，听取安全生产等有关工作情况汇报，部署“五一”期间安全生产工作；套开市委全面依法治市委员会会议，传达贯彻省委全面依法治省委员会第十次会议精神，审议《梅州市落实〈中央依法治国办关于对广东省开展法治政府建设实地督察的反馈意见〉整改方案》。5月10日，马正勇主持召开全市强降雨防范视频调度会议，深入学习贯彻习近平总书记关于防汛救灾重要指示精神，认真贯彻落实中央和省会议精神，分析研判梅州市三防工作形势，全力做好强降雨防御工作。5月12日，马正勇主持召开市委常委会会议，深入学习贯彻习近平总书记对湖南长沙居民自建房倒塌事故的重要指示精神，传达贯彻《信访工作条例》精神，研究梅州市贯彻落实意见。5月18日，马正勇主持召开市委常委会会议，研究部署省党代会期间信访、安全生产和疫情防控等工作。6月27日，马正勇主持召开市委常委会会议，传达贯彻中共中央政治局委员、中央政法委书记郭声琨到梅州调研指示精神，研究梅州市贯彻落实意见。7月15日，马正勇主持召开市委平安梅州建设领导小组会议，传达贯彻省指导组到梅州开展市域社会治理现代化试点分类指导工作意见和省委平安办有关通知精神，研究部署有关工作。7月29日，马正勇主持召开市委常委会会议，传达全国全省安全生产电视电话会议精神，听取1—6月全市安全生产情况汇报；套开市委全面依法治市委员会第七次会议，深入学习贯彻习近平法治思想，审议《梅州市2022年全面依法治市工作要点》《梅州市关于开展市县法治建设督察的自查报告》，研究部署下一步工作。8月11日，马正勇主持召开市委常委会会议，传达贯彻全国全省自建房安全专项排查整治工作相关会议精神，审议市委基层治理领导小组工作规则和2022年工作要点等文件稿。8月22日，全市“三防”工作电视电话会议召开，深入学习贯彻习近平总书记关于防汛救灾工作的重要指示精神和“疫情要防住、经济要稳住、发展要安全”的重要要求，研究部署对第9号台风“马鞍”的防御工作。9月23日，全市安全生产工作会议召开，深入学习贯彻习近平总书记关于安全生产重要指示精神和李克强总理批示要求，全面落实“疫情要防住、经济要稳住、发展要安全”重要要求，认真贯彻落实党中央、国务院决策部署和省委、省政府工作要求，研究部署梅州市国庆节和党的二十大前后安全生产工作。9月23日，受市委书记马正勇委托，市委副书记、市长王晖主持召开市委常委会会议，传达学习省委防范化解重大风险工作有关通知精神，审议有关通知稿。10月3日，全市森林防灭火工作会议召开，深入学习贯彻习近平总书记关于防灾减灾救灾的重要指示精神，全面落实“疫情要防住、经济要稳住、发展要安全”重要要求，传达省、市领导批示要求，分析研判当前森林防灭火形势，对国庆节、重阳节及党的二十大期间森林防灭火工作进行再动员、再部署。11月24日，受市委书记马正勇委托，市委副书记、市长王晖主持召开市委常委会会议，认真学习贯彻习近平总书记关于河南安阳火灾事故的重要批示精神，听取梅州市安全生产工作情况汇报，研究部署下一步工作。11月28日，受市委书记马正勇委托，市委副书记、市长王晖主持召开市委常委会会议，传达贯彻省有关安全稳定工作会议精神，听取有关情况汇报，研究部署下一步工作。

【梅州市党政学习考察团到龙岩市考察】 2022年11月11日，梅州市党政学习考察团到福建省龙岩市，深入学习贯彻党的二十大精神和习近平总书记关于老区苏区工作重要论述精神，学习借鉴龙岩市老区苏区政策运用、实体经济发展、推动乡村振兴等方面的经验做法，深化梅州、龙岩两地交流合作，共同推动老区苏区对接融入粤港澳大湾区加快振兴发展。龙岩市委书记余红胜；梅州市委副书记、市长王晖，市委副书记王庆利参加活动。

【市委书记接受采访】 2022年5月25日，《南方日报》A03版《党代表谈打造美丽中国的广东样板——守护好广东一草一木万水千山》摘发省党代表梅州市委书记马正勇“打造更可持续生态发展新标杆”采访报道。7月11日，《南方日报》A05版刊发《权威访谈——梅州市委书记、市人大常委会主任马正勇：奋力推动红色苏区绿色发展》

专访报道；《南方》杂志 2022 年第 14 期同步刊发。7 月 14 日，《南方日报》A06 版刊发广东深入推进全国市域社会治理现代化试点工作“权威访谈”——《梅州市委书记马正勇：把红色基因融入基层社会治理》专访报道。7 月 29 日，广东广播电视台《广东新闻联播》“权威访谈”播发梅州市委书记马正勇专访报道——《梅州：狠抓发展第一要务 奋力推动红色苏区绿色发展》。10 月 19 日，《南方日报》A05 版《不断塑造发展新动能新优势》，摘发党的二十大代表梅州市委书记马正勇在广东团代表深入讨论党的二十大报告时的发言。

2022 年 7 月 29 日，梅州市召开基层党建工作重点任务推进会

（梅州市委组织部供图）

【市委书记发表署名文章】 2022 年 12 月 30 日，梅州市委书记马正勇在《光明日报》06 版发表署名文章《走好新时代党的群众路线》。他指出：要让群众真正说得上话，防止政策制定脱离群众；要让群众真正得到实惠，防止工作落实脱离群众；要让群众语言真正展示力量，防止政策宣传脱离群众。

（中共梅州市委办公室）

组织建设

【党组织概况】 截至 2022 年底，梅州市有党的基层组织 10268 个，其中机关事业单位党组织 4037 个、国有和集体企业党组织 819 个、非公有制企业党组织 915 个、社会组织党组织 320 个、其他类型党组织 4177 个（其中行政村党组织 3358 个）。党员总数 25.03 万名，其中，农牧渔民党员 11.42 万名，非公有制企业党员 7908 名；女党员约占 29.5%，大专以上学历党员约占 47.1%，农牧渔民党员约占 45.6%。

【基层党建“三年行动”】 2022 年，中共梅州市委组织部（简称梅州市委组织部）深入实施基层党建三年行动计划，健全上下贯通、执行有力的严密组织体系，深化模范机关创建，对全市各领域支部规范化建设逐一“过筛子”、排查整改建强堡垒，53 个软弱涣散村（社区）直接影响群众利益问题全面解决。面对严峻的疫情、汛情，近 10 万党员干部闻令而动、冲锋在前，党旗在急难险重任务一线高高飘扬。推动小区物业服务和物业服务企业党建全覆盖，开展新业态新就业群体党建“底数摸查、强基固本、暖心联新、协力共治”四大行动，填补快递、外卖和网约车等行业覆盖“盲点”。实施“头雁”工程，对全市 2000 多名党支部书记精准“画像”，扩大“引领型”书记效应。实施“雏雁计划”，全市储备村级后备干部 5980 名。推进南粤党员先锋工程，开展新时代基层干部主题培训行动，培训县、镇、村三级干部 4.8 万多人，完成农村发展党员违规违纪问题排查整顿，发展党员质量不断优化。

【干部队伍建设】 2022 年，梅州市委组织部坚持事业为上选人用人导向，着重在高质量发展主战场、矛盾风险最前沿、艰苦偏远第一线发现、培养和选拔干部，统筹做好优秀年轻干部、女干部、党外干部培养选拔工作，全年提拔晋升市管处级干部 149 人次，各级领导班子年龄、专业结构明显改善。深入实施干部现代化建设能力提升计划，加强经济金融、“三农”等专业能力培训，注重在重大任务一线练就干部铁肩膀、硬肩膀、宽肩膀。激励干部担当作为，实施“加快振兴、共同富裕”破题攻坚行动，健全常态化谈心谈话机制，完善考核评价体系，落实领导干部能上能下规定，用好职务与职级并行政策措施，有效提振干事创业精气神。强化干部监督管理，从严抓好领导干部个人事项报告和查核，开展干部违规兼职取酬问题专项整治和在企业兼职问题专项清理工作，加强干部人事档案管理，稳妥解决干部档案遗留问题。不断提升公务员管理效能，推动行政执法类公务员完成制度入轨，深化公务员分类改革，健全公务员分类考核管理机制，统筹做好公务员考录、调任、转任、遴选工作，新招录公务员 793 人。做好全国、全省“人民满意的公务员”和“人民满意的公务员集体”推荐。

【人才振兴发展】 2022 年，梅州市委组织部谋划建设新时代赣闽粤原中央苏区人才振兴发展试点，全面优化升级人才政策，出台新时代人才振兴发展的实施意见和“青梅、鸿雁、宗匠、金谷、桂竹”五大人才发展计划。多措并举加大人才引育力度，激发人才创新创造活力，引进各类人才 1.26 万人，博士总量突破 500 人，青年人才“回梅”“留梅”行动稳步推进，入选“珠江人才计划”人数实现破“零”。县镇乡村振兴人才驿站实现全覆盖，市人才驿站在省考核中连续三年被评为“优秀”。启动高层次人才认定工作，发行梅州人才卡，启用市人才公寓，建成“一站式”人才服务平台，设立“人才服务代办专区”，打造优质人才服务环境。

【党建引领发展】 2022 年，梅州市委组织部出台《关于实施党建赋能工程提升基层治理效能推动高质量发展的意见》，构建“大党建”工作格局和政策体系。党建引领基层治理见成效，完善街道“大工委”、社区“大党委”工作机制，建立“社区党委 + 网格党支部 + 格内党小组”体系，优化设置 7623 个全科网格，将党建、治理、服务整合成“一张网”，全年网格事件办结率达 94.9%，基层治理效能进一步提升。建立基层党组织“平急转换”工作机制，组建 136 支党员突击队、3528 支党员志愿服务队，深化“双报到、双服务”，办好民生实事 2.6 万多件。党建引领发展更加有力，实行“党建 + 项目”模式，建立市领导挂点联系规模以上工业企业、工业重点项目“红色专员服务”等机制，打造“靠前一步服务”企业党建品牌，推动一批“打粮食”项目落地投产。抓党建促乡村振兴示范县创建工作扎实推进，组建607支工作队2547名县直机关干部“回乡联村”，实施红色村示范振兴行动，打造 12 条乡村振兴红色美丽示范带。（梅州市委组织部）

思想宣传

【宣传概况】 2022 年，梅州市宣传思想文化战线坚持以习近平新时代中国特色社会主义思想为指导，深入贯彻落实党的二十大精神，深入学习贯彻习近平总书记关于宣传思想工作的重要思想，贯彻落实梅州市第八次党代会和市委八届历次全会精神，履行举旗帜、聚民心、育新人、兴文化、展形象的使命任务，做好宣传思想文化各方面工作。年内，围绕迎接宣传贯彻党的二十大工作主线，开展系列主题宣传教育活动；做好对外宣传宣介工作，致力于打造全球客家文化传播推广中心；出台《梅州市文化发展改革“十四五”规划》《梅州市文化广电旅游发展“十四五”规划》，进一步加强文化强市建设；扶持文艺精品创作，推出一批弘扬主流价值、引领社会审美的优秀作品，文化事业发展取得新进步。

【理论学习宣讲】 2022 年，中共梅州市委宣传部（简称梅州市委宣传部）服务市委理论学习中心组开展集中学习 11 次，举办 4 场“客家讲坛”专题报告会。指导督促各级党委（党组）理论学习中心组学习，在全省率先实施中心组学习列席旁听工作机制。组织开展“学思践悟习近平经济思想”“习近平生态文明思想”“加快梅州苏区全面振兴，走向共同富裕”等理论研讨征文活动。征订发行近 12 万册《习

2022 年，梅州市举办“听党话 感党恩 跟党走”宣讲活动

（梅州市委宣传部供图）

近平谈治国理政》第四卷，编撰出版百姓故事书籍《百年视角：百姓讲述的梅州正能量》。发挥“学习强国”梅州编辑部作用，开展“我家的‘人世间’故事”主题征文、融媒体作品大赛等活动。年内，实施《全市理论宣讲进基层“百千万工程”实施方案》，打造“3 + N”（干部讲政策、专家讲理论、百姓讲故事和 N 种特色宣讲队伍）宣讲矩阵，深入基层开展学习贯彻省第十三次党代会精神、《习近平谈治国理政》第四卷、党的二十大精神等主题宣讲活动。2022 年，全市共组织开展宣讲约 2700 场次，宣讲受众约 14 万人次。2022 年，梅州市委宣传部讲师团获全省基层理论宣讲先进集体称号。

【理想信念教育】 2022 年，梅州市委宣传部用好红色革命遗址保护利用专项经费，抓实抓紧 2023 年度项目申报以及 2019 年度、2020 年度项目考评和 2021 年度项目督导。印发《梅州市革命历史类纪念设施、遗址和爱国主义教育基地建设管理工作联席会议制度》，评定蔡蒙吉故居等 22 家单位为梅州市第五批爱国主义教育基地，做好第三批省级国防教育基地推荐命名。

链 接

梅州市第五批爱国主义教育基地评定名单

1. 蔡蒙吉故居
2. 两海会馆
3. 罗屏汉故居
4. 刘光夏故居
5. 平远县革命烈士陵园
6. 平远县烈士纪念园
7. 梅平武工队活动旧址
8. 蕉岭县革命烈士纪念碑
9. 红四军入粤首胜纪念公园
10. 蓝坊肚战斗遗址
11. 仓海诗廊
12. 兢业楼（中共闽西南潮梅特委旧址、中共南方工委机关旧址）
13. 李明光烈士纪念碑
14. 闽粤赣边总队瑞山活动旧址
15. 朱德指挥部旧址
16. 中央红色交通线青溪交通站
17. 罗明故居
18. 丰顺县革命烈士纪念碑
19. 见龙居（红四军军部旧址）
20. 东江工农兵第一次代表大会遗址
21. 黄国梁故居
22. 曾国华故居

【主题宣传报道】 2022 年，梅州市委宣传部组织全市媒体统一开设“喜迎二十大”“学习宣传贯彻党的二十大精神”专栏，配合广东省委宣传部开展“奋进新征程·建功新时代”“非凡十年”“强国复兴有我”等重大主题宣传。争取各级媒体支持梅州开展对接融入粤港澳大湾区振兴发展先行区的宣传工作。做好省、市党代会的宣传报道，推出“狠抓发展第一要务 全面激发内生动力”“工业强市 产业兴市”“聚焦梅州市促进实体经济高质量发展”等一批精品报道和融媒体产品。开展乡村振兴、建设足球特区等主题宣传。稳妥有效做好“国家二十条”“新十条”优化措施出台后的宣传引导工作，营造良好舆论氛围。

【对外宣传宣介】 2022 年，梅州市委宣传部做好对外宣传宣介工作，持续深入落实网络外宣工作，推动打造全球客家文化传播推广中心。年内，在毛里求斯首都路易港市设立首个广东汉剧海外（毛里求斯）传承推广中心，开展“云端”汉剧教学活动。《客家春晚》海外分会场列入中宣部、国家广电总局和广东省委宣传部“文化走出去”对外交流重点扶持项目，在 2022 年首次走进非洲，通过线上的方式举办“客家春晚·毛里求斯之夜”，献礼中毛两国建交 50 周年。在美国《国际日报》开辟《梅州乡情》中、英文专版，专版同时在美国、印度尼西亚两地刊发，主要向美国、加拿大、巴拿马、印度尼西亚、泰国等国家推送梅州政治、经济、文化、社会、民生等方面的宣传报道及评论文章 200 多篇。协调央视《记住乡愁》《中国：美丽之境》、香港卫视纪录片《寿乡密码》等到梅州调研、拍摄、直播。组织拍摄《揭秘梅州长寿秘方》系列视频。

【社会主义文艺繁荣发展】 2022 年，梅州市委宣传部充分整合省、市优质资源，围绕客家文化和红色文化两大题材，聚力打造文艺精品力作。建组开排广东汉剧《天风海雨梅花渡》《章台青柳》、客家山歌剧《血蝴蝶》、提线木偶剧《智取大名府》，复排广东汉剧《王昭君》《闹严府》《秦香莲》、客家山歌剧《虹桥烟雨》等。在全市范围内部署开展迎接宣传贯彻党的二十大系列文艺活动，重点组织开展“礼赞新时代 奋进新征程”迎接党的二十大优秀影片展映、电视剧展播、文化惠民展演等。策划举办 2022 年广东汉剧春节戏曲晚会和客家山歌春节戏剧晚会。依托

“周五有戏”“周六艺苑”和“‘我们的中国梦’——文化进万家”等文化活动品牌，组织广东汉剧、客家山歌剧走进校园、走进社区、走进农村等，让广大群众近距离感受客家“非遗”戏剧的魅力。推动“桂竹计划”文艺人才培养“百花工程”落地实施，进一步选拔培养优秀青年文艺人才，优化文艺事业单位专业人才招聘政策和职称评聘制度，开展校团合作、校校合作，定向培育文艺人才，并对获奖文艺作品和项目予以扶持。

【梅州市参展第十八届深圳文博会】 2022 年，梅州市委宣传部组织展商 31 家、展品 300 多件参展第十八届深圳文博会，参展作品获“中国工艺美术文化创意奖”金牌 2 枚、银牌 1 枚、铜牌 4 枚。

【梅州一集体两作品获广东省第十二届精神文明建设“五个一工程”奖】 2022 年，广东省委宣传部印发表彰决定，对广东省第十二届精神文明建设“五个一工程”组织工作先进单位和优秀作品进行表彰。其中，梅州市委宣传部获得组织工作奖，由梅州市委宣传部选送的客家山歌剧《春闹》获得戏剧类优秀作品奖、《向人民报告》获得歌曲类优秀作品奖。客家山歌剧《春闹》由梅县区客家山歌传承保护中心创排，该剧讲述“90 后”主人翁被派驻到贫困地区“百岗岭”扶贫，面对复杂的扶贫情况，坚持不忘初心、砥砺前行，用一件件实事带领“百岗岭”逐步脱贫奔康的励志故事。歌曲《向人民报告》由梅州市公安局创作，用感人的歌词和动人的旋律展现人民公安为人民的初心和使命，描绘警民携手心连心的和谐画卷，刻画梅州公安民警日夜守护百姓平安、创建和维护平安梅州、为梅州经济社会高质量发展保驾护航的正面形象。

（梅州市委宣传部）

统一战线

【统战概况】 2022 年，梅州市统战部门学习贯彻党的二十大精神和习近平总书记关于做好新时代党的统一战线工作的重要思想，围绕中心大局，聚同心、汇合力、破难题、促发展，推动全市统一战线各领域工作高质量发展。梅州市工商联（总商会）、市党外知识分子联谊会等换届工作完成，凤坪畲族村乡村振兴、创建“中国少数民族特色村寨”事业有序推进，民族和睦、宗教和顺局面持续巩固。

【统战思想政治建设】 2022 年，中共梅州市委统战部（简称梅州市委统战部）推动和持续完善党委统战工作领导小组工作机制，召开市委统战工作领导小组会议、全市统战部长会议等，研究部署统战领域重大事项和重要任务，建立完善领导小组民族宗教工作、新的社会阶层人士统战工作、港澳台工作、侨务工作 4 个专题会议制度，制订印发系列政策性文件，巩固好、实践好党委统一领导、统战部牵头协调、有关方面各负其责的大统战工作格局。把迎接、学习、贯彻党的二十大精神作为贯穿全年的重要政治任务和工作主线，谋划部署统一战线学习宣传贯彻党的二十大精神系列活动，多形式、分层次、分类别在领导班子成员、统战系统干部、统战成员和对象中开展宣讲活动、主题教育活动 20 余场次。发挥统一战线联系广泛优势，指导各民主党派拍摄“共画同心圆·永远跟党走”专题短视频；联合梅州日报社推出学习贯彻党的二十大精神专栏，整版刊登 14 位统一战线各界别代表人士的学习心得体会和思路举措；指导市新阶联开发“学习二十大 共画同心圆”主题线上活动微信小程序，“线下会场 + 线上直播”举办主题宣讲报告会，探索在线学习交流新渠道，持续掀起多场学习宣传贯彻党的二十大、中央统战工作会议精神热潮。

【政党协商成效】 2022 年，梅州市委统战部丰富政党协商制度形式，推动出台系列文件支持市各民主党派加强中国特色社会主义参政党建设，做好民主党派代表人士队伍建设规划工作，支持民主党派履行职能、建言咨政，服务经济社会发展。支持各民主党派开展“矢志不渝跟党走、携手奋进新时代”政治交接主题教育，筑牢思想政治基础。召开 2022 年度党外人士暑期座谈会、2 场市委情况通报会、2 场调研协商座谈会。鼓励引导各党派团体、党外代表人士围绕实体经济、乡村振兴等全市中心工作主题，组织联合调研、开展社会服务，通报表彰 2021 年度党派团体调研情况及调研成果评选情况，协商部署 2022 年度调研工作。2022 年，各民主党派市委会共提交集体或个人提案议案 150 余件，其中被列为重点提案（议案）的有 10 余件；各民主党派团体围绕重点课题加强调研攻关并形成调研报告 18 篇，开展社会服务活动35场次。指导协助市党外知识分子联谊会顺利完成换届各项工作。

【新的社会阶层人士统战工作】 2022年，梅州市委统战部按照“信任尊重、团结引导、组织起来、发挥作用”的思路，走好走实新的社会阶层人士统战工作实践创新之路。出台《梅州市2022—2025年推动新的社会阶层人士统战工作发展的实施方案》，加强对新的社会阶层人士的思想教育和政治引领，开展自由职业者专题调研。指导市新阶联开设“客都新课堂”之赋能实体经济、乡村振兴系列活动品牌，开展系列培训服务行动，举办“喜迎二十大 同心跟党走”党史专题培训、“我和国旗合个影”主题活动和农村电商致富带头人培训班等。推进网络统战工作，发挥梅州市网红孵化基地有限公司技术人才优势，因地制宜设立第5个市级新阶层人士统战工作实践创新基地，助推更好凝聚网络人士人心，走好网络群众路线。促成设立首个市政协新的社会阶层人士委员工作室，进一步调动和发挥新阶层人士中政协委员的主体作用，更加广泛地团结联系界别委员，拓展委员履职渠道。

【民营经济统战工作】 2022年，梅州市委统战部支持民营经济健康发展，推动市领导挂钩联系民营企业和商会协会制度化常态化，深化暖企行动，持续推动各项惠企政策落实落地。引导民营经济人士健康成长，完成梅州市工商联（总商会）换届，加大走访联络民营企业家力度，承办“增强信念信心 奋斗成就梦想”百场宣讲活动（粤东片），深入商（协）会、企业开展“坚定信心决心 汇聚强企力量”宣讲活动，与《南方日报》联合推出“激发企业活动 赋能实体经济”系列报道，展示企业家形象风貌，弘扬企业家精神，引导民营经济代表人士坚定积极融入梅州苏区发展大局的信心和底气。加强工商联组织能力建设，推动非公有制经济组织“两个覆盖”，建立梅州市民营经济统战工作协调机制，促成梅州市工商联与市公检法司建立全省首个沟通联系合作机制，联合市检察院共同推动涉案企业合规和第三方机制建设。推动政企沟通和领导干部联系企业制度落实，建立“一起益企”重点企业服务保障工作机制，广泛开展“激发企业活力 赋能实体经济”八大暖企行动，推进解决企业困难问题21条。深化乡村振兴“万企兴万村”行动，共有1342家民营企业参与帮扶，结对帮扶对接110个镇（街）1783个行政村，累计帮扶资金4.72亿元，受益贫困群众约43万人，2022年度投入乡村振兴产业资金约3亿多元；梅州市多家民营企业或民营企业家获年度扶贫济困特别爱心奖等各类荣誉奖项。

【港澳台统战】 2022年，梅州市委统战部贯彻落实“一国两制”政策方针，发挥爱国爱乡社团的桥梁纽带作用，加强与梅州籍社团和代表人士以及乡贤乡亲的联络沟通，共同维护香港、澳门长期繁荣稳定。制订《关于支持爱国爱港力量发展壮大的若干措施》，协助香港梅州社团总会在内地筹备成立分会——梅港交流合作促进会，指导同乡社团提质升级，拓展文化经贸交流互动平台。开展“同心抗疫”活动，支持梅州市海联会拍摄《客家儿女 同心抗疫》MV，发动社会各界捐资捐物，从物质上精神上助力香港抗击疫情。聚力促进大团结大联合，举办内地港澳代表人士“知史爱国 携手同行”主题活动、港澳青年国情教育活动、第九届台湾青年岭南行客家文化体验营、“粤台姐妹同心 助力乡村融合”送爱心暨产业对接活动等，港澳台爱国力量不断壮大。连续13年开展香港“摘星计划”励志助学行动，累计帮助651名贫困优秀学子圆大学梦。

【海外统战】 2022年，梅州市委统战部以“侨”为“桥”做好海外统战工作，以梅州市委、市政府主要领导名义向梅州籍海外侨胞发出新春祝福，组织拍摄《“粤菜师傅·四海同享”之客都寻味》纪录片，被列入由国家广电总局举办的“视听中国 走进欧洲”作品展播名录。实施“名师高徒”计划，支持本地餐饮企业和澳洲维省客属崇正会联合开展“云上客家美食课堂”项目。推进海外华文教育提质增效，促成梅县外国语学校与印度尼西亚任华三语学校完成“云课堂”平台236节授课任务；联合梅州市中级人民法院成立涉侨纠纷多元化解领导小组，全面办结涉侨来信来访，为侨资企业无偿开展劳资、合同纠纷法律讲座。开展侨界扶助公益活动，帮助困难归侨群众解决实际困难，争取省支持捐赠1.6万件棉背心、3辆救护车，深化拓展11家市级“侨胞之家”建设成效，争创省侨联基层“侨胞之家”。

2022 年 6 月 15 日，梅州市新阶联赋能乡村振兴“复耕一亩地”主题活动启动仪式在梅城举行，图为“客都新阶田园”撂荒地开耕揭幕（梅州市委统战部供图）

【全市新阶联赋能乡村振兴“复耕一亩地”主题活动】 2022 年，梅州市委统战部围绕党中央决策部署和省市工作安排，以点带面、广泛发动民营经济人士、新阶层人士参与撂荒耕地复耕复种，开展“复耕一亩地”活动，以推进复耕复垦赋能乡村振兴作为“小切口”，做好新时期统一战线服务中心工作“大文章”。6 月 15 日，全市新阶联赋能乡村振兴“复耕一亩地”主题活动在梅城启动，通过开展“复耕一亩地”活动，解决 583.07 公顷土地的改造再利用难题，其中复耕复种撂荒耕地 149.87 公顷，促动全市各地各领域掀起复耕复种热潮。

（梅州市委统战部）

党　校

【党校概况】 截至 2022 年底，中共梅州市委党校有教职工 65 人，其中参公管理人员 35 人、事业编制人员 30 人。专兼职教师共 22 人，其中专职教师 18 人、兼职教师 4 人；有教授 1 名、副教授 7 名、讲师 8 名、助教 5 名；专职教师中具有研究生学历 17 人，占 94.4%。年内，中共梅州市委党校研究制订《中共梅州市委党校（梅州市行政学院）“十四五”时期（2021—2025 年）发展规划》，坚持党校姓党根本原则，办学治校整体水平稳步提升。

【干部教学培训】 2022 年，中共梅州市委党校以学习宣传贯彻党的二十大精神为主线，优化教学内容，突出发展实体经济和推动乡村振兴两大重点，丰富教学形式，开展“三进三同”（进基层、进村子、进农户，同吃、同住、同劳动）党性锻炼，选强配优师资，邀请市委主要领导授课，严抓主业主课，增强教学培训实效。全年举办各类班次 30 期，其中主体班 6 期、协办班 3 期、部门班 11 期、对外培训班 10 期；培训学员 2300 多人次。

【科研咨政】 2022 年，中共梅州市委党校制订《中共梅州市委党校（梅州市行政学院）“十四五”时期（2021—2025 年）科研规划》，健全完善科研制度，开展调查研究和学术探讨，全年举办专题座谈会 5 场，形成科研成果 102 篇，主持课题 28 项，其中优秀成果 14 篇。组织教研人员和学员外出调研，推动教研咨一体化建设。全年撰写决策咨询报告 19 篇，呈报梅州市委、市政府及有关部门 4 篇，其中 3 篇得到市领导肯定性批示。年内，出版《梅州学习与研究》正刊 4 期、增刊 1 期，《资政参阅》4 期。

【理论宣讲】 2022 年，中共梅州市委党校整合教师宣讲资源开展理论宣讲。围绕习近平新时代中国特色社会主义思想、党的二十大精神、党章党史、党规党纪以及中央、省、市、县重大决策部署和重要会议精神等内容，组织教师深入乡村、机关、社区、企业等进行宣讲，全年共选派教师外出授课宣讲 150 多场，开展“送课下乡”13 次，将党的声音传递到基层和干部群众中，推动党的创新理论在梅州大地走深走实。

【党校学习宣传贯彻党的二十大精神】 2022 年，中共梅州市委党校发挥主渠道主阵地作用，学深研透讲好党的二十大精神。采取校委会示范学、理论学习中心组专题学、教研人员重点学、党员干部全面学的方式开展全覆盖、分层次、多形式的理论学习。突出教研人员这一“关键少数”，引导教师研读原文、理解内涵、把握外延，为推动党的二十大精神进教材、进课堂、进头脑奠定理论基础。将学习党的二十大精神贯穿教学课程设计、集体备课、学术交流、课题研究等工作各领域全过程。在课程设计方面，通过个人备课、团队攻关、

2022 年 5 月 23 日，梅州市中青年干部培训班在中共梅州市委党校开班
（中共梅州市委党校供图）

集体备课、多轮磨课等形式开发系列课程,组织专题集体备课会 3 场，新备有党的二十大精神相关专题课 16 门。在理论研究方面，召开专题座谈会，组织教研人员围绕党的二十大提出的新思想新观点新论断交流研究成果，深化思想认识。用好系统资源和学员资源，围绕梅州贯彻落实党的二十大精神各项任务等开展决策咨询研究，提供对策建议供市委、市政府及相关部门参考，发挥智库作用。把学习党的二十大精神作为干部培训的主要内容，作为党校教育培训的必修课。开设专门教学模块，融入研讨教学、小组讨论、学员论坛等教育培训全过程。完成市直单位公务员任职培训班、梅州市乡村振兴战略示范研讨班等班次的培训任务，配合完成市厅级主要领导干部学习贯彻党的二十大精神专题研讨班、2022 年全国新录用公务员初任培训班的各项工作。在理论宣讲方面，选派市委宣传团成员及党校教师赴梅州市交通运输局、市人民医院等单位开展专题宣讲 21 场次，覆盖干部群众近 2000 人次。

【教学改革】 2022 年，中共梅州市委党校践行质量立校，深化教学改革。突出发展实体经济和推动乡村振兴两大重点，科学配置教学内容和教学资源，增强教学培训的针对性和实效性。全年举办 12 场集体备课会，新开设专题课 60 余门。丰富教学形式，根据不同培训班次学员的特点，综合运用专题研讨式、案例式、现场体验式等多种教学方式，增强教学的吸引力、感染力、说服力。在党性教育上创新形式，通过集体过政治生日，开展“三进三同”党性锻炼，增强党性教育的成效。完善学员“两带来”问题利用机制，把“两带来”问题的研究、交流、回应贯穿教学全过程，引导学员紧紧围绕重大理论和现实问题开展课题研究。组织学员赴嘉元科技公司、梅州（五华）抽水蓄能电站项目等经济社会建设和发展一线开展现场教学，引导学员在“体验 + 互动 + 思考”的过程中提升能力。配优师资力量，把领导干部上讲台作为提高教学质量的重要举措，邀请市委主要领导等为学员讲党课、作报告，与学生座谈交流，为党校课堂增加厚度、注入能量。

【教学研究基地建设管理】 2022 年，中共梅州市委党校研究制订《中共梅州市委党校（梅州市行政学院）教学研究基地（现场教学点）管理办法》，加强和规范教学研究基地（现场教学点）建设和管理。开展教学研究基地（现场教学点）评估工作，采取听取报告、实地评估等方式进行评分，认定 16 个现场教学点为中共梅州市委党校教学研究基地（现场教学点）。评估过程中结合实际情况提出指导性建议和意见，推动各县（市、区）教学研究基地（现场教学点）提档升级。

链　接

16 个中共梅州市委党校教学研究基地（现场教学点）

梅江区：
红军名将朱云卿事迹陈列室
江南街道新中苑社区老旧小区改造
梅县区：
雁洋镇乡村振兴现场教学点
粤东北九龙嶂革命根据地旧址群
兴宁市：
径南镇乡村振兴示范带
刘光夏革命烈士纪念馆
蕉岭县：
文福镇仓海诗廊、羊岃村
乡村振兴现场教学点 —— 广福镇广育村
平远县：
八尺镇红色历史现场教学点
仁居镇红色古邑·故事小城
大埔县：

中共南方工作委员会旧址
中央红色交通线（青溪）纪念园及旧址群
丰顺县：
丰顺县苏维埃政府成立旧址——宝田庐
坚真纪念馆（坚真廉洁操行馆）
五华县：古大存故居

【办学质量评估】 2022 年，中共梅州市委党校落实“以评促改、以评促建、以评促发展”要求，把办学质量评估作为推动全市党校系统高质量发展的重要抓手。对标省评估组对市委党校 2018—2020 年办学质量评估口头反馈的存在问题，明确整改要求，对能够立行立改的问题，严格对照评估指标体系逐项抓好整改落实；对基础设施建设、队伍建设等方面存在的短板弱项，谋划整改方案并争取支持，分阶段、有步骤地层层推进问题整改工作。首次对本市 8 个县级党校（行政学校）开展办学质量实地评估，会同梅州市委组织部组建 2 个实地评估工作组，通过审阅自评报告、查阅档案等方式，顺利完成县级党校（行政学校）初评工作。通过有针对性、有计划性地开展调研指导，在业务上加强统筹协调，紧盯反馈问题整改进度，推动评估结果高质量转化。（中共梅州市委党校）

机关党建

【机关党建概况】 2022 年，中共梅州市直属机关工作委员会（简称梅州市直机关工委）直接管理党组织 84 个，其中党委 47 个、党总支 11 个、党支部 26 个；市直单位各级党组织 708 个，其中党委 52 个、党总支 17 个、党支部 639 个，机关党员 1.34 万名（含离退休党员）。年内，梅州市直机关工委贯彻党的二十大精神，坚持把模范机关创建贯穿服务保障市委中心大局始终，精心谋划、统筹推进“1＋N”党建模式实践，引领广大党员干部转变作风，奋起直追、竞标争先，以机关效能的不断提升服务保障梅州苏区高质量发展。

【机关政治建设】 2022 年，梅州市直机关工委把政治机关建设贯穿谋划机关党建工作全过程，体现到制定政策、部署任务、推进工作实践中，自觉做到逢会必讲、逢督必看、逢检必查，督促各部门对标对表对位抓党建，健全完善习近平总书记重要讲话、重要指示批示精神和党中央决策部署贯彻落实工作机制，抓好政治要件闭环落实，抓实第一议题学习，抓深政治机关意识教育和对党忠诚教育，引领全体党员干部深刻领悟“两个确立”的决定性意义，增强“四个意识”、坚定“四个自信”、做到“两个维护”。抓实理论武装，把学习贯彻党的二十大精神纳入基层党组织理论学习“第一议题”、党员干部思想教育“第一要务”、党建考评“第一标准”，组织列席旁听督学 23 场次、调研督学 24 批次，引导各级党组织书记开展研讨交流 274 场次、完成调研报告 182 篇、上党课 816 场次、开展谈心谈话 1.5 万余人次。重视抓统筹谋划、抓调研督导、抓跟踪问效。组织召开区域党建联席会 5 场，分行业、分类型、分条块指导施策，推动打造梅州市委办公室“零投诉”机关、梅州公安“云党校”、市政数局“指尖办”“家门口办”、梅州海事局“党员积分管理”等一批行业亮点、系统特色和部门品牌；组织 82 个市直机关单位党组织书记面对面交流座谈，引导思想碰撞，探寻思路对策；召集市直和中央省属驻梅州单位党组织负责人、各县（市、区）分管机关党建工作领导，召开模范机关创建工作推进会，巩固深化模范机关创建成果，推动全市机关党建工作同步提质增效。

【机关党建服务中心工作】 2022 年，梅州市直机关工委围绕市委狠抓发展第一要务这条主线，实施重大项目克难攻坚“书记项目”，开展重点工作推进“党建＋”活动，着力在急难险重任务一线“建临时党支部”，深化 16 条具体措施、28 项责任清单“挂图作战”，以高质量党建引领实体经济发展、乡村振兴、营商环境优化等重大任务落实。开展“党建引领添动力奋勇争先促发展”模范机关创建主题实践活动，引导形成奋起直追、竞标争先的新风正气，努力打造“零投诉”机关、无信访单位。开展办事窗口党员先锋岗和群众满意窗口争创活动，组织 476 名党员走基层、访社区、问企业，唱响“我是党员我带头”“我的岗位我负责”“我的身边零事故”主旋律，以实践实干推动发展、成就事业。全年有 590 余名基层党组织书记主动在壮大实体经济、推进乡村振兴、优化营商环境等主战场对标杆，106 名年轻干部赴乡村振兴一线锤党性，29 名优秀党员到 6 个市级驻外招商队献才华。

【机关党建引领基层治理】 2022年，梅州市直机关工委突出各级党组织宣传党的主张、贯彻党的决定、团结动员群众、推动改革发展功能，统筹机关企事业单位、社会组织各方资源，把党的组织优势转化为基层治理优势，推动党员干部下沉，抓好“双报到、双服务”工作；推动党建服务下沉，开展“党建工作联谋、文明城市联创、平安创建联抓、社区建设联建、文化活动联办”等服务；推动公共保障下沉，向社区党组织和社会公众开放各类公共服务设施。市直各单位党组织与挂点社区签订共建协议82份，8500名在职党员到社区报到，累计服务群众3.6万余人次、办实事4.8万余件。

【模范机关创建工作】 2022年，梅州市直机关工委坚持把模范机关创建融入围绕中心服务大局生动实践，突出服务三大重点任务，以高质量党建推动高质量发展。聚焦“疫情要防住”，织密疫情防控组织体系，成立党员先锋队、突击队323支，动员1.5万余名党务干部、年轻党员投身一线，组织1275名封控区、管控区内党员干部就地转为志愿者，全程参与核酸检测、服务群众等工作，坚决打好打赢疫情防控硬仗。聚焦“经济要稳住”，深入开展暖企稳企行动，建立企业诉求快速响应机制，推动国家减税降费、金融支持各项政策以及省“一揽子稳经济131条”和市稳经济103项措施落地，优化“投资兴业、干事创业、安居乐业”的发展环境。聚焦“发展要安全”，压实行业主管部门监管责任，深化党员先锋岗、党员突击队创建活动，发挥好基层党组织战斗堡垒作用和党员先锋模范作用，做好防汛防台风和安全生产等工作，守护人民群众生命财产安全。

【机关组织建设】 2022年，梅州市直机关工委围绕“政治功能强、支部班子强、党员队伍强、作用发挥强”的“四强”党支部建设目标，狠抓基层党组织规范化标准化建设。深入实施基层党建三年行动计划，突出发挥“头雁”作用，从现状、结构、类型、业绩等维度对市直机关720名党组织书记进行政治“画像”，打造百个党支部示范点，选培百名优秀党员，立先进标尺，树先锋形象。全年理顺3个单位党组织隶属关系，督促328个党组织按期换届，调整158名党组织书记，推动50名主要负责人担任党组织书记，轮训新任党组织书记217人，培养发展党员159人；引导各级党组织以整风精神召开民主生活会、组织生活会928场次。针对“机关党建弱化、边缘化，干部精神状态不好、创新能力不足，党员先锋作用不强”等重难点问题，成立“思想政治工作创新、党务干部能力提升、党建引领促发展”3个课题组，组织重点攻关研讨，以课题研究推动问题解决，形成一批行之有效的调研成果。创建党建责任落实、日常党建督查考核、业务工作季度清单提醒及党建述职评议等制度，以周调研、月研判、季督导，推动各部门完善和落实党建工作责任体系。

【“四项机制”建立健全】 2022年，梅州市直机关工委建立健全“四项机制”，树立党建品牌，推动机关党建全面过硬、不断进步。健全党组织书记示范带动机制，引导市直机关落实抓党建第一责任人职责，做到党建和业务同部署同考核。创建区域党建联席会议制度，实施“五个联动”(行业系统联动发展、民生实事联动服务、党建文化联动促进、学习型党组织联动创建、创先争优联动开展），打造“一亮一特一品”党建品牌。健全市县两级机关联动机制，擦亮党建创新大赛品牌，激励广大党员干部奋进新征程、建功新时代。第二届党建创新大赛共有385个市县两级机关参与，上报参赛作品198份，全方位展现新时代苏区干部干事创业的劲头。创建市直机关工委与各单位党组织的挂钩联动机制，先后指导14个单位党组织创先争优，指导15个单位党建示范点建设提档进位，以机关效能大提升、干部作风大转变推动发展环境大优化。

【机关纪律建设】 2022年，梅州市直机关工委从抓服务、抓管理、抓监督三个方面高效率锻造队伍作风。深化“我为群众办实事”实践活动，示范带动机关党员唱响“我是党员我带头”“我的岗位我负责”“我的身边零事故”。推动“行风热线”提档升级，畅通诉求渠道，倾听民意呼声。全年安排10个单位主要负责人走进直播间，受理群众来电来信400余件，解决群众急难愁盼358件。严格执行“三重一大”事项集体决策制度，完善关键环节廉政风险排查机制；严格落实意识形态工作责任，严格管理党组织负责人和领导班子等“关键少数”。通过加强机关纪律建设，精准运用“四种形态”尤其是第一种形态，用好责任追究、提醒谈话等

制度，抓实机关作风监督，全年市直单位案件审理 36 件，给予党纪处分 36 人。（梅州市直机关工委）

保　密

【保密概况】　2022 年，梅州市保密工作按照省委、市委保密委员会部署要求，坚持重点突破，在推进网络保密管理、定密管理、涉密人员管理上取得新成效，完成专用网络终端核查、涉密人员报备存档与考核，进一步规范基层定密工作。坚持创新引领，在组织开展保密宣传教育上出新出彩，确定首批梅州市保密教育示范基地。坚持保密技术支撑，在保密技术服务保障、保密检查技术装备配备、重大会议保障上统筹谋划，精密组织开展保密专项检查，完成密销中心迁址升级改造，承担 5 次重大会议保密保障任务，配备 1 批次新型保密技术检查装备与设备。

【涉密人员管理】　2022 年，梅州市国家保密局持续强化涉密人员管理，坚持科学确定、严格审查、分类管理、全程监督的管理原则，突出分级分类精准界定管理模式。全年加强领导身边工作人员保密管理，组织领导身边工作人员签订保密承诺书。组织收集、归档领导同志身边工作人员保密管理报备材料。规范梅州市机关单位涉密岗位和涉密人员的确定工作。汇总、核查、统计和报送梅州市涉密岗位和涉密人员数据工作。组织开展全市机关单位涉密人员保密教育线上培训工作，完成核发全市［含各县（市、区）］机关单位保密员保密工作岗位资格证书工作。

【保密检查】　2022 年，梅州市国家保密局组织开展全市党政机关单位保密工作自查自评、保密专项检查和军工企业、涉密资质单位专项检查等工作。开展各类有关专项检查。全年实地检查市直单位 19 个。

【保密宣传教育】　2022 年，梅州市国家保密局在梅州市委党校、市委办、市总工会、梅州武警支队、中青班、军转干部培训班等 19 个单位、3 个学习班开展保密工作专题讲座，开展保密形势教育和保密法律法规宣教。联合市教育部门组织开展梅州市中小学保密教育优秀课例评选工作，发挥优秀课例的典型示范引领作用，推动梅州市中小学保密教育深入发展，评选出 49 例保密教育优秀课例并予以通报表扬。部署全市保密宣传教育月活动，按照国家保密局、省保密局关于保密宣传教育月活动要求，组织推动开展全民国家安全教育日三大活动、社会公众保密宣传四项主题活动和机关单位保密教育“五个一”活动。以重点领域重点人群、社会层面、机关单位三大群体为宣传教育主要对象，针对性开展保密宣传教育工作。其间营造《一顶竹笠背后的故事》保密故事微视频关注氛围，开展宣传工作，发动领导干部、机关单位工作人员、各校学生群体、社会群体参与保密故事微视频观看、点赞与热评工作，梅州保密故事微视频获广东省国家保密局二等奖表彰。面向高校广泛征集保密宣传教育作品，联合嘉应学院团委评选获奖作品，调动大学生对保密领域的深刻思考，深化高校学生群体的保密责任意识。组织开展“4·15”全民国家安全教育日梅州市保密宣传教育系列活动，协调市委宣传部门依托全市各级电视台、机场、高铁站、公交站等多媒体资源分时播放国家保密局《保密宣传公益片》。在各机关、各行政服务大厅、各高校院校、各中小学、各社区张贴保密宣传海报。梅州市国家保密局 2022 年度保密宣传教育工作获广东省国家保密局“优秀组织奖”表彰。

【保密技术服务】　2022 年，梅州市国家保密局组织开展有关重要

2022 年 1 月 13 日，梅州市保密教育示范基地挂牌揭幕仪式在梅县区大坪镇卢伟良故居举行
（梅州市国家保密局供图）

会议保障保密教育提醒工作。组织开展重点区域周边环境安全调研工作，加强部门协作，确保重点区域周边环境安全。

【考试保密管理】 2022年，梅州市国家保密局完成各类考试试卷保密室验收与检查及保密监管任务，完成高考、中考领卷、送卷，高考和司法考试、公务员考试、研究生考试巡考与保密监督检查工作。重点组织开展高考试卷保密室保密监督管理飞行检查工作，梅州市国家保密局成立工作组对梅江区、梅县区、蕉岭县、平远县的高考试卷保密室的值班在岗在位情况、交接制度、试卷出入库及安全保密情况、监控及通信设备运行状态进行突击检查，严格履行保密监督管理职责。

【梅州市首批市级保密教育示范基地揭牌】 2022年，梅州市国家保密局利用红色资源，强化保密教育，组织对8个县（市、区）革命遗址进行调研和考察，确定梅县区卢伟良故居、大埔县中央红色交通线大埔中站、丰顺县李坚真纪念馆、平远县红四军纪念馆为首批梅州市保密教育示范基地。1月13日，梅州市保密教育示范基地挂牌揭幕仪式在梅县区大坪镇卢伟良故居举行，这是梅州市首批市级保密教育示范基地，也是梅州市保密宣传教育阵地，是梅州市保密宣传教育的品牌。（梅州市国家保密局）

老干部事务

【老干部概况】 截至2022年12月31日，梅州市有离休干部521人，其中市直离休干部109人、各县（市、区）离休干部412人，平均年龄93.1岁。全市有离退休干部党支部447个。年内，中共梅州市委老干部局成立梅州市离退休干部工作领导小组，形成党委和政府统一领导，组织部门、老干部工作部门以及人力资源和社会保障、财政、医疗等部门齐抓共管的离退休干部工作格局。进一步理顺梅州市老干部活动中心和老干部大学服务中心管理体制，由梅州市老干部活动中心（梅州市老干部大学服务中心）主任、副主任兼任市老干部（老年）大学正、副校长。5月，根据省、市党政机关和国有企事业单位培训疗养机构改革要求，梅州市老干部休养所正式撤销，在编人员划入梅州市企业离休干部管理服务中心。

【离退休干部党的建设】 2022年，中共梅州市委老干部局依托老干部党支部、老干部大学等主阵地，采取集中宣讲、专题辅导、支部学习、座谈讨论、送学上门等形式，加强离退休干部理论武装。组织各地各单位离退休干部收看4场全国离退休干部网上专题报告会。组织录制“客都桑榆”宣讲会视频，举办梅州市离退休干部“客都桑榆”宣讲团培训班。抓好中央办公厅《关于加强新时代离退休干部党的建设工作的意见》和省委办公厅《关于加强新时代离退休干部党的建设工作的若干措施》精神贯彻落实，组织全市老干部工作者、离退休干部工作人员围绕职能职责开展学习研讨。

【离退休干部服务保障】 2022年，中共梅州市委老干部局依托现有的机制和措施，对接梅州市卫健局、医保局、财政局，建立老干部看病就医绿色通道，协助解决老干部在看病就医中遇到的问题，擦亮“康享天年”服务工作品牌。开展好离退休干部特殊困难帮扶工作，把党和政府的关心关爱送到困难老干部手中。落实离休干部“一人一策”，加强离休干部日常跟踪服务，做好生病住院、生日、重大节日慰问工作。做好老领导的服务工作。结合新冠疫情防控，梅州市老干部（老年）大学开展线上教学工作，举办29个教学班，招收学员1638

2022年6月27日，梅州市离退休干部“客都桑榆”宣讲团培训班在梅州市老干部活动中心举办
（周苏娜 摄）

人次。举办诗书画摄影展、专题晚会、征文活动、“敬老月”等活动，丰富老干部精神文化生活。组织老干部参加“喜迎二十大·奋进新时代”广东省老干部书画诗词摄影作品展，入选作品数位列全省地级市第一。《客家新貌迎客来》成功入选“同声颂党恩 奋进新征程”广东省老干部线上文艺节目展演。

【离退休干部作用发挥】 2022年，中共梅州市委老干部局开展好“喜迎二十大·奋进新时代”系列活动和“建言二十大”专题调研活动，发动离退休干部党支部召开“我看中国特色社会主义新时代”座谈会，发动老干部、老党员结合亲身经历和学习体会为梅州苏区振兴建言献策。“客都桑榆”宣讲团围绕“弘扬伟大建党精神”，在全市范围内开展41场宣讲会，产生良好社会反响，彰显新时代老干部工作价值。

（中共梅州市委老干部局）

机构编制

【机构编制概况】 2022年，中共梅州市委机构编制委员会办公室（简称梅州市委编办）立足部门职责，服务发展第一要务，推动设立相关工作机构，服务保障苏区融湾先行区建设，同时优化机构职能体系，深化体制机制改革，强化机构编制管理，推动全市机构编制工作高质量发展。年内，全面完成对市县两级党政机构改革落实情况开展20评估工作；省对梅州市党政机构改革的评估结果为“优秀”等次。巩固乡镇街道体制改革成果，推进基层治理体系和治理能力现代化，梅州市乡镇街道体制改革相关经验做法被《中国机构编制》杂志专栏推介。

【苏区融湾先行区建设服务保障】 2022年，梅州市委编办贯彻落实国家发展改革委、财政部《支持梅州对接融入粤港澳大湾区加快振兴发展总体方案》，深入开展相关体制机制和机构编制问题研究，推动设立相关工作机构。围绕促进实体经济发展，梅州经开区管委会调整为独立设置、嘉应新区管委会调整为在梅州经开区管委会挂牌，更好聚焦经济发展和投资服务主责主业。围绕推进乡村振兴，梅州市乡村振兴局由单独设置调整为在梅州市农业农村局挂牌，集约使用相关机构编制资源，构建运行顺畅、充满活力、令行禁止的乡村振兴工作体系。围绕人才引进，用好用活“急需紧缺人才用编周转池”，为农、教、文、卫等领域事业单位急需紧缺人才引进办理用编167人次。

【党政机构职能体系优化】 2022年，梅州市委编办持续健全加强党的全面领导体制机制，将市委农村工作办公室更名为市委农村工作领导小组办公室，调整优化市纪委监委派驻（出）机构设置和监督范围，推动党的领导在职能配置上更加科学合理、体制机制上更加完备、运行管理上更加高效。持续推进政府职能转变，在市县两级文化旅游部门加挂文物局牌子，增强市县两级校外培训监管行政执法职责和工作力量，细化明确基层农产品质量安全监管相关职责任务，推动理顺市委、市政府大院后勤服务保障管理体制机制和市政府驻外机构体制机制，促进政府机构设置、职责体系和组织结构进一步优化。持续推进机构、职能、权限、程序、责任法定化，完成修订梅州市委编办、市总工会机关、市妇联机关“三定”规定，更好发挥“三定”规定作为机构履职运转基本依据的重要作用。

【重点领域体制机制改革】 2022年，梅州市委编办推进疾病预防控制体系改革，在市县两级卫生健康局加挂疾病预防控制局牌子，增强疾病预防控制、传染病疫情应急处置、公共卫生监督等职责，推动市县两级疾病预防控制中心和卫生监督所职责整合。推进国防动员体制改革，调整组建市国防动员办公室。推进应急管理综合行政执法改革，会同市应急管理局出台市级改革方案，落实执法职责整合、执法队伍建设等任务。深化事业单位改革，整合设立市林业综合服务中心，理顺市森林防灭火监测机构管理体制。落实培训疗养机构改革任务，撤并市老干部休养所。重新核定广东梅县东山中学、市曾宪梓中学、市学艺中学教职工编制，对市中医医院、市第三人民医院的党委书记、院长进行职位分设。

【机构编制管理】 2022年，梅州市委编办健全机构编制管理制度，出台《市委编办机构编制事项请示文件收文办理暂行办法》，明确请示内容“五项标准”、请示办理“五步程序”、限时反馈

“三项机制”。深化监督执纪，完成全市第二次机构编制核查，推动机构编制问题整改完成率达到83.39%，对37个市直单位开展机构编制监督检查，维护机构编制的权威性和严肃性。持续做好编制审核、出编备案、编制卡管理、机关群团统一社会信用代码赋码以及事业单位法人登记管理等工作，2022年度机构编制统计工作获省通报表扬。（梅州市委编办）

政策研究

【政策研究概况】 2022年，中共梅州市委政策研究室（简称梅州市委政研室）聚焦重要文稿起草、重点课题调研、重大改革推进三大职能，各项工作取得新进展新成效。年内，牵头组织起草重大政策文件、重要参阅报告等文稿350多篇次；全面宣传市委部署和全市工作亮点，编印《客都论坛》4期。做好战略顾问沟通咨询工作，举办“客家讲坛·优化营商环境”专题报告会1次，收集意见建议25条。

【文稿服务】 2022年，梅州市委政研室组织撰写各类文稿材料350多篇次120多万字，其中包括市委全会工作报告、市委重要会议讲话、全市经济社会发展情况汇报等材料，修改把关市直部门起草的专项工作汇报、重要情况反映等材料。

【调查研究】 2022年，梅州市委政研室围绕实体经济、乡村振兴两大重点，聚焦中心工作和群众反映强烈的问题，对梅州市油茶产业、全市农村综合改革、文物活化利用、职业教育等专题进行深入调研，形成11篇调研报告，得到市领导的批示肯定和转化落实。

【改革协调】 2022年，梅州市委政研室发挥市委改革办的综合协调作用，制订实施市委深改委2022年重点改革工作安排，系统部署10个领域50项改革事项，完成45项，5项取得阶段性成效。组织召开市委全面深化改革委员会第九次会议，审议《梅州市全面深化改革2021年工作总结》《市委全面深化改革委员会2022年重点改革工作安排》，听取市重大民生领域专项小组和梅州跨境电商综合试验区2项改革专题汇报。实施全国市域社会治理现代化、全域土地综合整治2项国家级试点，以及新型农村集体经济专项改革、城乡融合、公共型农业社会化服务体系、先造后补造林机制、县域共青团基层组织改革等6项省级试点工作，通过深化改革破解推进振兴发展过程中的各种问题，为全国和全省的改革发展探索经验。（梅州市委政研室）

外　事

【外事概况】 2022年，中共梅州市委外事工作委员会办公室（简称梅州市委外办）加强各领域对外交流合作，服务国家总体外交大局和地方经济发展。年内，做好企业发展服务工作，共为4家重点企业办理12批次20人次的邀请函；抓好涉外常态化疫情防控工作，共为在梅州外籍人士接种新冠疫苗998剂次。

【企业发展服务】 2022年，梅州市委外办深入各县（市、区）涉外企业调研，了解企业经营发展情况，介绍办理APEC商务旅行卡、涉外疫情防控等服务企业方面的政策，利用外事资源为企业“走出去”出谋划策、牵线搭桥、排忧解难，助力企业做大做强。贯彻落实外交部关于外国人到中国邀请函办理相关政策，协助邀请稳经济稳就业急需的外国管理人员、技术专家及其他人士到梅州，共为伊利冷冻食品、客家足球俱乐部、梅县线艺等4家重点企业办理12批次20人次的邀请函，涉及日本、新加坡、巴西、尼日利亚、塞尔维亚、泰国、土耳其7个国家。

【对外交流合作】 2022年，梅州市委外办推动各级各部门加大与“一带一路”共建国家在经贸、文化、旅游、农业、教育、科技等领域的对外交流合作，服务实体经济发展和乡村振兴战略。年内，拜会新加坡、越南和韩国等驻广州总领事馆，参加友好交流活动，并介绍梅州经济社会发展情况，为梅州市招商引资牵线搭桥。推动有关部门加强经贸对外合作交流，支持企业开拓国际市场。发动梅州市和海外学生参与“粤友杯”广东国际青少年书画比赛，促进中日青少年友好交流。协助有关部门推动“东亚文化之都”建设，组织参加文化旅游推介会、广东国际旅游产业博览会展览会，聘请6名梅州旅游形象大使，不断提升梅州文化旅游品牌国际影响力。协助广东汉剧传承研究院与毛里求斯中华文化艺术委员会达成共识，在路易港市设立“广东汉剧海外（毛里求斯）传承推广中心”，促进两国人文交流。推动嘉应学院聘请6个国家8名外籍教师，并与国外高校开展合作办学，先后与马来西亚拉曼大学、西班牙圣安东尼奥天主教大学、泰国程逸皇家大学、泰国那黎宣大学签订合作备忘录或协议。推动广东梅县外国语学校与印度尼西亚任华三语国民学校联动开设梅州海外“云课堂”线上教学，梅州昌盛豪生大酒店和澳大利亚维省客属崇正会共同开展跨国“云上客家美食课堂”项目。

【涉外疫情防控】 2022年，梅州市委外办履行市疫情防控指挥部外事组职责，坚决贯彻“外防输入、内防反弹”总策略、“动态清零”总方针，抓好疫情防控工作，加强应急处置能力建设，制订《市疫情防控指挥部外事组应急预案》《梅州市关于贯彻落实〈广东省外事系统涉外疫情防控“双例会”制度工作方案〉的实施方案》，联合五华县疫情防控指挥部外事港澳组，开展涉外疫情防控应急演练。举办《新型冠状病毒肺炎防控方案（第九版）》专题培训暨部署国庆假期及前后涉外疫情防控工作培训班，提升外事组各成员单位和全市外事系统干部的应急处置能力。做好在梅州外籍人士服务管理，依法依规、严格执行无差别的健康服务管理措施，推进在梅州外籍人士使用“GHC”粤康码顺利扫码登记进入公共场所相关工作和新冠疫苗接种工作。

【对外宣传推介】 2022年，梅州市委外办推动有关部门与印度尼西亚、美国《国际日报》继续合作刊发《国际日报·梅州乡情》中英文专版宣传报道和评论文章近200篇，制作外宣画册《遇见梅州·遇见美好》，出版《梅州侨联通讯》《梅州侨乡月报》《梅州侨史》，让更多的华人华侨了解祖国和家乡的信息，提高世界客都知名度。持续推动网络外宣工作，重点对党的二十大、香港回归祖国25周年、粤港澳大湾区建设等重大主题开展对外宣传，在海外社交平台账号推送相关主题贴文近25万多篇。通过海外社交平台账号发布针对外媒质疑中国抗疫政策和“坚定信心、共克时艰”等主题外宣内容近2万篇，积极开展舆论斗争，高举人类命运共同体大旗，广泛宣介中国主张、中国智慧、中国方案。通过线上的方式举办“客家春晚·毛里求斯之夜”，献礼中毛两国建交50周年。制作8集《粤菜师傅·四海同享——客都寻味》系列专题片，让客家菜走出围龙。梅州市委、市政府主要领导在2022年春节期间发出的《致海外侨胞的拜年信》在海外引起热烈反响，众多海外侨团侨领积极回应，纷纷表达对家乡关怀的感动和助力家乡发展的意愿。

【涉外安全管理】 2022年，梅州市委外办履行防范化解对外领域风险工作牵头单位职责，组织召开防范化解涉外领域重大风险、维护涉外领域政治安全行动工作会议，分析当前形势，搜集情报信息、研判涉外风险，及时把有关问题处理在苗头阶段。制订印发《市委外办党的二十大前贯彻落实省市有关会议和文件精神防范化解重大风险任务责任清单》，明确主要风险点和防范化解措施，落实责任领导和责任科室，做好党的二十大召开前防范化解重大风险工作。在梅江区江南客都汇广场开展海外领事保护知识宣传活动，提高梅州市“走出去”企业及公民个人风险防范意识和能力；投放外交部制作的宣传海报及公益广告，提高梅州市居民在全球抗疫背景下“非必要、非紧急、不出国”的思想自觉和行动自觉。做好梅州市在非洲企业及人员排查工作，帮助丰顺县广东新南方青蒿药业股份有限公司在非洲（尼日利亚）青蒿药业西非有限公司4名员工回国；协助找回在汤加王国失联的丰顺县居民朱某华，指导五华、梅县、兴宁、丰顺外事部门做好梅州市公民在外死亡相关善后事宜；做好梅州市在乌克兰留学人员回国相关工作。

【出访管理】 2022年，梅州市委外办完善因公出国护照的台账管理，做好即将到期因公护照的清查、注销工作，共注销因公出国护照56本。 （梅州市委外办）

侨　务

【侨务概况】 2022年，梅州市侨务局克服疫情对联络联谊工作的限制，创新模式，发挥平台作用，线上线下多措并举，拓宽交流渠道，系牢与海内外侨胞的情感纽带。全面落实“只进一扇门”的要求，对5个涉侨政务服务事项提供收件出件服务，提升一体化政务服务能力。推进华侨回国定居等行政许可事项电子证照制证和应用工作，不断提升全流程网办水平。开展侨法宣传，指导帮助梅州市侨资企业用好用足各项惠企政策。及时受理华侨华人、归侨侨眷的合理诉求，做到“事事有回音、件件有落实”。

【为侨服务】 2022年，梅州市侨务局向省侨心慈善基金会争取1.62万件御寒棉衣合计97.2万元，按需发放给各县（市、区）归侨侨眷。引导亚泰经济交流总商会旅泰华侨李胜交向梅州市捐赠3辆救护车，其中平远县中医医院、蕉岭县中医医院、丰顺县人民医院各获赠救护车1辆，并以此为契机，动员旅泰华侨华人回梅州参观、考察、投资。

【侨务情谊交流】 2022年春节期间，梅州市委书记马正勇、市长王晖向海外侨胞致拜年信，16个海外经贸文化联络处、25个世界客家（梅州）旅游海内外推广中心及海外社团热情转发，国内外媒体平台转载，将家乡祝福和关怀传达到40多个国家和地区，点击量突破50万次。年内，梅州市侨务局与市妇联、市文明办等部门联合举办“嘉言懿行 书功竹帛”全球家书征集活动，征集到数十封海外侨胞与家乡、家庭成员间的往来书信，包括马来西亚、印度尼西亚、美国、加拿大等地，表达海外游子对祖（籍）国的热爱关注、对梅州家乡的思念关心。

【侨益维护】 2022年，梅州市侨务局进一步规范侨界信访维权工作，有序推进涉侨纠纷诉前调解、在线诉调对接等工作，引导侨胞侨眷通过多元化方式解决侨房落实、产权纠纷等问题。加强与人大侨工委、信访等的对接协作，妥善处理各类信访问题46宗。

【侨务文化交流】 2022年，梅州市侨务局精心打造《粤菜师傅·四海同享——客都寻味》品牌节目，制作八集系列专题片，展示客都侨乡美食，让客家菜走出围龙、香飘四海。据不完全统计，网络点击量突破1600万次，电视收看超6000万人次，并被国家广电总局列为“视听中国走进欧洲”作品展播名录。“2022客家春晚·毛里求斯（路易港）之夜”首次走进非洲举办海外分会场活动，节目融合广东汉剧、山歌、方言相声等客家元素，用浓厚“客味”“乡韵”传递客家乡情。

2022年8月28日，梅澳中秋联欢会暨跨国“云上客家美食课堂”开课仪式在梅城举行 （梅州市侨务局供图）

【海外“云课堂”线上教学项目开展】 2022年，梅州市侨务局回应海外华侨华人学习诉求，推动广东梅县外国语学校与印度尼西亚任华三语国民学校联动开设梅州海外“云课堂”线上教学，探索打造华文教育在线直播互动的海外华文教育创新基地，解决印度尼西亚任华三语国民学校等华校华文师资不足问题，保证疫情防控期间华文教师外派工作不断线的目标，2022年第一、第二学期任务顺利完成，共计授课236节。在教学过程中，融入中华优秀传统文化和客家文化，培植华裔新生代根魂情怀。

【跨国“云上客家美食课堂”项目开展】 2022年，由广东省侨办指导，梅州市侨务局、梅州市人力资源和社会保障局、梅县区侨务局主办，梅州昌盛豪生大酒店和澳洲维省客属崇正会共同举办的跨国“云上客家美食课堂”项目开展。该项目通过视频教学、直播学习、云会议教学、专题教学等形式，手把手教澳洲华侨华人“云做菜”，培养一批海外“粤菜师傅”技能人才，并宣传客家美味背后蕴藏的客家文化。 （梅州市侨务局）

台港澳事务

【台港澳工作概况】 2022年，中共梅州市委台港澳工作办公室（简称梅州市委台港澳办）累计举办、协办梅台港澳交流交往活动 10 项，接待到梅州交流人员 310 人次，组织 5 批台商台企参加各类活动和培训。对台工作获得广东省台办表彰，港澳工作获港澳属社团和乡贤来电来信感谢与认可，梅州梅江台创园经农业农村部和国台办联合审定，获评为优秀等级。

2022 年 7 月 7—9 日，暨南大学港澳台侨优秀学生到梅州开展国情教育

（梅州市委台港澳办供图）

【梅台港澳交流】 2022 年，梅州市委台港澳办以“品牌”交流项目为牵引开展梅台港澳交流工作。7 月 6 日，协助省台办举办“粤台姐妹同心 助力乡村融合”送爱心暨产业对接活动。该活动由省台办、省海峡两岸交流促进会妇委会、农委会联合主办，旨在推动海峡两岸乡村融合发展，充分展现“两岸一家亲、一起向未来”的美好前景。7 月 7—9 日，联合暨南大学组织港澳青年国情教育活动，40 名师生实地参观叶剑英纪念园、蕉岭九岭村乡村振兴项目、丘成桐院士祖居、丘成桐国际会议中心、梅州市港澳青少年交流基地（粤港澳青年国情教育基地）、三河坝战役纪念园、广梅产业园等，感受梅州新农村建设成果，增进对实施乡村振兴战略的认识，学习国家革命历史，增强民族自豪感和爱国热情。7 月 25—29 日，举办以“亲近自然 锻炼意志”为主题的“第 21 届梅台青年夏令营”活动，梅台两地 30 名青年学生参加。该活动是梅州市对台交流的品牌项目，已成功举办 21 届，共有 1512 名来自台湾地区的大、中学生和 515 名梅州大、中学生参加，促进海峡两岸青年的交流交往和梅台两地客家文化融合创新，深化“两岸一家亲”的理念。8 月 16—18 日，协助暨南大学开展南粤古驿道移民历史调研活动，13 名文学院学子参观走访华侨博物馆、客家博物馆、东山书院、桥溪古韵（客家古村）、松口古镇（移民古村），以及潮梅古道等地，了解国家历史文化，增强民族自豪感和主人翁意识。8 月 19—21 日，协助省海峡两岸交流促进会妇委会开展扶农助农活动。通过与梅县区供销合作联社洽谈扶农助农项目，到客都文旅有限公司参观交流，对接梅州特优产品业务，前往梅县区松口镇开展扶农助农蜜柚采摘等活动，助力梅州乡村振兴。8 月 25—29 日，举办第八届“两岸一家亲 —— 梅台婚配夫妻婚庆”活动，梅台婚配夫妻代表、部分在梅州两地分居台胞台商等 45 人参加。梅台婚配夫妻代表赴梅州、潮州、南澳岛参访海峡两岸交流基地交流示范点、台资企业，领略客家及潮汕地区传统文化，与当地台办、台商台胞等交流联谊，增进夫妻感情，架起梅州与潮汕地区台商台胞之间的桥梁。10 月 24—26 日，承办第九届台湾青年岭南行客家文化体验营活动。该活动由省文旅厅、省海峡两岸交流促进会联合主办，梅州是客家文化体验营的第一站。55 名参访团成员通过参观团建、品尝美食等方式，感受梅州历史文化底蕴和风土人情。

【台港澳政策落实】 2022 年，梅州市贯彻落实中央、省有关政策、措施，持续开展“惠台暖企”、服务台港澳资企业行动。1 月，研究制订《2022 年“惠台暖企”行动工作安排》，多次到驻梅台港澳资企业调研，指导、服务和协助台港澳资企业做好疫情防控和安全生产，妥善处理劳资关系，防止突发及群体性事件的发生。陪同省台办、省港澳办领导到台港澳资企业调研 8 次，省台办主任钟挥锷、省港澳办主任李焕春先后到梅州调研。梅州市委常委、统战部部长崔毅到台港澳资企业调研 6 次，包括高新技术产业园区、梅江区、梅县区、兴宁市、平远县、蕉岭县等地 18 家台港澳资企业。组织和发动台港澳资企业参与侨商大会投资对接活动，组织梅州市台资企业参加 2022 年“职在广东”台资企业招聘活动和 2022

年东莞台博会。5家台企参加招聘活动，6家台企以组建城市主题馆的形式参加2022年东莞台博会。全年累计组织台商台企参加培训班、台博会、招聘会等各种活动和培训5批32人次。支持港资企业裕丰食品有限公司参与省农科院预制菜供港澳产品合作，成为合作单位，并参与梅州市预制菜产业园建设。协助兴宁市港资企业新兴鞋业有限公司解决人防报建漏报问题，协助处理兴宁赐裕鞋业（台企）纺织面料运动鞋加工生产项目宿舍楼申请改缴易地建设费事宜。结合春节、中秋等中华民族传统节日，组织联谊活动3次，走访、慰问台港澳同胞66人。制作、发放《梅州市台胞服务指南》200份，为台胞在梅州的工作、生活提供便利。发动台港澳同胞参与2022年梅州市“助星圆梦”计划，资助梅州学子，澳门嘉应同乡会捐资23.97万元、梅州市台商投资协会捐资22.2万元。向上级台联争取困补资金13.98万元，慰问、帮扶梅州市困难定居台胞70人次。帮助台港澳同胞到梅州寻根问祖10宗，受理、解决、协助处理涉台港澳投诉、权益纠纷案件22件，维护台港澳同胞合法权益。

【宣传推介】 2022年，梅州市委台港澳办借力新媒体，协助拍摄系列对台宣传视频，宣传推介梅州。1月，协助中央广播电视总台节目中心拍摄《大陆乡村行脚》系列视频；2月，组织2名台胞为《南方都市报》N视频——“云”闹元宵隔岸同屏心连心节目制作视频；5月，推荐台青台生各1人参加广东省“百名台青文化融合”短视频传播活动；6月，配合省台办与福建广电海峡电视台合作的《粤台农林专题》拍摄组拍摄“粤台农林”专题片，通过直播、短视频和新闻专题形式，宣传粤台农林领域合作成果，助力“农林22条”“粤台农林34条”相关政策措施落实落细；11月，举办“客都梅州美丽乡村行”媒体采风活动，邀请全球新闻网、大台湾旅游网、《中华商报》及资深台湾自媒体等9名台湾驻大陆记者采拍台农企业、客家围龙屋、客家特色文旅产业园、亚洲球王李惠堂纪念馆及足球小镇等，凸显梅州市宜居宜业美丽乡村建设、台农在梅州市乡村振兴工作中的贡献等，助力梅州乡村振兴。

【台港澳招商引资】 2022年，梅州市委台港澳办贯彻落实全市招商引资工作大会精神，做好招商引资工作的宣传员、服务员和联络员。8月18—20日，梅州市委台港澳办主任邓志兴应邀率队赴珠海市梅州商会、江门市梅州商会和中山市梅州商会拜访交流，传达梅州市委书记马正勇在全市招商引资工作大会讲话精神，宣介梅州优美生态环境，邀请乡贤返梅投资兴业，为家乡经济社会发展助力添彩。澳门梅州商会会长黄铨昌，澳门嘉应同乡会会长郭守源，以及澳门经济学会会长、澳门特别行政区政策研究室原主任、澳门特别行政区政府特首办原顾问刘本立博士，澳门客家归侨联谊会会长梁钢一同参加。9月1—3日，梅州市委台港澳办主任邓志兴带队参加东莞台博会，拜会东莞市部分客籍台商，宣介梅州投资环境，邀请他们到梅州考察交流。

【《血沃宝岛——党的台湾英烈》新书推介活动举办】 2022年7月28日，《血沃宝岛——党的台湾英烈》新书推介活动在梅江区三角镇梁铮卿烈士故居举办。活动宣传和弘扬党的台湾烈士英雄事迹，继承先烈遗志，推动海峡两岸和平统一进程。该书由中共中央台办组织编写，呈现20世纪中叶中国共产党31位在台牺牲英烈的革命事迹，其中包含梅江区的梁铮卿、蕉岭县的徐新杰、梅县区的钟浩东等革命先烈。（梅州市委台港澳办）

责任编辑：吴奕珊

梅州市人民代表大会

人大重要会议

【梅州市八届人大一次会议】 2022年1月11—13日，梅州市第八届人民代表大会第一次会议在梅城亮胜客家艺术中心召开。应到会代表426人，实际到会代表380人，符合法定人数。会议听取和审议市长王晖所作的《政府工作报告》、市人大常委会副主任李远青所作的《梅州市人民代表大会常务委员会工作报告》、市中级人民法院院长林秀雄所作的《梅州市中级人民法院工作报告》、市人民检察院检察长吴文志所作的《梅州市人民检察院工作报告》；审查市人民政府关于《梅州市2021年国民经济和社会发展计划执行情况与2022年计划草案的报告》及2022年国民经济和社会发展计划草案、《梅州市2021年预算执行情况和2022年预算草案报告》及2022年市本级预算草案。表决通过上述六个报告的决议，批准上述报告以及梅州市2022年国民经济和社会发展计划、梅州市2022年市级预算，表决通过梅州市人民政府2022年十件民生实事项目。会议依法选举产生梅州市第八届人民代表大会常务委员会组成人员，依法选举马正勇为梅州市第八届人大常委会主任，余其豹、蓝伟东、伍德凤、黄立强、张达宏、刘锐清为副主任，邓国功为秘书长。依法选举王晖为梅州市市长，陈金銮、詹星、陈伶俐、蒋鲲、谢钦文、陈亮为副市长。依法选举蒋万军为梅州市监察委员会主任，林秀雄为梅州市中级人民法院院长，吴文志为梅州市人民检察院检察长。表决通过梅州市第八届人民代表大会法制委员会、财政经济委员会、社会建设委员会组成人员人选。

【梅州市八届人大二次会议】 2022年12月18—20日，梅州市第八届人民代表大会第二次会议在市委礼堂召开。应到会代表422人，实际到会代表338人，符合法定人数。会议依法选举产生广东省第十四届人民代表大会代表37人。

【梅州市人大常委会会议】 2022年，梅州市第八届人大常委会召开9次常委会会议。1月15日，召开第一次会议，审议通过关于接受许瑞生、陈敏、幸晓维、黎健平辞去省十三届人大代表职务请求的决定；补选王晖、余其豹为省十三届人大代表。1月25日，召开第二次

2022年1月11—13日，梅州市第八届人民代表大会第一次会议在梅城亮胜客家艺术中心召开

（梅州市人大常委会供图）

会议，表决通过一批人事任免名单。3 月 7 日，召开第三次会议，会议表决通过一批人事任免名单。5 月 26 日，召开第四次会议，听取和审议市政府关于梅州市 2021 年环境状况和环境保护目标完成情况及医疗废物集中处置情况的工作报告、关于 2020 年度市级预算执行和其他财政收支审计查出突出问题整改情况的报告；审议《梅州市文明行为促进条例（草案）》《关于检查〈梅州市客家围龙屋保护条例〉实施情况的报告》；审议通过《梅州市人大常委会关于开展第八个五年法治宣传教育的决议》和李敏、张灼明因工作变动辞去梅州市第八届人大常委会委员职务的报告及有关决定（草案）；表决通过一批人事任免名单。6 月 27 日，召开第五次会议，会议表决通过一批人事任免名单，决定任命赵东为梅州市人民政府副市长。7 月 18 日，召开第六次会议，审议通过关于罢免温惠、钟光灵的广东省第十三届人大代表职务的议案及有关决议（草案）。7 月 28 日，召开第七次会议，听取和审议《梅州市文明行为促进条例（草案修改稿）》及其审议结果报告，表决通过《梅州市文明行为促进条例（草案表决稿）》；听取和审议《梅州市客家菜传承发展促进条例（草案）》及其审议意见、市政府关于梅州市 2022 年上半年国民经济和社会发展计划执行情况的报告、关于梅州市 2022 年上半年预算执行情况的报告、关于梅州市客家文化生态保护工作情况的报告、关于梅州市基本医疗保障工作情况的报告；审议市政府关于存量隐性债务化解工作专项报告；审查市政府提出的 2022 年市级财政预算调整方案并通过相关决议。9 月 20 日，召开第八次会议，会议传达贯彻省人大常委会主任黄楚平到梅州调研省粤菜发展条例立法情况有关精神；听取和审议市政府关于梅州市公安局禁毒工作情况报告、侨情工作情况报告、2021 年市级决算草案报告、2021 年度市级预算执行和其他财政收支审计工作报告；听取和审议市人大财政经济委关于 2021 年市级决算草案的审查结果报告，通过有关决议；表决通过一批人事任免名单。11 月 23 日，召开第九次会议，会议听取和审议《梅州市森林火源管理条例修正案（草案）》及其初步审查意见，通过《梅州市人民代表大会常务委员会关于修改〈梅州市森林火源管理条例〉的决定》；听取和审议市政府关于梅州市 2022 年市级财政第二次预算调整方案的议案及市人大财政经济委关于 2022 年市级财政第二次预算调整方案的审查结果报告，通过相关决议；审议市政府关于梅州市 2021 年度国有资产管理情况综合报告、关于市八届人大一次会议代表建议办理情况的报告，以及市人大常委会执法检查组关于检查《广东省知识产权保护条例》实施情况的报告；听取和审议市政府关于梅州市 2021 年金融类企业国有资产管理情况专项报告、关于梅州市 2022 年民生实事项目完成情况的报告；审议通过梅州市人大常委会关于召开梅州市第八届人民代表大会第二次会议的决定、梅州市人大常委会代表资格审查委员会关于市八届人大个别代表的代表资格审查报告、梅州市八届人大二次会议主席团成员及秘书长建议名单，决定梅州市第八届人民代表大会第二次会议于 2022 年 12 月 18 日在梅州城区召开。（梅州市人大常委会办公室）

人大重要工作

【人大立法】 2022 年，梅州市人大常委会编制《梅州市第八届人大常委会立法规划》《梅州市人大常委会 2022 年立法工作计划》，审议通过《梅州市文明行为促进条例》，初次审议《梅州市客家菜传承发展促进条例》，修正《梅州市森林火源管理条例》，开展《梅州市海绵城市建设管理条例》《梅州市河道采砂管理条例》《梅州市物业管理条例》《梅州市校园足球发展促进条例》调研论证。审查全市各级报备的规范性文件 33 件，向省人大常委会报备地方性法规 1 件、市人大常委会决议决定 1 件（详见“法治”类目“人大立法”分目）。

【人大监督】 2022 年，梅州市人大常委会听取和审议专项工作报告 9 项，听取和审议计划、预算、决算和审计工作报告等 7 项，开展执法检查 4 项、视察活动 5 项、专题调研 3 项。年内，梅州市人大常委会听取和审议市政府关于梅州市 2021 年环境状况和环境保护目标完成情况及医疗废物集中处置情况的专项工作报告、关于梅州市客家文化生态保护工作情况的报告、关于梅州市基本医疗保障工作情况的报告、关于梅州市公安局禁毒工作情况的报告、关于梅州市侨情工作情况的报告、关于全市国有资产管理情况的综合报告、关于全市金融类企业国有资产专项报告、关于市八届人大一次会议代表建议办理工作情况的报告、关于梅州市 2022 年民生实事项目完成情况的报告、关于 2020 年审计查出突出问题整改情况的报告、关于梅州市 2022 年上半年国民经济和社会发展计划执行情况的报告、关于梅州市 2022 年上半年预算执行情况的报告、关于梅州市 2021 年市级决算草案报告（并审查和批准市级决算）、关于梅州市 2021 年度市级预算执行及其他财政收支的审计工作报告、关于梅州市 2022 年市级财政预算调整方案的报告（并审查和批准 2022 年市级预算调整方案）、关于梅州市 2022 年市级财政第二次预算调整方案的报告（并审查和批准 2022 年市级财政第二次预算调整方案），检查《梅州市客家围龙屋保护条例》实施情况、《广东省知识产权保护条例》实施情况、《中华人民共和国环境保护法》《广东省环境保护条例》实施情况、《广东省城市绿化条例》实施情况，视察梅州市全面推行林长制工作情况、宗教活动场所建设和管理工作情况、法律援助处法律援助工作情况、城镇老旧小区改造进展情况、铜箔—高端印制电路产业发展情况，调研《广东省防汛防旱防风条例》实施情况、现代农业产业园建设情况、加强新型城镇化与乡村振兴有机结合和推进驻镇帮镇扶村工作情况，根据《广东省各级人民代表大会常务委员会规范性文件备案审查条例》，加强对本行政区域内有关国家机关规范性文件的备案审查工作。

【重大事项决定】 2022 年，梅州市人大及其常委会依法作出关于批准梅州市 2021 年市级决算的决议、关于开展第八个五年法治宣传教育的决议等重大事项决议决定 12 项。

【人事任免】 2022 年，梅州市人大常委会坚持党管干部原则与人大依法行使任免权相统一，全年任命国家机关工作人员 72 人次，免职 26 人次，接受常委会委员辞职 2 人次，接受省人大代表辞职 4 人次，补选省人大代表 2 名，罢免省人大代表 2 名。严格执行任前法律考试、宪法宣誓等制度，组织国家机关工作人员宪法宣誓 130 人次。

【人大代表工作】 2022 年，梅州市人大常委会组织全国、省人大代表围绕梅州市经济社会发展、推进爱国卫生工作等专题开展视察调研，协助全国人大代表提交 28 件、省人大代表提交 67 件事关梅州发展大计的建议，更好地在全国、省人大会议上为梅州“发声”，部分建议得到国家、省相关部门的重视和采纳。年内，梅州市人大常委会组织 10057 名五级人大代表开展“更好发挥人大代表作用”主题活动，领导干部带头进站履职，收集意见建议 858 条，督促解决一批群众急难愁盼问题。完善“双联系”制度，常委会组成人员直接联系人大代表 2 名以上。组织代表参加各级各类培训，努力为代表履职提供优质高效服务，全年推荐全国、省、市人大代表参加执法检查、民主生活会、行风评议、听证会等政务活动 195 人次。从市八届人大一次会议期间代表提出的 87 件建议中，选取 2 件作为常委会重点督办建议、4 件作为相关专（工）委重点督办建议，交由市政府重点办理，同时通过召开代表建议办理工作推进会、听取和审议市政府关于市八届人大一次会议代表建议办理工作情况的报告，提升建议办理实效。在市人大常委会和人大代表监督下，87 件代表建议全部在规定时间内办理答复完毕，代表对答复的满意率和基本满意率达 100%。

【县镇人大建设】 2022 年，梅州市人大常委会加强对县乡人大工作指导，继续推进县乡人大“巩固基础，强化履职”两年行动计划，专题调研督导乡镇人大工作和建设省级转移支付资金使用情况，组织县镇人大负责人参加省培训班，全面提升县镇人大工作水平。开展“更好发挥人大代表作用”专题调研，推进代表联络站“三化”建设，全市共建立 865 个各级代表联络站。推动县乡人大工作不断探索创新，《强化“3+3”工作举措，力促代表述职实现“三化”》项目获评第五届广东省县乡人大工作创新案例。（梅州市人大常委会办公室）

人大重要调研、视察、执法检查

【“《中华人民共和国环境保护法》《广东省环境保护条例》”执法检查】 2022 年 4 月 12 日、15 日和 19 日，梅州市人大常委会组织执法检查组，对梅州市贯彻实施《中华人民共和国环境保护法》《广东省环境保护条例》情况开展执法检查。梅州市人大常委会党组副书记、副主任余其豹，市人大常委会副主任张达宏参加检查。检查组先后到五华县、梅县区、蕉岭县等地检查，通过实地检查、查阅台账资料、听取汇报、召开座谈会等方式，了解法律法规实施、促进低碳绿色发展规定、污染防治规定等落实情况。同时，委托其余县（市、区）人大常委会对本辖区贯彻实施情况进行检查，实现8个县（市、区）全覆盖。执法检查结束后，梅州市人大常委会执法检查组撰写《关于实施〈中华人民共和国环境保护法〉〈广东省环境保护条例〉检查情况的报告》。

【“梅州市2020年度审计查出突出问题整改情况”调研】 2022年4月20日，梅州市人大常委会调研督查组到市住建局、市卫健局、平远县、丰顺县，对2020年度审计查出突出问题整改情况开展调研督查。梅州市人大常委会副主任黄立强参加活动。调研督查组采取察看现场、听取汇报、查阅资料等形式进行调研督查，先后到广州海珠（丰顺）产业转移工业园污水处理厂，汤南镇新楼村种王上围污水处理站，平远县石正镇安仁村、安南村水质净化站，了解审计查出突出问题整改落实情况。调研督查组对相关单位整改情况给予肯定，实事求是指出存在问题，并提出相关工作建议。调研结束后，梅州市人大常委会调研组撰写《关于2020年度审计查出突出问题整改情况的跟踪调研报告》。

【“《梅州市客家围龙屋保护条例》实施情况”执法检查】 2022年4月25日，梅州市人大常委会第一次对自行制定的地方性法规《梅州市客家围龙屋保护条例》实施情况开展执法检查。梅州市人大常委会副主任伍德风等参加执法检查。检查组先后到大埔县湖寮镇森堂公祠、通议第，梅县区丙村镇群丰大夫第（仁厚温公祠）等地，通过实地检查、查看资料、听取汇报、互动交流等方式，了解梅州市贯彻实施《梅州市客家围龙屋保护条例》情况，并针对执法检查过程中发现的问题和不足，提出意见建议。执法检查结束后，梅州市人大常委会执法检查组撰写《关于检查〈梅州市客家围龙屋保护条例〉实施情况的报告》。

【“梅州市全面推行林长制工作情况”专项视察】 2022年4月28日，梅州市人大常委会组织部分常委会组成人员及市人大代表，对梅州市全面推行林长制工作情况进行视察。梅州市人大常委会副主任张达宏参加视察。视察组一行先后到平远县南台山森林公园、河头镇林长办、黄田村委会、龙文—黄田省级自然保护区等地，以实地察看、听取汇报、查阅资料等形式，了解林长制公示宣传、林长制工作落实、“林长+检察长”等工作情况。召开座谈会，观看林长制工作专题宣传片，听取梅州市全面推行林长制工作情况，并对下一步工作提出意见建议。视察结束后，梅州市人大常委会视察组撰写《关于视察我市全面推行林长制工作情况的报告》。

【“梅州市法律援助处法律援助工作情况”专项视察】 2022年5月12日，梅州市人大常委会组织部分市直法律专业小组的市人大代表、梅县区部分市人大代表，到梅县区视察梅州市法律援助处法律援助工作情况。梅州市人大常委会副主任刘锐清参加视察。视察组先后到梅县区南口司法所、梅县区司法局公共法律服务中心，与基层法律援助人员交流，了解法律援助工作开展、法律援助程序与途径、法律援助机构建设和人员配备、法律援助范围、值班律师服务等情况。召开座谈会，听取相关工作汇报，并就如何推进法律援助工作提质增效进行交流探讨。视察结束后，梅州市人大常委会视察组撰写《关于视察我市法律援助处法律援助工作情况的报告》。

【“梅州市贯彻落实《广东省防汛防旱防风条例》情况”专题调研】 2022年5月18日，梅州市人大常委会组织部分常委会组成人员、社会建设委员会委员、社会建设专业小组人大代表对梅州市实施《广东省防汛防旱防风条例》情况开展专题调研。梅州市人大常委会副主任蓝伟东参加调研。调研组先后到市气象局南口气象雷达站，五华县华城镇黄埔村、华城镇应急指挥中心、应急救援物资仓库等地，实地查看气象雷达站运行情况、村级防灾减灾能力“十个有”建设情况和镇级基层应急管理能力“四个一”建设情况。召开座谈会，听取梅州市贯彻实施《广东省防汛防旱防风条例》情况汇报，对下一步做好“三防”工作提出意见建议。调研结束后，梅州市人大常委会调研组撰写《关于贯彻落实〈广东省防汛防旱防风条例〉情况的调研报告》。

【“梅州市宗教活动场所建设和管理工作情况”专项视察】 2022年5月25日，梅州市人大常委会组织部分常委会组成人员和市人大代表到兴宁市专项视察梅州市宗教活动场所建设和管理情况。梅州市人大常委会副主任伍德风参加视察。视察组先后到兴宁市神光寺、慈光寺，与相关管理人员交流，了解梅州市宗教活动场所在人员构成、制度建设、日常管理、疫情防控、安全管理等方面情况。召开座谈会，听取相关工作情况汇报，就如何规范梅州市宗教活动场所建设管理展开交流探讨。视察结束后，梅州市人大常委会视察组撰写《关于视察我市宗教活动场所建设和管理工作情况的报告》。

【“《广东省城市绿化条例》实施情况”执法检查】 2022 年 6 月 8 日和 14 日，梅州市人大常委会组织部分常委会组成人员和省、市人大代表分别到梅江区、大埔县，对梅州市贯彻实施《广东省城市绿化条例》情况开展执法检查。梅州市人大常委会副主任张达宏参加检查。检查组先后到梅江区绿轴花园广场、客都大道和大埔县西湖公园、丽水湾小区等地，实地检查公园规划建设、保护管理以及城市道路绿化、小区绿化等情况。召开座谈会，分别听取梅江区和大埔县关于《广东省城市绿化条例》贯彻实施情况的工作汇报，并就保护古树名木、提升科普教育功能、完善绿化监督机制、加强宣传、城市绿化精细化管理等方面提出建议。执法检查结束后，梅州市人大常委会执法检查组撰写《关于贯彻落实〈广东省城市绿化条例〉检查情况的报告》。

【“梅州市基本医疗保障工作情况”调研】 2022 年 6 月 28 日，梅州市人大常委会组织部分常委会组成人员和市人大代表，对梅州市基本医疗保障工作情况进行调研。梅州市人大常委会副主任蓝伟东参加调研。调研组一行先后到梅县区丙村镇卫生院、大埔县中医医院，实地调研梅州市基本医疗保险基金参与全省统筹工作进展情况，以及医疗保险支付综合改革、药品集中采购和医疗服务价格管理工作、医保异地即时结算制度建设等情况。召开座谈会，听取市医保局、大埔县人民医院等相关情况汇报，研究梅州市基本医疗保障工作存在的困难和问题并提出意见建议。调研结束后，梅州市人大常委会调研组撰写《关于我市贯彻落实基本医疗保障工作情况的调研报告》。

【“梅州市现代农业产业园建设情况”专题调研】 2022 年 6 月 29 日，梅州市人大常委会组织部分常委会组成人员和市人大代表对梅州市现代农业产业园建设工作情况进行专题调研。梅州市人大常委会副主任张达宏参加调研。调研组一行先后到大埔县枫朗镇上山下村茶叶专业村、凯达茶业公司西岩山岽顶湖茶场、大埔县蜜柚产业园等地，实地察看茶叶种植销售情况、蜜柚产业园入园企业生产经营情况。召开座谈会，听取市政府和大埔县关于现代农业产业园建设情况汇报，对存在困难问题进行交流探讨，提出工作建议。调研结束后，梅州市人大常委会调研组撰写《关于我市现代农业产业园建设情况的调研报告》。

【“梅州市客家文化生态保护工作情况”调研】 2022 年 7 月 7 日，梅州市人大常委会组织调研组到大埔县调研梅州市客家文化生态保护工作情况。梅州市人大常委会副主任伍德凤参加活动。调研组一行到大埔县百侯影剧院、百侯三十六巷、西湖公园等地，实地调研“非遗”展厅，广东汉乐传习所、鲤鱼灯舞传习所、五鬼弄金狮传习所，公颜汉乐厅、娃娃会客厅，大埔县广东汉剧传承保护中心，大埔小吃文化城等，了解客家文化生态保护开发利用、非物质文化遗产保护传承等情况。调研结束后，梅州市人大常委会调研组撰写《关于客家文化生态保护实验区工作情况调研报告》。

【“梅州市铜箔—高端印制电路板产业发展情况”专项视察】 2022 年 8 月 15 日，梅州市人大常委会组织部分常委会组成人员、市人大代表及财政经济专业小组成员，对梅州市铜箔—高端印制电路板产业发展情况进行视察。梅州市人大常委会党组副书记、副主任余其豹，市人大常委会副主任蓝伟东，副市长蒋鲲参加活动。视察组先后到梅江区、梅县区、平远县，走进博敏电子股份有限公司及其新一代电子信息产业投资扩建项目建设现场、广东嘉元时代新能源材料有限公司年产 10 万吨锂电铜箔项目建设现场、广东嘉元科技股份有限公司、广东盈华电子材料有限公司等地视察。召开座谈会，听取梅州市铜箔—高端印制电路板产业发展总体情况汇报，围绕推动产业发展存在的困难问题、对策措施进行讨论交流。视察结束后，梅州市人大常委会视察组撰写《关于视察梅州市铜箔—高端印制电路板产业发展情况的报告》。

【“梅州市侨情工作情况”调研】 2022 年 8 月 16 日，梅州市人大常委会组织部分常委会组成人员、市人大代表和相关委室负责人，对梅州市侨情工作进行调研。梅州市人大常委会副主任伍德凤等参加调研。调研组先后到丰顺县英拉他信祖居永昌居、广东深华药业有限公司、埔河村侨胞之家等地现场调研，与侨务工作者、侨资企业负责人、基层党员干部交流，了解梅州市侨情侨务、侨资企业发展、侨胞阵地建设等情况。调研结束后，梅州市人大常委会调研组撰写《关于我市侨情工作情况的调研报告》。

【“梅州市公安局禁毒工作情况”调研】 2022年8月31日，梅州市人大常委会组织部分常委会组成人员、市人大代表到五华县，对梅州市公安禁毒工作进行调研。梅州市人大常委会副主任刘锐清参加调研。调研组一行先后到五华禁毒教育基地、五华县公安局，实地调研公安禁毒工作开展情况。召开座谈会，听取工作汇报，并围绕打击毒品犯罪、禁毒宣传教育、禁毒立法等方面工作进行交流。调研结束后，梅州市人大常委会调研组撰写《关于我市公安局禁毒工作情况的调研报告》。

【“梅州市城镇老旧小区改造进展情况”专项视察】 2022年9月7日，梅州市人大常委会副主任刘锐清带领部分市人大代表深入兴宁市，就城镇老旧小区改造进展情况进行视察。视察组一行先后到兴宁市宁新街道东风村已完成改造和正在施工的老旧小区，现场察看老旧小区及周边市政道路设施升级改造情况。召开座谈会，听取梅州全市和兴宁市城镇老旧小区改造进展情况汇报。视察结束后，梅州市人大常委会视察组撰写《关于视察我市城镇老旧小区改造进展情况的报告》。

【“梅州市加强新型城镇化与乡村振兴有机结合推进驻镇帮镇扶村工作情况”专题调研】 2022年9月29日，梅州市人大常委会组织调研组到平远县，调研梅州市加强新型城镇化与乡村振兴有机结合、推进驻镇帮镇扶村工作情况。梅州市人大常委会副主任张达宏参加调研。调研组先后到河头镇好人公园、河头供销社、珠坑村污水生态化处理点、新时代文明实践站、南粤古驿道公园、平远县红军纪念园、红四军革命旧址、仁居消费帮扶馆等地，实地调研美丽圩镇、美丽乡村、红色文化建设和消费帮扶工作等情况，并召开座谈会听取相关工作情况汇报。调研结束后，梅州市人大常委会调研组撰写《关于我市加强新型城镇化与乡村振兴有机结合推进驻镇帮镇扶村工作情况的调研报告》。

【“《广东省知识产权保护条例》实施情况”执法检查】 2022年10月11日，梅州市人大常委会组织部分常委会组成人员、市政府及市知识产权局有关负责人到蕉岭县，开展梅州市贯彻实施《广东省知识产权保护条例》情况专题执法检查。梅州市人大常委会副主任伍德凤参加活动。检查组一行先后到广东固特超声股份有限公司、梅州市建丰粮业发展有限公司、广东桂岭蜂业科技股份有限公司等地，实地查看知识产权创造、运用、保护、管理、服务等情况，并认真倾听企业诉求，研究解决措施。执法检查结束后，梅州市人大常委会执法检查组撰写《关于检查〈广东省知识产权保护条例〉实施情况的报告》。

【“梅州市2021年金融类企业国有资产管理情况”调研】 2022年10月17日，梅州市人大常委会组织财政经济委员会成员和部分市人大代表，开展梅州市2021年金融类企业国有资产管理情况调研。梅州市人大常委会副主任蓝伟东、副市长陈伶俐参加调研。调研组先后到梅州农商行、梅州市企信融资担保公司实地调研，了解企业经营管理情况。召开座谈会，市财政局汇报梅州市金融类企业国有资产管理情况，市有关单位进行补充汇报。调研组就进一步加强金融类企业国有资产管理提出意见建议。调研结束后，梅州市人大常委会调研组撰写《关于梅州市2021年金融类企业国有资产管理情况的调研报告》。

【“2022年十件民生实事办理情况”调研】 2022年11月3日，梅州市人大常委会组织开展2022年十件民生实事办理情况调研活动。梅州市委常委、副市长赵东，市人大常委会党组副书记、副主任余其豹，市人大常委会副主任蓝伟东、伍德凤、刘锐清等参加调研。调研组一行先后到梅江区长沙镇梅江碧道长沙镇段、大密石场、金山街道办、城北镇会文学校、梅州粤海水务城东加压泵站、广东梅州职业技术学院等地察看，详细了解碧道建设、矿山石场治理复绿、“粤智助”政府服务一体机建设、中小学幼儿园新建和改扩建、“4个100%”安全防范建设、梅州城区自来水管网改造、“粤菜师傅”“广东技工”“南粤家政”三项工程推进情况，并对相关工作提出建议意见。调研结束后，梅州市人大常委会调研组撰写《关于2022年市十件民生实事完成情况的调研报告》。

【"更好发挥人大代表作用"调研】 2022 年 12 月 7 日，梅州市人大常委会副主任黄立强率队到蕉岭县、大埔县开展"更好发挥人大代表作用"专题调研，市人大常委会秘书长邓国功等参加调研。调研组先后到两地村（居）人大代表联络站、镇人大代表中心联络站和广福工业园区实地察看，了解县乡人大工作和建设、代表联络站"三化"建设以及更好发挥人大代表作用等情况，并召开座谈会听取部分县、镇人大机关干部和人大代表的意见建议。调研结束后，梅州市人大常委会调研组撰写《关于更好发挥人大代表作用助推梅州苏区振兴发展的调研报告》。

【"加强重点领域、新兴领域立法"调研】 2022 年 12 月 8 日，梅州市人大常委会调研组到兴宁市、五华县，围绕"加强重点领域、新兴领域立法"专题开展调研，就《梅州市校园足球发展促进条例》立法项目开展前期调研工作。梅州市人大常委会副主任刘锐清参加调研。调研组一行先后到五华县第一小学、五华县横陂足球小镇、兴宁市第十小学、兴宁市第一小学等地进行实地考察，了解横陂足球小镇和五华足球精英学校建设、校园足球发展等情况，听取各方对校园足球立法工作的意见建议。调研结束后，梅州市人大常委会调研组撰写《关于开展"加强重点领域、新兴领域立法"专题调研的报告》。

【全国、省人大代表专题调研】 2022 年 7 月 25—27 日，梅州市人大常委会组织在梅州的全国、省人大代表围绕深入推进爱国卫生工作，结合"更好发挥人大代表作用"主题活动开展专题调研，并召开调研座谈会，听取市政府相关工作情况汇报。梅州市委副书记王庆利，市委常委、副市长赵东，市人大常委会党组副书记、副主任余其豹，市人大常委会副主任蓝伟东、黄立强等参加活动或出席座谈会。活动期间，全国、省人大代表先后到梅县区、五华县、兴宁市，走进梅州圣戈班汽车玻璃系统有限公司、梅州综合保税区及梅州国际无水港项目、中山大学附属第三医院粤东医院广梅开发区医院、畲江综合市场、梅州抽水蓄能电站、兴宁市人民医院新院区、梅龙高铁兴宁南站施工点、兴宁市径南镇新洲村、梅县区雁洋镇南福村金柚公园、丙村镇芦陵村、梅州市科学技术馆等地现场考察。调研结束后，梅州市人大常委会调研组撰写《关于梅州市全国、省人大代表开展专题调研的情况报告》。

2022 年 12 月 28—29 日，梅州市人大常委会组织在梅州的十三届全国人大代表、梅州选出的省十三届人大代表和新当选的省十四届人大代表开展集中视察活动

（梅州市人大常委会办公室供图）

【全国、省人大代表集中视察】 2022 年 12 月 28—29 日，梅州市人大常委会组织在梅州的十三届全国人大代表、梅州选出的省十三届人大代表和新当选的省十四届人大代表开展集中视察活动。梅州市委副书记王庆利，市委常委、副市长赵东，市人大常委会副主任蓝伟东，市人大常委会秘书长邓国功等参加视察活动或座谈会。视察期间，全国、省人大代表先后到平远县龙文—黄田自然保护区、广东药庄生物科技有限公司、广东盈华电子材料有限公司，梅江区金山街道周溪村、西阳镇直坑村、博敏电子新一代电子信息产业投资扩建项目现场、瑞梅铁路梅江特大桥施工现场等地实地视察，听取相关情况介绍。召开座谈会，代表们听取市政府关于梅州经济社会发展情况汇报，并就实体经济发展、乡村振兴战略实施、绿美梅州建设等方面工作提出意见建议。视察结束后，梅州市人大常委会视察组撰写《关于梅州市全国、省人大代表集中视察的情况报告》。

（梅州市人大常委会办公室）

责任编辑：吴奕珊

梅州市人民政府

政府重要会议

【梅州市政府党组（扩大）会议】 2022年，梅州市人民政府组织召开市政府党组（扩大）会议31次，第一时间第一议题传达学习贯彻习近平总书记重要讲话、重要指示批示、重要论述、重要文章和演讲、致辞、信件精神，学习贯彻党中央、国务院和省委、省政府决策部署353项，研究审议梅州事项26项。主要包括：

专题学习贯彻习近平总书记在中国共产党第二十次全国代表大会上的报告精神和中国共产党第二十次全国代表大会精神；学习贯彻习近平总书记在中国共产党第十九届中央委员会第七次全体会议、中国共产党第十九届中央纪律检查委员会第六次全体会议、全国两会上的重要讲话精神及全国两会精神；学习贯彻习近平总书记在中共中央政治局常务委员会会议、中共中央政治局会议上和中共中央政治局集体学习时的重要讲话精神；学习贯彻习近平总书记在中央经济工作会议、中央全面深化改革委员会会议、中央财经委员会会议上的重要讲话精神；学习贯彻习近平总书记在金砖国家工商论坛开幕式上的主旨演讲，在第五届中国国际进口博览会开幕式、《湿地公约》第十四届缔约方大会开幕式上的致辞精神。

学习贯彻习近平总书记关于全面从严治党、关于安全生产重要论述精神。学习贯彻习近平总书记重要文章《更好把握和运用党的百年奋斗历史经验》《新时代中国共产党的历史使命》《以史为鉴、开创未来，埋头苦干、勇毅前行》《继承和发扬党的优良革命传统和作风，弘扬延安精神》《坚持和发展中国特色社会主义要一以贯之》《坚持人民至上》《正确认识和把握我国发展重大理论和实践问题》《全党必须完整、准确、全面贯彻新发展理念》《新发展阶段贯彻新发展理念 必然要求构建新发展格局》《坚持把解决好“三农”问题作为全党工作重中之重，举全党全社会之力推动乡村振兴》《不断做强做优做大我国数字经济》《坚持走中国特色社会主义法治道路 更好推进中国特色社会主义法治体系建设》《促进我国社会保障事业高质量发展、可持续发展》《加快建设科技强国、实现高水平科技自立自强》《把中国文明历史研究引向深入，增强历史自觉坚定文化自信》《努力建设人与自然和谐共生的现代化》。

学习贯彻习近平总书记对党的建设研究工作、政法工作作出的重要指示精神，学习贯彻习近平总书记、李克强总理关于安全生产重要指示批示精神和全国全省安全生产电视电话会议精神。学习贯彻习近平总书记致中国共产党与世界马克思主义政党论坛的贺信、向全国广大农民和工作在“三农”战线上的同志们致以中国农民丰收节的祝贺和诚挚慰问、向发展中国家科学院第16届学术大会暨第30届院士大会所致的贺电、给参加海峡青年论坛的台湾青年的回信、致2022年六五环境日国家主场活动贺信、致世界互联网大会国际组织贺信精神。

传达学习中国共产党广东省第十三次代表大会和十三届委员会第二次全体会议精神、省两会精神、《中央宣传部、中央组织部关于认真组织学习〈习近平谈治国理政〉第四卷的通知》精神和省委《关于认真学习宣传贯彻〈习近平谈治国理政〉第四卷的通知》精神以及省主要领导到梅州调研讲话精神。

研究审议《中共梅州市人民政府党组理论学习中心组学习制度》《梅州市人民政府 2022 年度规章制定计划》《2022 年度对口帮扶项目资金计划》《2022 年广东南岭山区韩江中上游山水林田湖草沙一体化保护和修复工程项目中央资金计划安排表》《市本级 2022 年第一批土地供应方案》《市本级 2022 年第二批土地供应方案》《市本级 2022 年第三批土地供应方案》《盘活部分存量国有资产方案》《市属国有资本投资运营平台整合重组实施方案》《梅县富力城人才公寓资产注入市属国企实施方案》《梅州市文化广电旅游发展“十四五”规划》《梅州市电梯安全管理规定》等事项。

【梅州市政府常务会议】 2022 年,梅州市召开 30 次市政府常务会议，主要讨论并审议通过：《梅州市卫生健康事业发展“十四五”规划》《梅州市金融改革发展“十四五”规划》《梅州市市本级政府投资项目工程建设领域超投资问题治理的指导意见（试行）》《梅州市突发事件总体应急预案》《梅州市工贸行业生产安全事故应急预案（2021 年版）》《梅州市应急管理“十四五”规划》《梅州市加快推进城市天然气事业高质量发展工作方案》《梅州市人民政府办公室关于加强行政规范性文件制定和监督管理工作的实施意见》《梅州市城市生活垃圾分类管理办法（草案）》《梅州市教育发展“十四五”规划》《梅州市新型城镇化规划（2021—2035 年）》《市委宣传部 市司法局关于在全市公民中开展法治宣传教育的第八个五年规划（2021—2025 年）》《梅州市生态环境保护“十四五”规划》《梅州市粮食安全和应急物资保障“十四五”规划》《梅州市临时救助实施细则》《梅州市城乡供水保障规划（2021—2035 年）》《梅州市重要河道岸线保护与利用规划（2021—2035 年）》《梅州市文化广电旅游发展“十四五”规划》《梅州市能源发展“十四五”规划》《梅州市城市生活垃圾分类工作实施方案（2022—2025 年）》《梅州市水生态环境保护“十四五”规划》《梅州市 2021—2025 年城镇老旧小区改造规划》《梅州市妇女发展规划（2021—2030 年）》《梅州市儿童发展规划（2021—2030 年）》《梅州市推进交通强市建设的实施意见》《关于进一步加快推进乡村特色产业高质量发展的意见》《梅州市“十四五”节能规划》《梅州市农业农村现代化“十四五”规划》《关于狠抓招商引资促进实体经济高质量发展的意见》《梅州市开展“美丽梅州·美好家园”三年行动计划（2022—2024 年）》《梅州市促进经济稳增长若干政策措施》《梅州市自然保护地规划（2021—2035 年）》《梅州市职工基本医疗保险门诊共济保障实施细则》《梅州市实施“青梅计划”集聚优秀青年人才的若干措施》《梅州市人民政府 2022 年度规章制定计划（草案）》《梅州足球十年发展规划（2021—2030 年）》《梅州市深化“放管服”改革全面优化营商环境工作实施方案》《梅州城区公共租赁住房管理实施细则》《梅州市贯彻落实〈中共广东省委办公厅 广东省人民政府办公厅关于推动新时代消防救援工作高质量发展的意见〉实施方案》《梅州市全民科学素质行动规划纲要实施方案（2021—2025 年）》《梅州市关于深入打好污染防治攻坚战的实施方案》《广东省支持梅州对接融入粤港澳大湾区加快振兴发展实施方案》《梅州市生产经营单位安全生产主体责任规定》《梅州市最低生活保障边缘家庭和支出型困难家庭救助实施细则》《梅州市新能源产业高质量发展指导意见》《梅州市电梯安全管理规定》《梅州市城镇土地使用税适用税额实施标准》《梅州市职工基本医疗保险和生育保险办法》《梅州市职工大额医疗费用补助办法》《梅州市承接产业有序转移实施方案》等文件。主要研究：经济运行、防范化解重大风险、污染治理、交通、水利、产业高质量发展、平台建设、民营经济、招商引资、教育、文化、医疗卫生、体育、旅游、民政、农业农村、乡村振兴、安全生产、城市规划建设、平安梅州、法治梅州、营商环境、扩大对外开放等工作，以及一批重点项目、民生实事等相关工作。

【全市性重要专项会议】 2022 年，梅州市召开的全市性重要专项会议主要包括：全市河长制与水利高质量发展工作会议；全市“三防”工作会议；全市一季度经济形势分析暨重点项目促投资工作会议；全市稳外贸稳外资工作会议；全市促消费扩内需工作会议；梅州市政府廉政工作暨全市审计工作会议；全市实施乡村振兴战略工作推进会；全市推进交通基础设施重点项目建设工作会议；全市招商引资工作大会；市政府全体会议；全市推进工业园区高质量发展大会；全市土地工作会议；全市推进新能源产业高质量发展大会；梅州市坚真市民服务中心奠基活动；义务植树活动；广东扶贫济困日暨全社会助力乡村振兴活动仪式；市政府领导班子重走“红色交通线”党日活动；教师节庆祝大会；烈士纪念日烈士公祭活动；汕梅高速公路改扩建项目建设动员会。

【梅州市政府工作会议】 2022年，梅州市政府工作会议研究部署事项主要包括：生态环境保护督察整改工作涉及提升城镇污水处理能力相关事项；国土空间总体规划第三轮“三区三线”划定工作；全市垦造水田工作；债券支出工作；足球改革发展及足球特区建设工作；市直国有资产投资运营管理有关工作；设立先进制造业产业基金事宜；研究省政府工作会议纪要（支持梅州建设发展专题协调会议纪要）精神并研究落实意见和措施；预制菜发展工作；产业园区建设发展工作；全面优化营商环境工作；解决招商引资困难和问题；稳经济政策工作措施；江南新城二期规划建设工作；垦造水田工作；基础设施建设工作；中心城区南部产业新城规划建设工作；紫琳学院建设工作；统计工作；梅州综保区招商、二期建设；土地供应工作；新能源产业发展工作；山水林田湖草沙一体化保护和修复工程项目；全市税收共治协调联动机制工作和财政收入组织工作；研究贯彻落实《支持梅州对接融入粤港澳大湾区加快振兴发展总体方案》有关工作；研究《梅州市承接产业有序转移实施方案》有关工作；城产融合发展示范区规划建设工作；财政收入工作；职业年金实账积累工作；存量土地处置工作；农村人居环境整治和农房风貌管控工作；2022年省营商环境评价通报问题整改工作会议；《梅州市碳达峰实施方案》《梅州市生态环境保护“十四五”规划》《梅州市新型城镇化规划（2021—2035年）》《梅州市粮食安全和应急物资保障“十四五”规划》等文件编制工作；全市经济运行调度、稳经济一揽子政策接续政策研究、新增债券等工作；涉粮问题专项巡察整改、2021年度粮食安全责任制考核等工作；安全生产及防范化解风险、天然气保供稳价、农业水价综合改革等工作；施工扬尘环境保护税征管、涉财税源等工作；水污染防治工作；市级和梅江区经济发展联席工作；梅龙高铁（梅州段）和松棚铁路物流基地项目消防设计审核、消防验收和备案，梅州中心城区南部产业新城产业规划，粤东天然气主干管网揭阳—梅州支干线用地及汕梅高速公路扩建项目涉及油气管线迁移，境内铁路建设，加快推进城镇环境基础设施建设，供电区农网改造推进等工作；落实《支持梅州对接融入粤港澳大湾区加快振兴发展总体方案》有关工作；“梅州市无废城市”建设试点工作；梅州市市级产业政策梳理修订有关工作；梅州市人民政府2022年规章制订计划以及梅州市人民政府2021年度法治政府建设情况报告有关工作；梅州市文化广电旅游发展“十四五”规划有关工作；梅江区批而未供土地、闲置土地处置工作；国道78线汕昆高速揭阳新亭至梅州畲江及省道19线汕梅高速程江至畲江段改扩建项目前期工作；全域土地综合治理（基础设施建设）有关工作；梅州市房屋建筑和市政基础设施承灾体普查工作；自然资源资产价值化有关工作；国企改革相关工作；分管领域风险防控工作和省市重点项目建设情况；梅州市国防教育训练基地项目建设工作；梅州市天然气接收门站及市政配套管网项目接气投产工作；房地产项目相关协调工作；市区城建城管有关工作；梅州市智慧停车项目建设有关工作；关于深入推进绿美梅州生态建设的实施方案等相关工作；全市工业重点项目调度分析；全市稳外贸稳外资促消费工作；全市工业稳增长暨低效工业用地整治工作；全市“一起益企”重点企业服务保障工作；全市招商引资工作；全市“小升规”工作；全市第四季度工业稳增长攻坚战工作；全市科技创新工作会议；市政府驻外机构建设工作；世界客商中心运营管理工作；梅州综合保税区封关运行、招商引资、二期建设和梅州国际无水港（松棚铁路物流基地）建设工作；酒类产业发展工作；新材料产业发展工作；火力发电企业发展工作；梅州市水泥产业供需对接工作；相关企业发展诉求工作；分管领域对接融入粤港澳大湾区振兴发展相关工作；贯彻落实《支持梅州对接融入粤港澳大湾区加快振兴发展总体方案》工作；创建国家级高新区工作；分管领域疫情防控、安全生产工作；梅州经开区申报国家级经开区工作；文化旅游体育产业发展；筹备“2023东亚文化之都·中国梅州活动年”；出台梅州市文化发展改革“十四五”规划和梅州足球十年发展规划；创建全国足球发展重点城市；推进撂荒耕地复耕复种；梅州茶产业发展；分管领域对接粤港澳大湾区振兴发展；广东金柚优势特色产业集群项目建设；市技师学院和市交通技工学校两校资源整合改革；市技师学院人员经费保障；丰顺教堂水库工程项目建设；省对梅州市 2021 年巩固拓展脱贫攻坚成果同乡村振兴有效衔接相关政策措施落实情况审计反馈问题整改工作；全市体育工作；嘉应学院紫琳学院项目建设工作；教育质量提升工作；金融、国资国企稳增长工作；分管领域安全生产工作；金融机构支持乡村振兴发展工作。（梅州市人民政府办公室）

政府重要工作

【稳住经济发展】 2022 年，梅州市坚持稳字当头、稳中求进，积极应对经济下行压力，落实国家、省稳经济一揽子政策措施，出台稳增长 103 条政策措施和 66 条接续政策，加强运行研判和监测调度，狠抓统计纳统，推动经济运行逐月回升、整体好转。全市地区生产总值 1318.21 亿元，比上年增长 0.5%，增速对比上半年回升幅度位居全省第一；全体居民人均可支配收入 2.74 万元，比上年增长 4.7%。全力扩投资，成立重大项目并联审批工作专班，省、市重点项目超额完成年度投资任务，固定资产投资降幅对比上半年回升幅度位居全省第一。梅州至龙川高铁加快建设，瑞梅铁路和汕梅高速改扩建项目开工建设；梅蓄一期投产发电、二期顺利开建，大埔电厂二期开工。成功争取专项债项目 84 个资金 78 亿元、政策性开发性金融工具项目 12 个，签约投放金额 36.58 亿元。全力促消费，发放消费券超过 1000 万元，社会消费品零售总额比上年增长 0.4%。全力稳外贸，“一企一策”支持外贸企业，跨境电商进出口增长 94.56%，带动全市进出口总额降幅收窄至 9.6%。全力稳市场主体，新增减税降费及退税缓税缓费超 59 亿元，新登记各类市场主体 4.59 万户。出台创新金融服务支持实体经济若干措施，全市贷款余额比上年增长 12%，贷存比 70.13%，比年初提高 1.96 个百分点。

【壮大实体经济发展】 2022 年，梅州市坚持把发展经济的着力点放在实体经济上，从“过日子思维”转向“发展思维”、从“投入思维”转向“产出思维”，把资源要素优先用到“打粮食”项目上。系统谋划，出台土地管理“1＋N”系列文件，完成垦造水田 433.33 公顷，还清历史欠账；处置存量土地近 2000 公顷，“挣”得指标 866.67 公顷，保障用地需求。整合出台加快实体经济振兴发展“1＋4＋1”产业扶持政策，推动传统产业提质增效、新兴产业加快发展。建立“1＋1＋X”招商引资政策体系，组建招商工作专班和 6 支市级驻外招商队，2022 年引进项目 119 个，均实现当年签约、当年动工，计划总投资 604.56 亿元，完成年度投资 96.95 亿元，分别是 2020 年和 2021 年的 1.87 倍、3.66 倍，其中工业项目 81 个，计划投资 481.25 亿元，比上年增长 51.9%，完成投资 72.91 亿元，比上年增长 87%。年产值 30 亿元的立讯智造、年产值 26 亿元的盈华覆铜板一期等项目顺利投产，总投资 81 亿元的嘉元时代、总投资 70 亿元的盈华电子等工业项目顺利开工，推动铜箔、电子信息、汽车零部件等产业集群加快发展。全市规模以上工业增加值 262.59 亿元，铜箔产业增加值比上年增长 26.2%；工业投资比上年增长 11.3%，先进制造业、高技术产业投资分别增长 73.9%、104%；新增规模以上企业 86 家，新认定专精特新企业 52 家，新建 5G 基站 2235 座。广东梅州经济开发区被认定为省级加工贸易产业转移园，梅县园、蕉岭园获批省级特色产业园。坚持“两个毫不动摇”，支持各类市场主体发展，国企改革三年行动圆满收官。

【乡村产业振兴】 2022 年，梅州市落实“百县千镇万村高质量发展工程”，发展壮大县域经济，建设强富绿美新县域，推进强县联镇带村。乡村振兴省考核综合评价获“优秀”等次，其中乡村治理、产业振兴分别位居全省第一和第三。全面落实耕地保护和粮食安全党政同责，超额完成粮食生产任务、连续 31 年实现稳产丰产。新建成高标准农田 5333.33 公顷。探索撂荒耕地认耕认种、“认领一亩田”等模式，完成复耕复种 2.51 万公顷，超额完成省下达任务。推进驻镇帮镇扶村和“九大攻坚行动”，全市原建档立卡脱贫户和三类监测对象家庭年人均可支配收入高于省定标准，所有村集体年收入达到 10 万元以上，乡村振兴综合改革省级试点任务基本完成。发展农业产业，新增省级现代农业产业园 4 个、省级农业科技园 3 个、省级以上重点农业龙头企业16家,总数均居全省前列。出台客家预制菜产业发展若干措施，突出打造嘉应茶“客家炒绿”品牌，梅州柚产值增加超7亿元，全市农林牧渔业总产值比上年增长4.7%。梅州市农林科学院省级功能平台建设实现“零”的突破。推进10个乡村产业社区试点、32条省级乡村振兴示范带建设。科学编制国土空间规划和产业规划，谋划建设广东省城产融合发展示范区中心区。城乡融合发展省级试点稳步推进，实现中心城区生活垃圾分类全覆盖。提前超额完成年度城镇老旧小区改造任务。各县（市、区）县城提质扩容步伐加快，所有圩镇达到宜居圩镇标准，城镇化率53.28%。

【绿美梅州建设】 2022年，梅州市深入打好蓝天、碧水、净土保卫战，推进山水林田湖草沙一体化保护和修复工程，森林覆盖率74.52%，位居全省第一，城区空气质量达标率99.2%,位居全省第一，16个省级及以上断面水质和县级以上城市集中式饮用水水源地水质达标率、优良率持续保持100%。第二轮中央生态环境保护督察问题整改达到序时进度。成功创建省级海绵城市建设示范市，省级“无废城市”试点建设稳步推进。全面推深做实林长制，“智慧林长”信息平台加快建设。新引进投资20亿元再建3.33万公顷国家储备林，扩种阔叶林，收储林地8000公顷，完成高质量水源林3813.33公顷、新造林抚育4700公顷。抓好“生态+流域”综合治理，河（湖）长制有效落实，碧道建设获省级激励。

【文化强市建设】 2022年，梅州市获授“东亚文化之都”，成为全省唯一获此殊荣的城市。成功创建全省首个国家级客家文化（梅州）生态保护区，新增省级“非遗”项目6项。完成红四军纪念馆、熊锐故居等30处革命遗址和一批历史建筑保护修缮,16处近现代重要史迹及代表性建筑入选第十批省文物保护单位名单。文艺“双精”工程成效明显，《春闹》等2个作品获省“五个一工程”奖。制订《广东汉剧振兴发展工作实施意见》，创排《章台青柳》等大型汉剧。出台文明行为促进条例，全国文明城市创建扎实推进。做好新时代“侨”的文章，凝聚侨心侨力侨智，吸引更多华侨华人回梅州投资兴业。

【重点民生建设】 2022年，梅州市坚持以人民为中心的发展思想，把80%以上财力用于民生领域,省、市十件民生实事全面完成。“粤菜师傅”“广东技工”“南粤家政”三项工程培训1.89万人次，新增城镇就业2.1万人。成功申报创建省基础教育高质量发展实验区，新建5所公办中小学校（幼儿园），新增公办学位8820个,广东梅州职业技术学院投入使用。成功创建“十四五”时期全国足球发展重点城市，圆满完成中超联赛梅州赛区承办任务。推进高水平医院建设，梅州市医学科学院等项目扎实推进。狠抓扩面征缴，常住人口基本医保参保率达100%。提高低保、特困供养、残疾人、孤儿养育标准，底线民生保障水平不断提高。面对系列输入疫情，坚持全市“一盘棋”，市主要领导靠前指挥，市领导各司其职、分赴各地督战，各级各部门和广大干部群众同心同德、合力攻坚，顺利打赢一场场疫情处置硬仗。疫情防控进入新阶段后，聚焦保健康、防重症，做好医疗救治、药品和医疗物资供应、疫苗接种等工作，确保防控措施调整转段平稳有序、社会秩序稳定。

【发展和安全统筹】 2022年，梅州市抓好喜迎党的二十大“五大专项”行动，常态化开展扫黑除恶斗争，严厉打击整治养老诈骗、电信诈骗等各类违法犯罪行为，防范化解经济、社会等风险隐患。推进首批全国市域社会治理现代化试点合格城市建设，群众安全感和政法工作满意度持续保持全省前列。落实信访工作条例，践行新时代“枫桥经验”，推进治理重复信访、化解信访积案专项工作，开展问题楼盘、涉众金融、涉农涉土等重点领域隐患排查，获第一批“广东省法治政府建设示范市”称号。排查整治危化品、非煤矿山、自建房、建筑施工、城镇燃气、地质灾害等领域安全隐患，做好道路交通安全、消防、防汛防台风、森林防灭火等工作，保障人民群众生命财产安全。

【政务环境优化】 2022年，梅州市严格执行省委坚决落实“两个维护”十项制度机制，严格落实政治要件闭环管理。弘扬伟大建党精神，坚持第一议题、常设议题等制度，持续深入学习习近平新时代中国特色社会主义思想。深入推进基层党建三年行动计划，在全省率先建立基层党组织“平急转换”机制，持续整顿软弱涣散基层党组织。实施“加快振兴、共同富裕”破题攻坚行动，出台容错纠错机制办法，常态化开展谈心谈话，激励广大干部新时代新担当新作为。严格落实中央八项规定及其实施细则精神，保持正风肃纪反腐高压态势，政治生态持续净化优化。出台人才振兴16条和五大人才发展计划，全年引进各类人才1.2万多人。企业创新主体作用有效发挥，新培育认定高新技术企业12家、科技型中小企业270家，新增省级创新平台12家、总量居粤东西北地区前列。R&D经费投入比上年增长13%。全市50项年度重点改革任务扎实推进，2项国家级、6项省级试点工作落地见效。坚持“用户思维”，出台深化“放管服”改革全面优化营商环境工作实施方案，抓好数字政府改革建设，推动行政审批事项100%网上受理、100%网上办结。

（梅州市人民政府办公室）

发展研究

【发展研究工作概况】 2022年，梅州市人民政府发展研究中心发挥以文辅政作用，全年完成调研课题7项、市领导文稿626篇、文稿审核251篇。整合出台加快实体经济振兴发展“1+4+1”产业扶持政策。牵头做好加强梅州市政府驻外机构建设工作，制订并出台《关于进一步加强市政府驻外机构建设的工作方案》，完成《梅州市人民政府驻外机构管理暂行办法（征求意见稿）》。

【调查研究】 2022年，梅州市人民政府发展研究中心围绕经济发展和民生改善两大重点，聚焦梅州苏区振兴发展重点难点及人民群众急难愁盼，全年完成梅州高新区产业扶持政策改革初探、梅州民航业发展状况调研、加快梅州客家预制菜产业发展建议、梅州市水泥制造业状况、梅州新三板挂牌企业经营状况7项课题调研报告，全部获市主要领导批示肯定。多项建议转化成为现实举措，其中，梅州民航业发展状况调研报告关于“开拓梅州航空物流业务”“对梅州机场按二类地区标准拨付中小机场补贴”建议被纳入国家《支持梅州对接融入粤港澳大湾区加快振兴发展总体方案》；加快梅州客家预制菜产业发展多项建议获市政府出台的《梅州市加快客家预制菜产业发展若干措施》采纳；梅州高新区产业扶持政策改革初探报告作为全市推进工业园区高质量发展大会参阅材料，总结的典型经验向全市推广；水泥产业发展报告获《广东调研》转载，多项建议被市职能部门采纳。协助市直部门完善《梅州市装配式建筑产业发展状况调研报告》，获市主要领导批示肯定。按广东省发展研究中心要求提交《梅州市优化营商环境情况报告》等4项课题调研报告，宣传梅州经验，反映梅州建议。

【文稿服务】 2022年，梅州市人民政府发展研究中心坚持落实文稿三级审核制，文稿服务水平及文稿审核质量不断提高。全年完成市政府领导相关文稿（含工作讲话、致辞、主持词、研讨发言材料等）626篇，审核市直单位送审文稿251篇。参与2023年政府工作报告起草，并对征求意见稿提出修改建议75条，获采纳46条。完成2022年上半年全市政府工作总结，获市领导肯定并被2022年年中全市政府系统工作会议采用。研究市委深入落实“百县千镇万村高质量发展工程”促进城乡区域协调发展实施方案、深入推进绿美梅州生态建设实施方案征求意见稿，提出修改建议79条，获采纳57条。研究市直单位关于促进经济稳增长政策措施、加快新时代人才振兴发展实施意见、实施“青梅计划”若干措施、破题攻坚行动实施方案等文件征求意见稿，提出的多数修改建议获吸纳采用。

【政府重点工作参与】 2022年，梅州市人民政府发展研究中心全程参与对接融入粤港澳大湾区振兴发展先行区实地调研、专题会议，研究各阶段上报政策文稿和本市实施方案，对上报国家发改委的融湾总体方案征求意见稿提出17条修改建议，其中9条获采纳并写入正式印发文件。研究融湾政策广东省《关于支持梅州对接融入粤港澳大湾区加快振兴发展的若干措施》，先后两次提出修改建议59条，获采纳40条；研读融湾产业发展研究报告（征求意见稿），提出38项修改建议，获采纳27条；对梅州市实施方案（征求意见稿）字斟句酌，提出53条修改建议，获采纳35条。响应市委、市政府号召，支持疫情防控，共派出9人驰援县（区）抗疫一线。落实市领导要求，牵头做好加强梅州市政府驻外机构建设工作，制订并出台《关于进一步加强市政府驻外机构建设的工作方案》。

【“1+4+1”产业扶持政策制订】 2022年，梅州市人民政府发展研究中心牵头组织市直单位在全面梳理原有政策基础上，整合出台《梅州市加快实体经济振兴发展若干措施》及其配套的4个实施细则、1个资金管理办法，构建导向鲜明、简明高效、系统完备、竞争力强的“1+4+1”产业扶持政策，推动全市集中资源要素支持税收大、就业多、成长性好的“打粮食”项目，促进招大育强、产业兴市。

链 接

“1+4+1”产业扶持政策

第一个“1”指1个政策总纲，即《梅州市加快实体经济振兴发展若干措施》；“4”指4个实施细则，即《梅州市促进招商引资实施细则》《梅州市加快工业发展实施细则》《梅州市加快服务业发展实施细则》《梅州市强化科技创新实施细则》；第二个“1”指1个资金管理办法，即《梅州市加快实体经济振兴发展专项资金管理办法》。2022年8月12日，梅州市人民政府正式印发《梅州市加快实体经济振兴发展若干措施》及其实施细则、资金管理办法。在2022年8月中旬召开的全市招商引资工作会议上，该政策文件作为会议材料印发参阅。

（梅州市人民政府发展研究中心）

机关事务管理

【机关事务管理概况】 2022年，梅州市机关事务管理局以集中统一管理为基础，推进科学化、精细化管理，协调和服务工作不断加强，积极盘活资产，行政事业资产管理不断优化，严格细致管理，机关后勤服务保障不断加强，推动新能源汽车配备、公务用车管理水平进一步提升，机关事务工作取得新成效。截至2022年底，梅州市直行政事业单位房产共1231处，建筑面积241.18万平方米；土地共326处，面积85.26平方千米。严格资产处置审批，全年批复市直行政事业单位申报的固定资产报废处置9547项，划拨处置固定资产2578项，拍卖处置固定资产17项，出租出借经营性资产7项。全年全市批复申购各类用途车辆272辆。全市配备更新新能源汽车68辆。全市有4565辆公务用车纳入省公务用车管理信息平台管理，喷涂标识4164辆。

【国有资产管理】 2022年，梅州市机关事务管理局贯彻执行《行政事业性国有资产管理条例》（国务院令第738号）以及国有资产管理相关法规制度，加大监管力度，构建集中统一管理的体制机制，着力提升国有资产管理水平。开展资产清查盘点工作，截至年底，市直行政事业单位房屋土地总资产原值53.03亿元。联合市财政局发布关于规范市直行政事业单位资产管理的《提醒函》，规范国有资产配置、处置和产权变动审批流程，避免国有资产流失。完善国有资产处置制度，加大对国有资产的报废、划拨、拍卖、出租出借等各个环节监督管理审批力度，批复市直行政事业单位固定资产进行报废处置9547项，原值共8422.73万元；批复市直行政事业单位固定资产进行划拨处置2578项，原值共4048.76万元；批复市直行政事业单位固定资产进行拍卖处置17项，原值共232.65万元；批复市直行政事业单位经营性资产7项出租出借。加强市直党政机关办公用房权属统一登记、信息统计、调配和维修改造审批工作，印发提醒函，如期完成党政机关办公用房信息数据上报工作。已纳入统计党政机关104家，人均办公用房面积10.74平方米，批复同意办公用房维修改造21项、调配办公用房7项，保障各市直单位办公用房需求。推进市直行政事业单位经营性资产清查划转工作，联合市财政局、市国资委发布《关于将部分行政事业经营性资产划转注入客都文旅有限公司的通知》，完成7项资产划转，助力国有企业做大做强。落实受疫情影响服务业小微企业和个体工商户免（减）租金的政策，共为216户租户减免租金461.28万元。

【国有资产盘活】 2022年12月，梅州机关事务管理局为更好地调动国有资产活力，与市财政局共同组织实施，在开展资产评估后，将梅江区江南新城安置区剩余资产（187间商铺、3个肉菜市场、1间超市）和梅江区彬芳大道中43号房地产委托市拍卖行公开拍卖，以2.66亿元的价格成功拍卖，拍卖所得扣除应交税费后资金全额上缴市财政，实现国有资产效益最大化，增加财政收入。为充实国有企业资本，推动市管企业做强做大，于2022年4月将原喜多多超市大楼（一、二、三、四楼）、嘉运宾馆、原市旅游总公司办公楼6~9层等4处相关资产经资产评估后划转注入广东客都文旅有限公司；嘉园宾馆、湖景商务酒店及梅江区梅江一路 26 号 3-10 沿街店铺等 3 处资产经资产评估后划转注入广东客都文旅有限公司下属子公司。

【公务用车配备和使用管理】 2022 年，梅州市机关事务管理局严把公务用车配备审核关，批复同意市直申购各类用途车辆 74 辆、各县（市、区）申购各类用途车辆 198 辆。强化公车使用监督管理，利用公务用车使用管理信息平台、实地督查、明察暗访和“12345”政务服务便民热线电话等方式进行监管，全年市民投诉举报公车使用问题工单 13 宗，处理回复满意率达 100%。推动公务用车配备更新新能源汽车，全年全市除特种专业技术用车外其他公务用车配备更新新能源汽车 68 辆，占比率达 43%。合理配置现有的公务用车资源，收回部分单位使用率较低的留用车辆和个别单位长期不使用车辆的编制，补充调配到用车紧缺的单位，共收回车辆编制 8 个、调配车辆 1 辆。配合广东省机关事务管理局做好新能源汽车“统采分签”工作，梅州市共有 2 个单位申购新能源汽车，完成统采分签。强化制度化建设，为规范租赁车辆行为，制订《市直党政机关公务出行租赁社会车辆制度》，在保障正常公务出行用车需求的同时，降低成本、提升效能。

【后勤服务保障】 2022 年，梅州市机关事务管理局加强机关大院绿化卫生管理，加强电梯、水电、消防等公共设施设备日常维护维修工作，进一步加强大院车辆出入秩序管理，保障大院安全有序运转。根据疫情防控形势和上级要求及时调整疫情防控措施，邀请疫情防控专家到市委、市政府大院指导，在市委、市政府大院增设发热隔离点并配齐防疫物资，做好登记、确认、查验健康码、测温、戴口罩等工作，加强卫生消杀，加强督促检查，做细做实疫情防控工作。制订安保整改方案、完善各项安保管理制度，整合市委、市政府大院安保管理体制，提升安保服务水平和质量。实施市委大院 12 号楼门坪及 12 号楼后停车场积水处理工程，市委大院梅南院 5、6 号楼侧停车场改造工程等，改善市委大院工作环境；通过市政府大院大楼消防“五化”硬件建设，提升市政府大院大楼消防基础硬件建设和消防安全保障水平。加强周转房配套设施建设，明确服务标准，细化服务要求，强化服务管理，提升周转房服务保障水平。

（梅州市机关事务管理局）

政务服务数据管理

【政务服务数据管理概况】 2022 年，梅州坚持“用户思维”，紧扣发展第一要务，全市政务服务数据管理工作以一体化政务服务能力提升为重要抓手，全面贯彻落实市第八次党代会“行政审批事项 100% 网上受理，100% 网上办结”（简称“双百”）部署要求，持续深化数字政府改革建设，推动政府“数字化”转型赋能“放管服”改革和营商环境优化。9 月，梅州市政务服务中心被评为 2022 年度广东省市级标杆政务服务中心，为全省 5 个市级标杆中心之一；五华县政务服务中心获评县级标杆政务中心（全省 15 个）。

【“双百”工作】 2022 年，梅州市政务服务数据管理局全力推进“双百”工作，梅州市一体化政务服务能力整体提升。融合线上线下渠道，开展市县两级政务服务事项全流程网办梳理，推动政务服务事项进驻政务服务中心和政务服务分厅，强化政务服务全流程监管，实现全市 17341 个政务服务事项网上申请办理“应上尽上”、线下政务服务大厅 “应进尽进” 、政务服务效能“应管尽管” 。推进行政许可事项清单管理，启动市一体化政务服务平台建设，整合审批、监管和评估三大模块，实现与证照联办系统对接，上线“一件事”主题服务、“全市通办”等功能模块，完成《梅州市行政许可事项清单（2022 年版）》编制，40 个“一件事”主题集成服务在全市推广。聚焦企业群众经常办理的异地事项不断发力，推行“全市通办”，拓展“省内通办”“跨省通办”，1633 个政务服务事项实现“全市通办”，与惠州、河源、江西鹰潭签订跨域通办协议，推出通办政务服务事项各 100 项，梅州在广州可办事项增至 156 项，与福建龙岩、江西赣州通办事项增至 100 项。完成 2327 台粤智助政府服务自助机在全市镇（街）、村（居）全覆盖部署，共进驻 359 项高频服务，基层群众实现“就近办、自助办” 。

【政务服务提升】 2022 年，梅州市政务服务数据管理局创建政务中心标杆，让企业群众办事体验更加便捷。优化政务大厅环境，配齐便民实施，推进适老适残改造，推出服务承诺、首问负责、限时办结、容缺受理等服务，打造代办服务、首席服务、延时服务等品牌，市县两级服务大厅流程更加简化、服务更加精细、环境更加舒适、办事更加快捷。开展政务服务“好差评”，推进政务服务全纳管，通过对市县镇村四级办理统一申办受理平台业务情况进行监察，市级自建系统100%对接省“好差评”系统，及时准确了解企业群众诉求，改进政务服务，提升工作效能。

【“粤系列”平台应用】 2022年，梅州市政务服务数据管理局深耕“粤系列”平台，便民利企易政水平不断优化。持续推动高频服务事项进驻“粤省事”梅州专区，丰富“粤商通”梅州专区应用场景，“粤省事”梅州专区可办理事项985项，“粤商通”梅州专区进驻涉企服务事项668项。打造“粤省心”梅州“总客服”，完成梅州“12345”政务服务便民热线平台升级并对接“粤省心”平台，先后整合人力资源和社会保障咨询电话等30条公共服务便民热线，上线智能座席助手等智能化应用，完善疫情防控知识库，健全应急响应机制，通过优化绩效机制、强化系统支撑等措施全力提升话务接通率和工单办结满意率。推广应用“粤公平”平台，推进全流程电子化交易，深化电子投标保函应用，常态化开展远程异地评标，不断优化公共资源交易领域营商环境，降低公共资源交易成本，推广网上中介服务超市，2022年累计完成各类公共资源交易项目1591宗，成交总金额31.2亿元，中介服务超市新进驻项目业主1006家。推行“粤政易”移动办公，依托“信创”工程实现全市一体化政务协同办公平台与“粤政易”深度融合，完成全市555家单位“粤政易”在线审批公文市县镇三级全覆盖，日均处理公文约4.1万次，实现政务运行和公文办理“一事直达”“一文通办”。

【数字政府基础建设】 2022年，梅州市政务服务数据管理局加强基础设施建设，全市数字政府服务能力有效提升。开展政务云梅州节点扩容升级，有255个系统在云上建设和运行，完成市县镇村3750条政务外网线路整合和升级改造，建成政务外网可视化运维平台。探索5G无线政务外网切片应用，推动在“粤政易”移动办公场景下移动终端安全高效接入政务外网。部署省统建数据资源“一网共享”新版门户、需求、目录等系统，完成本地4574类近1.72亿条数据的编目、挂接，从省平台回流数据186类近3.4亿条数据，市、县52个单位通过数据资源“一网共享”平台梅州分节点申请省、市、县级政务数据共988类。顺利完成“信创”工程，全市7269台通用计算机、112台服务器、4661台打印扫描外接设备等软硬件设备全部投入使用，一体化政务协同办公平台运行平稳，实现市县两级电子公文在线办理“横到边、纵到底”。

【数据赋能社会治理】 2022年，梅州市政务服务数据管理局强化数字化能力支撑，全市社会治理现代化效能持续提高。以“粤治慧”为基础助力区域治理“一网统管”，完成梅州平台部署，涵盖综合态势、应用专题赋能、平台管理三大中心，推动全市较成熟系统对接“粤治慧”梅州平台。在“粤政易”开发上线“数读梅州”模块，以柱状图、饼状体、表格等多种形式生动展示经济运行、城市建设、民生服务、生态文明四大专题板块，涉及财政、应急管理等32个行业部门共953项数据，发挥数据分析辅助政府决策作用，实现不同行业部门重要指标数据随时随地“指尖查阅”。会同市纪委监委升级改革惠民信息平台，推动基层小型工程建设项目在各县（市、区）惠民信息平台公开，防止“小官大贪”，“建设应用惠民信息平台提升基层监督效能”经验材料刊登在广东《党风》并被省纪委选中上报中纪委。8个县（市、区）于2022年8月31日前全面完成在惠民信息平台上新增“基层小型工程建设项目”功能建设，截至12月底，各县（市、区）共发布4109条小型工程项目信息，涉及财政资金8.2亿元，发出监督短信通知5万多条。组建疫情防控信息化工作专班，统筹协调全市新冠疫情防控信息化工作，推广“公共场所码”“团体码”，常态化支撑“粤康码”亮码、“粤视会”远程调度等，全市共设置公共场所码6.7万个、“团体码”195万个，场所码累计扫码9090万人次。加强涉疫数据归集分析运用，回流涉疫数据6000多万条，在“10·28”“11·8”“11·20”等疫情处置工作中开展人口底数建库，利用政务大数据融合比对，快速构建涉疫地区人口基数参考数据库和5种核酸检测数据分析模型，精准推送核酸检测数据，推动高风险管控区做好“应检尽检”，实现疫情防控和处置更加科学、精细。建立涉财税源数据共享机制，编制梅州市级涉财税源数据共享目录，强化涉财税数据增值利用，探索启动数据要素市场化配置改革。截至2022年底，共汇聚市级83类、各县（市、区）单位 273 类约 400 万条涉税数据，通过数据分析累计查补税费 1.03 亿元。

【网络安全保障】 2022 年，梅州市政务服务数据管理局加强网络安全保障，编制《梅州市数字政府网络安全体系建设总体规划（2021—2025 年）》。强化重要节点网络安全防护，国庆前开展全市网络安全专项督查，清除安全隐患，为党的二十大胜利召开营造良好的网络环境。组织全市 1700 多名干部在线学习培训安全意识、网络安全管理、网络安全技术等。对全部上云信息系统进行不间断深度漏洞扫描，对发现的 2000 多个弱品令和漏洞问题组织完成整改。按照广东省“粤盾—2022”工作部署要求，联合梅州市委网信办、市公安局举办“梅州市网络安全系列活动”，在梅城院士广场内建成全省首个网络安全主题公园，展示梅州网络发展史、涉网新型犯罪典型案例、网络安全有关法律法规等内容；开展数字政府网络安全实战攻防演练，邀请安恒、中百信、金盾等国内 10 支知名攻击队对全市业务信息系统和关键基础设施进行无差别实战攻击；举办首届梅州网络安全论坛，并邀请专家学者发表主旨演讲。

【梅州市政务服务中心实行“大综窗”政务服务模式】 2022 年，梅州市政务服务中心采用市区共建模式，进驻部门 79 个，进驻事项 3673 项，开设服务窗口 82 个，日均办件量超 2000 件。2 月 21 日，梅州市政务服务中心率先实行“大综窗”政务服务模式，设立综合业务区、分类综合业务区两类综合服务区，两类综合服务区均实行“前台综合受理，后台分类审批，统一窗口出件”的“一窗受理”服务模式，窗口实现无差别受理。其中，设置企业开办综合服务区，实现企业开办业务“一窗通办”，照、章、银、税半天办结；开设企业开办主题集成窗口，60 个涉企证照业务“一链条”办理，实现准入即准营；企业代办服务区（工程建设综合服务区）组建首席服务官代办队伍，提供工建项目审批全程精准化、个性化“一条龙”免费代办服务；不动产登记“一窗受理”窗口实现不动产交易、税务征收、登记和水电气过户“四件事一次办”套餐式服务；“全市通办・跨域通办”专窗实现 3147 项政务服务事项“跨省通办、省内通办”、1633 项事项“全市通办”；网上办事服务区提供全流程网上办事及导办、帮办、代办服务；24 小时自助服务区实现公安、税务、人社、不动产等业务办理全天“不打烊”。2022 年，单个窗口最多可办理 36 个部门 1979 个事项。

【“政务晓屋”入驻梅州市政务服务中心】 2022 年，梅州市持续优化营商环境，推进政务服务“跨域通办”，主动对接融入粤港澳大湾区建设，加强与广州市政务服务数据管理局沟通对接，在市政务服务中心 24 小时自助区部署 1 台“政务晓屋”。首批上线广州梅州异地通办事项 100 项，配备 2 个“云窗口”坐席，企业群众在梅州（广州）“晓屋”内即可与广州（梅州）政务服务中心座席窗口实时视频连线，实现广梅两地事项通办；已入驻“晓屋”平台的全国 2.2 万多个事项均可在线视频咨询，通办事项可实时办理。

链　接

“政务晓屋”是利用 5G 技术打造的全国一体化“共享式”资源整合平台，为异地企业和群众提供“一站式”远程视频服务，实现业务“就近办、网上办、一站办”。

【梅州市 6 个市级政务服务分厅挂牌】 2022 年，经梅州市人民政府同意，梅州市政务服务数据管理局制订印发《梅州市市级政务服务分厅设立工作方案》，按照事项性质设立政务服务中心分厅，将公安、人社、残联等因场地限制等因素暂不能进驻政务服务中心的事项纳入分厅管理对外开展服务，保障政务服务事项“应进必进”，实现“大厅之外无审批”。6 月 24 日，梅州 6 个市级政务服务分中心——公安车管、出入境、交警支队直属大队、人社社保、就业和人才、残疾人联合会政务服务分厅挂牌。按照行政主体、审批责权、办事场所、管理体制“四个不变”的原则，统一名称标识、窗口服务规范、服务效能监督和开展政务服务“好差评”，按照“一网通办”要求，推动分厅业务系统与市统一申办受理平台的互联互通，以资源共享、信息共融提升“一门办理”服务效能。

（梅州市政务服务数据管理局）

信　访

【信访概况】 2022 年，梅州市共受理群众来信、网上信访、来访 8105 件次，比上年上升 31.49%，其中，群众来信 2834 件次，下降 28.5%；网上信访 4921 件次，增长 49.21%。年内，梅江区长沙镇、城北镇，梅县区桃尧镇，兴宁市新圩镇，平远县长田镇，蕉岭县蓝坊镇，大埔县青溪镇，丰顺县砂田镇，五华县安流镇 9 个单位被评为广东省信访工作示范乡镇。梅州市信访局侯旻浩获评“全国信访系统优秀办信员”。

【信访制度改革】 2022 年，梅州市实施市县两级信访部门全员包案制度，全市信访事项工作机构和有权处理行政机关信访事项及时受理率、按期答复率均保持在 99.9%以上。梅州市信访局拓宽社会力量参与信访工作的制度化渠道，围绕实现“初信初访办理质量提升 推动群众满意率提高”目标，印发《关于建立“信访 + 驻村律师”模式 推动信访事项化解纳入法治轨道的工作方案》，全面建立驻村（社区）律师参与信访事项化解工作机制。发挥驻村（社区）律师的专业优势，对可能引发该村（社区）信访问题的重大决策，注重听取驻村（社区）律师的意见，必要时对可能存在的信访风险进行科学评估，防止和减少因决策不当引发信访矛盾的产生。对农村信访矛盾易发领域和可能形成信访的苗头问题，如土地流转、自建房、环境保护等，建立事前通报机制，第一时间邀请驻村（社区）律师提前介入，及时为利益相关各方开展有针对性的释法析理，明确各方所应承担的法律责任，防止和减少因法律关系不明确引发矛盾纠纷。激发驻村（社区）律师“六员”活力，建立健全驻村（社区）律师全程参与信访矛盾化解全过程工作机制，实现法律服务的“全程跟进”。2022 年，群众评价满意率 94.06%，比上年提高 8.19%。

【重要时期信访保障】 2022 年，梅州市信访局围绕做好党的二十大期间信访安全保障工作主线，始终把维护信访安全保障作为首要政治任务来抓，坚持以最高标准、最严要求、最实作风做好各个重要时期的隐患及时排查、矛盾及时化解。

【重复信访专项治理】 2022 年，梅州市信访局攻坚克难化解信访积案，全力遏制重复信访。梅州市委常委会会议、市委书记专题会议和市政府常务会议先后研究部署重复信访化解工作，高位推动工作落实。各县（市、区）委书记带头提级包案办理重复信访，市信访工作联席办多次进行专题研判和督导重复信访案件化解工作。上级交办的 671 件重复信访治理案件全部上报办结，办结率 100%；国家局审核化解 666 件，化解率 99.25%。开展百日攻坚重复信访事项化解行动，印发《梅州市开展重点信访事项“百日攻坚”行动工作方案》，围绕“案结事了、事心双解”目标，对未化解的重复信访问题重新梳理核查、重新研究化解意见，用好用足用活政策，全力推动重点信访事项高效办结。132 件重点信访事项全部得到化解，化解率 100%。

【社会风险防范化解】 2022 年，梅州市信访工作联席办不定期组织开展全市突出信访矛盾大排查活动，对排查出来的不稳定因素，落实“一案一策、一专班一包案领导”机制，主动有效防范化解信访领域重大风险。加强政法、信访、公安、卫健、交通等部门之间的信息互通，及时获取预警性的情报信息。

【法治信访建设】 2022 年，梅州市信访局履行“谁执法谁普法”“谁服务谁普法”“谁主管谁负责”工作责任，利用《信访工作条例》宣传月、法治广东宣传教育周、“12·4”法制宣传日等重点普法时间节点，通过公开栏、宣传单张、门户网站等宣传形式，广泛宣传《信访工作条例》《中华人民共和国民法典》等法律法规，引导群众自觉遵守国家法律法规，依法理性维权。2022 年，全市组织党员干部普法

2022 年 5 月 10 日，梅州各地开展《信访工作条例》宣传日活动。图为梅州市信访局联合多部门在市足球文化公园开展宣传活动 （梅州市信访局供图）

学习培训会 61 场 2100 多人次，悬挂宣传横幅 420 多条，印制《信访工作条例》5000 多本，发放各类法律法规读本 3000 多本。

（梅州市信访局）

驻京·驻穗联络

【驻京服务联络】 2022 年，梅州市人民政府驻北京联络处（简称梅州市驻京联络处）做好联系中央部委办局、服务在京公干人员、收集反馈前沿信息、沟通联络乡贤、宣传推介家乡、推动投资促进、维护信访秩序等工作。年内，做好政务服务工作，协助市领导、市直有关部门做好重大事务、重点项目、重要政策跟踪落实，服务保障市领导、市县两级党政单位、市直有关部门在京公务活动 58 天、49 人次。协调对接国家发改委、财政部、国家税务总局、科技部、商务部等部委司局单位，协助推动梅州高新技术产业园区、梅州国家级经济开发区、梅州高铁建设、全国足球发展重点城市等组织申报、审核、认定工作，助力梅州市成功争取国家层面支持老区苏区振兴发展政策，9 月初《支持梅州对接融入粤港澳大湾区加快振兴发展总体方案》获国家发改委、财政部联合印发。做好信息服务工作，围绕市委、市政府中心工作和梅州发展关切，开拓全国驻京办事处信息协会、国家部委、专家智库等信息渠道，编制印发《北京信息》34 期，提供国家部委、行业协会资金、项目等申报信息 28 条，为市委、市政府及相关部门提供工作参考和决策依据。做好乡贤联络工作，建立完善在京乡贤信息数据库，加强与乡贤领导的请示汇报、与乡贤企业家和各界关心梅州发展人士联心联谊，宣传推介梅州乡情和发展政策，弘扬乡贤情系故里、热爱家乡的精神，引导和支持乡贤参与、投身梅州振兴发展。

【驻京投资促进】 2022 年，梅州市驻京联络处抓好投资促进平台建设，整合驻京资源，发挥驻京优势，协调指导驻京招商队开展招商工作，对接联络中国中小企业协会、中国银保监会、中国投资协会、中国乡村发展协会、各省市驻京机构商务协会、德国摩尔基金、中信集团、中核集团业务公司、乡贤龙头企业等在京商社协会、大型企业等，与北京各省市驻京机构商务协会联合举办“梅州市（北京）招商引资座谈会”，全年组织开展商务对接、信息交流活动共 167 天次，助力京梅两地经贸交流、产业合作。聚焦在京梅州文保会馆旧址传承保护工作，主动与北京东城区政府部门商洽推动广东平镇会馆传承保护与开发合作。

【驻穗服务接待】 2022 年，梅州市人民政府驻广州办事处（简称梅州市驻穗办）接待任务主要包括梅州市领导到省委、省政府及省直机关联系工作公务接待，省第十三次党代会、省委全会、粤港澳大湾区招商活动接待，驻穗乡贤的联络接待以及各地驻穗机构的交流接待等。全年完成各类接待任务 200 余次，接待近 700 人。

【驻穗宣传推介】 2022 年，梅州市驻穗办走访广东省五华商会、广东省大埔商会、广东省平远商会、广东省兴宁商会、广东省蕉岭商会、广东省丰顺商会、广州市兴宁商会等。走访拜访佳都科技公司、瑞华集团、金雅福控股集团、有信达集团、深圳金雅福集团、华联新世界广东总部、深圳市鸿嘉利新能源有限公司、深圳市钜弘科技有限公司、深圳市绿基置业有限公司、广东溢龙实业有限公司等乡贤企业 20 多家，对接企业 128 家。向商会、企业家宣传梅州市经济发展动态及招商引资情况，宣传家乡发展的优惠政策，发挥商会、协会的桥梁和纽带作用，共同为梅州发展出谋划策。

【驻穗招商引资】 2022 年，梅州市驻穗办引导在外创业成功人士回乡投资兴办实业，组织带领有意愿回家乡投资设厂的企业回梅州参观考察共 5 批次。

【驻穗信息交流】 2022 年，梅州市驻穗开展与商会、协会、各界乡贤企业的联络沟通，收集整理乡贤名单、在广州的梅州籍处级以上领导干部名单，方便后期加强沟通联系，凝聚乡贤力量，助推梅州发展。通过广州市协作办交流平台，加强与各市驻穗办的交流互通，做好各地驻穗机构的横向交流。2022 年到韶关驻穗办、汕尾驻穗办、湛江驻穗办、汕头驻穗办等地，学习各地招商引资、信息采集、政务接待等方面好的经验和做法。2022 年报送广州参考信息 65 期、工作简报 11 期。

（骆秉宏、梅州市驻穗办）

责任编辑：吴奕珊

中国人民政治协商会议梅州市委员会

政协重要会议

【政协第八届梅州市委员会第一次会议】 2022年1月10—12日，中国人民政治协商会议第八届梅州市委员会第一次会议在梅城举行。梅州市委书记马正勇、市长王晖等市领导出席会议，马正勇在闭幕大会上作讲话，对政协工作提出明确要求。梅州市委、市政府领导分别参加委员大会发言和分组讨论，与委员们共商大计、共谋发展。会议审议通过梅州市政协主席戚优华代表七届市政协常务委员会所作的工作报告、副主席韩小林所作的提案工作情况报告。大会表彰七届五次会议以来的优秀提案16件。经过全体委员投票选举，戚优华当选为政协第八届梅州市委员会主席，韩小林、曾祥海、马志元、陈元星、李利平、朱国城、蔡雪嫦、曾碧玉当选为副主席，马文欢等69人当选为常务委员。委员们列席市八届人大一次会议，听取并讨论《政府工作报告》，讨论梅州市中级人民法院、市人民检察院工作报告以及其他报告，对上述报告表示赞同并提出建议。会议号召，全市各级政协组织、政协各参加单位和广大政协委员要更加紧密团结在以习近平同志为核心的党中央周围，在中共梅州市委的正确领导下，以更加开阔的视野、更加振奋的精神、更加务实的作风，同心同德、担当实干、团结奋斗，奋力谱写梅州政协事业的华彩篇章，以优异成绩迎接党的二十大胜利召开。

【梅州市政协常委会会议】 2022年，中国人民政治协商会议梅州市委员会（简称政协梅州市委员会）召开3次常委会会议。1月12日，梅州市政协八届第一次常委会会议召开，审议通过提案委员会委员名单；审议任命江立志、刘军、卢华亮为政协第八届梅州市委员会副秘书长；审议任命巫敏和、吴怀浪、罗伟章、古清华、杨文宗、胡万强、谢又新、赖永生分别为市政协提案委员会、经济委员会、农业和农村委员会、文化和文史资料委员会、科教卫体委员会、社会法制和人口资源环境委员会、港澳台侨外事委员会、联络工作委员会主任。7月12日，梅州市政协八届第二次常委会会议召开，传达学习习近平总书记在中共中央政治局会议、在庆祝香港回归祖国25周年大会暨香港特别行政区第六届政府就职典礼上的重要讲话精

2022年1月10日，中国人民政治协商会议第八届梅州市委员会第一次会议在梅州市委礼堂开幕 （政协梅州市委员会办公室供图）

2022年7月12日，政协第八届梅州市委员会常务委员会第二次会议在梅城召开
（政协梅州市委员会办公室供图）

神，以及省第十三次党代会精神和市委、市政府有关会议精神，组织学习《中国共产党政治协商工作条例》；围绕“关于壮大主导产业，培育百亿龙头企业”进行专题议政。12月7日，梅州市政协八届第三次常委会会议召开，传达学习党的二十大精神；围绕“激发驻镇帮镇扶村活力，合力促进乡村振兴”进行专题议政。

（政协梅州市委员会办公室）

政协重要工作

【协商议政和调研视察】 2022年，政协梅州市委员会把“关于壮大主导产业，培育百亿龙头企业”“激发驻镇帮镇扶村活力，合力促进乡村振兴”作为常委会专题议政课题，班子成员分别带领相关市政协委员和专家学者，学习中央和省、市相关会议、文件精神，对各县（市、区）进行现场调研、书面调研，形成高质量的专题议政报告。围绕“如何贯彻落实全市促进实体经济高质量发展大会精神”“梅州三产融合推进情况”“加强技工人才培养，推进梅州‘广东技工’工程高质量发展”“发挥战略性产业集群稳增长促转型重要作用”“打好农村生活污水治理攻坚战”“我市乡村振兴五年取得的显著成效”“对接大湾区建设，助推梅州苏区振兴发展”“客家文化传承及保护工作”“传承城市记忆，推动文化名城发展”“传承客家文化，创新文化产业发展”“加强体育、教育、社会融合，推动我市足球事业发展”“我市传染性疾病应急处置工作情况”“充分利用跨境电子商务综合试验区优势，做大做强相关产业”等课题，先后开展30多场次协商议政、调研视察活动，形成履职成果16篇，得到市委、市政府主要领导和有关领导批示11次，一批意见建议转化为具体的政策举措。

【政协民主监督】 2022年，政协梅州市委员会围绕乡村振兴、“十四五”规划、民生十大实事等方面，开展会议监督、视察监督、提案办理监督、专项监督等多种形式的民主监督活动。做好市领导挂钩联系服务企业、重点项目和村（社区）“两委”干部，以及创建全国文明城市网格化管理工作，班子成员定期开展督导活动90场次，协调解决企业、基层遇到的困难和问题。发挥政协委员在日常监督中的独特作用，推荐委员担任特约监察员、行风评议员、教育督导员70多人次，组织委员参加听证和督查督办活动50多场次。

【政协提案】 2022年，政协第八届梅州市委员会第一次会议以来审查立案229件提案，按内容类别分，经济科技类61件，市政建设类28件，文化、教育、医疗、卫生、体育类53件，环境保护类5件，政法统战、劳动人事、社会福利类17件，综合类65件。政协梅州市委员会构建书记、市长领衔督办，主席会议重点督办，专委会跟踪督办的工作格局，全年重点督办提案12件。梅州市委书记马正勇、市长王晖分别领衔督办《关于探索建设粤闽赣苏区改革开放创新发展试验区的系列提案》和《关于加快发展先进制造业，促进梅州实体经济高质量发展的系列提案》。梅州市政协主席会议领衔督办《关于着力加强产业发展，全面推动乡村振兴的建议》，组织委员深入一线调研，促进提案办理。各专门委员会紧扣《关于充分利用跨境电子商务综合试验区优势，做大做强相关产业的建议》《关于大力发展跨境电子商务的建议》《关于大力发展梅州市社区养老服务的建议》《关于在住宅小区配套建设社区居家养老服务设施的建议》《关于集中发展要素 做大做强我市实体经济的建

2022 年 9 月 27 日，梅州市政协党组书记、主席戚优华（前排右二）就市政协主席会议领衔督办的重点提案办理落实情况开展调研

（政协梅州市委员会办公室供图）

议》《关于在职业（技工）院校建设电商创业人才孵化基地的建议》《关于加强我市新能源汽车充电桩管理的提案》《关于深挖红色文化资源，推进红色苏区建设的建议》《关于提高梅州农产品网络销路，打造专业短视频带货团队的建议》《关于扎实推进“双百工程”，做好民生保障工作的建议》《关于大力引进和培育高层次人才的建议》《关于对公共文化场馆进行社会化管理运营的建议》等提案进行督办，提出的意见建议被吸纳到梅州市相关重大发展规划中。

【政协联情联谊】 2022 年，政协梅州市委员会落实市政协党组成员分工联系民主党派、工商联制度，定期走访联系 11 场次，增进与市各民主党派、工商联的团结合作。搭建协商平台，支持市各民主党派、工商联和无党派人士参与政协履职活动，市政协八届一次会议上由市各民主党派、工商联报送的大会发言材料占总数的 80% 以上，提交集体提案占总数的 44.5%。

【政协文史征编】 2022 年，政协梅州市委员会发挥文史资料“存史、资政、团结、育人”作用，出版《梅州市申报“中央苏区县”工作荟萃》等文史专辑。

【政协民生实事】 2022 年，政协梅州市委员会围绕天然气调价、优化城区部分道路红绿灯设置、改善部分住宅小区周边出行道路、加强“网红夜市地摊”管理、消除部分偏远农村通信信号“盲区”等民生关切，提交社情民意信息 10 期，得到市领导批示 3 次，推动解决一批群众急难愁盼问题。领导班子成员带头落实社区“双报到”，示范带动党员干部发挥岗位特点、个人专长，165 人次主动配合社区党组织开展志愿服务活动，组织广大委员、机关干部职工开展扶贫济困、关爱特殊儿童、兴教助学等爱心活动 12 次。梅州市丰顺“10·23”、梅县“11·8”等系列外地输入疫情发生后，政协梅州市委员会号召广大市政协委员及委员企业为丰顺县、梅县区等地共计捐款捐物超过人民币 100 万元、港币 12.5 万元。

（政协梅州市委员会办公室）

责任编辑：吴奕珊

中国共产党梅州市纪律检查委员会·梅州市监察委员会

纪检监察重要会议

【梅州市纪委八届二次全会】 2022 年 1 月 29 日，中国共产党梅州市第八届纪律检查委员会第二次全体会议召开。梅州市委书记马正勇出席会议并讲话，市委副书记、市长王晖传达习近平总书记在十九届中央纪委六次全会上的重要讲话及中央纪委全会精神、省委书记李希在十二届省纪委七次全会上的讲话和省纪委全会精神。全会审议通过市委常委、市纪委书记蒋万军代表市纪委常委会所作的《发扬党的自我革命精神推进新时代纪检监察工作高质量发展，为梅州苏区加快振兴共同富裕提供坚强保障》工作报告。

2022 年 1 月 29 日，中共梅州市第八届纪律检查委员会第二次全体会议在梅城举行

（梅州市纪委监委供图）

【八届市委第一轮巡察暨县级交叉巡察动员部署会】 2022 年 3 月 4 日，梅州市召开八届市委第一轮巡察暨县级交叉巡察动员部署会。梅州市委常委、市纪委书记、市监委主任、市委巡察工作领导小组组长蒋万军出席会议并讲话。会议传达学习中央和省委有关巡视巡察工作的会议精神，宣布该轮巡察组长授权任职及任务分工决定。会议强调，全市巡察机构要深入学习贯彻习近平总书记关于巡视工作重要论述和党的十九届六中全会精神，深刻领悟“两个确立”的决定性意义，聚焦“两个维护”，紧扣“国之大者”，坚定不移深化政治监督，推动党中央重大决策部署和省委、市委工作要求落实落细，为梅州苏区加快振兴、共同富裕提供坚强保障。该轮市委巡察对象为梅州市工业和信息化局、市交通运输局、市农业农村局（市委农村工作办公室）、市市场监督管理局、市科学技术局、市乡村振兴局、市政务服务数据管理局、市林业局、市公路事务中心、市农林科学院、市地方志办公室、市档案馆 12 个市直单位党组织，巡察时间为 3 月上旬至 6 月上旬。该轮县级交叉巡察对象为梅江区西郊街道、梅江区交通运输局、梅县区梅西镇、梅县区市场监督管理局、兴宁市龙田镇、兴宁市市场监督管理局、平远县热柘镇、平远县市场监督管理局、蕉岭县新铺镇、蕉岭县教育局、大埔县茶阳镇、大埔县市场监督管理局、丰顺县丰良镇、丰顺县市场监督管理局、五华县华城镇、五华县教育局 16 个镇（街道）或县（市、区）直单位党组织，巡察时间为 3 月上旬至 5 月上旬。

【梅州市监委第二届特约监察员聘请会议】 2022年7月28日，梅州市监委召开第二届特约监察员聘请会议。梅州市委常委、市纪委书记、市监委主任蒋万军出席会议并讲话。会议决定聘请王东勉（女）、叶洁、刘秀云（女）、李燕平（女）、张明湘、陈立民、钟宇锋、侯珍妮（女）、凌传平、唐林珍（女）、黄烁丹、黄新、梁良、蔡国芹、潘强为第二届特约监察员。会议强调，特约监察员要珍惜荣誉、提升站位、胸怀大局，认真负责地履行好肩负的神圣职责。要当好敢于发声的“监督员”，紧盯纪检监察权力运行的关键节点和重点人员，发挥好“千里眼”“顺风耳”作用。要当好积极献言的“参谋员”，发挥专长优势，积极为清廉梅州建设把脉开方。要当好反映民声的“联络员”，及时反映群众的“急难愁盼”事项，特别是发生在群众身边的腐败和作风问题，帮助纪检监察机关精准监督、有效监督。要当好引导舆论的“宣传员”，积极宣传党中央重大决策部署，宣传全面从严治党、推进反腐败斗争取得的成效，弘扬主旋律、传播正能量，为梅州营造风清气正、干事创业的良好氛围。

【梅州市巡察工作会议暨八届市委第二轮巡察动员部署会】 2022年8月30日，梅州召开全市巡察工作会议暨八届市委第二轮巡察动员部署会。梅州市委常委、市纪委书记、市监委主任、市委巡察工作领导小组组长蒋万军出席会议并讲话。会议深入学习贯彻习近平总书记关于党的自我革命战略思想和巡视工作重要论述，贯彻落实全省巡视巡察工作会议暨十三届省委第一轮巡视动员部署会精神，对八届市委第二轮巡察进行动员。会议强调，全市巡察机构要持续深入学习贯彻习近平总书记关于巡视工作重要论述和对广东系列重要讲话、重要指示精神，聚焦“国之大者”强化政治监督，督促被巡察党组织忠诚拥护“两个确立”、坚决做到“两个维护”。要充分发挥巡察在党的自我革命中的重要作用，坚定不移深化政治巡察，深入查找并纠正政治偏差，推动全面从严治党向纵深发展，为完整准确全面贯彻新发展理念，推动高质量发展提供坚强政治保障。该轮巡察对梅州市人力资源和社会保障局（市社会保险基金管理局）、市自然资源局（市土地储备中心）、市商务局（市口岸局、市投资促进局）、市文化广电旅游局（文化旅游特色区管委会、广东中国客家博物馆）、市应急管理局、市体育局、市金融工作局、市机关事务管理局、市住房公积金管理中心、叶剑英纪念园管理局10个市直单位党组织开展常规巡察，对梅州市生态环境局、市住房和城乡建设局、市交通运输局、市水务局、市农业农村局、市乡村振兴局、市供销合作社、市公路事务中心8个市直单位党组织开展乡村振兴资金管理使用专项巡察；巡察时间为9月上旬至12月中旬。同时，组建16个县级专项巡察组，采取交叉巡察方式，联动开展乡村振兴资金管理使用暨农村集体“三资”管理专项巡察；巡察时间为9月上旬至10月下旬。

（梅州市纪委监委）

纪检监察重要工作

【政治监督】 2022年，梅州市各级纪检监察机关围绕党中央关于建设粤港澳大湾区、推动老区苏区振兴发展等重大战略，聚焦梅州建设赣闽粤原中央苏区对接融入粤港澳大湾区振兴发展先行区等工作部署，找准切入点精准监督，确保政令畅通、落地见效。毫不松懈抓好疫情防控监督，持续深化违建别墅、农村乱占耕地建房问题专项治理，开展拖欠农民工工资问题、城市更新破坏性“建设”、落实稳经济一揽子政策措施等方面的专项督查，督促整改问题117个，处理处分397人。严明政治纪律和政治规矩，立案查处违反政治纪律问题案件6件6人，持续营造风清气正的政治生态。规范审慎把好选人用人政治关、廉洁关，全市回复党风廉政意见9113人次，提出暂缓使用、不宜使用意见144人，坚决防止“带病入围”“带病提拔”。

【日常监督】 2022年，梅州市各级纪检监察机关深化对“关键少数”的日常监督，综合运用谈话函询、委托谈话、述责述廉、民主生活会督导等方式，督促全市各级党组织“一把手”扛起全面从严治党主体责任，层层传导压力，增强监督合力。全市共组织“一把手”书面述责述廉777人，开展谈话函询132件次，问责履职不力、失职失责党员领导干部135人。发挥派驻机构“探头”作用，加强信息收集和分析研判，发现异常及时跟进监督、处置问责。梅州市纪委监委各派驻（出）机构有效发现问题462

2022 年，兴宁市纪检监察干部深入田间地头了解惠农政策落实情况
（梅州市纪委监委供图）

个，比上年增长 4.6 倍，立案审查调查 28 人。坚持讲政治、讲政策、讲证据贯通，发挥思想政治工作优势，全市纪检监察机关运用“四种形态”批评教育帮助和处理 3518 人次，第一、第二、第三、四种形态分别占比 58.2%、36.3%、2.9%、2.6%。

【审查调查】 2022 年，梅州市各级纪检监察机关坚持有腐必反、有贪必肃，接收检举控告类信访举报 1182 件，处置问题线索 3378 件；立案审查调查 1520 件，其中处级干部 32 人、科级干部 259 人，采取留置措施 26 人；给予党纪政务处分 1447 人，移送检察机关审查起诉 31 人；挽回经济损失 1.15 亿元。坚持受贿行贿一起查，移送检察机关审查起诉涉嫌行贿犯罪人员 2 人。严查政法、医疗、粮食购销、工程建设等领域腐败问题，重点查处梅州市工业和信息化局原党组书记、局长钟某灵，五华县委原副书记、政法委原书记傅某强，梅州市医疗保障局原党组书记刘某，梅州市第三人民医院原院长温某章等严重违纪违法案件。在政策感召和高压震慑下，全市有 48 人主动投案、1047 人主动交代问题。

【作风问题整治】 2022 年，梅州市各级纪检监察机关以钉钉子精神纠“四风”树新风，对搞“包装式”落实、“一刀切式”落实等问题精准施治，深入整治违规吃喝、违规收送礼品礼金、违规发放津贴补贴等突出问题，坚决防止反弹回潮、隐形变异。开展党政机关、事业单位主责主业项目违规外包问题专项治理，坚决纠治懒政怠政。开展领导干部违规兼职取酬问题专项治理，排查违规兼职人员 211 人，清退违规取酬 549.79 万元。全市查处“四风”问题 253 个，给予党纪政务处分 493 人，通报曝光典型案例 58 件。监督推进行政审批事项“100%网上受理、100%网上办结”改革落地，约谈提醒进展缓慢的地区和单位领导干部 122 人。开展损害营商环境突出问题专项整治，查处违规审批、乱收费乱罚款、漠视企业合理诉求等问题 17 个，追责问责 35 人，通报典型案例 4 件。落实“三个区分开来”，协助市委出台《关于大力支持改革创新宽容失误错误 激励广大干部新时代新担当新作为的实施意见》，激发干事创业内生动力。

链 接

“三个区分开来”

即把干部在推进改革中因缺乏经验、先行先试出现的失误和错误，同明知故犯的违纪违法行为区分开来；把上级尚无明确限制的探索性试验中的失误和错误，同上级明令禁止后依然我行我素的违纪违法行为区分开来；把为推动发展的无意过失，同为谋取私利的违纪违法行为区分开来。

【基层治理】 2022 年，梅州市各级纪检监察机关深入整治群众身边腐败和不正之风，在全市部署开展 5 项重点整治、14 项行业整治、6 项地方特色专项整治，严查贪污侵占、吃拿卡要、优亲厚友等行为，推动解决群众的操心事烦心事揪心事。全市查处群众身边腐败和作风问题 287 个，给予党纪政务处分 323 人。常态化开展扫黑除恶“打伞破网”行动，立案涉黑涉恶腐败和“保护伞”问题 71 件，给予党纪政务处分 71 人，移送司法机关 2 人。

【基层小型工程建设项目监督】 2022 年，梅州市纪委监委找准监督关键点、切入点，靶向发力向小型工程建设项目腐败问题亮剑。通过拓展惠民信息平台监督功能，将基层小型工程项目纳入平台公开，更好地服务保障乡村振兴发展。6 月，梅州市纪委监委联合市政务服务数据管理局，组织各县（市、区）将基层小型工程建设项目纳入梅州市惠民信息平台进行公开，重点公开2022年1月1日以后动工兴建及此前动工尚未竣工验收的项目。同时，各县（市、区）纪委监委会同政务服务数据管理部门、财政局等职能部门，制订工作方案，细化基层小型工程建设项目的公开主体、公开方式、公开内容，明确责任单位、责任人、完成时间等，合力推动惠民信息平台改造升级，督促指导各镇（街）、村（社区）做好项目信息录入工作，截至8月底全部上线运行。截至2022年底，8个县（市、区）惠民信息平台共录入基层小型工程项目4341个，其中镇级工程706个、村级工程3635个；涉及财政资金26.67亿元，涉及集体资金等其他资金2.13亿元；向村监委委员和村民代表发送小型工程项目建设信息5.39万条。梅州市建设运用惠民信息平台做法得到广东省纪委监委肯定，被推荐为全省党风信息系统建设亮点向中央纪委国家监委作经验汇报。

【市县巡察】 2022年，梅州市全面铺开新一届市县党委巡察工作，开展八届市委第一、第二轮常规巡察和第一轮县级交叉巡察，对22个市直单位和16个县（市、区）直单位及镇（街）党组织进行“政治体检”，发现问题1120个、线索72条，提交专题报告14份。组织2个市委专项巡察组，采取“一托四”+“延伸巡察”的方式，对8个市直单位开展乡村振兴资金管理使用专项巡察；统筹8个县（市、区）组建16个县级专项巡察组，采取“一托N”+“巡镇带村”的方式，对47个县（市、区）直单位、40个镇（街）、114个村开展乡村振兴资金管理使用暨农村集体“三资”管理专项巡察，核查资金项目3030个，涉及金额136.93亿元，发现问题940个、线索83条。探索建立巡察联系点制度，推进兴宁市在镇（街）配备巡察专干、大埔县设立巡察服务保障中心试点工作。

【纪检监察体制改革】 2022年，梅州市各级纪检监察机关深化纪检监察体制改革，推动制度优势转化为治理效能。突出党内监督主导作用，找准各类监督的衔接点，会同有关部门定期梳理行政公益诉讼案件、行政复议纠错案件，深挖细查背后的失职渎职问题，形成常态长效的监督合力。持续深化派驻机构改革，建立党风政风监督室牵头抓总、各监督检查室具体指导、各派驻（出）机构执行落实的“1+4+N”工作机制，撤销市纪委监委驻市检察院纪检监察组、市纪委监委驻市法院纪检监察组、市纪委监委驻嘉应新区管委会纪检监察组，派驻（出）机构数由24个调整为21个。

【预防教育】 2022年，梅州市各级纪检监察机关坚持正面宣传引导和反面警示教育相结合，深入挖掘梅州廉洁文化资源，制作李坚真廉洁故事系列视频，创作廉洁公益广告《一束青莲·一路清廉》，策划“正风反腐大家谈”专题报道，营造处处宣廉、时时倡廉、人人促廉的浓厚氛围。做实以案为鉴以案促改，在市县两级党委全覆盖召开以案促改专题民主生活会，督促领导班子深刻汲取案件教训，筑牢廉洁自律防线。开展纪律教育学习月活动，以新查处的典型案例为“活教材”，更新优化市反腐倡廉教育基地展陈内容，组织党员干部参观学习4000多人次；拍摄11名严重违纪违法干部忏悔视频，摄制《围猎》等警示教育片4部，用“片中人”警醒“看片人”。

（梅州市纪委监委）

责任编辑：吴奕珊

民主党派·工商联

中国国民党革命委员会梅州市委员会

【民革概况】 2022年，中国国民党革命委员会梅州市委员会新发展党员15人，发展率为5.1%，平均年龄36.9岁，其中研究生3人、高级职称1人、市级人大代表1人、县级人大代表1人、政协委员2人。截至2022年底，辖兴宁市、梅县区2个县级委员会，市直机关、梅江区2个总支部，1个嘉应学院支部。共有民革成员302人，其中，有市人大代表3人、市政协委员10人，县(市、区)人大代表7人、县(市、区)政协委员28人。年内，在全市开展“矢志不渝跟党走、携手奋进新时代”政治交接主题教育，各级组织通过报告会、座谈会、参观革命教育基地等形式开展主题教育。梅江区总支部被授予“广东民革组织工作先进集体”称号，市直机关总支第三支部、梅江区总支第二支部被评为“第二批广东民革示范支部”。李朝晖、廖强栋被评为“广东民革组织工作先进个人”，2人被评为“第二批广东民革示范支部创建活动优秀党员”，7人被评为“2017—2022年度广东民革优秀党员”，3人被评为“2017—2022年度广东民革优秀党务工作者”，1人被评为“2017—2022年度广东民革祖统工作先进个人”。民革党员赵严君任梅县区残疾人联合会理事长，钟梅君任梅江区文广旅体局副局长，程景炜任梅州市中医医院耳鼻咽喉科副主任，陈垚任市政协农业和农村工作委员会副主任。

【民革参政议政】 2022年，梅州两会期间，中国国民党革命委员会梅州市委员会向梅州市政协提交2篇大会发言和16件集体提案、15件个人提案、2篇建议案。《关于“强抓梅州特色产业、奋力打造生态经济发展新标杆”的建议》提案被评为市政协优秀提案。提交的《关于大力对接新时代支持革命老区振兴发展政策，推动梅州加快振兴的建议》等4件提案列入市委、市政府、市政协领导重点督办提案。做好咨政建言工作，在高层协商座谈会、党外人士座谈会等会议上，中国国民党革命委员会梅州市委员会提出有针对性、建设性的意见建议。

【民革专题调研】 2022年，中国国民党革命委员会梅州市委员会聚焦发展实体经济、助力乡村振兴等经济社会重点问题和关键难题开展调查研究。“关于挖掘驻镇帮镇扶村资源，助力乡村产业振兴的建议”课题组深入兴宁市径南镇新洲村、兴田街道和大埔茶阳镇、湖寮镇、洲瑞镇调研；“关于加大扶持我市茶产业发展的建议”“后疫情时代，生态旅游业发展面临的困局和破局”课题组深入梅江区长沙镇和丰顺县北斗镇、汤坑镇调研；“发展柚果精深加工，助推梅州实体经济”课题组深入梅县区城东镇、松口镇调研。通过深入调研，向梅州市委统战部提交2篇调研报告，向市政协提交3篇大会发言材料。在2021年度党派团体年度调研报告评选中，中国国民党革命委员会梅州市委员会提交的《关于壮大实体经济，培育支柱主导产业，助力梅州苏区振兴的建议》被梅州市委统战部评为一等奖。年内，还协助和参与省委会和兄弟市委会的重点课题调研活动，获“民革广东省委会2021—2022年度参政议政工作先进集体三等奖”。

2022年12月22日，民革市直机关总支部到梅江区特殊学校开展"爱心助残物资"捐赠活动　　（中国国民党革命委员会梅州市委员会供图）

【民革祖统工作】　2022年，中国国民党革命委员会梅州市委员会组织党员认真学习习近平总书记给参加海峡青年论坛的台湾青年回信和国务院台湾事务办公室、国务院新闻办公室发表的《台湾问题与新时代中国统一事业》白皮书。密切联系梅州市台港澳事务局、市台联会等部门，与梅州市台港澳事务局召开对口联系工作座谈会，开展台情研究，促进交流合作。省祖统委员张雨亮、梅江区台联会会长李日方等共参与对台交流活动20多次，接待台湾同胞200多人次。梅州市台联会原副会长李万胜等长期与在梅州台胞密切联系，解决台胞生产生活中的困难，融合梅台同胞感情。

【民革社会服务】　2022年，中国国民党革命委员会梅州市委员会及各基层组织发挥自身优势，助力新冠疫情防控，关爱抗战老兵、为人民群众献爱心。出资近2万元购买物品用于支援丰顺抗疫，企业界党员吴丽娜捐赠价值8万多元的物资，叶小生、叶小铭等共筹集3万多元购买物品支援抗疫。组织党员赴7个县（市、区）开展关爱抗战老兵活动，给予抗战老兵精神上的尊重和生活上的帮助，转发省委会关爱抗战老兵慰问金。联合梅县区委员会分别在梅江碧桂园社区、程江社区居委会开展"迎新春，送春联"活动。市直机关总支部开展2次"博爱·牵手"爱心助残活动，发动党员捐款近2万元，为梅江区特殊学校100多名困难学生赠送油米和知识卡。企业界党员李志芳在嘉应中学设立"泽山奖学金"，为66名学子发放奖学金共计2万元。

（中国国民党革命委员会梅州市委员会）

中国民主同盟梅州市委员会

【民盟概况】　截至2022年12月，中国民主同盟梅州市委员会有县级委员会2个，总支1个，支部11个，有盟员848人（其中新发展盟员29人），主要从事教育、文化艺术工作。有省、市、县（市、区）盟员人大代表13人，政协委员53人。年内，中国民主同盟梅州市委员会组织开展"矢志不渝跟党走　携手奋进新时代"政治交接主题教育，于4月、7月分别组织到平远县、蕉岭县、大埔县等地开展主题教育。12月20日，评选56位盟员为抗疫先进个人并进行表彰，发挥典型模范带头作用。盟员王浩获文化和旅游部颁发"全国百名优秀戏曲专兼职教师"称号；杨洋获广东省依法治省先进个人；杨笑梅获"优秀援藏教师"称号；童大东在2021"人美年度教育人物——百佳美育校长"全国评选活动中，获"百佳美育校长"称号；邹锦春家庭获评2022年广东省五好家庭；肖文评为客家文化（梅州）生态保护实验区通过文化和旅游部组织的验收评审作出贡献。

【民盟参政议政】　2022年，在梅州两会期间，民盟市人大代表、政协委员共提交政协提案20份、人大建议4件，内容涉及助力大湾区建设、"三农"、文化、经济、生活、教育、民生等多个方面。中国民主同盟梅州市委员会向市政协八届一次会议提交大会发言2篇、提案13件。《关于推进"全域景区化"提升城市比较优势的建议》获评优秀提案。

【民盟专题调研】　2022年，中国民主同盟梅州市委员会和各县（市、区）民盟组织围绕梅州市委、市政府中心工作，组织3个课题组分别开展"建设'东亚文化之都'展现世界客都魅力""打造梅州特色足球样板　创建全国足球发展重点城市""整治提升农村人居环境

2022 年 4 月 21 日，民盟梅州市委员会到平远县开展“矢志不渝跟党走、携手奋进新时代”政治交接主题教育暨“壮大文旅产业 建设全域旅游示范区”专题调研活动

（中国民主同盟梅州市委员会供图）

打造乡村振兴示范带”等专题调研，撰写调研报告并提交相关部门。4 月 21—22 日，梅州市政协副主席、中国民主同盟梅州市委员会主委韩小林率队到平远县开展“矢志不渝跟党走、携手奋进新时代”政治交接主题教育暨“壮大文旅产业 建设全域旅游示范区”专题调研活动。7 月 19—20 日，中国民主同盟梅州市委员会赴平远县、蕉岭县、大埔县开展“矢志不渝跟党走、携手奋进新时代”政治交接主题教育暨“乡村振兴粤盟行”调研活动。

【民盟社会服务】 2022 年 7 月 16 日，中国民主同盟梅州市委员会组织 10 多名医疗专家赴梅县石坑镇温某家开展“走进高危儿——关爱高危儿童生长发育”随访、义诊、慰问活动。12 月 22 日，组织到砂田镇开展“新春慰问活动”，筹集价值 1 万余元的慰问金、慰问品发放给砂田镇 34 户困难群众。

【民盟梅州市首届内部监督委员会成立】 2022 年 12 月 13 日，民盟梅州市委第八届委员会召开内部监督委员会成立大会。会议选举产生民盟梅州市首届内部监督委员会，徐文莉任主任，吴海斌任副主任，蓝丽嫦、黄茂清、李志平、刘湘潭、钟宇任委员，蓝丽嫦兼任内监委办公室主任。

（中国民主同盟梅州市委员会）

中国民主建国会梅州市委员会

【民建概况】 2022 年，中国民主建国会梅州市委员会吸收 7 名新会员，全市共有民建会员 299 人。其中大专以上学历 222 人，占 74.2%；中高级职称会员 96 人，占 32.1%；经济界会员占 70.9%，界别特色突出。在党政机关、政府及组成部分的会员有 55 人，其中副处级干部 5 人、科级干部 15 人。有广东省人大代表 1 人；梅州市人大常委 1 人，人大代表 2 人，政协常委 2 人，政协委员 9 人；县（市）级人大常委 2 人，人大代表 3 人，政协常委 5 人，政协委员 20 人。年内，中国民主建国会梅州市委员会与梅州市委统战部、梅州市各民主党派共同拍摄“共画同心圆·永远跟党走”专题短视频，集中展示中共十八大以来梅州多党合作事业的发展与成就。开展“喜迎二十大 讲述我和民建的故事”等喜迎中共二十大系列活动 8 场；开展“矢志不渝跟党走 携手奋进新时代”政治交接主题教育活动 13 次。梅县区总支部和兴宁市委会一支部被授予“民建广东省委会先进基层组织”称号。会员黄任辉、曾思敏、曾文彬、张玉明、罗珊、罗森华等被评为民建广东省委会优秀会员。

【民建参政议政】 2022 年，中国民主建国会梅州市委员会在梅州两会期间提交集体提案 7 篇、个人提案及议案 6 篇，并在市政协大会上作《梅州市农房管控和乡村风貌提升工作》大会发言，以及书面发言《梅州城区家庭教育观察和建议》。《大力发展梅州市社区居家养老服务》等 2 篇报告被列为 2022 年市政协副主席督办提案。向梅州市委统战部承领 2 篇调研课题，经过深入调研提出可行性意见。《大力发展梅州市社区居家养老服务》和《梅州市农房管控和乡村风貌提升工作调研报告——以梅江区和平远县为样本》被梅州市委统战部评为 2021 年度调研报告优秀奖。发挥会员智慧与力量，收集社情民意 6 条，为党委、政府汇集分析舆情和科学决策提供有益参考。会员张玉明被评为民建广东省委会 2021 年度参政议政工作优秀个人。

【民建社会服务】 2022 年，丰顺

2022 年，中国民主建国会梅州市委员会支援丰顺抗疫，先后捐赠价值约 35 万元的抗疫物资　（中国民主建国会梅州市委员会供图）

县新冠疫情暴发后，中国民主建国会梅州市委员会向会内企业家、爱心人士发出倡议，共克时艰，共向丰顺县防疫物资保障组移交捐赠物资 N95 口罩 9.3 万只，向丰顺县潭江镇疫情防控指挥部捐赠医用防护服、外科手套、消杀用品等一批价值约 35 万元的防疫物资。年内，中国民主建国会梅州市委员会向梅江区民政局捐赠一批防疫物资用于养老机构疫情防控工作。兴宁三支部联合兴宁市人民医院医务人员到石马镇中心卫生院开展义诊志愿活动。会员为家乡建设、助学圆梦、扶贫助困等筹资贡献爱心，全年累计筹集善款约 140 万元。民建兴宁市委会被民建广东省委会评为 2021 年度社会服务工作先进集体，王城、杨亚文、郑华兵、曾永颂被民建广东省委会评为 2021 年度社会服务工作优秀个人。会员李剑锋被授予 2022 年第一季度“广东好人”称号。

（中国民主建国会梅州市委员会）

中国民主促进会梅州市委员会

【民进概况】 2022 年，中国民主促进会梅州市委员会推进“矢志不渝跟党走、携手奋进新时代”政治交接主题教育，组织会员赴梅南镇水美村开展《新长征，再出发》诗歌朗诵短视频拍摄活动；深入开展“信息化建设”主题年活动，以支部换届工作为契机加强组织建设，优化合并两个薄弱支部。截至 2022 年底，全市民进组织有会员 384 人（发展新会员 13 人），总支部 3 个，基层支部 24 个。全市民进会员中有市人大代表 3 人（其中常委 1 人），市政协委员 13 人（其中常委 3 人）。年内，中国民主促进会梅州市委员会获民进中央“民进全国信息化建设工作先进集体”称号，获民进广东省委会“参政议政工作先进单位”称号。会员谭幼琼获民进广东省委会“全面建成小康社会作贡献先进个人”，肖勋铭获民进广东省委会“全面建成小康社会作贡献先进个人”，邓伟强获评“2022 年梅州市优秀教师”，古佳佳获评“2022 年梅州市教学工作先进教师”。

【民进参政议政】 2022 年梅州两会期间，中国民主促进会梅州市委员会提交集体提案 17 件。其中，《关于建设粤闽赣苏区改革开放创新发展试验区的建议》被确定为梅州市委书记领衔督办重点提案；《关于推动梅州制造业高质量发展，更好对接两个合作区的建议》被确定为梅州市政府市长领衔督办重点提案；两件提案被市政协评为 2022 年度优秀提案。课题《加快科技企业孵化器建设，推动梅州实体经济发展》获评民进广东省委会“为全面建成小康社会作贡献建言献策优秀成果”。

【民进专题调研】 2022 年，中国民主促进会梅州市委员会赴丰顺县潭江镇凤坪畲族村开展“助力少数民族乡村振兴，做大做强茶叶产业”专题调研，赴江西赣州开展“加快梅州综保区建设，大力发展外向型经济”专题调研，赴广州、河源两地，围绕“落实‘双减’政策，促进教育高质量发展”开展专题调研，赴西阳镇笙竹村就“如何激活乡村资源，打造独特的乡村发展模式”开展专题调研，提出意见和建议。调研报告《找差距补短板，全力推动梅州苏区振兴发展》《加大力度推动梅片树的种植与产品开发，深入挖掘壮大梅州苏区绿色经济》分别获 2022 年度党派团体调研报告评选结果二等奖和优秀奖。

【民进社会服务】 2022 年 1 月 25

2022 年 7 月 18 日，中国民主促进会梅州市委员会调研组赴江西赣州综合保税区开展“加快梅州综保区建设，大力发展外向型经济”专题调研，图为参观菜鸟中心仓　（中国民主促进会梅州市委员会供图）

日，中国民主促进会梅州市委员会组织民进开明书画院的书法家为梅江区长沙镇大密村群众书写大红福字和春联共 500 个（幅）；5 月 28 日,联合市妇女儿童活动中心在大埔县开展“同在蓝天下 —— 关爱留守儿童”系列活动；10 月 21 日，组织民进人民医院支部、企联会赴西阳镇西氮福利小区开展送医送药活动。中国民主促进会梅州市委员会开展的“共创成长路”社会服务活动获评民进广东省委会“为全面建成小康社会作贡献社会服务优秀成果”。

【民进宣传信息】　2022 年，中国民主促进会梅州市委员会向民进广东省委会、梅州市委统战部、梅州市政协等单位提供宣传、议政信息、社情民意共 31 篇，被采用 20 篇。其中，《关于减轻中小学教师非教学任务的建议》《关于及时取消预售房政策，保护购房者利益的建议》《关于对“生前预嘱”的几点建议》等分别被《广东民进》《梅州统战信息》《梅州政协》采用；社情民意《关于改造梅园新村 E 组团便民人行通道的建议》受市领导重视并获得批示，促使人行通道加快完工，还路于民。编辑出版 1 期《梅州民进》。　（刘露芳）

中国农工民主党梅州市委员会

【农工党概况】　截至 2022 年 12 月底，中国农工民主党梅州市委员会辖梅县区、蕉岭县 2 个县（区）委会，1 个总支，27 个基层支部。全市农工党员 433 名（含新发展党员 16 名），其中医卫界 303 人，占 70%；文教界 67 人，占 15.5%。高级职称 151 人（其中正高 27 人），占 34.9%；中级职称 154 人，占 35.6%。组织发展保持平稳健康态势，党员界别结构更趋合理。全市在职党员中副厅职 1 人，副处职 4 人，正科职 8 人，副科职 16 人。有省人大代表 1 人,市人大代表 2 人,市政协委员 10 人，县（区）人大常委 4 人，县（区）政协委员 28 人。主委李利平连任市政协副主席，专职副主委李玮梅连任市政协常委，并当选为市政协提案委员会兼职副主任，副主委汤超宏当选市政协常委。

年内，中国农工民主党梅州市委员会和各级农工党组织开展“矢志不渝跟党走、携手奋进新时代”政治交接主题教育；10 月 27 日，农工党蕉岭县委会举行“农工党党员之家”揭牌仪式，成为梅州市首个建成的农工党党员之家，为广大党员提供学习、履职和活动的家园。中国农工民主党梅州市委员会被农工党中央授予 2018—2022 年先进集体称号。党员黄烁丹被农工党中央授予 2018—2022 年先进个人称号，练伟东被评为全国老中医药专家学术经验继承工作指导老师，卢钦荣、严远平被评为“梅州好医生”，欧阳雪莲、徐丽虹被评为 2022 年“梅州市优秀抗疫护士”，潘泽军、曾伟杰被评为“梅县区好医生”,林丽被评为“蕉岭好医生”,陈丽娜获得嘉应学院“三全育人”先进个人奖，黄庆康被评为 2022 年“梅州市优秀教育工作者”，何伟荣、黄焕龙、钟岸平、古艳珍、周艺获得梅州市中医医院优秀医务工作者称号，黄凯达主持的一项课题获广东省立项重点课题第一名，黄烁丹创新工作室获“2021 年广东省劳模和工匠人才创新工作室”称号。

【农工党参政议政】　2022 年，中国农工民主党梅州市委员会联合县、区委会组成调研组，到蕉岭县、丰顺县小胜镇和砂田镇等开展实体经济、乡村振兴和加强中心镇建设等专题调研，走访农工党员企业并进行有关党务交流；组织党员参加市政协组织的有关“用好老区苏区政策，促进省际经济发展”“充电桩建设”“发挥驻镇帮镇扶村作用，助力乡村振兴”“充分利用跨境电子商务综合试验区优势，做大做强相关产业”等调研，并形成相关调研报告。同时，推荐党员加入农工党广东省第十四届委员会专门工作委员会，经省委会批准，市委会有8名党员当选各专门委员会委员。在2022年梅州市两会期间，中国农工民主党梅州市委员会2名市人大代表、10名市政协委员参加会议，紧扣梅州市经济社会发展、乡村振兴、医药卫生、民生改善等方面建言资政，提交《全面推进乡村振兴，加快农业农村现代化建设》大会发言，曾繁伟秘书长（代表市政协联络工委）作题为《发挥我市林业优势，发展森林康养产业》的大会发言。两会期间共提交19件集体提案、9件个人提案和1件人大建议。集体提案《关于做好“两山”转化文章，走好生态优先、绿色发展新路的建议》和李玮梅个人提案《关于整合我市红色文化资源，让服务更精细、景点增魅力的建议》被梅州市政协评为优秀提案。中国农工民主党梅州市委员会在七届市政协提出的《做大赛事经济和体育产业》被纳入《政府工作报告》。曾繁伟《关于“双链”融合助推我省人工智能产业高质量发展的建议》被省委会列为2022年度中标课题。《加快融入粤港澳大湾区》《打造百亿嘉应茶产业》《深化客家菜师傅工程》《关于“双龙高铁”梅州站选址的建议》等提案，所提建议或推动相关政策文件出台，或被吸纳到梅州市相关重大发展规划中。《加快“田园综合体”建设》《促进民宿业健康发展》《提升农村饮用水安全》等提案，办理效果明显，有效转化为梅州打赢脱贫攻坚战、推进社会主义新农村建设的思路举措。《大力发展“医康养”产业》等提案，助力推动梅州生态文明建设和绿色经济发展。《整合和挖掘利用梅州红色资源》为梅州发展文旅产业发挥作用。《关于完善重大疫情防控机制》等提案为梅州统筹疫情防控和经济社会发展提供重要参考。

【农工党社会服务】 2022年，中国农工民主党梅州市委员会和梅州市妇幼保健院联合开展系列社会服务活动，分别到程江镇浒洲村、广发银行等开展女性健康知识讲座，发放宣传材料200多份；为梅县区梅江中学捐赠价值近2万元的书籍；为五华县星盟康复中心捐赠一批价值约8000元的油、米、牛奶等物资，助力特殊教育；联合农工党员王吉欣的企业为砂田镇捐赠价值约3万元的抗疫物资，助力疫情防控。王吉欣捐赠价值11万多元、陈惠堂捐赠价值1万元的抗疫药品，助力丰顺疫情防控；温崇文、刘智捐赠价值6.55万元的大米支持五华县抗击新冠疫情；欧阳雪莲带领团队完成为期3个月的支援广州海关白云机场口岸现场核酸采样任务。

（中国农工民主党梅州市委员会）

中国致公党梅州市委员会

【致公党概况】 截至2022年底，中国致公党梅州市委员会有区委会1个，总支部2个，基层支部13个，有党员258人（其中新发展党员12人）。年内，张晨当选中国致公党广东省第十三届委员会副主委和中国致公党第十六届中央委员会委员。届中增补徐婉玲为中国致公党梅州市第八届委员会副主委。中国致公党梅州市委员会被中国致公党广东省委员会授予“机关建设优秀集体”“2021年度参政议政工作优秀组织”等称号。党员刘蓉蓉被中国致公党广东省委员会授予“机关建设先进工作者”称号。全市致公党党员有30人次获得各级各单位表彰奖励或学习工作上取得突破。其中，蒋向华当选广东省工艺美术协会理事和广东省民间文艺家协会理事；余玲玲、周立君分别被梅州市教育局评为2022年梅州市优秀班主任和优秀教师。

【致公党参政议政】 2022年梅州市两会期间，中国致公党梅州市委员会向政协会议提交《推动“粤菜师傅”食材基地建设 助力梅州乡村振兴》《做大做强“嘉应茶”品牌打造湾区“茶罐子”》2篇大会发言材料；提交集体提案11件，个人提案及联名提案共13件，人大建议案3件。宋小康提交的《关于如何助推梅州市优质医疗资源均衡布局提升县域医疗卫生服务水平的建议》，被列为市人大常委会重点督办建议。集体提案《关于充分利用革命老区振兴发展政策 促进梅州跨越式发展的建议》被评为2021年度优秀提案。《关于焕发乡风文明 推动乡村振兴发展的建议》被中国致公党广东省委员会评为2021年度参政议政优秀成果。罗向明、宋小康、韩春艳、卓焱当选梅州市第八届人民代表大会代表，其中罗向明当选人大常委会委员；刘蓉蓉、魏明枢、徐婉玲、翁兵、吴国辉、邱梅、李子怡、吴宇嘉、钟毅当选政协第八届梅州市委员会委员，其中刘蓉蓉、魏明枢当选政协常委。

【致公党联谊活动】 2022年，中国致公党梅州市委员会党员继续在线上开展侨海工作，通过微信、QQ、视频、电话等方式加强与海外亲友的联系沟通，并根据疫情形势变化，开展接待工作。其中张晨为多位留学生、华侨回国处理紧急事务提供帮助。徐婉玲、谢星海等分别拜访或接待澳大利亚维省客属崇正会副会长陈裕华一行和泰国坤芳慧龙国际集团董事长李菊芳一行，协助侨胞寻根问祖3次。李阳飞接待《印尼纪事》作者丁见一行，就进一步讲好梅州故事、宣传梅州人文进行探讨；担任2022年印尼华裔评委顾问；在梅江区城北镇新田村投资50万元成立梅州市金果园农业发展有限公司；捐款捐物合计6.5万元支持家乡福利事业。

【致公党课题调研】 2022年，中国致公党梅州市委员会立项《关于整合侨乡资源建设“东亚文化之都”的调研》《完善客家预制菜质量安全追溯体系 助力梅州乡村振兴的调研》《关于推动“双减”政策落实的调研》《发展新型农村集体经济 助推共同富裕乡村振兴的调研》《新常态下关于梅州市美育与家庭教育开展情况的调研》《加速中药材基地建设 打造客家“中医药+长寿”品牌的调研》《关于实施美丽圩镇建设的调研》《关于做好松口古镇开发的调研》重点课题8项，由各基层组织申报并承担开展相关调研活动，中国致公党梅州市委员会给予经费支持。

【致公党社会服务】 2022年，中国致公党梅州市委员会联合广东奥妙洗护用品有限公司赴丰顺县砂田镇开展“关爱基层群众，助力乡村振兴”物资捐赠及乡村振兴调研活动，发放除菌洗衣液、暖手宝、新年用品等物品一批。联合爱心企业到梅江区江南街道红光社区开展“传递爱心进社区 共创文明新城市”活动，走访慰问特殊困难群众25户，送去大米、食用油、面、小药箱等生活必需品一批。联合中共梅州智友企管党支部开展爱心活动，捐赠方便面100桶、矿泉水100件、84消毒液和免洗洗手液一批，助力丰顺抗击疫情。发动党员36人次在致公党中央“西好货”平台购物6000元，用消费扶助的方式助力乡村振兴。

（中国致公党梅州市委员会）

九三学社梅州市委员会

【九三学社概况】 截至2022年底，九三学社梅州市委员会下设9个基层支社：科技一支社、科技二支社、医卫支社、梅州市人民医院支社、嘉应学院支社、嘉应学院医学院一支社、嘉应学院医学院二支社、梅江区支社、梅县区支社，社员197人（其中新发展社员12人）。2022年3月，九三学社梅州市委员会被社中央授予2021年度机关规范化建设市级组织先进单位称号。梅江区支社和嘉应学院医学院二支社被社省委评为九三学社广东省组织工作先进集体。薛兴冰、黄建新、林晓雏、黄敏文、孙勉盛、肖秋兰6人被社省委评为九三学社广东省组织工作先进个人。

年内，社员黄敏文受聘为首批韩江“民间河长”，组建嘉应学院青年志愿者专业护河团队，向公众宣传护河理念，被评为梅州市最美生态环保志愿者、梅州市家庭教育讲师团讲师，2022年代表广东省民间河长入选为全国最美河湖卫士候选人，其家庭获全国妇联、全国总工会授予的“全国五好家庭”称号。张豫以第一作者发表2篇中科院2区论文、1篇3区论文，以第一作者出版学术专著2部，获聘嘉应学院高峰人才。张鲁斌牵头完成上一轮“冲补强”重点学科农业资源与环境的验收工作，与中国农业科学院南亚热带作物研究所联合申报2022年乡村振兴战略专项资金省级项目（热带特色水果新品种筛选及提质增效技术研发），嘉应学院承担早熟优质青柚新品种引进试种及品质提升关键技术集成与示范。刘友存主持科研项目多项，以第一或通讯作者发表学术论文6篇。董建新作为通讯作者在《中国医药科学》杂志发表学术论文《ECS结合情景教学、CBL、PBL、TBL教学法在急救综合技能培训中的应用》。肖光文担任《中国当代医药》杂志编委，获发明专利授权1个，发表科技核心期刊论文1篇。叶阮炷主持的课题《自拟补肾活血汤联合非甾体类药物治疗轻中度膝骨性关节炎的临床研究》成功通过2022年度广东省中医药局科研课题立项，获评“梅州好医生”。温春梅在梅州市中学生物教学设计与教学论文暨微课评选中获一等奖，在广东省中学生物教学设计与教学论文暨微课（2022年）评选中获一等奖。李智忠被评为创三甲先进个人和梅州市药械化安全监测工作先进个人。刘奕宁获优秀医务工作者称号。

【九三学社参政议政】 2022年梅州两会期间，九三学社梅州市委员会向政协会议提交《强中心建设美丽圩镇，优产业助力乡村振兴》《坚持创新驱动发展，实现科技自立自强》大会发言稿2篇；上交政协集体提案23件。调研报告《强中心建设美丽圩镇，优产业助力乡村振兴》被评为2021年度调研报告二等奖，《坚持创新驱动发展，实现科技自立自强——梅州市促进科技创新平台建设调研报告》获优秀奖。提案《关于在信息化时代背景下如何帮助老年人突破“数字围墙”的建议》被评为市政协2021年度优秀提案；《关于大力发展跨境电子商务的建议》被列为市政协副主席曾祥海领衔督办重点提案；提交的社情民意《关于加建百岁山郊野公园停车场的建议》被市政协采用。在2022年度社省委提案材料征集活动中，提交《关于综合解决“卡脖子”技术问题的建议》《关于加快推进基本医保基金省级统筹》2篇提案。

【九三学社社会服务】 2022年，九三学社梅州市委员会志愿者服务队开展扶贫济困、送医送药下乡义诊等一系列社会服务活动，拓宽社会服务新渠道。与梅州爱明眼科医院联合举办“九三学社社员家庭眼健康关爱计划”活动，为社员及家属提供眼健康检查；参与录制《客家儿女 同心抗疫》MV，为香港抗疫加油。嘉应学院支社李坤新等人组建嘉应学院兴宁合水镇科技特派员乡村振兴团队，对合水镇茶叶产业、澳洲坚果的种植及土地复垦等开展指导服务。医卫支社联合梅州市中医医院等在美景社区围绕“精准测量、有效控制、健康长寿”主题开展多种形式的健康教育宣传及义诊公益活动。医疗专家团队为群众免费测量血压、血糖，进行慢性病康复指导、科普急救知识、免费体验中医适宜技术，为群众免费派发中药制剂等，提高群众的健康意识。

九三学社梅州市委员会发挥社内医疗卫生工作者较多的优势，配合有关部门做好卫生防疫、临床救治、服务保障等工作，为疫情防控贡献力量。医卫界社员宋越、杜焰家等在抗疫一线主动担当作为；经济界社员吴东超、杨思忠等捐款捐物；肖秋兰等参加志愿者工作，自愿到抗疫一线服务。“10·28”丰顺疫情发生后，九三学社梅州市委员会联合人保财险梅州市分公司等两家保险公司，募集防护服、隔离衣、医用隔离面罩等价值10万多元的防疫物资送至抗疫一线；“11·8”畲江疫情中，梅县区支社捐款3.6万元。

【九三学社调研活动】 2022年3月4日，九三学社梅州市委员会组织30名社员，到大埔县西岩山茶场调研茶叶生产和品牌建设，助力乡村振兴。5月18日，组织社员30余人到叶剑英纪念园开展“矢志不渝跟党走、携手奋进新时代”政治交接主题教育，到全国乡村治理示范村——梅县区丙村镇芦陵村等地开展助力乡村振兴调研活动。5月29日，九三学社梅州市科技一、二支社联合在梅江区创意金山文化园开展助力客都古城复兴调研活动，为客都古城复兴建言献策收集资料。12月10日，嘉应学院支社组织社员到丰顺县建桥镇建桥围等地调研客家古村落开发保护利用，进行乡村特色旅游调研。

（九三学社梅州市委员会）

梅州市工商业联合会

【工商联概况】 截至2022年底，梅州市工商业联合会（简称梅州市工商联）会员总数7191名，其中企业会员4165个、个人会员2945个、团体会员100个。团体会员中，有行业商会27个、乡镇（街道）商会44个、异地商会16个、其他商会13个，新吸收梅州市湖北商会为团体会员。年内，指导会员企业成立党组织，坚持“集中培训＋日常考察”相结合，全年新培养发展28名预备党员，23名预备党员转为正式党员。梅州市工商联获评广东省工商联“2021年工作评价优秀的地级以上市工商联”“全省工商联2022年度民营企业调查点工作先进市级工商联”“广东省工商联法律服务示范点”，获评梅州市“2021年度平安梅州建设优秀单位”。

【工商联理想信念教育】 2022年，梅州市工商联承办省工商联“增强信念信心 奋斗成就梦想”首场宣讲活动，来自梅州、汕头、河源、潮州、揭阳五市企业家代表约100人参加活动；举行学习宣传贯彻省第十三次党代会精神暨“感恩新时代 奋进新征程 强国复兴有我”理想信念教育活动；先后在梅州市浙江商会、梅州市浙江温州商会、梅州市蕉岭商会、广东丽能机电设备有限公司等举办4场习近平新时代中国特色社会主义思想进企业宣讲活动；举行党的二十大精神进机关宣讲活动、全市非公有制经济代表人士学习贯彻党的二十大精神座谈，启动“坚定信心决心 汇聚强企力量”党的二十大精神进企业、商协会百场宣讲活动，推选刊登非公有制经济代表人士学习党的二十大精神心得体会，推动梅州市各级工商联组织、各商会协会和广大民营企业掀起学习宣传贯彻党的二十大精神的热潮，提振梅州市民营企业发展信心，促进民营经济人士健康成长。

【基层工商联和商会建设】 2022年，梅州市工商联加大对“五好”县级工商联创建指导力度，下发《关于开展2022年全市工商联系统互学互促交流活动的通知》，每两个基层工商联组成一个互学互促小组，全年开展8次“互学互促”交流活动，提升梅州市工商联基层组织建设水平。梅县区工商联获评全国“五好”标杆县级工商联。加强对基层商会的指导，以开展“四好”商会建设工作为契机，推进商会示范点建设，发挥示范点带动作用，促进商会协会作用发挥。梅州市装饰行业协会、五华商会、江西商会获评全国工商联“四好”商会；梅州市浙江商会、兴宁商会、女企业家协会、梅县区梅南商会获评全省工商联“四好”商会。

【工商联暖企行动】 2022年，梅州市工商联开展就业、税务等系列暖企行动，帮助梅州市民营企业纾困解难，助力民营经济稳进提质。搭建平台，协助梅州市人社局与梅州市广播电视台举办2022年“直播带岗”就业招聘活动；组织民营企业参与广东省工商联举办的“就在民企 职向未来——广东民企高校携手促就业行动”，动员民营企业挖掘岗位增量，提供面向高校毕业生的就业岗位，发动15家企业提供100多个招聘岗位，合计招聘471人；推动校企共建产业学院，促成广东梅州职业技术学院与梅州市印制电路行业协会共建电子信息产业学院。加强与国家税务总局梅州市税务局交流合作，制订《2022年助力小微市场主体发展“春雨润苗”专项行动实施方案》，开展“春雨润苗”暖企行动，为小微企业“送政策、优体验、助成长”，让各项税费支持政策和创新服务举措惠及小微企业。

【工商联参政议政】 2022年，梅州市工商联重点开展促进民营企业拓展对外贸易助推梅州振兴发展、梅州市促进实体经济高质量发展等专题调研，同时推动调研成果转化，促进相关对策建议落实，其中，《关于促进民营企业拓展对外贸易助推梅州苏区加快振兴共同富裕的建议》在市政协八届一次大会发言，并获市统战系统调研成果三等奖。抓好民营企业调查点建设，先后发动多家民营企业参与民营企业运行状况、万家民营企业评营商环境等8次调查问卷，填报数量达800余份；联合《南方日报》开展“促进实体经济高质量发展”专题调研，以发放调查问卷方式了解民营企业所思所想所盼，共回收328份问卷，并通过分析形成《梅州市促进实体经济高质量发展调研报告》，为相关部门提供精准服务以及政策的起草、决策提供依据。

【工商联法律服务】 2022年，梅州市工商联联合梅州市检察院共同推动涉案企业合规和第三方机制建设，为市场主体营造公平的市场环境和良好的法治环境；联合有关部门持续开展送法进商（协）会、进企业活动，组织1000多人参加12场次线上线下法律服务培训活动，帮助企业提升依法经营、依法管理能力；依托梅州市企业诉求响应平台，合计解决7单企业诉求，化解劳资纠纷矛盾。梅州市蕉岭县工商联、梅州市蕉岭县公安局共建沟通联系合作机制做法获评全国工商联系统典型案例。广东嘉元科技股份有限公司获评“全国和谐劳动关系创建示范企业”。

【工商联助力招商引资】 2022年，梅州市工商联通过“请进来”和“走出去”，相继邀请广州市民营企业、广东省客家青年企业家联合会和相关湾区企业考察团到梅州参观考察，促成相关企业达成投资意向，其中推动粤旺集团达成预制菜产业园投资项目，并进行前期的投资生产；推动深圳金雅福集团意向在梅州投资建设总部经济；推动深圳茂雄集团意向与梅州相关企业达成合作协议，共同销售平远脐橙等农产品。年内，多次赴广州、东莞、深圳、珠海等地，开展招商引资工作和乡贤联络工作，先后拜

2022 年 6 月 16 日，梅州市举行以“护航实体经济 共促苏区振兴”为主题的梅州市公检法司与工商联建立健全沟通联系合作机制启动大会（梅州市工商联供图）

访省工商联、广州市工商联、省客青会、省客家商会，考察金雅福集团、大百汇集团、跨境说集团等知名企业，宣传推介梅州，诚邀更多企业到梅州投资兴业；加强与福建省龙岩市工商联、江西省赣州市工商联交流，探索构建梅州、龙岩、赣州苏区三市民营企业合作联席机制，加强对接，深化交流合作，实现信息互通、资源共享，助推梅州建设粤闽赣苏区振兴发展。

【工商联社会服务】 2022 年，梅州市工商联多次向各县（市、区）工商联、各商（协）会、广大民营企业发出倡议，动员各方资源力量参与各类社会服务。全年共发动 330 家商（协）会和民营企业参与防疫工作，累计捐资捐物共计价值 1050.86 万元，其中捐赠资金 653.75 万元，捐赠物资总价值 397.11 万元；广东威华集团有限公司、梅州市兴宁商会、梅州市装饰行业协会、梅县区白渡商会等踊跃捐资助学，全市各商会协会、民营企业累计捐赠 2000 多万元用于奖教奖学、爱心助学。梅州市工商联主席企业广东嘉元科技股份有限公司获评广东省五一劳动奖状，副会长企业梅州市金绿现代农业发展有限公司生产部获全国工人先锋号，广东塔牌集团股份有限公司获评“广东省光彩事业贡献奖”；副主席邓振龙获评“广省非公有制经济人士优秀中国特色社会主义事业建设者”称号，副主席凌凤清获评“广东十大最美农村乡土专家”。

【工商联乡村振兴“万企兴万村”行动推进】 2022 年，梅州市工商联推进“千企帮千镇、万企兴万村”行动，全市累计参与帮扶的民企 1342 家，结对帮扶对接 110 个镇（街）1783 个行政村，累计帮扶资金 4.72 亿元，受益贫困群众约 43 万人。组织开展赋能乡村振兴“复耕一亩地”主题活动，号召广大民营经济人士、新的社会阶层人士以实际行动解决撂荒地问题，全市工商联会员、新阶联会员以企业项目形式流转耕地 583.07 公顷，其中复耕复种撂荒地 149.87 公顷。梅州绿源电力发展有限公司、梅州市皇樽食品有限公司、广东珠江投资股份有限公司、广东瑞山高新农业生态园股份有限公司获评“广东百佳爱心帮扶企业”，梅州市工商联副主席黄敏获评“广东百佳爱心新乡贤”。

【梅州市成为广东省首个公检法司同时与工商联建立健全沟通联系合作机制的地级市】 2022 年 6 月 16 日，梅州市举行以“护航实体经济 共促苏区振兴”为主题的梅州市公检法司与工商联建立健全沟通联系合作机制启动大会，梅州成为全省首个公检法司同时与工商联建立健全沟通联系合作机制的地级市。会上，梅州市法院、市检察院、市公安局、市司法局与梅州市工商联（总商会）分别签订建立健全沟通联系合作机制协议，搭建平台畅通政企沟通渠道，形成共促民营经济法治建设的工作合力。同时为市公安局、市法院、市检察院、市司法局有关工作服务点授牌，为获得广东省工商业联合会法律服务示范点的 5 家单位授牌。（梅州市工商联）

责任编辑：吴奕珊

群众团体

梅州市总工会

【工会概况】 2022年，梅州市各级工会组织2601家，其中基层工会2596个，涵盖单位3506家，工会会员27.96万人。在“粤工惠”平台登记的工会组织有2543个，实名采集工会会员24万人、实名认证20万人，实名率达83%。年内，梅州市总工会制订出台《关于加强县（市、区）级工会工作的实施方案》，成立专项工作领导小组和工作专班，大力推进“县级工会加强年”工作，努力在全市县级工会实现“七个全覆盖”，形成上下联动、齐抓共管的合力。

【工会思想政治引领】 2022年，梅州市总工会强化工会干部学习培训，先后举办全市工会干部学习贯彻党的二十大精神暨工会业务培训班、企业工会学习贯彻党的二十大精神网络培训班，多次开展学习贯彻党的二十大精神、《习近平谈治国理政》第四卷等专题讲座，坚定扛起团结引导职工听党话、跟党走的政治责任。以“中国梦·劳动美”为主题，联合梅州市文明办、市教育局、市体育局等部门举办“喜迎二十大·建功新时代”职工线上亲子诵读、“五一”国际劳动节线上知识竞答、“学习二十大·建功新时代”主题征文、“强国复兴有我”群众性主题宣传教育、2022年梅州市“嘉元杯”第二届职工羽毛球比赛等活动，增强广大职工对党的政治认同、思想认同、情感认同。

【工会服务发展大局】 2022年，梅州市总工会牵头推进产业工人队伍建设改革，推动市委、市政府召开协调小组会议，持续抓好产业工人思想引领、建功立业、素质提升、地位提高、队伍壮大等重点措施落实。筹集资金250多万元，联合梅州市公安局、市应急管理局等部门开展“服务职工进园区·凝心聚力助发展”系列活动，为工业园区送宣讲培训、送精准服务、送健康、送清凉、送婚恋服务。投入20万元支持园区购买防疫物资，为1800名职工免费体检和500名女职工进行“两癌”筛查，向9000名企业职工赠送“工会二次医保”和“工会重疾保障”，助推工业园区建设和实体经济发展。支持常态化疫情防控行动，筹集100万元疫情防控专项资金，下拨到各县（市、区）总工会用于开展慰问关爱抗疫一线职工活动。开展“抗疫有你·关爱有我”关爱抗疫一线人员活动，为全市139名赴深圳和上海支援抗疫医务人员发放慰问金，为1473名户外抗疫医务人员和赴西藏、广州支援抗疫人员发放慰问礼包。全市各级工会投入580万元慰问抗疫一线人员3.6万多人。开展“情暖劳动者·喜粤过大年”新春行动，投入90.4万元为5571名留梅过年的异地务工人员送上慰问礼包。落实支持市场主体纾困发展政策，为全市166家小微企业工会全额返还工会经费268万元，对因疫情影响而停发或减发工资的困难职工发放慰问金，减免市总工会所属房产租户租金14万元。推进乡村振兴、创文等工作。牵头落实驻镇帮镇扶村工作责任，多次召开专题会和实地调研，帮助谋划一批重点项目，及时协调解决项目建设中的困难和问题，促成驻镇帮镇扶村责任单位筹集投入66万元，支持规模为2800平方米的公共建筑楼顶分布式发电项目建成发电，推动百侯镇乡村振兴工作取得较好成效。牵头推进“劳动创造幸福”主题宣传教育，落实挂钩社区创文工作责任，开展“双到”进社区服务活动42场，支持更楼下社区创文工作经费20多万元。

【职工劳动和技能竞赛】 2022年，梅州市总工会与梅州市人社局等部门联合举办梅州市第二届“南粤家政”技能大赛、“国基药粤健康”临床合理用药知识竞赛等活动，举办“劳动创造幸福·梅州市茶艺师职业技能培训班”并择优派员参加全省竞赛，以赛代训、以赛促学，促进广大职工职业技能提升。

【劳模精神弘扬】 2022年，梅州市总工会做好先进个人和先进集体的选树工作，推荐评选全国、省五一劳动奖章10名，全国、省“工人先锋号”和省五一劳动奖状10个，并召开全市庆祝“五一”国际劳动节大会进行表彰。挖掘5名先进个人和先进集体的事迹，并以此摄制2022年《客都工匠》微纪录片，在央视频、全国总工会职工微影视、省总工会视频号、市广播电视台、梅州城区户外LED屏等平台进行展播，营造崇尚劳动、尊重劳动、热爱劳动的社会氛围。联合梅州市中级人民法院对在册900名劳模进行排查，取消或撤销11名触犯刑律、违法违纪的劳模的荣誉称号。做精做细劳模管理服务工作，完成好劳模体检、困难劳模慰问等日常工作。

【职工帮扶服务】 2022年，梅州市总工会制订实施《梅州市困难职工家庭认定和档案管理办法》，持续巩固城市困难职工解困脱困工作成效，全年投入279万元帮扶245户困难职工。推动困难职工和企业列入市委、市政府领导春节慰问对象，做好“两节”送温暖工作，共筹集发放慰问款物619.4万元，慰问困难企业531家，慰问困难职工1万多人次。开展“春送岗位、夏送清凉、金秋助学、冬送温暖”等活动，投入104万元为高温岗位一线职工送去近4万份清凉慰问品，筹资89万元资助市直企事业单位的123名困难职工子女“圆梦大学”。实施提升职工生活品质行动，印发《梅州市总工会开展提升职工生活品质试点方案》。开展技术工人和先进职工疗休养活动，命名授牌市技术工人疗休养基地8家，入选省首批技术工人疗休养基地3家［分别为大埔县三河坝战役纪念园、梅州雁南飞茶田景区、广东客天下旅游产业园（梅州）］，组织2批92名技术工人和先进职工进行疗休养。倡导和鼓励有条件的基层工会举办“工会爱心托管班”，各级工会在暑假期间开设的5个试点班均被评为“广东工会爱心托管班”。持续开展“工会二次医保”职工互助保障、女职工安康互助保障计划，全年参保人数19.8万人次，比上年增长14.3%，保费收入1894万元，比上年增长12.4%，为7565人次职工发放1221万元互助金。

【职工维权维稳】 2022年，梅州市总工会牵头做好维护劳动领域和重点企业政治安全工作，严格落实劳动领域维护政治安全10项制度机制，印发《梅州市总工会构建落实“五个坚决”要求长效机制工作考核评价办法》，与各县（市、区）总工会签订责任书，常态化排查化解不稳定因素，全市劳动领域政治安全形势总体稳定。健全协调劳动关系三方机制，继续推动企业建立多形式多层级劳资沟通协商机制，梅州市劳资沟通协商机制建设工作在全省工会考核中获一等奖。推动多元化解劳资纠纷，“劳动仲裁+工会”“法院+工会”机制逐步健全，市县两级工会与9家法院劳动争议诉调对接工作室调解案件16件。完善律师担任企业工会法律顾问制度，全市共有48位律师挂钩96家企业（园区、社区）工会法律顾问，调解一批劳动争议案件。配合做好根治拖欠农民工工资工作，各级工会参与检查企业164家，按期在春节前实现欠薪案件“两清零”目标。发挥集体协商作用，全市共签订集体合同449份，覆盖企业4203家，覆盖职工16.6万人。抓好职工信访诉求工作，及时处理各类信访舆情信息事件65件。严格落实安全生产“一岗双责”，创新开展“安康杯”竞赛等活动，2个企业获评全国“安康杯”竞赛优胜集体。组织开展“尊法守法、携手筑梦”服务农民工公益法律服务、“情系女职工、法在你身边”女职工维权行动月活动，进一步维护农民工和女职工的合法权益。同时，推进市域社会治理现代化试点工作，较好地完成工作任务。

【工会基层基础建设】 2022年，梅州市总工会继续推动25人以上机关企事业单位建立工会组织，重点抓好百人以上未建会企业、重点工程项目、互联网企业建会工作，全市新成立工会组织203家，新发展工会会员1.74万人，其中百人以上企业新建会47家。出台《梅州市工会系统机关干部蹲点联系基层活动工作方案》，开展工会干部蹲点服务基层活动，全市共派出蹲点干部38名，投入专项资金215万元。健全市新业态行业工会工作委员会组织架构，建成市县两级新业态行业工联会（工委会）9家，实现全市新就业形态零散会员区域全覆盖。开展新就业形态劳动者入会集中行动，全市建成新就业形态基层工会47家、涵盖79家企业，发展新就业形态会员1.16万人。同时，稳步推进工会资产资金规范管理、工会审计等工作，依法依规做好税务代收工会经费工作，完成对49个项目涉及的51个单位工会审计任务，对2021年工会审计整改落实到位情况开展“回头看”，进一步提升工会经费管理和廉洁风险防控水平。

【工会阵地建设】 2022年，梅州市总工会召开学习贯彻省第十三次党代会精神暨职工服务阵地建设现场会，规范建好管好用好职工服务阵地，新增40个全国级、省级、市级职工书屋、职工服务示范点、户外劳动者爱心驿站等服务阵地，进一步提升服务职工的覆盖面和影响力。推进县级工人文化宫建设，大埔县工人文化宫获省总工会1200万元和市总工会500万元资金支持并建成使用，兴宁市工人文化宫获省总工会400万元资金支持。

【梅州市总工会开展“宣讲培训进园区 凝心聚力助发展”活动】 2022年12月13日至12月底，梅州市总工会牵头联合梅州市公安局、市应急管理局、市工信局、市消防救援支队开展“宣讲培训进园区 凝心聚力助发展”活动。组建一支理论水平高、业务能力强的宣讲培训团，成员既有党的二十大代表、省劳动模范，又有道路交通、安全生产、消防安全等工作方面的业务能手，先后到全市9个工业园区巡回宣讲培训9场次，为企业负责人、工会主席、安全生产监督员和一线职工等500多人宣传宣讲党的二十大精神，并围绕道路交通、安全生产、消防安全等内容进行培训和业务指导，进一步加强职工思想政治引领，推动企业落实安全生产责任，凝聚广大职工永远跟党走、奋进新征程的磅礴力量，以实际行动服务全市实体经济发展。该项工作在全省工会工作考核中获工会工作创新奖二等奖。

（梅州市总工会）

2022年12月13日上午，梅州市总工会与梅州市公安局、市应急管理局、市工信局、市消防救援支队联合开展的“宣讲培训进园区 凝心聚力助发展”活动在梅江区东升工业园区服务中心广场启动

（梅州市总工会供图）

中国共产主义青年团梅州市委员会

【共青团概况】 2022年，梅州市有共青团员18.4万人（其中发展新团员0.62万人），其中学生团员7.28万人，占全市共青团员总数的39%；有基层团委401个（机关企事业单位团委170个、学校团委231个），基层团总支142个，基层团支部10174个，基层团工委33个，专职团干部1375人。全市有452名学生获广东省2021—2022年度“红领巾奖章”个人四星章，6个大队、16个中队获集体四星章；2022年度1人获得全国优秀团干部称号，1人获得全国优秀共青团员称号，3个组织获得“广东省五四红旗团委”称号，3个组织获得“广东省五四红旗团支部”称号，17人获得“广东省优秀共青团员”称号，5人获得“广东省优秀共青团干部”称号，梅州市五四红旗团委标兵1个，梅州市五四红旗团支部标兵1个，梅州市五四红旗团委21个，梅州市五四红旗团（总）支部35个，梅州市优秀共青团员249名，梅州市优秀共青团干部66名，广东省优秀少先队员30名、广东省优秀少先队辅导员6名、优秀少先队集体15个，梅州市优秀少先队员229名、梅州市优秀少先队辅导员30名、优秀少先队集体45个。

【青少年思想政治引领】 2022年，中国共产主义青年团梅州市委员会（简称共青团梅州市委）把学习贯彻习近平新时代中国特色社会主义思想作为首要政治任务，制订《2022年共青团梅州市委员会理论学习中心组专题学习重点内容安排》，通过理论学习中心组学习、书记（扩大）会和学习工作会等形式，常态化开展“第一议题”学习。在“五四”“六一”“七一”等重要时间节点，组织广大青少年收听收看庆祝建团100周年直播；举办梅州市学习贯彻习近平总书记在庆祝中国共产主义青年团成立100周年大会上的重要讲话精神座谈会，梅州市委书记马正勇出席座谈会并讲话；组织召开学习贯彻习近平总书记在庆祝中国共产主义青年团成立100周年大会上的重要讲话精神宣讲会，梅州市委副书记王庆利授课；举行离队入团仪式；指导创作《我们的青春》《绽放》《青春起跑》等青春上进的原创歌曲；组织“喜迎二十大、永远跟党走、奋进新征程”“喜迎二十大·争做好队员”主题实践活动，引导青少年牢记习近平总书记嘱托期望，铸牢爱党爱国爱团爱队情感。

年内，共青团梅州市委选拔103名优秀青年代表组建“青年讲师团”，通过讲座、报告、宣讲等线上线下相结合的方式，深入基层一线开展宣讲活动276场，覆盖2.42万人次；全市7345个团支部全面完成“党的青年运动史”专题学习教育，并在“智慧团建”系统内有效录入，实现100%覆盖目标。开展“学习习近平总书记讲话 奋进新时代征程”党团课大赛，宣传动员广大青年结合梅州红色资源进行主题宣讲，推选优秀作品参加广东省党团课大赛；共收到报名作品32份，推选上报10份优秀作品。参与“爱上广东红”展播，以兴宁市大坪镇罗屏汉的红色故事为牵引，结合大坪美食、客家山歌，拍摄制作“传承文化赓续血脉，推动苏区振兴发展”主题志愿宣讲视频，讲述红色土地在新时代绿色崛起的故事，推报团省委并在“南方+”、虎牙平台同步播出，播放量达10万人次。依托共青团梅州市委官网、“梅州青年”微信公众号、微博、抖音等“网上共青团”阵地，策划推出“我是团员”“我和团旗团徽同框（打call）”等系列网络主题活动，以青少年喜闻乐见的形式进行思想引领；“梅州青年”在全国地市级团组织微信公众号综合影响力排行榜中最高排至21名，推文“投票啦！为2022年‘梅州向上向善好青年’点赞”在全国地市级团组织微信公众号热文榜单中排第13名，阅读量达7.14万次。

【共青团服务青年就业创业】 2022年，共青团梅州市委贯彻落实市委人才工作部署，结合共青团品牌活动，服务青年就业创业，支持青年创新创造，助推激发内生动力和振兴活力。年内，助力出台《梅州市实施“青梅计划”集聚优秀青年人才的若干措施》，探索建立高校联络站、引导高校毕业生服务基层、实施基层工人素质提升工程，引导青年人才到梅州就业创业。开展“千校万岗 青联、青企送岗直通车”活动，发动69家企业为大中专毕业生提供352个就业岗位。依托市青企协，举办“三五沙龙”、走访交流等活动，帮助创业青年实现资源共享，共促发展。实施“展翅计划”，发动机关、企事业单位开发实习岗位1353个，完成省任务的123%，为广大青年（含港澳台）搭建实习实践平台。组织青年文明号和青年突击队开展活动52场次，参与人数481人，服务群众2450人，引导团员青年立足岗位创新创效创优。开展“圆梦计划”宣传招录工作，争取省、市财政支持25万元，帮助75名产业一线工人提升学历和技能。

【共青团助力乡村振兴】 2022年，共青团梅州市委有机融合市委、市政府和团省委乡村振兴相关政策和工作部署，发挥共青团组织优势，结合梅州实际探索创新，引领广大团员青年踊跃投身新时代乡村振兴的伟大实践。争取党政支持，在机关事业单位招考中定向招录“山区计划”等服务基层人员，期满留梅州工作按规定享受“青梅计划”相关政策待遇。争取团省委学校部支持，组织广东海洋大学、佛山科学技术学院的高校学生到梅州参加“多彩乡村墙绘 共筑美丽梅州”2022年走进梅州社会志愿实践活动；利用寒暑假开展“看梅州发展·为家乡添彩”2022年梅州市返乡大学生交流活动2场。举办2022年梅州市“领头雁”青年人才培训班，为100名即将服务基层一线的青年人才提供经验和智力支持；通过线上举办“青耘中国 相约梅州”直播助农活动，提升农产品品牌知名度，拓宽农产品销路。开展青联服务千村计划，组织青联委员结对帮扶梅州市丰顺县潭江镇凤坪村、粉耄村，共开展对接活动6场，为结对乡村开展技术支持、产业振兴

2022 年 8 月 4 日，参与“看梅州发展·为家乡添彩”2022 年梅州市返乡大学生交流活动的高校生到梅州高新区参观 （共青团梅州市委供图）

咨询和扶贫济困等服务活动。策划《乡村振兴 青春足迹》3 集微纪录片，用服务乡村典型人物和事迹鼓舞青少年奋进。

【共青团参与社会治理】 2022 年，共青团梅州市委通过健全完善志愿服务长效机制和活动运行机制，一体化推进志愿服务体系建设，开展城乡社会志愿服务活动，深度参与社会治理。全市注册志愿者人数 60.7 万人，注册志愿服务组织及团体 4142 个，累计开展志愿活动数 14.4 万个，累计服务时长 1707.4 万小时。年内，开展志愿服务关爱行动，元旦、春节期间全市开展各类志愿服务关爱活动超 3726 场次，参与志愿服务 6.9 万人次，关爱慰问困难群体超 1.46 万人。组织动员全市志愿服务开展巡河护河生态环保志愿活动 262 场次，参与 3.7 万人次。开展学雷锋全民志愿服务行动月活动，举办活动启动仪式，分别认定 111 人、77 人为“五星志愿者”“四星志愿者”并颁发证书；开展系列评选宣传活动，展现志愿者的时代风采，营造志愿服务氛围。指导开展文明交通、志愿服务站点等创文志愿服务，落实团委分工任务和挂点社区工作，创新开展团委各项特色活动等。共青团梅州市委被授予梅州市“美丽梅州美好家园”三年行动先进集体称号。梅州市文艺志愿者协会“繁星计划——文学艺术进校园项目”获得第六届中国青年志愿服务项目大赛铜奖，成为梅州市唯一获奖项目。

【共青团新冠疫情防控志愿服务】 2022 年，共青团梅州市委成立疫情防控志愿服务工作组，多次召开疫情防控志愿服务调度会、培训会；招募储备 2.7 万名志愿者，组建防疫志愿服务队伍。梅江区发生疫情后，共青团梅州市委第一时间发布《致全市广大团员青年和志愿者的倡议书》，组织号召青年志愿者参与疫情防控工作，募捐口罩 8 箱 3.2 万只、酒精 22 箱 660 瓶支援一线志愿者；共青团梅江区委迅速响应，发出疫情防控应急志愿者招募令，首批招募 500 多人参与志愿服务；五华和平远在发生疫情期间，团县委均第一时间响应，五华发动 2.84 万人次志愿者参与，平远组建 2 支共 652 人的疫情防控志愿服务队伍，发动志愿者 3600 多人次，统筹开展 12 场次核酸检测志愿服务。

【共青团服务青少年健康成长】 2022 年，共青团梅州市委实施梅州市“助星圆梦”计划，筹集善款 206.86 万元，帮助 200 名困难学子圆梦大学。举办 2022 年梅州市青少年科普夏令营活动，组织 70 多名农村留守儿童到科技馆等科普阵地了解科普知识、培养科学兴趣，丰富农村青少年课外生活。举办“青青悦读”系列阅读分享活动 36 场，覆盖青少年 7200 余人，营造良好的阅读氛围，引导青少年向上向善发展。开展“青青悦读·我为山区孩子捐本书”活动，发动市区学校对接山区学校共建爱心图书角，向山区小学捐赠爱心图书 2000 多本，实施“送教下乡”，为山区学生带来第二课堂。持续完善“青联希望小屋”，在兴宁、五华、梅江区等地的 6 个青联希望小屋，开展趣味教学、课外阅读、体育训练等活动 18 场，助力青少年健康成长。推动未成年人零犯罪社区（村）、青少年维权岗等阵地建设，与启明辰星心理咨询机构签订合作协议，派遣专业社工、心理咨询师跟进辅导服务，推广“12355”维权热线建设，为青少年提供心理咨询、法律援助等服务，共接工单 38 单，全部办结。打造心理咨询驿站，联合相关单位开展社区矫正、禁毒等工作，营造全社会共同参与维护青少年权益的良好氛围。建立 240 个“青年之家”，实现市、县、镇三级全覆盖，推动“青年之家”与全团重点工作深度融合。举办7期“淘偶会”梅州市单身青年嘉年华活动，共计服务单身青年416人次，82名参与嘉宾牵手成功。成功举办第九届梅州市“五四”青年足球比赛，来自市直单位、乡镇街道等共16支球队参赛，192位青年参与，通过宣传推广和比赛直播等辐射带动青年5.2万人次。比赛被列入市委、市政府振兴“足球之乡”四大品牌赛事之一，引领广大青年为高质量建设全国足球发展重点城市奉献青春力量。

【《梅州共青团深化实施乡村振兴青春建功“十个一”行动工作方案》印发】 2022年，共青团梅州市委印发《梅州共青团深化实施乡村振兴青春建功“十个一”行动工作方案》，制订“派遣志愿者服务乡村振兴”“打造示范创建样板”“组建乡村振兴协调员”“结对青年企业家”“链接志愿服务组织”“培育青年组织”“开展培训”“帮助困难青少年”“改善村居环境”“拍摄专题片”10项具体举措，共青团梅州市委全体干部和下属事业单位主要负责人担任协调员挂点联系各县重点示范镇，力争到2025年，梅州共青团服务乡村振兴战略的工作框架全面确立、重点更加突出、机制更加完善、功能更加凸显，形成一批叫得响、立得住、具有梅州共青团特色的工作项目和服务品牌，基本实现“县县有平台、镇镇有组织、村村有能人”的工作格局，广大青年在乡村振兴中发挥更大作用、贡献更大力量。

【“广东高校毕业生志愿服务乡村振兴行动”实施】 2022年，共青团梅州市委争取省财政资金支持2200多万元实施“2022年广东大学生志愿服务西部（山区）计划——广东高校毕业生志愿服务乡村振兴行动”。全年在岗志愿者共计631人，覆盖104个乡镇、100个乡村学校，为全省招录人数最多、覆盖基层范围最广；该行动被纳入2022年梅州市十件民生实事。每名志愿者在梅州开展为期2～3年的乡村振兴行动，为梅州苏区乡村振兴工作注入新血液、新力量、新希望。

（共青团梅州市委）

2022年8月3日，共青团梅州市委举行广东高校毕业生志愿服务乡村振兴行动志愿者出征仪式

（共青团梅州市委供图）

梅州市妇女联合会

【妇联概况】 截至2022年底，梅州市有县级妇联8个、乡镇（街道）妇联110个、村（社区）妇联2258个，全市各级妇联执委2.84万名，其中，村（社区）妇联执委2.52万名。年内，梅州市妇女联合会（简称梅州市妇联）完成《梅州市妇女发展规划（2021—2030年）》《梅州市儿童发展规划（2021—2030年）》编制及颁布实施，召开全市贯彻落实家庭教育促进法工作会议，启动实施“益家学堂”计划、“富美家园”建设行动，开展“嘉言懿行 书功竹帛”家书征集活动。梅州市妇联被广东省妇联授予“巾帼心向党 喜迎二十大”群众性主题宣传教育活动优秀组织奖，丰顺县坚真纪念馆被命名为全国妇女爱国主义教育基地。

【妇女思想引领】 2022年，梅州市妇联开展“巾帼心向党”系列群众性主题宣传教育活动，包括组织开展“新思想在我身边”巾帼大宣讲活动、“幸福在我身边”征文活动、“榜样在我身边”摄影作品征集活动、“温暖在我身边”志愿服务活动等，征集巾帼大宣讲案例8个、征文40篇、摄影作品53件、微电影4部，其中1件摄影作品获广东省妇联二等奖，梅州市妇联获全省“巾帼心向党 喜迎二十大”群众性主题宣传教育活动优秀组织奖；制作“巾帼大学习 今天我来读”“我奋斗·家国美”视频4部，被全国、省妇联各推送1部。全市联动、线上线下开展巾帼大宣讲活动471场，参与25.7万人次，

11 名妇女典型线上进行“跟党奋进新征程 巾帼建功新时代”宣讲。推荐寻找选树全国、省、市三八红旗手（集体）52 个，巾帼文明岗 32 个，“五好家庭”“最美家庭”“书香家庭”28 户；上榜全国“最美家政人”“巾帼新农人”典型案例各 1 个；梅州市首个广东省三八红旗工作室——国家税务总局兴宁市税务局第一税务分局创建工作经验在广东省妇联会议上作介绍。

【巾帼建功行动】 2022 年，梅州市妇联启动“富美家园”建设行动，突出“家风美、庭院美、生活美”建设目标打造“富美家园 +”矩阵，助力全市乡村振兴示范带建设，推荐申报省级“美丽庭院”60 户，省“美丽庭院”示范户 3 户、示范村 2 个；梅县区妇联开展新一轮星级“美丽庭院”评选活动，实现镇、村创建全覆盖。成功创建省级女大学生创业实践和就业实习基地 4 个、省巾帼创业示范基地 1 个；成立市巾帼双新双创服务中心，选聘妇女创新创业导师 6 名。争取省财政妇女创业小额担保贷款贴息项目资金 60 万元，发放贷款 830 万元，直接受惠妇女 84 人。开展“巾帼科技助农直通车”活动 50 多场；联合开展“春暖梅州”女性专场网上招聘会 14 场；联合举办第二届梅州市“南粤家政”技能大赛，培训家政服务员 2231 名，为 200 名家政服务员购买“巾帼家政保”。

【巾帼志愿服务】 2022 年，梅州市有巾帼志愿者队伍 2593 支、2.7 万人，开展巾帼志愿服务活动 8839 场，参与 18.68 万人次，2 万余名妇联执委在基层社会治理中发挥作用。年内，梅州市妇联争取省妇联、省妇女儿童基金会支持，链接爱心企业捐款捐物 20 多万元支援抗疫一线；维权服务站、舒心驿站设服务热线及时响应受疫情影响人群心理健康服务需求；发出“巾帼同心，助力抗疫”倡议，动员全市妇联干部、妇联执委、巾帼志愿者、女企业家等社会各界力量投身抗疫，齐心协力、共克时艰。拨付 11.5 万元经费支持梅江区西郊街道月影塘社区开展创文工作，帮助社区解决民生关切问题 10 多件，协助开展各类活动 31 场。

【家庭文明建设】 2022 年，梅州市妇联选树宣传 40 名梅州市“自强不息好少年”“孝老敬亲好媳妇”。编印《梅州市优秀家规家训选辑》4800 册。开发梅州市“传承弘扬好家教好家风”研学路线 4 条。开展“绿色进我家 共建文明城”主题活动 168 场，参与 8870 人次。召开全市贯彻落实家庭教育促进法工作会议，聘任第二批市家庭教育讲师团成员 55 人。启动实施“益家学堂”计划，线上培训优秀家长 500 人，争取广东省雁洋公益基金会 10 万元资金支持，线下开展家教家风巡讲活动 100 场。全市各级妇联共开展家庭教育宣传周、家庭教育大讲堂、家庭教育知识普及、主题亲子阅读等活动 2164 场，参与 35.2 万人次。蕉岭县妇联开展家庭廉洁文化教育，联合有关部门制作家庭教育线上课程 23 期；丰顺县妇联联合县检察院挂牌成立“家庭教育指导服务站”，构建家庭、学校、社会、网络、政府、司法保护“六位一体”社会综合保护体系。

链 接

梅州市“传承弘扬好家教好家风”研学路线

推荐线路一：客家小镇—南口南源世第—叶剑英纪念园—客家博物馆—黄遵宪故居—梅州城市展览馆。亮点推荐：可深入了解客家文化、客家建筑、梅州的发展历程、叶剑英和黄遵宪生平事迹，品尝客家美食，学习客家姓氏和家训，体验客家美食制作过程。

推荐线路二：梅州创意金山—梅州市东山书院—客天下客家小镇—林风眠故居、林风眠纪念馆—凤鸣新联研学实践教育基地。亮点推荐：可深入了解客家文化、客家建筑、客家美食，了解林风眠生平事迹，学习制作客家美食，体验姓氏家训书写。

推荐线路三：大埔三河坝战役纪念馆—大埔博物馆—大埔文化小吃城—泰安楼—枫朗镇中共南方工作委员会旧址—百侯镇侯北村笙曹筱筑—侯宝斋（百侯）艺术馆—百侯姓氏人文家风家训馆。亮点推荐：可深入学习大埔革命历史、中共南方工作委员会旧址革命历史、三河坝战役战斗历史、中国文化之乡百侯镇丰厚的人文历史，感受中国共产党艰苦卓绝的战斗历程。

推荐线路四：仓海诗廊—丘成桐祖居—丘成桐国际会议中心—平远毓秀书院—仁居古镇—仁居红军纪念园。亮点推荐：探寻丘成桐故居，领略丘成桐坚忍、坚持、锲而不舍的精神，感受数学的深邃奇妙；深入了解红四军三进平远历史，探寻红军“播撒革命火种、开展武装斗争、建立红色政权”踪迹，领略中华优秀传统文化。

【妇女儿童发展规划编制实施】 2022年，梅州市妇联完成《梅州市妇女发展规划（2021—2030年）》《梅州市儿童发展规划（2021—2030年）》编制，并以市政府名义颁布实施。梅江区被评定为省级妇儿规划实施示范区、大埔县被评定为省级儿童友好示范县，全市创建省级儿童友好示范镇（街）4个、儿童友好示范基地8个；获省表彰实施妇儿规划先进集体1个、先进个人2名。推动“男女平等基本国策”教育进党校主体班次，邀请市委分管领导作专题辅导报告。召开全市性别平等教育工作现场推进会，编印《梅州市中小学（幼儿园）性别平等教育优秀论文和优秀教学案例汇编》。

【妇女儿童权益维护】 2022年，梅州市妇联牵头召开联席会议推进市依法维护妇女儿童权益工作联动机制落实。实施“护苗行动”，推动“预防性侵未成年人 维护女童人身权益”工作机制落实。及时调整梅州市婚姻家庭纠纷人民调解委员会组成人员，设立专家库。建立“3+1”结对联系帮扶模式，做实做细重点妇女儿童和家庭结对联系关爱服务。开展青春期健康教育校园公益活动，实施幸福家庭零暴力成长项目、少年儿童性教育巡回辅导、家庭教育主题系列直播微课堂等创新项目。继续以“建设法治中国·巾帼在行动”活动为载体，开展各类妇女儿童维权关爱保护法治宣教活动1723场。依托“12338”妇女热线、维权服务站、“舒心驿站”等平台阵地，提供来电来信来访等咨询和纠纷调解服务共762宗，为妇女儿童提供心理咨询和个案服务共302宗。

【关爱妇女儿童】 2022年，梅州市妇联联合卫健部门实施广东省城乡妇女“两癌”免费检查项目，完成宫颈癌筛查3.68万人、乳腺癌筛查3.69万人；开展城乡妇女“两癌”免费检查项目宣传活动80场，参与妇女6986人。向全国妇联、省妇女儿童基金会争取资金108.1万元，救助患癌低收入妇女126人。开展“她健康 粤幸福”“她健康·家越美”等公益保险项目，为全市2万多名村（社区）妇联执委赠送保障金额每人最高10万元的“意外+”防疫保险；为7万名农村女性赠送保障金额每人1万元的“两癌”保险；为15万名妇女赠送保障金额每人3000元的“两癌”保险；年内“两癌”保险出险理赔98人，赔付46.9万元。凝聚各方力量筹措资金85.55万元关爱资助妇女儿童，为199名14周岁以下“童·奔康”受助儿童发放“守护成长保险”教育津贴18.69万元；为615名困境学子发放奖学金、助学金65.36万元；为75名留守儿童、困境儿童筹措1.5万元实现“微心愿”。开展寒暑假关爱服务活动936场，结对帮扶留守孤困儿童2583人次，走访慰问儿童4639人次。

【妇联改革建设深化】 2022年，梅州市妇联对梅州市省级第四期“妇女之家”示范点开展交叉评估和“互学互促”活动。建立市级“四新”领域妇联2个，分领域打造妇联执委工作室2个，发展团体会员2个。举办“悦心之旅，绽放芳华”交流活动，帮助妇女干部职工提升情绪管理能力。举办全市妇联系统领头雁能力提升培训班，以线下主分会场、线上网络直播形式，实现市县镇村妇联全覆盖，参训1.69万人次。

【“嘉言懿行 书功竹帛”家书征集活动开展】 2022年5—7月，梅州市妇联联合梅州市海联会、市侨联、市委党史研究室、市文明办、市教育局、市邮政分公司、梅州日报社开展梅州市“嘉言懿行 书功竹帛”家书征集活动。立足梅州本土，突出爱党、爱国、爱民、爱岗、爱家“五大主题”，广泛征集模范代表人物红色家书，海外侨胞、港

2022年12月26日，梅州市“嘉言懿行 书功竹帛”家书颁奖暨展览活动在市华侨博物馆举行

（梅州市妇联供图）

澳台同胞与家乡、家庭成员间往来书信，以及广大家庭成员间往来书信。活动共收到各类家书 300 多封，经过入围初审、专家复审、大众投票评审、综合评审等环节，最终评选出十佳家书 10 封、优秀家书 30 封、入围家书 40 封、“最感人家书”“最励志家书”“最温暖家书”“最具网络人气家书”各 1 封，特别设立“特别荣誉奖”“海峤乡音奖”“积极参与奖”“特别贡献奖”等。12 月 26 日，梅州市“嘉言懿行 书功竹帛”家书颁奖暨展览活动在市华侨博物馆举行。《梅州日报》副刊“家庭”版开设“嘉言懿行 书功竹帛——优秀家书赏析”专栏，精选刊登并赏析一批乡贤先辈书写的家书。梅州市邮政分公司特别发行“嘉言懿行 书功竹帛”家书征集活动纪念邮资封，特别启用“嘉言懿行 书功竹帛”纪念邮戳 1 枚。（梅州市妇联）

梅州市归国华侨联合会

【侨联概况】 2022 年，梅州市归国华侨联合会（简称梅州市侨联）贯彻落实习近平总书记关于侨务工作重要论述和视察广东重要讲话精神，坚持党建引领，深化“两个并重”“两个拓展”，推动凝侨心、汇侨智、聚侨力、维侨益各项工作在巩固中深化、在开拓中前进。全年工作亮点和成效主要体现在“一个第一”“两个首次”“三个创新”“四个提升”。“一个第一”是指推动兴宁市广东壹号投资有限公司入选省侨联第一批“南粤侨创基地”；“两个首次”是指推动“客家春晚”首次走进非洲（毛里求斯），促成在毛里求斯设立首个“广东汉剧海外传承推广中心”；“三个创新”是指举办“嘉言懿行 书功竹帛”侨界家书征集活动，开展全市归侨侨眷“客家菜师傅”技能培训班，在梅州智友企管公司成立首个企业“侨胞之家”；“四个提升”是指侨联部门服务发展大局贡献度不断提升，“侨刊侨网侨微”国际传播力不断提升，中华文化客家文化交流载体感染力不断提升，侨界群众获得感幸福感安全感不断提升。

【侨联凝聚侨心】 2022 年，梅州市侨联多举措加强对归侨侨眷和海外侨胞的思想政治引领，凝聚侨界人心。举办侨界集中收听收看党的二十大开幕会、侨界热议党的二十大报告等活动 10 场次，学习宣传贯彻党的二十大精神。结合庆祝中国共产党成立 101 周年、庆祝香港回归祖国 25 周年以及北京冬奥会举办、省第十三次党代会召开等重要节点，举办侨界热议、共话未来等活动。通过侨刊乡讯、侨联网站以及侨联微信公众号、侨界微信群等，第一时间推送、转发党中央重大决策部署、国内重要时事、家乡重要讯息等，凝聚侨界思想共识。

【侨联联情联谊】 2022 年，梅州市侨联对接服务、登门拜访侨界重点人士、回乡侨胞侨眷港澳台同胞等 500 多人次。通过侨刊乡讯及线上宣传渠道，借力海外华文媒体，在春节、端午、中秋等传统佳节以及其他特殊时期，向侨界发出家书、家信，传递乡音、互通信息、增进感情。市直 8 个部门联合举办“嘉言懿行 书功竹帛”一封家书征集活动，市侨联、市海联会面向海外侨胞征集家书，聆听侨界对家乡的关注、思念和对家乡发展的意见建议，共收到侨界家书 60 余篇，其中 14 篇获得奖项。协助第 31 届世界客属恳亲大会主办方制作主题曲，邀请 20 多名杰出侨领乡贤献唱并录制 MV，凝聚力量促进海内外客家人大团结。

【侨联服务发展】 2022 年，梅州市侨联牵头会同市直 13 个部门做好中国侨商投资（广东）大会梅州市筹备工作，挖掘侨商投资意向项目 40 个、拟投资金额 275.98 亿元；已签约侨商投资项目 39 项、投资金额 231.77 亿元。走访侨属企业数十家，大力推介梅州侨情和投资环境，诚邀侨商侨企到梅州考察、投资兴业。促成兴宁市广东壹号投资集团有限公司入选省侨联第一批省市共建“南粤侨创基地”，为侨界创新创业、人才交流、技术转化、项目合作和发展共赢打造优质平台。促成侨资企业广州半岛投资集团与梅江区金苑餐饮管理有限公司达成战略合作，助力客家预制菜开拓市场、走进大湾区。深化马来西亚拉曼大学“梅州奖学金”项目，推荐一批梅州应届高中毕业生入读。

【侨联文化宣传】 2022 年，梅州市侨联争取广东省侨联支持，在省级侨刊《华夏》推出《世界客都》专版，宣传推介梅州侨乡文化。编辑出版 4 期《梅州侨联通讯》、6 期《梅州侨乡月报》、1 期《梅州侨史》，相关亮点工作得到省委办公厅《广东每日汇报》、省侨联《广东侨联工作交流》、广东省侨联微信公众号采用 50 篇次。推动客家春晚第四次走出国门、首次走进非洲，“2022 客家春晚·毛里求斯（路易港）之夜”通过“无线梅州”向全球网络播出。推动广东汉剧传承研究院与毛里求斯中华文化艺术委员会达成战略合作，在毛里求斯首都设立首个“广东汉剧海外传承推广中心”。开展市级侨界文化交流基地创建工作，选创梅江区城北镇联辉楼、梅县区南口镇侨乡村、兴宁市径南镇星耀村等首批 9 个交流基地。建成“侨胞之家”30 个，推动梅县区南口镇侨乡村“侨胞之家”成功入选 2021—2022 年度全国侨联系统“侨胞之家”典型选树单位。推动嘉应学院客家研究院获中国华侨华人研究所批准设立“中国侨乡文化（梅州）研究中心”，成为广东第三所获批院校。与嘉应学院、梅州市绍德堂杨氏根亲文化研究会联合举办“海上丝绸之路与梅州客家华侨”学术研讨会，线上线下 100 多名专家学者参加研讨，形成一批调研成果，推动侨乡研究的发展和深化。

2022 年 12 月 9—12 日，“海上丝绸之路与梅州客家华侨”学术研讨会在梅州举行。图为研讨会开幕式上学者、嘉宾合影　（梅州市侨联供图）

【侨益维护】　2022 年，梅州市、县两级侨联成立法律顾问团，制订侨联法律顾问团工作制度、信访接访工作制度，规范侨界信访维权工作。联合梅州市中级人民法院完善涉侨纠纷多元化解机制，加强与人大侨工委、信访、政协港澳台侨委等的对接协作，做好侨界群众接访工作，妥善处理各类信访问题 30 宗。向广东省侨联争取 2022 年困难归侨救助补助资金 307.25 万元，全部按规定发放给符合条件的困难归侨侨眷。2022 年，梅州市侨联筹措侨界公益资金，支持乡村振兴、医疗卫生、教育设施、创文巩卫等工作，开展奖教奖学助学活动，帮扶、慰问侨界困难群体。其中，广东省客属海外联谊会捐赠的价值 8 万多元的 4000 支注射用头孢呋辛钠定向捐赠给蕉岭县人民医院。举办归侨侨眷“客家菜师傅”技能培训班、归侨侨眷“长寿膳食”技能培训班，共 100 名学员参训，增强劳动技能，拓宽就业渠道。发动全市各级侨联组织组建各类涉侨志愿队伍，规范化开展涉侨政策宣传、侨法咨询、涉侨纠纷调解、侨界送医疗服务、创文巩卫等各类志愿服务活动，得到广东省侨联《广东侨联工作交流》第 4 期转发省直有关部门和各地市侨联学习借鉴。

【梅州市首个企业“侨胞之家”成立】　2022 年 10 月 14 日，梅州市首个企业“侨胞之家”在梅州智友企管公司揭牌成立，标志着梅州侨联工作向企业延伸迈出崭新的一步。梅州智友企管公司创始人是归侨子女，侨属员工有 20 多人，该公司依托“侨胞之家”平台，发挥侨属企业在侨法宣传、侨益维护、侨心凝聚等方面的作用。　（邓雪辉）

梅州市文学艺术界联合会

【文联概况】　截至 2022 年底，梅州市文学艺术界联合会（简称梅州市文联）有市级直属文艺家协会 10 个，会员 2927 人，其中国家级会员 105 人、省级会员 813 人、市级会员 2927 人。全市基层文联组织 8 个，行业文联 2 个。年内，制订实施《梅州市关于加强“文艺两新”工作的实施意见》《梅州市文联“文艺两新”工作运行机制》等，筹备成立“文艺两新”工作委员会，加强对文艺工作者特别是“文艺两新”的组织引领和团结引导。在华侨博物馆新建、启用文联 10 个市直文艺家协会办公室，组织协会进驻，抓好协会规范化、品牌化、效能化建设。

【主题活动开展】　2022 年，梅州市文联围绕党史学习教育主题主线，持续开展“党建 + 主题文艺活动”“党建 + 文明创建”等实践活动,组织开展 58 场次特色主题党建活动。深入弘扬红色文化，挖掘红色资源，开展喜迎党的二十大主题创作活动,先后创作 300 多件(幅)作品，并汇编成书，突出文联党史学习教育的文艺特色。

【文艺精品创作】 2022 年，梅州市文联启动开展“梅开盛世”——梅州市文艺界喜迎党的二十大文艺创作系列活动，举办“党的二十大·礼赞新时代”梅州美术作品线上展览、“喜迎二十大·文化进万家”——梅州市首届剪纸艺术线上作品展、“喜迎二十大·坚定跟党走”——红色交通线主题作品展等活动。全年 9 个协会共创作主题性文艺作品 1520 多部(件、项目)，其中 220 多部(件、项目)在省以上展演展示项目中获奖。21 件美术作品入选广东喜迎党的二十大美术作品展。组织举办梅州市中小学师生书法大赛、梅州市古筝(客家筝)大赛等特色品牌赛事。

【文艺志愿活动】 2022 年，梅州市文联围绕乡村振兴、文明创建、基层社会治理、新时代文明实践中心建设等工作，采取市县镇村联动多种形式，坚持“送文化”“种文化”“传精神”相结合，举办全市性中国画、版画、书法培训，全年深入五华龙村、大埔大东、梅江区等地开展 35 场文艺惠民活动。全市开展各种类型的文艺志愿服务活动共 215 场次,累计 1500 多名文艺志愿者参与服务。按照项目化运作、规范化管理、常态化开展的思路，文艺志愿服务价值引领作用得到有效发挥。“繁星计划”“墨香万家”“圆梦计划”等项目获评国家、省、市级志愿服务示范性项目，有 4 个项目的创建经验被市委宣传部列为全市新时代文明实践中心推广案例。市文艺志愿者协会被评为AAAA级协会，市中国画学会、广东红天下文旅有限公司等 18 个单位获授“梅州市新时代文明实践文艺志愿服务基地”。

【梅州市 2021 年度文艺“双精”(精英人才、精品创作)工程颁奖仪式暨文艺展演晚会举行】 2022 年 7 月 28 日，梅州举办“百花绽放 筑梦时代——梅州市 2021 年度文艺‘双精’(精英人才、精品创作)工程颁奖仪式暨文艺展演晚会”。活动由梅州市委宣传部、梅州市文联联合主办，以线上直播的形式举行。梅州市文艺工作者围绕庆祝中国共产党成立 100 周年、建设全面小康、乡村振兴、客家文化传承、梅州苏区红色文化、粤港澳人文湾区建设等重大主题创作一批精品力作,共有 12 个类别、218 个项目、129 人获得“双精”工程奖，新增 4 人加入国家级文艺家协会。

【梅州市首届艺术创意产品展举行】 2022 年，梅州市文联加强对艺术市场和创意产业的培育，与梅州新华书店、客家梦工厂公司合作，在江南新华书店举办“梦工厂雅物”——梅州市首届艺术创意产品展，选取近 70 名文艺家和文创单位提供的雕塑、雕刻、陶艺、书画、文玩、盆景、书籍等近 150 件展品展出。该馆作为梅州常设性艺术创意产品展销平台，打造成集艺术创意产品展览、开发、展销、发布、消费于一体的文艺平台。

【梅州市第八次文代会召开】 2022 年 8 月 30 日，梅州市第八次文代会在市委礼堂召开，来自市文联 29 个团体会员、部分市直单位的近 200 名嘉宾和代表出席大会。梅州市委书记马正勇对市文联工作给予肯定，并于会前作出批示。市委副书记、市长王晖和省文联党组书记、专职副主席王晓出席会议并讲话，市政协主席戚优华出席会议，市委常委、宣传部部长张运全主持会议。会议谋划并实施未来五年梅州文联文艺工作；选举产生新一届领导机构，陈锐锋当选梅州市文联新一届主席，郭碧玲、吴朝晖当选副主席，肖曾祥、谢宇波当选兼职副主席，谢映当选秘书长。

（梅州市文联）

2022 年 7 月 28 日，梅州市 2021 年度文艺“双精”工程颁奖仪式暨文艺展演晚会在客家山歌剧场举行

（梅州市文联供图）

梅州市残疾人联合会

【残联概况】 截至2022年底，梅州市有镇街残联115个，镇街残疾人康园中心131个；全市建有村（社区）残疾人协会2253个；登记备案民办残疾人康复服务机构13家。2022年，梅州市残疾人联合会（简称梅州市残联）编制实施《梅州市“十四五”残疾人保障和发展规划》。各县（市、区）残联、镇（街道）残联全部完成换届选举工作，村（社区）残协全部建立。完成残疾人证网上通办试点任务，开通全市通办、省内通办和跨省通办网上办事服务，为残疾人办证1.71万人；全市持证残疾人12.06万人。协助梅州市公安局等部门做好疑似精神障碍患者救治救助管控工作和特殊困难群众专项排查整治工作。推广应用粤群通，建起市、县（市、区）、镇（街道）、村（社区）四级残疾人事业宣传队伍和网上“残疾人之家”。

【残联乡村振兴】 2022年，梅州市残联贯彻落实《关于健全防止返贫动态监测和帮扶机制的工作方案》，沟通对接乡村振兴局等相关部门，加强数据共享和信息比对，对2.65万名残疾人脱贫稳定户、644名残疾人“三类监测对象”（其中脱贫不稳定户467人、边缘易致贫户128人、突发严重困难户49人）中存在返贫致贫风险人员开展监测，配合落实帮扶政策，巩固拓展残疾人脱贫攻坚成果。

【残疾人社会保障】 2022年，梅州市4.96万名残疾人参加基本养老保险，11.75万名残疾人参加医疗保险；2.29万名困难残疾人享受最低生活保障；12万名符合条件的残疾人享受“两项补贴”（困难残疾人生活补贴和重度残疾人护理补贴），累计发放金额2.25亿元。为全市康复定点机构873名在训残疾儿童购买意外伤害综合保险；完成198名残疾人机动轮椅车燃油补贴发放等工作；完成933户重度残疾人家庭无障碍改造任务。

【残疾人康复服务】 2022年，梅州市残联坚决落实国家、省、市疫情防控的部署要求，突出残疾儿童康复服务机构重点场所疫情防控，抓细抓实各项防控措施，保障残疾人生命健康安全。制订实施《梅州市创建“广东省残疾儿童康复服务定点机构规范化建设项目”工作方案》，全市申报残疾儿童康复服务定点机构规范化建设示范项目10个，新增残疾儿童康复服务定点机构3家。为1.04万名残疾人提供精准康复服务、867名残疾儿童提供康复服务、20名残疾儿童提供人工耳蜗植入补助、2866名残疾人提供辅助器具适配服务。残疾人家庭医生签约率达96.16%。规范残疾人社区康园中心运行管理，129家社区康园中心完成星级评定。出台实施《梅州市残疾预防行动方案（2022—2025年）》，开展以“普及残疾预防知识，建设健康中国”为主题的第六个全国残疾预防日活动，指导成立梅州市低视力残疾预防康复协会。

【残疾人教育】 2022年，梅州市有3172名适龄残疾儿童少年入学，入学率95%以上。梅州市残联协助广东省培英职校招录残疾学生4名。做好“南粤扶残助学工程”工作，为67名残疾大学生发放助学金。

【残疾人就业创业】 2022年，梅州市残联推动落实国务院办公厅印发的《促进残疾人就业三年行动方案（2022—2024年）》和多部门制定的《机关、事业单位、国有企业带头安排残疾人就业办法》，全市安排残疾人就业单位1107个，安置就业2306人，市残联直属事业单位带头招聘1名残疾人为编制内人员。就业年龄段残疾人6.47万人，已就业3.35万人，就业率达51.79%；为67名高校残疾人应届毕业生提供100%就业服务，就业率100%。开展全市就业年龄段未就业残疾人状况调查，举办残疾人就业现场招聘会、残疾人就业服务雇主培训班、残疾人与“零就业”残疾人家庭成员“客家腌面（面点）”烹饪技能培训班，输送盲人参加全国盲人医疗按摩考试以及省级继续教育10人次。投入50万元专项资金扶持残疾人就业创业，选送10名残疾人参加第七届全省残疾人职业技能竞赛，组织20个项目参加广东“众创杯”（残疾人公益赛）大赛。

【残疾人权益维护】 2022年，梅州市残联充分发挥残疾人法律救助工作站、残联信访信息系统、“12385”残疾人服务热线等平台作用，多渠道维护残疾人合法权益。全年共受理残疾人来电来访270多人次，处理完结信访件21宗，办结市政协提案建议1宗。继续聘请广东立政律师事务所律师担任常年法律顾问，提供法律咨询10余宗。

2022 年 9 月 22 日，广东省首个县级残疾人创业创新大赛在梅州市五华县举行（梅州市残联供图）

完成“谁执法谁普法”普法责任制履职情况汇报工作。

【残疾人文体活动】 2022 年，梅州市残联组织 32 名残疾人运动员进行集训，备战广东省第九届残疾人运动会，其中 11 人参加群体飞镖和特奥田径、乒乓球 3 个项目比赛，2 人获得第 1 名、3 人获得第 2 名、3 人获得第 3 名；1 人参加自行车比赛获得 2 枚铜牌。组织 7 名残疾人运动员参加全省残疾人线上跳绳比赛，1 人获得第 3 名。2 人参加 2022 年全省残疾人声乐独唱大赛，分别获得美声唱法和通俗唱法三等奖。

【梅州市残疾人“客家腌面（面点）”培训班举办】 2022 年 12 月 9 日，梅州市残疾人“客家腌面（面点）”培训班在梅县区客家腌面产业链基地举办。培训为期 5 天，共有 18 名残疾人参加培训。由国家级陈钢文技能大师工作室技术团队负责授课，通过传授客家腌面、腌米粉基础知识、面食制品技艺，广东省非遗美食蕉岭三及第、梅县非遗美食石扇鱼散粉等烹饪技能，使学员能够准确把握主食原料的各种特性，在提升烹调技术的同时，了解客家饮食文化知识，并能运用所学技能实现就业创业。

【广东省首个县级残疾人创业创新大赛举行】 2022 年 9 月 22 日，广东省首个县级残疾人创业创新大赛在梅州市五华县举行。大赛共设 10 个参赛项目，其中自强类 1 个、助残类 7 个、创意类 2 个。比赛采取现场路演模式，邀请专业评委团队，对参赛选手进行专业点评和指导，帮助残疾人创业项目落地与成长。通过角逐，评出一等奖 1 名、二等奖 2 名、三等奖 3 名，分别给予 10 万元、8 万元、5 万元创业项目资助。优秀获奖项目作为五华县重点指导项目继续参加广东省残联组织的比赛。（梅州市残联）

梅州市红十字会

【红十字会概况】 2022 年，梅州市有红十字会基层组织 4 个，团体会员 63 个，成人会员 521 名，青少年会员 60 名，注册志愿者 718 名。2022 年 7 月，梅州市委批复同意设立中共梅州市红十字会党组，全面加强党对红十字工作的领导；新增 2 名副会长（其中 1 名兼任秘书长）职数，人员配备到位。年内，梅州市红十字会开展人道救助、参与备灾救灾工作，全年共接收社会各界各类捐赠款物 170.6 万元，发放捐赠款物价值 160.24 万元。推进应急救护培训、开展红十字志愿服务，全年新组建红十字志愿者服务队 2 支；协助援建红十字博爱校医室 3 个；开展应急救护培训 654 人，宣传普及 8500 人次。

【备灾救灾】 2022 年，梅州市红十字会在入汛前向各县（市、区）红十字会印发《关于做好 2022 年汛期备灾救灾工作的通知》，开展备灾救灾准备工作。市县两级红十字会建立 24 小时电话值班制度，做好汛期值班值守工作。“龙舟水”连续强降雨期间，梅州市红十字会拨出 85 顶救灾帐篷和 420 份救灾家庭包，支持和指导大埔县、兴宁市红十字会开展抗洪救灾工作，指导大埔县红十字蓝天救援协会、红十字应急救护志愿服务队到茶阳、高陂等镇抗洪救灾一线，共出动 103 人次，转移群众 385 人，运送补给物资 28 批次。

【人道救助】 2022 年，梅州市红十字会持续开展红十字“博爱送万家”活动。元旦、春节期间，为困难群众发放价值 16.54 万元的慰问物资。全年共接收社会各界各类捐赠款物共计价值 170.6 万元，发放捐赠款物 160.24 万元；开展白血病患儿救助行动，帮助32名患儿获得“小天使基金”共104万元的资助。开展救心关爱行动，为梅州市117名患者进行义诊筛查，38名先心病患者和5名风心病患者得到相关基金会的资助。

【应急救护培训】 2022年，梅州市红十字会因地制宜开展系列活动，以城乡社区、学校、医院、机关企事业单位、厂矿企业、施工工地、大型综合体等为重点，通过知识讲座、实操演练、现场互动等形式，开展应急救护宣教普及活动，向干部职工传授心肺复苏术、海姆立克急救法、自动体外除颤器（AED）使用方法等常见急救技能以及红十字会知识、救护新概念、防灾减灾知识等。全年共举办红十字救护员培训班19期，654人取得红十字救护员证书。

【“三献”工作】 2022年，梅州市持续开展“三献”（无偿献血、捐献造血干细胞、捐献人体器官）宣传，全市共有4.59万人次参与无偿献血，献血总量达9.17吨，其中献全血858.9万毫升，机采血小板2910个治疗量，保障全市临床用血。动员139人份志愿者血样入库，完成省管理中心下达的年度造血干细胞志愿者招募工作任务。有7名志愿者成功捐献造血干细胞。全年全市器官捐献志愿登记新增3824人，登记总人数2.01万人，新增人体器官捐献案例10例、遗体2例，累计捐献155例。

2021年12月31日，2022年梅州市红十字博爱送温暖活动启动仪式在梅城举行 （梅州红十字会供图）

【红十字志愿服务】 2022年，梅州市红十字会有红十字志愿者718名（其中新增229名）、红十字志愿服务队1支。

年内，新组建无偿献血和造血干细胞志愿者服务队，参与、推动无偿献血活动。新组建市红十字志愿者赈济救援队，配合开展备灾、救灾、赈济工作。全年引领红十字志愿者开展公益类等志愿服务活动65场，动员红十字志愿者1028人次参与活动，累计服务时长2.95万小时。其中，组织红十字志愿者服务队开展“博爱·人人行”活动，深入社区开展急救知识技能演示演练活动，普及应急救护知识，提高群众自救互救能力；结合开展创文活动、参与疫情防控等达40场次，受益群众近万人。

【红十字疫情防控】 2022年，梅州市县两级红十字会向有关县区疫情发生地支援帐篷、口罩、救助包等防疫物资，组织党员干部和志愿者参与核酸检测、人员隔离、物资捐赠、人道关怀等工作。与广州市红十字会爱心接力，将广州爱心企业捐赠价值105万元的抗疫物资转运至丰顺县支持抗疫。组织发动会员单位志愿运送防疫和生活物资20批次到乡镇疫区。发动红十字志愿者100多人次就地参与疫情防控服务工作。 （梅州市红十字会）

责任编辑：吴奕珊

法　治

人大立法

【地方性法规条例审议】 2022年，梅州市人大常委会编制《梅州市第八届人大常委会立法规划》《梅州市人大常委会2022年立法工作计划》，审议通过《梅州市文明行为促进条例》，初次审议《梅州市客家菜传承发展促进条例》，修正《梅州市森林火源管理条例》，开展《梅州市海绵城市建设管理条例》《梅州市河道采砂管理条例》《梅州市物业管理条例》《梅州市校园足球发展促进条例》调研论证。完善立法工作协调机制，建立立法咨询与备案审查专家库，加强对基层立法联系点的调研指导，与嘉应学院继续合作共建梅州市地方立法研究基地。

【规范性文件备案审查】 2022年，梅州市人大常委会审查全市各级报备的规范性文件33件，1件案例入选全省备案审查案例选编。向省人大常委会报备地方性法规1件、市人大常委会决议决定1件。出台立法咨询与备案审查专家工作规定，成立市规范性文件备案审查工作协调小组。指导8个县（市、区）人大常委会听取和审议备案审查工作报告。指导县镇两级人大建立完善工作机制，推进备案审查工作。

【立法宣传】 2022年，梅州市人大常委会加强立法全过程宣传，突出重大课题、重大活动、重大内容，通过开展社区宣讲活动、赠送条例单行本等方式，并结合创建全国文明城市工作、志愿活动等，广泛深入宣传梅州市制定的法规条例。

（梅州市人大常委会办公室）

政法委与综治

【政法概况】 2022年，梅州市政法系统以加强党的政治建设为统领，以党的二十大安保维稳为主线，以服务保障梅州苏区加快振兴共同富裕为重点，以改革创新和科技强警为动力，统筹推进平安梅州建设、法治梅州建设和政法队伍建设，奋力推动新时代政法工作高质量发展，打造全省最安全稳定、最公平公正、法治环境最好的地区之一，以优异成绩迎接党的二十大胜利召开。2022年全省群众安全感调查工作，梅州取得群众安全感全省第二、政法执法工作满意度全省第一名、平安建设工作满意度全省第一名的成绩，其余多项评价也位居全省前列。

【统筹发展与安全】 2022年，梅州市委政法委统筹发展和安全，坚持守土有责、守土负责、守土尽责，全力打好防范化解重大风险攻坚战，全市政治社会持续安全稳定。开展“喜迎二十大·忠诚保平安”大排查、大化解、大整治、大防范、大服务“五大专项行动”，市县成立工作专班，全面排查化解管控各类风险隐患，确保党的二十大胜利召开。推进社会矛盾问题八个专项治理，贯彻落实《信访工作条例》，完成重大决策风险评估项目50项，全年16个重大活动及敏感节点全部平稳度过。开展“梅安2022”专项行动，从严打击整治13类突出刑事犯罪，全市治安、刑事发案持续下降，实现“三降两升二全破”（刑事现案立案数、八类严重暴力犯罪发案、诈骗现案数同比下降，诈骗、盗窃现案破案数同比上升，现发命案、涉拐案件全破），道路交通事故实现发生交通事故起数、死亡人数、受伤人数“三个下降”，未发生危害政治安全和社会稳定的重大涉政、涉稳、涉疫案事件。深化“全警反诈”“全民反诈”，破获电信网络诈骗案件306件，抓获嫌疑人2367人，封停涉诈电话5.2万多个，预警劝阻94.34万人次，守护群众“钱袋子”。持续筑牢打击整治养老诈骗红线，坚持宣传教育、依法打击、整治规范“三箭齐发”，破获案件116件，打掉犯罪团伙13个，抓获犯罪嫌疑人131人，涉案金额5209万元，追赃挽损2890万元，守好老年人的“养老钱”“救命钱”。

【扫黑除恶常态化】　2022年，梅州市委政法委统筹推进扫黑除恶斗争常态化、制度化，持续保持强大打击整治威势，全年打掉涉黑组织1个、涉恶犯罪集团8个、涉恶犯罪团伙19个，破获刑事案件242件，刑拘676人，查封冻结扣押涉案资产1.12亿元，查处涉黑涉恶腐败和“保护伞”71人，中央和省督办的平远刘某山、丰顺罗某峰、五华曾某雄等重点案件顺利办结。

【市域社会治理现代化】　2022年，梅州市委政法委纵深推进市域社会治理现代化试点建设，坚持守正创新，打造市域社会治理“梅州样板”。坚持红色基因主导，发扬客家文化优良传统，探索“五治融合”（坚持政治引领、自治强基、法治保障、德治教化、智治支撑“五治融合”社会治理方式）、“全科网格”（有机整合综治、城综、应急、党建等网格及网格员，构建“全面覆盖、多网融合、一体运行、全域联动”的“全科网格”服务管理体系）等新路径，聚焦认领的德治、自治项目，不断完善德治体系、激发德治能量，建强自治组织、激发自治活力，形成一批可复制可推广的经验做法。加紧建设全科网格。整合综治、组织、创文、应急、城综等网格资源，调整划分“全科网格”，组建“网格长+网格员+信息员”网格团队，承接“粤平安”系统梅州板块建设，建立健全各类矛盾问题、风险隐患和群众诉求从排查发现到分拨流转、办理处置再到评估反馈的闭环流程。加快乡镇（街道）综治中心规范化步伐。重点推进48个镇街综治中心平台建设，推动实体化运作和一站式便民服务，建立“多渠道采集接收、一窗口受理分办、各条线归口处理、全过程跟踪督办”的一站式服务平台，初步形成“中心搭台、部门入驻，线上线下、协调联动”的运作模式。加力疫情防控工作。市县镇村四级“三人小组”闻令而动，全面织牢网格化防线，提升快速响应能力，抓好常态化疫情防控和突发疫情应急处置，打赢疫情防控硬仗。

2022年，梅县区程江镇大新城社区开展阳光成长心理健康亲子互动课堂
（梅州市委政法委供图）

【政法公共服务】　2022年，梅州市委政法委坚持深化改革，全面提升政法公共服务质效。坚持服务与保障并举，健全完善政法公共服务体系，夯实良法善治根基，梅州市获评第一批“广东省法治政府建设示范市”称号。全面落实民主与法治领域专项改革6项任务、市社会治理体系专项改革5项任务、政法领域全面深化改革22项任务，着力破解执法司法和社会治理的堵点难点。制订出台《关于加强新时代检察机关法律监督工作的若干措施》，完善执法司法制约监督机制、政法干部交流轮岗等制度机制278项，不断规范执法司法权运行体系。发挥护航发展先锋作用，持续推出护企惠企暖企实招硬招78项、便民利民惠民措施825条，优化法治化营商环境，不断提升护航工业强市、产业兴市的服务水平。妥善处置市领导交办、上级转办和群众反映涉法涉诉信访案件42件，开展司法救助24件46人次。

【梅州获广东省 2022 年平安建设工作满意度和政法工作满意度调查双第一】 2022 年，广东省委平安办、省公安厅联合委托第三方机构开展的 2022 年全省群众安全感调查工作结果公布，梅州取得政法执法工作满意度及平安建设工作满意度全省双第一、群众安全感全省第二的成绩，其余多项评价也位居全省前列。其中，梅州市政法执法工作满意度为 97.42%，排名全省第一；大埔县在全省各县（市、区）中排名第一。梅州市平安建设工作满意度为 99.24%，排名全省第一；有 4 个县（区）进入全省前 10 位，分别是大埔县第一位、梅县区第五位、梅江区第八位、蕉岭县第十位。2022 年全市群众安全感为 99.03%，在全省 21 个地市中排第二位；在 8 个县（市、区）中，大埔县群众安全感最高，并在全省各县（市、区）中排第五位。梅州市扫黑除恶斗争满意度为 98.48%，排全省第六位；蕉岭县和梅江区在全省各县（市、区）中分别排在第一位和第三位。梅州市打击整治养老诈骗专项行动满意度为 96.92%，排全省第六位；梅江区在全省各县（市、区）中排第七位。（梅州市委政法委）

法治政府建设

【法治政府建设概况】 2022 年，梅州市司法局加强统筹协调，推进依法治市、法治政府建设。筹备召开市委全面依法治市委员会第六、第七次会议，市委依法治市办（扩大）会议，法治政府建设督察反馈意见整改推进会，深入学习贯彻习近平法治思想，研究部署梅州市法治建设工作；推动各县（市、区）党委依法治县（市、区）办秘书股全部设置到位，更好统筹协调依法治县（市、区）工作；制订印发年度全面依法治市工作要点、法治建设“一规划两纲要”分工方案，推进法治梅州建设；落实法治政府建设年度报告制度，并做好上报和网上公开工作。

推进法治建设情况列入党政领导班子和领导干部年度考核内容，推动党政主要负责人认真履行法治建设第一责任人职责，并完成述职报告抄报工作；组织兴宁市委、蕉岭县委、梅州市教育局、梅州市民政局主要负责人在市委全面依法治市委员会会议上作专题述法；组织做好法治政府建设示范创建活动；组织做好先进评选工作，梅州市有 1 个单位、3 名个人获评依法治省先进单位和先进个人；完成 2021 年度法治广东建设考评迎检工作，梅州市考评等次为良好，排名居粤东西北地区第五位。

组织开展全面依法治国、全面依法治省和综合行政执法体制改革、基层法治建设等专项调研，挖掘新鲜经验、剖析短板弱项，为委员会领导决策参考提供依据；做好法治政府建设实地督察、省委依法治省办调研督导工作，统筹开展道路交通安全和运输执法领域突出问题自查工作；主动配合梅州市中级人民法院出台《关于加强综合治理从源头切实解决执行难问题的实施方案》，推动执行难问题的综合治理；组织策划“法治梅州”系列宣传片拍摄，广泛宣传法治梅州建设成效。

【法制文件审查】 2022 年，梅州市司法局加强规范性文件制定和监督管理。提请市政府出台文件，全面加强梅州市行政规范性文件管理的制度化、规范化建设；会同梅州市政务服务数据管理局提请市政府印发《实施方案》，推进“无证明城市”创建工作；牢牢把握合法性的底线思维，严格做好行政规范性文件合法性审核（审查）工作，全年审核（审查）市政府、市直部门规范性文件及其他政策性措施 48 件；加强行政规范性文件备案审查，全年分别向省政府和市人大常委会报备 18 件市政府规范性文件，对 43 件县级政府规范性文件进行备案审查；会同市府办对市本级行政规范性文件进行全面清理，指导市直单位及县级政府清理涉及城市建筑垃圾的规范性文件。

【行政决策审查】 2022 年，梅州市司法局加大行政决策审查力度。落实决策事项年度目录公开制度，市、县两级政府和 23 个市直部门制定公布年度决策事项目录；强化决策事项合法性审查工作，加强重大行政决策工作的指导和监督，全年完成政策措施文件审查 196 件；指导和督促决策承办单位落实决策程序，全年督促市直部门开展公开征求意见 32 次、专家论证 40 次、风险评估 20 次、公平竞争审查 36 次；组织市直单位、县（市、区）对 36 个决策项目开展决策后评估。

【政府法律顾问】 2022 年，梅州市司法局推动落实政府法律顾问制度，全市各级政府及各部门政府法律顾问队伍不断壮大；围绕市委、市政府中心工作要求，为梅州市 8 家关闭煤矿企业涉稳风险化解处置、东山中学体育场馆BT项目超投资处理、嘉应学院紫琳学院建设事宜、“保交楼”方案等法律事务提出法律建议，为市委、市政府决策提供法律支持。全年收到法律事务审查件、征求意见回复件等241件，完成240件，比上年减少16.3%，涉及金额36.9亿元；接待各县（市、区）、市直单位咨询100多人次，参加协调会、论证会65场次，增长71%。

【政府立法】 2022年，梅州市司法局立足市情，聚焦客家菜传承发展、气象灾害防御、闲置土地处置等重点领域，科学拟订年度地方性法规建议项目和市政府规章制定计划；坚持“合法、有效、管用”标准，切实把好立法质量关，完成政府规章《梅州市气象灾害防御规定》和地方性法规《梅州市客家菜传承发展促进条例》《梅州市森林火源管理条例修正案》送审稿的审查工作；抓好政府规章《梅州市闲置土地处置规定》和地方性法规预备项目《梅州市河道采砂管理条例》《梅州市海绵城市建设管理条例》的起草工作；配合市人大常委会法工委做好地方性法规《梅州市文明行为促进条例》《梅州市客家菜传承发展促进条例》草案的审议工作。

【行政执法监督】 2022年，梅州市司法局强化行政执法监督协调。推行行政执法“三项制度”，执法透明度不断提高，全年全市在执法公示平台开户公示的执法主体数量348户、执法清单875个、各类执法案件22.8万件；实现一体化行政执法平台本地化建设部署，全年上线单位328家，开通账号6601个，系统累计产生有效案件8732件；加强行政执法监督，推动行政执法质量全面提高，抽查市直28个执法部门111宗案卷；加强行政执法人员资格和证件管理，实现资格审查、执法证件申领和审批全流程办理，审核通过新证1983张、换新证7133张；继续推动镇街综合行政执法改革，对第一批下放的526项行政执法事项实施情况进行评估；印发《关于推进包容审慎监管的工作方案》，助力包容审慎监管工作落地。

【普法宣传】 2022年，梅州市司法局组织召开梅州市依法治市委守法普法协调小组第三次全体会议，进一步夯实上下贯通、协同高效的工作体系；深化履职报告评议活动，形成国家机关与社会力量共同参与、多源头内容供给、多方位支撑的大普法格局；全面推进“八五”普法规划，推进国家工作人员年度学法考法，组织领导干部参与旁听庭审案件；通过“梅州普法”微信公众号宣传各类法律法规，全年累计更新136期、822篇，在《梅州日报》“无线梅州”上开展普法专题宣传报道20多次；灵活采用线上+线下方式，广泛开展《中华人民共和国民法典》普法宣传活动，先后开展宣传活动255场次，举办专题讲座30场次，发放宣传资料33万份，解答群众咨询12万人次；推动民主法治示范村（社区）创建和“法律明白人”培养工作，护航乡村振兴发展，截至2022年底，全市有63个村（社区）获评全国或省民主法治示范村（社区），全年培育7000多名“法律明白人”；组织参加第四届省法治文化节活动，作品获银奖3个、铜奖2个，梅州市司法局连续3年获评优秀组织奖。

【行政复议】 2022年，梅州市司法局持续推进梅州市行政复议体制改革，力促改革后的行政复议体制平稳运行；健全行政复议案件审理机制，畅通行政复议渠道，依法受理、审理、移交、送达行政复议案件，提高办案质量；加大调解和解的力度，有效推动行政争议实质性化解；全年共收到行政复议申请53件，审结行政复议案件66件，按期审结率100%、维持率75%、

2022年5月31日，梅州市司法局、梅州市普法办在东山谷碧桂园举办《中华人民共和国民法典》法治讲座进小区活动 （梅州市司法局供图）

纠错率 14%、和解率 11%；做好监督行政复议决定履行工作，保障行政复议决定及时有效履行。

【行政应诉】 2022 年，梅州市司法局持续推进行政诉讼应诉工作。全年共办理行政应诉案件 26 件、检察监督案件 5 件、市政府为被申请人的省复议案件 1 件，按期答辩率、出庭应诉率和胜诉率均 100%；与梅州市中级人民法院召开联席会议，推进行政机关负责人出庭应诉常态化，以依法治市办名义发函 168 份监督行政机关依法应诉，梅州市行政机关负责人出庭应诉率达 78.36%，比上年上升 18.14 个百分点。

【梅州市获“广东省法治政府建设示范市”称号】 2022 年 8 月，广东省委依法治省办对第一批广东省法治政府建设示范地区和项目予以命名，梅州市获“广东省法治政府建设示范市”称号。梅州市委、市政府坚持以人民为中心的发展思想，推进“放管服”改革，持续优化营商环境，法治政府建设进程不断向纵深推进。全市执法机关全面推广行政执法“三项制度”，行政复议受理窗口前移实现全覆盖，行政复议案件超八成在复议程序得到化解；推进市域社会治理，打造“枫桥经验”梅州模式，着力建设更高水平的平安梅州、法治梅州；率先在粤东西北地区创建“无费市”，减费增效优化营商环境；实现企业开办“一天办”，便利度居粤东西北地区首位；水电气报装“一网通办”，报装便利度居全省前列。梅州营商环境在粤东西北地区持续保持在前列水平，群众安全感连续 19 年位居全省前列，获得“全国社会治理创新典范城市”和全国“最具安全感城市”“最具幸福感城市”等称号。

（梅州市司法局）

公　安

【公安概况】 2022 年，梅州公安机关紧扣党的二十大安保维稳工作主线，做好战疫情、防风险、保安全、护稳定、促发展工作，完成党的二十大、冬奥会等重大活动和春节、“七一”、国庆等重大节日安保维稳工作任务。制订安保维稳工作方案 15 个，开展集中统一清查打击整治行动 26 场次，启动等级勤务 18 次，组织快反警力到位测试 82 次，完成一系列安保维稳工作任务。组织开展矛盾纠纷和风险隐患“拉网式”专项排查 14 次。全年未发生涉政、涉稳、涉暴恐重大敏感案事件，未发生规模性非法聚集和群体性案事件，未发生重大刑事治安和个人极端案事件，全市社会大局持续平安稳定。全面落实“一把手”每日读信，对重点信件“一信一批示”。实体运作网上网下合成作战中心，整合巡特警力量挂牌成立梅州市巡特警巡防处突中心，提档升级市局智能枪弹库室。组建完成 30 人的市局警卫预备队。完成梅州市看守所、拘留所搬迁启用，推动提级成立监所防控专班，在规定时间内完成特殊人员集中医学观察隔离场所、公安司法监管场所涉疫应急处置场所、新冠肺炎定点医院监管病房等“三类场所”的建设改造任务，全市启用隔离场所 79 间（含备用）。组织开展反诈大型宣传活动 274 场，财会人员专题宣防活动 78 场，“七进”宣传活动 1.18 万次。

【打击犯罪】 2022 年，梅州公安控发案、多破案，全市刑事打击实现“三降两升两全破”（刑事现案立案数、八类严重暴力现案立案数、诈骗现案立案数比上年分别下降 14.3%、13%、26.4%；诈骗、盗窃现案破案数分别比上年上升 0.3%、24.4%；现发命案、涉拐案件全破）；命案数首次降至个位数，命案发案率每 10 万人 0.18 起，为全省最低。全市刑事现案立案 7280 件，刑事现案破案 2830 件，刑事、治安警情分别下降 15.4%、10.76%，侦破养老诈骗现案 112 件、积案 4 件，追赃挽损 2890 余万元，找回多名被拐失踪儿童。严厉打击涉经济类犯罪，侦破非法经营瓶装液化石油气案及非法支付结算型地下钱庄案件，诈骗刑事案件立案下降 26.05%，群众受骗损失下降 19.46%，侦破省厅督办个案损失超 100 万元的重大电信网络诈骗案件。推进禁毒攻坚年行动，破获涉毒刑事案件 39 件，全市毒情形势持续好转，吸毒人员涉案数、新滋生吸毒人员数、未成年涉毒人数分别下降 28.57%、11.67%、100%，全市连续 4 年无制毒犯罪案件发生，为全省毒情最轻的地市之一。开展追逃集群战役，到案率 82.14%，在全省排名第四。推进“反走私反偷渡”联合行动，侦破涉走私及关联案件 31 件，查扣涉走私冻品 57.31 吨、成品油 43.89 吨、卷烟 1733.92 万支。推进“昆仑 2022”“猎火 2022”专项行动，共查处涉林违法犯罪案件 126 件，林区治安形势持续向好。

【道路交通管理】 2022年，梅州市公安交警部门共查处各类重点交通违法行为54.81万起，整改治理各类道路隐患227处、建设平安村口33处，公安交管"放管服"9项便民利企改革措施全面推进，机动车驾驶人考试中心正式启用，道路交通事故实现"三个下降"（全市共发生道路交通事故2104起，死亡206人，受伤2335人，比上年分别下降23.85%、14.88%、27.89%），在事故预防"减量控大"省对市考核中全省综合排名第九。梅州市获评2022年国省道文明示范路创建优秀等次，同时五华县国道355线、238线交叉"Y"字路口隐患治理被公安部交管局列为农村道路安全隐患突出路口路段治理精品案例。

【社会治安管理】 2022年，梅州公安开展夏季治安打击整治"百日行动"，破获黄赌案件221件，盗窃现案立案2171件，下降3.3%，现案破案1090件，上升30.23%，现案破案率50.21%，全省排名第五。推进检查站"升级增效"建设，完成首批立项4个省际公安检查站基础建设，全年检查站出动警力1.1万人次，检查车辆6.36万辆，检查人员12.7万人。推进"平安梅州智能视频"建设，进一步推动公安大数据、视频图像智能化能力水平提升。开展全国社会治安防控体系建设示范城市创建活动，全面加强社会治安防控"四个一"体系建设应用，建立治安重点单位最小应急单元3410个，完成率100%，划定设置"1、3、5分钟"快速反应圈64个，完成智能安防区建设2118个。围绕"人、地、物、事、组织"五大要素33类135个风险点，全面排查风险隐患2.44万条，处置2.41万条，处置完成率98.84%；发出核查指令15863条，处置15854条，处置完成率99.94%。开展第5、第6、第7轮校园安全整治，全面清查整改校园安全隐患，推动全市2105间中小学校、幼儿园全部安装校园一键报警装置。日均投入2500余名警力，全面落实护学岗和高峰勤务制度，提升"三见"（见警察、见警车、见警灯）覆盖率。深化"警家校"安全共建法治宣传教育，强化青少年禁毒宣传，用好市交通安全宣教基地等载体，开展"开学第一课""千警进校园""小手拉大手"、线上线下"法治课堂"等法治宣讲教育活动2035场次。出台护航高考10类30项服务举措，做好高考服务安保工作。加强未成年人违法犯罪预防治理，梅江区未成年人法制教育基地接收未成年学员376人，教育转化率达65%以上。

2022年11月14日，平远县公安局石正派出所民警走进村民家中开展安全防范、反诈知识宣传 （梅州市公安局供图）

【户口管理】 2022年，梅州市户籍总人口539.35万人（其中，城区97.82万人）；总户数148.21万户（其中，城区29.83万户）；流动人口9.31万人（其中，城区5.32万人）；长租出租屋4.83万间，时租日租出租屋2330家。全市推进"粤居码"推广应用工作，流动人口持有效"粤居码"9.05万人，持码率98.36%，全省排名第1。"一标三实"标准地址新编制采集共452.57万条（其中2022年新增59.16万条），采集录入汇聚居民身份证及户口本邮寄信息共9.66万条（其中新增 9114条），完成居住证制发1.08万张。推进户籍档案数字化工作。全市历史户籍档案5482.7万张，已加工完成388万张。办理居民身份证、户口迁移、户籍证明等"省内通办、跨省通办"业务4.8万人次，办理出生登记业务4.39万件、死亡登记2.32万件、户口迁移6.32万件，协助民政部门为全市困难家庭224名无户口人员办理户口登记，办理厅长、局长信箱信访件53件，全部及时予以回复，办结率、满意率均达到100%。

【出入境与往来港澳台管理】 2022年，梅州公安共摸排查处"三非"外国人80人，遣送"三非"外国人31人；查获妨害国（边）境案件5件。办理外国人居留许可207

人、绿卡4人。受理有涉赌、涉诈存疑情况申请185人，不予受理或劝阻244人。做好前往港澳通行证审批工作，审批签批面见环节410人，夫妻团聚类送港澳核查112人，永居子女类送港澳核查25人，港澳核返总计155人。视频面见110人，劝阻及申请人主动撤销34人，办理出入境证件证明书10人（54份），外省及外市复函5人，答复“12345”政务服务便民热线及接访共计20人次。

【公安基层基础建设】 2022年，梅州公安坚持做精机关、做优警种、做强基层、做实基础。出台新时代公安派出所建设指导意见，推进派出所综合改革和标准化建设，撤并19个森林派出所，9个符合条件派出所实行“两队一室”改革。选树打造58个“枫桥式公安派出所”。50个“精准脱困”派出所已完工40个，其余正有序推进。推进星级派出所创建活动，2022年全市五星派出所39个、四星80个、三星30个，达到省厅要求的创建目标。强力推进警力下沉，全市派出所民警占县级公安机关民警比例42.9%，完成“一警两辅”配备社区205个、“一村一警（辅）”配备村2038个，覆盖率100%。

【改革创新】 2022年，梅州公安在梅州城区实行交管警力网格化勤务改革，划区包干到人到岗。研发“犯罪云捕”项目获全国公安基层技术革新专项活动二等奖、“觅影小助手”项目获广东公安基层技术革新专项活动暨比武大赛三等奖。深化公安“放管服”改革，制订梅州市公安机关优化营商环境25条举措，减免公安政务服务证明36项57个，推动一批便民服务举措落地见效。持续推进市县公安机关智能执法办案管理中心建设，8个执法办案中心已完成7个升级增效。搭建市对县法制服务工作平台，加强外部执法质量监督，设立“侦查监督与协作配合办公室”，构建检警交流合作新平台。组织回访警情5万多起，总体满意率98.4%。紧贴网上、现场、专项“三个实战”，全市开展各类督察行动2302次，发出督察通知书13份，提出督察建议451条。

【梅州公安2个集体、3名个人获全国表彰】 2022年5月25日，全国公安系统英雄模范立功集体表彰大会在北京举行，全国公安系统982个先进单位、1485名先进个人受到表彰。梅州公安系统有2个集体、3名个人获奖。其中，大埔县看守所获评全国优秀公安基层单位，兴宁市公安局径南派出所获评全国公安机关爱民模范集体，宋思泉（蕉岭县公安局刑侦大队教导员）获评全国特级优秀人民警察，蓝宇（梅州市公安局某支队支队长）、廖英隆（梅州市公安局梅县区分局程江派出所所长）获评全国优秀人民警察。

（梅州市公安局）

检　察

【检察概况】 2022年，梅州市检察机关办理刑事检察案件3696件、民事检察案件157件、行政检察案件138件、公益诉讼检察案件633件。12件案事件被评为全国、全省典型案事例，32个集体和个人获省级以上表彰。

【国家政治安全和社会稳定维护】 2022年，梅州市检察机关批捕各类犯罪嫌疑人1068人、起诉2636人。起诉危害国家安全、邪教等犯罪28人，守好政治安全“南大门”。落实《中华人民共和国反有组织犯罪法》，常态化开展扫黑除恶斗争，起诉涉黑恶犯罪81人，依法办理刘某山等26人重大涉黑案。严厉打击易发多发犯罪，起诉故意杀人、抢劫等严重暴力犯罪153人，起诉“黄赌毒”犯罪504人。

【实体经济发展服务】 2022年，梅州市检察机关出台服务实体经济“10条措施”，在8个省级工业园区设立检察服务点，常态化开展联企服务。起诉破坏市场经济秩序犯罪217人。开展涉案企业合规改革，推动涉案企业合规整改、规范经营。开展打击治理洗钱违法犯罪三年行动，起诉金融犯罪61人。探索知识产权刑事、民事、行政检察一体履职、综合保护，起诉侵犯知识产权犯罪29人。

【乡村振兴服务】 2022年，梅州市检察机关严厉打击危害农村稳定、破坏农业生产等涉农犯罪，起诉27人。坚决遏制耕地“非农化”“非粮化”，起诉非法占用农用地犯罪8人。开展农业面源污染治理、传统村落保护等公益诉讼专项监督。开展司法救助专项活动，防止因案致贫返贫，救助176人，救助金额289万元。

【梅州生态建设保障】 2022年，

2022 年 10 月 25 日，梅州市检察机关召开涉案企业合规听证会，护航民营企业健康发展　（梅州市人民检察院供图）

梅州市检察机关构建“司法 + 修复”办案模式，起诉破坏生态环境资源犯罪 46 人、办理生态环境公益诉讼案件 180 件，督促修复被毁损林地、水域 1.42 万平方米，督促回收清理垃圾、固体废物 6360 吨，督促治理恢复被污染水源地 67 处。开展涉环境保护税公益诉讼专项监督，推动多部门完善施工扬尘环保税征收协作配合机制。完善“河长 + 检察长”“林长 + 检察长”协作机制，开展河湖“清四乱”、妨碍河道行洪等问题专项监督，与江西赣州、福建龙岩检察机关开展跨区域生态检察协作，筑牢生态屏障。

【反腐败斗争】　2022 年，梅州市检察机关加强监察执法与刑事司法衔接，完善检察机关对职务犯罪案件提前介入、证据审查等工作机制。对监察机关移送审查的职务犯罪案件决定逮捕 13 人、起诉 29 人。开展职务犯罪案件刑事裁判涉财产部分执行检察专项活动，不让腐败分子因罪得利。规范履行查办司法工作人员相关职务犯罪职责，立案侦查 3 人，促进司法公正。

【检察为民】　2022 年，梅州市检察机关起诉侵犯公民个人信息犯罪 38 人，办理违法违规收集使用个人信息的公益诉讼案件 21 件，切断骚扰电话利益链条。落实食品药品安全“四个最严”（最严谨的标准、最严格的监管、最严厉的处罚、最严肃的问责）要求，办理食品药品安全公益诉讼案件 42 件。起诉盗窃、诈骗等多发的侵财犯罪 554 人，追赃挽损率由 2021 年的 3.83%提升到 2022 年的 42%。促进职能部门完善快递收寄监管体系，遏制寄递违禁品违法犯罪行为。开展高层建筑消防安全、燃气安全等专项监督，立案 74 件，推动消除安全隐患 348 处。

【未成年人检察工作】　2022 年，梅州市检察机关开展“梅检扬帆 · 未来有你”未成年人检察工作品牌建设三年行动，持续深化未成年人综合司法保护。对侵害未成年人犯罪零容忍，起诉侵害未成年人犯罪 242 人，对涉嫌轻微犯罪并有悔罪表现的未成年人不批捕 148 人、不起诉 95 人，并同步开展训诫教育、个性化帮教。对监护人管教不严、监护缺位等行为发出督促监护令 134 份，开展家庭教育指导 324 次。监督推动职能部门整治校园周边商店违规向未成年人销售烟草制品、旅馆业违规接待未成年人入住等问题。开展“彩虹计划”，督促职能部门落实“事实孤儿”综合救助，与梅州市东山学校、培英中学联合共建青少年法治教育基地，与团市委建立未成年人检察工作社会支持体系，践行“检爱同行、共护未来”。

【特殊群体保护】　2022 年，梅州市检察机关起诉侵害老年人、妇女、残疾人等犯罪 220 人。开展打击整治养老诈骗专项行动，起诉 36 人，并加强普法宣传教育，帮助老年人群体提高识骗防骗能力。针对部分用人单位未按期缴纳残疾人就业保障金的问题，督促职能部门向 81 家用人单位依法追缴残保金 340 多万元，维护残疾人合法权益。保障农民工依法取酬，支持农民工起诉 11 件、帮助追回欠薪 160 多万元。

【社会治理参与】　2022 年，梅州市检察机关坚持和发展新时代“枫桥经验”，办理群众来信来访 1167 件，均在 7 日内告知受理情况、3 个月内答复办理过程或结果。对 193 件疑难复杂案件开展公开听证，加强以案释法，实现办案“三个效果”（政治效果、法律效果和社会效果）有机统一。针对监督办案中发现的普遍性、苗头性问题，向相关职能部门发出堵漏建制、完善治理的检察建议 100 份，防范违法犯罪反复多发。

【刑事检察】 2022年，梅州市检察机关与公安机关共同设立侦查监督与协作配合办公室，实现市县两级全覆盖，监督立案52件、撤案27件，追捕追诉112人，对侦查活动违法情形提出纠正意见76件。强化刑事审判监督，对认为确有错误的刑事裁判提出抗诉5件，对刑事审判活动提出纠正意见9件。办理减刑、假释、暂予监外执行案件2327件。针对刑事执行违法违规情形提出纠正意见176件。跨市开展监狱交叉巡回检察，并对全市8个看守所、75个司法所开展巡回检察，监督整改问题69个。

【民事行政检察】 2022年，梅州市检察机关办理民事行政检察案件295件。开展诉讼费用应退未退专项监督，提出检察建议20件，推动完善诉讼费退费流程。深化虚假诉讼防治，监督纠正虚假诉讼9件。开展“全面深化行政检察监督，依法护航民生民利”专项活动，办理案件177件。推进行政违法行为监督，提出检察建议28件。梅州市人民检察院在全省行政检察工作会议上作经验介绍。

【公益诉讼检察】 2022年，梅州市检察机关开展“梅检益心”公益诉讼检察工作品牌三年行动，保护梅州红色资源、生态环境和自然资源。围绕食品药品安全、国有财产保护等法定办案领域立案办理公益诉讼案件633件。注重“双赢多赢共赢”，建立磋商机制，办理诉前程序544件，整改率100%。依法提起刑事附带民事公益诉讼案件36件，努力将案件办成“法治样本”。开展红色遗址、文化遗产保护公益诉讼专项监督，推动保护相关遗址106处。广东省人大常委会到梅州开展公益诉讼工作执法检查，对梅州公益诉讼检察工作表示肯定。

【改革创新】 2022年，梅州市检察机关严格落实司法责任制，完善员额检察官进退留转机制，常态化开展案件倒查追责问责。坚持创新思维破解发展难题，实施“梅检益心”公益诉讼检察、“梅检扬帆·未来有你”未成年人检察等2个工作品牌建设三年行动，以品牌实践提升梅州检察影响力。实施数字检察战略，出台2023—2026年科技强检计划，公益诉讼大数据应用平台被确定为全省检察改革创新项目。建立专业技术人员辅助办案机制，从自然资源、生态环境、审计等行政机关聘任56人担任特邀检察官助理，借智为检察办案提供专业技术支撑。

【梅州市人民检察院党建文化品牌获评“2022年度全省检察机关十佳文化品牌”】 2022年，梅州市人民检察院党建文化品牌“苏区红+检察蓝 党建引领铸检魂”获评“2022年度全省检察机关十佳文化品牌”。梅州市人民检察院弘扬苏区精神，赓续红色血脉，立足新发展阶段，持续推动党建工作与检察业务、法治文化建设深度融合，通过“党组引航+支部发力+先锋示范+载体助力”四个抓手，丰富党建内涵，形成“苏区红+检察蓝 党建引领铸检魂”党建文化品牌，用“苏区红”引领铸就奋斗之魂，“检察蓝”创新履职正义之路。该院还深化护航民营企业健康发展、进行生态环境领域公益诉讼、实施“彩虹计划”温暖事实孤儿、服务乡村振兴、保护红色资源、开展扫黑除恶斗争等工作。

（梅州市人民检察院）

法　院

【法院概况】 2022年，梅州市两级法院受理各类案件4.52万件，审结4.38万件，结案率96.9%；其中，梅州市中级人民法院受理各类案件5328件，审结5186件，结案率97.33%。获市级以上表彰奖励先进集体和个人34个，梅州市中级人民法院黄伟玲获评全国法院办案标兵，兴宁法院行政庭获评全国法院行政审判工作先进集体。

【审判执行总体情况】

刑事审判　2022年，梅州市两级法院审结一审刑事案件1621件，判处罪犯1828人。对805名被告人适用非监禁刑或免予刑事处罚，一审刑事案件认罪认罚从宽适用率86.67%。严惩涉国家秘密、邪教等犯罪，依法稳妥审结美籍华人糜某军等涉外刑事案件。常态化推进扫黑除恶，严惩刘某山、曾某雄等涉黑恶犯罪团伙，审结一、二审涉黑恶案件18件128人，重刑率77.03%，处置“黑财”1196.74万元。严厉打击严重刑事犯罪，审结杀人抢劫、涉枪涉爆等严重暴力犯罪案件231件，审结电信网络诈骗等涉众型经济犯罪案件94件4.4亿元，审结涉食药安全、制假售假、危险驾驶等危害衣食住行安全犯罪案件412件。审结骆某任运输、制造954千克毒品等涉毒犯罪案件26件，大宗和源头性毒品犯罪案件连续5年双下降。惩治涉医疗卫生、惠民资金管理使用等群众身边腐败，审结贪污贿赂渎职犯罪案件19件。深入打击整治养老诈骗，审结案件9件，判决退赔金额9089.01万元，判处诈骗老年人2.3亿元的主犯郑某无期徒刑。开展“春雷2022”专项行动，审结侵害妇女儿童权益犯罪案件109件，未成年人犯罪人数比上年下降34%。审结减刑假释案件1066件，审结国家赔偿和行政赔偿案件6件。

民商事审判　2022年，梅州市两级法院审结一审民商事案件2.19万件，标的金额114.73亿元。审结教育、就业、医疗、住房、养老等各类民生案件5425件，为务工人员追回拖欠工资款915.8万元。审结家事纠纷案件3855件，调解撤诉率62%，发出人身安全保护令7份。妥善处理加装电梯、安装充电桩、网络消费维权、预付费等纠纷，解决好群众操心事烦心事揪心事。

行政审判　2022年，梅州市两级法院审结一审行政案件317件，行政非诉执行案件198件。

解决执行难　2022年，梅州市两级法院执结各类执行案件1.52万件，执行到位10.73亿元，首次执行案件结案率等3项执行指标居全省第一位，梅州市中级人民法院获评全省法院执行工作专项考评一类法院。联合梅州市公安局建立“查人扣车”联动机制，联动多部门加快“黑财”实物入库，综合治理执行难。强化执行威慑，发布失信名单8198人，限制高消费1.06万人次，移送追究刑事责任6人，促使5753名失信被执行人主动履行法律义务。

【实体经济发展服务】　2022年，梅州市两级法院贯彻新发展理念，率先出台《梅州法院关于为促进实体经济高质量发展提供司法服务和保障的实施意见》，推出15条服务保障措施，全面对接实体经济发展司法需求。服务苏区融湾，审结涉园区建设、交通基础、新兴产业等案件61件，依法保障重大项目快速落地。持续为企业提供优质司法服务，与工商联建立9项沟通联系机制，设立9个产业园区诉讼服务点，走访重点企业224家。构建“严保护、快保护、大保护、源保护”知识产权司法保护工作格局，实施一审知识产权案件集中管辖改革，审结知识产权案件277件。

【营商环境优化】　2022年，梅州市两级法院审结涉企纠纷案件4075件，为中小微企业收回拖欠账款7.34亿元，“保障企业快速回款系列案”入选广东法院助力中小微企业发展典型案例。帮助市场主体渡过难关，综合运用绿色通道、活封活扣、暂缓执行、信用修复等司法举措，帮扶173家企业复工复产。审结破产案件6件，推动3家企业通过重整走出困境，盘活资产4700多万元。

【乡村振兴服务】　2022年，梅州市两级法院助力梅州柚、嘉应茶等梅州品牌做大做强，审结涉县域产业、特色农业等案件965件。服务撂荒耕地复耕复种，审结农村土地流转纠纷47件，护春耕工作被《人民法院报》报道。审结全国重点文物保护单位光禄第等古建筑纠纷案，促进文旅产业健康发展。服务创建全国足球发展重点城市，妥善审理梅县富力足球学校合同纠纷案。

【生态环境保护】　2022年，梅州市两级法院推进环境资源审判创新发展，设立环境资源审判工作专家库，建立“一案三报告”机制，审结各类环境资源案件195件。连续3年发布山火犯罪典型案例，收案数比上年下降71%。依法严惩走私4441吨“洋垃圾”犯罪，及时化解涉平远茅坪风电场项目纠纷，妥善处置梅县33.22吨液态磷脂油泄漏污染环境责任纠纷。

2022年12月2日，梅州市中级人民法院选派法官到梅州市职业技术学院、梅江区学艺中学开展“宪法进校园”主题法治课活动　（黄基烽　摄）

【风险防范化解】 2022年，梅州市两级法院坚决守住不发生系统性金融风险的底线，依法审理紫晶存储、广东明珠等上市公司经济纠纷，运用金融纠纷多元化解机制妥善处置金融纠纷8155件。全力服务保交楼，健全“府院联动、专班审理、一楼一策”工作机制，审结涉梅江恒大御景、丰顺新蓝天城等问题楼盘案件558件。坚持领导干部带头接访、包案化解，成功化解林某胜等91件涉诉信访案件。

【司法改革】 2022年，梅州市两级法院落实司法责任制，全程留痕监督“四类案件”。严把案件质效关，开展庭审评查、发改案件评析181场，评查自查裁判文书6454份。深化繁简分流改革，一审简易程序和小额诉讼程序适用率87.74%，7类案件中有5类案件平均审理周期全省最短。建立诉前调解司法鉴定前置制度，长期未结案件比上年减少54.17%。推进环境资源审判、知识产权审判“三合一”改革、执行“三项机制”改革落地运行，推进四级法院审级职能定位改革，着力打造法检良性互动梅州样本，建立常态化法检联席会议制度。

【诉讼服务优化】 2022年，梅州市两级法院推进“三中心一基地”建设，将习近平法治思想融入诉讼服务、调解纠纷、速裁快审全过程，一站式诉讼服务质效评估排名居全省前列，38%的民事纠纷诉前成功调解，速裁快审占比位居全省第二。落实三大在线规则，网上办理各类诉讼业务量15.52万件次，网上立案、线上服务、在线庭审成为法院工作新常态。推动基层服务设施提档升级，新建审判法庭，完善修缮诉讼服务中心、人民法庭40个，新增互联网法庭、科技法庭41个。

【社会治理创新】 2022年，梅州市两级法院推出人民法庭建设“六项工程”，优化综合法庭、专业法庭、特色法庭、巡回审判点四类布局，就近就地为群众化解矛盾纠纷7122件。构建“庭、站、点”三位一体融合共治工作格局，依托24个人民法庭、97个诉讼服务站、35个基层诉讼服务点，全覆盖开展诉前联调和诉讼指引2240次。大埔、梅县等法院与基层共建的24个“无讼村居”保持零诉讼记录。全市万人成讼率比上年下降4.05%。发布环境资源、知识产权、养老诈骗等14个系列专题典型案例。开展“法律六进”活动182场，播出《法庭内外》等普法节目157期，打造蕉岭山歌剧普法、五华圩日送法等特色普法项目，4个项目入选全省法院“百项精品普法”。建成青少年法治教育基地和模拟法庭6个，开展案例教学、防欺凌宣讲，持续提升青少年法治素养。开展“为群众办实事示范法院”创建活动，聚焦6大方面46个关键环节改进工作，不断密切与人民群众血肉联系。

【防疫司法保障】 2022年，梅州市两级法院线上“零接触”司法服务，审结涉疫纠纷案件716件，依法及时解除冻结、查封、扣押等强制措施8479次；为困难群体减免诉讼费和发放司法救助金360.51万元。全市法院408名党员干警奔赴一线抗疫。

【接受监督】 2022年，梅州市两级法院邀请代表委员旁听大案要案、见证执行行动、开展专题视察等370人次，办结4件提案建议，重点督办建议全部转化为改进工作的具体措施。依法接受法律监督，审结抗诉案件3件，改判1件。坚持阳光司法，上网裁判文书7307份，庭审直播6436场，149.43万人次在线观看。贯彻司法民主，一审普通程序案件人民陪审员参审率59.12%。

【梅州法院行政争议全程协调解纷机制获评广东法院“抓示范促改革惠民生”改革示范项目优秀项目】 2022年，梅州法院行政争议全程协调解纷机制获评广东法院“抓示范促改革惠民生”改革示范项目优秀项目。该机制通过诉前推动行政争议就近、属地、实质化解，诉中推动各级党委、政府、人大、基层党组织协同疏导化解，诉后开展源头治理，取得良好成效，全市法院诉前调解成功率47.87%，超过1/3的行政争议解决在诉前和诉中。推动建立出庭应诉绩效考核机制，行政机关负责人出庭应诉率高出全省平均水平21个百分点。持续推进法治政府示范创建，发布首份行政审判白皮书。府院联动不断深化，组织402名领导干部旁听案件庭审，提升行政机关依法行政水平。

（梅州市中级人民法院）

司法行政

【司法行政概况】 2022年，梅州市除市司法局外，有县（市、区）

司法局 8 个，乡镇（街道）司法所 112 个；强制隔离戒毒所 1 个、戒毒康复所 1 个；律师事务所（不含法律援助机构、公职所）48 家；公证机构 9 家；司法鉴定机构 4 家；法律援助机构 9 家、公职律师事务所 9 家；仲裁机构 1 家；人民调解组织 2213 家。全市司法行政系统有公务员 697 人，戒毒警察 75 人，执业律师 502 人，公证员 34 人，司法鉴定人 37 人，仲裁员 61 人，人民调解员 13063 人。

【社区矫正】 2022 年，梅州市司法局依法推进社区矫正工作。筹备召开梅州市社区矫正委员会第一次会议，总结工作经验，谋划下一步工作；完善社区矫正风险研判分析机制，每季度召开全市矫情分析会。根据疫情防控形势，要求各县局实时掌握在矫对象情况，同时以微信、电子定位等方式及时核查社区矫正对象动态情况；开展远程视频会见工作，为现场会见探访工作“补位”，全年全市开展远程视频会见 2280 宗 4806 人次。加强涉政治、涉黑、涉恐、涉暴等五类重点人排查管控，有针对性地开展教育帮扶；通过巡查监控等方式，强化监管工作，全年抽查 82 个镇（街）、1351 人次；推动将社区矫正对象纳入城乡社区网格化管理，将社区矫正对象信息推送到公安机关，建立出行购票、住宿及被采取强制措施等信息的即时通报机制。全年全市社区矫正对象无一人脱管、漏管。

【安置帮教】 2022 年，梅州市各级安帮机构依靠当地疫情防控“三人小组”的作用，把好刑释人员衔接关，制订针对性的帮教计划，落实帮教措施，帮助他们顺利回归社会。全年全市接收刑释人员安置率、帮教率均 100 %。

【法律服务】 2022 年，梅州市司法局全面加强公共法律服务。全市建成 9 个公共法律服务中心、2361 个公共法律服务工作站（室），实现市、县、镇、村四级“中心 + 站 + 室”无缝衔接，发挥平台作用，全年为群众提供法律服务 33279 次；组织 34 名公职律师进驻广东法律服务网、粤省事法律服务专区，全年为群众提供法律服务 2325 次；对接“12348”“12345”服务热线，全年为群众解答法律咨询 6645 次；规范统筹管理全市公证、司法鉴定、法律援助工作，全年全市公证机构办理公证业务 7581 件，4 家司法鉴定机构办理业务 1638 件；牵头组织法律援助案件质量同行评估，协助评选推荐法律援助典型案例，其中 1 例（梅州市大埔县法律援助处指派张旭明律师对赖某某涉嫌过失致人重伤罪提供法律援助案）被省厅、省律协评为 2022 年刑事法律援助十大典型案例之一。

【法律援助】 2022 年，梅州市司法局抓住法律援助列入市、县“十大民生实事”项目的契机，制订出台实施方案，开展法律援助申请“市域通办”工作，提前一季度完成民生实事项目任务；接受市、县人大代表对梅州市法律援助工作的视察，听取人大代表意见建议，推进法律援助工作；做好刑事案件律师辩护全覆盖试点工作，保障刑事被告人均能获得律师为其提供辩护或法律帮助；通过“进校园、进社区、进园区”等形式，开展“法援惠民生”等系列宣传活动，宣传与群众生活密切相关的法律法规，引导群众以法律途径解决矛盾纠纷、维护合法权益。全年全市办理法律援助事项 4323 宗（不含法律咨询数），占年度任务的 144.1%，其中法律援助案件 3209 件、代书 291 件、见证认罪认罚 823 件，做到 100%应援尽援；接待法律咨询 8942 人次，参与法律宣传咨询活动 80 场次。

【律师管理】 2022 年，梅州市司法局依法依规做好律师和律所的行政审批管理工作，优化行政审批项目流程清单，方便群众实现网上办事，提升工作效率，全年审批律师执业许可 66 人、律所 4 家；保障律师执业权利，做好对律师投诉的处理工作，收到投诉 3 件，其中 1 件立案并及时进行查处；开展涉律师行政审批专项治理和行政处罚案卷专项评查，严格做好律师事务所和律师年度考核工作，对律师事务所规范化建设进行专项检查，巩固律师行业突出问题专项治理成果；组织全市律所主任、村（社区）法律顾问、涉外律师人才等专题业务培训；优化配置顾问律师资源，全市 2263 个村居（社区）均配备法律顾问，449 名顾问律师全年举办法治讲座 9403 场次、提供法律咨询 26618 次、出具法律意见书 793 份、实施法律援助 21 宗、参与调处矛盾纠纷 241 宗，推进基层依法治理；组织全市律师开展“做党和人民满意的好律师”“服务为民走基层”等实践活动，引导党员律师深入基层、贴近群众开展公益法律服务，先后开展主题活动 22 场次，线上普法直播 2 场次，服务群众 3000 多人次；组织全市律师开展“一所惠十企”“百所兴百村”“千所联千会”等系列活动，践行“人民律师为人民”理念，先后开展法治讲座120多场次、法治宣传20场次，受众达2万多人次；组织律师服务团积极为梅州市重大经贸活动提供法律服务保障，为民营企业开展“法治体检”等活动。

【人民调解】 2022年，梅州市在全市司法行政系统开展贯穿全年的基层矛盾纠纷大排查大化解专项行动，整合各类调解资源，推动矛盾纠纷源头预防、实质化解，全年全系统受理调解案件1.65万件，调解成功率98.5%，全市无“民转刑”案件；深挖本地调解人才资源，至年底全市设立23家个人品牌调解工作室，梅州市经验获人民网宣传报道；宣传梅州市人民调解工作成效，与梅江区局合作拍摄的《人民调解暖民心 法治同行促振兴》宣传片，获得广泛好评。

【戒毒康复】 2022年，梅州市司法局持续强化戒毒工作。抓紧抓实抓细疫情防控工作，先后6次优化调整干警值班执勤模式，落实“人、物、环境”同防要求，着力加强受感染戒毒人员的治疗管理。抓好安全稳定工作，实施“严执法 强管理 清隐患 保安全”“赢百天决战、保百分安全”等专项活动，推进安全生产专项整治三年活动，推进隐患治理和清零，实现场所连续21年安全“六无”目标。深化统一戒毒模式，科学调配机关警力充实到基层一线，规范科学专业戒治、丰富教育戒治手段、创新教育形式，提升戒毒人员教育戒治质量。发挥戒毒职能优势，组织到学校、社区开展禁毒普法宣传，支持指导社区戒毒工作，参与乡村振兴工作。依法收治和管理戒毒人员，严格执行押遣收治规定，严格每月考核评估，接受社会、戒毒人员及其家属监督。

【梅州市法律援助申请实现市域通办】 2022年，梅州市各法律援助机构全面推行法律援助申请“市域通办”，有受理权的法律援助机构对通过市域通办机制提交的法律援助申请实行无差别化的受理、审查和组织办理。法律援助受理环节不再受层级和行政区划限制，群众申请法律援助向“就近跑一次”转变，大大节省申请群众的时间和金钱成本。 （梅州市司法局）

仲裁

【商事仲裁】 2022年，梅州仲裁委员会受理仲裁案件59件，案件标的总额6.5亿元，比上年增加5.9亿元，增长9.8倍。物业类、租赁类和建设工程类案件数量占比超过50%，股权转让类案件标的额大。全年结案108件，其中调解结案64件，调解率59.25%。2022年，梅州仲裁委员会无被人民法院裁定撤销仲裁裁决的案件。

【劳动人事争议仲裁】 2022年，梅州市劳动人事争议调解仲裁机构立案受理各类劳动人事争议案件5249件，涉及劳动者人数5684人，涉案金额9720.14万元，比上年分别上升30.31%、40.24%、64.70%，仲裁结案率99.45%，完成计划指标任务的104.68%，调解成功率88.22%，完成计划指标任务的117.63%。其中，仲裁机构立案受理劳动人事争议案件1975件，涉及劳动者人数2410人，分别上升7.4%、29.29%；全市企业劳动争议调解委员会、乡镇（街道）人力资源社会保障中心等基层调解组织受理劳动人事争议案件3274件，涉及劳动者人数3274人，分别上升49.57%、49.57%，达成调解协议案件数3274件。法定审限内结案率连续11年达100%，超额完成省下达的指标任务。

（梅州市司法局 梅州市人力资源社会保障局）

责任编辑：陈旭芳

军　事

梅州军分区

【梅州军分区概况】 2022年，梅州军分区紧盯政治之年、大事之年、备战之年的形势任务要求，按照“举旗铸魂固根本、聚焦打赢强备战、全面从严正风气、振奋精神抓落实”的思路，抓好战备训练，完成国防动员专业队伍组建任务，持续深化国防动员后勤综合保障，全面从严治军，加强全民国防教育。

【战备训练】 2022年，梅州军分区落实党委议战议训制度，围绕担负的国防动员任务做好研案、制案、落案工作。严格按照《梅州市贯彻落实〈广东省“十四五”时期民兵建设发展计划〉的具体措施》抓好民兵整组工作，召开任务部署会、试点观摩会、潜力会审会、问题整改推进会，层层压实责任。到编兵单位和企业走访调研，摸清民兵分布潜力，完成民兵潜力数据调查和基干民兵整组任务。采取“基础科目集中轮训、通用专业在岗自训、任务行动建制研训”模式，完成年度基干民兵训练任务。先后动员民事力量参加上级各类演训演练活动。

【国防动员】 2022年，梅州军分区完成潜力数据采集更新和国防动员专业队伍组织整顿任务。严格落实《军事训练大纲》，组织新入职的专武干部进行集中培训。印发《基层武装部规范化建设指导手册（乡镇、街道武装部）》，组织全市专武干部参观梅江区长沙镇、梅县区程江镇武装部建设，统一建设标准，推进基层人民武装部规范化建设。强势开展征兵宣传，召开“传承叶帅精神、建功火热军营”企业青年应征入伍宣传发动会，增设高校征兵工作站，拓宽视力矫正补助范围，到教育、公安等部门核准符合年龄条件的大学毕业生信息，分片包干、登门入户、一人一策、精准发动，完成年度征兵任务。

【综合保障】 2022年，梅州军分区坚决落实军费管理体制改革要求，持续深化国防动员系统后勤重点行业领域整肃治理攻坚活动和军队资产累积性难题“两年攻坚行动”，突出抓好军费调整改革后预算科目编制，推动资金集中收付，规范报销结算手续。指导梅江区和梅县区完成兵器室、弹药室建设，在梅县区人武部兵器室设置规范化建设观摩示范点，牵头组织粤东地区新式桥车和军分区装备管理集训，提升武器装备管理使用正规化水平。协调梅州市人民医院为官兵、文职人员、职工及家属办理军人就诊卡，畅通优质就医渠道。做好疫情防控工作，及时修订本级防控预案，补充各类防疫物资器材，应对疫情风险挑战。

【从严治军】 2022年，梅州军分区坚持把安全工作纳入党委议事日程、纳入全面建设总体布局、纳入部队经常性教育管理和战备训练，定期召开安全形势分析会，落实经常性检查督导机制，紧紧抓住安全管理“17个重点要素”，常态组织隐患排查整治和安全风险评估，加强对重点目标、重大活动、重要节日等敏感时节安全管控。先后开展安全大检查、保密工作专项整治、微信泄密专项整顿、“四严四整”教育整训、军事网络安全加固行动、未爆弹药清理整治、“百日安全活动”等活动，突出抓好军车安全运行、枪弹安全保管、涉密信息安全管控、重大活动风险防范，规范文印室运行和网络、手机使用管理。

【全民国防教育】 2022年，梅州军分区贯彻落实《广东省国防教育条例》，结合新时代爱国主义教育“三好一正”工程，持续开展国防教育“六进入”活动。继续办好《国防视窗》专栏，利用各种新媒体多渠道宣传国家安全形势、国防知识和军人风采。以国防教育进校园为突破口，与梅州市国教办、团委、教育局联合，推动在市本级和县（市、区）分别重点建设一个国防教育示范学校，争创省级国防教育示范学校。后投入50多万元，支援梅县东山中学、梅州市职业技术学院、平远县仁居镇中心小学、大埔县三河红军小学等学校建设国防教育长廊，完善国防教育配套设施，捐赠党史军史学习教育画册，开展国防教育系列活动。梅州军分区、各县（市、区）人武部组织国防教育进校园、进机关、进社区30余场次。

【拥政爱民】 2022年，梅州军分区落实上级关于参与乡村振兴有关指示要求，投入60多万元集中援建“八一”爱民学校、“八一”红军小学、退役军人事务站，协助省军区政治工作局在平远仁居举办“1＋9＋15”跨域帮扶任务部署会。主动承担急难险重任务，先后组织出动官兵和民兵9661人次、车辆672辆次，参与疫情防控、扑灭山火、抗洪抢险、重大活动安保等任务。2022年6月22日，组织干部民兵驰援清远英德抗洪抢险，安全转移群众294人，卸载物资150吨，受到省防总、省军区、省应急厅的充分肯定和当地人民群众的高度赞誉。 （汤　维）

武警梅州支队

【武警梅州支队概况】 2022年，中国人民武装警察部队梅州支队（简称武警梅州支队）坚持以习近平强军思想为指导，贯彻总队党委决策部署，坚定举旗铸魂，大抓练兵备战，全面夯基固本，从严正风肃纪，先后7次被总队评为“先进支队”。部队主要担负广东省梅州监狱的看押任务、梅州地区五县一市二区看守任务和反恐、处突维稳、抢险救灾等任务。年内，武警梅州支队按照上级党委工作部署，科学统筹谋划、凝心聚力抓党建，严格执勤战备、狠抓军事训练，固定勤务实现连续40年执勤目标安全无事故，全年完成春节、“七一”、国庆、党的二十大期间联勤武装巡逻任务。

【练兵备战】 2022年，武警梅州支队牢固树立“执勤就是主责主业，训练就是支撑保障”的理念，着力提升打赢能力。学习贯彻武警部队执勤安保规范化网上集训精神，研创“五个先行”（法规先行学、基础先行改、制度先行统、类型先行抓、重点先行研）思路，开展“四学四练”（学集训精神、学法规制度、学典型案例、学建设规范；练基本功、练流程、练汇报方案、练情况处置）活动，建立“日检查、周讲评、月通报”管勤机制，强化组勤管勤的精细化、严实度。贯彻训词训令，严密组织首长机关训练、教练员集训和“魔鬼周”训练，每月组织军事体育及指挥技能考核，大兴训练热潮，2人被总队评为“优秀教练员”。严格落实特战队员选拔、淘汰、补充和月考机制，参加总队狙击手比武获狙击小组第2名、团体第9名。对照“3＋1”战备力量体系建设标准，动态修订6类15份战备方案，完成作战勤务值班室、战备综合库、作战数据库、指挥训练器材室、信息保障站升级改造，突出“五快”（携装快、出动快、到位快、展开快、处置快）训练和战备值班力量“四个规范”（携装标准、出动时间、出动时机、枪弹管控规范），常态组织战备拉动演练，部队始终保持箭在弦上的戒备状态。

【按纲建队】 2022年，武警梅州支队开展“熟悉部队、熟悉官兵、熟悉基层工作”和“三个一”活动，重点帮建支部、帮抓骨干、帮带工作，搞好分类指导，突出重点抓；每月跟踪指导，蹲在一线抓；盯住难点指导，主动靠上抓。对主官调整、基础薄弱的中队实施精准帮建，对连续5年未评先进的2个中队实施重点帮建。始终秉持“办公室就在基层”的抓建理念，针对基层困难和需求，开展“锤炼思想作风，提高党委班子解难帮困能力”活动，建立“基层有所盼、机关立即办”机制，全年班子成员6次到中队集体办公，改善官兵学习生活条件，基层发展总体均衡。

【人才培养】 2022年，武警梅州支队抓实新任基层党组织书记培训成果转化，结合“三个活动日”（军事活动日、政工活动日、保障活动日）等时机，普遍开展“五个一”活动，实现以会代训、以考促学、提高本领。着眼“能力缺、阅历浅”的实际，抓实毕业学员强化训练、当兵锻炼、代理骨干三个阶段工作，通过“搭台子、压担子、铺路子”，提高年轻干部“四种能力”（一心向党的政治能力、一马当先的专业能力、一往无前的开拓能力、一抓到底的落实能力）。踩实深入摸底、“三考一评”、兵员调整、岗位固化、编制优化、补差培训等步骤，推进警士编制细化固化。制订《加强“优秀军事教练员”“优秀政治教员”队伍建设措施》《加强“六会”参谋人才队伍建设措施》，抓实“选、配、训、管、帮”环节，开展“岗位大练兵”活动，推动岗位成才、学历升级，全年多名战士考取军校。

【从严治军】　2022 年，武警梅州支队推行硬件设施一个标准、设置规范一个模式的精细化理念，组织文本登记填写培训和部队正规化管理观摩会，对内务设置、军容风纪、物品摆放等进行逐一规范。常态开展学用条令活动，纠治管理领域问题清单，清除“土规定”“土政策”。搭建“五查一跟”（查教、查勤、查训、查管、查伙；通过网络远程跟踪管控）远程管控平台，建立“四不两直”检查督导机制，每周抽查、半月覆盖、录像讲评，督导基层立说立行立改，部队正规化、精细化水平不断提升。注重发挥安全协调督导机制效能，落实安全工作“年台账—季讲评—月提示—周学训”机制运行，完善用好“四个坚持”抓手，抓实党委议安全、风险评估、分析预测等制度。发挥“四会安全员”效能，常态组织群众性创安活动，灵活将安全元素注入营区营院、灯箱橱窗、门厅走廊等醒目位置，让官兵在潜移默化中受熏陶、受教育。坚持零报告、周汇总、月分析、季结账，加强预报预警，排查风险隐患。

（武警梅州支队）

人民防空

【人民防空概况】　2022 年，梅州市人民防空办公室强化政治担当，贯彻落实总体国家安全观和新时代军事战略方针，深化国防动员体制改革，做好应对强敌军事斗争准备，以数字化、体系化、融合化、实战化人防建设为主线，着力调结构、补短板、促转型、建体系，持续推进人防“五大体系”建设。

【通信指挥】　2022 年，梅州市人民防空办公室持续推进人防指挥通信建设，开展岗位练兵、实战化演习和区域协同训练，已建的各信息化系统训练有序开展，设施设备有较好的保养维护。参加全省机动指挥平台专项训练，组织开展市、县两级人防视频会议系统训练。进一步提高指挥通信保障能力。完善预警报知系统，加强人民防空警报设施维护管理，建立警报设施维护管理档案制度，提升人防警报系统的现代化和信息化水平。在“9·18”抗战纪念日组织开展全市防空警报试鸣活动，警示广大人民群众铭记历史，勿忘国耻，同时检验全市防空警报设备的性能和效果，警报鸣响率和音响覆盖率均达到 100%。

【人防工程】　2022 年，梅州市人民防空办公室严格落实省结合民用建筑修建防空地下室审批工作指引，坚持人防工程建设与城市建设相协调、与城市功能开发相结合，推进人防工程提质增量，增强城市防护能力。加强人防工程质量安全监管，开展全市人防工程防护设备质量检测工作，将防护设备质量检测纳入人防工程竣工验收重要内容；结合“安全生产月”“安全生产万里行”活动以及消防安全专项整治活动，组织开展安全专项排查，对结建式人防工程、人防指挥工程、政府投资的公共人防工程和属地的人防企业进行安全风险排查，实施重大风险管控挂牌警示，做好重大活动、重要时期人防领域安全工作，确保安全形势稳定。

【人防依法行政】　2022 年，梅州市人民防空办公室继续贯彻落实省人防领域廉政问题专项整治工作要求，持续抓好问题项目整改，建立人防领域廉政问题清单，逐一对账销号。持续推进工程建设项目人防领域审批制度改革，进一步优化审批流程、缩短审批时间、规范审批工作。督促和指导县级主管部门落实主体监管责任，加强城市新建民用建筑修建防空地下室审批把关，通过政策辅导、现场走访、约谈提醒、行政处罚等方式，杜绝违反修建防空地下室规定的建设行为。

【人防宣传教育】　2022 年，梅州市人民防空办公室以人防宣传教育“五进”（进学校、进社区、进机关、进企业、进网络）工作为载

2022 年 5 月 11 日，梅州市人民防空办公室联合梅江区应急局在白马社区党群服务中心开展以“减轻灾害风险 守护美好家园”为主题的“5·12”全国防灾减灾日人防宣传进社区活动　（梅州市人民防空办公室供图）

体，开展形式多样、内容丰富的宣传教育活动。到梅江区白马社区开展“减轻灾害风险守护美好家园”活动。向社区群众、学生发放人防宣传用品。租赁邮政视频机在政府、小区、企业、商场等楼宇播放人民防空宣传知识视频。利用《梅州日报》、掌上梅州、“梅州政务”微信公众号等抓好人防知识宣传，进一步提高国防观念和人防意识。选派人防干部赴军队院校参加集训，组织开展全市人防系统业务培训，全面提升全市人防干部职工理论水平和业务能力。

（梅州市人民防空办公室）

退役军人事务

【退役军人事务概况】 2022 年，梅州市退役军人事务局以“退役军人获得感成色更足”为主线，打造梅州退役军人工作特色品牌。实施退役军人服务中心（站）能力提升工程，组织退役军人服务保障体系政策法规知识学习活动，巩固星级示范创建和红色站点建设成果，推动全市 61 个退役军人 100 人以上（社区）服务站开展示范创建。

【服务保障】 2022 年，梅州市退役军人事务局推进优待证申领办理工作，常态化走访联系退役军人，办结服务事项 4826 项。发放退役军人应急救助资金，帮助困难退役军人家庭解困。开展军休服务管理机构“三个一”（一所一专家、一所一品牌、一所一典型）服务提质工程，梅江区军休所和梅县区军休所老旧小区改造完成。五华县军休活动中心完成前期各种报建、勘察等手续，正在申请办理施工许可证。完成军供保障任务，保障过往部队的批次、人数和获赠锦旗数量创历年新高。复退军人医院、光荣院、军休所落实重点场所疫情防控要求，确保服务对象的生命安全和身体健康。

【双拥工作】 2022 年，梅州市退役军人事务局深入驻梅部队开展走访慰问，做好军供保障，服务部队练兵备战。做好双拥模范城（县）中期考评工作，开展梅州客家菜预制菜“兴宁鸽”慰问西藏边防部队活动，捐赠物资价值达 70 万元。开展“双拥在基层”“情系边海防官兵”“军政共建友谊林，携手植树添新绿”等拥军优属活动。

【优抚褒扬纪念】 2022 年，梅州市退役军人事务局为优抚对象发放抚恤补助 2.08 亿元、医疗补助资金 1173.8 万元、节日慰问金 261.27 万元。组织优抚对象参加短期疗养，完成残疾等级评定、抚恤关系迁移等审核。组织开展清明祭英烈网上祭扫、“9·30”公祭烈士活动。牵头 20 个部门印发退役军人和优抚对象优待目录清单，推荐雁南飞景区纳入退役军人事务部电子优待证试点工作。推动平远县革命烈士陵园申报 2023 年“十四五”期间社会服务设施兜底线工程。

【移交安置】 2022 年，梅州市退役军人事务局落实优先安置政策，加强与编办、人社、公安等部门沟通协调，提供更有利于退役军人发展且符合自身特点的岗位，完成军转干部、退役士兵、伤残军人、随军家属安置就业任务，安置率、满意率均达 100%。

【思想政治工作】 2022 年，梅州市退役军人事务局强化先进典型引领，宣传退役军人工作成绩和退役军人先进典型事迹。组织开展“老兵永远跟党走”系列活动，组织全市退役军人事务系统学唱歌曲《领航》和《退役军人之歌》，唱响新时代昂扬奋发的主旋律。制作并发布宣传“老兵口述历史”。平远县石正镇村医、退役军人凌育坤获2022年“广东好人”称号。退役军人志愿服务队与服务体系互相赋能更加紧密，组织退役军人开展各类志愿活动1309场次。

【退役军人就业创业】 2022年，梅州市退役军人事务局开展就业创业大调研活动，做好退役军人适应性培训，开展退役军人现代学徒制专项试点、退役大学生士兵免试专升本工作，设立跨境电子商务专业梅州教学点，为退役军人提供高职培训。举办粤东片区退役军人网络招聘月活动和退役军人专场招聘会5场次，帮助退役军人达成就业意向。举办梅州市第一届退役军人创业创新大赛，发放退役军人一次性创业资助42万元、创业租金补贴31.2万元。

【梅州市稳步推进县级以下烈士纪念设施整修】 2022年，梅州市退役军人事务局制订1864座散葬烈士墓的整修计划，推进县级以下烈士纪念设施应迁尽迁、应修尽修。截至年底，陵园内管理1798座、陵园外管理66座，集中迁移率96.4%，高于上级不低于80%的工作要求。

2022年8月15日，梅州市第一届退役军人创业创新大赛举办

（梅州市退役军人事务局供图）

【梅州市全面启动优待证申领制发工作】 2022年6月15日，梅州市退役军人事务局全面启动优待证申领制发工作，集中为全市符合条件且有意愿申领的退役军人、“三属”（烈士遗属、因公牺牲军人遗属、病故军人遗属）全面办理优待证。制订并印发《梅州市退役军人和其他优抚对象优待证申领制发工作实施方案》，出台加强军人军属、退役军人和其他优抚对象优待实施办法，印发退役军人和优抚对象优待目录清单。

【梅州市推动退役军人农业创业孵化示范基地建设】 2022年，梅州市退役军人事务局制订梅州市退役军人农业创业试点项目工作实施方案，依托梅州农业科技创业与产业孵化优势，按照“整合资源、搭建平台、培育人才、服务‘三农’”的原则，通过“政府扶持引导＋退役军人主题＋农业经营主题＋平台服务支持”的发展服务模式，探索打造梅州市退役军人农业创业创新服务试点，推进梅州市退役军人“兴宁鸽”产业农业创业孵化示范基地建设，为全市退役军人从事农业创业创新提供全方位服务。

（梅州市退役军人事务局）

责任编辑：陈旭芳

经济监督管理

发展和改革管理

【发展、改革概况】 2022年，梅州市发展和改革局认真落实国家、省、市各项决策部署，围绕中心、服务大局，聚焦重大政策、重大战略、重大项目、重大改革等，强化对全市经济社会发展的统筹协调，完成各项发展、改革工作任务。

【重大政策争取】 2022年，梅州市发展和改革局积极对接《国务院关于新时代支持革命老区振兴发展的意见》等“1+N+X”政策体系及省配套政策，出台实施梅州市行动方案。对接落实北部生态发展区政策，紧抓广东省内产业梯度转移机遇，梳理产业对接需求、制订招商对接清单、提出政策建议，协调相关部门与目标企业和商会协会沟通对接，协调市领导率队与65家珠三角央企、省属国企及知名企业对接洽谈，承接产业转移。对接广东省相关部门建立对口支援老区苏区工作机制，研究提出梅州市对口支援意向名单和帮扶需求并在广东省出台的《省直机关及有关单位对口支援重点老区苏区工作方案》中采纳，由带动力强的24个省直机关、国有企业、中央驻粤机构组成8个帮扶集团，分别对口支援8个原中央苏区县（市、区），为梅州振兴发展带来新机遇。

【宏观经济监测】 2022年，梅州市发展和改革局应对经济下行压力，进一步完善经济运行监测调度机制，累计牵头开展18次全市性季度、半年和年度经济运行调度工作。落实国家和省稳经济一揽子政策措施，印发实施梅州市促进经济稳增长若干政策措施和贯彻落实稳经济一揽子政策的接续政策措施实施方案。印发实施开展重点企业服务活动工作方案，建立市、县领导定点联系服务企业机制，梳理企业提出的问题，协调各级各部门合力解决，总结上报梅州市重点企业服务经验并获省《广东每日汇报》刊登。

【重大战略落实】 2022年，梅州市发展和改革局落实区域协调发展、粤港澳大湾区建设、老区苏区振兴发展等国家重大战略，谋划建设粤闽赣苏区对接融入粤港澳大湾区振兴发展先行区，编制上报《支持梅州对接融入粤港澳大湾区加快振兴发展总体方案》并由国家发展改革委和财政部联合印发，梅州发展首次纳入国家战略层面推进。加强政策对接落实，牵头编制《广东省支持梅州对接融入粤港澳大湾区加快振兴发展实施方案》。

【重点项目建设】 2022年，梅州市发展和改革局成立市重大项目并联审批工作专班，推动项目尽早开工，全年会商107个重大项目，推动70个项目开工建设、2个项目提前投产。与省专班联动，推动嘉元时代10万吨高性能电解铜箔、科捷双面多层HDI（高密度互连）印制板、鸿泰高端线路板、梅州抽水蓄能电站二期、大埔电厂二期、瑞梅铁路、汕梅（汕昆）高速公路改扩建工程等项目开工建设。推动全市226项、年度投资计划305亿元的重点项目完成投资321.7亿元。谋划储备专项债项目212项，总投资1016.57亿元，专项债需求348.48亿元。争取2022年中央预算内资金补助项目19项、中央预算内投资2.95亿元，其中老旧小区项目获得中央补助资金9098万元。4个项目

2022 年 9 月 30 日，梅州市举办瑞梅铁路（广东段）开工建设动员会（林翔 摄）

获得 2022 年省重大项目前期工作经费 2149 万元。全年梅州市发改系统争取中央预算内资金、专项债、金融工具支持基金等 126 亿多元，为历年之最，保障全市促投资、稳经济目标实现。围绕国家政策性开发性金融工具支持领域，全市签约基金项目 12 项、金额 38.98 亿元，已全部投放，投放金额 36.58 亿元。

【营商环境改革】 2022 年，梅州市发展和改革局牵头起草关于服务实体经济持续优化营商环境十条措施。建立全面优化营商环境领导小组及工作制度、营商环境监督员制度，印发深化“放管服”改革全面优化营商环境工作实施方案，牵头做好迎接 2022 年省营商环境评价工作，持续优化营商环境。出台《梅州市关于构建更加完善的要素市场化配置体制机制的实施方案》，提高全要素资源配置效率。

【信用体系建设】 2022 年，梅州市发展和改革局创新开发“信易贷”产品和服务，企业在平台贷款最短仅需 3 分钟就完成授信匹配，在“信易贷”注册企业 4.6 万家，较上年同期增长 79 倍；在生态环境、卫生健康、财政等 17 个领域推进信用分级分类监管；12 月梅州市城市信用状况监测排名较上年同期前进 19 名。

【能源保障】 2022 年，梅州市发展和改革局强化能源保障，印发实施《梅州市能源发展“十四五”规划》，推动广东梅州五华电网侧独立电池储能项目列为省新型储能试点示范项目，梅州（五华）抽水蓄能电站项目、闽粤联网工程（广东段）、500 千伏五华（兴宁）输变电工程全面竣工投产，大埔电厂二期、梅州抽水蓄能电站二期、广东省天然气主干管网“县县通工程”梅州—蕉岭—平远项目、广东梅州五华电网侧独立电池储能项目开工建设。协调中石油、中海油供应管道天然气 822 万立方米，保障梅州城区的用气需求；牵头制订 2022 年有序用电优化方案，发挥专班协调机制作用，引导各用电企业响应号召，密切配合，优先通过市场化需求响应满足电力电量平衡。

【社会事业发展】 2022 年，梅州市发展和改革局加大民生保障和社会建设力度，推进重大项目平台申报，加快补齐公共服务短板，民生底线兜牢兜实。为引进国内高水平医院优质医疗资源，让广大群众就近公平享有便利和优质的高水平医疗服务，最大限度减少异地就医，牵头组织中山大学附属第三医院粤东医院申报建设国家区域医疗中心，成立领导小组、出台支持政策清单，组织完善建设方案，做好国家核查组完成现场核查工作。印发实施《梅州市公共服务“十四五”规划》《梅州市“十四五”时期社会服务设施兜底线工程一揽子整体解决方案》《2022 年梅州市深化收入分配制度改革任务清单》《梅州市促进家政服务业提质扩容 2022 年工作要点》等，推动基本公共服务均等可及，在幼有所育、学有所教、劳有所得、病有所医、老有所养、住有所居、弱有所扶上不断取得新进展。

【粮食物资保障】 2022 年，梅州市发展和改革局强化粮食安全保障，严格落实粮食安全责任制，完成涉粮问题专项巡察反馈意见阶段性整改任务，对全市粮食和物资储备全面加强管理、健全机制、堵塞漏洞。加强梅州市公共卫生应急物资储备，保障人民生命健康和社会经济平稳运行，严格执行广东省财政厅下达应急物资保障体系建设补助资金的要求，用好中央直达资金，实行清单式代储，落实包括防护物资、消杀药剂和消杀器械在内的 18 类市级公共卫生应急社会防疫政府储备物资，总金额 199.85 万元。

【价格管理】 2022年，梅州市发展和改革局加强价费管理，推进农业水价综合改革，完善燃气购销价格联动机制，建立重大民生价格制定工作联席会议制度，做实做细民生工作。

（曾路平 叶广宇 邝丽 杨惠灵）

国有资产监督管理

【国有资本经营概况】 2022年，4家梅州市管企业（嘉城建设集团、金雁工业集团、客都文旅公司、嘉应控股集团）资产总额223.36亿元，比上年增长2.37%，负债总额188.91亿元、增长4.2%，净资产34.45亿元、下降6.68%。4个市管企业全年实现营业总收入37.55亿元、增长28.58%，实现利润总额7578万元、下降28.59%，上缴税费总额1.06亿元、下降24.3%，固定资产投资总额9051万元、增长15.62%。2022年度上缴国有资产经营利润、股利和股息收入共1.84亿元（含补缴历年股利1.6亿元）。

【国企规模实力提升】 2022年，梅州市市管企业重点投资项目15个，总投资26.04亿元，年度计划投资8.2亿元，完成年度投资8.36亿元，完成率102%。其中，市重点项目3个，年度计划投资2.91亿元，完成年度投资4.32亿元，完成率148%，超计划完成年度目标任务。4个市管企业与省属企业在股权投资、水田垦造、光伏资源、人才服务等领域开展实质性合作项目4个，总投资33.5亿元。金雁工业集团金雁电工跻身“2022年广东制造业企业500强”榜单，排293位；嘉城建设集团2022年新签合同额24.3亿元，比上年增长273%，超计划完成年度水田垦造任务；客都文旅公司建成广东首个文旅产业互联网大数据交易平台，中标一汽集团下半年最大的二手汽车竞标项目；嘉应控股集团筹措2.66亿元参与市级可经营性资产竞拍等项目。

【国资监管效能增强】 2022年，梅州市人民政府国有资产监督管理委员会坚持监管与服务并重，进一步强化企业合规管理，制订出台市属企业财务监管办法，出台市属国有企业财务监管负面清单；强化企业债务资金风险管控，加快推动原市级融资平台整合重组，防范化解企业债务风险和法律风险；强化企业安全生产管控，建立市管企业危险源和主要风险点管理台账；强化经营业绩考核，制订《2022年度市管企业负责人经营业绩考核目标任务方案》，促进市管企业主要效益指标实现较快增长，资产回报率稳步提升。进一步优化资本布局，发挥国有资本专业运作平台在服务实体经济发展中的战略支撑和引领保障作用。进一步深化联动合作，加强与五华县、平远县等和部分市直单位的对接交流，推动市管企业创新升级发展，为企业高质量发展保驾护航。

【梅州市国企改革三年行动圆满收官】 2022年，梅州市全面完成省下达的10个方面29项改革任务，完成率100%，国企改革三年行动实现圆满收官。重点在完善法人治理结构、市场化经营机制、国资监管职能转变和三项制度改革等方面取得新突破。广东省国资委国企改革三年行动“回头看”第一工作小组对“梅州大力推进战略性重组和专业化整合，形成发展新优势”以及“梅州建设大额资金支出动态监测系统、‘三重一大’决策与运行平台、财务管理系统、投资管理系统等在线监管系统，提高监管效能”的做法和成效给予充分肯定。

（梅州市人民政府国有资产监督管理委员会）

市场监督管理

【市场监督管理概况】 2022年，梅州市市场监管部门落实市委、市政府和广东省市场监管局、省药监局部署要求，坚持开展“每周督查、每月通报”，防疫情、强执法、保安全、促服务，维护全市公平、稳定、有序的市场秩序。市委主要领导到梅州市市场监督管理局调研，对市场监管工作提出具体要求，部署多项重点工作。

【市场安全形势向好】 2022年，梅州市市场监管领域疫情防控形势总体平稳。抓好农贸市场、冷（冻）库、零售药店销售退热类药品信息登记和疫苗储存运输安全监管等疫情防控工作。全市574个冷（冻）库“冷库通”全覆盖标识数据准确率达100%。全市进口冷链食品从业人员核酸检测七天两检率、第三剂疫苗接种率持续100%。科学发挥零售药店“哨点”预警作用，全年全市共检查零售药店9000多家次，限期整改800多家次，通报医保部门处理92家次。按照疫情防控的政策调整和形势变化，慎终如始落实落细市场监管领域各项工作，在丰顺“10·23”、梅县“11·8”“11·20”疫情防控中，市场监管部门做好相关工作。市场监管领域安全形势持续稳定向好。保障食品安全，推进食品安全“两个责任”工作机制落实。开展各个县（市、区）局“一把手”谈食安系列报道。开展食品安全“守查保”专项行动，梅州市做法被广东省市场监管局通报表扬；推行市场领域综合智慧监管，实现全市1130家学校食堂“互联网+明厨亮灶”全覆盖；持续打造农村食品规范化经营点，梅州市农村食品经营店规范化建设工作作为全省典型素材上报国家总局，1家超市被成功推荐为全省2家优秀农村食品经营规范建设点之一；持续开展“查餐厅”活动，为中高考、中超联赛广东梅州赛区等重大活动食品安全保障。保障药品安全，推动市食安委升格为市食药安委，将药品安全责任考核列入市委、市政府督查检查考核计划，形成药品安全齐抓共管的工作格局。组织开展“两品一械”安全专项整治，加强新冠病毒疫苗的监管，全市共检查零售药店9700多家次，限期整改928家次，日常检查疾控中心8家，新冠疫苗接种单位182家次，实现全覆盖检查。保障特种设备安全，深化电梯安全监管改革，电梯确权率和电梯安全公众责任保险覆盖率保持98%；全面推进气瓶信息电子登记，气瓶涂覆率、登记率达到100%，燃气气瓶充装单位实现扫码充装。制订《梅州市电梯安全管理规定》，明确电梯监管部门责任、创新信用监管工作模式。开展锅炉、“黑气瓶”、压力容器、电梯和超期未检特种设备等专项整治工作，确实保障特种设备安全。保障工业产品质量安全，督促全市系统首次全面使用“广东产品质量监管系统”，进一步提高抽查结果的代表性和科学性，对产品抽查不合格企业可直接进行处罚。落实产品质量信用分类监管经营者1130家（其中A类1101家、B类27家、C类2家），达到提高监管效能目的。强化重点监管产品监管，加强产品质量抽查和检查，全市成品油质量监督抽查批次不合格发现率从2019年的10.30%下降到2022年0.94%。

【市场环境优化】 2022年，梅州市市场监管系统查办案件2622件，结案2604件，比上年增长10.62%，涉案总货值1613.93万元，罚没款1012.90万元，移送公安机关42件。推进“双随机、一公开”监管工作，推行部门联合抽查检查，抽查检查结果录入率、公示率均达到100%。2022年年报公示率96.87%，增长0.82%，连续3年得到省市场监管局通报表扬。推行企业信用风险等级分类管理，建立健全企业信用分类指标体系和权重，梅州市A类（信用风险低）企业1.87万家（占比32.2%），D类（信用风险高）企业6570家（占比11.2%），全市因经营异常名录满三年被列入严重违法失信名单企业1402家。强化实施审慎包容监管，制订《行政执法减免责清单（2022年）》，规定43项行政处罚减免责清单，进一步推行包容审慎监管，稳妥实施柔性执法。制订实施《全面推行涉企联合检查机制实施方案涉企联合检查方案》，完善创新监管方式，进一步提升行政检查效能。持续开展涉企收费专项整治，强化重点时段、敏感时段的民生价费监管，及时纠正某部门不当运用行政命令加重企业负担的行为，为企业减轻负担300多万元。继续推动反不正当竞争执法，制订《梅州市反不正当竞争部门间联席会议工作规则》，推动各县（市、区）建立反不正当竞争联席会议，加大梅州市反不正当竞争工作的协作配合和治理力度。推动创建“商业秘密示范园区”，并取得省市场监管局支持。开展网络交易和广告监管，以“6·18”“双11”期间网络集中促销活动为重点，监测平台网店1.07万家、网站2170家，涉及商品174.05万件，发现违法线索36条，并责令涉事企业限期整改。成立整治借党的二十大进行商业营销炒作专项工作组，坚决整治擅借严肃政治主题进行广告宣传的违法行为。健全广告联席会议制度，突出民生领域重点广告监管，查处违法广告案件37件，罚没11.85万元。进一步畅通消费者投诉渠道，强化消费投诉举报处置工作，全市各级消委会、“12315”机构受理消费者投诉9503件，挽回经济损失451.06万元。

【市场监管工作新格局提升】 2022年，梅州市加快完善市场监管体系。制定梅州市落实“十四五”规划的具体分工方案，推动各项纲要、规划实施取得实效。制订《行政处罚自由裁量权的适用指导意见》《情节复杂或重大违法行为案件机关负责人集体讨论会议规则》，进一步规范行政行为。针对2021年度省对市食品安全、药品安全、政府质量工作、知识产权保护检查考核中存在的问题，及时查漏补缺，完善机制措施，推动工作落实。全面完成省市十件民生实事，实施2022年食品安全“你点我检”活动，累计完成2.15万批次，完成全年任务的100.21%。开展以蔬菜类、水产品类和肉类为主的食用农产品快速检测，完成23.69万批次，占全年计划的139.03%。列入省民生实事的29家市场全部完成改造；列入三年综合治理升级改造的20家市场，按计划已全部动工改造，动工率达100%。谋划市场监管领域对接融入粤港澳大湾区振兴发展工作，多次与市有关部门对接“融湾”事项，梳理需省市场监管局重点支持的主要事项，向省市场监管局争取支持或出具支持性意见，探索有关支持兴宁医疗器械产业园建设工作；谋划在梅州市设立省战略性产业集群知识产权协同运营中心，开展专利导航和高价值专利培育布局；推动广东质量监督加装电梯检验站（梅州站）建设，满足人民群众“安全乘梯，放心乘梯”的需求。

【市场主体活力激发】 2022年，梅州市商事制度改革不断深化。持续优化企业开办服务，全市开办企业时间全流程保持在0.5个工作日办结。将特种设备作业人员考核等25项行政审批事项委托各县（市、区）局审批。做到行政审批事项“100%网上受理”，商事登记事项大部分县（区）实现“100%网上办结”。全面推行经营范围登记规范化，执行全国统一的经营范围登记规范目录。2022年全市新登记市场主体4.59万户，全市共有市场主体34.41万户，比上年增长5.8%。抓好优化营商环境工作，围绕市第八次党代会提出的“狠抓发展第一要务，全面激发内生动力”要求，组成9个调研组分赴8个县（市、区）和高新技术产业园区的43家企业，开展市场监管领域营商环境专题大调研，着力找准市场监管在“放管服”改革中的职能定位，不断优化工作举措，助推梅州市实体经济高质量发展。

【质量发展基础夯实】 2022年，梅州市突出铜箔—印制电路板、建材、陶瓷、纺织品、食用农产品等5类重点产品，开展质量提升行动，夯实重点行业质量发展基础。开展政府质量奖培育活动，助推梅州市1家企业（嘉元科技公司）获第七届省政府质量奖，树立行业质量标杆，带动行业实施新一轮质量提升计划。组织指导梅州市2家企业申报预制菜全产业链标准化试点工作，指导全市企事业单位参与制定国家标准1项、行业标准1项、地方标准6项、团体标准11项。参与省级地方标准立项项目5个。省级标准化试点项目立项5个。参与制订客家菜湾区标准10项。立项新建电动汽车充电桩检定装置等17项计量标准，补齐梅州市强制检定能力短板，提升计量支撑保障能力。开展定量包装商品净含量和限制过度包装监督抽查，严厉打击计量违法违规行为，全市查处计量违法案件34件。全市质量管理体系认证证书保有率提升7%。梅州市在全省率先组织开展有机产品等食品农产品认证专项检查，立案查处案件3件，实现认证机构违规认证案件“零”的突破。

【创新发展动力注入】 2022年，梅州市进一步加强知识产权保护工作。首次成功办结20件电商领域专利侵权纠纷案件，实现“零”的突破。办结的专利侵权纠纷行政裁决案、注册商标专用权侵权案被省市场监管局推荐到国家市场监管总局作为全国指导案例。加强与赣州、龙岩等省际交界地区的知识产权保护交流协作，指导蕉岭与武平、大埔与平和、大埔与永定建立知识产权协同保护机制，推动落实知识产权全链条保护，为红色苏区绿色发展注入知识产权力量。进一

2022年11月17日，首家广东省知识产权保护中心分中心在梅州揭牌
（梅州市市场监督管理局供图）

步拓宽创新主体发展措施，聚焦全市创新型知识产权强市建设，实施知识产权强企计划，组织2家企业挂牌“梅州市高价值专利培育布局中心”，完成不少于93件（其中发明73件）高价值专利申请。全市专利授权量2400件，其中发明专利授权数量156件（比上年增长62.5%），增长率位居全省第三。加强商标品牌培育，2022年全市商标申请量6789件，商标注册量4998件，商标有效注册量51478件，增长13.76%。开展知识产权质押融资“入园惠企”活动，与5家银行签订战略合作协议。促成全省首单地理标志证明商标“梅县金柚”质押授信5亿元，全市完成知识产权质押融资41笔，总金额16.59亿元。进一步擦亮地理标志品牌。建立“地理标志+企业+电商”合作模式，在京东搭建梅州地标馆平台推广销售梅州市地理标志产品，助力乡村振兴。联合省乡村振兴驻蕉岭县长潭镇帮扶工作队通过京东、淘宝、抖音平台推介销售梅州市的地理标志保护产品。证明商标“梅塘杨桃”“兴宁单丛茶”“大田柿花”“大埔蜜柚”正式获批注册，另有“蕉岭红菇”“五华石雕”等13个证明商标申请已获注册受理，取得历史性突破。

【首家广东省知识产权保护中心分中心在梅州揭牌】 2022年11月17日，首家广东省知识产权保护中心分中心在梅州揭牌。梅州市高度重视知识产权工作，不断提升全市创新创造能力，在高价值专利培育、商标品牌战略、知识产权和金融深度融合等方面精准发力，全面提升知识产权创造、运用、保护、管理和服务能力，激发全市的科技创新活力。2022年，梅州市发明专利授权量增长率位居全省第三；有效商标注册量大幅增长；全市专利、商标质押融资登记总金额位居粤东西北地市首位，增长率位居全省第一。（梅州市市场监督管理局）

自然资源管理

【自然资源管理概况】 2022年，梅州市“三区三线”划定成果正式启用，优化国土空间规划布局；存量土地处置取得突破性进展，为经济社会发展腾出建设空间；历史违法用地整治提前超额完成，对新增乱占耕建设“零容忍”；用地指标库首次出现盈余，确保投资81亿元的嘉元铜箔、综保区二期等一批先进制造业和实体经济项目建设落地“打粮食”；全市水田指标库五年来首次由负转正，保障用地报批“占水田补水田”；山水项目全力提速实现绩效目标，努力为全国山水林田湖草沙一体化保护和修复提供可借鉴、可复制、可推广的“广东样板”“梅州经验”；地质灾害防治力度持续加大，保障全市人民群众生命财产安全；编印《梅州市自然资源局支持实体经济发展政策清单（第一版）》，出台系列要素保障政策，助力全市营商环境不断优化。

【国土空间规划】 2022年，梅州市完成三轮“三区三线”（“三区”指城镇空间、农业空间、生态空间三种类型的国土空间；“三线”分别对应在城镇空间、农业空间、生态空间划定的城镇开发边界、永久基本农田、生态保护红线三条控制线）划定工作，10月14日自然资源部发出《关于北京等省（区、市）启用“三区三线”划定成果作为报批建设项目用地用海依据的函》，标志着梅州市“三区三线”划定完成。《梅州市国土空间总体规划（2021—2035年）》形成规划草案，公开征求社会各界意见建议。完成梅州市国土空间规划委员会换届，全年召开1次规委会、5次专委会。年内，梅州市获省下达南粤古驿道活化利用保护专项资金3500万元，其中大埔中央红色交通线建设专项资金2100万元、五华绿道建设专项资金1400万元。大埔中央红色交通线建设工程进度完成88%，专项资金执行率48.84%；五华绿道建设工程进度完成73%，专项资金执行率28.45%。

【用地审批】 2022年，梅州市受理审批农用地转用和土地征收项目共23个批次，批复总面积246.76公顷。依法审批农转用（只转不征）项目23个，面积108.38公顷。获省批准国家授权省建设用地审批项目5个，面积80.52公顷，涉及省道222线大埔县坑口至高陂段公路改建工程、500千伏五华（兴宁）输变电工程建设项目用地、茶阳镇群丰公益性生态公墓园开发建设项目、广东粤电大埔电厂二期工程、梅州抽水蓄能电站二期，为加快交通基础设施、能源、民生等重大项目用地建设保驾护航。指导各地规范编制土地征收成片开发方案，进一步引导区域综合开发建设。

【耕地保护】 2022年，梅州市、县、镇、村四级层层签订耕地保护目标责任书，形成一级抓一级、层层抓落实的工作格局，全面分解各级耕地保护责任。结合上级《耕地保护责任目标考核评分细则》制订梅州市考核方案，使考核更具操作性、客观性、实用性。全市耕地和永久基本农田保有量大于省下达目标任务，耕地占补平衡得到严格落实，并向省上报对市的耕地保护考核自查自评报告。完成兑现历史承诺垦造水田任务 1312.53 公顷。开展新一轮垦造水田，立项 785.73 公顷、通过市级验收 158.13 公顷，形成耕地指标 1679.93 公顷、水田指标 32.87 公顷，保障基金项目和综合保税区、产业园区、交通、水利、能源等重大项目、重大平台用地耕地“占补平衡”的水田指标需求。推动不实补充耕地和耕地流出问题整改，将即可恢复地块进行复耕复种等方式，完成耕地流入 293.93 公顷。上半年耕地卫片监督图斑 101.97 公顷，完成整改 91.16 公顷。

【土地供应】 2022 年，梅州市自然资源局组织做好市本级年度国有建设用地供应计划制订并指导各县（市、区）同步做好供应计划。全市共供应土地 220 宗、面积 855.31 公顷、供应土地价款 17.29 亿元；其中市本级供应土地 29 宗、面积 74.49 公顷、供应土地价款 1.53 亿元。市本级二级土地市场供应方面，办理划拨土地使用权补办出让 72 宗，面积 1268.41 平方米，收取土地出让金 197.01 万元。

【存量土地处置】 2022 年，全市共处置 2009 年以来的历史存量土地近 2000 公顷；其中处置批而未供土地 1442.47 公顷，处置闲置土地

2022 年 10 月 13 日，丰顺县八乡山镇贵人村新垦造水田丰收

（梅州市自然资源局供图）

131.65 公顷。通过“挣”“争”“腾”“奖”等各种办法，共获得用地指标 900 多公顷。

【矿产资源管理】 2022 年，梅州市出让采矿权 11 宗，收益 2.08 亿元。完成市级权限采矿权发证 1 宗，探矿权延续发证 5 宗、变更 1 宗，对 52 个逾期探矿权进行废止公告。新增达标绿色矿山 9 家，全市合计建成绿色矿山 58 家，待建绿色矿山 40 家（含 10 家正在评审）。对 2021 年全市达标的 52 家绿色矿山开展“再回头看”，保留 49 家，移出 3 家。严厉核查打击非法盗采、超层越界开采等违法违规行为。

【自然资源执法监督】 2022 年，梅州市整治 2020 年违法用地 381.73 公顷，整治 2021 年违法用地 197.86 公顷，消除卫片图斑 566.63 公顷（含耕地 157.84 公顷）。开展 2022 年度新增建设占用耕地违法违规行为攻坚整治，整治到位 37.65 公顷，其中耕地 19.89 公顷。专项攻坚农房占耕行为，对新增乱占耕建设“零容忍”，通过举证下账 42 宗，拆除整治 30 宗。

【生态修复】 2022 年，梅州市全面开展山水林田湖草沙一体化保护和系统治理。分解下达 12 亿元中央资金至项目主体，全力推进 75 个山水修复项目实施，全部完成前期工作进入施工，其中 3 个完工，中央资金支付 7.94 亿元。通过邀请省权威专家，遴选出全市 4 个重点示范项目，首创编制《重点项目工作指引》，实行“总师制”，进行全程审核、全程指导，同时选出 4 个精品工程项目。年内，蕉岭县新铺镇全域土地综合整治国家试点全面推进，试点方案于 2022 年 6 月上报省厅。试点范围内 5 大类 43 个子项目中，实施和完成的项目有 10 个。推进大埔三河镇、五华安流镇全域土地整治省级试点，两个试点方案按时间节点要求完成编制并报省审核。完成省、市民生实事 2022 年度矿山石场治理 40 公顷任务，提前超额治理 46.63 公顷。

【地质灾害综合治理】 2022 年，全市 45 处大型及以上隐患点完成

综合治理36处，781处中小型隐患点完成综合治理706处。292处地质灾害隐患点专业监测全部完成设备安装和并网运行。组织实施1：10万地质灾害风险评估与区划，完成风险普查和风险调查，编制成果通过省级评审。

【不动产登记】 2022年，梅州市加强对全市不动产登记系统工作人员业务培训，设立不动产登记业务专区实现“一窗受理”。接入省不动产登记监管服务模块，提升登记数据质量，确保信息准确。推行梅江区、梅县区范围内二手房过户“跨区通办”。完成2022年度各县（市、区）不动产登记数据汇交工作，全年办理不动产登记总量19.12万份。有序开展“房地一体”农村不动产登记工作，登记发证1.29万宗。

【测绘地理信息管理】 2022年，梅州市推进联合测绘、多测合一，实施联合测绘项目27宗，测量总建筑面积87.73万平方米。办理乙级测绘资质核准9家，办理地图审核9宗，为21家测绘单位办理测绘作业证199宗。加强梅州CORS基准站管理，提供精准定位服务。做好公益地图服务和基础测绘成果应用服务，提供《梅州市地图》《梅州市工作用图》《原中央苏区范围示意图》《梅州市交通游览图》等公益性地图450多份。

【自然资源调查监测】 2022年，梅州市发布“三调”（第三次全国国土调查）主要数据公报。完成2021年度全国国土变更调查工作。开展自然资源常态化监测，配合省自然资源厅开展大埔县试点工作。

【自然资源资产管理】 2022年，梅州市做好全民所有自然资源资产管理，完成2022年度变更清查试点工作。按照省开展全民所有自然资源资产平衡表编制试点工作的要求，完成2020年度土地、矿产、森林、水、湿地等五类自然资源资产账户填报，提出可借鉴和可复制的“梅州做法”。

【依法行政】 2022年，梅州市做好《梅州市闲置土地处置规定》立法工作。制订《梅州市自然资源局重大行政决策风险评估指引》，确定并公布《梅州市自然资源局2022年重大行政决策事项目录》，严格开展重大行政决策、行政处罚和规范性文件的法制审查工作。规范开展公平竞争审查、行政执法案卷评查、规范性文件清理等工作。做好行政复议、行政应诉工作，落实行政首长出庭应诉9件。

（梅州市自然资源局）

审　计

【审计概况】 2022年，梅州市审计机关完成审计（调查）项目198个，查出违规资金3.73亿元，管理不规范资金222.30亿元，提交审计专题综合性报告和信息简报78篇，提交审计建议666条，移送司法机关、纪检监察机关和有关部门处理事项12件。

【重大政策落实审计】 2022年，梅州市围绕推进经济高质量发展，组织对省级工业园区高质量发展资金管理使用、支持市场主体应对疫情纾困发展、省级现代农业产业园建设等重大政策落实情况进行跟踪审计，重点关注项目进度、项目落实效果、资金使用规范性等内容，促进政策落地生根与不断完善。通过审计监督，进一步分析存在问题的原因，提出合理化建议，促进问题的解决，助力打通政策措施贯彻落实的“最后一公里”，打破“中梗阻”。

【财政预算管理审计】 2022年，全市审计机关紧扣预算审查监督重点向支出预算和政策拓展的有关要求，持续加大对深化财政体制改革、预算绩效管理及重点资金审计力度，加强对全口径预算管理和绩效管理审计监督。梅州市审计局组织开展市级预算执行和决算草案、财政暂存款付款挂账事项、市级部门预算执行，以及梅县区和五华县财政决算等审计项目，持续关注中央八项规定及其实施细则精神落实情况，揭示部分单位财政财务管理不规范、不合规使用资金等问题，提出加强预决算编制工作、加大预算收入统筹力度、加强债务管理等建议。

【民生专项资金审计】 2022年，梅州市坚持以人民为中心的发展思想，以推动兜牢民生底线为目标，抓住群众最关心的利益问题，组织开展困难群众救助补助资金、学前教育公办学位供给、水利及农村集中供水专项资金、电子警察规划建设和运行管理、疫苗流通和预防接种安全等审计，进一步拓展对民生领域审计监督的广度和深度，

2022 年 5 月，梅州市审计干部到创文挂点社区五洲社区宣传新修订的《中华人民共和国审计法》 （梅州市审计局供图）

严肃查处冲击道德底线、未兜牢民生底线等问题。

【国资国企和投资审计】 2022 年，梅州市审计局聚焦高质量发展，组织对全市国有资源资产、市属国有企业资产管理等情况开展审计调查，全面摸清梅州矿产资源、水资源、森林资源、市本级行政事业单位固定资产、市政公共资源、市属国有企业资产管理的底数，揭示存在的普遍性问题，为梅州市委、市政府加强国有资源管理和利用摸清底数，提供决策参考。组织开展韩江高陂水利枢纽工程建设情况审计，重点关注工程进度、质量、效益等状况。

【领导干部经济责任审计】 2022 年，梅州市聚焦权力运行和责任落实，开展领导干部经济责任审计，全市经济责任审计项目 80 个，审计党政领导干部 96 名，查出违规资金 4028 万元，管理不规范资金 12.26 亿元 ，出具审计报告、审计结果报告共 180 篇，提出的 284 条审计建议全部被采纳。

【审计整改】 2022 年，梅州市审计局严格实行问题整改挂销号对账管理，加强审计整改跟踪检查督导，制订《市委巡察机构与市审计局工作协调机制》，强化“巡审联动”，推进审计发现的各项问题得到有效整改落实。2021 年度市级《审计工作报告》反映的问题基本得到整改，通过整改上缴财政资金 2.27 亿元，促进资金拨付使用（统筹）16.43 亿元，推动完善相关制度 116 项。

【中共梅州市委审计委员会召开第五次全体会议】 2022 年 7 月 29 日，中共梅州市委审计委员会召开第五次全体会议。会议学习贯彻习近平总书记关于审计工作的重要讲话精神，传达学习李克强总理在听取审计工作汇报时的讲话精神，传达学习中央、省委审计委员会加强地方党委审计委员会工作相关文件精神。听取梅州市 2021—2022 年度审计工作情况及下一步工作安排建议，审议通过市级 2022 年下半年审计项目计划等文稿。

（梅州市审计局）

统　计

【统计概况】 2022 年，梅州市统计局按照梅州市委书记马正勇关于“建好机制，求真务实，积极进取”和“确保统计数据真实”的批示精神，落实市长王晖关于提高数据质量、确保应统尽统的指示要求，不断加强统计业务建设和作风建设，提高统计数据质量，提升统计服务水平。年内，国家统计局梅州调查队完善制度强化管理，夯实统计调查基层基础；以普法执法为有力抓手，强化依法统计依法治统；统筹疫情防控与调查工作，有序推进各项统计调查工作；聚焦服务保障中心，不断提升统计调查服务水平。

【统计基层基础建设】 2022 年，梅州市统计局在各县（市、区）培育 3～5 家联网直报企业、1～2 个镇（街）作为统计“双基”建设示范点，以点带面推动全市统计“双基”建设水平提高。组织召开全市镇村统计规范化建设工作推进现场会，通过现场观摩、经验交流、互比互学等方式，推进基层统计“7 个一”（打造一支有信仰有担当的高素质基层统计队伍、健全完善一个科学规范的基层统计管理体系、落实一揽子基层统计数据质量管理工作举措、构建一个完备的基层统计工作保障机制、紧扣一个基层统计创新发展主题、建立一套乡镇、街道统计规范化标准、坚守一方基层统计求真求实净土）规范化建设，2022 年全市 8 个县（市、区）统计局和 23 个镇（街），通过市级达标验收。选择梅江区、梅县区部分镇（街）进行试点，推进统计业务网延伸到镇（街），让镇（街）及时掌握辖区内企业经营和项目进展情况，并参与数据监测，国家统计局网站对梅州该项创新工作进行了专门宣传。对所有网报企业统计人员开展全覆盖式业务培训，确保国家统计方法制度在基层执行到位。特别针对房地产业、固定资产投资、规上工业、贸易等重点行业和领域，全年组织或派员开展培训 33 场，培训 1000 多人次。坚持“走出去”办统计，全年走访 500 多家企业，点对点、面对面指导企业统计工作，及时解决网报企业在统计工作中遇到的困难和问题，帮助企业夯实源头数据质量。

2022 年 7 月 7 日，梅州市统计局到有关企业开展送统计上门服务活动

（梅州市统计局供图）

【统计业务建设】 2022 年，梅州市统计局起草梅州市统计协调联动工作机制，并以市府办的名义下发，进一步明确“抓行业就是要抓统计”的要求，分解各相关部门的工作任务、完成时限，构建“综合统筹、部门配合、多向互动”的统计工作新格局，形成部门齐抓共管的强大合力。成立农业、工业、固定资产投资、建筑业和房地产业、贸易业等 5 个统计工作专班，先后召开专班会议 15 场，及时互通信息，研判解决问题，指导部门工作。8 个县（市、区）也参照市的做法，建立统计协调联动工作机制，成立统计工作专班。按照协调联动机制要求，梅州市统计局及时向有关职能部门反馈地区生产总值核算的 41 个基础指标，指导各部门瞄准短板指标，为下半年全市地区生产总值逐季回升打牢基础。强化与发改、工信、商务、住建等部门配合，掌握企业发展情况，宣传鼓励企业上规模优惠政策，加强对新投产上规工业企业、新开工投资项目的入库指导，做到应入尽入、应入快入。2022 年，立讯智造、梅州蓄能等 11 家新投产工业企业，瑞梅铁路、汕梅高速扩建、大埔电厂二期、梅蓄二期等 413 个固定资产投资项目在第一时间入库纳统，74 家工业企业、19 家服务业企业上规，67 家贸易企业上限。

【统计法治建设】 2022 年，梅州市各级各部门高度重视、部门联动、上下齐动，严查权力干预、“数据寻租”、执法不严、入退库和统计重点工作落实情况，做到逐一排查、逐项核实。利用“中国统计开放日”、“国家宪法日”、《广东省统计条例》修订发布等时间节点，加大统计法治宣传力度，在全社会营造知法守法良好氛围。同时，加强统计执法，全年执法检查企业 283 家，防范统计造假、弄虚作假。着重做好企业网报数据即报即审，把好数据质量关，坚决杜绝随意上报现象。特别重点加强对网报企业数据中的工业、投资、消费、房地产销售面积等进行全面复核，对下降幅度大、数据异常的企业，第一时间进行查询，确保数据真实准确。

【统计服务】 2022 年，梅州市统计局应对政府经济调度常态化机制，加强经济运行情况预警和研判，密切关注先行指标，跟踪数据变化，做到一月一研判、一月一分析、一月一汇报。同时，抓住实体经济发展、乡村振兴两大主题，瞄准工业新兴产业发展、乡村产业振兴、房地产市场走势、提振消费、企业研发等，进一步优化数据监测、统计分析和精准服务，更加优质高效服务党委、政府科学决策。梅州市统计局全年撰写统计分析 32 篇，其中 4 篇得到市领导的批示。

【统计数据质量】 2022 年，国家统计局梅州调查队严格执行国家制度标准，以国家制度标准为准绳，严格执行调查方案，规范台账建设，严格把控源头数据质量。开展各专业数据质量和基层基础工作检查，不断提高各专业数据质量，全面夯实基层基础，并开展数据质量回访检查，夯实数据质量，进一步规范基层基础工作。规范台账建设，统一印制下发村级粮食畜牧业全面统计调查台账，并召开全市粮食畜牧业统计调查业务培训暨工作布置会议进行部署；建立住户调查《住户家庭基本信息表》《数据审核修正登记台账》《调查员访户登记表》《辅助调查员访户登记表》《电子记账问题查询登记表》5类台账，形成一套适应电子记账等全新数据采集方式的科学化、规范化台账体系；建立健全采购经理月报报送台账，完善企业填报统计台账，定期更新维护样本单位营业状态台账、基层调查人员变动台账等，整理各项管理制度、通知文件等，做到年初建账、季度查对、年底归档，确保统计调查台账精细化规范化；进一步完善各级劳动力调查工作台账和数据台账，提高台账管理水平。

【调查分析服务】 2022年，国家统计局梅州调查队坚持发扬“轻骑兵”优势，围绕“三农”、就业、疫情等方面热点、难点问题开展粮食种植、撂荒复垦、生猪生产、重点群体就业状况、企业生产经营状况等相关调查研究，坚持深入一线开展调研，打造调研精品，不断提高资政服务水平，多篇调研报告获梅州市委、市政府有关领导批示和肯定。全年撰写信息分析100篇。其中，省总队内网单独采用25篇，国家统计局内网采用8篇，领导批示18篇次。配合省总队“乡村振兴之路青年行”专题调研活动，深入基层开展调研，撰写的调研报告《兴产业、引人才、聚民心+合力助推高陂乡村振兴——大埔县高陂镇“乡村振兴之路青年行”第一调研组调研报告》获得省总队领导肯定。

【统计法治宣传】 2022年，国家统计局梅州调查队利用第十三届“中国统计开放日”活动契机，开展统计法律法规宣传活动。坚持送法进机关、进村（社区）、进企业，打通普法宣传“最后一公里”。将《中华人民共和国统计法》《中华人民共和国统计法实施条例》等列入领导干部应知应会法律法规清单。同时，联合梅州市统计局推动“监督意见”纳入市委党校处级班、中青班、科级班学习内容，进一步扩大统计法治宣传覆盖面。联合梅州市统计局推动“监督意见”在梅州市委常务会、市政府常务会上学习，并作为梅州市“八五”普法讲师团拟授课内容。推动梅州市普法办微信公众号“梅州普法”全文转载“监督意见”。12月18日，国家统计局梅州调查队党组书记、队长何志辉在《梅州日报》发表题为《学习宣传贯彻党的二十大精神 纵深推进依法统计依法治统》的署名文章，不断提高依法统计依法治统的社会认知度和公信力。

（梅州市统计局 国家统计局梅州调查队）

责任编辑：廖晓鹏

应急管理

安全生产

【安全生产责任压实】 2022年，梅州市委、市政府高度重视应急管理工作，党政领导高位履行安全生产工作职责清单和年度工作清单，召开12次市委常委会会议、18次市政府常务会议、45次全市专题工作会议研究部署应急管理工作，市党政领导多次对应急管理工作作出指示批示，并亲自带队开展安全生产综合督查。严格落实《梅州市党政部门及中央、省属驻梅有关单位安全生产工作职责》，各级各有关部门齐抓共管、通力协作，全面贯彻落实国家安全生产15条硬措施和省65条具体措施，逐项完成市79条细化措施，组织重点行业领域风险隐患专题研判12次。市政府出台《梅州市生产经营单位安全生产主体责任规定》，严格落实企业安全风险分级管控和隐患排查治理双重预防机制，牢牢抓住企业“关键少数”、抓实一线岗位，压实企业主体责任。

【重大安全风险防范化解】 2022年，梅州市坚持定期分析研判，每月提请市政府常务会议专题研究应急管理工作，每月组织重点行业召开专题分析研判会，研究安全生产重大隐患、突出风险，每季度召开安全风险防范会议。提请市政府挂牌督办39项重大事故隐患，解决一批突出问题和事故隐患。坚持源头防范，严格安全许可。强化底线思维，以安全生产专项整治三年行动为抓手，推进九大重点行业领域安全生产专项整治。始终坚持“一盘棋”应急响应，启动全市“一盘棋”应急响应16次，举一反三组织相关行业领域开展风险隐患排查，防范化解一批重大安全风险。全年全市发生一般生产安全事故49起、死亡51人，比上年分别上升44.1%和112.5%，其中1起为较大生产安全事故，死亡3人；发生森林火灾14宗，下降68.18%。梅州市应急管理局被省应急管理厅记集体三等功奖励。

【非煤矿山安全】 2022年，梅州市以推进“三个一批”（淘汰关闭一批、整合重组一批、提升改造一批）为目标，淘汰退出“小散弱”企业13家，注销采矿许可证、安全生产许可证21家，整合重组7家地下矿山企业，推进6家矿山企业“地改露”工作，完成2座尾矿库“头顶库”销库、14家地下矿山隐蔽致灾因素普查，督促指导28家试点企业开展智慧矿山建设。执法检查矿山企业318家次，发现重大隐患19处，立案查处29宗，经济罚款96.8万元，吊销非煤矿山安全生产许可证4份，暂扣安全生产许可证15份，撤销安全设施设计28份，停产整顿28家，约谈企业8家。对4家安全评价中介机构进行约谈，督促27家矿山企业依法依规按期完成涉及河北新烨工程有限公司在梅28份安全设施设计整改工作。全市非煤矿山领域未发生生产安全事故。

【危险化学品安全】 2022年，梅州市开展危险化学品安全风险集中治理和醇基燃料安全专项整治，指导2家重大危险源企业完成双重预防机制数字化建设并投入使用，督促3家化工、医药企业完成危化品登记系统提升和深化应用工作，对全市10家企业86位三类重点人员及重大危险源包保责任人开展工伤预防能力提升培训。执法检查905家，排查治理隐患1076项，行政处罚19宗、罚款18万元，对1

家医药化工企业进行约谈教育。全市危险化学品行业未发生生产安全事故。

【烟花爆竹安全】 2022年，梅州市严格布点规划和许可审批，烟花爆竹零售许可证审批比上年下降22.7%，组织开展专项执法检查和县际交叉执法检查，查处非法储存窝点18个，没收非法产品7810箱，立案查处48宗，罚款54万元，行政处罚3人，行政拘留6人，撤（吊）销零售经营许可证6家。全市烟花爆竹行业未发生生产安全事故。

【工贸行业安全】 2022年，梅州市重点推进工贸行业安全生产专项整治“百日清零行动”，常态化组织安全专家对企业开展指导服务，推动企业各类安全隐患动态清零。首次派驻特派员4人到钢铁企业驻厂上岗。开展工贸企业生产经营场所自建房安全隐患排查整治，排查工贸企业生产经营场所房屋909栋。执法检查企业130家，排查治理隐患问题863个，责令限期整改116家，暂时停产停业4家，行政处罚9宗，罚款6.75万元。

【安全生产执法】 2022年，梅州市持续推进应急管理综合行政执法改革，梅州市委办、市府办印发《梅州市深化应急管理综合行政执法改革实施方案》，加快构建权责一致、权威高效的监管执法体制。争取省级专项资金，为全市应急管理系统购置8辆执法车辆；举行梅州市应急管理综合行政执法队伍统一着装仪式，完成行政执法队伍统一着装、统一执法用车标识，全面提升执法规范化水平。严格行政执法处罚，规范安全生产监管执法和统计工作。全市监督检查各类生产经营单位1555个，比上年上升5.2%；监督检查企业3469次，上升3.77%；行政处罚176次，上升3.1%；行政强制4次，上升100%；经济处罚金额542.51万元，下降18.2%。

【行政许可】 2022年，梅州市进一步优化审批和备案流程，明确相关要求和服务承诺，全面修订办事表格和办事指南。严格安全生产资格考核发证，组织263期6883人考试，考核发证5667人，合格通过率82.3%，实现安全培训机构、考试点、考试人数“三上升”；牢牢守住项目审批安全红线，受理行政许可事项5181件，全部办结，群众满意率100%。（梅州市应急管理局）

防灾减灾救灾

【风险监测和综合减灾】 2022年，梅州市开展全国综合减灾示范社区和示范县创建工作，51个行政村（社区）成功创建全国综合减灾示范社区。组织开展2022年全国防灾减灾日、国际减灾日有关工作，紧紧围绕“减轻灾害风险 守护美好家园”“早预警、早行动”主题，开展形式多样、内容丰富的防灾减灾和应急管理系列宣教活动，全民防灾减灾救灾意识明显增强，人民群众防御灾害的能力水平进一步提升。高质量完成自然灾害综合风险普查工作，应急、气象、地质、地震、水利、交通、林业、住建等行业调查类数据全部汇交至省普查办。

【防汛抗旱防台风】 2022年，梅州市严格落实以行政首长负责制为核心的防汛抗洪责任制，1.18万名“三防”责任人、2.08万名水利工程防汛责任人、6154名山洪灾害预警员、2643名灾害信息员全部到岗到位，责任到人。组织开展“三防”责任人培训，进一步提升“三防”责任人的履职能力和业务水平。开展防汛备汛督导检查，及时落实防御措施。印发《梅州市“五停”工作指引》《统一规范市自然灾害预警信息发布和启动（或结束）应急响应工作机制》，进一步提升风险防范能力。加强防御形势研判，及时启动应急响应。全市召开536场次防御形势会商，发送90.03万条预警短信，发送避险通知书11.65万份，及时将监测预警信息传递到镇、村、户。市级共启动2次Ⅳ级防冻应急响应、1次Ⅲ级防汛（防暴雨）、5次Ⅳ级防汛应急响应、1次救灾Ⅳ级应急响应。高效抵御低温阴雨、高温、6轮强降雨袭击，战胜梅州市有记录以来第二强“龙舟水”过程及其引起的次生灾害等险情灾情，未发生群死群伤事件。

【救灾和物资保障】 2022年，梅州市强降雨防御期间，梅州市委书记马正勇、市长王晖先后5次到“三防”指挥部召开部署会议和视频调度，作出批示、指示13次，带领全市各级领导深入一线，检查督导，靠前指挥。市委、市政府及时发出《关于认真做好救灾复产工作的通知》，市委组织部印发《关于在防汛救灾中充分发挥基层党组织战斗堡垒作用和广大党员先锋模

2022 年 1 月 25 日，梅州市举行应急救援力量下沉一线驻防授旗仪式

（梅州市应急管理局供图）

范作用的通知》，全市动员 4.25 万名党员领导干部直接下沉到村一级，深入抢险救灾一线，广大部队官兵、干部群众奋力抢险救灾，各类风险得到有效管控。全市累计投入 632 支队伍 1.61 万人次参与各类抢险救援工作，开放避护场所 1222 处，紧急避险转移 1.58 万人，紧急转移安置 8131 人，投入救助资金 5000 万元和紧急救助物资一批。完成全市 15 户因灾房屋全倒户重建、42 户因灾房屋严损户修复工作，确保受灾群众有干净水喝、有饭吃、有衣穿、有安全住所、有病能及时得到治疗。做好低温冰冻防御工作，调拨下发棉被 2000 床、毛毯 2000 床、棉衣 2000 件等防寒物资，确保受灾群众温暖过冬。

【森林防灭火】 2022 年，梅州市强化森林防火网格化管理，抓实"包山头、守路口、盯重点、签责任、打早小"责任措施，持续开展防火宣传和林区可燃物"五清"行动。加强防灭火基础设施建设，投入 200 万元，完成梅江区、梅县区、兴宁市、平远县、五华县 5 个县（市、区）370 兆赫无线自组网建设。推广"互联网 + 督查"系统和"防火码"应用，加强野外火源管控，高火险期间在全市重点区域设立临时检查站 7464 个，发放宣传资料 608 万份，收缴祭祀用品 3212 份。首次派出 36 名应急救援队员深入梅县区、蕉岭县、五华县开展为期 1 个月的驻防工作，协助当地科学高效处置火情 14 起，无人员伤亡。成立市级调查组对兴宁市水口镇"10·2"森林火灾进行调查，认定事故责任，严肃追究相关人员责任。

【地震与地质灾害】 2022 年，梅州市推进地震台站建设，在全市范围内的机关、学校、医院等重要场所增加安装 50 台地震预警信息接收终端并投入使用，提升震情监测预报能力。做好梅州市第一次全国自然灾害综合风险普查地震灾害致灾调查与评估项目入库工作，通过有关专家审核和验收。全面开展地质灾害巡查检查，排查各类地质灾害隐患 3.17 万处。推动隐患治理工作，明确治理责任单位和责任人，落实防控和治理措施，及时消除安全威胁。

（梅州市应急管理局）

应急指挥与应急救援

【应急指挥系统建设】 2022 年，梅州市政府印发《梅州市应急管理"十四五"规划》，加快推进应急管理体系和能力现代化建设。强化应急委的统一指挥、统一协调、统一调度，完善部门间、军地间协调联动机制，做到统一权威高效指挥。加强现场指挥官的统筹协调能力，发挥专家队伍的辅助决策作用，全方位利用新技术、新方法提升决策支持水平，提高现场应急处置水平，实现指挥调度一体化、现代化、扁平化。强化应急值班值守，加强与公安、交通、消防等部门的协作联系，实现信息互通共享。加强应急救援值班备勤，全年 365 天全天候 24 小时三级值班带班，在法定节假日实行"三三三"值守制度。统筹协调社会组织力量，发挥工会、共青团、妇联等群团组织的宣传发动作用，构建群防群治共建共享的社会动员响应体系。组建第四届梅州市应急管理专家委员会，共有专家 146 人。

【应急预案体系建设】 2022 年，梅州市修订《梅州市突发事件总体应急预案》《梅州市工贸行业生产安全事故应急预案》等预案，为全市应对处置安全生产及自然灾害突发事件提供根本遵循。推动指导各级各单位开展各类应急预案编制、修订工作。推动指导开展基于情景构建简明化、流程化的专项应急预案及操作手册修订工作。深入基层一线指导安全生产企业重视应急预案编制修订和日常运用等工作。

【应急救援力量建设】 2022年，梅州市整合现有应急救援力量，合理推进应急队伍“一专多能”建设，优化专业应急救援队伍的规模和布局，提高各级专业化应急救援能力，提升应急救援效率。加强沟通协调，加大资金投入和政策支持保障，完善应急救援队伍管理、保障等制度体系，进一步从机构编制、人员待遇、装备配备、救援补偿等方面予以规范，确保队伍建设规范发展。组织省防汛抢险民兵轻舟机动五大队骨干队员在韩江高陂水利枢纽进行为期1周的封闭式强化集训，并举办2022年梅州市防汛抢险应急演练，锤炼救援队伍在各种复杂条件下的防汛抢险救援能力。

【梅州市开展危化品安全生产突发事件应急演练】 2022年7月15日，梅州市举行2022年危化品安全生产突发事件应急演练。该次演练采取企业单科目演练和综合实战演练相结合的方式，发挥特种设备专家和专业救援队伍的作用，实施具有危险化学品专业特点的事故救援。除设置现场观摩环节外，救援场景还通过定点摄像头、无人机采集视频，将影像传输到观摩区，为指导应急救援提供支持。同时，演练还以视频连线方式在市、县（市、区）应急指挥中心设分会场，各级应急管理部门负责人及危化企业相关负责人在分会场进行观摩。

（梅州市应急管理局）

基础能力建设

【法治建设】 2022年，梅州市强化监管执法力度，印发《2022年度安全生产监督检查计划》《随机抽查事项清单（2022年）》，扩大执法监管工作覆盖面，促进企业安全生产主体责任的落实。强化法律法规学习和培训，组织全体干部集中学习《中华人民共和国安全生产法》等法律法规，邀请法律专家作新修订的《中华人民共和国行政处罚法》专题宣讲，进一步提高执法人员依法行政水平。

【科技信息建设】 2022年，梅州市进一步完善应急指挥平台建设，实现全市“大应急、全灾种”融合指挥，应急处置“一网统管”，横向联通市水务、气象、林业等10个部门会商系统。投入185万元，完善视联网视频调度会议系统建设，确保实现省、市、县、镇、村五级应急指挥平台互联互通。推进非煤矿山视频监控信息采集系统建设，全市有105家矿山企业实现远程监控可视化。智慧矿山系统单机版初步建成，实时掌握矿山企业安全生产动态。

【应急宣传】 2022年，梅州市建设首个社区安全园和安全体验馆，首次组织举办全市“应急杯”摄影大赛，展示新时代应急人的良好精神风貌和正面社会形象。深化安全宣传“五进”载体，开展“五进”活动40场次，拓宽“梅州应急管理”微信公众号、南方号等宣传阵地，梅州市广播电视台推出《应急之窗》32期，各类媒体平台宣传报道600余次，制作《彦叔大喇叭》30条，循环播放2.78万次，进一步提升全民应急意识和防灾减灾救灾能力。

【梅州市开展首届寻找“梅州最美应急人”主题宣传活动】 2022年，梅州市应急管理局在全市范围内组织开展寻找“2021梅州最美应急人”主题宣传活动。活动开展以来，各地各有关部门广泛发动、积极参

2022年，首届“梅州最美应急人”与领导、嘉宾合影（梅州市应急管理局供图）

与、用心寻找，经层层推荐、征求意见、初审复审、研究评议、社会公示等流程，共选树20人为“2021梅州最美应急人”。对最美应急人进行表彰和印发通报，在《梅州日报》等主流媒体和新媒体平台广泛宣传“最美应急人”先进事迹，并印制赠阅《2021梅州最美应急人先进事迹》，全面展现梅州应急人新担当新形象新作为。

（梅州市应急管理局）

消防救援

【梅州市消防救援支队概况】2022年，119指挥中心共接警出动1657次，出动消防车4176辆次、警力2.14万人次，营救被困人员286人。梅州市共发生火灾1015起，死亡7人，直接经济损失2936.13万元，全市连续28年未发生重大以上火灾事故。

【消防安全责任落实】 2022年，梅州市消防救援支队提请省、市、县三级政府挂牌督办重大火灾隐患单位3家、火灾高风险区域7个，省政府挂牌督办大埔县茶阳镇。

【消防监督检查】 2022年，梅州市消防救援队伍持续深化消防执法改革，全面落实“双随机、一公开”消防监督新模式，人均检查社会单位95家、查处火灾隐患40处，督促行业部门和企业落实责任，净化全市消防安全环境。

【重大救援任务完成】 2022年，梅州市消防救援支队圆满处置“1·10”月梅路家具馆火灾、“6·14”江南中环路管廊渗水、“10·17”水寨仓库火灾等一系列急难险重任务，成功驰援“6·23”清远洪涝灾害，成功处置23起森林火灾警情出动。

【典型培树】 2022年，梅州市消防救援支队融入地方荣誉表彰体系，市委、市政府授予支队“集体二等功”荣誉，所属大队被县（市、区）委、政府授予“集体三等功”荣誉9次，10名个人荣立“个人三等功”。福兴消防站获“一星级全国青年文明号”；梅州电视台民生820栏目组获推评“全国119消防奖”；1个集体、2名个人获推评部局级表彰，2个集体、2名个人受省级表彰，2个集体、10名个人受市级表彰，2个党组织和6名党员受总队表彰，树立火焰蓝“苏区守护人”良好形象。

【消防制度体系健全】 2022年，梅州市印发《梅州市贯彻落实〈关于推动新时代消防救援工作高质量发展的意见〉的实施方案》；出台《梅州市火灾事故调查处理规定》，进一步严格火灾事故责任追究，规范全市火灾事故调查处理内容和程序；《电动自行车停放充电场所消防安全规范》《消防车道、救援场地标识标线设置规范》两部地方标准纳入梅州市地方标准修订计划，为正规化建设、队站建设、装备建设提供依据支撑。

【消防安全专项整治】 2022年，梅州市以消防安全大检查为主线，开展自建房、“三合一”场所、批发市场、乡村电气、电动自行车、高层建筑、商业综合体、城镇燃气、危险化学品等专项治理。省、市两级政府对8个火灾高风险区域，市、县两级政府对21家重大火灾隐患单位进行挂牌督办。

【消防基层治理体系建设】 2022年，梅州市率先在全省探索实践“1中心+1所+消防N人组”三级基层治理模式。其中，全市各镇（街）共建立消防所115个，明确专兼职人员648人。大埔、平远建立县级消防安全指导中心，落实编制岗位10人，填补责任真空、强化末端治理。全市新建28支乡镇专

2022年4月7—8日，广东省消防救援队伍在梅州市开展“守护青山——2022”跨区域森林火灾扑救实战拉动演练

（梅州市消防救援支队供图）

职消防队。

【消防安全宣传】 2022年，梅州市打造48个“消防宣传教育示范学校”，开展“走进乡村学校”主题宣传活动，宣传触角延伸至141所乡村学校。1条基层消防治理新闻作品获得2021年度全国消防好新闻三等奖，3条新闻被总队评为“好新闻、好作品”，《南方日报》、《羊城晚报》、梅州电视台、《梅州日报》多次推出专版专题报道。梅州市消防救援支队宣传队伍在全省新闻宣传比武中获舆情处置团体第三名，1名个人被评为“优秀新闻发言人”；在2022年全省消防安全宣讲员授课大赛中，分别获得第二名和“最佳人气奖”。

【信息化建设】 2022年，梅州市完成全市国家综合性消防救援队伍、专职消防队伍接处警调度终端（系统）应用，实现乡镇专职队指挥调度全覆盖，提升快速响应出动能力。梅州市消防救援支队购置卫星便携站、现场调度台、多链路聚合终端等现场作战关键通信装备，为大队前突小组配置两台卫星便携站，为卫星指挥车配置5G公网终端；深化宽带自组网和窄带自组网应用，全市信息化建设水平得到进一步提升。

【“守护青山——2022”跨区域森林火灾扑救实战拉动演练】 2022年4月7—8日，广东省消防救援队伍在梅州市开展“守护青山——2022”跨区域森林火灾扑救实战拉动演练。省消防救援总队调度梅州、惠州、河源、潮州、揭阳、汕头、汕尾、训保支队8个支队级单位，供电、环保、移动、卫健等多家联动单位，共计600余人，74辆各类消防车、工程车参加演练。该次演练模拟梅县区某山林突发火灾，采取“双盲”模式，科学设置单兵、班组、编队合成和联合作战四大类30余项任务有序开展演练。

【广东省第二届“火焰蓝”技能竞赛暨精英挑战赛】 2022年，广东省消防救援总队组织全省第二届“火焰蓝”技能竞赛暨精英挑战赛。梅州市消防支队派出30人参赛，其中队员25人、工作人员1人、教练员4人，参加总队竞赛组委会设置的全部8个单项和3个团体的比拼，比武成绩总分655.5分，位列粤东片区第1名、全省第12名，其中一个单项第5名、一个单项第8名、一个团体第7名。

【梅州市乡镇专职消防队建设暨省市政府挂牌督办火灾高风险区域整治推进现场会】 2022年9月1日，梅州市政府在兴宁市径南镇召开全市乡镇专职消防队建设暨省市政府挂牌督办火灾高风险区域整治推进现场会。市委常委、市政府副市长赵东出席会议。与会人员现场参观径南镇专职队营区建设及装备配备情况、观摩初战控火真烟真火演练。会上，通报全市乡镇专职队伍建设和省市挂牌督办火灾高风险区域整治工作情况，分析存在问题和短板，就下一步工作提出明确要求。

（梅州市消防救援支队）

责任编辑：古淑灵

农业农村·水利水电

农业农村综述

【农业农村概况】 2022年，梅州市农业农村局统筹农村疫情防控和乡村振兴，多措并举、突出重点，全面加快农业农村现代化建设，全市农业农村经济呈平稳健康发展态势，2022年全市农林牧渔业总产值410.94亿元，比上年增长4.1%；农村居民人均可支配收入20290元，增长5.4%。梅州市在2021年度广东省推进乡村振兴战略实绩考核中获评“优秀”等次。梅州市农业农村局被农业农村部授予“全国农村集体产权制度改革先进集体”称号。

【产业园与集群建设】 2022年，梅州市农业农村局推动现代农业产业园创建工作，2022年新增省级现代农业产业园4个，分别是大埔县蜜柚产业园（扩容提质）、丰顺县茶叶产业园（扩容提质）、梅县区茶叶产业园、平远县南药产业园（扩容提质）。累计国家级1个、省级25个，累计可获得省级以上补助资金15.5亿元，“一县一园”布局全面实现。2个产业园入库2023年省级现代农业产业园重点推荐名单。继续推进广东金柚优势特色产业集群建设，计划总投资6.38亿元，已投资3.58亿元，占计划投资额的56.11%。

【农业主体培育】 2022年，梅州市农业农村局指导成立梅州市乡村振兴产业协会，吸纳会员138家，涵盖行业20多个。培育壮大农业龙头企业，推荐广东代米生物科技有限公司替补国家农业产业化龙头企业；新认定省级重点农业龙头企业15家，累计153家；新认定市级农业龙头企业22家，累计172家。做好农民合作社示范社申报监测，全市市级以上示范社224家，其中国家级37家、省级114家、市级73家。加快发展家庭农场，全市6636家规模农业经营户录入全国家庭农场系统管理，新增省级示范家庭农场18家，累计111家。培育高素质农民，2022年培育1211人，累计1.06万人。

【客家预制菜发展】 2022年，梅州市农业农村局召开梅州预制菜产业工作推进会，加快筹建预制菜产业联盟，制订出台《梅州市加快客家预制菜产业发展若干措施》，推出广东省首单预制菜食品安全责任保险（累计保额500万元）。全市培育规模化客家预制菜企业30多家，全年预制菜总产值6.5亿元。

【休闲农业与旅游】 2022年，梅州市农业农村局推动农业与旅游、教育、康养等产业融合，延长乡村旅游发展产业链。梅县区丙村镇红光村入选2022年中国美丽休闲乡村，全市累计有中国美丽休闲乡村7个。开展休闲农业与乡村旅游示范创建工作，全市有全国休闲农业与乡村旅游示范县2个，省休闲农业与乡村旅游示范县1个，广东省休闲农业与乡村旅游示范镇15个、示范点33个。开展市级休闲农业与乡村旅游申报单位创建，认定2022年度市级休闲农业与乡村旅游示范镇1个、示范点13个。

【产业示范展示】 2022年，梅州市农业农村局开展良种良法的示范展示，建立新品种展示区，示范展示水稻、玉米等新品种80多个，全市农作物良种覆盖率达95%以上。推进产业链标准化，获认定广东省第一批现代农业全产业链标准化示范基地1个。开展富硒农业栽培示范，发展富硒茶、富硒柚、富硒米等富硒产业，建设示范园区28个。

【农技推广与应用】 2022年，梅州市农业农村局引导农民选用优良品种和先进适用技术，确定梅州市2022年农业主导品种31个、主推技术15项。重点推广绿色高产高效技术，全市农业主推技术到位率100%。提升农技推广水平，1人获2019—2021年度全国农牧渔业丰收奖贡献奖；获认定广东省农村乡土专家277人，“广东十佳最美农技员”“广东农技推广能手”“广东省十大杰出高素质精勤农民”“广东十大最美农村乡土专家”各1人；推荐“全国十佳农民”候选人1人。加强农机实用人才培养，6人被认定为2022年省级农机使用一线“土专家”。

【农田建设管理】 2022年，梅州市农业农村局推进5333.33公顷高标准农田建设，统筹省级以上财政资金2.27亿元，亩均投入2843元。加快编制《梅州市高标准农田建设规划（2021—2030年）》。抓好高标准农田排查整改，全市排查项目319个，发现问题项目67个，并按要求落实整改。加强小型农田水利设施建设，确定五华县为省小型农田水利建设试点。

【农业社会化服务】 2022年，梅州市农业农村局发展农业社会化服务主体，印发《关于加快发展梅州农业社会化服务的指导意见》，2022年农业社会化服务项目实施县8个、省农业社会化服务创新试点单位4个、省农业社会化服务创新试点组织2个，首届广东农业生产最美托管员1人。促进农机服务转型升级，3家企业被认定为省级“全程机械化+综合农事”服务联合体。健全完善“县生产托管运营中心+镇服务中心+村托管员”三级协办体系，建成县级生产托管运营中心8个、镇级服务中心60个，培育村托管员990人，建立社会化服务组织名录库8个，进入名录库的服务组织139家。蕉岭县在生产托管南粤行争先赛现场竞演活动中获得第二名（二等奖）和800万元补助资金；3家单位获广东农业生产托管南粤行总决赛三等奖。

农业社会化服务组织开展春耕备耕现场，图片摄于2022年

（梅州市农业农村局供图）

【农业安全监管】 2022年，梅州市农业农村局加大农产品质量安全监测力度，市本级抽检合格率99.24%。推进承诺达标合格证制度，至年底全市累计主体试行2693家，比上年（年内）增长43.9%；累计开具承诺达标合格证72.81万张，增长138.2%。做好农业执法工作，出动执法人员8280人次，检查生产经营门店2756间次，办结案件19件；全年未发生农业行业安全生产事故。

【农产品品牌建设】 2022年，梅州市农业农村局持续推进“12221”（建设“1”个农产品大数据，组建销区采购商和培养产区经纪人“2”支队伍，拓展销区和产区“2”大市场，策划采购商走进产区和农产品走进大市场“2”场活动，实现品牌打造、销量提升、市场引导、品种改良、农民致富等“1”揽子目标）市场体系建设，组织企业参加各类线上线下展会，开展重点市场营销推介，组织开展庆祝2022年中国农民丰收节系列活动，进一步打响梅州柚、嘉应茶、客都米等区域品牌。制订梅州“客家炒绿”品牌提升工作方案，举办2022年梅州“客家炒绿”质量评鉴活动，活动评出“客家炒绿茶王”6名、“客家炒绿优质茶”10名。新增全国名特优新农产品7个，累计30个。新认定“粤字号”农业品牌目录产品13个，累计214个；新认定“粤字号”农业品牌示范基地30家。

【农业设施装备提升】 2022年，梅州市农业农村局抓好小型农田水利设施建设，确定五华县为省小型农田水利建设试点。做好垦造水田后期种植管护和地力培肥管护工作。加快农产品产地冷藏保鲜设施项目建设，获中央资金支持3646万元，规划建设数量不少于264个。完成信息进村入户工程建设，认定益农信息社2066个。梅江区入选申报省级“互联网+”农产品出村进城工程试点县。提升农业装备水平，2022年全市主要农作物耕种收综合机械化率55.58%；水稻耕种收综合机械化率75.87%。

【农作物病虫害防治】 2022年，梅州市农业农村局着重抓好柑橘黄龙病、红火蚁、稻水象甲、草地贪夜蛾等重大植物疫情阻截与防控，进行科普并指导科学用药，防止疫情扩散蔓延。全年全市红火蚁防控投入资金500多万元，防控药剂投入95.2吨，累计防治面积29.29万亩次，防治面积比率337%；开展培训班137期，培训5824人次，储备红火蚁防控应急药剂10吨，红火蚁疫情得到一定控制。

【绿色农业发展】 2022年，梅州市农业农村局持续推进受污染耕地安全利用，出台《梅州市“十四五”受污染耕地安全利用工作方案》，受污染耕地安全利用和严格管控措施到位率100%。做好第三次全国土壤普查准备工作，成立领导小组，建立市、县、镇三级普查队伍411人。推进化肥农药减量增效行动，减少农药、肥料对水和土壤的污染，至2022年底推广化肥减量增效面积18.67万公顷，主要农作物测土配方施肥技术覆盖率保持在90%以上，肥料利用率保持40%以上。推进秸秆综合利用，秸秆综合利用率92.98%，推进农膜、农药和肥料包装废弃物回收处理，农膜回收率92.62%以上，农药包装废弃物回收率47.74%以上。推进生态农场建设，获认定“广东省生态农场”9家，占全省的30%；“国家级生态农场”1家。

【惠农政策落实】 2022年，梅州市农业农村局实施中央农机购置补贴惠民政策，全市获省分配中央补贴资金625万元（含历年结余数），完成中央农机购置补贴使用资金296.98万元，补贴农机具1476台（套），受益农户1354户。2022年发放休（禁）渔渔民生产生活补助资金195.14万元，惠及渔民887人。发展政策性农业保险，提高农民抗风险能力，全市种植类险投保面积14.97万公顷，畜牧养殖类投保数量2763.78万只，淡水养殖投保面积1113.33公顷，农业设施投保面积3公顷；保费合计2.81亿元。

【农村创业创新】 2022年，梅州市农业农村局做好农村创新创业示范及典型推介工作，成功推介兴宁市创建全国农村创新创业典型县，推介第四批全国农村创新创业优秀带头人1人。强化农村创新创业载体支撑，有“全国创新创业园区和孵化实训基地”15个。组织参加广东省第二届农村创业创新大赛，全市2个项目获二等奖。培养和选拔农业行业高技能人才。

【农村综合改革】 2022年，梅州市农业农村局巩固提升农村集体产权制度改革成果，完成省级发展新型农村集体经济专项改革试点年度改革任务。开展村级集体经济增收行动，选取120个村开展中央扶持村级集体经济发展试点，全市农村集体收入稳步增长，整体运行平稳、风险总体可控。推进农村土地制度改革，兴宁市第二轮承包地到期后再延长30年，省级试点取得阶段性成果。做好农村宅基地管理，全市共审批宅基地2230宗，批准面积26.65公顷。先行探索建设乡村产业社区，出台指导意见，遴选产业基础条件好、带动能力强的村开展试点。

【农村疫情防控】 2022年，梅州市农业农村局制订完善农村新冠疫情防控工作预案，印发部署指导性文件8份。加强返乡人员排查管控，加强来（返）梅人员报备登记和落地排查。抓好农村大型活动管控，严格落实查验健康码、测体温、戴口罩、登记个人信息等各项防控措施。强化督导检查和宣传引导，开展督导检查11次，发放《致全市农业经营主体告知书》8500份。合理安排农产品生产，保障疫情防控期间“米袋子”“菜篮子”“果盘子”等农产品的有效供应。

【梅州省级现代农业产业园数量居全省前列】 2022年，广东省级现代农业产业园建设名单公布，梅州市又有4个产业园入选。至此，梅州市省级现代农业产业园达到25个，总量居全省前列。梅州优化壮大梅州柚、嘉应茶、客都米、平远橙等大宗特色产业，不断推进“一县一园、一镇一业、一村一品”建设，截至2022年底，建成1个国家级、25个省级现代农业产业园，省级园数量居全省前列。

【梅江区客家预制菜产业园入库2023年省级现代农业产业园重点推荐名单】 2022年11月，广东省农业农村厅网站公示2023年广东省级现代农业产业园入库重点推荐名单，全省推荐19个产业园，其中梅州市梅江区客家预制菜产业园入列。该产业园以梅江区城北镇、西阳镇、长沙镇、三角镇、金山街道5个镇（街）为核心区，总面积559.41平方千米，以客家预制菜产业为主导，关联预制菜新兴产业发展，总体形成“一心两园三区一带”的空间功能布局框架，带动农业优势特色产业按“生产+加工+仓储+冷链+物流+品牌+销售”全产业链高质量发展。

【梅州市金绿现代农业发展有限公司的“兴宁鸽”获2022年全国首届预制菜创新创业大赛铜奖】 2022年12月16日，2022年全国首届预制菜创新创业大赛总决赛收官，26支来自全国各地的企业和团队队伍围绕预制菜产业展开双创路演，12个项目在决赛中斩获大奖。其中，梅州市金绿现代农业发展有限公司的“兴宁鸽”获得铜奖。梅州市金绿现代农业发展有限公司是兴宁省级肉鸽现代农业产业园的龙头企业，风味乳鸽、自热鸽汤等一批“陈小鸽”牌预制菜不断走向百姓餐桌。2022年4月，“陈小鸽风味乳鸽”还被评为广东省现代农业产业园百家手信（畜禽预制菜）。

【“第五届全国农业行业职业技能大赛茶叶加工赛项广东省选拔赛”在丰顺县韩山生态茶园举行】 2022年8月19—21日，第五届全国农业行业职业技能大赛茶叶加工赛项广东省选拔赛现场技能操作考核在丰顺县韩山生态茶园举行。该次大赛采取理论知识考试（闭卷）和现场技能操作考核相结合的形式进行，通过理论知识考试的前30名选手进入现场技能操作考核环节。其中，现场技能操作考核分操作环节和所制成品茶质量考核两部分。从该次选拔赛中脱颖而出的前3名选手代表广东参加2022年第五届全国农业行业职业技能大赛茶叶加工赛项总决赛。

（梅州市农业农村局）

种植业

【种植业概况】 2022年，梅州市实施“藏粮于地、藏粮于技”战略，坚决制止耕地“非农化”，防止耕地“非粮化”，千方百计稳定粮食生产面积，努力提高单产，超额完成省下达全年粮食生产任务。全市完成粮食种植面积18.42万公顷，比上年增长0.43%，总产量113.77万吨，增长0.07%（其中：水稻种植面积16.25万公顷，增长0.49%，总产105.72万吨，与上年基本持平；大豆4080公顷，增长0.66%；其他粮食作物2.17万公顷，增长0.03%）。全市优质稻面积13.46万公顷，占水稻播种面积的82.8%。梅州市农业农村局等4家单位被评为全省粮食生产、撂荒耕地复耕复种先进集体，5人被评为全省粮食生产、撂荒耕地复耕复种先进个人。

【撂荒耕地复耕复种】 2022年，梅州市根据中央、省关于撂荒耕地复耕复种工作部署，多措并举推进荒地变良田。召开全市春季农业生产暨农机闹春耕现场会，压实耕地保护主体责任，出台撂荒耕地复耕复种攻坚行动工作方案，把撂荒耕地复耕复种任务分解到镇、村、户、田。加大奖补扶持力度，对撂荒耕地复耕复种水稻的给予500~1200元/亩、其他粮食作物给予300~800元/亩的奖补。2021年以来全市完成复耕面积3.23万公顷，其中2022年完成连片3亩以上撂荒耕地复耕1.9万公顷，占市下达复耕任务数的100.56%，3亩以上中连片15亩以上撂荒耕地复耕8373.33公顷，全面完成省、市部署的工作任务。

【特色产业发展】 2022年，梅州市因地制宜发展果、菜、茶等特色产业，引导群众种植特色高效经济作物，优化产品结构。全市园林水果种植面积8.47万公顷，比上年增长3.1%；总产160.9万吨，增长3.5%。其中，梅州柚种植面积4.09万公顷，增长7.1%，总产98.57万吨，增长4.5%；橙子种植面积2758公顷，增长2.1%，总产6.6万吨，增长1.7%。茶叶种植面积2.2万公顷，增长0.7%，总产2.77万吨，增长8.3%，蔬菜种植面积7.47万公顷，增长4.2%；总产259.23万吨，增长5.6%。

【“一村一品、一镇一业”特色经济】 2022年，梅州市大力发展“一村一品、一镇一业”特色经济，丰顺县八乡山镇（番薯）入选全国“一村一品”示范村镇，累计全国

正大康地集团种猪核心育种场，图片摄于 2022 年

（梅州市农业农村局供图）

“一村一品”示范村镇 18 个。兴宁坭陂镇角塘村获得省级“一村一品、一镇一业”肉鸽专业村认定，累计省级“一村一品、一镇一业”专业村 235 个、专业镇 26 个。

【种粮补贴支持】 2022 年，梅州市做好农业支持保护（支持耕地地力保护）政策落实，稳定粮食生产、增加粮农收入。2022 年核发耕地地力保护补贴面积 7.81 万公顷，补贴标准 86.0 元/亩，发放补贴资金 1.01 亿元；发放实际种粮农民一次性补贴资金 1.11 亿元（第一批补贴资金 3115.53 万元，第二批补贴资金 2971.71 万元，2022 年度耕地地力保护补贴结余资金 4993.25 万元）。

（梅州市农业农村局）

畜牧业

【畜牧业概况】 2022 年，梅州市以畜牧业供给侧改革为重点，调整优化畜牧业结构，发展特色畜牧业，狠抓生猪稳产保供，保障肉食有效供给，抓好全市动物防疫相关工作，强化动物检疫，全市畜牧业呈现持续稳定发展的良好势头。全年全市生猪、牛、羊、家禽出栏量分别为 201.25 万头、3.01 万头、13.08 万头、8110.78 万羽，肉类总产量 26.97 万吨。

【生猪稳产保供】 2022 年，梅州市抓好生猪稳产保供和转型升级，发展标准化规模化养殖，全市共创建国家级畜禽养殖标准化示范场 1 个、广东省畜禽养殖标准化示范场 22 个，国家级生猪产能调控基地 5 个、省级生猪产能调控基地 14 个。加强生猪生产形势研判，在做好新冠疫情防控的同时，多措并举加快恢复生猪生产、加强生猪产销对接等相关工作，保障市场肉品供应。正大康地集团在梅州市落地 2 个种猪核心育种场，能繁母猪存栏 3000 多头，出栏优良丹系种猪 3300 多头、肉猪近 1 万头；双胞胎公司在梅州市落地 2 个种猪场，能繁母猪存栏 8000 多头，出栏仔猪近 2 万头；广东国大投资集团有限公司在梅州市落地的 2 个生猪养殖项目能繁母猪存栏 2900 多头，出栏生猪近 9 万头；广东省食品进出口集团有限公司投产的梅州猗顿白渡畜牧有限公司出栏生猪 3.8 万头。

【畜牧业项目资金奖励和补助】 2022 年，梅州市利用 2021 年中央财政生猪调出大县奖励资金 45 万元，对国家级、省级生猪产能调控基地按照国家级 3.4 万元/个、省级 2 万元/个的标准进行直接奖励。将 2022 年生猪良种补贴项目资金 40 万元下达给能繁母猪存量较多、相对稳定的兴宁市进行补贴实施。统筹梅州市市级品种改良资金 35 万元，用于粤东黑猪和种猪场建设。申报入库 2022 年度规模猪场贷款贴息项目资金 324.8 万元。

【畜禽养殖废弃物资源化利用】 2022 年，梅州市加强对养殖场的技术指导服务工作，鼓励、引导规模养殖场因地制宜、结合实际大力推广种养结合的废弃物资源化利用模式。以畜禽养殖废弃物综合利用为重点，开展畜禽养殖标准化示范和绿色发展示范等创建活动，加快新工艺、新技术、新模式的推广和转化。根据养殖场直联直报信息系统统计，全市畜禽粪污综合利用率 85.4%，规模养殖场粪污处理设施装备配套率 98.67%，大型规模养殖场粪污处理设施装备配套率 93.87%。

【动物疫病预防控制】 2022 年，梅州市坚持做好动物防疫工作，抓好动物疫病强制免疫，落实动物防疫属地责任，推进非洲猪瘟等重大动物疫病常态化防控工作，加强奶牛（羊）、种猪布鲁氏菌病等人畜共患病防控。对生猪养殖情况进行登记造册，落实网格化防控责任。

制订2022年全市动物疫病强制免疫计划实施方案，采购禽流感疫苗1233.12万毫升、口蹄疫疫苗377.89万毫升、小反刍兽疫疫苗26.38万头份。强化家禽、家畜运输车辆备案管理，备案生猪运输车辆639辆、运输主体151个、登记贩运主体374个，实现信息化管理，强化部门联防联控，组织平远、蕉岭、大埔三个省际动物检查站严查进入广东省畜禽，检查入粤家禽家畜运输车辆4625辆、家禽家畜445.4万头（只），全部运输车辆均持有检疫证明。调拨消毒药品45吨，以养殖场、屠宰场、活禽交易市场、无害化处理厂等场所为重点，开展“大清洗、大消毒”行动。开展非洲猪瘟专项调查，全年监测非洲猪瘟样品432份（血清、组织等）；指导、支持正大康地核心种猪育种（梅州）有限公司成为梅州市首个通过农业农村部无非洲猪瘟疫病小区审核的养殖场。制订全市畜间布鲁氏菌病防控五年行动方案（2022—2026年），组织各县（市、区）对全市存栏奶羊开展布鲁氏菌病检测排查，确保公共卫生安全，检测奶畜布鲁氏菌病4793头，阳性羊疫点数9个，阳性羊37只，扑杀并无害化处理阳性羊及同群羊共40只，牲畜（主要是奶牛羊）布鲁氏菌病疫情总体可控。印发2022年全市养殖场防疫监管专项行动实施方案，细化工作任务，全市检查养殖场数量3983个。全市兽医实验室在安全范围内运行，实验室近三年（2020—2022年）无涉及高致病性动物病原微生物相关实验活动研究论文发表情况。通过发放宣传手册、告知书和悬挂横幅标语等方式，向各镇养殖场、屠宰场、农贸市场以及居民群众进行《广东省动物防疫条例》普法宣传。

【屠宰产业转型升级】 2022年，梅州市进一步优化生猪屠宰行业结构布局，加快推进畜禽屠宰标准化建设，补齐屠宰监管和质量安全保障、肉品精深加工等短板，提升屠宰行业规模化、标准化、现代化水平。引导小型屠宰厂（场）向现代化屠宰企业转型，抓好新建蕉岭润兴生态食品有限公司屠宰场、新建五华县永盛食品有限公司安流肉联厂和扩建兴宁市兴发肉联食品有限公司刁坊屠宰场项目建设。规范屠宰行业秩序，取消15家企业生猪定点屠宰资格，巩固全市屠宰产业转型升级高质量发展工作成效。

【兽药经营许可与行业监管】 2022年，梅州市抓好兽药经营许可与监督抽检，确保兽药产品质量安全。做好兽用生物制品经营行政许可工作，组织完成7家企业的资质审核和兽药经营许可证核发。对梅州市2家兽药生产企业实施兽药GMP情况进行专项督查，协助广东福乐生物科技有限公司完成省级验收，获得新的生产许可证。全年全市组织4次兽药产品抽检专项行动，抽检范围包括梅县、五华、蕉岭、平远等主要兽药集散地，涵盖40个兽药品种。抓好兽药二维码追溯体系建设工作，全年全市150家有经营的兽药店兽药二维码上传实施率达到100%。

（梅州市农业农村局）

渔业

【渔业概况】 2022年，梅州市渔业平稳发展，水产品总产量为10.68万吨，比上年增长2%，产值13.39亿元，增长1%。受干旱和生态环境保护等影响，2022年全市养殖水面1.08万公顷，减少0.4%。养殖水面类型以池塘和水库养殖为主，养殖品种以青鱼、草鱼、鲢鱼、鳙鱼、鲫鱼为主，其中草鱼产量占养殖产量的一半以上。全年无发生渔业领域安全事故和渔业纠纷，渔业生产秩序稳定。

【“客都草鱼”品牌建设】 2022年，梅州市农业农村局先后组织4家渔企参加渔业博览会、展销等产品推介活动，不断提高梅州客都草鱼品牌知名度和市场认可度。12月20日，第三届中国水产种业博览会暨第四届广东水产种业产业大会在广州南沙开幕，来自梅州市的地理标志产品——“客都草鱼”的水产加工品亮相展会。

【水生生物资源养护行动】 2022年，梅州市加强韩江梅江渔业生态保护，广东省农业农村厅和梅州市人民政府联合举办增殖放流活动4次，投放草鱼、鳙鱼、鲢鱼等淡水鱼类约2100万尾。推动渔业绿色发展，3月1日0时至6月30日24时，在梅州市辖区韩江、梅江、汀江干支流水域实施禁渔期制度。开展水生野生动物及其制品利用活动情况专项行动检查，未发现违规经营利用水生野生动物及其制品违法行为，未发现渔船参与走私活动。

【水产健康养殖和生态养殖示范创建】 2022年，梅州市农业农村局发展水产健康养殖，全市新增省级水产健康养殖和生态养殖示范

2022 年 6 月 7 日，大埔县三河镇举行增殖放流活动

（梅州市农业农村局供图）

区（县）1 个、示范区（生产主体）8 家。至年底，全市有国家级水产绿色健康和生态养殖示范区（县）1 家、国家级水产绿色健康和生态养殖示范区（生产主体）35 家，省级水产健康养殖和生态养殖示范区（县）1 家、省级水产健康养殖和生态养殖示范区（生产主体）29 家。

【水生野生动物保护科普宣传】 2022 年，梅州市农业农村局落实农业农村部《关于加强你省韩江流域鼋保护工作的函》精神，加强保护水生野生动物保护宣传工作，在增殖放流活动现场和渔政码头等公共场所张贴保护野生动物宣传标语、图片等，推荐 4 个基地为“广东省水生野生动物救护科普基地”。（梅州市农业农村局）

林　业

【林业概况】 2022 年，梅州市有林地面积 118.85 万公顷、森林面积 118.28 万公顷，森林覆盖率 74.54%，森林覆盖率居广东省首位。省级以上生态公益林面积 68.66 万公顷，占林地面积的 57.6%。梅州物种资源丰富，经考察记载的植物有 1084 种，主要植被类型为常绿阔叶林、针阔混交林、针叶林、灌木丛等。野生动物种类繁多，记录的陆生脊椎野生动物 528 种，其中，兽类 64 种，鸟类 334 种，爬行类 91 种，两栖类 39 种，国家级保护动物 96 种。全市有各类各级自然保护地 151 个，其中，自然保护区 49 个，森林公园 93 个，湿地公园 6 个，风景名胜区 2 个，地质公园 1 个。全市有国有林场 13 个，其中，市属林场 5 个，县属林场 8 个。至 2022 年底，全市创建 7 个全国绿化模范县、7 个省林业生态县、46 个市级生态镇、794 个生态村、5 个省级森林小镇。平远县获评国家级森林康养基地，2 个单位获评省级森林康养基地，9 个单位被认定为省级森林康养基地（试点），6 家林企获评国家级林下经济示范基地，39 家林企获评省级林下经济示范基地，10 家林企获评国家级林业重点龙头企业，103 家林企获评省级林业龙头企业，13 个合作社获评省级林业专业合作社。平远丹霞特色旅游线路等 11 条旅游线路被认定为省森林旅游特色线路，蕉岭县长潭森态源等 10 家单位获评省森林旅游新兴品牌地。平远龙文—黄田、兴宁神光山、蕉岭长潭被评为广东省自然教育基地。兴宁市、平远县被授予“中国油茶之乡”。

链　接

梅州市 11 条省森林旅游特色线路、10 个省森林旅游新兴品牌地

11 条线路：

梅州市梅江区访千年古刹、寻百里梅花旅游线路，梅州市五华历史文化生态健康旅游线路，梅州市五华足球文化生态健康旅游线路，梅州市龙文黄田山水生态旅游线路，梅州市平远丹霞特色旅游线路，梅州市蕉岭县奇树奇观景色游，梅州市大埔县康养度假养生游，梅州市大埔县客家生态休闲游，梅州市大埔县乡村生态休闲游，梅州市梅县区叶帅故里—雁山湖—灵光寺—桥溪古韵、梅州市梅县区南寿峰—松口古镇—元魁塔。

10 个品牌地：

梅州市金穗森林康养休闲旅游区、蕉岭县长潭森态源、梅州市南洋山养生养老生态园、平远县八尺镇森林康养旅游地、梅州市客天下圣人谷、大埔县西岩山岽顶湖茶场、广东瑞山森林旅游休闲康养基地、梅州市南寿峰健康产业园、梅州雁山湖国际花园度假区、梅州市韩山省级森林公园森林康养基地。

【林长制体系推行】 2022年，梅州市率先在全省印发首个市级总林长令，压实各级党政领导保护发展森林资源责任。根据省林长制工作要点，先后制订《2022年梅州市林长制工作要点》《梅州市市级林长巡林计划》，推动林长制各项工作落细落实。梅州市林长办发挥林长制协调作用，先后围绕公益林补偿资金发放、造林工程、森林资源保护等工作，向有关县（市、区）党委政府发出提醒函、督办函，督促县级以下党委政府及时解决重难点问题。率先建立“林长＋警长”工作机制，形成各级林业部门和公安机关共同防范打击涉林违法犯罪工作合力。稳步推进“智慧林长”信息平台建设，以科技赋能实现“林长治”。

【造林绿化】 2022年，梅州市实施新一轮绿满梅州大行动，强化指导服务，抓好质量管控，开展“先种后补”试点，实行造林落地上图；针对重点区域和造林困难地块，制订出台《梅州市牛肝地生态修复指引》，启动困难立地生态修复建设项目；针对纯松林、低质低效桉树林、残次林等地块，结合山水林田湖草沙一体化治理项目，开展林分改造；组织县级国家森林城市创建工作，大埔、蕉岭创建国家森林城市总体规划先后通过国家林草局专家评审。2022年，全市完成造林与生态修复面积1.42万公顷，完成国家储备林收储8000公顷。创新全民义务植树尽责形式，开展线上云植树活动，全年参加义务植树人数213万人次。丰顺县八乡山镇被全国绿化委员会、人力资源社会保障部和国家林草局授予“全国绿化先进集体”称号；杨坚被授予“全国绿化先进工作者”。

【森林资源保护】 2022年，梅州市对4525株古树名木进行补充调查和重新挂牌；创新设立商业性古树名木救护综合保险，为46株一级古树名木提供风险保障；“一树一策”加强古树名木管护；促成各地与护林员或村委签订古树名木管护合同，将古树名木保护责任落实到位到人。监管林地资源，依托林长制建立“林长＋警长”“林长＋检察长”工作机制，通过强化林业“一张图”运用和信息化监管、开展打击破坏森林资源专项行动、加强对林地资源批后使用监管检查等，打击破坏森林资源违法犯罪活动。2022年查处破坏森林资源违法犯罪案件557件，刑事立案50件，回收林地面积173.64公顷，恢复植被面积160.97公顷。保护野生动植物资源，建立市县两级打击野生动植物非法贸易部门间联席会议制度，进一步强化多环节、多领域、多角度野生动植物保护执法监管；构建野生动物监测网络，设置监测点70个，组织全市首次系统性陆生野生脊椎动物本底调查，全市记录到陆生脊椎野生动物528种，初步摸清全市野生动物种群情况；创新设立梅州市野生动物致害政府救助保险，2022年保险受理野生动物致害理赔8宗，赔偿金额近14万元。联合媒体开展多样化的野生动物保护宣传活动，2022年8月16日央视新闻专门宣传梅州市野生动植物保护情况。

【保护地体系完善】 2022年，梅州市综合生态区域、自然地理、空间分布特征等因素，规划构建“一脉一屏多核”的自然保护地保护发展格局；印发《梅州市自然保护地规划（2021—2035年）》《梅州市关于落实〈建立以国家公园为主体的自然保护地体系的实施意见〉工作分工方案》等文件，编制《梅州市湿地保护规划》；投入6532万元实施自然保护地生物多样性保护工程，自然保护地边界勘查、科学考察、编制总规完成率达50%以上，达到省考核标准。5个市属国有林场开展森林资源培育和保护工作，2022年完成造林和抚育2533.33公顷，病虫害防治266.67公顷，完成林场范围矢量化落图、基础数据与智慧林业生态感知综合服务平台对接，在保护、改善和恢复生态环境方面积极探索和尝试，自然生态环境显著改善，森林覆盖率（94.73%）、森林蓄积量（107万立方米）、亩平蓄积量（7.66立方米）均高于全市平均水平。

链　接

一脉一屏多核

“一脉”即莲花山脉，为梅州市生物多样性的核心地带，自然保护地聚集分布区域，也是全市生态价值最高的区域；“一屏”即北部生态屏障，为兴宁—平远—蕉岭—梅县—大埔北部边界处，广东省省界处，自西向东涵盖罗浮山脉—武夷山脉—莲花山脉—凤凰山脉，是全市重要的生态屏障区；“多核”包括8个生态核，分别为七目嶂生态核、渡田河生态核、龙文黄田生态核、长潭—皇佑笔生态核、丰溪生态核、阴那山生态核、清凉山—铜鼓嶂生态核、八乡山—天堂山生态核，是自然保护地的重点保护地带。

【森林灾害防控】 2022年，梅州市完成松材线虫病防治7.37万公顷，与2021年秋季普查相比，全市松材线虫病发生面积减少1066.67

2022 年 3 月 3 日，市属国有林场——洲瑞林场备耕现场（梅州市林业局供图）

公顷、病死树减少 2 万多株，实现发生面积和病死树“双下降”，有 2 个镇实现全镇无疫情，全市无新增疫点镇。强化森林火灾预防和早期处理力度，完成梅州市中片生物防火林带建设和西片高火险治理项目，完成森林火灾风险普查任务，申报 2023 年高火险区综合治理项目。2022 年全市发现热点 58 个，发生森林火灾 13 宗，比 2021 年同期分别下降 68.3%、62.9%，全市森林火灾受害率为 0.112‰，远低于省控制指标 0.9‰。蕉岭县林业局被评为全国森林防火先进单位。

【绿色富民产业】 2022 年，梅州市重点发展油茶、南药、竹木等产业，做大一产、做强二产、做优三产，促进一、二、三产业融合发展。2022 年培育并推荐企业（单位）申报林业龙头企业、林下经济示范基地、林业特色产业发展基地等各类型经营主体 27 个（家）。全市有省级以上林业龙头企业 103 家，省级以上林下经济示范基地 36 个（国家级 6 个），森林康养基地 11 个（含试点），数量居全省前列。梅县（油茶）、兴宁（油茶）、平远（南药）、蕉岭（毛竹）4 个县（市、区）新获评省级林业特色产业发展基地。油茶品牌“六千岁”“佰佳惠”获评“广东省十大油茶品牌”称号。为推动油茶产业发展，梅州市林业局执行油茶高质量发展实施方案，联合农林科学院实施油茶良种选育空间生物试验项目，在五华、兴宁等地推动油茶林新造和低产改造工程，2022 年完成油茶林新造面积 646.67 公顷、低改面积 4486.67 公顷，完成省下达任务。此外，梅州市林业局申报国家储备林及配套基础设施工程建设项目，争取 2.5 亿的专项债；向上争取森林防火隔离带光伏发电试点项目，推进林地科学高效利用。建成全省首个市级食用林产品质量安全快检实验室，推动梅州市食用林产品提质增效。对全市商品林开展投保工作，投保率突破 36.52%，创历年新高，居全省前列。

【经济建设用林保障】 2022 年，梅州市发挥林业资源要素支持实体经济发展作用，主动争取用林指标，靠前对接服务项目，加快自然保护地调整和林地审批速度，服务保障全市基础设施、园区建设等项目建设用林需求。全年全市批准调整自然公园 12 个，审核上报省审批自然保护地 6 个，其中通过主动将 2 个市级自然保护区合并晋升为省级自然保护区，实现空间用途置换，为梅州市发展腾出 866.67 公顷发展空间。全市获追加林地定额 838 公顷，其中广东省林业局首次单列 322 公顷指标，用于保障新建瑞金至梅州铁路项目、汕昆高速公路揭阳新亨至梅州畲江段及梅汕高速公路梅州程江至畲江段改扩建工程项目建设。全市完成项目使用林地审批 207 件、征占用林地 1352 公顷（含临时占用），其中走绿色通道和紧急纳入审批计划 33 件、征占用林地 313 公顷；重大基础设施、园区和工业制造项目使用林地面积占全部已批面积的 78%；走绿色通道的重点项目的林地审批平均办结时限压缩到 5 个工作日，比常规一个月时限提速 75%。

【林业依法行政】 2022 年，梅州市林业局依法开展行政执法，加强执法监督，优化行政审批，牵头组织梅州市地方性法规《梅州市森林火源管理条例》修正工作，完成林业行政审批 327 件。推进智慧林业生态感知综合服务平台建设，初步完成市级平台任务，现代化管护森林资源水平得到提升。开展林业调研和宣传工作，会同梅州市政府发展研究中心开展南药调研，形成《用好金“药”匙 开出致富“方”——我市南药产业发展现状》调研报告。

【《梅州市牛肝地生态修复技术指引》通过评审】 2022 年，梅州市林业局调研并联合科研单位编制《梅州市牛肝地生态修复技术指引》，有针对性地指导困难地块造林与生态修复，评审专家组一致认为，该指引明确梅州牛肝土（紫色土）地区生态修复治理工作的具体细则，推荐适合牛肝土（紫色土）区域种植的植物树种，规范牛肝土（紫色土）地区林木种植管护的技术要点，具有很强的针对性和可操作性，对指导基层山体治理、生态重建、森林提质、林农耕山致富具有重要意义。（梅州市林业局）

水利水电

水利水电综述

【水利建设概况】 2022年，梅州市水利系统围绕市第八次党代会和市委八届二次全会提出“抓好全国水系连通建设试点项目，谋划建设一批水源工程，新上一批城乡水利基础设施”，以及市政府重点工作、市十件民生实事的工作部署，提请梅州市委、市政府印发实施《梅州市推进水利高质量发展实施意见》，推动各项工作深化落实。2022年度全市计划投资23亿元实施292宗水利项目，工程项目涉及韩江高陂水利枢纽工程、中小河流治理、韩江治理、碧道建设、病险水库除险加固、城乡一体化供水工程、山水林田湖草沙一体化保护和修复工程、生态清洁小流域综合治理、水源工程等。2022年实际开工建设358宗，开工率122.6%，完成投资26.45亿元，占年度计划的115%，超额完成年度任务目标。

【梅州水网构建】 2022年，梅州市完善供水水源工程体系，加强水库挖潜增效及河库连通，优化水资源配置格局。完成投资4.97亿元的丰顺新区供水一期工程，并于2022年7月通水，改变丰顺县城单一供水现状，为县城和周边乡镇约30万人口提供安全稳定的用水保障。2022年底开工建设总投资1亿元的丰顺县教堂水库工程，解决群众急难愁盼的用水问题。总投资2.94亿元的蕉岭县广福镇供水保障工程于2022年7月开工建设，年度完成投资1亿元。推进兴宁市石壁水库增效扩容改造、平远县大坑头水库工程等水源工程前期工作；协同推进梅州城区第三水源、梅州高新区的应急水源地建设论证工作。

【防洪屏障筑牢】 2022年，韩江高陂水利枢纽工程项目主体工程全面完工，累计完成投资59.19亿元，4台机组全面投产发电。推进总投资2.88亿元的韩江治理工程（广东梅州段）建设，其中兴宁段、梅县段项目已开工建设。2022年底，总投资6.57亿元的大埔县茶阳镇防洪工程开工建设。五华县岩前水库除险加固工程主体工程完工。列入2022年市政府十件民生实事内容的56宗小型水库除险加固项目实际开工64宗，完成率114.3%，完成投资2.89亿元，完成率111.2%。稳步推进中小河流治理，加快流域面积在200～3000平方千米的25条中小河流治理方案编制。完成投资620万元的5.37千米兴宁市永和水山洪沟防洪治理工程，推进五华县七都、黄青片等农村重点易涝区治理工作。复核、摸排全市隐患山塘555宗，重点推进173宗安全隐患较大的万立方米以上山塘的清淤加固治理工作。

【幸福河湖建设】 2022年，梅州市第一总河长、总河长签发市总河长令，全面部署开展妨碍河道行洪突出问题排查整治，全面完成32宗碍洪问题整改。常态化推进河湖“清四乱”“五清”工作，排查的228宗问题全部完成整改销号。市双总河长带头履职开展巡河督导，各级河长巡河履职，市县、镇、村四级河湖长累计开展巡河22.5万人次，发现并整改问题1378宗。严格河湖长制考核和工作述职，各级河长办发挥河长制统筹作用，凝聚各级各相关部门和社会民间力量，合力共为推动“河长治”。高质量实施碧道工程，根据《梅州市碧道建设总体规划（2019—2035年）》，以防洪、截污、河道整治、休闲廊道建设，历史文化、红色文化挖掘，水岸经济融合发展为目标，2022年建成25宗80.17千米碧道，其中梅县区、大埔县入选省万里碧道建设激励县并各获得1000万元的省级奖补资金，大埔梅潭河碧道入选广东省十大最生态碧道。河湖生态复苏，全市饮用水水源达标率，主要断面水质优良比例，国考、省考断面水质优良率均达到100%，与潮州市交界的韩江赤凤断面水质稳定达到Ⅱ类标准。

【水生态治理】 2022年，梅州市坚持山水林田湖草沙一体化保护和系统治理，实施完成8宗生态清洁型小流域综合治理主体工程建设，完成投资1.39亿元。加强水土保持综合防治，2022年省下达梅州市水土流失治理面积185平方千

2022 年，大埔梅潭河碧道（梅州市水务局供图）

米，年度完成水土流失治理面积 202.06 平方千米，占省下达任务的 109.2%。强化生态流量管控，印发实施《梅州市重要河流水库电站生态流量管控实施方案》，确定韩江、梅江、汀江、石窟河和程江等重要河流水库电站的生态流量，完成 25 个重要河流水库电站生态流量监控建设。加快推进小水电分类整改，全市 1564 宗电站生态流量监控监测设施，完成安装 956 宗，占比 61%；全部整改类电站存在整改问题 3169 个，完成整改 519 个，占比 16%；第二轮中央环保督察反馈要求退出小水电站 32 宗，完成退出 12 宗。

【水旱灾害防御】 2022 年，梅州市水务系统防范水旱灾害风险，有效应对 2021 年以来罕见的秋冬春连旱和多年来最强的龙舟水过程。2022 年 1—2 月，全市平均降雨量 265.1 毫米，比多年同期偏多 110%。各级利用降雨有利时机，加强调度做好水库蓄水保水工作，截至 2 月底全市水库蓄水总量 6.33 亿立方米，比多年同期偏多 2.38%，旱情有所缓解。3 月进入汛期以后，水务部门加强与水文、气象等相关部门会商研判，应对严重干旱过后的强降雨洪水防范防御工作，抓好汛期水库等水工程运行管理。面对多年来最强的“龙舟水”降雨过程，盯紧水情、雨情、工情和邻省水库泄洪情况，市、县水务部门处置 36 条山洪灾害预警信息，提醒梅江区城北镇、兴宁市石马镇及时转移受山洪灾害威胁的群众 109 人；点对点发送 52 条（次）预警信息，提醒沿河地区做好防御洪水和群众转移工作。同时通过对病险水库空库运行、降低水位运行，持续开展河湖障碍物清理，调度大中型水库和拦河电站错峰、削峰，有效应对流域性的强降雨，实现人员不伤亡、水库不垮坝、重要堤防不决口、受淹浸区尽量减少损失的目标。

【乡村振兴水利保障】 2022 年，梅州市印发实施《梅州市城乡供水保障规划（2021—2035 年）》，推动水资源可持续利用，构建供水保障新格局。强化农村供水安全保障，实现农村供水全覆盖，农村自来水普及率 99.2%、水质合格率 90.34%，获得省级奖补资金 1.74 亿元；五华县城乡一体化供水建设与管护经验得到全省推广，梅江区上下埕石供水站、横坑供水站获评“粤美水站”称号。推动农村供水“三同五化”（农村供水通过规模化发展、标准化建设、一体化管理、专业化运作、智慧化服务，实现城乡供水同标准建设、同质量供水、同等化服务）改造提升，蕉岭县农村供水巩固提升工程、梅县区镇级水厂升级改造工程、平远县农村供水工程、五华县城乡一体化供水工程等开工建设，其中蕉岭县、五华县列入省级示范县建设。多举措推动水库移民后期扶持工作，2022 年完成水库移民资金 2.1 亿元，实施项目 182 宗，建设美丽家园项目 3 个，生产开发项目 8 个，推进道路、路灯、饮用水、水利设施等一批基础设施建设，移民生产、生活条件不断改善，移民村集体、移民群众经济收入持续增加。梅州抽水蓄能电站农村移民 2239 人已列入后期扶持范围，从 2022 年度开始发放后扶补助。实施大中型灌区续建与现代化改造项目，其中蕉岭县黄竹坪、东联灌区改造项目，2022 年完成投资 6366 万元。全面完成 2022 年省下达梅州市中型灌区改革面积 2.24 万公顷改革任务，完成投资 477 万元。梅县区巴庄水库灌区成功创建标准化灌区，完成 2022 年省下达梅州市 1 宗中型灌区标准化创建任务。

【水治理能力现代化】 2022 年，梅州市多渠道综合推进水土保持综合监督管理工作，探索市级批复生产建设项目履职监督管理新模式，委托第三方技术支撑单位，利用卫星遥感、无人机等先进技术对生产建设项目水土保持进行日常监管。严格规范水行政执法，保持高压态势，全年开展执法巡查、检查 160 次 507 人次。推进河道管理范围划定工作，完成流域面积 50 平方千米以下 773 条 2792 千米河道管理范围划定。全市完成 488 座小型水库运行管理标准化建设，蕉岭县成功创建全国小型水库管理体制改革样板县，并被列为全省率先在全国试点开展小型水库安全监测能力提升项目建设县。抓好水利水文监测能力提升建设，与梅州水文分局合作，完成县城、重要沿河乡镇、重要防护对象、集水面积 200 平方千米以上中小河流共 27 个水文站监测建设规划工作。

【梅州市大埔韩江高陂水利枢纽工程建设】 梅州市大埔韩江高陂水利枢纽工程是国务院部署的 172 项节水供水重大水利工程之一，也是国家发改委、财政部、水利部三部委和广东省政府确定的第一批引进社会资本参与重大水利工程建设运营的 PPP 试点项目。工程位于大埔县高陂镇上游约 5 千米处的韩江干流上，是一个以防洪、供水为主，兼顾发电、航运及生态效益等综合利用的大（Ⅱ）型水利枢纽工程。

工程建设方面，第二、第三台机组分别于 2021 年 12 月 24 日、2022 年 4 月 11 日完成 72 小时带负荷连续试运行，并于 2022 年 1 月 18 日、4 月 26 日相继通过启动验收。最后一台机组于 2022 年 7 月 22 日完成 72 小时带负荷连续试运行，并于 8 月 18 日通过验收，标志着主体工程全面完工。2022 年 11 月，工程完成项目扫尾施工，全面完成初设批复建设任务。工程累计完成投资 59.19 亿元，占工程初设批复概算总投资的 100%，全面完成工程初设批复的概算总投资。

工程运行方面，4 台机组全面投产发电后，梅州市大埔韩江高陂水利枢纽工程于 2022 年 8 月 2 日零时进入为期 35 年的特许经营期。2022 年全年发电 3.01 亿千瓦时，累计发电量 3.7 亿千瓦时。2022 年 6 月 17 日，高陂水利枢纽经受了 2022 年韩江第一号洪水的考验，枢纽恢复天然河道，最大通过流量约 9100 立方米每秒，接近五年一遇洪水，未对工程产生不良影响。鱼类增殖放流站于 2022 年 3 年底投入试运行，与专业团队合作进行鱼苗繁殖，并在 12 月上旬向韩江增殖放流鱼苗 60 万尾。2022 年船闸通航船舶 314 艘，累计通航 3496 艘。

2022 年 11 月，水利部办公厅公布全国水利工程移民安置高质量发展实践典型案例名录，广东省水利厅水库移民处、梅州市大埔韩江高陂水利枢纽工程建设管理处编写的《两手发力，助力水库移民高质量发展 —— 广东省梅州市高陂水利枢纽工程移民安置案例》入选，是广东省唯一入选的水利工程项目。

（梅州市水务局 梅州市大埔韩江高陂水利枢纽工程建设管理处）

水　文

【水文概况】 2022 年，梅州市经历了旱—洪—旱的水情过程，面对旱涝转化快的严峻形势，广东省水文局梅州水文分局坚持防汛与抗旱两手抓，高质量完成全年防汛抗旱水文测报任务，“龙舟水”期间，广东省水文局梅州水文分局出动应急监测队 6 支 38 人次，完整测得三河坝“六连涨”等各主要水文站的洪水过程；坚持做好预报调度一体化技术支撑工作，为棉花滩、长潭、合水、梅西等重要水库提供防洪调度建议。围绕最严格水资源管理、河湖长制实施和水生态环境保护，做好水质监测及相关水资源服务工作。结合测报一体化工作，统筹好技术力量，明确人员职责分工，推动县级水文服务工作机制的形成。

【水文测验】 2022 年，广东省水文局梅州水文分局重点完成旱涝急转下的水文测验工作。1—3 月，

2022 年 6 月 9 日，广东省水文局梅州水文分局测报中心党员干部职工冒雨涉水进行流量测验

（广东省水文局梅州水文分局供图）

以抗旱保供水及做好生态流量监测为主。做好横山站、溪口站生态流监测工作，做好数据统计分析、考核数据上报工作。完善水文测报设施及测报预案，完成横山、水口、尖山、宝坑等站加装雷达水位计工作；完成横山桥上安装多探头雷达流量计；完成大东站上游白土、九峰设站推流定线工作，为大东生态流量监测打下基础。6月，“龙舟水”期间，及时恢复韩江三河坝水位站流量测验，累计测得三河坝水位站流量29份，其中实测最大流量8000立方米每秒，测验水位变幅达4.80米，完整测得整个洪水过程，为高陂枢纽预报调度提供实时数据支撑。及时支援横山、溪口、水口、新铺等国家重要水文站水文测验工作，加强在线H-ADCP（声学多普勒流量计）及横山站多探头式雷达比测率定，检验和提高在线监测设备测验精度。谋划水文高质量发展建设落地工作。完成国家重要水文站水文能力提升顶层设计，编制一站一策建设技术路线。编制《梅州市水文监测预警设施建设实施方案》，推动梅州市江河湖库水文监测设施建设。

【水雨情监测】 2022年，梅州市全年平均降水量1703.7毫米，比上年（1043.3毫米）偏多63.3%，比多年同期偏多7.9%。全年梅州市发生多场历时较长的降雨过程，全市江河湖库由年初的大旱转变为“龙舟水”期间的洪水，旱涝转换快。年初，梅州市依然干旱，1—3月为做好旱情预测预警，广东省水文局梅州水文分局继续开展抗旱工作，多次编制抗旱专题汇报材料，报送河道监测水情快报90份、旱情简报50份、旱情旬月分析简报9份，并编制完成《广东省韩江流域2022年汛期水量调度计划》。暴雨洪水主要集中在5—6月“龙舟水”期间，“龙舟水”降雨过程持续长，情况复杂，主要体现在：单日降雨量不大，连续降雨持续时间长、累积雨量大，最大3日（14—16日）面均降雨量达到146毫米，最大降雨日发生前的10日累计降雨达200毫米；日均面雨量大于10毫米的天数多，持续时间长，“龙舟水”期间，有16天面雨量超过10毫米，最长连续时间达12天；降雨分布范围广，后期降雨落区高度重合；境外降雨量级大，“龙舟水”期间，汀江上游境外降雨量级大。复杂的降雨环境，造成梅州市多支流同时出现洪水，且洪水反复涨落，6月6—17日，梅江、韩江干流水位分别出现6次明显上涨过程（历史首次），上涨趋势相互对应且量级不断增大，至6月13日14时出现2022年韩江第1号洪水。中小河流发生3站4次超警戒洪水。受该场洪水影响，梅州城区院士广场亲水平台至芹洋湿地公园等沿河区域低洼地段淹浸时长持续6小时，最大淹浸水深1.2米左右。梅县区松口镇超警水位历时68小时，洪水涨幅近6米，方裕茂码头、镇郊村低洼地段受淹浸时长达68小时，最大淹浸水深2.94米；松口镇火船码头淹浸时长达48小时，最大淹浸水深1.5米左右。大埔县茶阳镇太平二路最大淹浸水深3米，下桥关、柳树街、大华路、高福路淹浸时长达86小时，最大淹浸水深2.8米左右；仙居桥路、新马路、太平路、中山路、金山路、文化路、建设路等低洼地区受洪水影响，也有不同程度的淹浸；大埔县高陂镇八字码头至菜市场低洼地区淹浸时长达95小时，最大淹浸水深4米左右；大埔县高陂镇沿江二路低洼地区淹浸时长达79小时，最大淹浸水深3.8米。丰顺县留隍镇洪水超警戒时长64小时，低洼处受淹浸1.5米。广东省水文局梅州水文分局开展防汛预警预报工作，及时发布预警预报信息，参与地方雨水情会商，同时做好水库预报调度一体化工作，为地方决策部门提供科学防洪调度建议。

【预警预报】 2022年，广东省水文局梅州水文分局发布水情预报37份、水情预警19份；启动防汛水文测报Ⅳ级应急响应3次、防汛水文测报Ⅲ级应急响应1次；发布洪水黄色预警信号2次、洪水蓝色预警信号5次；报送“三防”一日一研判7份；参加洪水防御会商60余次；发送河道监测水情快报365份、雨水情（旱情）旬月分析材料36份、水文旬报36份、旱情简报50份、水情简报365份、水情旬月报36份、水情快报324份（包含降雨超警快报）、水情预警短信43万余条、微信粤政易群通知800余次。

【水文技术革新】 2022年，广东省水文局梅州水文分局科研项目流域水循环驱动的水库群调度关键技术研究及应用获得水力发电科学技术奖（省部级奖项、第五获奖单位），获得发明专利1项（第三发明单位）。其中，发明专利是一种产流模式自适应的流域水文预报方法及系统，该发明针对流域不同土壤含水量特征和降雨特征，确定流域最优下渗模式，并根据流域地形地貌特征，确定流域汇流单位线，并以洪峰目标、峰现时间目标、确定性目标作为评价指标，对各子流域确定的最优产流模式涉及的参数进行优化率定，进而形成完整的预报体系，基于该方法建设的洪水预报预警模块在2017—2022年防洪工作中发挥效益。

【水环境监测】 2022年，广东省水文局梅州水文分局监测57个常规断面，监测总次数520次。其中河流断面40个、湖库断面16个、地下水断面1个。全年监测数据总量1.82万个，为韩江流域水资源管理和保护工作提供重要数据支撑。

【水资源管理服务】 2022年，广东省水文局梅州水文分局围绕韩江流域水资源管理保护、饮用水安全和河长制湖长制等工作，开展水资源监测评价分析服务。编制韩江流域水资源动态监测月报、季报、年报共29期，按时报送水资源状况及相关建议，为加强韩江流域水资源管理与保护提供科学支撑。结合梅州农村地区遭遇旱情困扰，部分地区饮用山泉水、地下水较为普遍等情况，开展逾100个农村零散型饮用水水样的监测评价工作，根据监测结果向农村百姓提出一系列防范饮用水安全、保障身体健康的用水建议。对城市景观水体——剑英公园、文化公园、泮坑水库进行监测，了解水质状况，及时预警富营养化状况。基于9月持续高温少雨天气，技术人员对韩江中上游水生态状况开展调查分析，为韩江中上游水生态健康预警提供重要的水生态资料；完成全市12个水库断面、2个河流断面水生态常规监测工作，完成藻类和藻毒素监测，持续做好水源地蓝藻水华预警工作，及时将相关水质异常情况报告给水行政主管部门。设置高陂、高陂枢纽2个水质断面并纳入常规水质监测计划，结合高陂水利枢纽工程即将运行和调度的情况，对枢纽上下游开展水质水生态水样采集和分析工作，为评估高陂水利枢纽对韩江流域水生态影响积累历史数据。（广东省水文局梅州水文分局）

梅西水库管理

【梅西水库概况】 梅西水库位于梅县区西北部，始建于1964年10月，于1967年4月建成，是一座以防洪、灌溉为主，结合发电、供水、生态农业、旅游开发等综合利用的市属中型水库。库区日常管理工作由梅州市梅西水库管理局负责，管辖面积15.2平方千米，户籍人口1610人。

【水库安全防汛】 2022年，梅州市梅西水库管理局做好梅西水库防汛度汛工作，制订2022年汛前防汛备汛安全检查方案并组织开展检查。审批《梅西水库2022年度汛期防洪调度运用计划》并报备《梅西水库防洪应急预案》。在“龙舟水”期间，科学调度，加强巡查，确保水库安全度汛，保障梅西水库安全运行和下游梅州城区40多万名人民群众的生命财产安全。

【水库生态文明建设】 2022年，梅州市梅西水库管理局持续抓好库区生态文明建设。做好护林防火宣传，引导群众文明祭祀，加强值班巡查工作，严防山火事故和坚决制止乱砍滥伐等毁林行为。组织开展义务植树活动，进一步推动造林护林营林工作。加强梅西水库生态保护和管理，严格落实河（湖）长制度，定期进行巡查，组织实施“清四乱”和库面保洁等工作。严格保护好库区的绿水青山。

【库区民生工程】 2022年，梅州市梅西水库管理局统筹抓好疫情防控和库区经济社会发展，推动水库移民后期扶持政策落实，助推乡村振兴。抓好社会保障工作，落实社会兜底保障制度，对低保户、特困户进行动态管理。落实各项惠民优待政策，如计划生育奖励、老年人意外保险等。重点落实水库移民后期扶持政策，持续推动民生基础工程建设，助推乡村振兴发展。在库区和梅西镇、大坪镇共17个移民村实施16个项目，项目内容包括直补到人、光伏发电、农村饮用水、道路建设、路灯安装、休闲活动场地建设、视频监控系统项目等。

【安全生产】 2022年，梅州市梅西水库管理局落实安全生产“一岗双责”制度，抓好隐患排查和预案完善，全年开展安全生产专项检查、隐患排查和防疫检查共32次，未发生任何安全生产责任事故。落实安全生产责任制度，层层签订安全生产责任书，预防安全生产责任事故发生。突出抓好水库水面交通安全，争取水事部门的支持，加强船舶管理，签订安全管理协议书，举办水上交通安全培训，加强日常库面巡查管理，组织巡查船开展52次巡查。加强消防安全宣传工作，开展消防演练，提高消防应急处置能力。坚持抓好地质灾害防御工作，明确全年地质灾害防治的主要任务、责任分工和保障措施。排查核定削坡建房重点户，建立库区地质灾害防御工作台账，落实人员包片负责，实行网格化管理。

（梅州市梅西水库管理局）

责任编辑：廖晓鹏

工　业

工业综述

【工业概况】　2022年，梅州市规模以上工业企业542家，实现规模以上工业增加值262.59亿元，比上年下降2.8%；全市工业投资完成131.29亿元，增长11.3%；全市技改投资完成33.23亿元，下降2.8%；新开展技改企业101家，新升规企业86家。全市有5万多家民营企业（中小企业），其中工业企业5202家。年产值亿元以上工业企业116家，其中50亿元以上的企业2家，30亿~50亿元的2家，10亿~30亿元的8家，5亿~10亿元的19家。

【园区建设】　截至2022年底，梅州市规划建设10个产业园区（集聚地），含1个示范园区、7个其他园区和2个产业集聚地，规划总面积268.9平方千米。累计入园落地企业833家，规模以上工业企业325家。2022年，全市产业园区（集聚地）实现工业总产值483.7亿元，规模以上工业增加值111.53亿元，全口径税收24.85亿元，完成工业项目投资78.19亿元；共引进企业项目80个、计划投资额323.55亿元，新动工企业项目71个、计划投资额216.25亿元，新建成投产企业项目50个。梅县区产业集聚地电子专用材料制造、蕉岭县产业集聚地绿色建材成功获评省2022年度特色产业园。

【梅兴华丰产业集聚带建设】　2022年，梅州市发挥梅兴华丰产业集聚带规划建设指挥部办公室职能，加强工作协调，推动梅兴华丰产业集聚带建设。印发《广东梅兴华丰产业集聚带2022年度工作方案》，明确工作目标和各成员单位工作职责。全年集聚带区域产业园区（集聚地）实现规模以上工业增加值60.32亿元、全口径税收15.62亿元、工业项目固定资产投资34.96亿元；新签约企业项目56个、新动工企业（项目）累计45个，其中亿元以上新落地项目17个，新投产企业（项目）累计33个。

【技改创新】　2022年，梅州推动省"制造业投资十条"等惠企政策落实。落实省级企业技术改造和普惠性制造业投资奖励资金6790.88万元，支持嘉元科技、博敏电子等21个技术改造项目。全年推动101家工业企业实施智能化、网络化、数字化技术改造，全市技改投资完成33.23亿元。实施全市固定资产投资5000万元以上工业重点项目督办机制，集中资源要素，协调推进嘉元时代10万吨铜箔、博敏电子、鼎泰电子、鸿泰电子增资扩产等一批"打粮食"项目落地和建设。全年113个工业重点项目完成投资106.19亿元，推动全市工业投资逆势增长，实现131.29亿元，比上年增长11.3%，比全省增速高1个百分点，增速全省排名第9，超额完成省市下达5%和10%的目标任务。其中，制造业投资完成68.5亿元，增长11.1%，增速在全省排名第7位；先进制造业投资完成41.11亿元，增长73.9%；高技术制造业投资完成38.14亿元，增长104%，位居全省第一。

【企业服务】　2022年，梅州市工业和信息化局组织举办纾困解难、融资服务、专精特新等13场惠企政策专题宣贯会，惠及企业350多家。推动52家企业被认定为省"专精特新"中小企业，培育86家企业上规模发展。建立梅州市"一起益企"重点企业服务保障工作机制，落实

2022 年 3 月 9 日，2022 年度梅州市促进中小企业民营经济发展政策宣讲会在梅州高新区举办　　（梅州市工业和信息化局供图）

好“市领导直接联系企业挂点服务”“梅州市重点企业服务专员‘一对一’服务”等暖企活动，全年为企业协调解决融资、人才、土地、环境容量、税务等方面 86 项诉求。

【节能降耗】 2022 年，梅州市工业和信息化局推进全市工业和信息化领域节能降耗工作，全市有 19 家企业完成清洁生产审核，超额完成广东省工信厅下达梅州市年度目标任务。通过实施清洁化改造，相关企业实现年节水约 9475 吨、节电 900.40 万千瓦时。落实工业节水，推动 19 家企业被认定为梅州市节水型企业。梳理建立 2020 年以来梅州市工业用能和税收等数据台账，为梅州市开展工业领域碳达峰碳中和及能耗双控工作打好基础。

【服务体系建设】 2022 年，梅州市工业和信息化局继续组织举办第六届“创客广东 匠心南粤”梅州市中小企业创新创业大赛，132 个参赛项目经过激烈拼搏，12 个项目获奖，并将获奖项目推荐代表梅州市参加省级复赛。全市 7 家省级、49 家市级中小企业公共服务示范平台开展信息服务、人员培训、市场营销、管理咨询等专业服务活动，全年共为 3 万多家次企业提供服务，开展各类服务超 100 场。

【信息化建设】 2022 年，梅州市加快 5G 网络建设，全市新增建设 5G 基站 2235 座，累计建成 5147 座，超额完成省下达 1935 座 5G 基站年度建设计划。其中梅州电信（与联通共建）500 座、梅州移动（含与广电网络共建）1735 座，5G 网络基本实现了梅州城区、全市各工业园区、各县（市、区）城区及乡镇圩镇、重点学校、医院和景区等的覆盖。

【数字化转型】 2022 年，梅州市工业和信息化局推动梅江区申报高端电路板产业集群数字化转型试点、丰顺县申报电声产业集群数字化转型试点，争取通过数字化创新等手段实施集群数字化转型。聚焦降本、提质、增效，引导 82 家规模以上工业企业实施数字化转型。

【特种行业（民爆）监管】 2022 年，梅州市工业和信息化局履行民爆生产销售行业监管职责，落实企业“日巡周检月查”、县级月查和市级季查制度，通过开展安全生产大检查、联合执法检查和交叉检查，提升执法检查水平，压实属地监管和企业主体责任，全市民爆生产企业生产炸药 25347 吨，比上年下降 24.58%；民爆销售企业销售炸药 8100 吨，下降 16%，销售雷管 120 万发，下降 20%，实现生产安全稳定有序。

【融资保障】 2022 年，梅州市工业和信息化局发挥财政资金的杠杆效应，进一步拓宽企业融资渠道，梅州市市县两级设立 6 个中小微企业信贷风险补偿资金，合计资金规模约 27515 万元。其中，市信贷风险补偿资金规模 1.35 亿元，入池企业累计 415 家次，在池企业 143 家，累计为 117 家中小微企业提供 278 笔增信贷款，金额 16.39 亿元。梅州市企信融资担保投资有限公司、梅州客家融资担保有限公司和梅州市中企融资担保有限公司为梅州市企业担保贷款近 4 亿元。

【无线电管理与监督检查】 2022 年，梅州市工业和信息化局开展无线电频谱资源管理和监督检查工作，按时办结行政许可审批事项 19 件，其中无线电频率许可审批 1 件、其他电台审批 14 件、业余电台审批 4 件；审核 5G 公众通信基站数 1226 个、其他公众通信基站数 1523 个；注销电台执照 3 张。对无线电频率

2022 年 7 月 12 日，第六届"创客广东 匠心南粤"梅州市中小企业创新创业大赛决赛在梅州市客天下·阿里云创新中心一楼演播厅举办

（梅州市工业和信息化局供图）

使用、在用电台（站）和无线电发射设备销售备案开展行政执法和监督检查 7 批次，出动力量 80 人次、车辆 48 台次，查处无线电干扰 2 宗。举办梅州民航无线电干扰排查演练活动，完成梅州梅县机场电磁环境保护区域划设工作。全年派出监测车 138 车次，出动监测人员 490 人次，启用监测设备 478 台（套），累计监测时长 3.8 万小时，做好元旦、春运、冬奥会、冬残奥会、全国高考、两会、国庆、党的二十大、中国足球超级联赛梅州赛事，以及森林防灭火、防汛等方面无线电安全保障工作。

（梅州市工业和信息化局）

支柱产业

【支柱产业概况】 2022 年，梅州市烟草、电力、建材、电子信息、机电制造五大传统支柱产业累计完成规模以上工业增加值 221.17 亿元，比上年下降 2.6%，占全市规模以上工业增加值的 84.2%。

【烟草产业】 2022 年，梅州市烟草产业实现规模以上工业增加值 75.45 亿元，比上年增长 2.9%，占全市规模以上工业增加值的 28.7%。代表企业有广东中烟工业有限责任公司梅州卷烟厂。

【电力产业】 2022 年，梅州市电力行业规模以上企业有 18 家，实现规模以上工业增加值 48.2 亿元，比上年增长 2.2%，占全市规模以上工业增加值的 18.4%。代表企业主要有广东宝丽华电力有限公司、广东粤电大埔发电有限公司等。

【建材产业】 2022 年，梅州市有 7 家水泥熟料生产企业，产能 1500 万吨/年，主要分布在蕉岭县、梅县区和平远县，其中蕉岭县水泥熟料产能占全市的 88%；全市水泥设计总产能 3690 万吨，其中独立水泥粉磨企业产能达到 1170 万吨/年（15 家独立水泥粉磨企业）。全市建材产业规模以上企业有 136 家，实现规模以上工业增加值 30.5 亿元，比上年下降 18%，占全市规模以上工业增加值的 11.6%。代表企业主要有广东塔牌集团股份有限公司、蕉岭县龙腾旋窑水泥有限公司、梅州皇马水泥有限公司和广东宝丰陶瓷科技发展股份有限公司等。梅州市建材行业除水泥外，还有陶瓷业、混凝土、混凝土构件、干粉砂浆、煤灰砖、河沙开采等行业。

【电子信息产业】 2022 年，梅州市规模以上电子信息产业企业有 103 家，完成工业增加值 49.44 亿元，比上年增长 3.9%，占全市规模以上工业增加值的 18.8%。代表企业主要有博敏电子股份有限公司、广东嘉元科技股份有限公司、志浩电子科技有限公司、广东超华科技股份有限公司、广东盈华电子科技有限公司等。

【机电制造产业】 2022 年，梅州市机电制造行业有规模以上企业 77 家，实现规模以上工业增加值 17.58 亿元，比上年下降 15.4%，占全市规模以上工业增加值的 6.7%。代表企业主要有 BPW（梅州）车轴有限公司、广东金雁电工科技股份有限公司、广东辉骏科技集团有限公司等。（梅州市工业和信息化局）

转型升级

【转型升级概况】 2022 年，梅州市抢抓发展机遇，着力打造与粤港澳大湾区融合产业链，有 9 个产业纳入"十四五"时期全省制造业总体空间产业布局，集中优势资源重点培育发展以铜箔和高端印制电路板、绿色建材、稀土为主的先进材料产业集群，以及电声、汽车零部件、绿色食品、互联网等特色产业集群，推动资源要素向产业集群集聚、政策措施向产业集群倾斜、工作力量向产业集群加强，推动工业经济持续健康发展。

【铜箔—高端印制电路板产业集群】 梅州市主要有嘉元、超华、盈华3家企业集团生产铜箔，铜箔产能10万吨/年；主要生产锂电铜箔、PCB用铜箔。2022年新增9个项目完成用能审批，新增8个项目完成环评审批，新增5个项目摘牌取得用地，推动总投资81亿元的嘉元时代年产10万吨铜箔项目等7个项目实现动工，推动嘉元科技年产1.6万吨高性能铜箔项目等3个项目实现投产，13个在建项目累计完成投资31.1亿元。

【稀土产业集群】 2022年，梅州地区形成集稀土开采、冶炼分离、精深加工于一体的稀土产业链。提升现有稀土矿山和稀土冶炼分离厂技术工艺，促进冶炼分离产能异地搬迁项目建设，加强稀土资源的综合利用和工业应用研究，提高科技水平，延伸稀土产业链。

【绿色建材产业集群】 2022年，梅州市贯彻落实《梅州市绿色建材（水泥）产业集群发展规划（2021—2025年）》，组织召开全市水泥供需对接会议和全市重点水泥生产企业座谈会，着力帮助水泥企业去库存、促生产，确保重点产业、重点企业正常运转。推动9个总投资超30亿元的重点项目尽快开工建设，早日投产见效。开展全市装配式建筑产业状况调研，完善配套政策措施，加快发展装配式建筑产业，延长产业链，推动传统建材（水泥）产业实现绿色化转型、集群化发展。

【电声产业集群】 2022年，梅州市鼓励支持丰顺电声基地参与“粤贸全国”工作，服务丰顺县成为国内重要的电声产品生产基地。加快推进电声产业配套园建设，为产业发展提供支撑。推动电声电镀企业集聚，开展电镀企业整治，组织相关企业搬迁入园，集中治污、集聚发展。推进国际声谷项目建设，加快创新发展，推动电声产业与嘉应学院加强合作，开展丰顺电声产品质量提升行动。

【汽车零部件产业集群】 2022年，梅州市利用长期以来形成的汽车零部件产业优势，发挥广汽集团、BPW车轴公司等龙头企业示范作用，加强上下游产业链招商，完善链条发展要素。以广汽零部件产业园为重点，按照“总部+生产基地”“主体+生产链条配套”等产业共建合作路径，推动汽车音响生产基地、新能源汽车配件等项目建设，打造汽车零部件产业集群，推动汽车零部件工业持续稳步发展。

【互联网产业集群】 2022年，梅州市持续推进互联网项目建设。飞翔云·数码港项目于2022年7月正式投入使用，正争取引进更多互联网相关企业进驻，截至年底有签约入驻企业18家；兴宁市互联网产业园项目已投入3.3亿元，主体建筑基本完成，产业园智汇城招商展示中心已对外开放。梅州移动第三通信机楼项目完成主体结构、土建装修、电气消防工程等建设验收，正在开展机架设备安装。

【平台建设】 2022年，梅州市坚持规划引领，整合资源，加大园区平台建设，形成以广东梅兴华丰产业集聚带和10个产业园区（集聚地）的工业经济发展平台格局，实现省产业转移政策的全覆盖和县县有园区的目标，促进县域经济发展。

（梅州市工业和信息化局）

招商引资

【招商引资概况】 2022年，梅州市坚持把招商引资作为推动实体经济发展的重要抓手，增强“大招商、招大商”意识，努力克服疫情影响，攻坚克难、真抓实干，抓好招商引资工作。成立由梅州市市长任组长、市四套领导班子派员任副组长的市招商引资工作领导小组，并从全市各级各单位抽调人员组建6个市级驻外招商队和市招商工作专班，聚焦先进制造业，促成一批“打粮食”的重大项目落地。全年引进招商引资项目119个，计划投资总额604.56亿元、当年完成投资96.95亿元。其中，工业项目81个，占引进项目总数的68.1%；计划投资总额481.25亿元，占投资总额的79.6%；引进亿元以上工业项目59个、10亿元以上工业项目9个，均超额完成目标任务。特别是引进总投资81亿元的嘉元时代年产10万吨高性能电解铜箔、总投资35亿元的盈华电子年产5万吨电子电路铜箔、总投资20亿元的科捷电子科技印制板制造项目等一批大项目。

【制度建设】　2022年，梅州市制订完善“1+1+X”招商引资政策体系。以市委、市政府名义印发《关于大力推进招商引资促进实体经济高质量发展的意见》《梅州市招商引资绩效管理办法》，以市政府名义印发《梅州市加快实体经济振兴发展若干措施》，制定一系列规章制度，包括项目研判联席会议机制、驻外招商队管理办法、突发事件信息报告制度、临时党支部意识形态工作责任制度等。

【招商宣传推介】　2022年，梅州市建立微信公众号开展线上招商宣传推介，编印制作招商指南、招商视频，与广州市商务局签订《产业招商和消费协同发展合作协议》，建立产业链协同招商机制、招商宣传推介联动机制、全程招商服务机制等。强化资源招商，依托梅州市光伏资源、矿产资源、水资源等，进行项目策划包装。邀请接待70多家企业到梅州市考察投资环境。强化平台招商，谋划建立线上招商平台，收集梳理招商项目开展线上招商。强化中介招商，运用市场化招商模式，引进专业第三方招商机构，对接一批产业专家、企业负责人、商协会负责人开展中介招商、委托招商。强化资本招商，市级层面探索建立先进制造业产业引导基金，通过股权投资方式，发挥政府性资金的引导和撬动作用，以资本招商助力优质产业项目落地。强化科技招商，打造一批众创空间、孵化器、加速器等创业孵化载体，引进一流企业的研发中心和创新引领项目，加速集聚各类科技型企业。强化以商招商，发挥商协会作用，对接拜访广东省客家商会、广东省兴宁商会、深圳市梅县商会、深圳市蕉岭商会、深圳市大埔商会、广东省电路板行业协会、深圳市服务贸易协会、梅州市印制电路板行业协会、珠海市梅珠经济促进会等20多家商协会，邀请广州创新企业联盟、广东省人工智能产业协会等到梅州市考察。（梅州市商务局）

工业企业选介

【广东中烟工业有限责任公司梅州卷烟厂】　广东中烟工业有限责任公司梅州卷烟厂主要生产设备装备为：一条5000千克/时制丝生产线、一条1500千克/时制梗丝线、一条570千克/时二氧化碳膨胀烟丝生产线，16台套卷接包机组。主要生产“双喜·五叶神”系列、双喜（春天中支）等卷烟产品，为广东中烟中高端规格卷烟产品主要生产基地。2022年，企业实现工业产值比上年增长3.13%，实现税金增长4.34%，上缴税金增长25.44%。

（广东中烟工业有限责任公司梅州卷烟厂）

【广东粤电大埔发电有限公司】　2022年，广东粤电大埔发电有限公司结算电量累计60.47亿千瓦时，完成上级下达56.77亿千瓦时目标的106.52%；实现营业收入24.88亿元，比上年减少0.10亿元；供电标准煤耗308.25克/千瓦时，比上级下达的309.5克/千瓦时目标下降1.25克/千瓦时；综合厂用电率5.8%，上升0.26%；税收5544.38万元，增加572.67万元。

广东粤电大埔发电有限公司二期扩建两台100万千瓦高效超超临界燃煤发电机组，项目总投资81.34亿元，于2022年3月列入《广东省能源发展“十四五”规划》，8月22日获得核准、9月21日正式动工建设。该项目采用多项世界领先及国内首创技术，进行56项国内领先的创新优化节能降耗设计，能耗指标处于国内领先水平。二期机组投运后，广东粤电大埔发电有限公司总装机容量为3320千瓦，年发电量可达160亿千瓦时以上，年产值超80亿元，税收约3亿元。

（广东粤电大埔发电有限公司）

【广东粤电青溪发电有限责任公司】　2022年，广东粤电青溪发电

2022年11月14日，广东粤电青溪发电有限责任公司1号水轮发电机组A级检修进行起吊发电机转子作业现场　（广东粤电青溪发电有限责任公司供图）

有限责任公司发电量3.12亿千瓦时（完成年度目标值3.16亿千瓦时的97.73%），比上年增长124.58%；上网电量3.07亿千瓦时，增加124.76%。主营业务收入8997.47万元，利润总额1221.80万元，净利润1193.50万元。全年流域平均降雨量1656.6毫米，增长59.67%；水库来水量75.14亿立方米，增加185.70%；发电耗水偏差率-0.5%（考核≤0）；水能利用提高率8.11%（考核≥5%）；发电平均耗水率19.48立方米/千瓦时；来水预测综合准确率94.37%（考核≥80%）；水量调度完成率100%（考核≥95%）。

（广东粤电青溪发电有限责任公司）

【广东粤电长潭发电有限责任公司】 2022年，广东粤电长潭发电有限责任公司累计完成发电量1.24亿千瓦时；水库来水总量15.8亿立方米，增加10.6亿立方米；发电水耗9.36立方米/千瓦时；公司实现连续安全生产运行3313天。5月，公司首个光伏发电项目“建丰粮业公司2.3兆瓦分布式光伏发电项目”正式并网发电。

（广东粤电长潭发电有限责任公司）

【广东塔牌集团股份有限公司】 2022年，广东塔牌集团股份有限公司实现水泥产量1844.57万吨，水泥销量1826.44万吨，熟料销量88.66万吨，营业收入60.35亿元，净利润2.66亿元，上缴税收6.78亿元。截至12月底，企业总资产128亿元，净资产113亿元。年内，居中国水泥上市公司综合实力第十二位；获证券时报主办的“第十六届中国上市公司价值评选”首批“中国上市公司ESG百强”奖项。

（广东塔牌集团股份有限公司）

【广东超华科技股份有限公司】 广东超华科技股份有限公司是从事高精度电子铜箔、各类覆铜板等电子基材和印制电路板研发、生产、销售的国家级高新技术企业。在广东梅州、惠州及广西玉林等地建立大型生产基地，配备国际先进的高品质生产及检测设备，采用国际通行的企业管理模式，实施标准化作业管理和控制，并通过ISO 9001:2015、IATF 16949:2016、ISO 14001:2015管理体系认证，产品通过UL、CQC认证。“M”牌覆铜板被评为“广东省名牌产品”，“M”商标被广东省工商局认定为“广东省著名商标”。2022年1—9月，超华科技实现营收14.85亿元，比上年减少19.67%；上缴税金0.62亿元，增长226%。

（广东超华科技股份有限公司）

广东塔牌集团股份有限公司新型干法熟料水泥生产线，图片摄于2022年

（广东塔牌集团股份有限公司供图）

【BPW（梅州）车轴有限公司】 面对日益严峻的经济形势和复杂多变的市场发展，2022年，BPW（梅州）车轴有限公司进行自身发展战略的升级和调整，在完成精益生产、规划布局、扩容增量的基础上，从德国总部引进和吸收先进的工艺技术，大胆进行自主创新。通过工艺创新实现产品更迭升级，运用信息化和智能化提高生产制造和管理水平。2018—2022年，公司投资5.4亿元完成第八期的增资扩产项目建设工作，年产值达25亿元。

（BPW车轴有限公司）

广东梅州高新技术产业园区

【梅州高新区概况】 2022年，广东梅州高新技术产业园区（简称梅州高新区）坚持制造业当家，狠抓发展第一要务，借力穗梅产业共建，深化政策集成式改革，统筹疫情防控和经济社会发展，以专业思维、产出思维、用户思维运营管理园区。全年实现工业总产值65.5亿元，比上年增长25.8%，增速在梅州市产业园区中排名第一；规模以上工业增加值14.1亿元，增长17.5%，增速在梅州市产业园区中排名第二。

【集成改革】 2022年，梅州高新区制定新入园项目税收考核方案，坚持用地越多纳税越多，新引进项目实现税收刚性考核全覆盖。出台奖补资金兑付办法，企业纳税越多奖补越快。引导国企平台联合社会资本，共同成立首期2亿元的广梅预制菜产业投资基金，以金融杠杆赋能客家预制菜产业发展。引导龙头企业参与扶持政策制订，广东科伦药业有限公司通过梅州高新区促进生物医药产业发展实施办法向总部科伦药业争取到5个品种新药生产项目。

2022年12月1日，广东科伦药业有限公司与费森尤斯医疗合作共建腹膜透析液生产项目在梅州高新区举行签约仪式，同步签订生产项目入园协议

（梅州高新区供图）

【产业建设】 2022年，梅州高新区创新招商方式，制订招商奖励办法开展全员招商，引进湾区专业中介机构开展中介招商，利用广汽集团等龙头企业开展产业链招商。全年引进产业项目23个（其中10亿元以上项目1个、5亿元以上项目2个），计划总投资45.4亿元，新引进项目数和计划投资额分别为2021年的2.5倍和8.5倍。完成省市重点项目投资2.6亿元。新增规模以上企业5家，规模以上企业总数达42家。

【科技创新】 2022年，梅州高新区坚持创新驱动，推进国家高新区创建工作，完成科创馆布展、环境提升等工作，新增7家高新技术企业，11家企业获评科技型企业；广东金海康医学营养品股份有限公司获批省博士工作站，梅州高新区博士工作站增至3家。完成企业技术改造投资1.72亿元。

【要素保障】 2022年，梅州高新区用好政府专项债，新增5.4万平方米标准厂房，为企业提供“拎包入驻”服务。动工建设迎宾大道修复工程、中水回用工程和污水管网工程。深化土地管理，完成11公顷土地征收，回收闲置用地33.4公顷。多渠道强化用工宣传，推动用工量增加约620人。

【营商环境优化】 2022年，梅州高新区坚持用户思维，实施领导干部挂钩联系企业和企业座谈会制度，扁平化、一站式解决企业诉求，累计办结企业诉求41项。部门联动、并联审批，靠前服务、一天办结，有信达项目从签约到土地出让仅35天，实现拿地即可开工。全面落实各类惠企政策，全年累计兑付各类扶持资金5500多万元，落实增值税留抵退税3.1亿元。

【统筹发展与安全】 2022年，梅州高新区精准高效处置“11·8”疫情，“一企一策”指导企业开展保供应和稳生产，重点规模以上企业在“11·8”疫情期间无一停产，8天时间恢复群众日常生活秩序，10天时间实现企业全面复工复产。

【广东科伦药业与费森尤斯医疗合作项目签约落地梅州高新区】 2022年12月1日，广东科伦药业有限公司与世界500强、全球最大的透析产品供应商费森尤斯医疗合作共建腹膜透析液生产项目在梅州高新区举行签约仪式，同步签订生产项目入园协议，该项目是费森尤斯在国内第一家授权生产的项目，预计总投资2.4亿元。其中，一期投资1.2亿元，建设2条腹膜透析液生产线，达产后年产值2亿元、年税收1500万元。

（梅州高新区）

责任编辑：廖晓鹏

交通运输

交通运输综述

【交通运输概况】 2022年，梅州市交通运输部门统筹发展与安全，统筹疫情防控和保通保畅，超额完成交通、公路省市重点任务，综合交通投资86.57亿元，同比实现由负转正，疫情防控顺利平稳有序转段。截至2022年底，梅州市公路通车里程2.08万千米。

【综合交通投资】 2022年，梅州市完成综合交通投资86.57亿元，占年度计划的86.57%，比上年增长1.6%。其中，高速公路完成6.87亿元，占年度任务的114.5%，下降31.3%；铁路完成36.13亿元，占年度任务的95.1%，增长4.7%；国省道完成21.3亿元，占年度任务的77.1%，下降3.6%；农村公路及桥梁完成14.2亿元，占年度任务的64.8%，下降19.4%；公交站场和物流工程等完成8.07亿元，占年度任务的124.4%。其中，交通、公路省市重点任务完成投资27.1亿元，占年度计划161.7%。

【综合路网结构】 2022年，汕梅高速改扩建项目于11月22日动工建设，开工时间比原计划提前半年左右，彰显“梅州速度”；大丰高速完成初勘初测评审，开展社会投资人招标；全市新增2条高速公路列入国家高速公路网（G1532泉州—梅州、G1535潮州—南昌），正推进线路规划研究等前期工作；提前开展梅州至永定（上杭）高速公路前期工作；完成普通国省道路面建设里程153千米、农村公路路面里程429千米，省道223线松源至雁洋段（出省通道）改建工程雁洋环镇段6.3千米一级路建成通车。以梅州市委、市政府名义出台《梅州市推进交通强市建设实施意见》，申报创建广东交通强省试点城市；印发《梅州市普通国省干线公路“十四五”发展规划》、制订《梅州市农村公路扩投资稳就业更好服务乡村振兴攻坚方案》，提速推进新一轮国省道提档升级和农村公路建设改造，为交通运输高质量发展蓄势聚能。截至2022年底，梅州市公路通车里程2.08万千米，密度131.3千米/百平方千米。其中，高速公路10条共752千米，国道6条共838千米，省道21条共2279千米，县道3154千米，乡道6981千米，村道6837千米。

【交通助企纾困】 2022年，梅州市统筹疫情防控和物流保通保畅，建立梅州市委书记、市长任双组长的市级物流保通保畅工作领导小组，完善物流保通保畅工作机制，畅通诉求解决渠道，落实货车司机“即采即走即追”和“闭环管理”制度，精准服务全市92家“白名单”企业和40家重点企业物流畅顺通行，保障全市物流畅通和产业链供应链稳定。持续落实交通运输领域助企纾困扶持政策，靠前服务、精准对接，督促指导行业企业用足用好增值税留抵退税、社保费缓交和货车司机贷款延期还本付息、交通物流专项再贷款等各项政策，确保政策红利直达快享、应享尽享，帮助企业过难关、恢复发展。2022年，督促发放农村道路客运成品油价格补助资金7270.8万元，全市7大银行共对符合“两企两个”（道路货物运输企业、物流配送企业；道路普通货物运输个体工商户、个体普通货运车辆车主）交通物流专项再贷款3789万元，涉及企业15家。

【综合运输服务】 2022年，梅州市编制出台《梅州市综合运输服务“十四五”发展规划》，明确全市“十四五”期间综合运输服务发展的总体目标、工作思路和主要任务。全面推广应用省“两客一危一重”车辆智能监管系统，从源头预防和减少驾驶员违法违规导致的道路运输安全生产事故，提升安全管理水平。从严加强机动车维修行业、驾培行业监督管理，持续加强机动车维修企业备案管理，建立健全政府部门、经营者、从业人员、学员及行业协会共同参与的驾培行业多元管理机制，加大从业人员资格认证和管理力度，提升运输行业管理水平。探索“交通运输＋电商快递”“交通运输＋特色产业”等发展模式，完善县镇村三级物流网络，深化镇村邮政和快递网点普及，加快乡镇运输服务站建设和县、镇（乡）、村客货邮综合运输服务站升级改造，提升农村物流运营效率和服务水平。持续落实公交优先发展战略，拓宽公交惠民政策覆盖面，优化城市公交线路6条，群众公交出行满意度居全省山区市前列。梅州城区共享电单车“更新迭代”，网约车合规化加快推进，行业新业态更加规范发展，出行服务更加绿色低碳。加快推进“司机之家”申报建设，加大ETC发行推广力度，全市整体ETC使用率和货车ETC使用率分别为70.32%、76.46%，均居全省第一位，运输服务质效持续提升。2022年，全市公路客运量270.83万人，比上年下降20%；货运量1.02亿吨，下降8.7%。

【法治交通建设】 2022年，梅州市交通运输局持续深化法治政府部门建设，全面落实“谁执法、谁普法”责任制，制订年度普法学习计划、法治工作要点、普法工作要点、信用交通建设工作要点，出台公职律师管理制度、法律顾问制度、公平竞争审查工作制度，实施交通运输领域加强和规范事中事后监管三年行动，加强对交通运输领域重大行政决策合法性审查、行政规范性文件合法性审核、行政处罚案卷法制审核，深化“双随机、一公开”监管工作，加强信用交通体系建设和企业诚信评价，完成对2个下属单位的内部审计工作，对49家道路旅客运输企业、131家大型道路普通货物运输企业、2家道路危险货物运输企业、4家机动车驾驶员培训机构、145家机动车维修进行分类分级评价。持续深化“放管服”改革，开展“减证便民”行动，推进道路运输高频服务事项“跨省通办”，建立完善企业与政务服务窗口交流“直通车”，创新服务制度和优化工作流程，206项政务服务事项全部进驻政务大厅并纳入窗口办理，实现网上办理100%、网上办结100%。全年累计办理、受理、办结各类审批事项4.79万件，交通运输领域营商环境持续优化。

【交通综合执法】 2022年，梅州市推进交通运输执法规范化长效机制重点工作任务落实和执法队伍素质能力提升三年行动，持续深化“四基四化”规范化建设，完成全市交通运输综合行政执法队伍统一换装和执法标识变更，组织执法队伍大轮训，加强执法案卷评查，开展执法站所开放日、基层执法站所长接待日等“执法为民”系列主题活动，推进包容审慎监管，推行说理式执法，让执法有力度更有温度。严格规范公正文明执法，以推进包容审慎监管为抓手，着力创新行政执法方式，开展高速公路出入口秩序整治、全市治超综合治理、房屋建筑及市政工程领域货物装载源头治理、客运非法营运专项整治等系列行动，推进驾培、机动车维修等行业乱象治理，推进货运源头治超监管系统、治超非现场执法检测点和农村公路智能监测系统建设，行政执法服务水平不断提升。全市交通执法立案3088件，比上年增长10.2%，结案2217件，结案率71.8%，处罚金额共571.76万元，下降8.1%；全年无行政复议案件。

【行业疫情防控】 2022年，梅州市保持交通运输行业疫情防控应急指挥体系和联防联控工作机制高效运转，坚持专人专班常态化运作、落实24小时应急值班值守，健全疫情防控“平战转换”机制，守牢“两站一场一服务区”常态化疫情防控关口，科学精准落实中高风险地区客运班线、包车业务、机场航线等交通管控措施，适时在高速公路收费站出口、普通国省道省际市际入口和高速公路服务区开展便民核酸检测服务，严密组织开展涉疫人员闭环转运工作，全年累计开展“两站一场”旅客落地核酸采样76.4万人次，提供便民核酸检测服务355.7万人次，闭环转运重点涉疫地区返梅人员及本土疫情重点管理人群2.28万人。同时，完整、全面、准确执行第九版防控方案，落实“二十条”、执行“新十条”优化措施，及时调整优化交通运输行业疫情防控政策，实现疫情防控平稳有序转段，最大限度保护人民生命安全和身体健康，最大限度减少疫情对经济社会发展的影响。

【安全生产监管】 2022 年，梅州市开展交通运输安全生产强化年行动和安全生产大检查大整治行动，贯彻安全生产“十五条”硬措施和省 65 条、市 79 条落实措施；吸取各类安全事故教训，以安全生产大调查大排查大整治为抓手，动态管理交通运输行业“四张图”（高速公路和国省道内涝易发点示意图、普通国省道地质灾害易发点示意图、高速公路和国省道事故多发点示意图、高速公路和国省道日常拥堵点示意图），落实风险预警和管控要求，巩固提升安全生产专项整治三年行动计划成效，深化行业平安建设，助力国家安全发展示范城市创建。加强“两客一危一重货”和涉疫转运等重点车辆安全管理，道路交通安全整治、危险化学品安全风险集中治理、消防安全专项整治等专项行动取得成效；持续开展在建工程建设领域隐患排查，完成 6 处并推进 1 处普铁隐患整治“平改立”工程，落实 16 座船舶碰撞桥梁隐患治理任务，做好重点水毁路段修复和重点督办路段整治，做实行业应急演练、防汛备汛、森林防灭火等工作，行业安全治理能力不断提升。全年全市交通运输行业发生 1 起道路行车事故、死亡 1 人；水路运输和交通工程施工领域继续保持零事故的良好态势；未发生因公路标志、标线、危险路段防护、航道航标不完善造成的交通事故；未发生施工企业职工重大伤亡事故；未发生一般及以上火灾责任事故和中毒事故；未发生新业态从业群体不稳定事件，未出现上京上省越访行为，行业安全形势总体保持稳定。

2022 年 11 月 22 日，汕梅高速公路改扩建项目建设动员会在汕梅高速公路畲江养护基地举行 （梅州市交通运输局供图）

【示范创建工作】 2022 年，梅州市立足梅州区位和优势条件，遴选一批具有代表性和典型性、可起到良好示范带动效应的试点任务，计划在省际边界地区交通协调发展、“四好农村路”高质量发展、打造交旅融合红色旅游公路体系、城乡公交绿色出行一体化发展、推进农村客货邮融合发展支撑乡村振兴、培育交通文明六个方面打造交通强省试点。推进城乡交通运输一体化示范县创建工作，梅县区顺利列入第二批城乡交通运输一体化示范县创建名单。持续推进农村客邮融合发展，兴宁市“电商物流 + 农村客货同载 + 商超联运”成功入选国家第三批农村物流服务品牌，大埔县被纳入省客货邮融合发展试点。持续开展“四好农村路”示范创建工作，兴宁市被确定为 2022 年度“四好农村路”全国示范县创建单位，平远县获评广东省“四好农村路”示范县。

（梅州市交通运输局）

公路运输

公路事务综述

【公路事务概况】 2022 年，梅州市公路事务中心争取到上级补助资金 9.01 亿元（其中中央资金 3.27 亿元、省级补助 5.74 亿元），重点推进 15 个国省道升级改造项目及一批危桥改造、安防提升等养护专项工程建设，采取加强组织领导、落实挂图作战、强化督导通报等措施，推动项目实施。2022 年全市完成投资 12.76 亿元，完成路面里程 101 千米。

【公路养护】 2022 年，梅州市公路事务中心完成投资危桥改造、安防提升等一批养护专项工程建设 1.49 亿元；建立公路养护工程项目库，重点推进 16 项、176 千米普通国省道路面预防养护项目实施；全面完成 2021 年度政府还贷二级公路取消收费后补助资金项目。省下达危旧桥梁改造 21 座，完成改造 18 座。完成 8 座船舶碰撞桥梁隐患整治任务。完成 150 多处小型水毁点治理、423 处一般水毁点塌方和淤泥清理工作，完成 32 处重点水毁点设计报批，确保人民群众生命财产安全。

【路政服务】 2022 年，梅州市公路事务中心全面落实路政服务职能，开展路政巡查 1.69 万人次，巡查里程 24 万多千米；发现各类涉路违法案件 176 件，自行制止 106 宗，报告交通运输综合行政执法局处理 70 宗；立案处理损坏路产案件 182 件，收回路产赔偿费 130.54 万元，结案率、索赔率均为 100%。同时，配合交通主管部门做好路政许可审批工作，主动参与国省道路政许可项目的实地勘验、定位、作图和签订相关协议，全年做好路政许可项目 55 宗，路产路权得到有效保护。

【“平安公路”建设】 2022 年，梅州市公路事务中心完成 13 处省下达事故多发和严重安全隐患路口路段督办治理工作，完成国道 205 线“交通安全文明示范路”和 60 千米“平安公路”创建工作，完成 6 处地质灾害隐患点治理。

【“美丽智慧公路”建设】 2022 年，梅州市公路事务中心完成 314 千米“美丽公路”建设任务，推进通往重要景区、综合保税区、工业园区、城郊干线等路段“美丽公路”建设，打造“畅安舒美绿”公路通行环境。落实数字交通建设要求，推进“智慧公路”建设，完成大埔

2022 年 9 月 1—2 日，2022 年全省普通国省干线公路服务设施现场工作会在平远县召开。图为与会人员实地参观飞龙服务区　（梅州市公路事务中心供图）

县级平台建设，兴宁、梅江等县级平台加快建设，进一步增加市内部分国省道重点桥梁、隧道及高危路段的实时监测监控。

【全市公路部门在国省道设立便民核酸检测服务点】 2022 年 4 月 5 日至 12 月 7 日，梅州市公路部门在国道省道设立省际市际便民核酸检测服务点共 45 处，每天投入 100 多人次，累计检查车辆 36 万多车次，测体温 55 万多人次，核酸检测 33 万多人次，发现发热或红黄码 125 人，切实守牢全市防疫“大门”。

【2022 年全省普通国省干线公路服务设施现场工作会在平远县召开】 2022 年 9 月 1—2 日，2022 年全省普通国省干线公路服务设施现场工作会在平远县召开。广东省交通运输厅、广东省公路事务中心、各地市相关单位负责人参加会议。与会人员实地参观省道 225 线石正服务区、国道 358 线飞龙服务区，学习了解梅州公路部门在推进普通国省干线公路服务设施建设和运营方面的先进做法。“十三五”期间，梅州市共建成 90 个普通国省干线公路服务设施。

（梅州市公路事务中心）

梅州市粤运汽车运输有限公司

【梅州市粤运汽车运输有限公司概况】 梅州市粤运汽车运输有限公司（简称梅州粤运公司），前身是梅州市汽车运输总公司，成立于 1965 年，并于 2009 年 10 月整体无偿划转给广东省汽车运输集团有限公司（现为广东粤运交通股份有限公司）。梅州粤运公司注册资金 3800 万元，下辖 10 家分公司、7 家全资子公司、2 家控股公司，是梅州市唯一一家“国有道路运输一级企业”。

【多元化客运出行服务】 2022 年，梅州粤运公司在市区和各县区所属有客运站场 8 个，设有 27 个“道路客运招呼站”；拥有营运车辆 584 台，其中客运车 203 台、公交车 152 台、的士 6 台、租赁车 18 台、镇通

村 180 台、农客 25 台。提供城乡公交，省际、市际、县际班车客运，旅游包车及汽车租赁等客运出行服务。2022 年，梅州粤运公司客运量 195.55 万人次，旅客周转量 29165 万人千米；城乡公交客运量 209.3 万人次；农村客运客运量 63.93 万人次。

【运输安全】 2022 年，梅州粤运公司设有“四合一”智能监控平台，对运营车辆实施实时监控，智能化识别驾驶行为，对驾驶员违规实时纠正，确保行车安全。2022 年，梅州粤运公司累计行驶里程 2984.28 万车千米；没有发生一般及以上行车安全责任事故，非道路运输业务均未发生安全生产责任事故。

【抗疫责任】 2022 年，梅州粤运公司加强客运站场的重点场所、重点人群、重点时段管理，持续做好乘客“100%佩戴口罩、100%测温、100%健康码和场所码亮码通行”的防控措施。为疫情工作及相关人员提供接送和转运服务，全年各所属单位参与防疫共派车 7536 台次，特别是 11 月全力支援丰顺抗疫工作的人员疏运，共派车 4511 台次，参与防疫的驾驶员 5274 人次、管理人员 1350 人次。

【出行服务】 2022 年，梅州粤运公司秉承“乘客至上、服务一流、安全便捷、追求卓越”的经营理念，坚持将社会效益放在首位，打造企业品牌核心竞争力，致力于为广大出行旅客提供高品质、个性化的出行服务，提供 5～51 座车辆的通勤专车、私人定制租车、团体包车、企业用车、大中小型各类活动用车服务。（梅州市粤运汽车运输有限公司）

梅州城市公共汽车有限公司

【梅州城市公共汽车有限公司概况】 梅州城市公共汽车有限公司成立于 2007 年 9 月，是梅州市一家专门从事公交客运的运输企业。截至 2022 年底，梅州城市公共汽车有限公司拥有 1384 辆公交车，线路 92 条，经营区域涵盖梅州市区和梅县区两大区域，覆盖各大长途客运站、飞机场、高铁站和旅游景区。其中新能源纯电动公交车占车辆总数的 100%，位居全省前列。

【综合站场建设】 2022 年，梅州城市公共汽车有限公司拥有 8 个大型综合站场，分别位于：梅州市梅江区梅江三路、梅州市梅江区世界客都大道、梅州市梅江区东升工业园、梅州市梅县区三丰村镇、梅州市梅县区雁洋镇、粤东医院公交站、畲江公交站场、畲江公交站场二期。所有的站场都采用立体开发模式，将充电站和光伏发电站相结合，在充电站罩棚顶部铺设太阳能组件，通过太阳能转换成电能，直接供给充电桩，进而为纯电动公交车充电站提供动力来源。为保证纯电动公交车的正常运营，投入使用 700 台双枪直流充电桩，变压器总装机容量达 2.35 万千伏安，基本满足纯电动公交车的运营需求。光伏总装机容量将近 17 兆瓦，月均发电量可达 100 万千瓦时，极大地减轻电网负担。

【梅州宝达机动车驾驶员培训有限公司正式运营】 2022 年，梅州城市公共汽车有限公司投资成立的梅州宝达机动车驾驶员培训有限公司正式运营，并全面启用全市唯一一个全车型的驾驶员培训训练基地。该训练基地位于梅县区雁洋镇雁上村公交总站内，由梅州城市公共汽车有限公司自主投资建设，总占地面积 8.67 万平方米，该训练场内训练项目全面涵盖 A1、A2、A3、B1、B2、C1、C2 等机动车考试的训练项目，并且配套建设 7.5 兆瓦的光伏发电项目，月均发电量达 50 万千瓦时。

（梅州城市公共汽车有限公司）

铁路运输

铁路建设

【铁路建设概况】 2022 年，梅州市铁路建设实现再提速。梅龙高铁梅州段施工建设进展顺利，兴宁南站、五华站站房及相关配套工程补充初步设计取得广东省交通厅的批复。瑞梅铁路（广东段）于 9 月 30 日开工建设。武平至梅州高铁纳入 2022 年国铁集团勘察设计计划。梅州市铁路储备项目各项前期工作正在加快推进。

【梅龙高铁项目建设】 梅龙高铁梅州段开工建设后，在全方位服务保障下，施工建设进展顺利，2022 年完成梅州段建设投资 34.2 亿元，占年度投资的 117.4%，超额完成年度投资任务；梅州段累计完成投资 83.24 亿元，占项目总投资的 70%；路基、桥梁、隧道工程已分别完成总量的 92%、78%、90%。

2022 年 4 月 12 日，梅龙高铁兴宁段隧道施工现场 （吴腾江 摄）

【梅龙高铁兴宁南站、五华站站房建设获批】 2022 年，梅龙高铁兴宁南站、五华站站房及相关配套工程补充初步设计于 9 月 5 日取得广东省交通厅的批复，包括站房位置及建设规模、站房总体设计原则、站房建筑设计等内容，梅州市争取到国家和省支持，兴宁南站、五华站站房规模均由 5000 平方米扩大至 1 万平方米。

【瑞梅铁路项目开工建设】 2022 年 9 月 30 日，瑞梅铁路（广东段）开工建设动员会在梅江区西阳镇申渡村规划建设的瑞梅铁路梅江特大桥北引桥东举行，进入施工建设阶段。2022 年完成建设投资 4.38 亿元，占年度投资的 876%，沿线县（区）完成 8 个先开点的土地征收并进场施工，征地拆迁工作正全力推进。

【铁路储备项目推进情况】 2022 年，梅州市重点推进武平至梅州高铁、蕉岭至丙村铁路、大埔至潮州港疏港铁路各项前期工作，规划研究梅州至漳州高铁、汕尾至梅州高铁。其中，武平至梅州高铁纳入 2022 年国铁集团勘察设计计划，建设方案稳定、时机成熟，已先行委托中铁咨询设计院开展项目可研鉴修工作；蕉岭至丙村铁路 2022 年 4 月委托中铁咨询设计院开展项目可行性研究及相关专题编制工作，至 12 月底，完成可行性研究及相关专题研究报告修编稿的编制；大埔至潮州港疏港铁路完成预可研和预可研深化研究工作，并与潮州市建立项目加快推动的联络机制；规划建设的梅州至漳州高铁、汕尾至梅州高铁完成预可行性研究报告编制工作。

（梅州市铁路建设办公室）

梅州火车站

【梅州火车站概况】 梅州火车站位于梅州市梅江区三角镇彬芳大道南，隶属中国铁路广州局集团有限公司惠州车务段三等站，有干部职工 95 人，承担行车组织和客货运业务。1994 年，梅州火车站正式开通货运，并于同年 12 月 28 日开通客运，是东至厦门，西去广州、深圳，北到武昌，南达汕头的重要乘降站。

【安全控制】 截至 2022 年 12 月 31 日，梅州火车站实现无责任一般 D 类及以上铁路交通事故 8829 天。全年杜绝行车、施工、劳安、客运、货运、消防、收入等一切责任事故，确保春运、两会、暑运、国庆、党的二十大、军事运输等重点时期和防洪汛期的安全稳定，安全基础质量稳步提升。

【运力情况】 旅客列车方面，2022 年，梅州火车站开行旅客列车 6 对（12 趟），其中途经跨省列车 3 对，分别是厦门北至广州东方向往返的 K299/300 次、厦门北至昆明方向往返的 K231/2 次、汕头至武昌方向往返的 K800/799 次。梅州始发省内旅客列车 3 对：梅州至广州东方向往返的 T8367/8；T8381/8379；梅州至深圳方向往返的 T8369/8370 次。货物列车方面，2022 年，梅州火车站开行货运列车 12 对（24 趟），主要为龙川、汕头、琥市三个方向，梅州至龙川北方向：41105、41107、41109、41111、41113；龙川北至梅州方向：41106、41108、41110、41112、41114、41116；梅州至汕头方向：42081、42083；汕头至梅州方向：42082、42084；梅州至琥市方向：44502、44504、44506、39502、39504；琥市至梅州方向：44501、44503、44505、39501、39503。

【生产经营】 旅客运输方面，2022 年，梅州火车站平安发送旅客 12.4 万人，比上年减少 13.6 万人，减少 52.5%；到达旅客 10.7 万人，减少 13.6 万人，减少 55.8%。货物运输方面，2022 年，梅州火车站共完成装车 1.07 万车，减少 8242 车，减少 44%；发送 65.14 万吨，减少 53.62 万吨，减少 45%；完成卸车 2176 车，减少 519 车，减少 19%。

【2022 年梅州火车站标杆车间建设试点工作】 2022 年，中国铁路广州局集团有限公司惠州车务段选取梅州火车站作为标杆车间建设试点。梅州火车站健全以“安全生产责任制、管理制度汇编、两单两书一卡、安全风险管理手册、施工安全管理规范”五个部分组成的车间管理制度体系。打造车站接发列车实训室，该实训室占地面积 60 平方米，配置 10 张双人位电脑桌、20 台电脑、1 台多媒体教学设备，可容纳 20 人开展接发列车仿真模拟系统演练。总结推广耐心、细心、虚心、热心“四心”工作法和微笑多一点、嘴巴甜一点、手脚勤一点、眼睛亮一点、耳朵灵一点、标准高一点“六点”服务法，提升职工业务技能。实现站区一体化，推进站区“共建、共治、共享”理念。建设站区职工食堂，食堂面积达 100 平方米，能同时满足 60 人用餐。同时，对车站信号楼运转室、站调室、调车组待班室、职工间休室等各职场进行升级改造。加强宣传文化阵地建设，投入资金约 80 万元建设红色基因多功能党员教育活动室，内设红色教育展厅、党员学习会议室、职工健康活动室。

（梅州火车站）

航空运输

【航空运输概况】 2022 年，广东省机场管理集团有限公司梅州机场公司紧紧围绕“争创同量级一流支线机场”总体目标，构建与地方经济社会发展相匹配的航线网络布局，主动融入梅州服务“双区”建设，参与“一带一路”建设和老区苏区振兴发展战略，践行“安全发展，真情服务”理念，为推动梅州苏区加快振兴贡献民航力量。截至 2022 年底，广东省机场管理集团有限公司梅州机场公司运营 7 条航线，通航 12 个城市。全年完成飞机起降 3598 架次、旅客吞吐量 19.1 万人次、货邮吞吐量 258.7 吨。同时，广东省机场管理集团有限公司梅州机场公司致力于打造通用航空基地，为森林航空消防、人工影响天气等通用航空飞行提供优质的服务保障。

【安全管理】 2022 年，广东省机场管理集团有限公司梅州机场公司狠抓全员安全生产责任制落实，强化双重预防机制建设，深化重点领域专项整治，全面防控安全风险。公司构建全面覆盖、严密高效的协作体系，焕发协同协作、共进共荣的团队精神，疫情应对有力有效、安全态势平稳可控。2022 年，广东省机场管理集团有限公司梅州机场公司未发生责任原因安全生产事故，安全形势总体平稳向好，实现自机场开航以来的第 36 个安全年。

【航空服务】 2022 年，广东省机场管理集团有限公司梅州机场公司以客家风情、山水田园、精致便捷为画像，山歌悠扬为标签，践行“飞客都 · 享客道”服务理念，实现航班放行正常率逐年提升，服务投诉量和行李差错率低于行业平均水平，未发生服务差错事件和其他群体事件。深耕“春风服务 · 客享飞”服务品牌，《以梅州为名，打造最“客”味人文机场》入选 2022 年度中国民航机场优秀服务案例，推出“客享飞”创新服务产品，增强旅客服务体验，进一步扩大梅州机场影响力和“客享飞”品牌知名度。全年共保障特殊旅客 435 人次，保障人体捐献器官运输 5 次，收到航司及旅客锦旗、感谢信等 12 次。《4 分钟打开生命通道》新闻在各类媒体平台多次转载，并被梅州市广播

2022 年 8 月 4—5 日，广东省机场管理集团有限公司梅州机场公司作为“首批红色旅游示范机场”参加 2022 年中国航空旅游融合发展高峰论坛

（广东省机场管理集团有限公司梅州机场公司供图）

电视台评为2022年度感动瞬间。

（广东省机场管理集团有限公司梅州机场公司）

水路运输

航　道

【航道概况】　2022年，梅州辖区航道养护里程485千米，其中五级航道136千米（梅江：三河坝至梅东桥33千米；汀江：三河坝至茶阳22千米；韩江：蔗溪口至三河坝81千米），五级以下航道349千米。全年辖区航道扫床372.4千米，航道维护水深年保证率100%；全年维护航标960座，维护工程量37.97万座（天），航标维护正常率99.8%以上；船舶完好率和优秀率均100%。

【航道建设】　2022年，梅州航道事务中心推进韩江三河坝至潮州港航道扩能升级工程前期工作，韩江航道扩能升级项目列入《广东省支持梅州对接融入粤港澳大湾区加快振兴发展实施方案》和《梅州市综合运输服务“十四五”发展规划》。加强项目储备，开展梅江丙村至三河坝航道扩能升级工程初步研究，配合广东省航道事务中心开展汀江航道复航及扩能升级开发方案研究。推进智慧航道建设与应用，推广航标遥测遥控技术的应用，完成辖区航道航标遥测遥控系统建设。启用潭江大桥、三河大桥、高陂田家炳大桥、中山大桥、朱德纪念大桥桥梁净高显示屏，并发布航道通告。

【航道养护】　2022年，梅州航道事务中心贯彻执行《中华人民共和国航道法》，按制度向社会公布辖区航道水位、水情，在枯水期及时向社会公布辖区航道维护尺度。加强航道日常养护管理，重点加强春运期、重大节日和党的二十大召开期间韩江三洲、东山水电站船闸下游天然航道的养护管理。利用韩江高陂水利枢纽建成蓄水的有利条件，加强与韩江流域管理局和各梯级电站的沟通联系，协调通航保障流量，解决辖区枯水期保通航难题。加强航道公共服务，督促韩江高陂水利枢纽落实船闸下游连接段航道开挖和保畅通工作，督促东山电站对船闸下游口门区及连接段淤积航段进行应急疏浚。

【航标养护】　2022年，梅州航道事务中心贯彻执行《广东省航标管理办法》，根据航道水位、航槽变化和社会对航道通航需求，及时优化调整航标配布，落实好桥区水上航标养护，加强专设航标服务管理，提高航标助航效能。按航标维护管理制度开展航标检查和保养，及时修复破损残旧的岸标标路、标体平台。完成韩江高陂水利枢纽工程航运设施迁改工程航标工程交工验收。对高陂水利枢纽库尾丁坝受淹航段，增设示位航标6座，保障通航安全。全年修复航标58座，维护航标960座（含对外代设代管标志743座），维护工程量34.97万座（天），航标维护正常率达到规范要求。

【航道管理】　2022年，梅州航道事务中心严格执行广东省航道事务中心有关规定，落实中心、所、站船三级巡查制度，全年完成航道巡查110次303人次，巡查航道里程8046千米，向市交通运输综合执法部门移交案件1件。做好涉航技术服务，协调畲江大桥和畲江东桥航道通航影响相关事宜，完成航道技术复函10宗，配合完成行政审批4宗。做好航道行政审批项目后续技术核查，全年涉航项目13宗，累计完工3宗，出动技术核查199次506人次，按要求完成施工关键节点的核查把关和完工后的技术核查工作。加强与地方交通综合执法机构业务协作，联合开展清理通航水域渔网渔栅执法检查，保护辖区航道资源。

【船舶养护】　2022年，梅州航道事务中心严格执行船舶三级保养制度，做好船舶保养和各站场叉车等工程设备和吊机维修保养工作，确保船舶“三清四无四不漏”，工属具卧具摆放整齐，船容船貌整洁。完成船舶年度维修保养计划，其中完成船舶小修7艘、航次修理14艘，安排技术改造1艘。推进航道船舶水污染防治，并按要求落实整改。

【航道安全生产】　2022年，梅州航道事务中心全面贯彻安全生产方针政策和新《中华人民共和国安全生产法》，制订安全生产大检查工作实施方案，开展安全生产大检查、安全风险和事故隐患排查。坚持以人民为中心、生命为上，启动防汛应急响应4次，落实好相应防御措施，把损失降到最低，灾后复产迅速及时。开展船舶碰撞桥梁隐患治理工作，加强桥区航道的维护，完成船舶碰撞桥梁隐患治理三年行动整治范围桥梁通航净高数据复核，帮助市县桥梁业主单位推进治理工作。配合市政府有关部门举办 2022 年轻舟第五大队演练工作和梅州市水上搜救应急演练活动。做好疫情防控工作，落实疫情防控各项措施。（陈少浓）

海　事

2022 年，梅州市开展水上搜救暨船舶防污染应急演练（梅州市海事局供图）

【海事概况】 2022 年，梅州市船舶进出港 2 万余艘次、港口货物吞吐量约 58 万吨、旅客运送量约 14 万人次；组织船员考试 23 期，发放船员适任证书 248 份；开展船旗国监督检查 155 艘次；办理水上水下活动许可 8 宗，发布航行通告 11 宗；成功救助落水人员 11 人次。全年未发生列入统计范围的水上交通事故，辖区水上交通安全形势持续稳定。

【水上交通安全监管】 2022 年，梅州市水上交通安全专项整治三年行动及船舶碰撞桥梁隐患治理三年行动圆满收官，梅州海事局实现隐患治理动态“清零”。组织开展梅州市乡镇自用船舶安全隐患专项整治行动，持续深化自用船属地管理，排查自用船舶 891 艘，签订安全责任书 525 艘，4 艘乡镇自用船登记上牌，查处纠正非法载客行为 18 起，乡镇自用船舶规范化管理取得突破性进展。纠正查处桥区水域船舶违法违规行为 18 起，辖区 19 座重点通航桥梁完成防撞设施评估及助导航标志建设，4 座老旧桥梁完成防撞设施安装。

【水上安全治理体系建设】 2022 年，梅州海事局强化水上安全治理体系建设，全面完成市、县两级水上交通安全工作联席会议制度建设，实现通航水域联席会议制度全覆盖。完善涉水部门执法协作机制，加强上下游协调联动，与汕头、潮州签署海事协作执法合作书，强化交界水域安全监管和信息共享。

【水上应急搜救】 2022 年，梅州海事局落实《关于加强梅州市水上搜救工作的实施方案》，在大埔县成立韩江流域首个县级水上搜救分中心，成功举办梅州市水上搜救暨船舶防污染应急演练，开展水上搜救志愿者队伍建设和管理调研。制订辖区恶劣天气等条件下水上交通管制工作指引，强化极端天气预警。严格落实重点时段 24 小时值班和领导带班制度，合理协调配备应急力量，成功防抗梅州市近十年最大洪水，处置船舶段缆漂移险情 2 宗、船舶搁浅险情 3 宗，持续实现水上交通“零事故、零伤亡、零污染”的目标。

【水上安全服务保障】 2022 年，梅州海事局持续推广海事服务“一网通办”，实现无线电许可、水工许可全流程网上办理，实施“告知承诺”“容缺受理”等信用承诺制。完善水上水下活动服务保障体系，为铜盘大桥、蓬辣大桥、甜竹窝码头、高陂水利枢纽下游疏浚等涉水工程提供优质的通航安全保障。协同梅州市防疫专班保障船员权益，筑牢水路疫情防线。在全市范围开展水上安全知识进校园和事故案例警示教育“双进”活动，持续深化中小学生防溺水安全教育。

【2022 年“商渔共治”专项行动】 2022 年，梅州市海事局深入推进“商渔共治”专项行动，查处占用主航道行为 6 起，清除碍航渔网（具）180 余副，劝离碍航捕捞渔船 50 余艘，拆解“三无”涉渔船舶、排筏 62 艘。（梅州市海事局）

责任编辑：古淑灵

邮政业·通信业

邮 政 业

【邮政业概况】 2022 年，梅州市从事邮政服务和快递服务的企业和分支机构共 126 个，涵盖全部主要快递品牌，其中依法取得快递业务经营许可证的企业共 39 个，依法设立并领取营业执照的分支机构 78 个。培育营业收入超亿元的企业 2 家，超 1000 万元的企业 13 家。全市邮政快递业拥有各类营业网点 1526 处，邮路和快递服务网络长度超 3.5 万千米，基本建成连接城乡、覆盖全市、辐射全省、通达全国的邮政快递服务网络。

2022 年，梅州市邮政行业寄递业务量完成 1.08 亿件，比上年增长 11%。邮政行业业务收入完成 15.4 亿元，增长 13.6%；其中，快递业务量完成 7380.69 万件，增长 13.9%；快递业务收入完成 8.51 亿元，增长 10.9%。

【邮政基础设施建设】 2022 年，梅州市获得省级促进经济高质量发展专项资金邮政快递业服务乡村振兴项目快递进村工程资金 40 万元，更新改造县级处理中心 3 个、农村快递服务网点 5 个。全市建成农村邮政快递业网点 780 处，其中快递服务营业网点 664 处。邮政公司建成县级中心 4 个，镇级共配中心 29 个，村级综合便民服务站 1989 个。建制村保持 100% 直接通邮，基本实现快递服务“村村通”。梅州市获得省级促进经济高质量发展专项资金寄递渠道安全管理项目智慧邮管工程 25 万元，继续推进梅州市邮政行业安全监管应用平台建设。推动落实“9917”工程，全市邮政快递业包装材料符合标准和规范封装操作比例为 96.98%、97.21%%，99.02%电商快件不再二次包装，全市可循环快递箱（盒）使用量 2.09 万个，回收复用瓦楞纸箱 144.02 万个。推进邮政综合服务平台建设，完成警医邮等寄递业务量超 83 万件。

2022 年 7 月 20 日，梅州市举行第二届“最美快递员”表彰活动　　（梅州市邮政管理局供图）

【快递服务现代农业示范项目】 2022 年，梅州柚寄递业务量实现 1130 万件、业务收入 1.7 亿元，带动农业总产值 13.8 亿元。“梅州柚”项目连续 5 年被授予“快递服务现代农业金牌项目”称号；“盐焗食品”寄递业务量突破 200 万件，“嘉应茶”突破 100 万件，成功创建“快递服务现代农业银牌项目”。

【旺季服务保障】 2022 年“双十一”电商销售旺季期间，梅州市邮件快件处理量累计 1463.26 万件，日均处理 91.45 万件。其中“双十一”当日共处理快递包裹 93.85 万件；“双十二”电商销售旺季期间，全市邮件快件处理量累计 746.39 万，日均处理量连续 6 天超过 120 万件，高峰期达 129.77 万件，比上年增长 1.51%，再次刷新历史纪录。

【兴宁市“电商物流＋农村客货同载＋商超联运”模式获评国家第三批农村物流服务品牌】 2022 年，梅州市兴宁整合农村客运、农村电商、快递等资源，构建“电商物流＋农村客货同载＋商超联运”发展模式，加快农村客货邮商融合，促进运输企业转型发展。10 月 10 日，交通运输部、国家邮政局联合印发通知，公布第三批农村物流服务品牌，兴宁市“电商物流＋农村客货同载＋商超联运”模式是广东省唯一入选项目。

（梅州市邮政管理局）

通 信 业

电信通信

【电信通信概况】 2022 年，中国电信梅州分公司坚持以客户为中心的经营理念，坚定履行建设网络强国和数字中国、维护网信安全的使命责任，统筹疫情防控、安全生产和经营发展，全面实施云改数转战略，加快新一代数字信息基础设施建设，以云网融合创新应用赋能梅州经济社会数字化转型。全年经营收入实现持续增长，圆满完成年度利润目标。中国电信梅州分公司连续 16 年获“全国用户满意企业”、连续 17 年荣获“全省用户满意企业”称号。

【数字信息基础设施建设】 2022 年，中国电信梅州分公司坚持适度超前加快数字信息基础设施建设，为梅州经济社会数字化转型注入新动能。移动网络能力取得快速提升，5G 网络基本实现乡镇及以上区域室外连续覆盖，4G 网络 20 户以上自然村覆盖率达到 87%，比年初提升 4.6 个百分点；宽带网络逐步完成千兆升级至万兆部署，全面实施光纤网络千兆升级，城市 60%以上的区域实现 2000 兆及以上宽带接入能力，农村区域实现千兆接入能力；持续提升广东“数字政府”政务云梅州节点算力，“数字政府”底座能力更加雄厚。

【应用融合】 2022 年，中国电信梅州分公司发挥云网融合优势，加快推进新一代信息通信技术与经济社会深度融合，激活数字新动能。助推“数字政府”改革建设迈向新水平，政府单位和部门各类政务业务系统近 300 个实现上云、用数，提升政府行政效能。推进智慧社区和数字乡村建设，助力各级政府建成智慧社区 157 个，建成数字乡村示范村近 500 个。助力梅州市智慧公路平台建设，实现全市重点路段、桥梁和边坡的视频和监测数据全部接入，初步构建全市智慧公路数据汇聚中心。支撑教育信息化水平和监管能力快速提升，助力 7 个县（区）完成教育云资源平台项目建设，为全市 1089 所学校、1.8 万间课室提供高速率、高安全、高稳定的网络服务。助力“互联网＋智慧监管”“互联网＋明厨亮灶”平台建设及接入，保障民生食品安全。

【央企责任履行】 2022 年，中国

2022 年，中国电信梅州分公司助力热柘镇在全市率先建成“数字乡村”平台
（中国电信梅州分公司供图）

电信梅州分公司保障各级政府抗击新冠疫情信息化需求。加强涉疫平台电路实时监控，保障党政军和防疫重点单位网络安全畅通；为防疫工作提供视频监控、云电脑、天翼智能门磁、天翼云会议、来电名片等科技抗疫保障。在多轮疫情防控工作中，响应各级政府需求，快速开通防疫宽带、流调专线、医学观察点 WiFi、办公电话等应急通信网络，完成全市 235 个普通核酸采样点和 27 个“黄码”核酸采样点的手机信号和有线网络的覆盖。在重要路口、重点场所安装视频监控点、天翼智能门磁，全年常态化推送疫情防控提示短信超 1100 万条。履行保障通信安全畅通的使命，全力抗击台风、洪涝、山体滑坡等自然灾害，完成中高考、2022 年中国农民丰收节、党的二十大等重大事件、活动通信保障工作。持续深化反诈攻坚行动，加强个人信息保护，严格执行实名制规范，常态化开展场景化防诈宣传。落实为中小企业纾困政策，减免租金近 200 万元，为中小企业客户提供提速降费优惠。

（中国电信梅州分公司）

移动通信

【移动通信概况】 2022 年，中国移动通信集团广东有限公司梅州分公司（简称梅州移动公司）主营收入 29.6 亿，比上年增长 11.5%，居广东第四位，超行业 4.3 个百分点，居广东第三位；净利润 5.39 亿，增长 9.66%，连续 5 年保持增长，能力收入增量份额达 97.9%，居广东第一位，是历年来抢到增量收入份额最多的一年，收入份额提升 2.3PP 达 71.7%，居广东第二位，收入增长保持行业领先。

【网络建维】 2022 年，梅州移动公司推进以“5G + 算力网络 + 智能网络”为重点的新基建。持续打造精品网络，建设开通 3624 个 5G 基站，实现梅州市主城区、各县城区及镇区连续覆盖，重要行政村基本覆盖，满足各旅游景点、工业园以及重点行政村区域 5G 业务需求；全市 5G 网络常住人口覆盖率达 96.36%，实现全市 5G 规模商用能力。光宽带预覆盖家庭超 98%，光端口 149 万个；集团专线和小微企业宽带覆盖超 10 万户，实现主要工业园区、商业楼宇的预覆盖。建设新型算力网络，推进梅州移动大数据中心建设，项目建筑规模 6000 平方米，项目投资 1.5 亿元，计划建设 1000 个机架，预计 2023 年竣工投产。打造标杆级智能网络，VC-OTN 投产节点 156 个，打造 1 张智能 OTN 政企精品网，市区及各县城区 100%密集覆盖，超过 20 个重要乡镇镇区实现接入覆盖。累计建成 NB-IoT 站点 1018 个，实现梅州城区及郊外、十大工业区等连续覆盖目标，实现物联网镇镇通。

【信息服务】 2022 年，梅州移动公司作为数智化综合解决方案的提供者，巩固本地软件和信息服务业的头部企业的地位。服务数字政府，主动承担一体化数字政府基础底座责任，打造横向到边、纵向到底的政务一张网，助力梅州数字政府“一网统管”治理模式，打造梅州市政务协同办公平台、建设一套覆盖市、县、镇及村的惠民信息公开平台。服务乡村振兴，配合政府全力打造省乡村振兴平台，形成五大振兴数智化管理体系，为决策依据、统筹协调、资金管理等乡村振兴建设工作提供抓手，打造大埔农业 5G 大数据平台、乡村振兴数智化平台，建设五华县华城镇数字乡村信息化平台。

年内，梅州移动公司服务产业数智化，发挥视频云、AI、大数据等中台能力，打造九大行业平台，促进产业数智化升级转型。监管执法行业建设县流动人口（出租屋）智能管理平台；智慧医疗行业打造平远医共体、第二中医院互联网医院、医疗电子票据、粤东医院病案

2022 年，梅州移动公司深入推进 5G 新基建建设　（梅州移动公司供图）

管理、五华人民医院信息化等标杆；教育行业建设全市超300所学校智慧校园平台，为兴宁、五华多所学校建设中考理化生实验操作考试标准化考点。服务制造业转型，基于移动自有工业大数据平台能力，围绕园区综合管理、智慧安防、云上招商、动态监测等目标，打造平远“智慧工业”管理平台，为工业数字产业化转型打下基础。5月8日，梅州移动公司与梅县南口镇自来水厂签约5G+物联智能远程抄表项目，该项目作为全市首单智能水表应用领域的标杆案例，实现工业行业的重大突破。

【客户服务】 2022年，梅州移动公司持续提升客户服务水平，不断满足人民对美好信息生活的向往。加快普及5G终端，5G终端客户规模净增44万户至136万户，进一步加快梅州2G、3G、4G客户向5G迁转，提升梅州移动客户上网服务感知。推进数字乡村和智慧社区建设，全年累计为全市1500多个乡村和200多个社区提供宽带、视频监控、云喇叭、智慧烟感等数智化服务，助力数智乡村和智慧社区治理水平提升。

2022年，梅州移动公司满意度持续改善，家宽黑点报障小区、手机上网质差小区解决率均超90%；资费办理规范性满意度提升8.15PP；触点端实现线下服务能力100%线上化，多次到厅投诉量较年初下降57.14%。加强溯源分析和闭环，万投率下降28.9%；投诉处理满意度91.9%，居广东第一位；“10086”热线客户诉求解决率93.8%，居广东第三名。

【移动社会责任履行】 2022年，梅州移动履行社会责任，展现国企责任担当。做好网络安全保障，圆满完成春节、两会、党的二十大网络安全保障，开展“护网2022”“铸盾2022”等重大活动网络安全保障，实现重大安全生产事故和重大网络安全事件零发生。做好网络提速降费保障，全年发放客户消费红包补贴1.04亿元，加快客户5G换机和5G资费迁移，流量单价较2021年12月下降17%；2022年推出家宽“双提升”活动，为1.2万家庭客户更换使用超5年的家宽设备。做好防范治理电信网络诈骗犯罪保障，关停涉诈电话号码15.9万个，协助公安机关捣毁诈骗窝点169个，抓获嫌疑人567人，缴获GIOP（虚拟拨号）设备46台、手机卡一批，守护好人民群众的“钱袋子”。配合政府做好新冠肺炎疫情防控保障，协助政府发送疫情防控短信1.73亿条，联合政府快速完成8个新冠疫苗临时接种点建设，支撑超750万人次接种疫苗，齐力共筑防疫城墙。

【梅州移动公司与保利联手打造首个移动5G智慧社区】 2022年6月18日，梅州移动公司与保利联手打造的本地首个移动5G智慧社区——保利公园壹号5G智慧社区入驻发布会在保利公园壹号营销中心举行。保利公园壹号5G智慧社区将科技与生活深度融合，通过5G产业技术的运用，打造一个更生态更健康的智慧型社区。

（梅州移动公司）

联通通信

【联通通信概况】 2022年，中国联合网络通信有限公司梅州市分公司（简称梅州联通公司）贯彻落实中央建设网络强国、数字中国、智慧社会重大战略部署，全面发力数字经济主航道，持续加快5G、全光网络、云计算、大数据、人工智能等新型基础设施建设，着力提升基础设施服务能力，为经济社会发展畅通信息大动脉、构筑数字新底座。同时，融入千行百业，灵活满足5G行业客户需求，在工业互联网、城市安全、智慧政务、医疗、智慧交通、智慧教育、数字乡村等重点领域，成功打造全市首个5G专网智慧工厂、5G专网智慧园区、数字乡村平台等一批有影响力的5G“灯塔项目”，与地方经济发展实现同频共振。截至2022年底，梅州联通公司年主营收入2亿元，用户数50万户。

【联通公司网络质量提升】 2022年，梅州联通公司聚焦资源打造3张精品网：打造5G精品网络，投资1.2亿元部署完成900兆低频网建设，新开通1062个站点，实现全市行政村全覆盖，提升城镇密集居民区、地下停车场、商超等深度覆盖场景的网络质量，用户感知体验明显提升；打造千兆宽带精品网，完成主城区大中型住宅小区、商务楼宇合计372个千兆宽带新建接入，新增端口6万个，可为超过6万个家庭客户提供千兆上网服务；打造政企精品网，依托梅州联通数据中心承载政务、医疗、工业、教育等信息化应用场景能力，完成118个下沉SD-OTN政企精品网节点建设，同步扩容建设联通云、5G+MEC边缘云等设施，实现省市节点端到端互联互通，梅州至湾区网络时延低至8毫秒以内，大幅提升梅州与湾区网络数据交换的速率，为本地调用湾区超算、智算提供高效的网络保障。

2022年5月18日，梅州联通公司与广东辉骏公司签订“5G+智慧园区”合作协议
（梅州联通公司供图）

【联通公司助力实体经济】 2022年，梅州联通公司承建博敏电子、BPW（梅州）车轴等企业数字化转型升级项目，服务蕉岭油坑、五华辉骏、广东盈华等企业“5G+全连接工厂”项目，成功打造全市首个5G专网智慧工厂、全市首个5G专网智慧园区项目等一批5G+工业互联网标杆案例，为破解数字化系统集成难、生产线效率低、数据采集难和信息孤岛等难题，实现工厂生产线工艺切换时间大幅短缩、产品质检同类缺陷发生大幅下降、人力时效同比增加、设备运行效能提升等目标。累计服务35家规模以上企业“上云上平台”，为工业企业数字化转型赋能。在服务产业数字经济方面，承建市工业互联网大数据综合服务平台，实现梅州市制造行业经济发展的实时监测。

【联通公司助力乡村振兴】 2022年，梅州联通公司以数字乡村平台牵引，投入专项资金，推动智慧指挥平台、智慧党建、森林防护、智慧烟感、疫情防控等11个数字乡村项目在农村基层的运用，实现集约化、一体化、高效率的乡村治理和服务闭环管理，成功打造兴宁永和镇“数字乡镇”标杆，为该镇实现农村的产业、治理和服务数字化发挥重要作用。

【联通公司助力疫情防控】 2022年，梅州联通公司推动基于大数据技术的“人口流动大数据分析平台”“智能体温监测平台”等平台应用，配合梳理疫情数据、物价数据、疫情物资重点单位产能数据等，提供数据分析报告，在阻断疫情传播方面发挥重要作用。同时，向社会提供5G智慧医疗、“云上方舱”、5G无人车配送、大数据治理等4个大类50项服务，服务方舱医院的信息化、智能化建设，承建本地多个方舱医院信息化建设项目，承接市疾控核酸大数据平台和政数局防疫大数据项目，以联通科技力量服务梅州“智慧抗疫”。

【联通公司客户服务】 2022年，梅州联通公司发布“U悦服务”品牌，公开承诺治理“亮码支付卡顿”“千兆宽带WiFi、装移修慢”“业务定制差错”三大用户急难愁盼的顽疾。用户可扫码进入“联通U悦”小程序，对以上三项问题进行上报，进一步规范业务宣传、完善业务办理，从而实现明白消费并加强个人隐私保护。同时还为老龄与残障人士推出贴心服务，持续提升跨区域通办能力和携号转网服务能力，以差异化的优越服务，提升品牌形象。

【梅州联通公司在兴宁永和镇永星村成立全省系统内首个“宽固共建”数字乡村标杆项目】 2022年，梅州联通公司在兴宁永和镇永星村成立全省系统内首个“宽固共建”数字乡村标杆项目。梅州联通公司探索“农村通信合作社”模式，将千兆宽带网络建设到家家户户，与镇村共同推进数字乡村运营、智慧农业推广、智慧家庭惠民等应用；入社村民不仅可以享受合作社专属优惠套餐和自家独享的网络服务优势，还能获得合作社的定期分红福利。合作社的宽带安装、维护修障工作，还能解决部分村民就业问题。合作社的创收将用于帮扶村中困难学子和老人、建设或维修公共设施等公益事业，让村民们实实在在享受到村集体经济增长的好处。

（梅州联通公司）

铁　塔

【铁塔概况】 2022年，中国铁塔股份有限公司梅州市分公司（简称梅州铁塔公司）围绕高质量发展主题，统筹5G基站建设和室内分布系统共建共享，促进行业合作、发展，深耕跨行业资源共享，提高公司通信基站资源的社会共享利用率，加大能源业务投资建设，铺排县级换电、充电网络，完善金融、医疗等重点行业备电支撑服务，落实党的二十大重保、防汛防台风、新冠疫区重保等通信保障任务。

【通信基站共建共享】 2022年，梅州铁塔公司承接完成5G基站建设需求2215个，全年投资3981万元，截至2022年12月底，梅州铁塔公司基站累计总数5488座。统筹建设20个重点场所共建共享室内分布系统项目，着力解决民众强烈投诉的住宅小区深度信号覆盖问题，完成约200个住宅小区地下停车场和电梯通信设施建设覆盖，满足市民对住宅小区通信不中断的服务诉求。公司落实通信基站统筹建设，推动站址入法入规，实施新建建筑物通信基础设施规划审核审批，持续推进公共物业基站站址免场租和私人物业基站直供电改造，为行业有效压降经营成本，节约租金、电费合计612万元/年。

【“通信塔”变“数字塔”】 2022年，梅州铁塔公司推进“通信塔”变“数字塔”，提高公司通信基站资源跨行业共享率。基于公司广泛的通信基站站址资源，以及集人工智能、大数据、物联网、云计算、AI算法等多功能于一体的铁塔视联平台，开展林火、国土、水务、环保及智慧乡镇等多个行业高位视频监控服务，投资建设约300路高清视频监控。截至2022年12月，梅州铁塔公司跨行业累计共享通信基站站址800余座。

【能源设施投资建设】 2022年，梅州铁塔公司新增能源设施投资合计500万元。换电服务方面，新增换电站60多个、新增换电柜90多台；充电服务方面，新增低速充电桩端口500多个，累计端口数达到1700多个，换电、充电网络铺排遍及梅江区、梅县区、兴宁市和五华县。

【通信保障】 2022年，梅州市通信基站平均断站退服时长为8.96分，超长超频退服率降为零，断电退服率环比压降33.4%。完成党的二十大重点保障，防汛防台风，丰顺、梅县疫区重点保障等通信保障任务，截至2022年12月底，梅州铁塔公司共计组织24次应急通信保障，累计出发保障队伍2554人次，保障站点1106站次，出动车辆1187辆次，调遣油机1187台。

（梅州铁塔公司）

责任编辑：古淑灵

开放型经济

对外经贸合作

【外经贸概况】 2022年，梅州市实现外贸进出口总额110亿元，比上年下降9.6%。其中，出口额91.5亿元，下降6.5%；进口额18.5亿元，下降22.7%。

对外贸易 2022年，梅州市一般贸易进出口总额81亿元，下降16.6%，占同期进出口总值的73.6%。加工贸易进出口总额27.6亿元，增长12.0%，占同期进出口总值的25.1%。主要商品出口呈负增长，其中出口机电产品50.5亿元、增长4.7%；出口橡胶轮胎8.2亿元，下降5.3%；出口陶瓷产品6.3亿元、下降53.9%；出口家具及其零件2.8亿元，下降69.8%。上述4者合计占同期全市出口总值的74%。进口商品以机电产品、煤炭、橡胶为主，其中机电产品进口7.6亿元，下降16.4%；橡胶进口1.9亿元，下降16.9%；煤炭进口5.5亿元，下降43.2%。机电产品、煤炭、橡胶进口占同期全市进口总值的81.2%。对欧盟（不含英国）出口13.6亿元，增长2.3%；对东盟出口9.5亿元，增长29.0%。全市从东盟进口8.6亿元，下降30.9%，占全市进口总额的46.7%；从日本进口2.6亿元，下降24.4%；从美国进口0.7亿元，下降33.7%；从欧盟（不含英国）进口2.4亿元，下降21.3%。40家重点外贸企业实现进出口63亿元，占全市进出口总额的57.3%，下降16.0%。其中，进出口超亿元的有14家企业。从县域来看，其中增长的有兴宁市18.3%、五华县6.0%，下降的有梅江区-17.1%、梅县区-18.7%、丰顺县-21.1%、蕉岭县-28.9%、平远县-43.3%、大埔县-58.3%。

外资利用 2022年，梅州市新批外商直接投资项目23个，实际使用外资金额11507万元，下降28.4%。其中，第一产业实际使用外资金额803万元；第二产业实际使用外资金额10398万元；第三产业实际使用外资金额306万元。

【对外经贸发展平台搭建】 2022年，梅州市参与广东省商务厅制定加工贸易暨制造业梯度转移园评分认定办法工作，组织梅州经开区申报“加工贸易产业转移园”。11月，梅州经开区被认定为省级“加工贸易产业转移园”，成为梅州市对接融入粤港澳大湾区和承接加工贸易产业转移的又一开放发展平台。

【外贸发展】 2022年，梅州市成立促进外经贸发展工作专班，以梅州市政府名义组织召开全市稳外贸稳外资工作会议和全市稳外贸稳外资促消费工作调度分析视频会议，制订印发《梅州市2022年稳外贸稳外资工作实施方案》，实行月报制度和重点外贸企业挂点联系制度等，开展稳外贸工作。抓好境内外重点展会组织工作。全年组织260多家（次）企业参加第131届、132届广交会，第五届进博会，2022粤澳名优商品展等境内外重点展会，开拓市场，抢抓订单。抓好各扶持政策宣传和资金申报工作。梅州市商务局联合梅州海关、梅州综保区管委会等举办外经贸扶持政策、区域全面经济伙伴关系协定（RCEP）原产地享惠通关、梅州综保区营商环境和优惠政策等宣讲，惠及全市近300家（次）外经贸企业。全市有12家企业获得省进口贴息、开拓国际市场、促进投保出口信用保险专项资金合计254.53万元；3家企业完成审核上报中央财政国际市场开拓资金项目，共151.43万元；完成2023年省进口贴息、促进投保出口信用保险项目入库638万元。推动政银保服务外贸企业工作，与中行梅州分行签署战略合作协议，由市中行为外贸企业提供超10亿元融资授信额度，首批宝丽华、国威电子、精荣科技、宝丰陶瓷、吉玉陶瓷、源泰工艺等企业获得授信额度近10亿元，为企业扩大进出口提供金融支持。联合中信保广东分公司汕头营业部、人保梅州分公司等到大埔、兴宁等地开展出口信保政策宣讲，做好年出口额600万美元以下"普惠平台类"统保工作，推动扩大"一般企业类"出口信用保险投保工作，不断提高投保覆盖面。全市有投保出口信用保险企业166家，其中"普惠平台类"159家、"一般企业类"7家，投保金额约400万元。

【外资利用】 2022年，梅州市商务局贯彻落实国家稳外资政策措施，加强稳外资工作领导。加强政策宣传引导，落实兑现政府激励措施，稳住外资基本盘，促进外资企业稳定健康发展。发挥市县两级稳外资工作专班作用，联合发改、市场监管、自然资源、外汇管理等部门，对重点外资项目做到服务前移、提前介入、特事特办、联合会商的"绿色通道"制度，实行"一对一"精准服务。服务协调解决国威电子、卡莱橡胶、兴盛玩具等重点外资企业股权变更登记、用水、用地指标等问题。全年有2家外资企业增资扩产，实际出资金额6288万元，占比54.6%。

【外经贸营商环境优化】 2022年，梅州市商务局推动政务服务事项"应进尽进""应上尽上"。23项政务服务事项（均属于国垂、省垂系统）进驻市一体化政务服务平台（市统一申办受理平台），在广东政务服务网上实现统一身份认证在线申办。推行审批服务"马上办、网上办、一次办"，实现本部门所有行政审批事项100%网上受理、100%网上办结，为市场主体提供更为便捷的全流程网上服务。

【依法行政】 2022年，梅州市商务局加快法治政府建设，推进依法行政和法治建设工作。严格落实法治建设第一责任人职责，抓好年度学法考试工作，组织74名干部职工参加学法考试，做到参考率100%、通过率100%。开展规范性文件清理清查，抓好公平竞争审查自查工作，开展合法性审查11次和公平竞争审查3次。严格落实《重大行政决策程序暂行条例》，制订《关于大力推进招商引资促进实体经济高质量发展的意见》，聘请专门法律顾问，确保重大行政决策结果合规合法。组织2名工作人员参加并通过行政执法人员综合法律知识网上考试，为14名工作人员换发全国统一的行政执法证。严格落实"双随机、一公开"制度，全年抽查企业20家次，对"双随机"抽查事项做到全覆盖。全面推进政务公开工作，全年未发生网络安全责任事故。受理梅州市八届人大一次会议代表建议2件、梅州市政协八届一次会议以来政协委员提案21件，均按规按时高质办理答复，承（分）办件办理结果满意率100%。开展送法进社区活动，向社区群众宣传《中华人民共和国电子商务法》《中华人民共和国消费者权益保护法》《中华人民共和国反食品浪费法》等法律法规。发挥行业主管责任，联合梅州市司法局为全市重点外贸企业约50人作涉外法律知识讲座，提高企业法律意识。

（梅州市商务局）

口岸管理

【口岸管理概况】 2022年，受新冠病毒肺炎疫情影响，梅州机场航空口岸于2020年2月底暂停运行国际与地区航线航班，至2022年底尚未恢复。

【口岸通关便利化】 2022年，梅州市商务局持续做好中国（广东）国际贸易"单一窗口"宣传推广应用。加强宣传力度，利用报纸、掌上梅州、微信公众号、企业微信群等多种渠道宣传"单一窗口"应用功能，提高货物申报覆盖率。牵头会同省电子口岸服务公司、梅州海关及各县（市、区）商务主管部门，通过走访重点企业、召开专题培训会等方式，推动企业通过"单一窗口"办理进出口业务，8—12月，梅州市外贸企业在中国（广东）国际贸易"单一窗口"货物申报覆盖率达到100%，名列全省前茅。规范完善口岸收费目录清单，对口岸经营服务收费相关情况进行检查，并在国际贸易"单一窗口"网站和经营服务单位显著位置公示，强化动态更新，做到清单与实际相符、清单外无收费，增加收费透明度。引导口岸经营服务单位降低收费标准，梅州市企业代理报关费为

2022 年 7 月 22 日，梅州市商务局牵头举办中国（广东）国际贸易“单一窗口”业务培训会，全市 30 多家外贸企业、报关企业负责人参加会议。图为培训会现场

（梅州市商务局供图）

120 元/份（原 150 元/份），进出口货物报关费下降 20%。联合省电子口岸服务公司、梅州海关组织外贸企业开展线下业务培训，针对外贸企业在线开展“RCEP 原产地证、海关原产地证书自助打印”“单一窗口”平台宣讲、常见问题等实操培训。通过“（020）95198”服务热线、广东“单一窗口”门户网站在线客服、梅州“单一窗口”工作群等渠道，及时回应、处理企业在货物申报中遇到的问题，精准帮扶企业，提升企业改革获得感。

（梅州市商务局）

海关监管

【海关监管概况】 梅州海关于 1991 年 7 月 28 日正式开关，为偏口岸综合型海关，关区管辖范围为梅州市，关区总面积 1.58 万平方千米。2022 年 3 月 28 日梅州综合保税区封关运行，21 家企业办理海关注册登记，封关运作 9 个月实现进出口值 6.81 亿元。2022 年经梅州海关申报进出口报关单比上年增长 66%，监管进出口货值 39.4 亿元，增长 22%。征收税款 2.7 亿元，增长 21%。

【国门安全守护】 2022 年，梅州海关强化检验监管，建立出口危险化学品全链条监管工作机制，检出出口危险化学品及其包装检验不合格 12 批次，检出有害生物 4 种、不合格进口货物 2 批次；保持打击走私高压态势，开展“国门利剑”联合行动，推动全员打私，移交刑事案件 2 件，完成率 100%，行政立案 18 件，比上年增长 260%。

【企业管理和稽查】 2022 年，梅州海关发挥后续稽核查监管职能，对关区企业检验检疫情况开展风险分析，结合稽查业务改革，开展稽核查工作，引导企业规范管理，办理稽查作业 19 宗，作业完成率 100%，办理核查作业 147 宗，为历年之最，按时办结率 100%，稽查追补税累计 366.92 万元。

【税收征管】 2022 年，梅州海关持续做好综合治税工作。加强规范申报审核，每天对系统报送数据进行核查；加强属地纳税人的管理，加强联系沟通和税收政策宣传；做好大宗能源商品和大型设备进口跟踪，服务地方进口生产需求；加强对外关区申报进口的了解，敦促梅州企业本地报关，争取税收颗粒归仓。全年税收 2.7 亿元，增长 21%，创历史新高。

【梅州综保区发展支持】 2022 年，梅州海关发挥海关职能优势，努力推动综保区高水平开放高质量发展。聚焦“智慧海关、智能边境、智享联通”建设，着力打造全链条“智慧监管”，实现卡口 24 小时“无接触”自动核放，进出口货物监管更加透明快捷，通关效率不断提高；落实“一企一策一范一站”工作模式，建立“企业联络员”制度，精准开展“一对一”上门辅导，促进企业知惠享惠，引导企业充分利用好“家门口的综保区”的优惠政策；成功注册粤东首家跨境电商海外仓，助力外贸新业态高质量发展；配合地方税务、财政等部门推动增值税一般纳税人资格试点政策在封关运作前落地落实，有 4 家企业享受政策红利。年内，梅州综保区有 21 家企业在海关登记备案，实现进出口值 6.81 亿元，征收税款 508 万元，监管验放进出区货物 1.35 万吨，货值 3.89 亿元。

【营商环境优化】 2022 年，梅州海关持续优化营商环境，迅速落实汕头海关促进外贸保稳提质十项行动、24 项措施，列明 41 项细化工作任务，逐项抓好落实，经梅州海关申报报关单增长66%、进出口值增长22%。强化政策宣讲，成立3支政策宣讲小分队，召开外贸座谈会、政策宣讲会19场次，制作相关宣传手册600多份，开发“智通知”系统，精准推送海关政策1598条（次），惠及企业332家。推动“问题清零”，党委委员到企业蹲点深调研25次，设立助企纾困热线，协调企业解决进出口通关、备案注册等问题45个。加大AEO（经认证的经营者）认证培育，完成对梅州市2家企业的认证培育工作，首次将海关AEO高级认证列入地方政府类奖补政策。推进减税降费，签发包括RCEP在内的各类原产地证书1927份，为企业减免海外关税约1922万元，开出减免税证明13份，为外贸企业减免进口税额450万元，列汕头关区各隶属海关首位。全力保障煤炭进口，在汕头海关支持下，协调解决电企用煤需求，强化监管、优化服务，保障煤炭进口助力梅州电企生产保供，全年梅州市进口煤炭137.6万吨，为企业降低成本约6880万元。

【促进乡村振兴】 2022年，梅州海关帮助18家农副产品生产企业新获出口资质；助力观赏鱼首次出口越南、预制菜首次供港澳、蜜柚首次输往拉脱维亚；帮扶2家企业获得输俄资质；助推梅州柚开拓“一带一路”共建国家市场，共出口4518吨，货值449万美元，分别增长25.3%和32.1%；促进特色农产品扩大出口，增长34.5%；设立进口粮食专用窗口，做好进境粮食调运协调配合，监管粮食120批36万吨顺利入境，为粮油、饲料加工企业解决“原料荒”。 （吴思苑 谢树强 朱楚杰 林宏基 郭向东）

梅州综合保税区

【梅州综合保税区概况】 梅州综合保税区于2020年6月28日获国务院批复设立，是广东首个内陆型综合保税区、粤北生态发展区首个综合保税区、梅州首个国家级发展平台。梅州综合保税区位于梅州高新技术产业园区二期规划范围内，批复面积2.53平方千米，一期建设面积1.46平方千米（封关围网面积1.29平方千米），二期规划面积1.07平方千米。梅州综合保税区（一期）于2021年12月2日通过国家正式验收，建有6栋标准厂房、2栋保税仓库、专利技术孵化园、综合服务大楼（设有政务服务大厅和海关报关大厅）等基础设施，以及卡口、围网、查验场、信息化系统等监管设施，实行海关24小时监管。

【运营管理】 梅州综合保税区的运营管理模式为“管委会+国资公司”，梅州综合保税区管理委员会于2021年4月经广东省编委批复设立，为梅州市政府正处级派出机构，主要承担梅州综合保税区和梅州国际无水港的经济管理和投资服务职责；梅县区成立梅州综保区开发建设有限公司，负责综保区卡口值守、物业管理、公共设施维护、四害消杀、绿化净化、服务企业等运营工作。2022年1月，梅州市政府成立促进梅州综合保税区高质量发展领导小组，促进梅州综合保税区高效运营、高质量发展。3月28日，梅州综合保税区首单货物顺利通关，正式封关运行。2022年，梅州综合保税区实现外贸进出口额8.19亿元。

【配套建设】 2022年8月，梅州综合保税区一期围网内新建2.2万平方米的2栋保税仓库，计划2023年9月建成。9月，梅州综合保税区管理委员会配合梅州高新区、市政府优化调整梅州综合保税区控制性详细规划，将原控规部分区域规划以保税加工为主调整为保税加工、保税物流并重，并优化局部道路交通组织及巡场路布局，使规划更加科学有效、切合实际。2022年梅州综合保税区管理委员会加快推进二期建设各项工作，协助有关单位完成二期用地用林报批、政策性开发性金融工具基金申报、征地拆迁等工作，推动二期项目于11月30日顺利动工建设。2022年12月底，投资5.3亿元的梅州国际无水港（松棚铁路物流基地）项目基本建成，交付运营后将与梅州综合保税区“区港联动”、协同发展。

【招商引资】 2022年，梅州综合保税区管理委员会围绕发展第一要务，通过深挖存量、开拓增量两个路径，突出“内引”和“外招”，狠抓招商引资工作，坚持“用户思维”，以“母亲式”服务推动企业落户投产。重点围绕梅州市外向型经济40强企业，制订《落实梅州市重点外向型企业到综合保税区开展业务工作方案》，引导和服务本市外贸企业及上游供应链企业到梅州综合保税区开展进出口业务，确保企业通关顺畅、高效。与梅县区联合组建4支专业招商队，每月定期外出粤港澳大湾区招商，到广州南沙综保区、东莞虎门港综保区、深圳坪山综保区、赣州综保区、

2022 年 12 月底，梅州国际无水港基本建成

（梅州综合保税区管理委员会供图）

赣州国际陆港、深圳盐田港国际码头等学习交流先进经验，加强与6支市级招商队沟通协作，形成市、区招商合力，全力引进保税加工、保税物流、保税服务项目落户。2022年，梅州综合保税区区内落户项目19个，投资总额5.8亿元，投产运营项目13个，在谈项目10个。

【营商环境】 2022年3月，梅州综合保税区成功获批增值税一般纳税人资格试点，为企业更好统筹利用国际国内“两个市场、两种资源”提供政策便利。2022年共有劲越头盔、博捷酒业、嘉元供应链和欧亿国际贸易4家区内企业成功获得增值税一般纳税人资格试点资格。8月，梅州综合保税区管理委员会配合市政府修订出台《梅州市加快实体经济振兴发展若干措施》及其配套文件，涉及综合保税区政策共“十一条”，在固定资产投资、跨境电商、外资落户增资扩产等方面给予企业资金扶持和奖励，特别是对重大项目按“一事一议”方式，支持企业做大做强。10月，梅州综合保税区管理委员会、梅州市生态环境局、梅州市商务局、梅州海关联合印发《梅州综合保税区内企业开展维修业务监管方案》，支持区内企业开展高技术、高附加值、符合环保要求的保税维修业务，为2023年梅州综合保税区保税新业态发展奠定基础。

【梅州综合保税区成功获批增值税一般纳税人资格试点政策】 为进一步帮助区内企业更好地享受政策红利，梅州综合保税区管理委员会与税务、海关、财政等部门形成协同推进工作机制、联席会议制度和联合监管与信息共享机制，申报增值税一般纳税人资格试点政策。2022年3月1日，梅州市税务局收到广东省税务局转发复函，国家税务总局、财政部和海关总署同意在梅州综合保税区推广增值税一般纳税人资格试点。试点企业从境内区外采购原材料或服务等取得的进项税可以抵扣，降低企业增值税税务成本；向国内销售货物及承接委托加工等业务，可以开具增值税专用发票，同时，叠加“仓储货物按状态分类监管”的创新监管措施，具备保税和非保税双重身份，开展国内贸易更加便利。梅州综合保税区区内企业可以更好统筹利用国际国内“两个市场、两种资源”，降低生产经营成本，提高核心竞争力。

【梅州国际无水港项目基本建成】 毗邻梅州综合保税区的梅州国际无水港（松棚铁路物流基地）项目，由梅州市与广铁集团公司合作共建，总投资5.3亿元，规划面积1000亩，设计年吞吐量初期155万吨、中期208万吨、远期360万吨。2021年10月底进场施工，桥梁、路基、轨道、房建等基础设施工程于2022年12月底基本完成建设，交付运营后将与梅州综合保税区“区港联动”、协同发展，可与南沙港、盐田港等粤港澳大湾区主要港口实现互联互通。

【梅州综合保税区二期项目动工】 2022年11月30日，梅州综合保税区二期项目动工仪式在梅州综合保税区举行，梅州市委副书记、市长王晖宣布项目动工，市委副书记王庆利在仪式上作讲话，梅县区委书记、梅州综合保税区管理委员会党组书记温助民主持仪式并介绍项目概况。仪式上，梅州市领导王晖、王庆利、蒋鲲，梅县区温助民，兴宁市洪国华，太平洋建设集团宋少庭共同为项目动工推杆。该次动工项目占地1.07平方千米，总投资35.31亿元，分两阶段实施，第一阶段实施14.71亿元的配套基础设施建设项目，力争2023年底建成并通过海关验收；第二阶段实施20.6亿元的标准厂房及其配套建设项目，计划2027年底建成。

（梅州综合保税区管理委员会）

责任编辑：廖晓鹏

商贸流通业

商贸流通业综述

【商贸流通业概况】 2022年，梅州市实现社会消费品零售总额656.82亿元，比上年增长0.4%。从销售单位所在地看，城镇消费品市场状况好于乡村消费。城镇消费品市场实现零售额493.50亿元，增长0.7%；乡村消费品市场实现零售额163.32亿元，下降0.6%。从消费形态看，商品零售状况好于餐饮收入。商品零售597.42亿元，增长0.6%；餐饮收入59.40亿元，下降2.2%。从限额以上单位商品零售分类看，限额以上单位实现消费品零售额124.82亿元，增长2.9%。其中吃、穿、用类商品零售降幅扩大。限额以上粮油、食品类，烟酒类，饮料类，服装、鞋帽、针纺织品类，日用品类五大类值合计实现零售额15.31亿元，下降6.7%；汽车类商品零售降幅扩大。限额以上汽车类实现零售额43.08亿元，下降6.9%；石油及制品类商品零售增速拉动作用减弱。限额以上石油及制品类实现零售额46.06亿元，增长22.3%。

2022年12月29日，由省商务厅、省乡村振兴局、省供销社、中国邮政广东分公司、梅州市人民政府主办，梅州市商务局、兴宁市人民政府承办，全省其余地市商务局协办的以“发展县域消费，共享美好生活”为主题的2022广东首届县域商业促消费活动在梅州兴宁市启动 （梅州市商务局供图）

【内贸流通】 2022年，梅州市深入挖掘消费增长点，激发消费潜力，扩大消费需求，稳定促进消费增长。通过开展发放零售、餐饮、文旅3大板块消费券活动，以及刺激家电更新消费，促进家电换代升级，组织开展“客来客往·梅品惠”家电“以旧换新”促消费活动。组织各县（市、区）、各行业商协会、商贸流通企业和批发零售市场，搭建线上线下消费平台，组织开展“全国网上年货节”梅州专场活动、老字号云上年货节、春季汽车消费节、“家520”暨梅州购物节之为爱置家、数码产品促销节、“促消费·稳经济”家装节、家电惠民促销节、汽车“双节”惠民促消费、广电汽车节、县域商业促消费等主题促消费活动，千方百计刺激消费增长。

年内，梅州市努力壮大全市限额以上商贸企业队伍，加强社消零目标任务的分解和消费市场运行监测及趋势分析，强化重点商贸企业跟踪服务工作，加强与企业联系对接，帮助企业解决经营中遇到的突出问题，引导企业克服疫情影响，坚定发展信心，力促商贸企业稳定发展。初步统计2022

年全市新增上限入库贸易业67家。推进县域商业体系建设工作。兴宁市和平远县确定为第一批国家县域商业建设行动示范县。加强肉类蔬菜追溯体系数据录入，做到数据可追溯可查询。抓好安全生产和食品安全，推进商务诚信体系建设，加强单用途商业预付卡监管和风险排查，营造良好消费环境。

【零售业】 2022年，梅州市推动实体零售业转型升级，建立集订单、仓储、配送、结算、管理于一体的经营管理模式，以大型商超企业带动本地商户上加盟平台，支持推广便民新模式，加快品牌连锁便利店发展。推进建设布局合理、业态齐全、功能完善、智慧便捷、规范有序、服务优质、商居和谐的城乡便民生活圈，社区商业便利化、标准化、数字化、品质化水平全面提升，在服务基本民生、促进消费升级、畅通城乡经济微循环方面发挥更大作用，鼓励辖区内喜多多、卜蜂莲花、佰为、嘉荣、昌大昌、大润发等大型超市及电商企业开展线上促销活动。全市有城乡农贸市场110个，商超22个（3000平方米以上），以及一大批中小超市、社区生鲜店和便利店。城区商业集聚效应逐步形成，主要大型连锁超市大多位于城市商业综合体内，全市城市商业综合体8个。

【批发业】 2022年，梅州市有批发市场5个，营业面积46.7万平方米，全年交易总额27.82亿元，从业人员3249人。其中，成交额亿元以上市场4个，成交额亿元以上市场交易额27.02亿元，以内销为主，主要销往广东省及周边省、市，以农产品、“三鸟”、五金、建材、服装纺织百货、副食品等为交易品种。

（梅州市商务局）

物流业

【电商物流服务体系完善】 2022年，梅州市以开展电子商务进农村综合示范创建为抓手，推动整合邮政、供销社、农业农村、农村淘宝等资源，构建县、镇、村三级农村物流体系。全市累计建成8个县级电商公共服务中心，2870个镇级、村级电商服务网点（含电商服务站点、益农信息社、就业创业服务站、村邮站、专业合作社等），其中1402个电商进农村综合示范县电商服务站点，镇村电商物流网点覆盖范围持续扩大，畅通工业产品下行渠道，服务农村地区特色农产品上行。

【县域商业体系建设推进】 2022年，梅州市完善县域商业基础设施，优化县域流通体系，夯实县域商业发展基础。经组织申报、评审，并向广东省商务厅争取支持，梅州市兴宁市和平远县被确定为第一批国家县域商业建设行动示范县，分别获得1080万元和1000万元的中央财政扶持资金。

（梅州市商务局）

再生资源回收行业

【再生资源回收行业概况】 2022年，梅州市再生资源回收利用行业协会有会员单位74个，协会职能主要是推动再生资源回收经营和开发加工利用，规范再生资源回收利用的市场秩序。全市经工商登记注册并在商务部业务系统统一平台备案的再生资源回收企业有123家。

【再生资源回收行业管理】 2022年，梅州市探索城市垃圾分类回收与再生资源回收网点衔接工作，推动城市生活垃圾回收系统与再生资源回收系统“两网融合”，发挥“两网融合”作用，推动再生资源回收网络进社区，开启居民线上线下可交售再生资源回收模式，促进再生资源有效回收，做到生活垃圾减量化、无害化、资源化。开展“双随机、一公开”检查工作，对再生资源回收企业进行摸底排查和清理整治，规范再生资源回收秩序、消除安全环保隐患，促进再生资源行业安全、绿色、健康和持续发展。（梅州市商务局）

会展业

【会展业概况】 2022年，梅州市商务局组织企业参加广交会、2022粤澳名优展、第五届进博会等多场国内国际专业展会，帮助企业抢抓订单，开拓国际国内市场。

【2022中国（出海网）跨境电商选品在线展览会】 2022年4月12—23日，梅州市组织28家企业参加商务部外贸发展事务局举办的2022年中国（出海网）跨境电商选品在线展览会。

【第131届广交会梅州分团情况】 2022年4月15—24日，第131届广交会在网上举办，展期 10 天。该届广交会以“联通国内国际双循环”为主题，梅州分团共组织 86 家企业、241 个展位参展，其中品牌企业 19 家、86 个展位。主要参展产品包括机电、陶瓷、五金、照明产品、节日用品、家居装饰品、纺织品、服装、箱包、食品、医药等，分布在 19 个展区。

【ICBE 广州国际跨境电商交易博览会】 2022 年 6 月 30 日至 7 月 2 日，梅州组团到广州参加广东省第二届跨境电商综试区发展高峰论坛暨 ICBE 广州国际跨境电商交易博览会，设立综试区综合展区和陶瓷展区和电声展区，29 家企业、33 个展位参展。

【第 132 届广交会梅州分团情况】 2022 年 10 月 15 日，第 132 届广交会在线上开幕，梅州分团共组织 85 家企业、246 个展位参展，其中品牌企业 19 家、86 个展位。主要参展产品包括机电、五金、照明产品、陶瓷、节日用品、家居装饰品、纺织品、服装、箱包、食品、医药等，分布在 19 个展区。

【第五届进博会梅州分团情况】 2022 年 11 月 5—10 日，第五届进博会在上海国家会展中心举行，全市 80 多家企业（单位）线上参展。因梅州本土疫情，梅州分团取消线下参会。

【2022 粤澳名优商品展情况】 2022 年 11 月 11—13 日，2022 粤澳名优商品展在澳门威尼斯人会展中心举行，梅州市共组织大埔通美实业等 5 家企业报名参展。因丰顺县、梅县区畲江疫情，梅州渊源酒业、大埔通美实业、兴宁寻味等企业派员赴澳参展，其他单位（企业）未派员参加。

【2022 THE 海南（东盟）酒店及饮用品博览会】 2022 年 11 月 11—13 日，梅州组团参加 2022 THE 海南（东盟）酒店及餐饮用品博览会、海南（东盟）建材及家具装饰博览会，设立梅州综试区主题展区、陶瓷主题展区，欣红、宝丰、裕丰等 18 家陶瓷企业参展。

（梅州市商务局）

拍卖、二手车交易市场及报废机动车拆解回收管理

【拍卖行业概况及管理】 2022 年，梅州市 11 家拍卖企业举行拍卖会 128 场，成交额 4.85 亿元，拍卖会场次比上年增加 35 场，拍卖成交金额比上年增长 149.2%。梅州市商务局做好年度拍卖企业年度核查工作，对全市 11 家拍卖企业经营情况进行年度核查，经核查合格企业 11 家。对拍卖企业开展“双随机、一公开”检查工作，规范企业经营活动。

【二手车交易市场概况及管理】 2022 年，梅州市二手车交易市场备案企业共 112 家。全市二手车转移（交易）8.91 万辆，比上年增长 4.3%。梅州市商务局按年度“双随机、一公开”工作计划，对梅江区、大埔县、五华县 10 家二手车交易市场开展“双随机、一公开”检查，进一步规范企业经营活动。

【报废机动车拆解回收】 2022 年，梅州市商务局联合梅州市生态环境局等部门对报废机动车回收拆解行业开展日常监督检查及“双随机、一公开”检查工作，进一步规范全市报废机动车回收拆解行业发展秩序。全市 2 家报废机动车回收拆解企业升级改造分别通过省专家组现场验收评审。全市共拆解机动车 3189 辆（其中汽车 2227 辆、摩托车 962 辆），比上年下降 29.7%。

（梅州市商务局）

电子商务

【电子商务概况】 2022 年，梅州市有电商企业 4900 多家，从业人员超过 10 万人，其中从事农村电商企业超过 2500 家。依托全市特色农副产品、陶瓷、电子消费品等产业，涌现出十记果业、生长地、可其山、柚通柚美等一批农村电商龙头企业；培育形成客来客往商城、京东梅州特色馆、京东扶贫馆等一批具有行业特色的重点电商平台和梅州本土品牌“圩日优鲜”等社区生鲜电商平台，促进线上线下一体化经营，推动全市特色产业与电商融合发展，带动农业转型升级，拉动制造业提档升级。加快产业平台载体建设，形成产业集聚效应，打造梅州市客天下农电商产业园、世界客属青年创新创业中心、梅州云电商生态城、兴宁市电商示范基地等重点电子商务双创孵化基地、创客空间 10 多个，对全市“新农人”创客、创业团队给予创业创新的支持和配套服务。

【电子商务进农村综合示范创建工作】 2022年，梅州市电子商务进农村综合示范创建工作发展水平稳步提升。全市有平远、大埔、五华、兴宁和丰顺5个国家级和五华、梅县、蕉岭3个省级综合示范县，具备申报条件的县（市）示范创建工作实现全覆盖，走在全省前列。累计争取专项扶持资金超过1.15亿元，撬动配套资金近亿元。2022年广东省商务厅对梅州市2015—2020年批次国家级示范县开展整改工作，平远县、五华县、兴宁市、丰顺县获得优秀等次，大埔县获得良好等次。

【跨境电商发展】 2022年，梅州市推动市跨境电子商务综合试验区建设。建设完善“六体系两平台”，线上公共服务平台上线运行，线下五华跨境说澳门未来中心首期建设完成并运营，引进24家企业入驻园区，建成梅州市综合跨境电商产业园跨境电商孵化中心，“六体系”建设趋于完善，信息共享体系、统计监测体系和风险防控体系建成运营，金融服务体系、智能物流体系、电子商务信用体系正在建设，建设进度居全省同期获批综试区前列。市场经营主体发展壮大，成功引进冠汇、跨境说、聚隆等17家跨境电商企业、平台、服务商入驻公共服务平台；融入粤港澳大湾区发展，与广州市商务局签订跨境贸易电子商务深化合作框架协议，建立长期合作关系；全年累计组织开展行业交流、招商推介、政策宣讲等活动18场，组织107家次企业参加线上线下跨境电商展会，组织开展跨境电商相关培训和政策宣讲等活动14场、近550人次。（梅州市商务局）

供销合作经济

【供销合作经济概况】 梅州市供销社由市社、县（市、区）社、镇级基层社三级供销社组成，截至2022年底，有县（市、区）供销社8个。2022年，梅州市供销合作社践行为农服务宗旨，持续深化综合改革，全面完成省社下达的综合改革重点任务，服务梅州苏区乡村振兴成效凸显，得到《中华供销合作时报》和“学习强国”学习平台的宣传报道，营造浓厚的改革发展氛围。

【综合改革行动】 2022年，梅州市新建村级供销社68个（共68个），升级打造具备3项以上功能的镇级供销社24个（共50个），培育农民专业合作社100家，建设农业产业化联合体66个（共66个），建设当地特色农产品全产业链服务示范基地8个。完成省供销社下达的综合改革14项重点工作任务。

【“生产、供销、信用”综合合作试点推进】 2022年，广东省供销社批复同意梅州市为“生产、供销、信用”综合合作试点市，支持800万元专项资金，在梅县、五华、丰顺、平远建设4个农产品综合服务站，全力构建市、县、乡、村四级公共型农业社会化服务网络。到2023年11月力争实现主要服务覆盖乡镇约12个，农业社会化服务面积覆盖约4万亩次；推动面向小农户信用合作服务，实现站内小农户有资金需求则有金融机构对接。以“粤供易贷”为抓手，联合建设银行、农业银行、中国银行等金融机构开展农村合作金融服务，协助全市种养大户、家庭农场、农民专业合作社、涉农企业等新型农业经营主解决融资难融资贵的问题，全年开展金融服务推广培训21场，培训564人次。

【冷链物流骨干网项目建设】 2022年，兴宁天兴、平远天柘冷链项目落成运营，大埔天昭冷链项目完成投资6200万元，现场总进度完成85%，预计2023年3月第一期工程完工，2023年12月第二期工程完工。蕉岭天骄冷链项目完成投资1.08亿元，现场总进度完成80.8%，预计2023年3月完工。丰顺天舜冷链项目完成投资1.4亿元，现场总进度完成93.5%，预计2023年1月完工。广东供销（梅县）产销冷链集配中心项目11月底正式开工建设，预计2024年6月完工。广东供销（梅江）产业园冷链物流项目和五华农产品冷链集散综合服务中心建设，列入广东省贯彻落实《支持梅州对接融入粤港澳大湾区加快振兴发展总体方案》重点项目。

【供销放心农产品直供配送建设】 2022年，梅州市供销社和8个县（市、区）供销社参股广东供销农产品股份有限公司的2000万元股本金完成实缴。省市县供销社出资企业联合社会合伙人股东共投入4750万元，在梅州市成立1家市级直供配送子平台及8个县级子平台并已投入运营，共承接96家学校企事业单位饭堂配送业务，服务人数达2.36万人。全市8个县级直供配送子平台被纳入市、县供销社生活物资应急保供企业名单，在生活物资保供中起到重要作用，累计筹调生活物资 1853 吨，发送配送车 250 多辆次，完成 25.27 万份“爱心包”的分拣和配送任务。截至年底，已培育认证供销农场 49 个。

【供销专业化农资农技服务平台建设】 2022 年，梅州市共成立 4 家农服公司，其中与梅江区供销社共同成立市级广东供销梅江梅禾农业科技服务公司，负责梅江、梅县、丰顺、蕉岭、大埔的农业社会化服务工作，开展病虫害统防统治、肥料统配统施、农业面源污染治理等服务，与平远、五华、兴宁供销社成立 3 家县级农业科技服务公司。 （李廷颂）

盐业专营

【盐业专营概况】 2022 年，广东省盐业集团梅州有限公司坚持“以盐为基、以盐带路、严把盐关、广开盐路”发展思路，推进“强品牌、增品种、提品质、优服务”经营战略，树牢“市场为导向、渠道为中心、效益为目标”的经营理念，强化市场化经营能力建设，共销售食盐 1.29 万吨，上缴税利 766 万元，完成企业的生产经营任务指标。

【食盐质量管理和供应管理】 2022 年，广东省盐业集团梅州有限公司始终坚持“严把盐关”，在采购、生产、环境卫生、质量检测、仓储运输等环节严格执行质量安全规定，生产销售、流通的盐产品合格率均 100%，未出现食盐安全

2022 年，梅州盐业公司开展“我为群众办实事”活动 （朱洪武 摄）

质量事故，持续为消费者提供放心盐产品。同时，密切关注市场动态，及时发现疫情防控期间食盐市场出现抢购的苗头，与当地政府沟通协调，迅速启动应急预案，加大食盐调运力度，确保全市食盐市场不脱销不断档，价格稳定，履行好食盐稳价保供工作，保障全市食盐供应安全。

【食盐产品结构优化】 2022 年，广东省盐业集团梅州有限公司为更好地满足消费者对优质食盐产品的需求，以市场需求为导向，持续优化食盐产品结构。根据生态海盐“海水好、盐才好”的高品质特性和低钠盐的健康特性以及客家臻盐的客家传统饮食特性，进一步丰富食盐产品线，将高端、优质食盐送入千家万户，得到广大消费者的欢迎，满足市场各层次的有效需求，推动企业社会效益和经济效益实现双提升。

【“粤盐”品牌效应打造】 2022 年，广东省盐业集团梅州有限公司采取“空、地、硬、软”多维度宣传策略，多渠道、多途径加大“粤盐”品牌宣传力度，树立“粤盐”品牌效应，持续推进强品牌战略。以常态化的地推、商超导购以及科学食盐科普宣传活动等形式强化“粤盐”品牌宣传，进一步塑造“粤盐”品牌影响力，让“健康生活，从粤盐开始”消费理念更加深入人心，树立国有食盐专营企业良好的品牌形象，巩固全市食盐市场供应主渠道、主力军地位。

（广东省盐业集团梅州有限公司）

烟草专卖

【烟草专卖概况】 2022 年，梅州市烟草专卖局坚持稳中求进工作总基调，高效统筹疫情防控和生产经营，全面激发创新动能，经济运行保持平稳有序、稳中有进。建立重大风险隐患排查和应急响应机制，加强意识形态阵地建设，落实安全专项整治三年行动，保持安全生产“四个为零”。全年实现税利 14.39 亿元，投入 320 万元扎实推进驻镇帮镇扶村、全国文明城市创建，投入补贴资金 3678 万元，1294 户农户受益。

【卷烟营销】 2022年，梅州市烟草专卖局（公司）坚持稳中求进工作总基调，合理把控卷烟销售进度，稳步开展电子烟销售，确保销售节奏平稳。持续优化品牌布局，突出品牌培育，强化国产雪茄烟培育。以20支流通品牌为引领，探索服务片区标准化建设，深化农网融合共建，建设红色农网和农烟慧“服务驿站”，打造10条农网终端形象提升“示范一条街”，升级改造农网1500余户，推进农网终端内质提升。开展“短视频+网红直播带货”探索，累计为农网客户创收10万多元。

【烟叶生产】 2022年，梅州市烟草专卖局着力推动规模稳步恢复，烟叶质量特色明显提升，烟叶发展基础和“稳烟区、稳烟田、稳烟农”发展机制进一步筑牢夯实。全市有烟农1294户，户均收入18.45万元，开展梅州梅岭烟农增收示范综合体建设，完成7333.33公顷优质烟田划定建档工作，实现烟田种植保险全覆盖。全面推行专分散收、原收原调，新建贵州中烟梅岭基地单元，深化广东中烟大埔基地单元建设，建设烟基项目739个。

【专卖管理】 2022年，梅州市烟草专卖局保持打假打私高压态势，深入开展“蓝剑”“金叶2022”等专项行动，申报省标重大案件12件、国标重大案件1件，全年共查处涉烟案件647件（5万元以上案件82件），查获假烟2443.82万支、走私烟52.8万支、烟丝烟叶87.13吨、商标标识157.5万张。

2022年10月10日，梅州市、县两级烟草部门联合平远济广省际公安检查站干警在平远县服务西区查获1宗违法运输假冒电子烟案件

（梅州市烟草专卖局供图）

构建电子烟监管新格局，制订《梅州市电子烟常态化市场监管工作方案》，核发电子烟零售许可证35户，开展常态化监管排查，查处电子烟案件8件，涉案金额679.79万元，推动电子烟新政在梅州平稳落地。修订《烟草制品零售点合理布局规定》，在5个工作日内完成零售许可审批，查处违法违规卖烟大户153户，营造法治化营商环境。

【广东烟草梅州市有限公司与梅州市供电局签订战略合作框架协议】 2022年12月16日，广东烟草梅州市有限公司与广东电网有限责任公司梅州供电局举行战略合作框架协议签约仪式。双方将围绕电能替代、乡村振兴等方面深入展开合作交流，共同创建合作共赢梅州模式，为乡村振兴注入新活力。（梅州市烟草专卖局）

石油销售

【石油销售概况】 中国石化广东梅州石油分公司（简称梅州石油公司）是中国石油化工集团有限公司直属销售企业。公司下辖106座加油站、便利店和1座油库，主要从事成品油、天然气经营，以及以易捷品牌为核心的非油品业务，2022年成品油经营总量43.4万吨，为全市最主要的成品油供应单位。

【央企职责践行】 2022年，梅州石油公司将保障能源安全稳定供应作为第一要务，在疫情防控、抗洪救灾等特殊时期，启动应急预案，采取紧急调配、优化物流、开辟绿色通道等措施，确保各网点正常供应，满足市民出行和企业生产需求。助力地方经济，梅州政企合作加油站——五华文旅加油站运行良好，与各县区达成的意向合作项目加速推进，可较好实现税留当地、企地民三方受益成果。服务乡村振兴，创新“易捷广东·梅州圩日”模式，便利店服务网络延伸至圩镇，以“百货驿站”辐射乡村小士多店，为经济振兴增添活力。

深化服务理念，开展“服务提升百日竞赛”，美化加油站现场环境，优化加油机动线布局，亮化罩棚和便利店灯光，增设擦拭车窗等便民项目，打造高通过率、高满意率现场。履行公益使命，连续 11 年开展“情暖驿站”春节关爱务工人员公益活动，服务返乡摩骑，连续 21 年组织无偿献血，统筹建设江南等 10 座工会爱心驿站。推动市场净化，配合政府联合执法 34 次，打掉黑油点 23 个，查扣非法流动加油车 28 辆，查封处理油罐 26 个，处理罚没油 48.2 吨，维护梅州地区成品油市场秩序。

2022 年，梅州石油公司拓展多元服务，打造“人·车·生活”一站式生态圈

（梅州石油公司供图）

【绿色企业行动】 2022 年，梅州石油公司推进“绿色企业行动计划”，树立典型打造标杆团队，通过绿色基层创建工作全面带动基层环保管理水平，63 座加油站被省公司授予广东石油“绿色基层”称号，2 座加油站被评为绿色标杆。加大油气排放管控力度，推进加油站油气回收在线监测系统安装，8 座汽油年销量 5000 吨以上加油站全部完成安装。严格把控油品进、销、存各环节管理，实行专车专罐专运，配备 GPS、电子铅封等智能设备，油品入库出库至少经过 2 次化验且检验 100%合格，盯紧三级隔油池、环保沟等设施运作情况。主动沟通市政管网纳污排放事宜，降低污水外排超标风险，完成 15 座加油站纳管排放。发展新能源项目，完成 2 座光伏项目、2 座换电项目、7 座充电站建设，加快向“综合能源服务商”转型发展。举办绿色企业公众开放日和油品质量宣传日活动，让公众近距离了解企业绿色发展成效。

【安全体系建设】 2022 年，梅州石油公司狠抓安全体系建设，组织“百日安全行动”，贯彻总部安全生产二十条措施，组织建筑物、消防安全、用电设备等专项隐患排查整改，压实安全责任，HSE 体系有效运作。狠抓技能提升，组织多期知识竞赛、接卸油作业比武等实战演练，与各县应急局、南粤石化等外部单位开展联合演习，强化各岗位人员自救互助能力，全年妥善处置 14 起未遂事件，应对梅州市有气象记录以来第二多降雨量的“龙舟水”，保障员工生命安全和公司稳定运行。

（梅州石油公司）

责任编辑：古淑灵

财税·金融

财　政

【财政收支概况】 2022年，梅州市财政部门深入贯彻党的二十大精神，落实“疫情要防住、经济要稳住、发展要安全”重要要求，做好“六稳”“六保”工作。面对经济下行压力、严峻复杂疫情防控形势、组合式税费支持政策落实、土地交易市场持续低迷等超预期因素影响和冲击，抓好收入工作。突出税收和非税齐抓共管，运用涉财税源数据共享机制和地方税种协同办税机制，挖掘税收增收潜力，加强非税收入管理，盘活存量国有资产和砂石、矿产等国有资源，加快拆旧复垦、垦造水田指标交易收入入库，不断夯实财政收入多渠道来源。2022年，全市一般公共预算收入83.96亿元，减收11.05亿元，负增长11.63%，主要是受落实组合式税费支持政策以及经济持续下行压力影响。其中，税收收入42亿元，负增长27.32%；非税收入41.96亿元，增长12.74%。剔除留抵退税因素后，全市一般公共预算收入完成94.92亿元，减收1.65亿元，负增长1.71%。

梅州市财政部门落实党政机关过“紧日子”要求，在全力保障落实中央和省、市重大决策部署，兜牢“三保”等刚性支出的基础上，大力压减非重点、非刚性支出，严控一般性支出，着力推动调减市直部门定员定额公用经费标准，加强政府投资项目工程评审，严格落实“三公”经费只减不增的要求，应对财政收入减收，有力有序保障经济社会平稳运行。全年全市一般公共预算支出449.63亿元，市级压减非重点、非刚性支出6.85亿元；市级政府投资工程预、结算评审核减率达14.79%；全市“三公”经费连续4年下降。同时，想方设法弥补财政收支缺口，保证平衡。通过处置存量国有资产，增加国有企业上缴利润，收回年内市级未实现支出的预算资金，大力压减一般性支出，争取省留抵退税及疫情防控专项补助、借新还旧等方式，全力确保财政收支平衡。

【财政服务经济社会发展】 2022年，梅州市财政部门大力支持实体经济发展，着力增强内生动力。支持产业平台建设。坚持企业入园、产业集聚，争取省新增债券资金27.91亿元用于完善各县（市、区）产业转移园区配套基础设施建设，主动承接产业转移，加快推动产业转型升级。统筹资金支持推进综合保税区、跨境电商综试区、国际无水港建设，打造产业发展主平台，带动区域产业集聚。推动制造业高质量发展。坚持制造业当家，牢固树立产出思维，全力支持发展以先进制造业为主的实体经济，全市安排各类扶持资金4.31亿元，支持重点企业技术改造、新兴产业培育和传统产业转型升级，促进工业经济提质增效。推动产学研融合发展，大力支持应用型企业技术研究与开发等工作。统筹安排0.83亿元落实“人才振兴16条”、青梅计划等人才发展政策。及时下达外经贸发展专项扶持资金，支持稳外贸、稳外资、促外经工作。促进产业项目落地建设。支持招商引资，着力保障落实驻外招商队和招商工作专班工作经费，推动税收大、就业多、成长性好的产业项目落地建设。做好市产业发展引导基金的需求摸查和对接落实工作，夯实承接珠三角绿色产业有序转移基础。深化广梅产业共建，用好广梅对口帮扶资金1.5亿元，推进对口帮扶产业合作项目落地。

【财政稳定经济大盘】　2022年，梅州市财政部门落实落细稳经济系列政策措施，全力稳住经济大盘。严格落实组合式税费支持政策，全市全口径增值税留底退税规模达40.36亿元，减轻企业负担，稳定市场预期。落实促进中小企业发展的政府采购政策，通过提高预留采购份额、加大价格评审优惠、开展优先采购等措施，支持中小企业发展。全市中小企业中标（成交）金额占比达79%。着力支持缓解企业融资问题，以政府采购合同和保函替代保证金方式为中小微企业融资1.73亿元。发挥债券资金在带动和扩大有效投资中的重要作用，加强对债券资金穿透式、全链条管理，用好支出通报预警、项目闲置资金超期调整、额度调整收回、重大项目并联审批等机制，不断规范加快债券资金支出使用。用好2022年新增债券资金92.3亿元，安排用于125个重点项目建设，并率先在全省完成支出使用，为稳投资提供强有力支撑。落实社保费缓缴政策、失业保险稳岗返还政策，拓宽一次性留工培训补助受益范围，推动稳就业政策落地见效。全市缓缴社保费0.3亿元，发放失业保险稳岗返还0.38亿元、一次性留工培训补助1.12亿元。实施就业促进和创业引领计划，全市统筹安排中央就业补助和省级促进就业创业发展专项资金共0.85亿元。

【财政助力乡村振兴】　2022年，梅州市财政部门加强资金统筹整合，助推乡村振兴战略实施。推进涉农资金统筹整合改革。坚持将“三农”作为财政支出优先保障领域，将涉农资金统筹整合作为支持推动乡村振兴的重要抓手，在统筹整合、项目储备、资金绩效、机制创新上下功夫、求实效，推进乡村振兴战略实施，打牢乡村振兴坚实底板。统筹涉农资金32.1亿元，安排用于510个涉农项目实施，为乡村振兴发展提供坚实的资金保障。支持乡村产业振兴，抓好乡村振兴示范带建设，持续引导各县（市、区）将涉农资金用于“打粮食”、有产出的农业产业项目上，全市安排涉农资金5.28亿元用于126个农业产业发展类项目建设，助力增强乡村振兴发展的内生动力。支持保障粮食生产稳面积增产量，全市下拨耕地地力保护补贴资金1.51亿元、实际种粮农民一次性补贴资金0.75亿元。推动现代农业产业园提升行动，培育壮大骨干龙头农业企业，支持预制菜、蜂蜜、南药、油茶等产业申报省级现代农业产业园。联动推进乡村振兴发展。加强乡村振兴驻镇帮镇扶村资金筹集使用管理，全市共筹集各级乡村振兴驻镇帮镇扶村资金21.41亿元，支持巩固拓展脱贫攻坚成果同乡村振兴有效衔接。推进山水林田湖草沙一体化保护和修复工程项目建设，通过项目整合、资金统筹，推动生态保护和修复工程项目建设与乡村振兴战略实施有机结合、联动推进。

【财政保障民生】　2022年，梅州市财政部门强化民生支出保障，不断提升共同富裕成色。坚持越是困难越要保民生，持续加大社会民生投入，强化落实底线民生保障，兜牢兜实“三保”底线，以小切口推动大变化。全市民生支出370.45亿元，占一般公共预算支出的82.39%，兜牢市县“三保”支出；投入省十件民生实事资金3.24亿元。做好疫情防控资金保障，筑牢疫情防控坚实防线，全市累计安排疫情防控资金6.1亿元，用于疫情处置、核酸检测、疫苗接种、方舱医院建设、防控物资采购等。健全完善公共卫生体系建设，安排专项债券资金1.5亿元用于梅州市中医医院建设，争取中央预算内投资省级配套专项资金0.5亿元支持梅州市妇幼保健计划生育服务中心迁建项目建设。推动教育文化体育事业发展。全力做好生均公用经费保障，落实义务教育“双减”政策，促进教育均衡高质量发展。筹措资金1.45亿元支持梅州职业技术学院建设。持续推进公共文化体育事业发展，支持东亚文化之都、全国足球发展重点城市、足球特区创建，统筹安排0.81亿元推动全市足球事业发展。完善基层社会治理体系建设，推进市域社会治理现代化建设，常态化开展扫黑除恶斗争。全市安排平安梅州建设经费4.7亿元，保障社会治理和平安建设工作有序开展。统筹安排省、市党的基层组织建设资金10.11亿元，加强基层组织建设，提升基层管理能力。

【财政预算管理改革】　2022年，梅州市财政部门抓好预算管理改革。严格“先有项目后有预算、先有预算再有执行、没有预算不得执行”管理，健全完善市级财政预算绩效管理体系，全面推进市级部门整体支出绩效自评，选取37个项目、涉及金额55.92亿元开展重点绩效评价，促进财政资金聚力增效。完善“数字财政”系统建设，通过信息化手段推动财政数据集中、分析、监管和应用，提升财政协同管理能力。落实常态化财政资金直达机制，抓好中央和省直达资金 121.21 亿元的分配、下达、使用和管理，保障惠企利民政策落实。

【债务风险防范化解】 2022 年，梅州市财政部门抓好政府债务风险的防范化解。严格执行地方政府债务限额管理，筹措资金落实政府债务还本付息，制订实施地方政府专项债券规范管理与加快支出使用若干措施，提升专项债券使用管理规范化水平。抓好防范化解地方政府隐性债务风险，专题向市人大报告存量隐性债务化解情况，接受人大监督，建立防范化解隐性债务风险长效机制，巩固全市存量隐性债务“清零”成果，坚决遏制新增隐性债务，打好打赢防范化解地方政府债务风险攻坚战。

【法治财政建设】 2022 年，梅州市财政部门以创建全省财政系统法治财政示范单位建设为契机，做好财政法律法规的学习宣传贯彻，落实权责清单制度，简化优化财政事项审批办理流程，加强财政规范性文件制定管理，规范财政重大行政决策程序，推进财政信息公开，主动接受社会公众监督，不断提升依法行政水平和依法理财能力。

【财会监督管理】 2022 年，梅州市财政部门组织开展地方财经秩序专项整治行动，以问题为导向，落实落细整改措施，持续完善财政管理制度，推动提升市、县财政管理水平。做好财政监督检查，深化代理记账机构和会计师事务所管理，全面核查市直单位预决算公开情况，组织开展会计师事务所执业质量检查，全面推广应用政府采购智慧云平台，制定实施政府采购负面清单，强化政府采购融资、助农等政策功能，持续优化政府采购营商环境。规范国有资产使用、处置管理，加强资产收益监管检查，确保国有资产保值增值。

【粤财扶助——梅州平台上线】 2022 年，梅州市财政部门推进粤财扶助——梅州平台上线，是进一步深化“放管服”改革、推进全市数字政府改革建设、着力营造一流的政务服务环境的一大重要举措。该平台主要具备政策发布、政策申报、政策推送、项目审核、效能监督、数据统计分析、政策监管和运营管理等功能。纵向串联省、市、县（市、区）、乡镇（街道），横向覆盖全市所有预算部门，全面对接梅州市服务对象。对外方便企业、市民易找政策、好报项目、便查进度（结果）；对内方便职能部门智能审核项目、全程监管、统计数据。平台通过充分利用大数据和智能技术，集约财政补贴信息查询、业务申报、审核和监管等功能，把惠企利民的各项服务搬到网上，用户只需登录一个平台就可将全市补贴政策“一网打尽”，在线上就可以完成“一窗受理、一网通办、集成服务”，从而达到让信息“多跑路”，让企业、市民“少跑腿”甚至“不跑腿”的目标，实现全市财政补贴政策公开透明、一次申报、全程网办、快速兑现，促进惠企利民政策落地落实。截至 2022 年底，粤财扶助——梅州平台已上线 18 个事项、39 个申报方向项目（其中开放给企业申报 1 个事项、5 个申报方向项目，上线展示 17 个事项、34 个申报方向项目），注册企业 174 家，注册个人 199 人，涉及财政补贴资金超 270 万元。（梅州市财政局）

税　务

【税收概况】 2022 年，梅州市组织税费收入完成 329.11 亿元，扣除增值税留抵退税因素还原后可比（下同）增长 6.29%，比上年下降 4.19%，其中，组织国内税收收入 165.07 亿元，可比下降 3.67%，比上年下降 21.07%；海关代征税收 2.42 亿元，比上年增长 27.9%；组织费金收入 161.61 亿元，比上年增长 22.02%。全市税务系统办理出口产品退（免）税 9.71 亿元，比上年下降 16.33%。

【税收特色】 2022 年，梅州市税收收入稳定运行。还原留抵退税后国内税收收入规模基本保持排在全省第 14 位，排名与上年持平，粤北五市中仅次于清远。还原留抵退税后国内税收增速排全省第 9 位，排名比上年提升 7 位，粤北五市中仅次于韶关。还原留抵退税后地方级收入规模排在全省第 15 位，排名比上年下降 1 位，粤北五市中居中仅次于清远。还原留抵退税后市县级增速排在全省第 14 位，排名比上年上升 6 位，粤北五市中仅次于清远。2022 年是减税降费大年，新的组合式税费支持政策密集出台，梅州市税务局坚持“快退税款、狠打骗退、严查内错、欢迎外督、持续宣传”五措并举，确保退税款高效精准退付到符合条件的市场主体账户上，发挥助企纾困解难、稳住经济运行的作用。2022 年，合计办理的新增减税降费及退税缓税金额 61.88 亿元，其中已经退到纳税人账户的增值税留抵退税款达到 40.36 亿元，是 2021 年全年退税规模的 9.85 倍，新增减税降费 10.77 亿元，累计办理缓税缓费 10.75 亿元。发挥《梅州市税收共治协调联动机制》作用，推动协助解决部分房地产项目“有税无资金”、闲置土地缴纳土地使用税、梅汕高铁耕地占用税、外地建筑企业本地预缴管理等疑难问题，促进税款及时入库。进一步强化与财政、自然资源、住建等部门的协同配合，在组织收入、落实政策等方面同向发力、同频共振，凝聚税收共治合力。五大支柱工业“二升三降”，三大主要行业降幅收窄。五大支柱工业中烟草制造、电子信息还原口径税收分别可比增长 26.3%、14.03%，电力、建材和机电制造业还原口径税收分别可比下降 36.98%、37.06% 和 44.66%。主要行业房地产、建筑和金融行业还原口径税收分别下降 23.23%、12.71%、0.38%。

【服务地方发展】 2022 年，梅州市税务局落实国务院稳经济一揽子政策措施以及“广东稳经济 131 条”“梅州促经济稳增长 103 条”等政策举措，发挥好新的组合式税费支持政策重要抓手作用，助力稳住宏观经济大盘。

落实退税减税政策。全面梳理四大类 10 项税费优惠政策，汇编并发放政策指引分类指南 15.98 万份；及时提供税费事项短信“精准提醒”服务，发送优惠政策提醒类精准提醒短信 10.18 万条。开展宣讲培训 1082 场，培训纳税人缴费人 7 万多人次，向 1.7 万户推送企业红利账单，助力税费政策直达共享。联合梅州市财政局和人民银行梅州中心支行开设留抵退税快捷办理通道，将留抵退税时间压缩到 1 个工作日内，实现税收红利“零时差”释放。创新推行留抵退税“多层级集体审核 + 常态化专项抽查”机制，从严加强监督，2022 年共立案检查涉嫌骗取留抵退税企业 13 户，查实率和查结率均达 100%，并对外曝光 1 件骗取留抵退税案件。发挥“以税咨政”效用。围绕市委、市政府“工业强市、产业兴市”的战略部署，聚焦梅州经济深度融湾、研发费用加计扣除政策、铜箔产业发展形势等重点热点内容，多维度向市委、市政府进行建言献策。同时，协助市委、市政府代省政府草拟《广东省支持梅州对接融入粤港澳大湾区加快振兴发展实施方案》，全力配合市政府向上争取企业所得税、个人所得税政策优惠等支持措施。推动梅州综合保税区成功获批增值税一般纳税人资格试点，助力综保区招商引资和经济发展。

2022 年 9 月 22 日，人民银行梅州市中心支行、梅州市财政局、梅州市税务局举行金融财税结对共建协议签订仪式
（梅州市税务局供图）

服务乡村振兴。梅州市税务局驻周江镇乡村振兴工作取得扎实成效，全年协助该镇完成 100 万元街道和乡道建设，实现 1060 万元乡村光伏发电建设投资，助推了撂荒复耕土地 300 多公顷，多项指标位居五华县前列。践行绿色生态发展。推进节约型机关创建工作，坚持“动员全局、节约优先”的一盘棋思维，推行三项机制，开展了六大行动，取得良好成效。能源消耗总量比上年下降 1.76%，人均能耗下降 50.43%，获得国家四部委联合颁发的“节约型机关”称号。

【营商环境优化】 2022 年，梅州市税务局结合梅州实际创造性地提出“1 + 4”非接办税缴费服务新体系模式，其中“1”是指税村共建项目，即依托党群服务中心，推动“非接触式”税费服务延伸至镇、村（社区）；“4”分别是指电子税务局集中办税、V-tax 远程可视化办税、综合税费宣传和专业化个性化税费服务。把打造纳税服务运营中心作为推行“非接触式”税费服务的重中之重，通过服务资源重组、服务流程重构，推动办税缴费服务升级。全市已建成 8 个纳税服务运营中心，覆盖所有的县（市、区）。推进业务进驻政务中心，将部分或全部业务进驻政务中心，进一步方便群众办税缴费。梅江、梅县、平远已经实现所有税费业务进驻政务中心，其他5个县（市、区）局部分业务进驻政务中心。

【税收宣传】 2022年，梅州市税务局立足税收职能服务实体经济发展，围绕税收中心工作，联动9个县级局“同声同步同力”开展多层次、多形式、多角度的矩阵宣传，助推新的组合式税费支持政策、便民办税春风行动的落实落地。全年全市税务系统合计刊播宣传新闻报道597篇。其中，在中央级主流媒体播出2篇，在《光明日报》客户端、中国新闻网、《人民日报》人民数字等省级主流媒体及其新媒体刊播118篇，在市级主流媒体及其新媒体刊播477篇。

【税费征管改革】 2022年，梅州市税务局持续推进税收征管改革走深走实。推进法治税务建设。推行“业务培训+旁听特训+法务实训”的“三训”模式，培育“税务+法律”的公职律师智囊团队。持续深化税警合作，不断强化执法震慑，全市税警联手成功查办“8·16”非法经营油品专案、“9·2”制假售假发票案、“4·27”虚开增值税专用发票案，梅州市警税“点对点联络员”协作机制在全省会议上被作为先进经验进行推介。依法严厉打击涉税违法犯罪行为，聚焦全电发票虚开骗税、骗取留抵退税等高风险领域，加强税收监管和税务稽查，全年立案检查152户，查补总额1.75亿元，比上年增长19%。持续深化税收大数据分析运用，全年开展风险查补入库税费及滞纳金2.46亿元，增长145.86%。构建税收共治新格局。推动建立全市税收共治协调联动机制，通过明确34家参与单位工作职责和任务分工，打造“统筹细化、常态联动、齐抓共管”的税收共治新格局。2022年，市级层面共获取涉财税源数据684万条，利用涉财税源数据共查补税款2.16亿元。

【“税村共建”推行】 2022年，梅州市税务局立足山区群众年龄偏大、文化程度偏低、使用智能化手段办税缴费存在一定困难的实际，全面推行“税村共建”，通过建立“税务联络员+村级网格员”核心机制，借助“粤智助”政府服务自助机等设备，在全市打造2334个具备“人工辅导+自助办税”双重功能的乡村“微税厅”。

【“撤厅设点”推进】 2022年，梅州市税务局撤并日均业务量不足50笔或服务人次不足10人次的办税服务厅，改为办税缴费服务点。全年全市共完成35个办税服务厅的“撤厅设点”工作，全市剩9个综合类办税服务厅，新增34个办税服务点。 （梅州市税务局）

金　融

金融综述

【金融概况】 2022年末，梅州市本外币各项存款余额2807.60亿元，比上年增长8.86%；本外币各项贷款余额1969亿元，增长12%，增速位居全省第九；全市存贷比70.13%，比年初提高1.96个百分点。2022年，梅州金融机构整体运行平稳，银行业稳步扩张，证券市场加剧波动，上市公司总市值明显下降；保险市场平稳运行，全年未发生保险重大风险事件。截至2022年末，梅州市共有银行业金融机构20家，保险分支机构38家，证券机构13家，具有融资功能的非金融机构28家。

【货币信贷】 2022年，中国人民银行梅州市中心支行发挥货币政策工具的总量和结构双重功能，累计发放支农再贷款4.62亿元、支小再贷款9.26亿元；办理再贴现9.44亿元；向地方法人机构提供普惠小微贷款激励资金3037万元，直接撬动普惠小微贷款余额新增19.12亿元；运用碳减排支持工具支持金融机构发放绿色低碳贷款10亿元；运用科技创新再贷款支持金融机构发放科技创新贷款21.03亿元；运用交通物流专项再贷款支持金融机构发放交通物流业贷款150万元；推动符合设备更新改造专项再贷款项目签约授信7.11亿元。

【支付结算】 2022年，中国人民银行梅州市中心支行指导辖区银行机构进行账户服务分级分类管理，指导银行机构全年累计减免支付手续费4133.61万元，惠及小微企业、个体工商户等10.63万户；推动梅州市丰顺县汤坑镇、丰良镇及五华县华城镇、蕉岭县新铺镇被授予“2022年广东省移动支付示范镇”荣誉称号，五华县水寨镇被授予“2022年广东省移动支付精品示范镇”荣誉称号。

【人民币管理】 2022年，中国人民银行梅州市中心支行全力保障新冠肺炎疫情防控期间现金供应和服务，结合各金融机构网点分布、业务体量、历年投回情况科学测算，确保现金投放；整治拒收人民币现金行为，全年共处置3起拒收人民币现金投诉；打击制贩假币违法犯罪，与市、县各级公安机关合作建立“动态监测、信息互通、联合宣传、线索移送”警银联动机制，协助公安破获2起非法持有、使用假币案件。

【国库业务】 2022年，中国人民银行梅州市中心支行联合梅州市财政、税务部门建立增值税留抵退税工作会商机制，全市各级国库共办理增值税留抵退税40.36亿元；完成个税汇算清缴退税5564.24万元；指导国债承销机构成功兑付14笔未兑国债，金额135.9万元。全辖国库共开展国债下乡现场宣传22次，实现乡镇销售35万元。开通7×24小时防疫资金拨付“绿色通道”，办理紧急拨款业务，据统计，全辖国库节假日加班办理疫情应急拨款共33笔，金额1874万元。

【征信服务】 2022年，中国人民银行梅州市中心支行推动“粤信融”和中征应收账款融资服务平台促成融资19.64亿元，“政采贷”业务融资6219.75万元，推动1家供应链核心企业获得广东省工信厅奖补，实现梅州辖区企业奖补“零”的突破；指导金融机构对1932个信用村开展信用认定及整村授信工作，授信金额269亿元，惠及涉农主体22642个；推广征信查询微信预约小程序，增设1台企业信用报告自助查询机，新增3个个人信用报告自助查询代理点，全年提供信用报告查询近12万笔；联合发改部门发挥社会信用体系建设双牵头部门作用，开展“征信修复”乱象专项治理百日行动，普及宣传征信知识惠及群众超12万人。

【反洗钱监管】 2022年，中国人民银行梅州市中心支行联合公安等9个部门印发《梅州市打击治理洗钱违法犯罪三年行动计划工作方案（2022—2024年）》，推动梅州首宗涉黑洗钱案判决，推动梅州首宗由监委直接移诉的自洗钱案件判决，推动梅州首宗金融诈骗洗钱案判决；全年收到70条重点可疑交易线索，经分析研判后移送20条线索，有2条线索被立案并破案；启动“反洗钱知识进高校”三年宣教活动，与嘉应学院签订合作备忘录、组建反洗钱宣教队伍，提升高校学生洗钱风险防范能力。

【国际收支】 2022年，梅州辖区跨境收支总额15.85亿美元，比上年减少22.06%，其中跨境收入11.16亿美元，跨境支出4.69亿美元，分别减少18.30%、29.75%；净流入6.48亿美元，减少7.36%。银行结售汇总额13.19亿美元，减少19.53%，其中结汇收入9.45亿美元，售汇支出3.74亿美元，分别减少21.76%、13.28%。2022年以来，辖区企业利用远期及期权产品管理汇率风险的规模2.4亿美元，增长258.21%；外汇套保比率4.66%，增加3.81个百分点。

【资本项目】 2022年，梅州市办理外商直接投资新设登记5家，新登记外商投资企业注册资本1085.68万美元，其中外方所占注册资本795.27万美元，办理外商直接投资入账登记30笔，金额347.77万美元；办理境外直接投资新设登记3家，协议投资总额270.57万美元，中方协议投资总额270.57万美元；办理外债新签约登记4笔，金额621.44万美元，其中，跨境融资宏观审慎模式借用外债登记2笔，金额440.38万美元，高新技术和“专精特新”企业跨境融资便利化额度外债登记2笔，金额208.39万美元。

【经常项目】 2022年，梅州市货物贸易名录登记企业521家，外贸进出口总额16.51亿美元，比上年减少12.4%，其中出口13.73亿美元，减少9.3%；进口2.78亿美元，减少24.9%。货物贸易外汇收支总额15.03亿美元，减少15.1%，其中跨境收入10.78亿美元，减少18.26%；跨境支出3.99亿美元，减少25.19%。经常项目各项便利化改革稳步推进，首笔优质企业贸易外汇收支便利化试点业务于同年9月在辖区落地，市场主体活力进一步得到激发。

【跨境人民币】 2022年，中国人民银行梅州市中心支行始终坚持“本币优先”原则，通过建立地区重点推进企业记录档案，指导银行对重点企业开展定期跟踪与政策辅导，不断拓展重点企业范围，发挥跨境人民币在支持实体、推动创新、落实改革方面的作用，截至2022年底，梅州地区跨境人民币结算总额8.94亿元，占国际收支比重为8.4%。

【金融消费权益保护】 2022年，中国人民银行梅州市中心支行深化普惠金融建设，与梅江区城北镇车站社区居委会建立金融广告治理和提升城市文明形象合作机制，组织环卫工人、志愿者对各类非法金融小广告进行集中清理，相关经验被中国人民银行总行采用；建立农村、学校、环卫工人、老年人等各类“金融读书角”，累计建设8个“金融教育示范基地”，并配套完善金融书籍、报刊读物2000余册；指导辖内平远县支行联合差干镇政府建立梅州首个“金融教育特色示范镇”；建立“金融系统—乡镇村干部—村民”宣传机制，利用村委“‘大喇叭’+乡村金融服务站‘小喇叭’”，通过客家话为老百姓讲解反洗钱等知识，覆盖全市943个行政村；推荐上报金融作品入选广东省“金声粤韵”20个表演节目之一，在广东省“守住钱袋子DOU来助力”抖音话题挑战赛中，获得最佳表演奖和最佳人气奖，梅州市金融消费权益保护协会获得优秀组织奖；协助中国人民银行广州分行开发《智慧金融“漫漫”说系列课程》（客家话版），被广东省金融消费权益保护联合会微信公众号推广；梅州市金融工作局联合梅州市公安局、人民银行梅州市中心支行制作金融宣传微电影《我的“负”爸爸》，在广东省“守护钱袋子 建功新时代”全媒体创作大赛中获得三等奖。（中国人民银行梅州市中心支行）

【金融监管】 2022年，梅州市贯彻落实《防范和处置非法集资条例》，牵头做好涉众金融领域社会矛盾问题专项治理工作，采取现场检查、非现场监管、约谈高管相结合的监管方式，加强对小额贷款、融资担保公司等机构监管，全市地方金融组织持续健康稳定发展。截至2022年底，梅州市小额贷款公司15家，注册资本9.17亿元，贷款余额9.12亿元；融资担保公司3家，注册资本3.39亿元，在保余额8.21亿元；典当公司11家，注册资本1.42亿元，典当余额0.99亿元；大宗商品交易中心1家，年度交易额0.26亿元。（梅州市金融工作局）

【金融服务】 聚焦稳经济重点领域 2022年，根据国务院和省政府一揽子政策，中国银行保险监督管理委员会梅州监管分局（简称梅州银保监分局）结合辖区实际配合政府相关部门出台创新金融服务支持实体经济6个方面15项措施，强化对优势产业、小微企业、科技创新等重点领域的金融支持，落实困难行业企业金融纾困政策，推动小微企业金融服务增量扩面提质降本。截至2022年底，辖区银行机构投向实体经济信贷规模1280.75亿元，比上年增长18.62%。辖区银行机构累计为1954家企业实施延期还本付息，金额合计73.42亿元。

2022年6月30日，中国人民银行梅州市中心支行联合梅州市金融消费权益保护协会与梅江区城北镇车站社区居委会签订《推动金融广告治理和提升城市文明形象合作协议》（中国人民银行梅州市中心支行供图）

聚焦普惠小微金融服务 2022年，梅州银保监分局持续加强和改进小微企业金融服务，不断优化“敢贷愿贷”内部机制，增强信贷资金供给，扩大服务覆盖面，提升服务质量和效率，组织开展小微企业金融服务监管评价，发挥评价的“诊断仪”和“指挥棒”作用。截至2022年底，辖内全口径小微企业贷款余额637.16亿元。小微企业贷款户数较年初增加41429户，增幅106.05%。

聚焦乡村振兴发展 2022年，梅州银保监分局指导银行机构落实涉农和普惠型涉农信贷计划，加大涉农领域信贷供给，支持农企农户不误农时抓好农业生产。截至2022年底，辖区法人机构涉农贷款和普惠型涉农贷款余额分别为435.65亿元、144.83亿元，较年初分别增长16.20%、23.97%，普惠型涉农贷款增速高于各项贷款增速10.25个百分点。联合梅州市农业农村局等四部门印发关于推进全市畜禽活体抵押贷款业务的指导意见，首次将牛、肉鸽等畜禽活体纳入抵押担保物范围，着力破解“三农”融资瓶颈。加强对农村地区人才支持，指导银行机构累计派出逾

1500 名金融助理/金融特派员开展“驻镇进村”帮扶行动，实现行政村全覆盖。联合梅州市财政局等四部门召开农业保险高质量发展调研座谈会，着力推动农险品种创新，2022 年新推出撂荒复耕水稻种植区域产量保险、商业性水稻种植完全成本保险、玉米区域产量保险（全省首个）等多个险种，全市农业险种增至 57 种。

聚焦绿色金融建设　2022 年，梅州银保监分局优化绿色金融工作机制，引导银行保险机构创新推出碳配额质押贷款、森林碳汇遥感指数保险等新型金融产品，持续加强对光伏等绿色生态领域的信贷支持。截至 2022 年底，辖区银行业绿色贷款余额 113.32 亿元，比上年增长 69.62%，高于各项贷款增速 57.59 个百分点；2019—2022 年辖区绿色信贷年平均增速 26.46%，高于各项贷款平均增速 13.11 个百分点。

聚焦融湾发展　2022 年，梅州银保监分局指导辖区银行保险机构支持梅州建设赣闽粤苏区对接融入粤港澳大湾区振兴发展先行区的金融需求，为“融湾”贡献金融力量。推动建立广州—梅州金融合作框架，支持广州银行在梅州设立分支机构，促进两地开展金融深度对接合作。此外，梅州银保监分局多次调研了解梅州综合保税区、跨境电商综合试验区、粤港澳大湾区菜篮子基地建设情况，推动金融支持更多农特产品、电声、陶瓷走进大湾区。

【金融风险防控】　化解涉房地产风险　2022 年，梅州银保监分局稳妥化解涉房地产风险。联合梅州市住建局在山区五市率先出台促进房地产平稳健康发展若干措施，落实差异化房地产信贷政策。做好房地产到期融资展期和推进优质房地产企业内保外贷、保函置换预售监管资金业务工作，确保房地产金融政策在辖区尽快落地。协调住建部门、相关银行机构针对辖区涉恒大、奥园项目预售监管资金拨付影响楼盘交付的问题开展沟通，督促银行机构按照市场化、法治化原则，在做好合法债权保全的同时为保交楼、维护购房者权益寻求解决方案。

法人银行公司治理　2022 年，梅州银保监分局开展公司治理领域重点问题整改和公司治理三年行动收官工作，深入排查党的领导与公司治理融合、“三会一层”组织架构等重点问题，严肃落实整改。同时，做好 2021 年度监管评级、高管人员和董事监事履职评价，对存在履职问题的高管坚决下调评价等次，充分运用评价结果，实施分类监管。推进 2022 年股权和关联交易专项整治工作，强化股东股权及关联交易管理，对于股东超比例质押等异常行为坚决依法限制权利。

防范大型企业债务风险　2022 年，梅州银保监分局配合地方政府稳妥处置科创股上市公司相关风险。强化窗口指导，多次通过约谈债权银行主要负责人、监管走访等方式掌握事件进展情况，督促银行机构内紧外松，做好舆情监测和贷后管理工作，在维护企业稳健经营的基础上做好风险防范化解和资产保全工作。配合地方政府稳妥处置相关风险，开展各项风险防范化解工作。

金融网络安全保障　2022 年，梅州市银保监分局对做好党的二十大网络安全保障工作进行统筹谋划，实现辖区银行保险机构“零网络安全事件发生”，完成重要时期网络安全保障工作。多方位开展机构信息科技与网络安全风险督查，指导辖区银行全面梳理信息系统，制订渗透测试工作计划及方案，有序开展信息系统渗透测试及漏洞整改工作。妥善部署各银行保险机构、行业公会协会落实重要时期负责人带班和应急值守，关键部门实行 7×24 小时值守，重要基础设施和业务系统 24 小时实时监控。

加强行政处罚　2022 年，梅州银保监分局以行政处罚不规范行为专项整治工作为契机，对应罚未罚等问题开展全面自查并完成整改。全年累计完成 8 家银行保险机构行政处罚工作，处罚问题涵盖公司治理、信贷管理、重点领域治理等，按照从严监管原则，严格落实机构、人员“双罚”，对机构及个人罚款合计 265.9 万元，较上年处罚金额增长 5%，并对 13 名责任人员处以警告，发挥处罚问责的震慑作用，推动依法合规经营。

【新市民金融服务示范建设】　2022 年，梅州银保监分局召开辖区银行保险机构新市民金融服务情况调研座谈会，推动机构建立新市民专项工作机制，研发专属金融产品或设立新市民金融服务中心，满足新市民多元金融需求。梅州存量“星级网点”17 个，是全省唯一拥有 2 个“银行业文明规范服务百佳单位”的地级市，“创星”走在全省地级市前列。全市已建成 29 家新市民金融服务示范网点，引领带动全辖金融机构进一步提升新市民金融服务水平。

【惠企惠民政策宣传】 2022年，梅州市银保监分局组织开展“3·15”消费者权益保护教育宣传、“7·8”全国保险公众宣传日、广东金融联合宣传教育活动月、“敬老月”、诚信主题宣传等系列活动，着力打造金融宣传教育“立体矩阵”，普及宣传金融消费者生产生活所需金融知识，强化金融风险提示，提升社会公众金融素养。2022年辖区银行保险机构累计开展宣传教育活动2774次，惠及消费者783万人次。

【《关于防范金融领域非法代理维权风险 保护金融消费者合法权益的通告》印发】 2022年，梅州银保监分局在全省率先联合当地公安、市监、法院、人行、金融局、网信办等6个部门印发《关于防范金融领域非法代理维权风险 保护金融消费者合法权益的通告》，及时向社会公众发出风险提示和倡议，遏制非法代理维权黑产反弹蔓延势头。与人民银行签订协议，从金融知识宣传、金融政策普及、金融纠纷多元化解等方面建立工作联动机制。指导梅州银行业公会健全银行业纠纷调解机制并正式对外运作，充分发挥行业组织作用，提升消费投诉处理效率。

【中国人民银行梅州市中心支行办公室被认定为“一星级全国青年文明号”集体】 2022年，全国创建青年文明号活动组委会发布《关于认定一星级全国青年文明号集体的通报》，经各级青年文明号活动组织机构系统梳理、逐级复核、严格审查、社会公示，中国人民银行梅州市中心支行办公室被认定为“一星级全国青年文明号”集体。

【“创新金融服务 支持实体经济”调研座谈会召开】 2022年2月16日，中国人民银行梅州市中心支行召开“创新金融服务 支持实体经济”调研座谈会。梅州市政府副市长陈伶俐出席会议。副市长陈伶俐对全市金融系统为梅州经济发展作出的贡献表示肯定，并强调，全市金融部门和各金融机构要认真贯彻落实中央经济工作会议、省金融工作会议和市第八次党代会精神，不断提升金融服务实体经济质效。

【梅州市金融支持乡村振兴现场会召开】 2022年3月18日，中国人民银行梅州市中心支行联合梅州市金融局在平远县差干镇组织召开梅州市金融支持乡村振兴现场会。梅州市政府副市长陈伶俐出席会议。会议开展支持乡村振兴经验介绍；签订金融支持乡村振兴合作框架协议；对差干镇、村和农户进行授信；举行“金融教育示范基地”“金融法治宣教基地”揭幕仪式，并组织与会人员到三达村开展林下种植灵芝产业发展情况调研。

【梅州市文化旅游行业纾困惠企政策对接、宣贯会】 2022年4月22日，中国人民银行梅州市中心支行联合梅州市文化广电旅游局、梅州市人力资源和社会保障局、国家税务总局梅州市梅江区税务局、梅州市金融工作局、梅州市银保监分局举办梅州市文化旅游行业纾困惠企政策宣贯会，分析研判梅州市文化旅游行业纾困惠企措施。各银行业金融机构相关负责人，以及A级景区、旅游饭店、旅行社、民宿等文旅企业代表参加会议。会前，人民银行梅州市中心支行向梅州市40家文旅企业发放电子问卷，摸清企业融资需求，了解发展困境。会上，人民银行梅州市中心支行副行长朱冕向参会文旅企业介绍人民银行和政府相关部门最新出台的扶持文旅行业相关政策和融资渠道，同时以各省市在支持文旅领域恢复发展的经验做法为案例，对与会人员进行政策宣讲，并现场解答企业在贷款利率、资金贴息、贷款延期方面遇到的堵点难点问题。

【“活金融·稳经济·促发展”2022年梅州市云上金融政策宣讲暨公职人员金融知识培训（首场）启动】 2022年7月13日，由梅州市金融工作局、中国人民银行梅州市中心支行、梅州银保监分局等单位联合举办的“活金融·稳经济·促发展”2022年梅州市云上金融政策宣讲暨公职人员金融知识培训（首场）正式启动，梅州市人民政府副市长陈伶俐参加启动仪式，共吸引10万多名观众在线收看。该次金融知识培训的集中宣传时间为7—9月，相关市直单位及银行机构组成宣讲队伍，围绕金融政策、乡村振兴、科技金融、普惠金融和助企纾困等内容举办5场专题宣讲。宣讲人员借助“在线直播推介＋金融产品展示＋线下融资对接”方式向公职人员、广大中小微企业客户“云上”讲解有关政策措施以及推介银行相关金融产品，企业客户可实时进行互动咨询。

（中国人民银行梅州市中心支行 梅州银保监分局）

银行业

【银行业概况】 2022年，梅州市

银行业保持稳健发展态势，存贷比创历史新高。截至2022年底，全市本外币各项存款余额2807.6亿元，余额排粤东西北十二市第六位，比上年增长8.86%，比年初增加228.57亿元。全市本外币各项贷款余额1969.06亿元，余额排粤东西北12市第五位，比年初增加210.97亿元，比上年增长12%，较全省平均水平高1.43个百分点，增速位居全省第九。全市存贷比70.13%，比年初高1.96个百分点。

（梅州市金融工作局）

【梅州市农商银行系统】 梅州市农商银行系统包括中共梅州市农村商业银行系统委员会和梅州辖内7家农商银行（梅州农商银行、兴宁农商银行、五华农商银行、丰顺农商银行、大埔农商银行、平远农商银行、蕉岭农商银行）。2022年，梅州市农商银行系统共有营业网点225个，有正式在编员工2692人，累计设立助农取款点1262个。4月6日，大埔农商银行改制成立10周年。9月，丰顺农商银行资产总额突破100亿元，成为继梅州、兴宁、五华农商银行后的第4家百亿元规模以上农商银行。

2022年，梅州市农商银行系统资产总额867.42亿元，较年初上升71.01亿元，增幅8.91%；存贷款市场份额居全市金融机构首位，其中各项存款余额724.51亿元，比年初增长60.75亿元，增幅9.15%；各项贷款余额455.85亿元，比年初增长28.93亿元，增幅6.77%；实现经营利润14.1亿元，净利润8.58亿元。全年累计缴纳税金3.73亿元。

（张 腾 卓嘉琳）

【中国工商银行股份有限公司梅州分行】 2022年，中国工商银行股份有限公司梅州分行通过加大信贷支持、落实减费让利、优化金融服务等方式，持续强化对实体经济和人民群众的金融服务，各项业务稳中有进。截至2022年底，各项存款余额229.6亿元，比上年增加21.39亿元；各项贷款余额172.02亿元，其中公司贷款余额86.91亿元，增加7.38亿元；累放公司贷款48.33亿元，增加11.14亿元；个人贷款余额83.09亿元，增加2.84亿元；累放个人贷款19.80亿元，增加7.15亿元。

（中国工商银行股份有限公司梅州分行）

【中国建设银行股份有限公司梅州市分行】 2022年，中国建设银行股份有限公司梅州市分行推进新金融实践，不断提升精细化管理水平，全面提升战略引领力、市场竞争力、价值创造力和员工获得感，推动高质量发展再上新台阶。截至2022年底，一般性存款余额330.17亿元。各项贷款余额311.4亿元，比年初新增42.18亿元。实现中间业务净收入2.03亿元，实现拨备前考核利润90139万元，增加3756万元。

（中国建设银行股份有限公司梅州市分行）

【中国银行股份有限公司梅州分行】 2022年，中国银行股份有限公司梅州分行持续优化金融服务，加大对先进制造业、绿色金融、乡村振兴等信贷支持力度，不断提升服务实体经济水平。同时，持续丰富消费金融产品体系，加大消费信贷投放，支持促进消费复苏和经济发展。2022年，汇总人民币各项存款余额192.05亿元，增幅12.68%，高于本地四行平均值3.8%；各项贷款余额167.49亿元，增幅11.62%，高于四行平均值0.61%；存贷比87.21%。

（中国银行股份有限公司梅州分行）

【中国农业银行股份有限公司梅州分行】 2022年，中国农业银行股份有限公司梅州分行围绕稳经济增长和稳市场主体相关决策部署，加大金融供给力度，打好畅通融资、助企纾困等金融政策支持实体经济发展“组合拳”。截至2022年底，全行各项存款余额372.26亿元，比年初增加33.51亿元；各项贷款余额339.33亿元，比年初增加27.73亿元；存贷比达到91%。全行各项存款、贷款总量和增量达历史新高，法人贷款总量率先于同业突破100亿元。

（中国农业银行股份有限公司梅州分行）

【广发银行股份有限公司梅州分行】 2022年，广发银行股份有限公司梅州分行主动服务制造业企业设备更新和技术改造，重点支持生物医药、新能源、新材料等战略新兴产业，持续加大对交通基础设施、先进制造业等重大项目和重点产业的支持力度。总资产余额157.52亿元，人民币各项存款余额151.8亿元，增速6.4%；人民币各项贷款余额85.4亿元，增速48.2%，其中对公贷款增量和增速都位居全市第一；存贷比比上年增长15.9个百分点，增幅位居全市第一；综合实力和市场影响力逐步提升。2022 年，广发银行股份有限公司梅州分行营业部被共青团中央评为“一星级全国青年文明号”。

（广发银行股份有限公司梅州分行）

【中国农业发展银行梅州市分行】 2022 年，中国农业发展银行梅州市分行努力克服新冠疫情及地方政府消化债务的不利影响，坚持政策性定位，强化业务转型发展，加快新时代梅州生态发展区、革命老区苏区建设，推进梅州乡村振兴，促进全市经济协调发展。2022 年度，全行各项贷款余额 31.9 亿元，比年初增长 6.55 亿元，增幅 25.86%；对公存款余额 20.69 亿元，比年初增加 10.13 亿元，增幅 95.87%，继续保持不良贷款零余额，资产质量保持稳定，各类风险总体可控。

（郝文祥）

【中国邮政储蓄银行股份有限公司梅州市分行】 2022 年，中国邮政储蓄银行股份有限公司梅州市分行各项存款 450.56 亿元，市占率 16.05%，排名同业第一；新增市占率 14.31%；各项贷款 155.17 亿元，市占率 7.88%，新增市占率 7.15%。存贷比 34.44%，新增存贷比 46.12%。资产质量保持良好，未发生重大案件和重大风险事件。加大制造业中长期信贷投放作为高质量服务地方经济的重要抓手，聚焦先进制造业和战略性新兴产业、重大基础设施、生态环境等重点领域，加大信贷投放，对重点项目的总授信金额超 100 亿元，累计放款超 57 亿元，结余超 40 亿元；与梅江区政府签署全面战略合作协议，共同推动多个智慧化平台信息对接；严格落实国家政策和监管要求，发展绿色金融，绿色贷款结余超 10 亿元，绿色融资贷款结余近 22 亿元，清洁能源贷款近 3 亿元，助力绿色低碳循环发展。

（中国邮政储蓄银行股份有限公司梅州市分行）

【交通银行股份有限公司梅州分行】 2022 年，交通银行股份有限公司梅州分行坚持“强合规塑文化、抓清收降风险，走客户谋发展”，稳住经营发展大局。人民币各项存款时点余额 43.22 亿元，较年初净增 0.3 亿元；各项存款日均余额 37.12 亿元，较年初增加 1.53 亿元。新增贷款主要投向战略新兴行业和绿色能源、制造业、批发零售业、农业等行业，契合实体经济。同时，在涉农贷款、县域贷款方面主动作为，全口径涉农贷款余额 7.55 亿元，投放 6.06 亿元，净增 3.61 亿元；普惠型涉农贷款余额 1.88 亿元，投放 1.57 亿元，净增 579 万元。截至 2022 年底，各项贷款时点余额 55.12 亿元，较年初净增 2.42 亿元。

（交通银行股份有限公司梅州分行）

【梅州客家村镇银行股份公司】 梅州客家村镇银行股份公司是梅州地方法人金融机构，截至 2022 年底，各项存款余额 46.19 亿元，各项贷款余额 27.43 亿元，资产总额 50.67 亿元。2022 年累计发放普惠型涉农贷款 7558 笔 12.49 亿元，发放普惠型小微企业贷款 1.11 万笔 16.35 亿元。为助力乡村振兴和推进绿色金融，2022 年，梅州客家村镇银行股份公司推广乡村振兴贷和绿色光伏项目，累计发放“乡村振兴贷” 91 笔 1444 万元，发放“绿色光伏贷” 265 笔 3214.75 万元。为支持辖区小微企业发展，按照延期还本付息政策要求，全年共为 261 家企业办理延期还本付息贷款 277 笔 5.29 亿元。落实减费让利，对首贷客户等实行利率优惠政策，普惠小微企业贷款加权平均利率较 2021 年下降 33 个 BP，让利 550 万元。

（梅州客家村镇银行股份公司）

【梅州客商银行股份有限公司】 2022 年，梅州客商银行股份有限公司通过金融科技和数字技术提升服务能力，将本土（梅州）和湾区打造成存贷业务的两大主战场，退出大额对公贷款，并向非传统信贷的全资产负债表要效益，完成各项既定的工作目标，争取可持续高质量发展。截至 2022 年底，资产总额达 302.05 亿元，比上年增长 21.46%；负债总计 278.13 亿元，增长 22.87%；所有者权益总计 23.92 亿元，增长 7.14%。全年累计取得利息收入 10.88 亿元，实现拨备前利润 3.17 亿元，净利润 1.70 亿元，各项主要经营指标保持增长的良好态势。

（梅州客商银行股份有限公司）

证 券 业

【证券业概况】 2022 年，梅州市有证券公司 13 家，全年实现营业净利润 1 亿元，比上年下降 26.89 %；股票基金交易额 11180 亿元，下降 17.5%；资金账户新开数 6.08 万户，下降 23.99%。股票基金市值 449.11 亿元，下降 12.91%；融资融券余额 23.75 亿元，下降 12.27%。

【上市公司】 2022年，梅州市有国内A股上市公司9家，市价总值590.04亿元，比上年下降34.08%；香港上市公司1家，市价总值折合人民币0.6亿元，下降91.91%。梅县区嘉元科技通过定向增发实际募资人民币33.78亿元，是梅州市上市公司历次再融资金额最大的一次。上市公司通过首发、增发、发行可转债等形式共筹集社会资金303.13亿元。

【“新三板”挂牌企业】 2022年，梅州市有18家“新三板”挂牌企业，挂牌企业数量在粤东西北十二市中排名第一。

（梅州市金融工作局）

2022年6月22日，广发证券梅州营业部开展防范非法集资宣传活动

（广发证券梅州营业部供图）

【广发证券股份有限公司梅州营业部】 2022年，广发证券股份有限公司梅州营业部（简称广发证券梅州营业部）推动各业务板块竞争力持续提升，致力于打造汇聚“好资产、好产品、好客户”的优质综合金融服务平台。2022年广发证券梅州营业部股票基金成交金额1730.59亿元。

客户服务 2022年，广发证券梅州营业部做好疫情防控期间金融服务和安全稳定工作。坚持以客户为中心原则，做好分类客户、富裕及重点客户等日常基础服务工作。做好北交所融资融券业务投资者教育工作，向投资者正确传导北交所融资融券业务管理要求、风险揭示，做好北交所融资融券业务的适当性管理工作，防止异常交易等扰乱市场秩序的违法违规情况。

业务拓展 2022年，广发证券梅州营业部拓展业务，加强与合作渠道沟通。定期拜访上市公司和相关企业，以上市公司再融资、员工持股计划等业务为抓手，捕捉相关的业务机会。引导私募基金，做好配套服务。

宣传推广 2022年，广发证券梅州营业部加强投资者教育，开展各项宣传活动。开展“理性认识市场，投资量力而行”为主题的“3·15”投资者保护宣传日活动。开展“心系投资者，携手共行动——筑牢注册制改革基础，保护投资者合法权益”为主题的宣传活动。开展“普及金融知识 守住‘钱袋子’”防范非法集资宣传月活动。举办沙龙活动宣传，活动主要将非法集资行为和日常证券投资活动中容易遇到的情况相结合，通过浅显易懂、贴近日常的形式，向参会投资者宣讲非法集资相关案例及知识，提升客户风险防范意识，宣传覆盖40人。开展金融知识宣传月活动，通过向市民发放投教宣传折页，宣传金融知识，对日常生活中常见的非法金融的表现形式和手法进行讲解，提高投资者的识别能力，并理性选择适合的金融产品和服务，避免盲目投资和冲动交易。活动期间约派发宣传资料100份。开展“学习宣传贯彻党的二十大精神，推动全面贯彻实施宪法”为主题的“宪法宣传周”活动。

反洗钱宣传 2022年，广发证券梅州营业部开展反洗宣传活动。组织员工在梅州剑英公园开展反洗钱宣传活动，悬挂“反洗钱”宣传横幅，向社会公众发放反洗钱宣传折页和反洗钱知识普法及案例汇编手册，讲解洗钱的一些具体案例，使社会公众了解洗钱和恐怖融资的危害，同时提高社会公众的反洗钱意识，营造反洗钱良好的社会氛围，防范洗钱风险。该次反洗钱宣传活动共发放宣传资料300多份，微信朋友圈点击量1000多次。

（广发证券梅州营业部）

【安信证券股份有限公司梅州分公司】 2022年，安信证券股份有限公司梅州分公司（简称安信证券梅州分公司）承接原广东证券梅州管理总部证券类资产，是梅州市最早成立的证券营业机构之一。经过多年的发展，梅州地区下辖6家营

2022 年 5 月，安信证券梅州分公司派出专业人员为 43 家规模以上企业解读相关 IPO 制度 （安信证券梅州分公司供图）

业部，业务包括证券投资、基金、期货、期权、机构业务、私募基金投资管理等。有员工 140 余人，服务客户 30 多万户，管理资产 260 多亿元。2022 年，股基交易额 3807 亿元，当地市场份额占比为近 50%，为梅州当地创造税收 2214 万元。

年内，安信证券梅州分公司为上市及拟上市等机构客户提供全方位机构业务综合解决方案，至年底已推动梅州本土 9 家优质企业在新三板挂牌。连续 2 年作为主办单位与梅州市委、市政府、市金融工作局成功举办铜箔产业大会。2022 年 5 月，由梅州市五华县政府组织，为支持当地企业新三板挂牌和北交所上市融资，支持企业高质量发展，安信证券股份有限公司梅州分公司作为主讲单位，派出专业人员解读相关 IPO 制度，邀请 43 家规模以上企业参会，增强优质企业做强做大的信心。

（安信证券梅州分公司）

保险业

【保险业概况】 2022 年，梅州市保险业务平稳发展，赔付成本明显增长。全市共有保险分支机构 38 家，其中财产保险和人身保险各 19 家。辖区保险业实现保费收入 67.72 亿元，比上年增长 1.77%；累计赔付支出 20.31 亿元，增长 3.46%。

（梅州市金融工作局）

【农险扩面增品】 2022 年，梅州市新推出撂荒复耕水稻种植区域产量保险、商业性水稻种植完全成本保险、玉米区域产量保险等多个创新险种，全市农业险种增至 57 种，满足种养殖企业和农户风险保障需求的同时持续降低种养殖企业和农户的经济负担，践行“保险姓保”和保险“人民性”宗旨。

【安全生产责任保险发展】 2022 年，梅州银保监分局加强与市住建局、市交通局、市应急管理局等部门工作协调，推动辖内安全生产责任保险落地。召开财险高质量发展工作会议，督促辖内产险机构不断加强安责险宣传，参与安全生产风险管控，提高安全生产事故防范和化解能力，依法合规推动安责险业务发展。

【保证保险发展】 2022 年，梅州市鼓励保险机构主动对接外贸企业，提供专业化保险服务。加大出口信用保险、履约保证保险等保险产品及政策的宣传力度，提高企业对保险的认知度，增强企业保险意识。人保财险梅州分公司创新运用建筑工程履约保证保险替代建筑行业保证金 2.32 亿元，为 178 家企业减轻资金沉淀压力；为梅州市 136 家小微外贸企业提供 1.4 亿美元风险保障，为小微外贸企业提供“远洋”强力护航。

【新市民保险服务发展】 2022 年，梅州市引导辖区产险机构围绕新市民创业就业、医疗健康、教育培训、权益保障等领域，不断优化产品和服务，提升对新市民的保险服务能力。开发普惠型商业健康保险产品，为新市民量身定制专属保险方案，提供一揽子差异化的健康保险服务。聚焦建筑工人、家政等风险较为突出的灵活就业人员，发展雇主责任险、安全生产责任险等，为财产、用工、公共安全 3 个风险较集中的小微企业提供企财安心保。 （梅州银保监分局）

【中国人寿保险股份有限公司梅州分公司】 中国人寿保险股份有限公司梅州分公司（简称中国人寿梅州分公司）向个人及团体提供人寿、年金、健康和意外伤害保险产品，涵盖生存、养老、疾病、医疗、身故、残疾等多种保障范围，全面满足客户在人身保险领域的保险保障和财务管理需求，为区域社会民生发展提供风险保障。2022 年总

2022 年，中国人寿梅州分公司设置“清廉金融文化空间”

（中国人寿梅州分公司供图）

保费超 10 亿元，实现正增长，市场份额 27.26%，在梅州地区各寿险公司中居首位；累计为 220 多万名市民提供各类保障，风险保额约 3900 亿元，赔付支出 2.3 亿元，发挥保险社会“稳定器”和经济“减震器”的作用。

民生服务　2022 年，中国人寿梅州分公司配合梅州市卫健局，推进“银龄安康行动”和计生保险工作，为全市 91.7 万名老年人提供安心保障，开展敬老助老活动 80 场次；同时，为全市 30 万名 60 岁以上户籍老年人赠送“银龄安康防疫保”保险，提供最高 2 万元专享保险“福利”；全市各镇、村配有约 120 名政保服务专员深入村居与老人进行面对面讲解保障、派发凭证 80 万份、收集赔案等服务，着力打通农村金融服务的“最后一公里”。2022 年对全市 307 户、468 人计生特殊人群“失独家庭”赠送保险保障约 9000 万元，并开展慰问活动。聚焦新市民，加强新市民普惠保险服务，发展适合新市民职业特点的保险业务，提高新市民创业就业保险保障水平；聚焦建筑工人，为 2.83 万人次提供建筑工程意外保险保障，风险保障超 10 亿元。开展“第三支柱”个人养老金业务，助力区域养老保障力度，推出“国寿鑫享宝专属商业养老保险”。同时，围绕“金融践初心　情暖新市民”主题开展新市民金融服务宣传活动，开展防骗反诈、防范非法集资等宣传教育，增强新市民金融反诈能力。

风险防控　2022 年，中国人寿梅州分公司完善公司风险管控体系，强化事前防范监控，发挥风控联系人作用，强化风控履责，推进首席风控官的队伍建设并实现区域全覆盖。全面践行风险文化核心价值观，建立起每月有教育、定期有考试的合规教育机制，持续推进风险合规文化建设。强化合规意识树牢清廉文化，组织开展合规文化教育年活动，开展清廉金融文化建设活动，设置清廉金融文化空间，展现梅州国寿风清气正的良好企业形象及清廉金融正能量。中国人寿梅州分公司获得梅州市“2022 年清廉金融文化建设工作优秀单位”称号。

“她健康，粤幸福”惠民公益活动开展　2022 年，中国人寿梅州分公司联合梅州市妇女联合会开展、推广“她健康，粤幸福”惠民公益活动，向全市 7 万名贫困村贫困妇女赠送风险保额合计 7 亿元的“两癌”健康保险，为 15 万名女性赠送粉红关爱健康福利，助力构建关爱女性健康保障长效机制，进一步提高全市广大妇女抵御健康风险能力，为广大妇女撑起健康“保护伞”，助推政府民生工程的有效落地。

（中国人寿梅州分公司）

【中国人民财产保险股份有限公司梅州市分公司】　中国人民财产保险股份有限公司梅州市分公司（简称人保财险梅州市分公司）开办的业务涵盖机动车辆保险、农业保险、责任保险、企业财产保险、家庭财产保险、意外保险、货运保险、信用保险等 300 多个险种。承办的政府统保业务有农房保险、能繁母猪保险、森林保险、城乡居民大病医疗保险、城镇职工补充医疗保险、橙/橘/柚/蔬菜种植保险、政策性水稻保险、自然灾害公众责任保险、出口信用保证保险、食品安全责任险等。2022 年，保费规模历史性突破 17 亿元，其中，非社保业务与社保业务分别占比 61% 和 39%。人保财险梅州市分公司有 40 多万户客户，累计提供风险保障 4.9 万亿元；全年为梅州地方税收贡献超过 6900 万元。

服务实体经济　2022 年，人保财险梅州市分公司累计为 240 多家企业提供 280 亿元的企业财产保险保障；为 530 多家生产企业提供 60 亿元的安全生产风险保障；为近

180 家企业提供 2.3 亿元的建筑工程履约风险保障。承保甲湖湾电厂二期建设工程和东部快线出省通道改造工程项目，2022 年承保各类工程项目 20 多个，累计提供 95 亿元的工程安全风险保障。连续 8 年统保全市小微企业出口信用保险，在保小微出口企业 130 多家、提供 1.4 亿美元的风险保障。通过保函（保险）替代现金缴纳保证金 1 亿多元，为 70 多家企业减轻资金沉淀压力，2022 年共计赔付超 1700 万元，配合政府解决农民工工资拖欠问题。

2022 年 11 月 8 日，2023 年度梅州医保补充保险“梅州保尚保”项目正式启动
（人保财险梅州市分公司供图）

服务乡村振兴　2022 年，人保财险梅州市分公司围绕梅州农险高质量发展目标，紧密结合乡村振兴战略和现代农业发展规划，加快推动水稻、生猪、肉鸡等关系群众“米袋子”“菜篮子”“肉盘子”的重要农产品保险发展。2022 年，承保区域的重要农作物保障覆盖率比上年提升 10 个百分点；支付农险赔款超 1.3 亿元，增长超 50%，受益人次 5.33 万人。创新开办生猪期货保险，满足养殖主体保收入、保收益的需求，帮助广大农户平缓生猪价格变动影响，稳定生猪养殖收益，累计承保近 20 万头；创新落地全市首单商业水稻种植完全成本保险，全市承保超 466.67 公顷，进一步保障农户种粮收益；创新开办广东省油茶保险试点，承保全市 6533.33 公顷油茶树及油茶果，累计提供 3.4 亿元的风险保障。2022 年 11 月 16 日，梅州兴宁落地全省系统内首单政策性油茶种植保险，为油茶种植户提供累计 216 万元的风险保障。与梅州市乡村振兴局联合研究开办防返贫救助保险，为全市 3.3 万户监测对象提供 33.2 亿元的防返贫救助保险保障；承办政策性农村住房保险，为全市 86.98 万户农户提供风险保障，2022 年强降雨共处理农房保险赔案超 500 宗，累计赔款超 450 万元。

服务健康梅州　2022 年，人保财险梅州市分公司处理社保赔案 47 万多宗，支付赔款超 6.3 亿元。自 2021 年起，人保财险梅州市分公司作为主承保方承办梅州医保补充保险“保尚保”项目。“保尚保”具有保障高、普惠面广、门槛低的特质，并具备报销起付线全国最低、异地就医同等报销待遇全省仅有等多项之最，且是全省唯一一款对防返贫监测对象、孤寡老人、残疾人、精神疾病患者、退役军人优抚对象等特殊人群重点关爱的商业补充医疗保险，被《人民日报》《健康时报》评为“保障先锋案例”，成为全国 18 个专项优秀案例之一。

服务社会治理　2022 年，人保财险梅州市分公司承办自然灾害公众责任险，累计提供风险保障 5 亿元；承办梅州市强降雨巨灾指数保险，成功落地首个蕉岭县域巨灾指数保险，2022 年累计赔款超 2000 万元；承办食品安全责任保险，为学校及餐饮企业累计提供风险保障 11 亿元；开展诉讼保全责任险。2022 年提供 1 亿元的诉讼保全保障，极大减轻诉讼当事人的诉讼成本，助力法院提高司法案件审理执行效率。开展精神障碍患者监护人责任险，为近 2.8 万名精神障碍患者监护人提供保险保障。

“保防救赔”工作推进　2022 年，人保财险梅州市分公司共处理强降雨案件超 760 件，支付赔款近 3200 万元。践行“承保 + 减损 + 赋能 + 理赔”新逻辑。通过保防救赔的多措并举，为全市农业生产提供风险减量管理。2022 年，通过购置并发放一批“湖洋田”专用旋耕机，支持梅州撂荒地复耕复种，保障、稳定粮食生产；与梅州市农业农村局共同做好雨季养殖业“大清洗、大消毒”专项防灾减损工作，发放防控猪瘟疫病疫消毒药粉一批，帮助广大生猪养殖农户强化风险抵御能力；投入智慧果园防灾项目建设，综合气象、土壤墒情、视频和虫情灾害预报，降低重大病虫害、气象危害损失率；全年累计发放防灾物资价值420多万元。

（人保财险梅州市分公司）

【中华联合财产保险股份有限公司梅州中心支公司】 2022年，中华联合财产保险股份有限公司梅州中心支公司（简称中华财险梅州中支）成立于2004年11月26日，是中华保险集团公司驻梅州市的分支机构，下设有五华、兴宁、大埔、丰顺、蕉岭、平远6个县域支公司;全市拥有工作人员近100人。2022年上缴各类税收1037万元。

服务社会与政府 2022年，中华财险梅州中支开展政策性农业、森林保险等业务，险种涉及政策性养殖险及森林保险、车辆保险、企财险、公众责任险、建工险、意外险、健康险、安全责任险等，提供1011亿元（农险59.93亿元）的风险保障，得到广大客户的好评。疫情防控期间，向政府单位和社会各界捐赠现金和防疫物资合计超过30万元。

支持“三农”工作 2022年，中华财险梅州中支政策性农、林保险保费收入8216.55万元，其中承保生猪及奶牛135.57万头、家禽2500万羽、森林保险19.7万公顷；为梅州市1127户农、林生产企业/农户提供保险保障金额59.93亿元；帮助梅州市农、林生产提供保险理赔复产金额5943.51万元。定向捐赠给五华县华城镇洋田村桥梁改造、五华县河东镇平西村道路维修、大埔县大东镇乡村振兴产业发展专用资金、梅江区大园社区“美丽梅州·美好家园”公共设施建设、支持大埔举办乡村振兴足球邀请赛等，合计金额30多万元。

防灾防损投入 2022年，中华财险梅州中支实施防赔结合，配合各级政府做好防灾防损工作。主动承担服务“三农”的责任，开展疫情防控。在森林火灾的高发时期，印制宣传单页、提供一批防灾防火物资给当地林业部门，开展防灾防火宣传。先后投入超144.15万元宣传及物资用于防灾防损。与客户进行沟通，提前介入客户的日常风险防范工作中，为客户的安全生产出谋划策，2020—2022年共开展风险查勘132次，投入防灾防损物资270.02万元，降低投保人出险风险，稳定公司经营效益。

金融服务 2022年，中华财险梅州中支结合梅州产业特色，扩大企财险、工程险、责任险、意外险等传统险种一揽子组合投保面，为企业提供全面风险保障，争取政策补贴支持。同时助力稳市场主体，不断丰富适合中小微企业的普惠型保险产品，推广多元化产品组合模式，助力中小微企业疫情防控和经营稳定，深化银保合作，合理运用保险机制为中小微企业融资增信。加大力度推动农民工工资支付、工程履约、投标保证、诉讼财产保全等领域保险全面代替保证金，化解风险同时盘活企业资金。聚焦“新市民”群体，参与和推动建设新市民服务窗口（中心），开发或创新组合适宜的保险产品如服务型家财险等，借力多元化渠道全面推广，发展普惠性学前教育责任险和意外险业务，提升“新市民”子女教育风险保障水平。参与大病医疗、补充医疗保险、城市“惠民保”类、长护类等项目，扩大创新“健康保险+健康管理”模式，探索面向老年人、残疾人、罕见病和慢性病者等人群的保险服务。

（中华财险梅州中支）

责任编辑：古淑灵

城乡建设

城乡建设综述

【城乡建设概况】 2022年，梅州市探索以人为核心的新型城镇化背景下的城市建设管理新模式，建设宜居城市、创新城市、智慧城市、绿色城市、人文城市。以城建计划和“十个一批”城建民生事项为抓手，全面提升城市建设品质和城市精细化管理水平。围绕建设市政道路、停车场、人行天桥、完善交通信号灯、配套污水管网、污水处理设施设备、升级数字城管监控、改造提升公厕、更新垃圾中转站设备等一批市政基础设施，着力解决城市建成区设施不完善、不配套等问题。同时，开展美丽圩镇建设攻坚行动，通过深入开展圩镇“三清三拆三整治”、圩镇生活污水及垃圾治理、农房管控和风貌提升等工作，推动圩镇从干净整洁向美丽宜居蝶变。

【城乡历史文化保护】 2022年3月，梅县区成功申报国家2022年传统村落集中连片保护利用示范县（市、区），并争取到4500万元中央专项补助资金。6月，梅江区醉经楼、司马第历史建筑修缮项目开工，改造总面积约2740平方米，主要对县委宿舍老小区（3栋、38户）、醉经楼（面积约1300平方米）、司马第（面积约1200平方米）进行改造及周边环境整治，工程包括拆除原有混凝土路面、重新建筑混凝土垫层及路面、铺筑沥青路面、历史建筑修缮加固及消防改造、新建充电桩、围墙改造、线路整治、新建沉沙井、排水排污系统等。7月，经梅州市人民政府认定公布，梅江区金山街道顺风路20号先达公司后院内的光耀电灯公司（电灯机厂）旧址为梅州市第五批历史建筑。截至年底，梅州市316处历史建筑的测绘工作已完成并形成测绘成果；保护规划已到期的6个历史文化名镇名村（大埔县百侯镇、三河镇、茶阳镇，梅县区茶山村，兴宁市刁田村，大埔县车龙村）保护规划修编成果已提交广东省住建厅审查。

【美丽圩镇建设】 2022年，梅州市将建设美丽圩镇作为推动城乡协调发展的重要抓手，经过4批次的镇级自评、县级初核、市级验收，全市104个建制镇全部达到“宜居圩镇标准”，整体呈现干净、整洁、有序的局面。其中，包括梅县区畲江镇、五华县华城镇等省级城乡融

2022年，梅江区醉经楼、司马第历史建筑修缮后景象

（梅州市住房和城乡建设局供图）

合发展中心镇试点的16个圩镇基本达到“示范圩镇标准”，占全市圩镇的15.38%，8个县（市、区）的“示范圩镇”达标率均在11%以上。

【乡镇环境卫生建设】 2022年，梅州市新增镇级生活污水处理设施配套管网61.6千米，有107座镇级生活污水处理设施实现正常运行，弥补较长时间以来全市乡镇生活污水处理能力不足的缺口，为乡镇生活污水的有效治理提供有力的设施保障。“村收集、镇转运、县处理”的生活垃圾收运处理体系进一步完善，乡镇人居环境长效管护机制基本建立。

【农村住房建设】 2022年，梅州市共排查发现945栋存在安全隐患的农村自建房，已完成整治591栋；完成农村低收入群体等重点对象危房改造任务127户；完成农村削坡建房风险点整治8638户。此外，梅州市住房和城乡建设局于1月印发《梅州市农村住宅建筑技术与施工安全指引（试行）》，用于指导全市农村房屋的建设，提升农村房屋建筑技术和施工安全管理水平，保障村民建房的施工质量和人民群众的生命财产安全。

（梅州市住房和城乡建设局）

城乡规划

【控制性详细规划编制】 2022年，梅州市完成双黄片区控制性详细规划的编制及批复，已批复的中心城区控规面积316.16平方千米，基本实现中心城区控规全覆盖。制订印发《梅州市控制性详细规划局部调整和技术修正实施细则（试行）》，完成编制和批复的控规调整5宗，促进东升污水厂扩容、派出所、客天下碧桂园周边学校等相关项目的落地。办理71宗重大重点项目、民生项目涉及的土地利用总体规划修改，使用新增建设用地规模575.91公顷。

【规划建设审批】 2022年，梅州市做好建筑（构筑）物建设项目规划审查审批，梅州城区范围内（含梅江区、梅县区）共完成用地规划条件出具46宗，核发建设工程规划许可证140份，完成建筑工程验线核实169宗，完成建设工程规划核实78宗。做好市政规划审批，核发市政类建设工程规划许可证17宗，完成建设工程验线核实18宗，完成建设工程规划核实21宗，出具建设项目选址会审意见17宗。

【村庄规划优化提升】 2022年，结合县、乡镇级国土空间总体规划编制工作，根据乡村建设实际需要，梅州市建立过渡期村庄规划优化提升工作台账，指导各地开展村庄规划优化提升工作。其中梅江区选取西阳镇笙竹村、城北镇扎上村，梅县区选取丙村镇芦陵村、旋风村开展村庄规划优化提升工作。 （曾科文）

建筑业

【建筑业概况】 2022年，梅州市建筑业受总体经济形势和房地产市场下行影响，实现总产值341.53亿元，比上年下降15.6%。为推动建筑业高质量发展和绿色转型，梅州市加强建筑行业企业和从业人员监管，通过“双随机、一公开”加强执法检查力度；持续推进工程建设项目审批制度改革，简化审批手续，提升审批效率；以大型公共建筑、政府投资公益性建筑、保障性住房以及嘉应新区范围内新建建筑为重点，促进绿色建筑规模化发展。

【建筑市场管理】 2022年，梅州市开展全市房屋市政工程在建项目发承包违法行为专项整治“百日行动”，结合日常监管和专项检查工作，全市共检查在建工程项目173个，发出整改通知书198份，曝光典型案例1件，移交处理在建项目发承包违法行为线索1条，维护建筑市场良好秩序。年内，梅州市印发实施《梅州市住房和城乡建设局关于进一步规范实名制管理和农民工工资分账管理的通知》，确保每个在建项目落实用工实名制管理，保障建筑工人合法权益；出台《梅州市建筑市场信用管理办法》，以建筑市场各方主体市场行为信息和质量安全管理行为信息为依据，在信用信息标准量化的基础上，对建筑市场各方主体信用状况进行信用等级评定，并将信用等级评定结果应用于全市行政区域内工程建设项目招投标等发承包活动和建设工程日常管理活动，实现建筑市场和施工现场管理的联动。

【勘察设计管理】 2022年，梅州市开展全市房屋市政项目工程勘察设计质量和发承包行为检查，共抽查项目25个，检查发现问题228条（其中违反强制性条文9条，违反一般性条文131条，违反专业规范、规程和设计深度不足及其他共88条），涉及建筑、结构、给排水、电气、暖通、市政等专业。对检查情况进行通报，并要求由项目所在地建设行政主管部门对相关责任单位和人员进行约谈，及时整改落实，对核实的违反强制性条文的项目依法依规从严处罚。

【招标投标管理】 2022年，梅州市开展全市房建市政招投标活动专项检查，共检查197个项目，根据检查发现的问题，形成招标文件编制负面情形（共15条），并印发《梅州市住房和城乡建设局关于规范房屋建筑和市政基础设施工程招标文件编制的指引》，进一步规范全市房屋建筑和市政基础设施工程招投标市场。

【建设工程造价管理】 2022年，梅州市做好工程建设技术标准与定额的宣贯和推广应用，科学、及时调研市场行情，按时发布建设工程造价市场信息，为建设各方提供钢材、水泥、砂、石、混凝土等基础性建材价格行情，在投标报价、合同签订、材料采购时采取有效措施，防范因价格波动带来的工程造价风险。开展工程造价改革，在充分调研的基础上，按照广东省工程造价改革试点工作实施方案改革任务要求，选取试点项目（客天下A19项目一期工程）在施工阶段完善施工过程结算相关规则，竣工结算阶段探索造价管理绩效评价方法和造价指标分析与整理的方法。

【特殊建设工程消防设计审查】 2022年，梅州市加强建设工程消防设计质量监管，确保建设工程符合消防安全标准规范。全年全市共受理消防设计审查项目113项，审查合格项目110项。移交违法线索2条，罚没金额共计6万元。

【工程建设项目审批制度改革】 2022年，梅州市印发《梅州市工程建设项目审批流程图和事项清单（2022版）》《梅州市深化社会投资简易低风险等工程建设项目审批分类改革实施方案》等文件，通过配套对应的审批流程图和事项清单，将有关审批事项操作流程、责任单位、办理时间以流程图形式直观呈现，实现将政府投资类项目总审批时限控制在60个工作日内，社会投资类项目总审批时限控制在35个工作日内。并针对社会投资简易低风险项目、带方案出让工业用地项目以及带规划建设条件出让工业用地项目、城镇老旧小区改造项目、市政公用基础设施外线接入工程项目的审批细化分类改革实施方案，4类项目审批总时限分别控制在15个、15个、20个和5个工作日以内。

【绿色建筑及建筑节能】 2022年，梅州市按绿色建筑标准设计并通过施工图审查的建筑面积341.9万平方米，占新建建筑面积的74.8%。其中按一星级及以上标准建设的绿色建筑116万平方米，占新建民用建筑的34%。建筑节能方面，建筑节能强制性标准执行率得到进一步强化，全市新建民用建筑在设计和施工阶段建筑节能强制性标准执行率均100%；完成64栋国家机关办公建筑和大型公共建筑的能耗统计及公示，为建筑节能改造等工作提供参考依据。

【装配式建筑】 2022年，梅州市通过引导保障性住房和政府投资公共建筑、市政工程等项目发挥示范作用，推进装配式建筑产业发展。全年全市新开工装配式建筑面积41.2万平方米，约占新建建筑面积的9.2%。

（梅州市住房和城乡建设局）

住宅与房地产业

【房地产市场概况】 2022年，梅州市完成保障性安居工程投资2.15亿元，城市棚户区改造安置房新开工1060套、基本建成896套；公租房基本建成250套；发放租赁补贴514户，改善住房困难群体居住条件。受经济及疫情形势影响，房地产市场总体呈下降趋势。全市新建商品房销售金额166.53亿元，比上年下降33.01%；销售面积304.01万平方米，下降27.57%；销售均价5477.58元/平方米，下降8.11%。

【住房保障重点项目】 截至2022年底，五华县琴江新城棚户区改造安置区（一期）建设工程投资进度105.5%；兴宁市产业转移工业园叶塘安置区城市棚户区改造二期项目基本完工，正分批交付使用；兴宁市南部新城棚户区改造三期（福兴安置区三期）建设项目投资进度100%；兴宁市南部新城棚户区改造三期（宁新安置区C区）建设项目投资进度84.45%。梅州市政府投资公租房3828套，已分配3766套，公租房分配率98.38%。

【房地产市场调控】 2022年，梅州市住房和城乡建设局编制《梅州市“十四五”住房发展规划》，提出在“十四五”期间实现不断优化住房供应结构，加快建立多主体供给、多渠道保障、租购并举的住房供应和保障体系，建立和实施房地产市场平稳健康发展长效机制；出台《促进我市房地产市场平稳健康发展的若干措施》和《关于调整商品房预售资金监管和住房公积金有关政策的通知》，从完善住房领域金融服务、调整公积金贷款比例、加强房地产销售市场监管、强化土地供应和房地产市场联动、优化房地产项目立项审批手续、加强城市基础配套设施建设等方面，立足解决企业资金困难、支持刚性和改善性住房需求两个层面同时发力。从2022年6月13日起，梅州新发放的商业性个人住房贷款最低首付比例进行调整，居民家庭首次购买普通住房的商业性个人住房贷款最低首付款比例调整为20%。

【房地产市场监管】 2022年，梅州市排查房地产开发企业866家次、物业服务企业723家次；约谈房地产开发企业24家次、物业服务企业5家次；向房地产开发企业发出责令改正通知书16份；受理涉房地产信访投诉案件1548件，办结率100%。严厉打击房地产行业存在的违法违规行为，规范房地产市场和物业管理秩序。

【物业管理】 2022年，梅州市委组织部、市委政法委、市住房和城乡建设局、市民政局联合印发《关于加强小区物业党建提升城市基层治理水平的实施意见(试行)》，将物业管理与基层社会治理工作有机结合起来，打造客天下小区、保利江南苑等“红色物业”示范小区。

【房屋征收管理】 2022年，按照《国有土地上房屋征收与补偿条例》《国有土地上房屋征收评估办法》等现行政策法律法规规定，梅州市作出征收决定项目2个，共308户，房屋建筑面积3.7万平方米；完成征收项目2个，共285户，房屋建筑面积0.96万平方米；作出补偿决定17户，房屋建筑面积0.17万平方米；申请法院强制执行5户，法院裁定准予执行5户；遗留拆迁项目2个。

【人才公寓建设】 2022年，梅州市按照《梅州市人才公寓“拎包入住”家具家电配置方案》，给首批25套公寓配置家具家电，达到“拎包入住”条件。7月，梅州市住房和城乡建设局与市国资委联合印发《梅县富力城人才公寓资产注入市属国企实施方案》，在充分保障人才需求的基础上，通过市场化运作，使国有资产保值增值。8月，梅州市区人才公寓(梅县区富力城E1栋)揭牌启用。经人社部门组织审定，首批已有17名人才入住人才公寓。(梅州市住房和城乡建设局)

市政建设与管理

【市政建设与管理概况】 2022年，梅州市致力打造宜居、韧性、智慧城市，推动城市基础设施完善和管理水平提高。以基础设施建设补短板为抓手，安排1.48亿元用于道路桥梁、园林绿化、排水等225个城建项目，为老区苏区振兴发展夯实基础；以创文工作为指引，加强市容环境卫生整治和城市管理数字化建设，梅州城区数字城管覆盖面积进一步扩大，市容环境卫生问题处置率进一步提高，为城市风貌品位提升赋能增效。

【老旧小区改造】 2022年，梅州市抓住老旧小区改造政策机遇窗口期，争取上级补助资金支持老旧小区改造，同时区分轻重缓急，对居民改造意愿强烈、市政配套设施不完善、社区服务设施不健全的小区优先安排改造。梅州市住房城乡建设局印发《梅州市2021—2025年城镇老旧小区改造规划》《梅州市城镇老旧小区改造建设技术指引》，持续完善配套政策体系，全面促进提升改造质量，推动工作制度化、规范化。全年共开工改造老旧小区164个。

【园林绿化】 2022年，梅州市立足生态发展区定位，严格按照城市绿地管理标准做好日常管理，不断提升园林绿化管理养护能力，在不同季节在城区主要道路、圆盘、广场、公园等公共绿地种植季节花，保持一年四季鲜花盛开，助推“三宜”城市建设。年内，完成剑英公园亭廊景观建设、文化公园照明和道路改造、马鞍山公园观景平台修缮升级改造等项目。结合老旧小区改造、美丽圩镇建设和“两美”行动，因地制宜，积极拓展绿化空间，实施金山街道攀桂坊清风荷塘公园，江南街道防疫站小区小公园、邮电小公园、新沙巷小公园、马石社区（老制药厂）社区体育公园建设工程，中华路空地绿化改造工程等建设，增加市民休闲、健身、娱乐的场所。

【城市排水防涝】 2022年，梅州市中心城区已建排水（雨）管道总长约740千米，从区域分布上来看，梅江区管道总长520千米，梅县区管道总长220千米；从管网功能上看，现状排水（雨）管道以合流制为主，雨污合流制管道649.08千米。中心城区有19座排涝电排站（梅江区电排站8座、梅县区电排站11座），主要分布在程江河、梅江河两岸和城区下穿隧道内（梅州大桥、湾下隧道、芹洋下穿隧道）。

【城市环境卫生】 2022年，梅州城区共有扫地车19辆、洒水车10辆、微型高压水车22辆、快速保洁电瓶车514辆，做到主要干道机械全覆盖，做好城区约821万平方米道路的清扫保洁工作，机械化道路清扫保洁656.8万平方米，机械化清扫率约80%；做到主要街道清扫保洁时间每日达16小时以上、背街小巷每日12小时以上。洒水车每天对主要道路进行冲洗、降尘，微型高压水车每天对路沿石、果皮箱、垃圾桶等环卫设施设备进行轮流冲洗；快速保洁电瓶车及时收集、转运道路垃圾杂物等，保持日常环境卫生干净整洁。

【生活垃圾分类】 2022年，梅州市出台《梅州市城市生活垃圾分类工作实施方案（2022—2025年）》《梅州市城市生活垃圾分类管理办法》《梅州市可回收物回收指导目录（2022年版）》等政策法规文件，生活垃圾分类工作由点到面持续推进，全市公共机构率先垂范，全面开展生活垃圾分类工作，并持续强化示范创建成效，城市建成区134个村（社区）基本实现生活垃圾分类全覆盖，配置分类投放设施居民小区1454个，提升改造分类投放点1304个。

【消防保障】 2022年，梅州市为全面提升城区消防保障能力，在完成第一期（180个）和第二期（185个）消防栓安装工程的基础上，完成第三期185个消防栓安装。

【数字化城市管理】 2022年，梅州数字城管各项工作与创文相融合，城市环境卫生存在问题处置率稳步提升，市数字城管平台受理市容环境卫生问题9.2万宗，信息采集员自行处置轻微问题1.94万宗，督促跟办1694宗次，总处置率96.2%，比上年提高1.4个百分点。梅州城区数字城管覆盖面积也由40平方千米扩大至75平方千米。

【城市管理综合执法】 2022年，梅州市按照广东省住房和城乡建设厅“遏制增量、消化存量”原则推进违法建设治理，全年完成违法建设治理面积14.55万平方米，对照“2022年治理违法建设目标10.09万平方米”，治理进度144%。市容“六乱”整治方面，全年全市发现并处置市容“六乱”行为16.34万宗，其中梅江区发现9.92万宗，查处9.37万宗，暂扣物品1926件，处罚金额19.48万元；梅县区发现6.41万宗，查处6.41万宗，暂扣物品1418件。

【梅州市成功申报“省级海绵城市建设示范城市”】 2022年1月，梅州市成功申报“省级海绵城市建设示范城市”。全市建立“一统到底、横向清晰、职责明确”的海绵城市建设管理机制，包括建设管理、评价与考核、规划管控等相应管理办法和实施细则，重点推进17个海绵型项目建设工作。截至年底，城市可渗透地面面积占比45%，城市建成区28.06%以上面积达到海绵城市建设要求，为下一步创建国家海绵城市建设示范城市打下坚实基础。

（梅州市住房和城乡建设局）

市政重点工程建设

【萝卜坪5号停车场项目】 梅州城区江北老城中华街萝卜坪5号（原竹藤厂）房屋为直管公房，建筑面积569.14平方米。2021年，萝卜坪5号因承租人用火不当引发火灾事故，致使房屋部分被烧毁，且由于该房屋建筑年代久远，墙体质量差，又受该次火灾影响，房屋结构更加不牢固，存在严重安全隐患，随时可能出现坍塌。为消除安全隐患，同时改善老城区人居环境，又能保证国有资产的保值增值，决定将萝卜坪5号危旧建筑物拆除改造成收费停车场。该工程已于2022年11月开工建设，预计将于2023年4月完成。项目建成后，将为城区新增一处占地625平方米、可停放15辆以上小汽车的停车场，一定程度上解决周边群众停车难问题。

【梅水南路雨污分流改造工程】 2022年，为切实解决友谊圆盘、华南大道周边内涝积水问题，提升下车坝排水分区内涝防御能力，完善城区雨污分流排水体制，对梅水南路的排水设施采取雨污分流机制改造，建设内容为：在梅水南路左幅（靠南堤脚侧）新建一条860米长的钢筋混凝土排水箱涵；改造梅水南路右幅现有排水箱涵为输污沟，并敷设一条DN1200球墨铸铁管接入七孔闸污水提升泵站，将区域内生活污水输送至江南第二污水厂集中处理。该项目概算总投资2381.82万元，于2020年10月26日开工建设，2022年1月27日通过竣工验收。

【三板桥路雨污分流改造工程】 梅州城区教育路、三板桥路周边内涝积水问题突出，为提升近梅桥排水分区内涝防御能力，三板桥路雨污分流改造工程原计划在三板桥路经怡华路至梅水路新建一条560米长的雨水箱涵，一条621米长的DN400污水管以及电排前池和污水提升泵站改造等配套设施。2022年11月，该项目在实施过程中因地质变化、政策调整、材料价格上涨等需要调整项目投资计划，调整后该项目总投资1852.03万元，其中工程费用1517.84万元，工程建设其他费用229.36万元，预备费104.83万元。建设内容及规模：新建1条498米长的雨水箱涵，1条458米长的DN400污水管等。截至2022年底，三板桥路雨污分流改造工程已完工。

【梅州城区厨余垃圾处理设施建设项目】 2022年12月，梅州城区厨余垃圾处理设施建设项目正式通过验收投入运行。该项目总投资5048万元，采用焚烧协同处理方式处理，处理规模为（一期）100吨/日。项目建成后，城区生活垃圾分类体系建设形成有效闭环，生活垃圾回收利用率得到进一步提高。

（梅州市住房和城乡建设局）

公用事业

【城市供水】 2022年，梅州城区供水服务质量不断提高，全年自来水供水总量9076.8万立方米。全城通过不断加强管网改造、控漏管理工作，强化供水监察，降低水资源漏失，保障市民用水水质达标、水压稳定。年内，梅州市继续投入2205万元用于五洲花园、宏兴花园、国道206线变电站及周边等52个小区老旧管网改造，惠及用户数约4900户，改造后的区域漏失率降至10%左右。

【城市供气】 截至2022年底，梅州市天然气用户数量达39.7万户，其中居民用户39.53万户、公福及商业用户1130户、工业用户523户；天然气年消费量累计7171.37万立方米。全市使用液化石油气用户数量37.95万户，其中居民用户37.15万户、公福及商业用户7746户、工业用户232户；全年液化石油气年用气量30109.72吨。完成梅州市天然气接收门站建设工作，为全市天然气高质量发展奠定坚实基础。

【生活污水处理】 2022年，梅州市累计达标处理城市（县城）生活污水17749.8万立方米，产生生活污水处理污泥14454.99吨并用于制砖等建材化再利用，污水处理达标排放率和污泥无害化处理率为100%。年内，梅州市新增城市（县城）生活污水管网119.54千米，改造老旧管网68.94千米，新增镇级污水管网61.6千米。梅州市共有县城以上生活污水处理设施15座，镇级生活污水处理设施107座，设计处理规模总计达每天71.74万立方米。五华县城污水处理厂三期扩建及配套管网工程于9月投入商业运营，新增处理能力每天4万立方米；完成五华县城污水处理厂二期提标改造工程、梅

2022年，梅州市天然气接收门站 （梅州市住房和城乡建设局供图）

县新城水质净化厂提标改造工程，共提标改造污水处理能力每天7万立方米。

【生活垃圾处理处置】 截至2022年底，梅州市建成生活垃圾终端处理设施13座（焚烧厂3座、填埋场8座、厨余处理2座），其中在用生活垃圾处理设施7座，总处理能力达3000吨/日，其中填埋场2座，处理能力450吨/日；焚烧发电厂3座，处理能力2400吨/日；厨余垃圾处理设施2座，处理能力150吨/日。全市生活垃圾无害化处理率达100%，焚烧处理能力占无害化处理总能力的80%。

年内，城区新建和升级改造转运站4座，提升生活垃圾转运能力，改善垃圾中转站周边环境。截至2022年底，城区共有生活垃圾转运站38座，其中梅江区31座、梅县区7座，总处理能力达到1920吨/日。

（梅州市住房和城乡建设局）

【城市供电】 2022年，梅州电网保持安全稳定运行，最高负荷达237.1万千瓦，比上年下降1.37%；完成售电量109.35亿千瓦时，降低2.75%；客户平均停电时间（低压）4.74小时/户，降低8.67%；客户平均停电时间（中压）4.98小时/户，降低15.3%。

电网建设 2022年，梅州供电局落实国家“十四五”电力发展规划重点项目建设，贯通投运国网、南网首条能源主干道500千伏闽粤联网工程，开创两网合作，开展电网建设运营的先河，输送电量突破10亿千瓦时。促成广东电网公司与梅州市政府签订战略合作框架协议，重点建成投产梅州第二座500千伏变电站敬州站，提前投产220千伏嘉雁二回线路，重点投产城市保底电网110千伏江南至中环线路工程；高效完成742项配网工程。推进服务区域协调发展重点任务落地，印发实施《助力梅州苏区对接融入粤港澳大湾区建设推动振兴发展工作计划》，完成梅龙高铁牵引站接入系统工程核准并纳入投资。

供电服务 2022年，梅州供电局制订落实保障电力供应32项细化措施，做好电源侧管理，促请政府加强一次能源有效保障，确保地区火电厂存煤可用天数不低于20天，严控机组非计划减出力，推动龙湖电站5万千瓦机组提前并网，落实生物质电厂3万千瓦顶峰需求；加强需求侧管理，发动全市133家企业用户调动响应能力6.9万千瓦，牢牢守住“决不允许拉闸限电”的底线。全力保障全市4个方舱医院和亚（准）定点救治医院的建设用电。持续优化电力营商环境，推动“四办”服务落地，“南网在线”平台实现34项基础服务、33项增值服务线上办；多举措助力中小企业纾困解难“再创业”，落地“南网融e”票据缴费、电费融资、信用证缴费等金融产品3494万元；落实“欠费不停供”。梅州市“获得电力”指标全省排第11位，较2021年提升3位；连续10年领跑政府公共服务满意度评价，第三方客户满意度调查得分持续保持88分。

安全生产 2022年，梅州供电局守住安全生产底线，未发生三级及以上电力生产安全事件，连续6年未发生电力人身事故。挂牌督办，重点治理解决长期来未解决的涉铁、二次设备等35项重大安全隐患，针对性解决74.67公顷长期存在的防山火树障黑点难点安全隐患。政企协同开展全市大面积停电事件应急演练，提升应对大面积停电的应急响应和处置能力。成功抵御多轮大范围强降雨、冰冻等恶劣天气，完成党的二十大、冬奥会、全国两会等92项保供电任务。建立应对新冠肺炎疫情“1+N”防疫体系，疫情防控保持平稳有序。

增供扩销 2022年，梅州供电

2022年7月29日，随着最后一根导线上塔架设完毕，闽粤联网线路主体工程全部完成
（吴腾江 摄）

局落实电价市场化改革，为全市18.9万户工商业用户开展代理购电业务。推进电能替代，因地制宜实施“供电+烟草+烟农”战略合作集群样板，与广东烟草梅州市有限公司签订5年战略合作协议，新增用电容量需求7.1万千瓦；创新“政府+银行+供电+行业协会”陶瓷气改电新模式；电暖风和电酿酒新技术获省公司肯定并形成推广样板。聚焦双碳“目标”，力促政府出台全市新能源高质量发展指导意见，推动4209个光伏项目快速接入，清洁能源实现100%消纳。

助力乡村振兴　2022年，梅州供电局促成五华新型城镇化配电网示范区建设列入省政府乡村振兴考核加分项，基本完成丰顺县凤坪村新电气化示范村建设任务，解决困扰所里迳售村多年的独立供电区体制改革问题，村民用上南网“放心电”。巩固脱贫攻坚成果同乡村振兴有效衔接，累计投入帮扶资金370万元，产业帮扶成效居全市前列。

（周洁　陈樱）

乡村振兴

【乡村振兴概况】　2022年，梅州市全面落实党中央、国务院决策部署和省委、省政府工作要求，聚焦“五个振兴”，巩固拓展脱贫攻坚成果同乡村振兴有效衔接，助推梅州乡村全面振兴。经广东省对21个地级以上市2021年度乡村振兴考核，梅州综合评价为“优秀”等次，其中，在重点专项工作成效评议中，乡村治理工作成效位列全省第一、产业振兴工作位列全省第三。

【巩固拓展脱贫攻坚成果】　2022年，梅州市印发《2022年梅州市防止返贫监测帮扶集中排查工作方案》《梅州市2022年防止返贫动态监测和帮扶工作要点》等文件，健全防返贫监测帮扶机制。开展日常动态监测和集中排查，跟踪帮扶成效和持续巩固情况，跟进“三保障”和饮水安全工作落实情况，为有效开展巩固拓展脱贫攻坚成果提供支撑。多措并举实施精准帮扶，全面巩固“两不愁三保障”成果，确保脱贫户、监测对象持续稳定增收；对无劳动能力或部分丧失劳动能力且无法通过产业就业获得稳定收入的，做好兜底保障。连续两年为原建档立卡脱贫户及三类监测对象购买防返贫救助责任保险和“保尚保”医保补充保险，累计赔付约1800多万元，降低返贫致贫风险。逐步健全扶贫项目资产管理长效机制，实施扶贫项目资产后续管理、监测评估等措施。举办梅州市2022年广东扶贫济困日暨全社会助力乡村振兴活动仪式，发动社会力量参与巩固脱贫攻坚，助力乡村振兴，全市认捐5.91亿元，为巩固脱贫攻坚成果同乡村振兴有效衔接提供资金支持。全年未发生规模性返贫现象。

【乡村振兴驻镇帮镇扶村】　2022年，梅州市出台《梅州市乡村振兴驻镇帮镇扶村工作方案》《关于加强乡村振兴驻镇帮镇扶村工作队管理的指导意见》等文件，110个镇（街道）纳入乡村振兴驻镇帮镇扶村组团结对帮扶，全部完成镇域乡村振兴规划、乡村振兴驻镇帮镇扶村五年规划编制。20篇规划和报告获评省优秀镇域乡村振兴规划和优秀乡村振兴调研报告。累计筹集衔接推进乡村振兴补助资金（含驻镇帮镇扶村资金）34.88亿元，纳入2021—2022年度实施计划的项目1005个。从抓防返贫监测和帮扶、产业振兴、消费帮扶、稳岗就业帮扶、推进基础设施和公共服务提档升级五大方面推动强镇兴村。制订《关于加强我市乡村振兴驻镇帮镇扶村资金筹集使用及监督管理的指导意见》《梅州市衔接推进乡村振兴补助资金绩效评价及考核办法》等文件以及各县（市、区）资金监管实施细则，强化资金使用监管，保障资金使用高质高效。

【乡村建设】　2022年，梅州市出台《梅州市农村人居环境整治提升五年行动方案》《梅州市乡村振兴示范带建设实施方案》等文件，推进农村人居环境整治提升五年行动，以农村厕所革命、村内道路建设、乡村振兴示范带建设和村容村貌提升为重点，以村庄清洁行动和“美丽梅州·美好家园”城乡环境提升行动为抓手，协调推进农村生活垃圾处理、农村生活污水治理，推进全市乡村“一处美”转变为“处处美”。开展“三清三拆三整治”回头看，加强问题厕所摸排和督促整改，提升农村厕所质量，摸排问题厕所4703个，整改3532个，整改率75.1%。推进建设连线成片、特色鲜明、辐射带动能力强的乡村振兴示范带，辐射带动镇村同建同治同美。其中，梅县区“叶帅故里·大美梅县”丙雁乡村振兴示范带亮点突出。协调推进补齐农村基础设施建设短板，完成列入2022年省、市攻坚村内干路建设民生实事办理总任务数1046.83千米，完成489.6千米农村公路和80千米碧道建设。落实年度新增280个以上自然村生活污水治理任务，有效治理3处农村黑臭水体。农村供水“三同五化”改造提升项目完成投资9.3亿元。农村生活垃圾收运处置体系实现行政村全覆盖，生活垃圾有效处理率达100%。全域推进“五美”专项行动，建成“四小园”5万多个。104个建制镇达到“宜居圩镇标准”，其中16个圩镇达到“示范圩镇标准”。

【梅州市开展省级乡村治理“百镇千村”示范创建活动】 2022年，梅州市开展省级乡村治理“百镇千村”示范创建活动，推广运用积分制、清单制实施机制以及蕉岭县作为国家级乡村治理示范县的先行经验，激活村庄自治内生动力，提升乡村治理效能。在省对市2021年度推进乡村振兴战略实绩考核中，梅州市乡村治理工作成效位列该项工作全省第一。

（梅州市乡村振兴局）

梅州嘉应新区

【梅州嘉应新区概况】 梅州嘉应新区于2013年11月经广东省人民政府批准设立，规划范围包括梅江区、梅县区、兴宁市、11个镇（街）的部分村（居），总面积为498平方千米。其中，核心区面积55平方千米，起步区（江南新城、芹洋半岛、梅县新城）面积为17.8平方千米。截至2022年底，梅州嘉应新区建成区面积57.3平方千米，比上年增长1.4%；常住人口46.05万元，增长0.2%；地区生产总值217.94亿元，增长1.5%；固定资产投资141.48亿元。

【政府性投资项目建设】 2022年，江南新城及芹洋半岛共1万多套安置房全部移交群众。江南新城道路全部建成移交使用。地下综合管廊经市有关部门竣工验收合格，完成廊内设备设施调试，具备移交管理条件。城市馆正常运行，科技馆从6月1日开始试运行，“两馆”全年接待群众近4万人次，满意率100%，具备正式移交管理条件。完成中水引水补水工程建设任务，儿童乐园正在进行场地清表，客家风情街完成基坑开挖。同时，剑英公园大道南延线项目涉铁部分完成规划报建，取得规划许可证、施工许可证后即可动工。

【实体经济发展】 2022年，梅州嘉应新区管委会协调相关企业解决审批、用地等困难和问题，江南新城全年完成固定资产投资31.5亿元。完成与市国资委解除国有企业托管的协议，并较好地解决项目公司及在建工程后续资金问题，保障政府购买服务项目的后续运营管理。突出成片区开发、全链条建设的制造业项目，多次与大型开发运营商和龙头企业对接洽谈。

【新区发展谋划】 2022年，梅州嘉应新区管委会通过摸清江南新城的房地产、商务楼宇、税收贡献、土地资源等情况及客都大道以南区域的土地、房屋等现状，提出谋划建设“广东省城产融合发展示范区”的思路，还提出新区管委会改革发展建议。向梅州市委、市政府的专题报告，得到梅州市委书记、市长的批示肯定。牵头形成《关于梅州市谋划建设广东省城产融合发展示范区的报告》，得到广东省政府省长王伟中的批示，并要求省有关单位研究推动落实。梅州市委将“谋划建设城产融合发展示范区”确定为“加快振兴、共同富裕”破题攻坚三大任务之一。梅州嘉应新区管委会作为牵头单位，迅速成立专班，建立“一方案一台账四清单五机制”（制订攻坚课题实施方案，建立攻坚课题工作台账，编制问题清单、政策清单、项目清单、任务和责任清单，完善定期研判机制、沟通协调机制、汇报反馈机制、专家问政机制、督查考核机制），委托第三方编制产业规划方案，预估示范区建设的难点堵点问题，提出9方面问题清单，组成5个课题组重点攻坚。基本完成“1＋8”调研报告，制定“一图一表”，即招商图谱和投入产出测算表。

（梅州嘉应新区管委会）

责任编辑：古淑灵

旅游业·餐饮服务业

旅　游　业

旅游业综述

【旅游业概况】　2022年，梅州市文化广电旅游局深入挖掘旅游资源，完善基础设施，丰富旅游产品，开展“国家全域旅游示范区”和A级旅游景区创建工作，推进梅江韩江绿色健康文化旅游产业带建设，全力打造国家全域旅游示范区。全年全市旅游接待总人数560.2万人次，比上年下降18.09%，旅游总收入40.64亿元，下降25.74%。

截至2022年底，梅州市有国家AAA级以上旅游景区50家（总数居全省第二），其中AAAAA级1家、AAAA级12家、AAA级37家；有星级饭店28家，其中五星级2家、四星级6家、三星级20家；有旅行社66家，其中出境游组团社4家。

【全域旅游创建】　2022年，梅州市文化广电旅游局对照《国家全域旅游示范区验收标准（试行）》，指导兴宁市成功创建广东省全域旅游示范区；指导五华县推进省级全域旅游示范区创建工作。年内，制订出台《梅州市加快创建“国家全域旅游示范区”工作方案》（梅州市府办印发），分期分批推进各县（市、区）创建“国家全域旅游示范区”工作。

【旅游项目建设】　2022年，梅州市围绕梅江韩江绿色健康文化旅游产业带建设，重点推进33个涉文旅产业重点项目建设，年度计划投资34.12亿元，至12月底完成投资19.01亿元，年度完成率55.73%。新评定平远县大河背景区、丰顺县铜鼓峰旅游区、蕉岭县丘成桐祖居文化旅游区、兴宁市珍珠红诚意酒城旅游区、兴宁市粤东云山谷生态旅游区5家景区为国家AAA级旅游景区。获评首批省夜间文化和旅游消费集聚区1个、省文化旅游特色村4个、省工业旅游精品线路1条。兴宁熙和湾获省高端旅游项目发展专项资金400万元贴息。

【乡村旅游建设】　2022年，梅州市制订出台《梅州市加快推动民宿高质量发展实施方案》（梅州市府办印发）。获评首批全国乡村旅游精品线路1条、文化和旅游部2022年乡村文化和旅游带头人1人，首批省乡村研学旅游特色村2个、省乡村旅游精品线路3条、省乡村旅游优质项目1个、省休闲农业与乡村旅游示范点5个。

【旅游市场开拓】　2022年，梅州市举办（参加）4场主题活动，分别是：6月17日组织参加在广州举办的“美好岁月·广百之夜”梅州文旅专场活动，7月4—6日组织参加在广州、佛山两地举办的广州对口帮扶地区综合文化旅游推介活动，7月11—15日联合汕头、潮州、揭阳赴重庆、成都举办“活力广东·客都梅州、和美汕头、古韵潮州、魅力揭阳”文化旅游推介活动，8月8—10日组团参加2022广东国际旅游产业博览会。

【旅游宣传推广】　2022年6月，梅州文旅宣传栏目“周末去哪里”开通，至2022年底，梅州市发布作品31篇，微信公众号、视频号、抖音号总阅读量分别为8.4万人次、41.04万人次、35.02万人次。6月2日，移动杯“周末去哪里@梅州”抖音短视频大赛启动，至2022年底

2022 年 1 月 20—22 日，“唱支山歌迎春来”2022 年客家山歌春节戏剧晚会在梅州市广播电视台录制
（梅州市文化广电旅游局供图）

抖音短视频大赛参赛作品超 162 个，播放量超 1.1 亿次。精心运营“梅州文广旅游”新浪微博、微信公众号、微信视频号、抖音短视频、“一部手机游梅州”微信小程序等新媒体平台。至 2022 年底，“梅州文广旅游”新浪微博发布资讯 409 条，浏览量约 400 万人次；“梅州文广旅游”微信公众号推送图文 588 篇，图文总阅读量 46.13 万人次，视频号发布作品 138 条，点赞量 1.5 万人次，总阅读量 57 万人次；抖音号发布作品 138 条，点赞量 13.9 万人次，总阅读量 52.7 万人次；“一部手机游梅州”微信小程序访问超 13 万人次。

【旅游服务提升】 2022 年，梅州市推进旅游服务质量提升工作。新评定三星级旅游饭店 2 家，1 家五星级旅游饭店通过国家星评委的评定性复核；新评定省 AAA 级旅行社 1 家，推荐申报 AAAA 级旅行社 1 家。举办全市星级饭店从业人员服务技能竞赛，选拔队伍参加全省竞赛获团体三等奖。建立“星评委”专家库，调整补充、聘任 13 名市级星评员。督促指导 7 家重点旅游企业建立“首席质量官”和“标杆服务员”制度。

【旅游行业监管】 2022 年，梅州市推进行业安全生产专项整治三年行动，组织开展安全生产综合检查，先后开展“安全生产月”和“安全生产梅州行”、系统防范化解道路交通安全风险、消防安全、国际防灾减灾日、“食品安全宣传周”、“龙舟水”强降雨防汛、防台风、自建房安全专项整治、私设“景点”问题专项整治和“野景点”安全管理、玻璃桥项目安全专项整治等工作。全年梅州市文化广电旅游局组织行业安全大检查 4 次，出动检查人员 640 余人次，抽查行业场所 161 家次，排查并整改问题隐患 223 项，实现全年行业安全生产“零事故”。做好旅行社和导游人员管理工作，每季度在梅州市文化广电旅游局官方网站公布全市旅游投诉处理情况，接受社会监督；全年处理旅游投诉 83 件，投诉办结率 100%。

【梅州 4 个村、3 条线路入选第三批省文旅特色村、乡村旅游精品线路】 2022 年 1 月 10 日，广东省文化和旅游厅发布《关于公布第三批广东省文化和旅游特色村、乡村旅游精品线路名单的通知》，梅州市大埔县西河镇车龙村、平远县差干镇加丰村、五华县华城镇黄埔村、梅江区西阳镇笙竹村等 4 个村入选第三批广东省文化和旅游特色村。平远休闲康养乡村游、蕉岭寿乡探秘之旅、大埔中央红色交通线研学游 3 条线路入选第三批广东省乡村旅游精品线路。

【梅州市全域旅游服务中心正式开放】 2022 年 1 月 20 日，梅州市全域旅游服务中心正式开放。梅州市全域旅游服务中心位于梅城江南客都大道与吉祥路交会处，项目于 2018 年 12 月 20 日开工建设，2022 年 1 月 16 日全面竣工。项目规划用地面积约 3 公顷，总建筑面积约 11773 平方米，总投资 1.6 亿元。该服务中心按照功能性、标志性、文化性和生态型的要求，与保留的义孚堂围龙屋在文化元素上达到和谐统一，实现传统与现代相得益彰，力争打造成为广东省游客服务中心的代表作。服务中心内设有开放式展厅、特产展示展销区、接待中心、旅游警务室、数据信息中心、办公区、停车场、汽车房车营地等配套设施。

【丰顺县坚真纪念馆入选全国妇女爱国主义教育基地】 2022 年，丰顺县坚真纪念馆入选全国妇女爱国主义教育基地，是广东省首个入选全国妇女爱国主义教育基地的场所。坚真纪念馆位于丰顺县坚真公园内，是丰顺县委、县政府在2007年李坚真百岁诞辰之际，将原县委大楼改建而成并对外开放。该馆展出李坚真不同时期的图片、照片和文字材料，详细而生动地介绍李坚真战斗的一生、光辉的一生。同时还在2013年增设主题为“颂坚真正气、扬廉洁清风”的坚真廉洁操行馆，采用全息数码场景表现形式，以再现李坚真廉洁奉公、执政为民的高尚风范。2019年，坚真纪念馆被评为广东省爱国主义教育基地、广东省党史教育基地。

（梅州市文化广电旅游局）

新增国家AAA级旅游景区介绍

【平远县大河背景区】 国家AAA级旅游景区，位于梅州市平远县中行镇，地处粤、赣两省交界，内有摩崖石刻及毛栏寨山顶驻军遗址，1985年被确认为县级文物保护单位。建于清咸丰三年（1853）的“甘露和梅”亭和红四军在平远期间留下的红军墙标等，给景区增添历史文化韵味。一期包括约25万平方米的水面，2万平方米停车场，游客服务中心，200米长、3米宽水上高空玻璃桥，3D悬崖观景台，6.5千米立体游览环线，空中飞人，飞天魔毯，登山景观步道，高空栈道，高空木索桥，亲水栈道，三座仿古拱桥，丹霞山水与江南园林完美结合，自然与人文和谐统一。

【丰顺县铜鼓峰旅游区】 国家AAA级旅游景区，位于梅州丰顺县砂田镇，地处梅县、丰顺、大埔三地交界处，粤东莲花山脉偏东北段，主峰盘踞在丰顺砂田镇上，高1559.5米，是粤东地区观赏日出云海的绝佳地点，是有名的“粤东第一峰”，有“粤东屋脊”之美誉。景区内建设有山顶观景台、樱花岛、大草坪露营区等一系列旅游网红点，满足游客餐饮住宿、会议接待、花海观光、森林徒步、运动拓展、户外露营、健康疗养等需求，打造集探险运动、避暑休闲、红色人文、科普教育等功能于一体的“娱乐、休闲、度假”综合性景区。

【蕉岭县丘成桐祖居文化旅游区】 国家AAA级旅游景区，位于梅州蕉岭县文福镇白湖村羊岃及长隆村，交通便利，离蕉岭城区约13千米。景区规划面积1.01平方千米，前期开发面积0.4平方千米。旅游区内寿山林茂，古榕苍翠，良田秀舍，小桥流水，风光无限。主要景点有福寿堂、村史馆、力田草庐、耕读园、镇英园、仓海诗廊、古驿道遗址等。其中村史馆以图文、声光电效果等形式展示羊岃村的变化与人文。力田草庐是丘氏家族蒙学私塾，已有200多年历史，融合客家风格和岭南园林特色。

【兴宁市珍珠红诚意酒城旅游区】 国家AAA级旅游景区，位于梅州兴宁市永和镇与径南镇之间，总规划面积11.03平方千米，总投资38亿元，属省重点项目。旅游区以健康、安全、环保的理念，着力建成一品一产业的康养综合体产业园区。其主体建筑采用国际LEED绿色建筑认证标准建设，并以空中连廊的方式把各功能建筑连接起来，兼备展示、旅游体验功能，让消费者和游客能看到珍珠红酿造全过程，感受珍珠红返祖古法酿酒的诚心诚意。

【粤东云山谷生态旅游区】 国家AAA级旅游景区，地处梅州兴宁市径南镇官亭村务坑“粤东云山谷”之中，海拔近600米，占地近300公顷，建设有近267公顷无公害农产品种植基地，包括千亩柚园、千亩茶园、千亩百果园、百亩葡萄园和3千米百香果廊道等，出产金柚、葡萄、百香果和鹰嘴桃等60多种有机水果和多种知名茶品，是广东省“十三五”旅游重点建设项目、广东省重点农业龙头企业、广东省守合同重信用企业、广东省休闲农业与乡村旅游示范点和梅州市科普教育基地。

（梅州市文化广电旅游局）

广东客都文旅有限公司

【广东客都文旅有限公司概况】 广东客都文旅有限公司于2019年11月28日挂牌成立，是梅州唯一从事文旅产业的市属国有企业。广东客都文旅有限公司自成立以来，围绕推动红色苏区绿色发展的总体要求，以“把文化旅游打造成梅州战略性支柱产业”为公司战略目标和中心思想，突出现代文旅服务和文旅产品开发主营业务，发挥国有龙头企业的引领带动作用，与社会资本、国内金融机构多方合作，盘活全市国有资产，实现国有资产的保值增值。发展形成具有梅州文化旅游投资开发有限公司、梅州市红旅文化发展有限公司等4家全资子公司和11家参股（控股）公司的实体规模，业务覆盖文化旅游、研学教育培训、信息科技、文创设计、乡村振兴、电商直播、物业管理、综合汽车服务等产业融合发展，完成文旅全产业链闭环的建设。

【客都优选·乡村振兴馆开业】 2022年，广东客都文旅有限公司通过发挥乡村振兴馆优势，与各县区“合作社+农户”建立合作关系，整合农产品及农业企业资源，共同搭建农业特色产品展销渠道，以“线上+线下”消费帮扶模式相结合，助力梅州农产品走向全国市场。2022年1月，全域旅游服务中心客都优选·乡村振兴馆开业后，先后在梅州市范围内成立7家“客都优选·乡村振兴馆”合作门店，入驻全市大型景区、酒店40多家，在广州、深圳、珠海等珠三角地区布局15家门店，通过中石油、中石化、高铁、航线等渠道，将梅州特色农产品销往粤港澳乃至全国市场。

【客都文旅与广东汉剧院签订战略合作协议】 2022年3月3日，广东客都文旅有限公司与广东汉剧传承研究院举行广东汉剧IP运营合作协议签署仪式。成立研发与宣传推广工作组，以“传承中华优秀传统文化、建设社会主义文化强国”为宗旨，秉持“平等互利、优势互补、资源共享、共同发展”的合作原则，围绕广东汉剧这一国家级“非遗”文化传承项目，共同推进相关IP形象活化、主题文创产品设计、制作及市场化运营，助力梅州文化创意产业振兴发展。

【广东客都文旅有限公司当选梅州市乡村振兴产业协会副会长单位】 2022年4月26日，梅州市乡村振兴产业协会成立大会在梅城举行，广东客都文旅有限公司当选为梅州市乡村振兴产业协会第一届副会长单位。广东客都文旅有限公司履行副会长单位相关职责，以科技赋能产业，依托“文旅产业大数据”平台，打造农村产业融合发展新载体新模式，助力梅州乡村振兴产业高质量发展。

【广东客都文旅有限公司承接2022年市政府促消费活动】 2022年，广东客都文旅有限公司作为梅州市促文旅消费活动的协办单位，根据《梅州市2022年促消费活动工作方案》的要求，负责《梅州市2022年促零售消费券发放活动实施细则》《梅州市2022年促餐饮消费券发放活动实施细则》《梅州市2022年促文旅消费券发放活动实施细则》的组织实施；负责促消费活动的宣传推广工作；统筹补助资金汇总、公示，制订补助资金拨付计划、审核和申请工作；负责与活动商家的对接和承诺书的签订；负责妥善管理相关用户信息，并定期向梅州市商务局反馈促消费活动有关数据。10月，经资格审查，广东客都文旅有限公司被梅州市农业农村局确定为梅州市“2022年广东乡村休闲体验季”消费券发放合作支付平台，以发放电子消费券的活动形式，激发梅州市乡村休闲消费潜力，助力消费对经济的拉动作用。

【广东数字客都科技有限公司成立】 2022年6月，广东数字客都科技有限公司成立。广东数字客都科技有限公司由广东客都文旅有限公司下属梅州文化旅游投资开发有限公司与广东欣满投资集团合资成立，注册资本人民币500万元。8月8日，广东客都文旅有限公司数字客都首场直播开播。广东数字客都科技有限公司依托与字节跳动等国内知名数字营销团队深度合作为基础，以主播孵化业务为主线，打造“生产+仓储+物流直播+服务”一体化产业体系，以数字技术推动乡村振兴发展。

【广东客都文旅有限公司参加2022广东国际旅游产业博览会】 2022年8月9—10日，广东客都文旅有限公司参加2022广东国际旅游产业博览会。广东客都文旅有限公司与广州广之旅国际旅行社股份有限公司签订《梅州市旅游发展合作框架协议》，进一步促进穗梅两地旅游业界资源共享、信息互通、优势互补、市场互动，共同开发旅游市场，促进广州与梅州两地文旅产业高质量发展。

【广东客都文旅有限公司携手爱心企业捐赠物资驰援丰顺抗疫情】 2022年11月2日，4辆悬挂“同心聚力 共抗疫情”横幅、载满价值11万元爱心物资的货车从梅州市全域旅游服务中心出发，驰援丰顺县抗击疫情。这批物资由广东客都文旅有限公司发动旗下“客都优选”品牌合作商家及社会各界爱心人士捐赠。（广东客都文旅有限公司）

文化旅游特色区

【梅江韩江绿色健康文化旅游产业带建设】 2022年，梅州市涉文旅产业重点项目33个，年度计划投资34.12亿元，至12月底完成投资19.01亿元，年度完成率55.73%。梅州市文化旅游特色区管委会坚持目标导向、问题导向，赴大埔三河坝文旅综合开发项目、三河坝战役红色教育基地提升改造工程、广东飞马峰休闲农业项目等地开展实地调研，指导建设单位优化项目规划、解决项目建设难题。

【客家文化（梅州）生态保护实验区建设】 2022年，梅州市推进客家文化（梅州）生态保护实验区验收各项工作。发放客家文化（梅州）生态保护实验区倡议书12万份，营造浓厚宣传氛围；组织做好专家评审会汇报材料、专家答辩内容预备材料、客家文化（梅州）生态保护区蓝皮书及梅州市非物质文化遗产代表性项目存续状况测评和保护绩效评估报告等，形成《客家文化（梅州）生态保护实验区建设材料汇编》。11月21日，文化和旅游部组织专家与梅州视频连线，对梅州国家级文化生态保护实验区建设进行验收评审，市政府和相关单位负责人在线上进行汇报和答辩。

（梅州文化旅游特色区管委会）

叶剑英纪念园

【叶剑英纪念园概况】 叶剑英纪念园位于叶剑英元帅的故居——广东省梅县区雁洋镇虎形村，是全国红色旅游经典景区、全国爱国主义教育示范基地、国家AAAA级旅游景区，国家国防教育示范基地，景区建设集展现伟人风范、弘扬客家文化、推进生态旅游于一体。2022年，叶剑英纪念园接待游客15.35万人次，完成接待讲解620批次，接待中央政治局委员、广东省委书记黄坤明，中央书记处书记、中央政法委员会书记郭声琨，四川省政协副主席、党组成员刘成鸣，青海省政协副主席马海瑛，广东省委常委、宣传部部长陈建文，广东省人大常委会主任黄楚平，广东省委常委、统战部部长王瑞军，公安部第八督察组，95835部队，32521部队等数批党政军领导及嘉宾。

【文物保护与管理】 叶剑英故居于2001年6月被国务院批准为第五批全国重点文物保护单位。2022年，叶剑英纪念园按照《博物馆风险等级标准》要求，做好文物保护与管理工作，定期开展安全检查工作，做好防火、防盗、防潮、防尘、防虫等各项安全措施，做到人防、物防、技防相结合，确保文物藏品和人员安全。做好第二批广东省革命文物名录申报工作，完成不可移动革命文物名录申报1处、可移动革命文物名录申报244件（套）。2022年，叶剑英元帅纪念馆有藏品数量2479件（套）。经鉴定，一级文物11件（套），二级文物7件（套）。叶剑英纪念园管理局组织人员系统整理文物，严格做好馆藏文物出、入库登记，藏品制卡及信息数据处理，书目目录建立和库房安全管理等工作。

【交流、宣讲与展览活动】 2022年4月，为纪念叶剑英元帅125周年诞辰，叶剑英纪念园管理局在叶剑英纪念馆临时陈列长廊开设“彩笔凌云画溢思——叶剑英元帅诗词展览”，以叶剑英元帅和叶选平、叶选宁父子三人书法，结合彩书艺术将叶帅诗词烧印在大埔瓷器上，以创新形式弘扬中华优秀传统文化，感悟叶剑英崇高的精神境界和革命情怀。6月24日，叶剑英纪念园管理局副局长陈国军为梅州市纪委第一党小组和梅县区纪委党小组上《丰功伟绩 开国元勋——叶剑英》党课，弘扬叶帅精神，传承红色基因。12月，叶剑英纪念园管理局组织干部职工赴刘伯承纪念馆学习交流，通过现场参观、座谈交流等方式，深化在叶剑英元帅精神研究、党性教育、红色旅游发展等方面的交流合作。

【梅州市举行叶剑英革命文物史料捐赠活动】 2022年4月28日，梅州市在叶剑英纪念园举行叶剑英革命文物史料捐赠活动，叶新福

2022年4月，叶剑英纪念园管理局在叶剑英纪念馆临时陈列长廊开设“彩笔凌云画溢思——叶剑英元帅诗词展览” （叶剑英纪念园管理局供图）

代表叶剑英同志家属向叶剑英纪念园管理局捐赠叶剑英同志生前文物史料一批，含相册 7970 张、地图 235 张、物（礼）品 882 件、书籍 13925 本等，进一步丰富叶剑英纪念馆的馆藏。

（叶剑英纪念园管理局）

餐饮服务业

【餐饮服务业概况】 2022 年，梅州市商务局坚持统筹疫情防控和经济社会发展，全力以赴推动“粤菜师傅”工程，推动餐饮行业文明诚信服务行动。截至 2022 年底，全市有餐饮企业 10978 家，全年餐饮收入 59.40 亿元，比上年下降 2.2%。

【餐饮行业文明诚信服务行动】 2022 年，梅州市组织开展“共建文明餐桌 共筑诚信客都”主题活动，现场为 10 家获评梅州市“文明餐饮店”、9 家获评广东省“粤菜名店”“文明诚信示范餐厅”、3 家获评五钻酒家称号（全国 7 家）、1 家获评四钻酒家称号（全国 3 家）的餐饮企业颁发牌匾，发挥先进典型的引导力和影响力，规范餐饮企业经营行为，树立文明餐桌行动先进典型，推动企业制止餐饮浪费。

【餐饮行业文明诚信行动公益宣传】 2022 年，梅州市利用各类媒体，深入开展餐饮行业文明诚信行动公益宣传。报道先进典型，曝光浪费现象，加强舆论监督，引导社会大众和餐饮消费者讲究用餐礼仪，营造文明用餐氛围，培养餐饮行业文明新风。全市各级各部门累计张贴“公筷公勺”“文明餐桌”等各类宣传海报 10 万多张、发放倡议书近 5 万份，制作并摆放宣传台牌 7 万多个；协助中央电视台财经频道《消费主张》栏目到梅州拍摄专题片，宣传客家菜，展现新时期客家菜传承和创新发展风貌，节目在中央电视台黄金时间播出；协助广东省商务厅拍摄制作《粤味悠长，香飘四方》系列微纪录片，展示客家饮食文化，提升“客家菜”品牌知名度。

2022 年 8 月 2 日，梅州市开展“共建文明餐桌 共筑诚信客都”主题活动，推进餐饮行业文明诚信服务行动和创文工作 （梅州市商务局供图）

【餐饮浪费制止】 2022 年，梅州市印发《梅州市制止餐饮浪费文明公约》《梅州市“文明餐桌 守护健康”倡议书》《推行“公筷公勺”深化“光盘行动”制止餐饮浪费倡议书》《梅州市餐饮服务业诚信经营倡议书》《拒绝食用野生动物的倡议书》，通过主流媒体和梅州市餐饮行业协会加大宣传力度，引导大家参与“文明餐桌”行动，推行“光盘行动”，提倡“公筷公勺”，大力倡导文明健康绿色环保生活方式。年内，梅州市商务局制订印发《关于做好制止餐饮浪费有关工作的通知》，持续推进制止餐饮浪费工作，营造良好的反餐饮浪费社会氛围，推进餐饮行业文明诚信工作。

【餐饮行业安全生产】 2022 年，梅州市商务局配合做好全市餐饮场所可燃气体浓度报警装置安装整治工作、醇基燃料安全隐患整改工作，全年出动 145 场次，检查餐饮企业 216 家次，出动检查人员 648 人次。全市商务部门累计出动 879 场次，检查餐饮企业 6451 家次，出动检查人员 3738 人次。全市 10978 家餐饮服务企业中，使用燃气的餐饮企业 8872 家，安装可燃气体浓度报警装置 8520 家，安装率 96.03%。

（梅州市商务局）

责任编辑：邓柳茹

教　　育

教育综述

【教育概况】 2022年，梅州市有各级各类学校1651所，在校生82.51万人。其中幼儿园936所，在园（班）幼儿人数15.70万人；小学448所，在校生36.53万人，学龄儿童入学率100%，毛入学率104.36%，升学率100%；初级中学180所，在校生18.54万人，学龄儿童入学率100%，毛入学率110.67%，升学率99.73%；普通高中（含完全中学）61所，在校生8.88万人，高中升学率95.6%，普通高中毛入学率65.02%，高中阶段的毛入学率99.43%；特殊教育学校9所，在校生1178人；中职学校16所，在校生2.47万人；高职学校1所，在校生2675人。全市有国家级示范性普通高中10所，国家级重点中职学校5所。全市中小学教职工6.58万人，比上年减少447人；专任教师5.52万人，减少58人。

【教师队伍建设】 2022年，梅州市教育系统通过公开招聘和引进急需紧缺人才等方式，引进888名高校毕业生到梅州任教。开展2021年度教师职称评审工作，全市中小学校送评1674名教师（其中高级1593名、市直中级30名、初级17名、认定二级34名），通过评审1652名（其中高级1576名、中级28名、初级14名、认定二级34名），通过率98.7%。中等职业学校有54名教师申报，通过评审51名，通过率94.4%。开展粤东西北中小学教师全员轮训，开展线上课题研究、名师课堂等活动3013次；组织市级培训项目6个，派员参加省级以上培训项目16个，参训教师7.16万人次。开展广梅教育对口帮扶活动，累计派出118名教师参加培训，123名教师到广州市跟岗学习，广州派出120名教师到梅州参与支教活动。

【素质教育建设】 2022年，梅州市推进思政课一体化教学改革创新，立项省级课题13项、市级思政课题58项。依托叶剑英纪念园等4所省级、39所市级中小学生研学实践教育基（营）地和15所中小学生劳动教育实践基地，开展综合实践活动3568场次，参与学生人数38.8万人次。组织开展市级青少年校园足球夏令营和“满天星”精英训练营活动。入选省级夏令营最佳阵容42人，排名全省第一；代表广东省参加全国夏令营活动，入选最佳阵容5人。获2022年广东省“省长杯”青少年校园足球联赛总决赛高中男、女子组双冠军，其中男子组是梅州代表队首次夺冠。参加广东省第十三届中学生运动会，获得4枚金牌、2枚银牌、5枚铜牌，团体总分二等奖，取得金牌数和奖牌数的历史突破，梅州市代表团被授予“体育道德风尚奖”和“优秀组织奖”荣誉称号。参加广东省第十三届中学生运动会（广东省第五届）中小学体育教师教学技能大赛获团体总分二等奖。参加粤东西北地区中小学合唱交流展示活动，获一等奖1个、二等奖5个、三等奖8个。参加全省中小学粤韵操交流展示活动获优秀组织奖。与嘉应学院共同实施美育浸润行动计划，依托高校美育师生的力量，推动本地中小学美育日常化、多样化、特色化发展。梅州市教育局被评为广东省2022年度美育浸润行动计划优秀组织单位。4所学校被认定为广东省中小学第三批中华优秀文化传承学校，6所学校被认定为广东省第五批艺术教育特色学校。

2022 年 9 月 9 日，梅州市教师节庆祝大会在梅州市委礼堂召开

（梅州市教育局供图）

【学校卫生工作】　2022 年，梅州市校园新冠疫情防控专班组织召开 16 次专班会议，制订《梅州市 2022 年寒假及春季学期开学疫情防控工作方案》《梅州市 2022 年春季学期开学工作指引》等 46 份指导性文件，为各地各校做好关键时间节点的校园新冠疫情防控工作作出指引。持续推进新冠病毒疫苗接种工作，梅州 3 岁以上在校生 82.37 万人，完成全程接种 80.54 万人，接种率 98.3%；全市教职工 6.66 万人，完成加强针接种 6.46 万人，接种率 97.7%。抓好学校传染病防控工作，与梅州市卫生健康局联合印发《梅州市学校卫生室（保健室）规范化建设工作指引》，从卫生室（保健室）人员配备要求、设置基本要求、卫生工作管理要求三个方面，进一步规范学校传染病防控工作，提升学校卫生工作管理水平。加强健康教育宣传培训，举办全市冬春季常见传染病防控专题会，邀请梅州市疾控专家围绕学校流感防控、症状监测等内容开展专题培训。全年全市各级各类学校举办健康培训、讲座 1.35 万次，接受健康知识教育的学生 448.2 万人次。持续加强学校预防艾滋病和性健康的宣传教育，开展一次预防艾滋病主题班会，观看一场情景剧 + 专家讲座，开展一次有奖知识竞赛，开展一次校园艾滋病防控微视频创作比赛（评选出 18 个优秀作品，并挂网宣传，累计点击量 56.06 万人次），开展一次艾滋病防控优质课比赛（遴选出 6 名优秀教师参与省级比赛），提高师生对艾滋病防治知识的知晓率。

【学生资助工作】　2022 年，梅州市从学前教育到高等教育 5 个阶段 4 个类别（包括国家资助、地方政府资助、学校资助、社会资助）24 个项目共资助家庭经济困难学生 15.63 万人次，资助金额 3.28 亿元。其中，学前教育 2.98 万人次，资助金额 3280.25 万元；义务教育 6.96 万人次，资助金额 5218.81 万元；普通高中 1.95 万人次，资助 4042.77 万元；职业教育 2.78 万人次，资助金额 8666.37 万元；高等教育 0.96 万人，资助金额 11562.15 万元。申请并享受国家生源地信用助学贷款政策 9441 人，发放助学贷款金额 1.05 亿元，首次突破亿元。梅州市获第十四届广东省宋庆龄奖学金“优秀组织奖”，为全省 21 个地市中 5 个获奖地市之一。

【梅州市 2022 年教师节庆祝大会召开】　2022 年 9 月 9 日，梅州市教师节庆祝大会在梅州市委礼堂召开，评选表扬 494 名市优秀教师、优秀教育工作者、优秀班主任、最美乡村教师和教学工作先进教师。

（梅州市教育局）

基础教育

基础教育综述

【基础教育概况】　2022 年，梅州市新建有梅江区会文学校、平远县石正实验幼儿园等 5 所学校，增加公办基础教育学位 8820 个。年内，继续实施薄弱学校改造工程，缩小城乡教育资源差距。推进中小学集团化办学，成立 35 个基础教育集团，覆盖 34 个核心校和 124 个成员校，受惠学生 19.47 万人，其中，兴宁市实验学校教育集团、兴宁市第一中学教育集团 2 个省级优质特色教育集团入选第二批省级优质基础教育集团培育对象。

【学前教育】　2022 年，梅州市新增公办幼儿园学位 1800 个，全市学前教育在园幼儿 15.70 万人，普惠性幼儿园在园幼儿占比 94.41%，公办幼儿园在园幼儿占比 50.42%。开展普惠性民办幼儿园认定工作，鼓励扶持普惠性民办幼儿园发展，从严加强小区配套幼儿园管理。促进学前教育教研提升，在培育8个广东省“新课程”幼儿园科学保教示范项目、创建2个省级学前教育改革发展实验区的基础上，广东省教育厅批复平远县为第二批广东省学前教育高质量发展实验区。年内，梅州市教育局联合嘉应学院成功申报广东省粤北乡村幼儿园发展研究中心（全省设粤东、粤西、粤北3个发展研究中心，分别设在汕头、湛江、梅州）；组织全市各级各类幼儿园开展优秀幼儿园游戏活动案例遴选，不断完善梅州学前教育“新课程”资源体系，提升各类幼儿园办学质量。

【九年义务教育】 2022年，梅州市出台《梅州市教育局等十六部门印发〈梅州市关于进一步健全义务教育控辍保学长效机制的工作方案（2022—2025年）〉的通知》，健全控辍保学长效工作机制，全市辍学人数实现动态清零。落实免试就近入学要求，印发《关于进一步做好普通中小学招生入学工作的通知》《2022年梅州市民办学校义务教育阶段招生入学工作实施方案》等系列文件，进一步细化义务教育学校招生工作要求，确保招生工作规范有序。年内，出台市级规范民办义务教育发展工作实施方案，稳步推进规范民办义务教育工作。按照国家和省的工作部署，严控民办学校增量，停止审批新的民办义务教育学校，稳妥推进政府购买学位等工作，2022年秋季全市民办义务教育在校生（不含政府购买学位）占比1.62%。保障进城务工人员随迁子女平等接受教育的权利，2022年秋季全市在公办学校就读的义务教育阶段进城务工人员随迁子女（含政府购买学位）占比94.38%。全面落实“双减”和“五项管理”工作，实现义务教育课后服务两个“全覆盖”，收集“双减”工作典型案例，推出14期“双减怎么减，梅州有办法”系列报道，供各地各学校学习借鉴。提请梅州市委、市政府印发《中共梅州市委办公室、梅州市人民政府办公室关于成立梅州市专门教育指导委员会的通知》，成立专门教育指导委员会，统筹协调解决专门学校建设、教学、管理等相关问题，推进专门教育工作顺利开展。

【普通高中教育】 2022年，梅州市高考考生被各类高等院校录取3.17万人，录取率84.05%，比上年降低8.18个百分点。其中，本科录取1.11万人，本科录取率29.45%；专科录取2.06万人，专科录取率54.61%；985工程院校录取203人，211工程院校录取766人，其中1人考上清华大学，5人考上北京大学。年内，在平远县平远中学被省立项为第一批广东省普通高中新课程新教材实施示范校的基础上，大埔县虎山中学、蕉岭县蕉岭中学被省立项为第二批广东省普通高中新课程新教材实施示范校。

（梅州市教育局）

广东梅县东山中学

【广东梅县东山中学概况】 广东梅县东山中学是首批广东省国家级示范性普通高中、广东省一级学校、广东省普通高中教学水平优秀学校、梅州市直属重点完全中学，获“第一届全国文明校园”“全国教育系统先进集体”“全国教育科研先进单位”等10余项国家级和省级称号。占地面积30万余平方米，建筑面积18万余平方米，呈一院（东山书院）四校区（初中、高一、高二、高三）格局。2022年，有教职工470人，专任教师439人，其中，具有研究生学历或硕士学位60余人、特级教师4人、正高级职称教师2人、副高级职称教师160余人。有初高中教学班114个，在校学生5500余人。学校设施设备先进，功能场馆齐全，校园环境优美，以“勇俭爱诚”为校训，形成“严勤细实”的教风、“勤奋好学”的学风和“团结进取”的校风。坚持“以生为本，努力培养合格人才”的办学理念，把学生培养成“政治上先进、道德上崇高、学业上优秀、身心上健康、作风上务实，并且创新精神和实践能力强，适应未来社会的人”。

【学校管理】 2022年，广东梅县东山中学推动“总校统筹协调，校区负责”的扁平式管理模式不断优化，激发“四梁八柱”管理框架的管理效能。着力建章立制，修订完善《东山中学管理制度》，编印《东山中学工作手册》。推进依法治校、依法执教，发挥教代会作用，落实党务校务公开制度。严格学校微信公众号、网站的新闻发布审批程序，落实三审制。推进校园信息化建设，提升学校信息化管理水平。实施互助金制度和普惠慰问，把人文关怀落到实处。落实新冠疫情防控措施，全力守牢校园安全防线。主动寻求各方支持，拓宽办学空间，改善办学条件。年内，成功举办“喜迎110周年校庆，激发内生动力，塑造学校高质量发展新优势”论坛暨2022年东山中学校董会年会。加强与各地校友联络处的交流联谊，把更多社会资源转化为教书育人资源。在校董、校友、社会各界热心人士的关心支持下，东中基金会进一步壮大。启动校内自来水管网改造工程，完成学生宿舍空调项目的回购、第六栋宿舍的改造启用、数学建模活动室的建设和邹锡昌科学馆物理创新实验室的建设。继续提升食堂等级，开发学生请假系统、陪餐系统和数据服务系统，建设学校知识产权宣传教育广播电视系统，提升校园信息化水平。

【教师队伍建设】 2022年，广东梅县东山中学坚持以高素质教师人才培养为引领，以提升教师思想政治素质、师德师风水平和教育教学能力为重点，加快构建具有东中特色的教师队伍建设新格局。姚勇文被选拔为“第十批”组团式教育援藏人才，于2022年8月赴西藏援藏3年。重视“一把手”建设，各部门“一把手”干事创业的领头雁作用成效明显。选拔2名德才兼备的年轻者充实管理团队，优化干部结构。注重人才引进，招聘12名新教职工入职。举办2022年教师节座谈会，表彰先进，树立模范，弘扬尊师重教风气。支持鼓励姚勇文、石勇名师工作室开展研修活动，浓厚教研氛围。继续实施教研组长选聘上岗制度，完善《先进教研组评选细则》，增强教师的集体创优意识。鼓励课题研究，重视学科价值，实现教师在教中研、研中教。通过全市课堂教学评比活动和校内课堂教学评研活动，提升教师教学能力，促进教师专业发展。举办班主任技能大赛和专题培训，锻造一支师德高尚、专业能力强、有教育智慧的班主任队伍。

【教学成果】 2022年，广东梅县东山中学狠抓教学质量“生命线”，聚焦课堂，抓住“应用为王”这个关键，推进课堂教学改革。运用系统思维抓教育，加强初高中教育教学的融会贯通，优化备考体系。推进对新高考改革、竞赛、强基计划的研究与实践。2022年高考总分660分以上4人，650分以上7人，600分以上182人;特控线上线868人，上线率60.4%；本科上线1403人，上线率97.6%；音乐类、美术类、体育类考生双上线率分别为100%、92%和85.7%；物理单科满分2人。2022年中考总分800分以上2人，3人总分位居全市前列，数学单科满分2人，英语单科满分1人，物理单科满分2人。少林创新班30人，达到东山中学录取分数线21人。推进学科竞赛，40人次获得全国数理化生信学科竞赛三等奖以上。

【德育工作】 2022年，广东梅县东山中学不断丰富育人载体，创新育人方式，为学生搭建实践平台，增强学生创新思维、动手能力，实现让学生成长在活动中的目标。深入挖掘校内叶剑英元帅铜像、萧向荣将军玉雕像、革命烈士纪念亭等红色资源，用好在前进展室、东山书院、党建展室、青少年活动中心等德育基地，组织红色研学活动，让学生成为东中红色文化的参与者、讲述者与传播者。组织五大文化节（书香节、科技创展节、社团节、体育节、艺术节）、志愿服务、成人礼、值周劳动、中文话剧大赛、校园歌手大赛、勤工助学、东山大讲堂、校园5千米健康欢乐跑等活动。31个学生社团组织各项活动。校园足球队获2022年“省长杯”青少年校园足球联赛第五名。32个项目在第37届广东省、梅州市青少年科技创新大赛获奖。广东梅县东山中学模拟政协社团获第九届全国青少年模拟政协优秀组织奖，广东梅县东山中学学生会被授予“广东省优秀学生会”荣誉称号，40多名学生获得广东省团委、梅州市团委的表彰奖励。 （饶玉祥 胡锦峰）

2022年2月26日，广东梅县东山中学举行2022届高考百日誓师大会

（广东梅县东山中学供图）

梅州市曾宪梓中学

【梅州市曾宪梓中学概况】 梅州市曾宪梓中学创建于1993年，是由全国人大常委会原委员、香港金利来集团有限公司董事局原主席曾宪梓博士捐资兴建并以其名字命名的学校，是广东省国家级示范性普通高中、广东省一级学校、梅州市直重点完全中学。梅州市曾宪梓中学先后获“广东省侨资学校办学成果”一、二等奖及“广东省文明单位”“广东省绿色学校”“广东省德育示范学校”“全国和谐校园先进学校”“广东省中小学心理健康教育示范学校”“广东省安全文明校园”“广东省书香校园”“广东省普通高中教学水平评估优秀学校”等20余项国家级和省级荣誉。校园占地面积7.33万平方米，建筑面积3.89万平方米。2022年，有教学班级33个，学生1647人。有教职工153人，专任教师146人，其中正高级教师3人，高级教师74人，硕士研究生学历教师23人；有全国优秀教师1人，广东省特级教师3人，南粤优秀教师9人，国家级骨干教师9人，广东省骨干教师36人，省市名师工作室主持人3人。校园环境优美，教育和生活设施完善，设备齐全。学校有高标准装配的物理化学实验室、音乐室、美术室、电脑室、语音室、兆骐智慧图书馆、兆骐朗读亭、师生悦览室、思源园、展翮园、勇拓园和全省唯一的国家级校园气象站等场馆场所，为师生创造智能舒适的环境。

2022年，梅州市曾宪梓中学学生在校园气象站观测和记录

（梅州市曾宪梓中学供图）

【学校管理】 2022年，梅州市曾宪梓中学全面贯彻落实党的教育方针，坚持以生为本，以德为先，以文化人，实行“精致校园、精细管理、精品教育”的办学理念，推进条块结合的管理模式，在“精”字上提要求，在“细”字上下功夫，将管理目标具体化，责任明确化，通过落实分层管理，形成有效的管理机制。三个年级配齐年级管理团队，学校全体行政、干事参与年级日常管理工作，坚持教学、德育并行，实现条块密切结合，落实非高三行政干事挂钩高三班级和各学科组制度，学校教育教学管理模式日趋完善。

【教师队伍建设】 2022年，梅州市曾宪梓中学从落实师德建设长效机制、提升教师专业素质能力、增强教师归属感获得感等方面入手，着力打造一支以名师为引领、卓越教师为代表、骨干教师为中坚的乐教、善教、教得有效的教师队伍。学校以青年教师培养工程为载体，强化师德师风建设。在“教学评比”“青蓝工程”师徒结对帮扶等活动中，发挥教学名师的示范和引领作用，推进师德传承。开展教学竞赛和观摩等公开示范教学活动，以老带新，以“赛”促教。开展各类校内学术讲座、组内公开研讨课、同课异构、学科教学论坛、青年教师命题解题和说题比赛等活动，构建科学、实用、高效的课堂教学模式，提升专业技能。定期评选校级先进集体、先进个人，形成尊重教师、创先争优的良好局面。年内，学校有9名教师获市级荣誉和表彰。

【德育工作】 2022年，梅州市曾宪梓中学本着“勤俭诚信，全面发展”的校训，围绕“教学生三年，为学生着想三十年”的育人思想，实行多元德育育人模式，培养“笑容是灿烂的、眼神是明亮的、思想是饱满的”的阳光学生。学校德育以“亮点教育”和“习惯立德”为抓手，以文化节、艺术节、科技节、体育节为载体，举办丰富多彩的文体、社团活动，让梅州市曾宪梓中学每名学生都找到能展示自己才华的舞台，促进教育的综合育人功能，培育学生的综合素质。开展形式多样的第二课堂活动，组织足球赛、篮球赛、羽毛球赛、武术操、大课间等体育活动，推动学生积极参与课余常规训练和体育竞赛。开展最美宿舍、最美班级、健康之星、新时代好少年等评选活动，培养学生良好习惯，展现学生阳光向上的精神风貌。通过丰富的德育、体育、美育活动，让梅州市曾宪梓中学校园活起来、动起来，让学生在参与活动中变得更自信更阳光，在习惯的培养中提升学生的精神品质。年内，学校有10名学生获市级荣誉和表彰。

【教育教学成果】 2022年，梅州市曾宪梓中学树立精品意识，控制办学规模。在狠抓常规教学，构建科学实用的高效课堂的同时，重视精准教学和精准辅导；从培养高水平人才入手，精心打造“创新人才班”；推行导师挂钩制度，实施学科培优，每个高考学科教师挂钩5~8名学生进行精准辅导，分层提高，实现“低进高出、高进优出”的办学质量目标。2022年高考成绩600分以上13人，630分以上4人，物理类最高分646分。高分优先投档线上线率31%，本科率96.2%。学校重视学生学科能力、创新能力的专项培养，各类比赛获得好成绩：在第十九届“叶圣陶杯”全国中学生新作文大赛中，4人获全国二、三等奖，58人获省级奖；在2022年全国中学生物理奥林匹克竞赛中，2人获得全国三等奖，7人获市级奖；在全国青少年模拟政协提案征集活动中，4人作品获全国模拟政协提案优秀奖，为广东省高中组唯一获奖作品。

（梅州市曾宪梓中学）

高等教育

嘉应学院

【嘉应学院概况】 嘉应学院是一所具有百年师范教育历史的广东省属全日制公办本科高校，是广东省硕士学位授予立项建设单位、广东省创建国家教师教育创新实验区建设高校、广东省高等教育“冲一流、补短板、强特色”提升计划建设高校。有4个校区，本部设在梅州市江北校区，校园占地面积120万平方米，建筑面积61.98万平方米。2022年，有藏书258万册，电子图书970万种。建有广东省博士工作站、广东省博士后创新实践基地。

2022年，嘉应学院有普通全日制学生2.6万人，成人教育学生8700余人。学科专业涵盖文学、理学、工学、法学、医学等11个学科门类，有省级重点学科7个、广东省优势重点学科1个、广东省特色重点学科4个、广东省“冲补强”提升计划重点建设学科2个；有61个本科专业，其中国家级特色专业1个、国家级综合改革试点专业1个、省级一流本科专业10个、省级重点专业2个、省级特色专业10个、省级专业综合改革试点7个、省级战略新兴产业特色专业3个、省级应用型人才培养示范专业3个。

2022年，嘉应学院有“广东省山区特色农业资源保护与精准利用重点实验室”“广东省数字果园工程技术研究中心”“广东省柚类工程技术开发中心”“高性能覆铜板工程技术开发中心”“广东原中央苏区研究中心”“足球文化与产业研究中心”等20多个省部级教学科研平台；有“粤台客家文化传承与发展协同创新中心”“广东客家地区基础教育师资培养培训协同育人中心”“南方足球创新人才培养培训协同中心”3个省级协同育人中心和平台；有校外实习基地和就业基地600多个。

2022年，嘉应学院有教职员工2000多人，专任教师1500多人（正高职称150多人、副高职称420多人，博士400多人、硕士870多人），有“全国优秀教师”、省级创新拔尖人才、南粤优秀教师、省级教学名师、省级优秀青年教师等40多人；聘请丘成桐、罗锡文、陈志杰、刘仲华等20多名院士、国家杰出青年为荣誉教授。

【思想政治工作】 2022年，嘉应学院制订《嘉应学院课程思政建设提升计划（2022—2025）》，实施《嘉应学院加强和改进新时代师德师风建设实施方案》《嘉应学院“三全育人”工作实施方案》，落实书记、院长讲授思政第一课制度，建强马克思主义学院，引进专职思政课教师14人（其中博士4人）。嘉应学院有专职思政课教师77人，基本达到教育部规定的专职思政课教师师生配比。立项建设校级课程思政示范学院1个、示范专业2个、示范团队3个、示范课程5门、示范课堂6个。

年内，嘉应学院打造苏区精神大讲堂、苏区精神主题竞赛等第二课堂活动品牌，讲好梅州红色故事，用情推动苏区振兴发展，用功落实立德树人任务。4月，《打

造党史百年主题展 弘扬苏区精神育新人》入选广东省教育系统党史学习教育典型案例，《小切口大变化——开展惠民项目改造，满足师生幸福需求》入选广东省教育系统党史学习教育“我为群众办实事”实践活动典型案例。学生作品《走走党史：红色文化研学与大学生马克思主义信仰培育——以三河坝战役研学为例》获广东省教育厅“立志·修身·博学·报国”主题教育系列活动社会实践调研类二等奖。

【申硕工作】 2022 年，嘉应学院对标《学位授权审核申请基本条件》，整合资源，制订修订《嘉应学院资助高等级科研奖励申报经费管理办法（试行）》《嘉应学院学科建设管理办法》等系列文件，多措并举推进申硕工作，补短板强特色，加强农业、教育、体育 3 个申硕学位培育点建设，在人才引育、硬件条件改善、重大项目和成果培育、实训实习基地建设等方面依绩效重点支持。获广东省教育厅联合培养研究生专项招生计划指标 20 个。申硕工作取得实质性进展，生师比为 16.86∶1，博士教师占比为 25.6%，硕士以上教师占比为 81.5%，生师比、博士比等基本条件数据达到申硕规定要求。

【师资队伍建设】 2022 年，嘉应学院坚持人才强校战略，广揽优秀人才。借力中山大学帮扶，实施青年博士引育“领航计划”，引进博士教师 112 人，新增攻读博士学位教师 38 人。获广东省教师教学创新大赛三等奖 1 个，获广东省第六届高校（本科）青年教师教学大赛三等奖 1 个。数学学院院长、教授黄可坤获评 2022 年梅州市“最美科技工作者”。2022 年评选杨期和、侯秋霞、温茹淑、卜寿亮、赖雪芬 5 名校级教学名师。

【专业建设】 2022 年，嘉应学院制订《嘉应学院本科专业建设提升计划（2022—2025）》，深化专业综合改革，加强一流本科专业建设。年内新增小学教育、生物科学、软件工程、临床医学 4 个省级一流本科专业建设点，新增 7 个校级一流本科专业建设点；新增测控技术与仪器、建筑学 2 个学士学位授予专业；新增园艺 1 个本科专业。

【教学改革】 2022 年，嘉应学院加强质量工程建设，持续深化教育教学改革，实施《嘉应学院学习贯彻〈深化新时代教育评价改革总体方案〉工作方案》。获省级立项建设质量工程项目 5 项、教改项目 14 项，获得省级现代产业学院立项；校级立项建设质量工程项目 23 项、教改项目 61 项。

【人才培养】 2022 年，嘉应学院持续深化应用型人才培养模式改革，加强学生创新及实践能力培养。落实教育部“六卓越一拔尖”人才培养计划 2.0，遴选第十二期卓越教师班学员 60 人、第六期卓越书法人才 70 人、首届铜箔产业人才 34 人、首届卓越 GIS 工程人才 34 人。学生获第九届广东省本科高校师范生教学技能大赛 9 个学科组 54 个奖项，其中二等奖 7 个、三等奖 9 个、优秀奖 38 个；在第八届中国国际“互联网＋”大学生创新创业大赛中获得 2 枚银牌、4 枚铜牌，创学校历史新高；获第十二届全国大学生电子商务“创新、创意及创业”大赛广东赛区选拔赛二等奖 1 项；获第十三届“挑战杯”广东大学生课外学术科技作品竞赛比赛金奖 1 项、银奖 5 项、铜奖 6 项；在“创客广东”梅州市中小企业创新创业大赛中获得金牌 1 枚、银牌 1 枚、铜牌 2 枚；学生发表北大核心、SCI 等论文 15 篇。2022 年，学生考取研究生人数 345 人。

【科学研究】 2022 年，嘉应学院坚持“四个面向”，服务科技自立自强，对接地方新旧动能转换战略，推动创新链产业链深度融合，全年获批省厅级平台基地团队 7 个。其中，省社科普及基地美育与国民文化自信推广中心 1 个，教育厅广东省稀土光功能材料及应用工程技术研究中心 1 个，工业和信息化厅广东省高性能电解铜箔区域创新中心 1 个，教育厅粤北乡村学前教育发展研究中心 1 个，中国华侨华人研究所中国侨乡文化（梅州）研究中心 1 个，教育厅科研团队——客家历史文化研究团队 1 个。全年获纵向科研项目 119 项，其中，国家自然科学基金项目 3 项、国家社会科学基金项目 2 项、教育部人文社科项目 1 项、广东省“十四五”广东省农业科技创新十大主攻方向“揭榜挂帅”项目 1 个（粤东西北地区唯一“挂帅”单位）、文学院刘显博士团队获得 1 个厅级创新团队的立项、化学与环境学院曹人平博士团队获得 1 个厅级工程技术中心立项。嘉应学院教师发表学术论文、专著 550 篇，授权专利 82 件，科技成果成功转化 2 项，唐春保教授团队的专利“一种锂离子电池用网状铜箔的制备方法”作价220.08万元（知识产权）入股合办广东省高性能电解铜箔区域创新中心。

【招生与就业】　2022年，嘉应学院录取全日制本科新生6292名，其中普通高考5925名、普通专升本351名、第二学士学位16名，生源来自广东、安徽、福建、江西等20个省（区、市）。全日制本科毕业6547人，授予学士学位6537人；专科毕业1339人；秋季高等继续教育毕业4848人，其中本科2894人、专科1954人、授予学士学位261人。

年内，嘉应学院开拓就业岗位供给，举办170余场中小型招聘会，提供就业岗位超过10万个；落实“访企拓岗促就业”专项行动，校领导走访128家用人单位，拓增就业岗位数3328个；建立“一生一策”“一生多策”精准帮扶机制，为718名2022届毕业生申领求职创业补贴215.4万元。

【学生奖助贷】　2022年，嘉应学院以《深化新时代教育评价改革总体方案》为指导，实施《嘉应学院学生综合素质测评实施办法》，规范开展学生事务和奖惩工作，表彰学生4720人，发放奖励金382.37万元。戴德鑫等35名2022届毕业生获2022年“陆加壹考研奖教奖学金”，每人奖金1000元；汤洁璇等12名学生获2022年“叶剑英基金奖学金”，每人奖金5000元。实施《嘉应学院学生资助工作实施办法》《嘉应学院家庭经济困难大学新生资助管理办法》，发放各类助学金2031万元，受助学生8496人次；为432名困难学生发放临时困难补助25万元。

【嘉应学院社会服务】　2022年，嘉应学院实施《嘉应学院科技服务梅州行动方案（试行）》，围绕梅州主导产业和经济社会发展需要，主动与地方对接。与地方企事业单位签订横向项目88项，合同金额1122万元，横向科研经费连续2年超过1000万元。选派300多名科技人员服务地方经济社会发展，其中，农村科技特派员100多人。同时派出33个省级农村科技特派员组团助力乡村振兴，服务梅州经济社会高质量发展。

年内，嘉应学院发挥学科专业优势、教师教育优势，举办“中国足协D级和广东省E级足球教练员培训班”“梅县区乡村振兴培训班”“‘长江公益　苔花开’教师成长计划培训班”等培训班，培训350多人次。嘉应学院获批为粤北乡村学前教育发展研究中心（全省唯一一所获批的本科高校），获2022年度省级示范性培训项目11项、粤东西北地区中小学教师全员轮训项目25项，培训中小学骨干师资等2000多人，助力粤东北基础教育提高质量。举办“2022粤台客家文化研习营”，与梅州市侨联等单位合办“海上丝绸之路与梅州客家华侨”学术研讨会，推进两岸文化交流。深化教育对外开放，与马来西亚拉曼大学、泰国程逸皇家大学、泰国那黎宣大学等国外高校开展合作办学，持续推动国际化办学。

2022年12月，嘉应学院本部东20~23栋学生宿舍工程竣工投入使用

（嘉应学院供图）

【嘉应学院校本部东20~23栋学宿舍工程竣工】　2022年12月，嘉应学院校本部东20~23栋学生宿舍工程竣工投入使用。该项目是“提高高等教育毛入学率工程”基建项目之一，建筑面积71785.06平方米，其中，东20、21栋为地上12层，东22、23栋为地上15层，有4栋学生宿舍、1个标准塑胶篮球场、11个羽毛球场及其他配套用房，首层设置会客室、便利店、活动室等设施，有学生床位数5824个；地下一层建筑面积5989.37平方米。

【《岭南特色水果智能采收技术》项目成功“揭榜”】　2022年8月，由广东省农业农村厅主办，广州国家农业科创中心承办的《“十四五”广东省农业科技创新十大主攻方向“揭榜挂帅”》项目竞选评审在广州国家农业科创中心举行。嘉应学院教授杨洲牵头申报的《岭南特色水果智能采收技术》项目成功“揭榜”，是粤东西北地区唯一一个“挂帅”单位，榜单启动金额 300 万元。该项目针对柚子、荔枝、香蕉、菠萝等岭南特色水果智能采收过程中作业精度和效率不高、机械损伤大、设备初始投入大等瓶颈问题，研发智能采收关键技术与装备，促进岭南特色水果产业转型升级，服务乡村振兴。

【“图像的多尺度特征融合与自适应判别分析”项目获中国图象图形学会自然科学奖二等奖】 2022 年 12 月，嘉应学院黄可坤教授作为完成人的项目“图像的多尺度特征融合与自适应判别分析”（主要完成单位：中山大学、嘉应学院）获 2022 年度中国图象图形学会自然科学奖二等奖。

【嘉应学院获批“2022 年度广东省重点建设学科科研能力提升项目”立项 9 项】 2022 年 12 月，广东省教育厅公布 2022 年度广东省重点建设学科科研能力提升项目立项名单，嘉应学院有 9 个项目获批立项。嘉应学院重视省级重点建设学科科研项目的培育与申报工作，围绕广东省“冲补强”提升计划重点工作，加强学科建设，加大科研平台和科研团队建设的资金投入，调动教师的积极性和创造性，整合校内优质资源，推动学校整体学术研究和科技创新水平的跃升。

2022 年 11 月 9 日，嘉应学院在田家炳图书馆举行“百年学府·百年征程”校史展开幕仪式
（嘉应学院供图）

【嘉应学院举行“百年学府·百年征程”校史展】 2022 年 11 月 9 日，嘉应学院在田家炳图书馆举行“百年学府·百年征程”校史展开幕仪式。校史展分为图文展示和实物展示两大部分，其中，图文展示包含序言、百年征程、人才培养、科学研究、社会服务、文化传承、对外交流、校园建设、新的征程和后记 10 个部分；实物展示包含历史物件、科研成果和教学成果等实物展品。校史展通过文字、图片、视频和实物等陈列，全面展示嘉应学院的百年办学发展历程和不同时期学校的面貌，展示嘉应学院坚持师范教育传统，为社会、国家培养人才，对梅州教育、社会、经济发展作出的突出贡献。

【数学学院院长、教授黄可坤在国际顶级学术期刊发表论文】 2022 年 9 月，黄可坤以第一作者在人工智能方面的国际顶级刊物 *IEEE Transactions on Cybernetics*（中科院一区，影响因子：19.118）发表“Hyperspectral image classification via discriminant Gabor ensemble filter”。该论文针对高光谱遥感图像分类，在卷积神经网络的基础上提出一种新的 Gabor 集成滤波器（GEF），使得在能提取图像深层次特征的同时减少需要学习的参数的数量，使高光谱遥感图像具有更高的分类准确度。

【嘉应学院获评“2022 年度广东共青团工作先进单位”】 2023 年 2 月，共青团广东省第十四届委员会第七次全体（扩大）会议在广州召开，会上对 2022 年度全省共青团工作先进单位进行表彰，嘉应学院获评“2022 年度广东共青团工作先进单位”荣誉称号。

【嘉应学院在 2022 年全国大学生数学建模竞赛获 2 项全国二等奖】 2022 年 11 月，2022 年全国大学生数学建模竞赛获奖名单公布，嘉应学院邓富珍、刘俊楠两个团队分获全国二等奖。该次竞赛来自全国及英国、马来西亚等国家的 1606 所院校/校区，54257 个团队（本科组 49424 个团队，专科组 4833 个团队），超过 16 万人报名参赛。

【嘉应学院在第十三届“挑战杯”广东大学生创业计划决赛中获佳绩】 2022年6月，第十三届“挑战杯”广东大学生创业计划竞赛终审决赛在广东外语外贸大学举行，终审决赛采用线上线下相结合方式开展，嘉应学院在德龙会堂一号会议室设立分会场。嘉应学院选送的参赛作品获金奖1项、银奖5项、铜奖6项。

【嘉应学院在第十一届大学生运动会游泳项目比赛中夺金、银牌】 2022年5月，广东省第十一届大学生运动会游泳项目比赛在广东奥林匹克体育中心游泳馆举行，来自全省96所院校的1148名运动健儿参与角逐。嘉应学院汤洁璇同学获女子乙A组200米自由泳金牌，并摘得女子乙A组400米自由泳银牌。（嘉应学院）

嘉应学院梅州师范分院

【嘉应学院梅州师范分院概况】 嘉应学院梅州师范分院前身为广东省梅州师范学校，创建于民国2年（1913），2001年12月经广东省人民政府批准并入嘉应学院，升格为嘉应学院的二级学院。2022年，校园占地面积约9万平方米，建筑面积6万多平方米，教学仪器设备总值1500多万元，图书馆藏书14万册，校外教育实习基地36个。内设办公室等6个行政科室和中文系等6个系部，在编教职工117人，正高级职称2人，享受国务院政府特殊津贴专家1人。设有学前教育、小学语文教育、小学英语教育、小学数学教育、音乐教育、美术教育、现代教育技术7个专科专业；与校本部协同培养汉语言文学、英语教育、小学教育3个本科专业，在校学生1345人。学生在省大学生各类专业技能比赛中多次获奖，在嘉应学院历届师范生技能竞赛中取得优异成绩，毕业生受到用人单位普遍好评。

【教学管理】 2022年，嘉应学院梅州师范分院加强教学管理，提高办学质量。坚持学校领导看、听课制度，抓课堂教学秩序，提高教学效果，坚持教学检查常规化，提高教学水平。学生毕业时需具备一手漂亮的三笔字、一口流利的普通话、一身娴熟的弹唱跳画、一套规范的队列体操、一堂高效的说课试教和一个适用的教学课件。

【人才培养】 2022年，嘉应学院梅州师范分院加强专业建设，突出办学特色，在人才培养方面取得成绩。2018级2名毕业生考上研究生，2022届452名专科毕业生被本科院校录取，升本率54.52%。2022届毕业生教师资格考试笔试通过率86.12%，获得教师资格证比率75.75%。学生参加嘉应学院第六届“互联网+”大学生创新创业大赛，1个项目获金奖。参加嘉应学院第十二届师范技能竞赛，12人获得一等奖、11人（组）获二等奖、5人获三等奖。参加广东省职业院校技能大赛学生专业技能竞赛，1人获三等奖。参加嘉应学院2022年全国大学生英语竞赛初赛，1人获二等奖、4人获三等奖。

【教研科研】 2022年，嘉应学院梅州师范分院组织2022年省高等职业教育教学质量与教学改革工程验收工作，顺利通过学校验收项目2项；组织市社科课题申报项目2项；3个课题完成结题验收工作；教职工发表论文（作品参展）6篇（幅）；办理科研项目经费支用审批2项。

【师资建设】 2022年，嘉应学院梅州师范分院引进博士1人，有5名教师在读博士学位。有广东省劳模与工匠人才创新工作室1个，有博士、教授或国家级协会会员为主持人的高层次人才工作室4个。

【就业工作】 2022年，嘉应学院梅州师范分院毕业生就业率稳步提升，2022届毕业生就业率93.97%，在嘉应学院18个二级学院中排名第三。

【办学条件】 2022年，嘉应学院梅州师范分院投入300多万元改善学生宿舍设施、投入200多万元建设智慧教室和钢琴实训室等，改善教学条件。投入100万元改善校园环境和设备设施。

【体制调整】 2022年，嘉应学院梅州师范分院配合做好办学体制调整。按照嘉应学院要求，及时提供所需材料，做好清产核资工作。做好教职工思想稳定工作，组织教职员工学习嘉应学院各项规章制度，确保顺利过渡，尽快融入嘉应学院管理体制。（杨文强）

嘉应学院医学院

【嘉应学院医学院概况】 2022年，嘉应学院医学院占地面积10.16万平方米，建筑面积9.73万平方米。

在校全日制学生 4980 人。有专任教师 287 人，其中副高职称以上教师 86 人、中级职称教师 142 人；具有硕士以上学位教师 114 人，博士学位教师 28 人；聘请廖万清院士等客座教授 20 人。教学仪器设备总值 5360 万元，纸质图书、电子图书藏量 27.1 万册（种）。办学 72 年来，为社会培养输送 39820 名各层次卫技人才。

【教育教学】 2022 年，嘉应学院医学院开展“卓越护理人才”（56 人）和“卓越医师”（63 人）培养工作。获得嘉应学院“教学改革与教学质量工程”重点项目和实验室教学改革项目立项各 1 项。开展思政课程，2 门课程获得学校一流本科课程建设立项。2022 届护理学本科生护士执考一次性通过率 100%，获得大学生创新创业项目立项 26 项，38 名学生被暨南大学等高校录取为硕士研究生。参加嘉应学院第六届“互联网 +”大学生创新创业大赛，获得 1 枚金牌、2 枚银牌、1 枚铜牌的好成绩。

【科研工作】 2022 年，嘉应学院医学院组织申报国家省市项目 32 项，获得各层次立项 23 项；完成科研项目结题 37 项；发表论文 55 篇。

【平台建设】 2022 年，嘉应学院医学院投入 470 万元新建脑科学与心理健康研究所，搭建高层次人才科研平台；投入 300 万元完善中心实验室、客研所、药效评价实验室、化学合成实验室等实验平台建设，推动科研项目顺利开展。

【研究生培养】 2022 年，嘉应学院医学院加大与汕头大学医学院、佛山科学技术学院联合培养硕士研究生工作力度，在职研究生 4 人。6 月首名联合培养研究生顺利毕业，实现“零”的突破。

【人才建设】 嘉应学院医学院对标学校“申硕”专任教师博士比指标体系，录用 2 名博士研究生，中山大学—嘉应学院博士后创新实践基地录用博士 17 人。组织 106 人次参加“混合式课程建设与教学实践策略”等多场线上教学专题培训会；开展教学督导听课 44 次，全院性巡课 4 次，促进教师教学水平提高。

2022 年 7 月 11 日，嘉应学院医学院火星筑梦志愿者服务队到梅县区程江镇文化活动中心开展志愿活动（刘桓江 摄）

【嘉应学院医学院社会服务】 2022 年，嘉应学院医学院做好梅州市中西医类别全科医生 139 人的转岗培训工作。组织完成粤东六市 1412 人的中医类别医师资格实践技能考试工作。组建 32 名党员干部组成的核酸采样志愿者服务队。开展“学党史践初心，我为群众办实事”医疗志愿服务活动，全年参加志愿服务活动 4463 人次。

【招生就业】 2022 年，嘉应学院医学院抓好招生就业工作，录取新生 1298 人。拓宽就业门路，举办毕业生供需见面会，毕业生整体素质和就业竞争力逐年提升，2022 届毕业生初次就业率 95.4%。毕业生深受用人单位好评，得到社会认可。

【学生奖助贷】 2022 年，嘉应学院医学院 1823 名学生获各类奖学金或荣誉。关心帮助贫困学生，为 479 名学生发放国家助学金 163.8 万元，为 102 名学生发放省城乡低保家庭高校毕业生求职创业补贴 30.6 万元，发放助学贷款 284 万元，纾解部分贫困学生的经济难题。

【中山大学附属第一医院南丁格尔工作室揭牌暨嘉应学院荣誉教授聘任仪式在嘉应学院医学院举行】 2022 年 6 月 17 日，嘉应学院在嘉应学院医学院举行中山大学帮扶嘉应学院项目——“中山大学附属第一医院南丁格尔工作室揭牌暨嘉应学院荣誉教授聘任仪式”。中山大学附属第一医院护理部主任、第 48 届国际南丁格尔奖章获得者成守珍聘任为嘉应学院荣誉教授。仪式结束后，成守珍教授在嘉应学院医学院大百汇图书馆学术报告厅为师生作题为《新时代南丁格尔精神》的学术报告。她勉励护理专业学生加强学习，掌握技能，以一世之专注、一技之精湛，传承永不磨灭的南丁格尔精神，践行救死扶伤的神圣职责，尽力守护人民健康。　（嘉应学院医学院）

梅州开放大学

【梅州开放大学概况】　2022 年，梅州开放大学以发挥在地方教育及经济建设中的作用为宗旨，以促进学校自身发展为目标，学校领导班子团结和带领全体干部职工科学谋划，统筹安排各项工作，着力提升服务水平和办学水平。梅州开放大学获评 2022 年度全省开大体系“新闻宣传工作先进集体”，教师陈苏婷获评“新闻宣传工作先进个人”。

【学历教育】　2022 年，梅州开放大学重点实施“人才融湾——回引梅州籍人才创业投资学历提升”工程，对标梅州“赣闽粤原中央苏区对接融入粤港澳大湾区振兴发展先行区”建设和“人才振兴 16 条”，对接湾区产业发展要求，探索建立校校、校企、校地、校所甚至国际合作的协同育人新机制，具体实现专业设置与产业结构、课程内容与从业能力、教学过程与生产实践对接，致力培养输送一批湾区所需应用型人才。加强校友联合联络，同步联合梅州商会、客家乡亲联谊会等协会，面向有意回梅州就业创业的能人志士提供订单式学习培训服务，根据需求推出各类短期或长期的学历提升、职业技能培训课程，助推回引人才参与家乡建设。全年招录新生 434 人，其中研究生 42 人，国开、广开本专科生 392 人。

【拓展社会培训服务渠道】　2022 年，梅州开放大学立足学校公益性教育定位特点，提供各类教育培训服务。申报职业技能等级认定资质，争取获批教师资格证、护工证等级认定资质。提供证书考证培训；承接教育行政部门培训项目；承接中小学教师的国培、省培等教师培训项目；承接政府或者行业部门系统干部员工学习培训项目；深入社区，为社区居民开展党的二十大精神宣讲、政策宣讲、科普宣传、法治宣传、环保与卫生宣传等公益讲座。

【社区教育示范点建设】　2022 年，梅州开放大学在龙东社区大学设立教学点，依托龙东社区建造符合终身教育要求的教学场地，地域覆盖龙东社区、客天下、东升工业园，面向该区域少、青、中、老不同年龄层居民开展多类型、多层次、多形式的社区教育，惠及人群 10 万人。顺利开展社区教育少儿兴趣班结业典礼。

【广东老年大学梅州学院建设】　2022 年，梅州开放大学进一步扩大教学规模，对广东老年大学梅州学院教学场地、教学设施设备、校园环境进行全面改造升级，为老年学员提供优质的学习服务。梅州开放大学加强与老龄委、老干部局等单位沟通交流，争取相关部门支持，探索多元办学体制，力争将广东老年大学梅州学院建设成为梅州老年教育示范基地，缓解梅州城区老年教育“一座难求”的困境。

【乡村人才培养】　2022 年，梅州开放大学不断推进乡村振兴教育，培养乡村人才，加快推进梅州开放大学加挂“广东开放大学乡村振兴学院梅州分院”的牌子，同步推进其他县（市、区）开放大学加挂乡村振兴学院分院牌子，初步形成“省、市、县”三级办学网络。不断向“镇、村”延伸，推进在乡镇设立乡村振兴学院分院，在村里设立乡村振兴学院教学点，逐步形成乡村振兴教育省、市、县、镇、村五级办学网络体系。

【梅州开放大学教师申报教改项目获立项】　2022 年，梅州开放大学教师石伟祥申报的《开放教育本科会计学专业毕业论文教学管理中存在的问题及对策——以广东开放大学体系为例》课题，教师梁颖钧申报的《浅析开放教育实践环节教学实施工作中存在问题及对策——以专科会计学专业为例》课题，经公开申报、审核、专家组评审、教学指导委员会审议通过，获 2022 年广东开放大学体系教改项目立项。　（饶彩霞）

职业教育

职业教育综述

【职业教育概况】　2022 年，梅州市贯彻落实《广东省职业教育“扩容、提质、强服务”三年行动计划（2019—2021 年）》《广东省教育厅关于实施广东省高水平中职学校建设计划的通知》等文件，推动职业教育发展上新水平。推进广东梅州职业技术学院和嘉应学院紫琳学院的建设。2022 年，梅州市中等职业学校有 13 所，在校学生 24831 人，教职工 1542 人，专任教师 1270 人。

【职业院校技能大赛】 2022 年，梅州市职业学校参加广东省职业院校学生专业技能大赛获得 14 个奖项，39 人获奖，其中一等奖 2 项，8 人获奖，二等奖 2 项，2 人获奖，三等奖 10 项，29 人获奖。参加梅州市职业学校技能大赛获奖人数：学生 383 人，其中一等奖 60 人、二等奖 77 人、三等奖 118 人、优秀奖 128 人；指导教师 341 人，其中一等奖 54 人、二等奖 70 人、三等奖 105 人、优秀奖 112 人。

（梅州市教育局）

广东梅州职业技术学院

【广东梅州职业技术学院概况】 广东梅州职业技术学院是以梅州农业学校（梅州理工学校）为基础新建的，经广东省人民政府批准、教育部核准设立的公办全日制普通高等职业院校。广东梅州职业技术学院位于广东省梅州市梅江区学院路 15 号，坐落在周溪河畔。校园占地面积 40 万平方米，校舍建筑面积 30 万平方米，规划在校生 1.2 万人，有校本部和广梅产业园校区 2 个校区，其中校本部划分为东区、西区、北区。2021 年秋季开始正式招生，2022 年 10 月第二届学生入学，新建校本部北区投入使用。有农业工程学院、信息工程学院、机电工程学院、财经商贸学院、教育学院 5 个二级学院，计划开设 45 个专业，已开设畜牧兽医、汽车检测与维修技术、大数据技术、烹饪工艺与营养、学前教育、电子商务、大数据与会计等 20 个专业。

广东梅州职业技术学院是广东省博士工作站、中国客家菜研发培训基地、广东省“粤菜师傅”培养示范基地、华南农业大学研究生联合培养基地、岭南信创测试研发中心粤东分中心、梅州市工程技术研究中心。

【招生工作】 2022 年，广东梅州职业技术学院计划招生 2500 人，实际录取 2500 人，一次性满档录取，其中，春季招生人数较多的专业有学前教育 585 人、大数据技术 433 人、畜牧兽医 254 人；夏季招生人数较多的专业有计算机应用技术 148 人、大数据与会计 138 人、宠物医疗技术 112 人。实际到校报到 2251 人，报到率 90.04%，在广东省同类高职院校中报到率排名靠前。2022 年，中职招生数 581 人。

【教育教学】 2022 年，广东梅州职业技术学院始终把教育教学作为中心工作，把教育教学高质量发展作为主旋律，坚持立德树人，深入开展一体化教学改革，抓师德师风建设，着力打造高水平职业教育教师创新团队。6 名教师指导高职学生参加“第十二届全国大学生红色旅游创意策划大赛—华南地区—红色旅游线路设计”获一等奖、二等奖各 1 项，参加“第十届全国大学生数字媒体科技作品及创意竞赛”“2022 年全国职业院校二手车全产业链职业技能大赛”获三等奖；学生参加广东省职业院校学生技能大赛 3 个赛项比赛，获一等奖 1 项、三等奖 2 项；学生参加梅州市职业学校技能大赛 5 个赛项竞赛，10 人获一等奖、19 人获二等奖、8 人获三等奖；教师 59 人参加各级各类技能竞赛、教学技能竞赛、班主任能力大赛、市级评优评先分获省、市级表彰奖励；教师获广东省教育评估协会第三届优秀成果奖三等奖 1 项；教师曾超指导梅州选手参加广东省第十三届中学生运动会乒乓球女子单打比赛获“冠军”；7 个项目获 2022 年度广东省普通高校重点科研平台和项目立项，其中重点领域专项 1 项、青年创新人才项目（自然科学）3 项、特色创新项目（自然科学）3 项。

【专业建设】 2022 年，广东梅州职业技术学院高职招生专业 20 个，其中新增招生专业 15 个：园艺技术、茶叶生产与加工技术、宠物医疗技术、畜禽智能化养殖、园林工程技术、机电一体化技术、智能控制技术、智能机器人技术、新能源汽车技术、食品检验检测技术、物联网应用技术、计算机应用技术、大数据与会计、电子商务、广告艺术设计。年内，广东梅州职业技术学院不断完善专业实训设备设施，建成 1 个国家级实训基地、11 个省级实训中心。大数据技术专业 2 个实训室、1 个经贸综合实训室、3 个计算机类实训室建成并投入使用；省级“粤菜师傅”培养示范基地建设项目（484 万元）建成并投入使用；4 个博士工作室建成；西区汽车维护中心建成投入使用；畜牧兽医综合实训大楼实验室、一楼教学动物医院建成并投入使用；

工业机器人实训设备采购项目(105万元)、CAD/CAM计算机实训室升级改造项目(70万元)建成并投入使用;北斗信创研发实训中心项目、计算机智能工程综合实训室建设项目进入招标采购流程。

【校企合作】　2022年,广东梅州职业技术学院坚持以产教融、校企合作为抓手,推进与梅州高新区、丰顺县人民政府、梅州市印制电路行业协会等开展政校协企合作。与丰顺县、梅州高新区等签订校地战略合作协议,与辉骏科技、双十科技、立讯精密、国大智农、神石生态等35家本地企业开展学生实习就业合作。探索校企深度合作运行模式,与广东辉骏科技集团有限公司共建机电产业学院、计算机产业学院,与梅州市印制电路行业协会共建电子信息产业学院。与梅州市金柚协会、梅州市蔬菜协会、梅州市畜禽养殖协会、客家园林股份有限公司、广东神石生态农科股份有限公司、广东鸿利丰生物科技有限公司、梅州市富有农业科技有限公司、兴宁市金鸽养殖专业合作社等60多家农业行业企业合作,开展产品研发应用推广;与梅州市餐饮行业协会、梅州市金苑餐饮管理有限公司合作,开展预制菜研制并成功上市。完善科技服务管理制度,组织科技创新团队(人员)以科技下乡、农科特派员等多种形式下乡推广、送教到田间地头等,提升乡村农技水平、市场意识、管理素质。召开梅州市印制电路行业协会会员单位专场宣讲会,全力宣传发动、引导推荐学生到本地企业实习,组织学生到广东盈华电子公司实地参观,提高感性认识,坚定本地实习决心。实习工作安全有序,效果良好。2019级学生顺利完成岗位实习,就业率99.89%,梅州本地就业人数占比32.06%。

【科研工作】　2022年,广东梅州职业技术学院坚持科研引领,推动人才培养、专业建设、教师发展。5月,广东梅州职业技术学院"广东省博士工作站"经广东省人力资源和社会保障局批准设立,获拨补助经费50万元;申报"2022年度高等学校科研平台和项目"立项10项,包括重点领域专项1项、青年创新人才项目(自然科学)3项;申报梅州市科技局科技计划项目指南征集项目5项;加强"梅州市石斛产业化工程技术研究中心""梅州市中兽药工程技术研究中心"2个工程研究中心、4个博士工作室的科研项目管理工作,项目研究进展顺利,申请4项发明专利并得到受理;制订"广东梅州职业技术学院纵向科研项目自然科学类经费管理办法(试行)";督促2个梅州市农村科技特派员团队开展工作,助力乡村振兴。教师课题结题1项、立项课题6项、在研课题13项。

【第二课堂】　2022年,广东梅州职业技术学院始终把第二课堂作为激发学习兴趣、展现学生风采、挖掘学生潜能的舞台。开展"喜迎二十大、永远跟党走、奋进新征程"主题教育实践活动,组织开展广东梅州职业技术学院第一届"新生杯"篮球赛、"喜迎二十大、唱响新时代"校园十大歌手大赛、"致青春、致未来"配图摄影比赛、"喜迎二十大、青春在行动"短视频摄影比赛等;组织师生团员50人到叶剑英纪念园开展社会主义核心价值观主题教育和国庆升国旗活动,2021级师生480人参与活动;组织2022年广东省职业院校"技能成才、强国有我"系列主题教育,收到100多份作品,推荐5个优秀作品参加省赛;中职部推荐37份作品参加广东省"文明风采"比赛活动;组织学校20个学生社团开展形式多样、内容丰富的活动,开展"非遗"传承活动,活跃校园文化生活,展示学校文化艺术魅力和学生社团风采;组织开展国旗下讲话、专题黑板报评比、经典诵读比赛、绘画比赛、过好我们的节日、扣好人生第一粒扣子、争当新时代好少年等活动,丰富未成年人思想教育活动载体,助推梅州"全国文明城市"创建。

【心理健康教育】　2022年,广东梅州职业技术学院开展心理健康教育,推动学生快乐学习、阳光生活、健康成长。开展春季、秋季学生心理危机排查,准确掌握和持续关注学生心理健康状况,预防并妥善处置心理危机事件;开展"2022年心理健康教育活动月"系列活动,主要包括心理健康主题班会、"疫情之下,依然精彩"微视频创作大赛、心理健康主题演讲、心理健康主题漫画、公益广告创作等;印制《如何应对突如其来的变化——疫情防控常态化背景下心理防护指南》,引导学生以良好的心态积极投入学习和生活中去;开展新生入学适应专题讲座,印发《广东梅州职业技术学院新生心理适应指南》,缓解新同学的适应困难问题,帮助新同学以健康的心态迎接新的学习生活;开展个体心理辅导。心理辅导教师严格落实值班制度,为有需要的同学提供个体心理辅导服务，开展个辅 236 人次，提升学生群体的心理健康水平。

【助学工作】 2022 年，广东梅州职业技术学院全面贯彻国家助学政策，做好助学工作，加强助学金管理，确保无学生因贫辍学。中职学生春季享受免学费 3483 人，秋季 2848 人；春季享受助学金 490 人，秋季 283 人，发放国家助学金 77.3 万元。高职学生春季享受国家助学金 38 人，秋季 124 人，发放助学金 47.52 万元，缓解贫困学生的经济压力。中高职学生有 10 人获得国家奖学金。

【培训工作】 2022 年，广东梅州职业技术学院做好 714 人次在校学生“3 + 证书”考核鉴定组织工作；做好 472 人次学前教育专业学生普通话水平测试的组织工作；做好 1321 人中小学教师资格考试面试的报名审核和面试工作。

（广东梅州职业技术学院）

梅州市职业技术学校

【梅州市职业技术学校概况】 梅州市职业技术学校是一所梅州市教育局直属的国家级重点中等职业技术学校、全国首批国家中等职业教育改革发展示范学校。学校有 2 个校区：校本部（东山教育基地）、江南校区（富奇路，由原市商业学校和原市财贸学校组成）。校园占地面积 13.27 万平方米，建筑面积 9.2 万平方米，教职工 366 人，全日制在校生 6300 余人（含大专生 120 人）。中央财政支持的职业教育实训基地 1 个，省级财政支持的实训基地 7 个，设备价值 6000 多万元。2022 年，学校艺术设计与制作、动漫与游戏制作和商务英语 3 个专业停止招生，新增休闲体育服务与管理专业，共开设 18 个专业，其中校本部 13 个、江南校区 5 个。

【教师队伍建设】 2022 年，梅州市职业技术学校制订并实施师资队伍建设规划及教师培养计划，学校与行业、企业联合培养培训专业课教师制度，实施双兼双聘，校企人才双向流通。有双师型教师 130 余名。年内，与梅州市星繁教育科技有限公司共同制订动漫外包项目实践方案，利用企业的技术、设备和管理等资源培养高水平师资。聘请企业师傅担任指导教师，选派教师到企业进行岗位实践，提高教师实践能力；制订专业(学科)带头人、骨干教师选拔、培养和管理办法(试行)，以专业群为基础，优化师资资源，提高师资资源的共享程度，建设高水平双师队伍。青年教师获省级奖励项目 7 项、市级 8 项，1 人获南粤优秀教师表彰。

【高水平中职学校建设】 2022 年，梅州市职业技术学校围绕《梅州市职业技术学校广东省高水平中等职业学校建设方案》所确定的建设目标和要求，高水平中职学校建设工作有序开展，项目中期任务点数 122 个，截至 2022 年 12 月底，完成 116 个中期建设任务，完成率 95.08%。

【教学改革】 2022 年，梅州市职业技术学校推动信息技术与教育教学工作深度融合，促进优质教育资源建设、应用与共享，结合学校当前重点教学项目计划，开展中职教育教学质量与教学改革工程项目的申报工作。梅州市职业技术学校 3 个“课堂革命”典型案例及《摄影基础》《计算机网络技术》《平面广告设计》《汽车空调构造与维修》《单片机应用技能实训》5 门在线精品课程进入立项，进一步推进专业课程建设，深化学校教育教学改革，优化课堂教学，提高教学质量。

【深化校企合作】 2022 年，梅州市职业技术学校主动对接企业，与企业开展深度有效的合作，服务地方经济建设的需求。与广东中爱医疗科技股份有限公司、梅州市客创教育咨询有限公司和深圳市康融机械制造有限公司等 9 家企业签订校企合作协议。广东南园教育集团、梅州哔呤贝比早教、惠州瑞贝集团等企业负责人分别到梅州市职业技术学校开展企业文化进校园系列活动，推动企业文化与校园文化建设的融合。校政企互访互动，拓宽校企合作范围。年内，丰顺、平远县政府带领企业到梅州市职业技术学校开展校企对接，梅州市职业技术学校带领专业骨干教师先后到中国大地财产保险股份有限公司梅州中心支公司、丰顺工业园区、梅州高新产业技术园区等多家企业调研，寻求校企合作。

【教学实训竞赛】 2022 年，梅州市职业技术学校成功申报为“梅州市职业技能等级认定机构”，组织 10 项职业工种认定工作；成功申报为智能网联汽车检测与运维职业技能等级证书和网络系统建设与运维“1 + X”证书试点单位；承办并组织完成近 6000 名中职学生参加的全国计算机等级考试，组织学生参加《声乐》《会计》《舞蹈》《旅游》《美术基础》《电工》《钳工》7门课程证书的考核，为学生参加“3＋证书”高考打下基础；组织选手参加2021—2022年度广东省职业院校学生专业技能大赛中的“广告设计与制作”“短视频技术与应用”“WEB前端开发”“互联网营销直播技能”等五个赛项的集训及参赛工作，获二等奖2项、三等奖2项。

【“双带头人”培育】　2022年，梅州市职业技术学校以教师党支部为依托，制订《梅州市职业技术学校“双带头人”教师党支部书记工作室建设标准（试行）》和《“双带头人”党支部书记工作室建设评估标准（试行）》，面向全校，以两年为一个周期，建设首批2个“双带头人”（党建带头人和学术带头人）工作室，把教师党支部书记队伍建设成为新时代学校党建和业务双融合、双促进的中坚骨干力量，让示范引领教师党支部发挥主体作用，把支部工作与教学科研工作有机融合起来，推动全面从严治党向基层延伸。

【劳动教育实践活动】　2022年，梅州市职业技术学校劳动教育基地成功通过广东省教育厅组织专家组的中期验收。梅州市职业技术学校加强与各中小学校对接合作，为东山中学、学艺中学等周边学校的中学生开展劳动教育职业体验活动，组织教师到学艺中学开展“面点制作”职业体验活动20多次，帮助学生提升职业认知、增强职业兴趣、树立职业理想。

【招生就业】　2022年，梅州市职业技术学校进一步优化招生路径，全日制中职招生2318人，全日制中职在校生6270人，居全市中职学校之首；组织2020级1752名学生到企业进行岗位实习，完成2020级高职毕业生85人实习就业工作，鼓励引导学生本地企业就业，服务地方经济发展。

【职业教育活动周活动举办】　2022年，梅州市职业技术学校开展以“天天有活动、处处有看点、人人有收获”为主题的职业教育活动周，举办汽车洗车美容、家电维修、手工作品展示、带货直播、送教上门、技能竞赛等活动，让大家实实在在体验到职业教育的精彩，进一步感受到职业教育的魅力所在，营造大家都来“重视职业教育、向往学习技能”的良好氛围。

（梅州市职业技术学校）

2022年，梅州市职业技术学校举办“智能家居安装与维护”技能竞赛活动

（梅州市职业技术学校供图）

梅州市技师学院

【梅州市技师学院概况】　梅州市技师学院创办于1985年，系梅州市政府主办、市人力资源社会保障局主管的公办国家级重点技工院校，是一所承担培养中级工、高级工、预备技师学制教育及各类职业技能培训、资格鉴定、考核评价及就业推广服务的综合性技工院校。学院位于梅州市区，坐落于剑英湖畔，毗邻梅州火车站、梅州梅县机场、高速出口，占地面积9.51万平方米，建筑面积10.28万平方米，拥有现代化的教学楼、图书馆、实训楼、宿舍楼、运动场等办学设施。有教职工298人，其中具有中高级职称和研究生以上学历教师159人、南粤优秀教师3名、嘉应名教师2名、叶剑英基金优秀教师2名，建有“伍小建数控加工技能大师”工作室；在校学生6140人，设有机械工程系、计算机技术系、电气与汽车工程系、商务贸易系4个系部，开设有16个中级工专业、5个高级工专业和3个预备技师专业；与省内外200家知名大型企业建立长期校企合作关系，学生历年就业率在99%以上。梅州市技师学院先后被授予“广东省志愿者服务示范校”“全国巾帼文明岗”“全国三八红旗集体”“全国五四红旗团委”等

荣誉称号。

【高水平技师学院建设】 2022年，梅州市技师学院申报高水平技师学院。贯彻落实《国务院关于加快发展现代职业教育的决定》《人力资源和社会保障部关于印发技工教育“十三五”规划的通知》精神，以高素质技能人才培养为核心，建设知识型、技能型、创新型劳动者大军，着力深化改革、创新突破、示范引领，注重创新办学机制、激发学校发展活力、提升人才培养质量、增强综合实力。

【深化产教融合】 2022年，梅州市技师学院与嘉元、博敏等多家企业签订校企合作战略协议，以“校企合作、共建基地、顶岗实习”的模式共建校外实训基地；与美的、闯越等公司持续深化工学一体化合作，通过强化师资培训提升教学质量；与星园酒家合作开设“客家非遗美食进课堂”课程，用好名厨名师资源打造特色精品课程。对接园区，助力本地企业，输送1000多名中高级技能人才；开设“广汽传祺班”“格力凌达班”“闯越精英班”“艺博班”4个冠名班；与兴宁市奥浦合金工业有限公司组建产学研联合体，共同开展企业项目的研发工作；校企合作开发《网店推广》等13套校本教材，共建数字化教学资源库；与广东客汇文化传媒有限公司、梅州市嘉禾琴行等企业合作共建师资队伍。闯越精英班制作的“家点味”App软件进入省“众创杯”创业创新大赛“技能工匠争先赛”和梅州市第二届创新创业大赛复赛。通过深化校企合作，构建校企互动、优势互补、互利共赢的良好机制，为师生磨炼提升技能水平提供实践平台，也为满足企业发展需求培养实用型人才。推动校政、校军等合作，与96169部队、消防局、梅州监狱、梅州戒毒所等单位合作开展技能培训，2016年起培训部队士官、消防队员、社会人员、服刑人员、戒毒人员等1000多名学员。

【教学工作成果】 梅州市技师学院坚持德育为先，深化教育教学改革，创新人才培养模式，截至2022年底，培养输送3万多名中高级技能人才。通过举行校内各专业“技能节”，选派参加省市各级技能竞赛，以赛促教、以赛促学。在第六届全国数控技能大赛广东省选拔赛中，梅州市技师学院选派的温志峰、曾航获加工中心（五轴）师生组合（高级组）全省第一名，并代表广东省参加全国数控技能大赛获第三名。

【德育工作成果】 2022年，梅州市技师学院以“笃学励志，厚德崇技”为校训，围绕“培养什么人、怎样培养人、为谁培养人”这个根本问题，坚持德育为先，以“立德树人”教育使命，不断深化德育工作。通过开展“智慧师爱”“立德树人”班主任演讲比赛、“讲担当、比奉献”演讲比赛、工匠精神专题学习等各类师德专题活动，不断提高学院教师师德水平；通过学生演讲、专家讲座、“人生哲理”大讲堂、学生辩论赛、工匠精神开学第一课等方式开展各类学生德育活动，不断推进学生德育工作。在全国技工院校中首创“学校—家庭—社工—检察官”四位一体育人体系，构建全员协同、全程覆盖、全方位渗透、技工教育特色突出的育人体系，“三全育人”工作走在全市技工院校前列。四位一体育人体系的做法在国务院妇女儿童工作委员会网站刊登，作为典型案例在全国推广。梅州市技师学院先后获评“广东省中小学心理健康教育优秀成果二等奖”“广东省技工院校‘心理健康活动月’风采展示活动三等奖”。

【招生就业】 2022年，梅州市技师学院在招生思路、招生政策、招生机制等方面主动求变，强化招生宣传，确保秋季招生完成预期目标。2022年秋季招生2809人，在校生6140人（含实习生），招生人数和在校生人数均为近10年新高。就业方面主动深入梅州高新区、梅江区、丰顺县、梅县区等地对接企业，为重点企业设专场招聘会，引导学生留梅就业，指导服务1167名实习学生找到工作岗位，留梅实习生占比68%。

【强化师资建设】 2022年，梅州市技师学院引进5名硕士研究生，并成为学院教学骨干，不断提升教育教学质量。开展师资专项培训，先后投入近225万元省级专项资金用于师资专项培训及教材课程建设，培养7名专业带头人、5名项目负责人、40名骨干教师、57名一体化教师。开展省级强师工程，争取教师资助项目专项资金，着力推动专业带头人培训。开展校本师资培训、校内教师技能大比武，不断提高教师教学技能水平。张燕玲、徐晅、伍小建、朱盈盈、温志峰、杨政等教师先后被评为“南粤优秀教师”“嘉应名教师”和“叶剑英基金优秀教师奖”；学生曾航被共青团中央委员会授予“全国最美中职生”称号。伍小建、游月琴、张冬平等30多名教师的教学论文、教学成果多次在全国、省级论文评选和课件课题评选中获奖。

【梅州市技工院校教师节庆祝大会召开】　2022年9月9日，梅州市技工院校教师节庆祝大会在梅州市技师学院礼堂召开。梅州市政府副市长谢钦文出席会议并讲话，市人社局主要负责人通报全市技工教育发展情况，表扬技工院校优秀教师、优秀教育工作者、优秀班主任，优秀代表分别上台发言，分享他们的教学经验和表达对教师事业的热爱。

（梅州市技师学院）

民办东山系列学校

【梅州市东山系列学校概况】　梅州市东山系列学校旗下包括梅州市东山学校、梅州市培英中学、梅州市梅江区东山学校附属小学、梅州市培英东山高级中学（筹办）。2022年，梅州市东山系列学校发展齐头并进，教育教学成果全面开花。梅州市东山学校1291人参加中考，其中梅县东山中学上线人数357人，重点中学上线人数999人，连续15年在全市名列前茅；梅州市培英中学324人参加中考，其中梅县东山中学上线人数67人，重点中学上线人数193人，各项比率在稳步提升中均有一定突破；梅州市梅江区东山学校附属小学在全区期末教学质量检测中名列前茅，学校师生代表参加国家、省、市、区各项比赛，均取得优异成绩。

梅州市东山系列学校董事长巫礼兵自2012年起连续3届当选为梅州市第六、第七、第八届人大代表、立法委员会委员。2022年，梅州市东山学校校长李文鑫当选为梅州市梅江区第九届人大代表；梅州市东山学校党委书记巫广剑当选为第一届中共梅州市教育局直属机关委员会委员；梅州市东山学校工会主席肖海梅当选为中共梅州市第七次党代会代表。

2022年12月26日，梅州市培英东山高级中学一期项目基本完工

（梅州市培英东山高级中学供图）

【梅州市培英东山高级中学基本建成】　梅州市培英东山高级中学是为响应梅州市委、市政府“集团化办学”的号召而兴建的一所全日制民办高级中学，学校位于梅州市梅县区程江镇大和村，总投资额5.5亿元，总占地面积7.5万平方米，建筑面积11万平方米；学校于2020年4月动工，分两期投资建设。2022年12月，第一期工程建设基本建成，投入2.5亿元，计划于2023年秋季招收高一新生800名、高三复读生200名。第二期建设土地已征收完毕。

梅州市培英东山高级中学一期有教学楼2栋、综合楼1栋、学生宿舍2栋、食堂2个、运动场1个、篮球场3个、羽毛球场2个。教室、实验室和其他功能场室均达到《广东省普通高中基本办学标准》要求。

【梅州市东山学校】　梅州市东山学校创建于1999年8月，是梅州市教育局主管的一所民办初级中学。学校位于梅州市东山教育基地学子大道，占地面积3.97万平方米，建筑面积3.71万平方米，各项设施指标均达到国家规定要求。2022年，梅州市东山学校有60个教学班，在校学生3107人，教职工293人。

学校管理　2022年，梅州市东山学校重视党的建设，坚持用党建引领学校各项工作的全面发展，按照围绕教育抓党建、抓好党建促发展的总体要求，坚持在党的领导下完善学校管理体系，不断提升学校管理能力，促进学校管理更加规范化、精细化和科学化。学校实行年级管理责任制，采用行政班子的分线管理和年级自主管理相结合的

2022 年 3 月 22 日，梅州市东山学校与梅州市人民检察院联合共建青少年法治教育基地
（梅州市东山学校供图）

分层管理模式，每个年级安排 1 名年级校长和 4 位楼层主任，负责指导、监督、协调和服务年级组工作，形成有效的管理机制。

办学特色　2022 年，梅州市东山学校坚持“让学生懂得感恩，热爱学习，快乐成长”的教育理念。从学生实际出发，分年级实施“感恩教育”，聘请“全国十大杰出培训师”、南京成功学院教授周舒兴每年定期对不同阶段的学生进行不同主题的感恩教育培训。同时，学校将感恩教育渗透到日常教育教学过程中，坚持感恩教育常态化，通过感恩主题班会、“感动校园十佳人物”评选及“感恩于心，回报于行”文化艺术节等活动，让“感恩教育”深植学生内心。学校还不断创新“感恩教育”的新内容，在“感恩教育”的基础上融入“红色教育”。自 2016 年开始，梅州市东山学校定期邀请开国将军后代合唱团到学校开展爱党爱国红色教育专题讲座或文艺会演，传承红色基因，弘扬红色文化，为学生带来满满的红色正能量，切实让每位学生从“要我学”转变为“我要学”。

办学成果　梅州市东山学校被授予“华南师范大学附属中学优质生源基地”“中国少年儿童美术教育工作示范学校”“广东省义务教育标准化学校”“感恩教育示范学校”“艺术教育特色单位”等荣誉称号。2022 年，梅州市东山学校师生代表在市级各类比赛中均取得优异成绩。其中，获市级奖项的教师有 34 人，学生有 35 人。中考成绩再创辉煌，梅州市东山学校 1291 人参加中考，其中达到梅县东山中学录取线的学生有 357 人，达到重点中学录取线的学生有 999 人。

【梅州市培英中学】　梅州市培英中学是巫礼兵于 2003 年创办的一所完全中学。学校位于梅江区江南新中路东端，校园占地面积 1.32 万平方米，建筑面积 1.02 万平方米。2022 年，梅州市培英中学有 25 个教学班，在校学生 1340 人，教职员工 125 人。

办学特色　2022 年，梅州市培英中学结合各年级学生的实际，定期邀请南京成功学院教授周舒兴分阶段对学生进行不同主题的感恩教育。同时，梅州市培英中学在“感恩教育”的基础上，落实国家“双减”政策，坚持立德树人根本任务，构建“五育并举”教育体系，在学生中推行“红色教育”“励志教育”，并结合学生兴趣开发剪纸、陶笛等校本课程。

办学成果　2022 年，梅州市培英中学获“梅州市文明校园”荣誉称号，学校师生代表参加市级各类比赛，均取得优异成绩。其中，教师 13 人获市级奖项，学生 15 人获市级奖项。

2022 年，梅州市培英中学中考

2022 年 3 月 14 日，梅州市培英中学举行中考百日誓师大会
（梅州市培英中学供图）

成绩再创辉煌，324 人参加中考，梅县东山中学上线人数 67 人，重点中学上线人数 193 人。

【梅州市梅江区东山学校附属小学】 梅州市梅江区东山学校附属小学是经梅江区教育局批准实施规范化管理的一所集午托、晚辅、全寄宿服务于一体的全日制民办完全小学。学校位于梅江区江南美苑路，由巫礼兵于 1998 年创办，2014 年，由“梅州市梅江区培英小学”更名为“梅州市梅江区东山学校附属小学”。2022 年，梅州市梅江区东山学校附属小学有 16 个教学班，在校学生 803 人，教职员工 51 人。

学校管理　2022 年，梅州市梅江区东山学校附属小学全面贯彻党的教育方针，坚持规范办学的原则，以立德树人为根本，深化教育教学改革，全面落实国家“双减”政策，加强“六项管理”，提升教育教学质量。加强师德师风建设，增强教师爱岗敬业意识，激活教师专业发展自觉，以“上好每一节常态课”为抓手，提升教师课题研究能力、专业教育能力，规范教师的教育教学行为，抓好教学流程的各个环节。严格执行上级疫情防控工作的安排部署，推进“线上教学”工作，开展疫情防控期间“停课不停学”活动，促进教育教学水平再攀新高峰。以学生为本，践行社会主义核心价值观，开展文明校园创建活动，营造优美育人环境，开展丰富多彩的校园文化活动和社会实践活动，引导师生弘扬正气、传承美德，摒弃陋习、践行文明，促进师生的思想道德素养、文明礼仪素养显著提高，提升校园文明层次。

2022 年 6 月 29 日，梅州市梅江区东山学校附属小学举行“喜迎二十大 永远跟党走”诗歌朗诵比赛活动　　（梅州市梅江区东山学校附属小学供图）

办学特色　2022 年，梅州市梅江区东山学校附属小学坚持“感恩教育”德育特色品牌，以校园为阵地，以活动为抓手，以感恩父母、感恩老师、感恩社会为内容，开展国旗下讲话、主题班队会、文艺演出、励志讲座等系列感恩教育活动；发动学生在家开展做家务等“孝敬父母、体验亲情”感恩教育实践活动，将感恩教育融入日常教学，营造感恩育人的氛围。学校结合全年的德育工作要点，以各大节日为教育契机，开展“爱祖国、爱学校、爱家庭”三爱主题教育系列活动。对表现优秀的学生及时表扬，评选“当月之星”“新时代美德好少年”，发挥模范引领作用。着力建设书香校园，重视学生阅读习惯的培养，通过建设书香走廊、校园和班级图书角，开展“到班读”、课前三分钟好书推荐、师生共读、撰写阅读笔记，午读课观看《跟着书本去旅行》科教片、学习《论语》和《中华传统文化》，评比“阅读之星”“书香班级”等活动，营造浓厚的读书氛围，激发学生的阅读兴趣，促进学生养成阅读的好习惯。学校结合实际，积极探索和开展特长培训班和兴趣社团，有创意陶艺、七彩黏土、旋风足球、乒乓球、活力舞蹈、客家山歌等课程，促进学生全面发展。2022 年，学校开展运动会、足球比赛、手语舞比赛、创意美术大赛、百人现场书法大赛等体艺类活动 13 次，丰富校园文体活动，学生综合素质进一步提高。

办学成果　2022 年，梅州市梅江区东山学校附属小学在广东省青少年环保创意大赛中获优秀组织单位奖，302、404 中队获“梅州市少先队优秀中队”荣誉称号；学校师生代表参加国家、省、市、区级各项比赛，均取得优异成绩。其中，教师 1 人获国家级奖项、20 人获区级奖项；学生 5 人获省级奖项，3 人获市级奖项，5 人获区级奖项。

（梅州市东山系列学校）

责任编辑：邓柳茹

科　　学

科学综述

【科学概况】　2022年，梅州市深入实施创新驱动发展战略，强化企业科技创新主体地位，发展和提升科技创新平台建设作为实施创新驱动发展战略的重要抓手，集聚催生一批与产业发展紧密结合、各具特色的科技创新平台，推进梅州高新区升级国家高新区，推动梅州实体经济和乡村振兴展现科技担当。年内，全市新增高新技术企业12家，存量276家；培育认定科技型中小企业270家。截至2022年底，全市拥有省级重点实验室3家、省级新型研发机构3家、省工程技术研究中心91家、市工程技术研究中心220家，拥有省级农业科技园区6个，拥有科技企业孵化器8家、众创空间17家。

【科技创新活力激发】　2022年，梅州市出台《梅州市加快实体经济振兴发展若干措施》，设立创新平台奖和科技成果转化奖，集中资源支持重点实验室、新型研发机构、科技成果转化落地等“打粮食”科技项目，不断提高政策支持的精准性和有效性。落实省市科技专项资金2630多万元，以突出就业、税收指标、研发投入、经济贡献为门槛，重点支持制造业重点企业创新发展、高性能铜箔制造企业开展关键核心技术攻关等。年内，通过落实企业研发费用加计扣除等财税激励政策，激励企业加大研发投入，确保减税降费政策“应享尽享”。

【企业创新主体地位强化】　2022年，梅州市以企业为主体、市场为导向，通过实施高新技术企业、科技型中小企业培育计划，不断壮大高新技术企业群体规模。5月24日，梅州市高新技术企业认定申报实务网络培训活动举办，超过140家企业参加，培训活动由广东省科技厅生产力促进中心专家深度解读相关政策、认定条件和申报流程，为梅州市高新技术企业申报工作打下基础；建立政府联系服务企业制度。梅州市科技部门对各县（市、区）和梅州高新区以及铜箔—高端印制电路板、装备制造、新材料、电子信息等重点企业进行定期走访、不定期召开企业座谈会和“一对一”挂钩联系指导，挖掘和培育各地高新技术企业后备力量，壮大梅州区域高新技术产业发展的生力军。

【企业发展后劲增强】　2022年，梅州市聚焦铜箔—高端印制电路板、生物医药与健康、现代农业与食品，一批重点企业不断加快核心技术攻关，不断增强企业发展后劲。由广东超华科技股份有限公司牵头，上海交通大学、华南理工大学和博敏电子股份有限公司参与，联合申报的“高频高速印制电路板（PCB）用极低轮廓电子铜箔的研发及产业化”项目列入省重点领域关键核心技术攻关“一事一议”项目计划，预计可获项目扶持资金2000万元；嘉元科技“高安全大容量动力电池用极薄6微米电解铜箔研发及产业化”项目和威利邦电子科技“中高端精密细线路用电子电路铜箔”项目分别获市应用型科技专项资金重点支持。截至2022年底，全市有150多家科技型企业与市外高等院校科研机构建立较为紧密的产学研合作关系。

【科技人才保障与支撑】　2022年，梅州市出台《梅州市实施“鸿雁计划”引进产业高端人才的若干措施》和《梅州市创新创业团队评定和紧缺领军人才引进实施细则》，明确引进高水平创新创业团队和高端领军人才、实现区域创新能力进入粤东西北地市前列的工作目标；由仲恺农业工程学院、嘉应学院、广东省农业科学院、梅州市农林科学院等15家单位的56个驻镇帮镇扶村农村科技特派员团队，结对帮扶梅州市21个重点帮扶镇和35个巩固提升镇开展产业振兴和乡村振兴。2022年，广东省科学院相关科研机构到梅州市开展创新技术服务40多人次，服务企业200余家、800多人次，开展成果转化项目14个，签订合作协议26份。

【青少年科技竞赛】 2022年7月，由梅州市科学技术协会会同梅州市教育局、梅州市科技局、梅州市市场监督管理局、团市委联合主办的第37届梅州市青少年科技创新大赛暨梅州市第7届中小学创客创作大赛在梅州市科学技术馆举行。该次现场竞赛设有机器人足球赛、创意编程竞赛Kitten赛、创意编程竞赛Python赛、儿童创意建构挑战赛、无人机环绕赛等比赛项目，有300多名参赛选手参加竞赛，评比表彰96个现场竞赛项目奖项。年内，组织参加广东省第37届青少年科技创新大赛，梅州市获青少年科技创新成果竞赛项目一等奖1名、二等奖1名、三等奖7名；青少年科技实践活动项目三等奖3名；少年儿童科学幻想绘画项目三等奖4名；科技辅导员科技教育创新成果项目二等奖1名、三等奖2名。11月，梅江区科协联合区教育局、区科工商务局、区市场监督管理局、团区委联合举办以“创新、体验、快乐、成长”为主题的2022年梅江区青少年科技创新大赛，该次比赛吸引300多名学生参加，收到作品187件，评出96个奖项。

【学会资助项目】 2022年，在广东省雁洋公益基金会的支持下，梅州市科学技术协会组织开展学会资助项目工作，经过各学会申报，有6个学会申报11个项目，包括学术交流、科学普及、决策咨询、科技服务等。梅州市科学技术协会支持梅州市老科技工作者协会、市青少年科技教育协会、市营养学会、市梅花协会、市电子学会、市心理学会6个学会10个项目合计10万元，项目总投入54.5万元，各个项目均已基本完成。

【科技交流培训】 2022年，梅州市属各学会通过联系团结带领广大单位会员和个人会员，提升自主创新能力、强化科技创新、加大科普宣传、促进产学研结合。梅州市老科技工作者协会开展的“四季蜜龙眼规范化调控技术的调研与推广建议”项目获广东省老科协2022年度科技服务专项资助5万元。梅州市心理学会在疫情防控期间帮助群众预防、应对和减轻由于疫情所致的心理困顿和情绪问题，开通3条公益免费心理援助服务热线，为受疫情影响地区的医护人员、基层工作人员、染疫患者及其家属、受疫情影响滞留人员等，提供专业心理咨询服务。梅州市风景园林协会举办第三届第五次代表大会暨专业技术委员会年会。梅州市气象学会组织2022年广东“气象小主播”大赛梅州推选工作。梅州市水利水电行业协会党支部与梅县区大新城社区党组织签订共建协议，共同开展党员志愿服务。梅州市客都社工服务中心在梅州市科学技术馆举行2022梅州市纪念第23个“世界急救日”主题宣传暨“关爱生命，救在身边”全民急救知识百场公益科普行动活动。梅州市青少年科技教育协会承接2022年度广东红领巾基金项目，开展“红领巾科技直通车”科普进校园活动，获团省委专项资金补助10万元，并承办全市科技骨干教师信息科技技能培训班。梅州市气象学会组织梅江区化育小学参加由新疆维吾尔自治区气象学会联合河南、湖北、安徽等气象学会组织的“科创筑梦助力‘双减’”科普校园行直播活动。

【梅州“最美科技工作者”评选宣传】 2022年5月20日，梅州市科学技术协会联合梅州市委宣传部、市科技局、市生态环境局印发《2022年梅州“最美科技工作者”学习宣传活动工作方案》，开展2022年梅州“最美科技工作者”评选及宣讲活动，推选产生广东嘉元科技股份有限公司总工程师王俊锋、广东梅州市职业技术学院教授级高级工程师丘波、嘉应学院数学学院院长黄可坤、梅州市农林科学院茶叶研究所所长黄海英、广东华威化工股份有限公司总工程师潘天洪、梅州市中医医院针灸推拿科主任颜洪亮为2022年梅州“最美科技工作者”。5月31日，梅州市庆祝全国科技工作者日暨梅州“最美科技工作者”先进事迹宣讲活动在梅州市科技馆召开，梅州市委常委、统战部部长崔毅出席活动，部分获荣誉称号的科技工作者代表结合自身科研经历作宣讲报告，就各自学科领域分别作交流发言。同时，梅州市科学技术协会启动梅州“最美科技工作者”先进事迹宣讲

2022 年 5 月 31 日，梅州市举办庆祝全国科技工作者日暨先进事迹宣讲活动
（梅州市科学技术协会供图）

活动，先后在市直单位和各县（市、区）开展 9 场巡回宣讲活动。同年，向广东省科协推荐嘉应学院数学学院院长黄可坤、梅州市农林科学院茶叶研究所所长黄海英、广东嘉元科技股份有限公司总工程师王俊锋为广东"最美科技工作者"候选人。

（梅州市科学技术局 梅州市科学技术协会）

科学技术普及

【科学技术普及概况】 2022 年，梅州市科协系统围绕"四服务"工作职责，以"弘扬科学精神，提升科学素质"为主线，深入基层开展各类科普进社区、进校园活动 70 场。梅州市政府印发《梅州市全民科学素质行动规划纲要实施方案（2021—2025 年）》。梅州市科学技术协会被中国科协办公厅评为 2022 年全国科普日活动优秀组织单位，被广东省科协评为 2022 年广东省全国科普日活动优秀组织单位，梅州市全国科普日活动被评为广东省全国科普日活动优秀活动。全市新增 5 个省级科普教育基地，梅州市科学技术馆开始试运营。组织参加广东省第 37 届青少年科技创新大赛，获得一等奖 1 项、二等奖 1 项、三等奖 7 项。

【基层科协组织建设】 2022 年，梅州市科学技术协会继续巩固基层科协"3 + 1"（"3"是指将县乡级医院院长、学校校长、农技站站长吸纳进科协组织，担任兼职、挂职副主席，"1"是指加强上级科协的指导）工作，全市"三长"（医院院长、学校校长、农技站站长）有 512 人进入市、县、镇三级科协领导机构兼职挂职，其中市级 4 人、县级 27 人、镇（街）481 人，学校校长 134 人、医院院长 116 人、农技站长 107 人、其他 155 人，围绕乡村振兴，助力精准扶贫、企业创新等工作开展。其中梅州市科学技术协会、兴宁市科协、蕉岭县科协、平远县科协被广东省科协评为 2022 年度基层科协组织建设及提升基层科协组织力"3 + 1"工作先进单位，梅州市科学技术协会连续 3 年被广东省科协评为优秀基层科协组织建设先进单位，"3 + 1"工作走在全省的前列。

【《全民科学素质纲要》实施】 2022 年，梅州市科学技术协会根据新时代新任务新要求，对市全民科学素质工作领导小组及时调整成员单位，成员单位由 15 个增加到 24 个，强化领导力量，形成工作合力，保障全民科学素质各项工作的开展。9 月 23 日，《梅州市全民科学素质行动规划纲要实施方案（2021—2025 年）》由梅州市政府印发实施，明确梅州市全民科学素质行动"十四五"时期的指导思想、行动目标、提升行动、重点工程、保障措施和分工安排。

【基层科普行动】 2022 年，梅州市科学技术协会先后到丰顺县嘉洪农林有限公司科普教育基地、广东汉光超顺农业股份有限公司、梅州市农林科学院、客天下科普教育基地、哆梦创客科普教育基地、广东富大陶瓷科普教育基地、广东省蕉岭县气象局、梅州市强惠农业发展有限公司、梅州市桂冠生物科技有限公司等进行调研，针对各自的优势和特点提出指导性申报意见和建议。梅州市有哆梦创客科普教育基地、丰顺县嘉洪农林有限公司科普教育基地、梅州市农林科学院、广东华农互联农业科技有限公司、广东富大陶瓷科普教育基地 5 个单位被评为广东省科普（教育）基地。梅州师范学校附属小学和广东梅县外国语学校分别被评为"广东省青少年科学教育特色学校"和"广东省青少年科技教育创新团队"荣誉称号。梅州市科学技术协会、市教育局、市科技局组织指导基层科协和科普基地申报 2023 年度基层科普行动计划，提升基层科普公众服务能力。

【科普进社区、进校园活动】 2022年3月，梅州市科学技术协会、梅州市科学技术馆在梅江区雅景幼儿园举行“小手牵大手”学雷锋志愿服务进社区暨2022年梅州市“客都小小科学家”科普进校园活动。3月18日，兴宁市科协邀请气象科普专家在兴宁市第十小学举办“早预警、早行动”为主题的气象科普进校园活动。6月1日，梅州市科学技术协会、梅州市科学技术馆到大新城社区开展“童心飞扬 情暖六月”青少年“六一”趣味活动。9月3日，梅州市科学技术协会邀请国家一级营养师、国家高级健康管理师、梅州市营养师协会会长赵继辉为社区群众开展食品安全科普宣讲活动。

【“科技进步活动月”“科技活动周”“全国科普日”活动】 2022年，梅州市科学技术协会围绕活动主题、精心组织，开展群众喜闻乐见丰富多彩的“梅州市科技进步活动月”、2022年梅州市“全国科普日”活动。3月3日，梅州市科学技术协会联合梅江区科协、梅江区科工商务局以“科普进万家 惠及你我他”为主题的2022年梅州市科技“三下乡”志愿活动在梅江区金山街道办事处龙丰村文体广场举行。4月18日，梅州市科学技术协会联合梅州市科技局、《科技饭了么》栏目等单位组织2022年梅州市“中国航天日——我们一起探秘星辰大海”科普活动。5月26日，以“走进科技 你我同行”为主题的2022年梅州市全国科技活动周活动在梅州市华侨博物馆举办。该活动由梅州市科学技术局、市委宣传部、市科学技术

2022年5月26日，以“走进科技 你我同行”为主题的2022年梅州市全国科技活动周活动在梅州市华侨博物馆举办　（梅州市科学技术局供图）

协会联合主办，梅州市农林科学院联合市生产力促进中心、市卫生健康局、市人民医院等11家单位和科技企业，共同为广大市民开展集科技知识宣传、科研创新产品展示、现场互动体验。2020年度和2021年度“叶剑英基金科学技术进步奖”一、二等奖获奖代表应邀进行科技成果展示。9月15日，以“喜迎二十大 科普向未来”为主题的梅州市2022年全国科普日系列活动启动仪式在梅州市科学技术馆举行，梅州市2022年全国科普日系列活动由梅州市委组织部、市委宣传部、市科学技术协会、市科技局、市发改局、市教育局等50余家单位、企业联合开展，汇聚多方科普资源，依托新时代文明实践中心（所、站）、党群服务中心等阵地，深入农村、社区、企业、学校，开展形式多样、内容丰富的系列科普联合行动。梅州市科学技术协会被中国科协评为2022年全国科普日活动优秀组织单位，梅江区科协和兴宁市科协被广东省科协评为2022年广东省全国科普日活动优秀组织单位，“喜迎二十大 科普向未来”——2022年梅州市全国科普日活动获评2022年广东省全国科普日优秀活动。

【科技助力乡村振兴】 2022年9月29日，嘉应学院省级农村科技特派员团队与兴宁市坭陂镇乡村振兴驻镇帮镇扶村工作队到文德村精准帮扶肉鸽养殖户，助力当地“兴宁鸽”养殖产业发展。在合水镇霞洞村开展“复耕复种、稻鱼共生、科普助力乡村振兴”科普示范点。嘉应学院生命科学院科技特派员团队在合水镇指导党委、政府破解乡村振兴产业难题，邀请“最美科技工作者”专家为茶农开展茶叶产业关键技术培训，指导村民种好茶、做好茶，同时，鼓励注册品牌商标，用好“科普牌”，打响“合水茶”品牌。大埔县华农互联创新农业者郭光彩等科普带头人，带领团队开展“三高”农业科技服务大埔农民，用新技术、新品种，推广蜜柚、葡萄、草莓、蔬菜等果蔬安全生产技术。

【梅州市科学技术馆试运营】 2022年6月，梅州市科学技术馆试运行，免费向社会公众开放。梅州市科学技术馆总建筑面积5815平方米，展厅面积4398平方米，分为A、B两馆，A馆包括1个常设展厅、3个主题馆（安全教育馆、足球体验馆、实体天象馆），B馆包括汇演报告厅、临展厅。截至2022年底，梅州市科学技术馆接待2.3万人次，日均接待约150人次，接待团队163场次。（梅州市科学技术协会）

社会科学

【社会科学概况】 2022年，梅州市社会科学界联合会坚持以习近平新时代中国特色社会主义思想为指导，紧扣迎接、学习、宣传党的二十大精神这一主题主线，组织全市广大社科工作者开展理论武装、宣传教育、社科普及、学术研究等各项社科学术活动，为梅州苏区高质量发展提供精神动力和智力服务。2022年底，梅州市红色文化研究会、梅州市客家文史研究会评为“全国社科组织先进单位”，梅江区社科联主席杨学彝被评为“全国社科工作先进个人”。

【学习宣传贯彻党的二十大精神】 2022年，梅州市社会科学界联合会先后召开社科理论界学习贯彻党的二十大精神座谈会、部分社科团体负责人学习贯彻党的二十大精神座谈会，交流学习心得和体会，研讨社科理论界的贯彻落实意见；坚持每天在社科工作交流群、社科智库群、社团工作群、科普基地工作群推送、转发人民网、新华网、“学习强国”上相关学习辅导文章，推动形成线上学习热潮；在梅州社科公众号、《梅州社会科学》期刊开设学习专栏，并联合梅州日报社设立理论专版，组织社科智库专家撰写学习辅导文章30多篇，对党的二十大精神进行全面深入的解读和导读，推动梅州市学习宣传贯彻党的二十大精神走深走实。

【理论武装和思想引领】 2022年，梅州市社会科学界联合会通过召开专题学习会集中学、组织社科专家走基层送课送学、利用新媒体理论阵地组织线上学、组织撰写理论解读文章导读导学等多种方式，深入开展习近平新时代中国特色社会主义思想和梅州市委、市政府重大发展思路、中心工作等主题的学习教育。

【意识形态安全】 2022年，梅州市社会科学界联合会抓好社科理论界意识形态安全工作，重点针对社科联机关和所辖社科团体两大风险主体、社科活动和理论阵地两大风险领域，加强组织领导，落实第一责任；加强分析研判，做好应急预案，修订完善相关制度，抓好制度落实；关口前移，严格审批和把关社团学术活动，确保梅州社科理论工作意识形态安全。

【社科知识宣传普及】 2022年，梅州市社会科学界联合会组织社科专家、科普志愿者深入基层，指导所辖20多个社科团体、90个科普基地，以科普讲座、读书沙龙、街头宣传、派发资料、制作宣传栏和宣传标语等方式，广泛开展社会主义核心价值观等主题的科普宣传活动，形成市、县（市、区）、镇、村（社区）联动、群众踊跃参与的大科普局面。6月24日，在丰顺县坚真公园举办2022梅州社会科学普及周主题日活动，参与群众1000多名。年内，梅州市社会科学界联合会在梅州社科微信公众号开展“梅州社科大讲堂——泰叔讲客家”客家话微视频科普讲座，每周一讲，全年播放50期，主要讲述梅州革命历史、红色故事、客家文史故事，进一步擦亮“梅州社科大讲堂”科普品牌。

【社科理论研究】 2022年，梅州市社会科学界联合会围绕梅州市委、市政府重大发展战略和中心工作，聚焦梅州发展中的重大现实问题和理论问题特别是焦点热点难点问题和民生实事，加强对策性、应用性实践研究，为梅州苏区加快振兴、共同富裕问诊把脉，献计献策，提供智力服务。组织开展2022年梅州市社科课题规划立项工作，对118项科研项目进行规划立项，引导梅州科研工作向梅州市委、市政府中心工作集聚。在2021年结题的规划课题中挑选15篇结题成果汇编成《优秀结题成果选编》，送呈梅州市有关领导、市直有关单位参阅，并供全市广大社科理论工作者学习交流。年内，梅州市社会科学界联合会组织开展“推动梅州实体经济高质量发展研究”“梅州融入‘双区’‘两个合作区’建设研究”两项重点科研课题研究，为梅州高质量发展建言献策，提供主动服务。组织开展“中国近现代高等艺术教育中的梅州现象”“梅州产业工人队伍建设”“梅州中长期青年发展”等梅州市政府及相关部门确定的重大项目研究，与梅州市委宣传部及相关单位联合组织举办“促进实体经济高质量发展 加快梅州苏区全面振兴”征文研讨、“学习贯彻《习近平谈治国理政》大家谈”等系列活动。

【社科团体管理指导】 2022年，梅州市社会科学界联合会坚持以党建促发展、以指导促发展、以管理促发展、以服务促发展，加强社科团体业务活动的审核把关，推动所辖各社团安全发展、健康发展。指导相关社团开展客家文化、红色文化、绿色健康文化的挖掘、传承、保护、利用研究，推动梅州文旅融合发展。8月，指导梅州市朱熹学术思想研究会成立党支部，提升“两新”组织“两个覆盖”质量。

【社科理论阵地建设】 2022年，梅州市社会科学界联合会加强《梅州社会科学》期刊、梅州社科微信公众号、梅州社科智库、梅州社科大讲堂和各级各类人文社科普及基地等理论阵地的建设和管理，着力打造梅州学术高地、理论高地；提升梅州社科智库学术研究水平，把智库建设成为有热情、敢担当、善作为的思想库、智囊团。培育创建人文社科普及基地，培育认定2个市级科普基地，向广东省社科联推荐申报并获认定8个省级科普基地。指导、扶持各科普基地开展科普宣传活动，结合实际开设宣传专栏和科普阅览室、科普小游戏等，把各地人文社科普及基地打造成为梅州基层科普活动的桥头堡，打通科普宣传服务群众的“最后一公里”。

（梅州市社会科学界联合会）

气 象

【气候概况】 2022年，梅州市气候呈现气温起伏大、高温异常强、“龙舟水”强的特点。年内全市天气总体平稳，总体看属一般气候年景。

【气候事件】 2022年，梅州市主要气候事件是：2月低温阴雨寡照历史少见；有气象记录以来第二强“龙舟水”；高温异常强，多次打破历史纪录；罕见的后汛期风雹天气过程；12月中旬大范围霜（冰）天气。

2月低温阴雨寡照历史少见 2月1—24日，受频繁南下的强冷空气和南支槽影响，梅州出现持续低温阴雨寡照天气，此次过程具有“阴雨寒冷时间长、降水显著偏多、日照显著偏少”的特点。其间，全市平均气温10.8℃，较常年同期偏低3.4℃，为2009年以来同期最低；全市平均降雨量229.6毫米，较常年同期偏多2.8倍，为历史同期第四多，也为1986年以来最多；平均日照时数37.1小时，较常年同期偏少58%，蕉岭、梅县无日照天数达17天，为历史同期最多，其中2月1—10日全市平均日照时数仅3.9小时，打破历史同期最少纪录。

有气象记录以来第二强“龙舟水” “龙舟水”期间（5月21日—6月21日）全市平均降水量514.9毫米，较常年同期（281.7毫米）偏多83%，为历史同期第二多，具有“累计雨量大，持续时间长，影响范围广”的特点。“龙舟水”期间，全市出现两次大范围暴雨局部大暴雨天气过程，连续31天每天均有降水，为历史同期最多，其中有17天出现暴雨，7天出现大暴雨。

高温异常强，多次打破历史纪录 7月9日—8月2日全市连续25天出现大范围持续性高温天气过程。兴宁、梅县、五华和丰顺高温日数（日最高气温≥35℃）创下历史同期最多纪录，其中25日五华的最高气温39.6℃创该站历史新高，兴宁的最高气温39.3℃平该站有气象记录以来的极端最高气温纪录。8月21—24日受副热带高压和台风“马鞍”外围下沉气流影响梅州出现大范围高温酷热天气过程，其中23日平远录得最高气温39.4℃、蕉岭录得39.8℃，均打破该站有气象记录以来的极端最高气温纪录。

罕见的后汛期风雹天气过程 7月29日下午，全市出现大范围雷暴大风，并伴有局地冰雹和短时强降水强对流天气，15—21时，全市有69个站点录得6级以上短时大风，其中阵风6～7级有57个、8～9级9个、10级2个、11级1个，梅县区雁洋镇南寿峰健康产业园录得最大阵风11级（29.3米/秒），梅江区三角镇录得全市最大雨量81.4毫米。另外，梅江区、梅县区出现后汛期罕见的冰雹天气，直径有1～3厘米。此次强对流过程风大雨急还伴有局地冰雹，造成多地路树倒塌、路面积水严重，影响时段正值下班晚高峰时间，导致全城交通大堵塞。

12月中旬大范围霜（冰）天气 12月18—20日受强冷空气影响，全市天气转晴朗干燥，在晴空辐射的共同作用下，早晨全市范围出现5℃以下的低温，普遍伴有霜（冰）冻天气，过程最低气温出现在19日早晨，各县城最低气温实况：平远－0.6℃、大埔－0.5℃、蕉岭0.2℃、梅县0.2℃、兴宁0.4℃、五华4.0℃、丰顺5.0℃。录得0℃以下的自动站有70个（占比36%），全市最低气温出现在平远县中行镇快湖村-4.6℃。

【气象防灾减灾】 2022 年，梅州市［含各县（市、区）］发布暴雨、雷雨大风、高温、寒冷、森林火险、大雾、冰雹预警信号 633 次。其中雷雨大风预警信号 96 次、暴雨预警信号 180 次、高温预警信号 132 次、寒冷预警信号 92 次、大雾预警信号 9 次、森林火险信号 115 次、冰雹预警信号 9 次。全力做好 11 次主要降水过程、3 次台风过程和年初重度低温阴雨天气等灾害性、关键性和节假日天气的精细化气象服务；发布决策服务材料 1098 份，发送服务短信 734 万条。梅州市气象台全年发布《重大气象信息快报》75 期、《天气报告》86 期、《重大气象信息专报》15 期。同时，为春耕春播、中高考天气、秋收秋种和春运等提供精细化气象保障服务。针对电力、交通、农业等行业开展特色专业服务。梅州柚、嘉应茶生态气象创新团队对柚农、茶农开展直通式气象服务，同时利用影视节目、视频号宣传梅州柚、嘉应茶，助力打响苏区“生态农业”品牌。气象服务保障工作获梅州市委、市政府肯定，市领导对气象工作批示 3 次；涌现出“省五一劳动奖章”“省先进女职工”“梅州好人”等先进典型。

年内，梅州市气象局加密人工增雨火箭作业点，抢抓有利时机开展人工增雨作业，全市地面增雨作业 19 次，发射增雨火箭弹 76 枚，协助保障省人影作业飞机在梅州起降作业 30 架次，为防范森林火灾风险、改善生态环境作出贡献。五华县森林火险精细化预警预报平台投入使用，为森林防火指挥部门决策指挥提供技术支撑。

2022 年 10 月 10 日，梅州市人民政府与广东省气象局签署《共同推进气象防灾减灾第一道防线建设合作协议（2022—2025 年）》（吴腾江 摄）

年内，梅州气象法治建设水平不断提升。《梅州市气象灾害防御规定》印发公布。梅州市政府印发《梅州市升放气球安全管理规定》《梅州市加强防御雷电灾害管理工作实施方案》，修订《梅州市防雷安全管理联席会议制度》。与梅州市文广旅局建立气象旅游安全风险防控工作联动机制，与梅州市住建局联合印发市政工程气象灾害防御实施细则。

年内，梅州市气象局两个创新团队推动梅州柚气象服务研究、巨灾指数保险、电力行业气象服务、气候优品品牌落地应用等研究型业务不断深入开展。

【气象现代化建设】 2022 年，梅州市气象局贯彻习近平总书记对气象工作重要指示精神，与落实《气象高质量发展纲要（2022—2035 年）》结合起来。5 月 11 日，梅州市委书记、分管应急工作、分管气象工作的市领导分别到局指导，要求积极争取省、市支持，优先补齐气象现代化建设短板，推动梅州气象事业高质量发展。5 月 19 日，梅州市人民政府召开全市气象高质量发展工作会议，对气象工作做出具体部署。10 月 10 日，梅州市人民政府与广东省气象局签署《共同推进气象防灾减灾第一道防线建设合作协议（2022—2025 年）》。梅州市气象局与丰顺县人民政府签订《共同推进气象防灾减灾第一道防线建设合作协议（2022—2025 年）》。6 个县级政府出台《气象防灾减灾第一道防线建设实施方案》。

年内，梅州气象“十四五”项目推进扎实有效。全市 4 个项目获立项，14 个项目纳入 2023 年涉农资金拟建项目库，9 个项目纳入 2023 年地方政府新增债券拟建项目库。丰顺气象服务中心全面完工，蕉岭县创建“中国天然氧吧”进入实施阶段，“丰顺高山茶·中国生态气候优品”品牌实现落地应用，蕉岭县水稻气象指数保险产品落地。（曾惠娟 邓纯）

责任编辑：邓柳茹

文　化

文化综述

【文化事业概况】 2022年，梅州市有国有或民营文艺院团7个、公共图书馆10个、文化馆9个、乡镇综合文化站112个、省级文体广场55个、基层综合文化服务中心2128个、农村文化俱乐部394个。其中，国家一级图书馆7个（市剑英图书馆，梅江区、梅县区、兴宁市、蕉岭县、大埔县、五华县图书馆），国家一级文化馆6个（梅县区、兴宁市、五华县、大埔县、蕉岭县、平远县文化馆），乡镇文化站特级站24个、一级站53个。设立广东汉剧传承研究院、梅州市客家山歌传承保护中心等7个汉剧、山歌、采茶、木偶传承保护中心（研究院、传习所），1个市级戏剧研究工作室。全市有广播电视台8个（市级1个、县级7个），自办广播节目9套（市级2套、县级7套），自办电视节目9套（市级2套、县级7套）。实现广播电视节目无线覆盖数字化，免费转播中央电视节目12套、中央广播节目1套、省电视节目3套和省广播节目3套，广播电视综合人口覆盖率100%。实施广播电视户户通工程运行维护服务，保障全市3.7万多户农民群众的基本收视权益。

2022年，建成“粤书吧”16个、“粤文坊”3个。完成省级文旅融合“两中心”3个试点村的建设，推进雁洋镇文化站国家级文旅融试点建设。

【文艺精品创作】 2022年，梅州市创（复）排广东汉剧《天风海雨梅花渡》《章台青柳》《十五贯》、采茶传统戏《俏妹子》、五华提线木偶传统大戏《智取大名府》、梅县木偶山歌剧《哪吒闹海》、实景山歌剧《36封家书》、竹板歌情景音乐剧《红山茶》、情景表演《苏区红土情》、五句板表演唱《二十大精神放光芒》等一批讴歌党、讴歌人民、讴歌新时代的优秀剧（节）目。客家山歌剧《春闹》获广东省第十二届精神文明建设“五个一工程”优秀作品奖；山歌音乐剧《林风眠》、戏曲《山乡如画》分别获得第五届广东省戏剧文学奖·剧本奖二等奖、入围奖；采茶大戏《红土百姓》入选“全省基层舞台艺术精品剧目”扶持计划；五华提线木偶传统大戏《金鳞记》选段《双包审案》，提线木偶现代小戏《沙家浜·智斗》，提线木偶舞蹈《北京的金山上》以及梅县提线木偶表演《县官升堂》、《猴趣》、《蓝继子》选段《探监》获评广东省优秀木偶皮影剧（节）目展演“优秀展演剧目”；歌曲《美丽桃尧》获广东省乡村音乐原创歌曲创作大赛二等奖。

【文化市场管理】 2022年，梅州市实施网络文化市场集中巡查，开展文娱领域综合治理和“平安梅州”“扫黄打非”等工作，全面加强系统内各文化阵地的管理。全年共完成立案39件，全部办结，执法办案数量比上年增长85.7%。严抓广播电视安全播出管理，开展党的二十大全市广播电视和网络视听安全播出保障专项工作，实现安全播出零事故。强化广播电视行业监管，加强境外卫星电视传播秩序管理，开展非法卫星电视接收设施整治行动。全市出动检查人员2249人次，检查文化娱乐场所、宾馆酒店和电器销售门店787家次，检查乡镇小片网133家次，没收或拆除非法卫星地面接收设施66套，收缴非法销售的卫星电视接收设施14套。

2022 年，大埔县禾肚里稻田民宿粤书吧 （梅州市文化广电旅游局供图）

【蕉岭县图书馆获评“第九届全国服务农民、服务基层文化建设先进集体”称号】 2022 年 2 月，第九届全国服务农民、服务基层文化建设先进集体表彰名单公布，共有 346 家单位入选。其中，蕉岭县图书馆被授予“第九届全国服务农民、服务基层文化建设县级文化馆、图书馆、乡镇（街道）综合文化站、村（社区）综合性文化服务中心先进集体”称号。

蕉岭县图书馆建成 1 个总馆、1 个县级直属分馆、8 个镇级分馆、31 个服务点的图书馆总分馆体系。通过传统的“县图书馆 + 镇文化站 + 村行政服务中心”推广模式向多元化新模式上转变，引入社会力量参与，形成“图书馆 + 企业”“图书馆 + 社会组织”“图书馆 + 行政事业单位”等服务模式，完成乡镇分馆全面覆盖，实现图书馆与其他实体场馆业务融合。与此同时，为向社会公众提供更便捷的服务，该馆建立图书馆智慧化系统，实现图书馆业务的自动化、智能化，如读者自助借还、自助办证、人脸识别、手机二维码借阅等。并自建蕉岭县移动图书馆、蕉岭县地方特色数据库、蕉岭县图书馆门户网站，引进多台电子图书借阅机、少儿学习一体机、党建一体机、大数据展示屏等。

【大埔县禾肚里稻田民宿粤书吧入选 2022 年广东省最美新型公共文化空间案例】 2022 年 11 月，广东省文旅厅公布 2022 年广东省最美新型公共文化空间案例名单，大埔县禾肚里稻田民宿粤书吧榜上有名。2021 年 3 月，由大埔县文化广电旅游体育局牵头实施，大埔县图书馆推动建设的文旅融合项目“粤书吧”落地西河镇漳北村禾肚里稻田民宿。“粤书吧”设置在该民宿游客服务中心，面积有 30 多平方米，提供 20 个阅览座席。

（梅州市文化广电旅游局）

链 接

2022 年广东省最美新型公共文化空间案例名单

1. 广东省立中山图书馆柏园粤书吧
2. 广州市天河区天河湿地文化角（粤文坊）
3. 广州市海珠区图书馆侨建分馆（御溪书斋）
4. 深圳市罗湖区悠·图书馆（东晓街道/IBC 珠宝图书馆）
5. 深圳市盐田区图书馆海书房——灯塔图书馆
6. 珠海市斗门区旧街粤书吧（善雅书房·时趣馆）
7. 汕头市龙湖区妈屿粤书吧（妈屿蓝合胜书店）
8. 佛山市顺德区渔人码头顺图书房
9. 佛山市南海区读书驿站（西樵·观心小镇站、粤书吧）
10. 河源市源城区河源市图书馆保利生态城分馆
11. 梅州市大埔县禾肚里稻田民宿粤书吧
12. 惠州市惠东县一滴水图书馆
13. 东莞市万江锐空间
14. 东莞市望牛墩茂春里·望汐坊
15. 中山市石岐格子空间香山书房
16. 中山市西区荔景苑民俗·曲艺文化馆/荔景苑香山书房
17. 江门市新会区崖门京梅村公共文化空间（蔡李佛文化中心、粤书吧）
18. 清远市清城区北江生活馆
19. 清远市英德市连江口野渡谷民宿粤书吧
20. 潮州市潮安区信靠龙窑文化展览馆

文艺活动

【文艺活动概况】 2022 年，梅州市在春节、元宵、清明、“七一”、国庆等节假日期间，开展“唱支山歌迎春来——2022 年客家山歌春节戏剧晚会”、“缅怀革命先烈 赓续红色血脉”红色题材舞台精品剧目展播、“青春正好 梦想起航”梅州市庆祝中国共产党成立101周年文化惠民演出、“强国复兴有我”系列活动——“礼赞新时代 奋进新征程”喜迎党的二十大精品客家山歌剧展播、“永远跟党走 奋进新征程”庆祝党的二十大胜利召开文化惠民文艺演出等活动；精选客家山歌《八月十五月光光》、五华提线木偶小戏《沙家浜·智斗》等节目参加广东省文旅厅在重庆、成都举办的“活力广东·客都梅州、和美汕头、古韵潮州、魅力揭阳”文化旅游推介会展演；精选民俗舞蹈《杯花声声迎客来》等节目参加岭南商旅集体旗下商贸主体广百股份策划的“美好岁月·广百之夜”梅州文旅专场活动，助力乡村振兴。

【文艺惠民演出】 2022年，梅州市结合创建全国文明城市和疫情防控工作，适时开展“周五有戏”“相约周六”和戏曲进校园、进社区等文化惠民演出活动。惠民演出以线上展播为主，以汉歌、山歌、小戏、小品等艺术表现形式讴歌人民、讴歌时代、讴歌幸福生活。全年全市7家国有文艺院团开展文化惠民演出401场次，受惠群众超497万人次。

（梅州市文化广电旅游局）

传播媒体

报　刊

【报业概况】 2022年，《梅州日报》坚持内容为王、质量至上，推出接地气的原创专栏专版或内容，设置要闻、中国、环球、时评、财经、民生一线、县域新闻、新视界、客家、文化公园、社会、梅花、读书、家庭、书画、理论等10多个栏目，日均发行量7.5万多份。本土内容占版面的70%以上，基本实现“内容本土化”“关注民生化”。聚焦党的二十大、广东省第十三次党代会、实体经济、乡村振兴、疫情防控等重大主题和市委、市政府中心工作，推出主题宣传报道，做到“重大主题必有为、重大活动必在场、热点话题必发声”。每周推出《教育周刊》《围龙灯塔》《旅游周刊》《健康周刊》《楼市周刊》等周刊，满足读者不同的阅读需求；拓展与多家市直单位的政务合作，合办《梅州公安》《梅州政法》《金融月刊》《黄塘院刊》等专刊，提升政务宣传服务水平；拓展县域合作平台，与辖区各县（市、区）合办《梅江周末》《今日兴宁》《品读平远》《寿乡蕉岭》《悦读丰顺》《五华政报》等县级报纸，巩固县级舆论宣传主阵地。

【掌上梅州客户端运营情况】《掌上梅州》App、“梅州日报”微信公众号和“梅州网”抖音号是梅州日报社打造全媒体传播矩阵的三大重点平台。掌上梅州客户端于2016年11月上线运营，是梅州首批获得互联网新闻信息采编发布服务许可证的媒体之一，至2022年底总下载量达180万人次，日均发稿量超150条。作为地级市党媒客户端，掌上梅州依托贴近性的特点，开发探索“新闻+政务+服务+商务”的融合发展模式，广泛拓展和深度开发移动化、可视化、智能化平台产品，同时延伸政务、服务功能，与政务数据管理局合作“12345政务服务热线”频道，联合县域开展“查餐厅”直播，聚焦食品安全监管等，实现扎根本土、立足本土、深耕本土，成为“市民生活中的一部分”。2022年掌上梅州客户端发布近2万条新闻资讯，阅读量超10万的稿件6篇，完成直播60场，全年总阅读量超2600万次。2022年9月，经中国报业技术奖项专家委员会评审，“掌上梅州”App入选“2022年中国报业媒体融合‘用得好’案例库名录”。

【“梅州日报”微信公众号运营情况】 “梅州日报”微信公众号于2013年7月开通。至2022年底，总粉丝量突破40万人，比2021年增加7.5万人。2022年，“梅州日报”微信公众号完成党的二十大、广东省第十三次党代会、梅州战“疫”等重大新闻事件的报道，在不少老题材上运用新技术、新形式，创新推出一批作品，如党史学习教育互动H5产品《红色火种在梅州》、SVG视觉产品《梅州“穿”上了花花花花花裙子》、丰收节互动H5产品《丰收季，梅州味道》、2022年高考手绘加油海报《必胜！》等。全年共发布推文1288篇，阅读总量3765.2万次，阅读量超10万次的稿件31篇，单篇阅读量2.9万次，单篇最高阅读量超110万次。

【“梅州网”抖音号运营情况】 2022年，梅州日报社把握移动互联网时代短视频传播的风口与机遇，发挥视频的传播效果，在深耕本土、讲好梅州故事方面狠下功夫。在“梅州市‘10·23’疫情”暴发

2022 年 4 月 19 日，《梅州日报》全媒体采风团走进梅县区雁洋镇开展“乡村振兴采风行”活动　（林翔 摄）

期间，策划《@梅州市民 梅城物资供应充足 请放心！》《疫情只是路过，生活还会继续！》《我在管控区里当“大白”》《我在管控区“搭把手”》系列视频，让读者、用户“常看常新”。视频组共摄制 869 条短视频，其中“梅州网”抖音平台播放量超 100 万次的短视频 7 条，播放量超 10 万的视频作品 178 条，“梅州网”抖音粉丝基数达 40 万次，长期处于梅州地区抖音搜索榜前列，自创抖音话题“梅州好人多”累计搜索量破 1000 万次。

【《梅州日报》创刊 50 周年座谈在梅州日报社举行】　2022 年 2 月 28 日，《梅州日报》创刊 50 周年座谈会在梅州日报社举行。梅州市委书记、市人大常委会主任马正勇出席座谈会并讲话，要求梅州日报社办好“党的报纸”“人民的报纸”“传播正能量的报纸”“品质一流的报纸”。梅州市委副书记、市长王晖出席座谈会并为梅州日报社从业三十周年以上代表颁发荣誉证书。会议观看《梅州日报》创刊 50 周年专题片。老报人代表、读者代表、报社青年代表等先后发言。当天，梅州日报社以《梅州日报》创刊 50 周年为契机，策划“奋进新征程”40 个版面特刊。特刊分为祝福、回眸、初创、转型、融合、逐梦、铁军、品牌、情缘、风华 10 个板块，向读者介绍《梅州日报》50 年来改革发展的历程，回顾在办报理念、新闻采写、编辑技术、出版流程等方面取得的进步，讲述在服务大局和关注民生中展现出来的报人风采和取得的成绩，重温老报人、读者、作者、通讯员等各界人士与《梅州日报》同行的历程和情结，鼓励报人爱岗敬业、乐于奉献，打造更多精品。

【《梅州日报》推出“奋进新征程·非凡十年看梅州”系列报道】　2022 年 10 月，梅州日报社精心策划的“奋进新征程·非凡十年看梅州”系列报道 42 个版面，在党的二十大召开前后分 8 天陆续在《梅州日报》上刊出，全面展示党的十八大以来梅州各界新时代变革性实践、突破性进展与标志性成果。

【梅州日报社开展“乡村振兴采风行”大型全媒体采风活动】　2022 年 3 月起，梅州日报社开展“乡村振兴采风行”大型全媒体采风活动，组织“媒体 + 职能部门 + 企业”的融合采风团队到梅州全市 50 个重点乡镇，通过全媒体、全方位的宣传推介和新闻报道，讲述梅州乡村振兴实践中产业发展的好经验、好故事，为加快乡村产业发展鼓与呼。全媒体记者深入乡镇，挖掘各地因地制宜发展乡村产业的工作亮点和典型案例，展现产业与乡村共兴的新貌，形成示范带动作用，探索梅州苏区乡村振兴的新模式。　（梅州日报社）

网络媒体

【网络新媒体概况】　截至 2022 年底，梅州市有各类网站 3000 多个，有影响力的自媒体约 80 个，粉丝数 10 万人以上的约 15 个，粉丝数 100 万人以上的 3 个。

【网络文明建设】　2022 年，梅州市开展网络文明系列活动，推出宣传稿件、视频等 23 篇（个），评选出 20 个网络文化精品、10 个梅州好网民故事、3 个“文明办网、梅州在行动”示范典型。开展“我为网络文明添砖加瓦”主题征文活动，累计阅读量达 78 万人次。制作《文明上网 争做梅州好网民——梅州 2022 年网络文明宣传片短视频》，开展《弘扬时代新风 共建网络文明》承诺接力 H5，推出预防未成年人沉迷网络系列海报，共吸引 14.4 万人次围观或参与。

【网络安全防护】　2022 年 9 月，

2022 年 6 月，梅州市网络安全主题公园建成开放。图为市民在参观该主题公园

（梅州市委宣传部供图）

梅州市组织开展网络安全周系列活动，通过 B 站、央视频、无线梅州等开展立体化宣传，累计播放量达 24 万次，播放网络安全宣传片 1836 场次，发放《网络安全告知书》《致家长的一封信》86.8 万份，网络安全宣传周活动覆盖人数 89 万多人。成立梅州市互联网行业党委。

【梅州市建成全省首个网络安全主题公园】 2022 年 6 月，全省首个网络安全主题公园建成开放，该主题公园建在梅江区院士广场，周边学校、小区、互联网企业比较多，宣传覆盖面较广。该主题公园作为梅州市网络安全宣传新阵地，由梅州市公安局联合市委网信办、市政数局共同打造，集中展示习近平总书记围绕筑牢国家网络安全屏障发表的一系列重要论述以及梅州本地网络发展史、涉网新型犯罪典型案例、网络安全有关法律法规等内容。（梅州市委宣传部）

新闻出版和版权保护

【新闻出版管理】 2022 年，梅州市配合广东省委宣传部加强市属期刊出版单位的管理，做好市属期刊《嘉应文学》《星河影视》《嘉应学院学报》的年度核验工作。做好连续性内部资料性出版物准印证审核和年度核验工作，全年注销 1 种连续性内部资料性出版物。截至 2022 年底，有 21 种连续性内部资料性出版物。

【版权保护】 2022 年，梅州市著作权作品登记总量 147 件。做好版权宣传倡导和版权社会服务。4 月 26 日，在梅州市剑英图书馆举行“春风拂梅香”——2022 年梅州市全民阅读活动、版权宣传周、“绿书签行动”启动仪式，活动现场宣读全民阅读活动倡议书、发布《2021 年梅州市版权登记白皮书》，举行“梅州市版权示范单位”授牌仪式，发放“绿书签行动”海报和书签。同时，联合梅州日报社和梅州市广播电视台，在电视台、线上 App 等途径播放“1 分钟带你认识作品登记”版权公益宣传片，宣传普及版权知识。各县（市、区）版权部门按照省、市的统一部署，均开展形式多样的宣传活动。

【印刷发行管理】 2022 年，梅州市受理并审批行政许可事项 7 件，分别为连续性内部资料准印证核发与变更审批 3 件、包装装潢印刷企业设立与变更审批 2 件、出版物批发企业设立与变更审批 2 件。按期完成出版物发行和印刷企业的年度核验及日常监管工作。根据国家、省新闻出版主管部门的相关通知要求，按照属地监管、分级负责原则，全市新闻出版局于 2022 年 4—6 月先后对全市 313 家出版物发行单位（其中批发经营单位 7 家、零售经营单位 306 家）、185 家印刷企业（其中出版物印刷企业 22 家、包装装潢印刷企业 43 家、其他印刷企业 120 家）进行年审核验和日常监管工作。（梅州市委宣传部）

电　影

【城市院线影院放映】 截至 2022 年底，梅州市有城市影院 22 家，全年放映电影 15.4 万场次，观影 75.2 万人，电影票房收入 2827.26 万元。受新冠疫情影响，票房收入比上年下降 49.5%。2022 年梅州市最热播的 5 部电影分别是《长津湖之水门桥》《独行月球》《人生大事》《这个杀手不太冷静》《万里归途》。

【农村公益电影放映】 2022 年，梅州市有 2048 个行政村。梅州市按照规定执行“每个行政村一村一月放映一场公益电影”的标准，做好农村电影公益放映工作，全年完成 2.46 万场农村公益电影放映任务，展示国家改革开放后翻天覆地的变化，丰富百姓精神文化生活。

（梅州市委宣传部）

广播电视

【梅州市广播电视台概况】 2022年，梅州市广播电视台“两微一端”用户超过300万，“民生820”微信公众号入围中国微信100强，全国地级市电视台微信公众号排名第二。纪录片《客都寻味》入选国家广电总局2022年度“中华文化广播电视传播工程”重点项目，在欧洲多个国家及平台展播。《客家春晚》海外分会场活动列入中宣部、国家广播电视总局和广东省对外交流重大项目，2022年首次走进非洲，在毛里求斯的路易港成功举办。坚持内容为王，活化节目做优精品。2022年，梅州市广播电视台广播、电视和新媒体共有25件作品获得省级以上奖项，梅州台全媒体的传播力、引导力、影响力、公信力持续增强。2022年11月3日，梅州市广播电视台《民生820》栏目组被应急管理部授予第六届全国119先进集体。

【广播电视宣传报道】 2022年，梅州市广播电视台聚焦迎接党的二十大、学习宣传贯彻党的二十大精神这一主题主线，“台、网、微、端”全媒联动，大屏小屏同屏共振，策划推出“喜迎二十大建功新时代”“非凡十年”“新时代、新征程、新使命”等30多个专栏报道和融媒体报道，刊播各类新闻稿件1.5万多条次。统筹网上网下加大“融湾”宣传力度，策划组织《主动融湾谱新篇，苏区振兴再提速》等一批主题报道，全方位报道各级全力建设赣闽粤原中央苏区对接融入粤港澳大湾区振兴发展先行区生动实践和全新成效。此外，紧紧围绕市委、市政府发展实体经济、乡村振兴等中心工作，做好相关报道。始终坚持正面宣传，把握大局大势，将鼓舞士气、提振全市上下的精气神体现在策划上、版面上、报道上，先后组织“走进园区看发展”等专栏，播出新闻400多条。谋划和制订《梅州市推动“打造全球客家文化传播推广中心”工作策划方案》，推进立足客家、面向全球的客家文化传播推广体系建设。《记住乡音——客家文化之旅》《客家话中国影视节目非洲、东南亚国家展播及配套活动》《客家话节目海外播映计划》《客家话节目融媒体传播平台建设》4个国家级项目圆满完成。提供300多个客语节目给国家广电总局媒资库，作为国家外宣作品、外交礼品。

【党媒职责履行】 2022年，梅州市广播电视台出台《梅州市广播电视台落实意识形态工作责任制主要措施》《梅州市广播电视台互联网信息发布平台管理规定》等多项工作制度，全面落实好网络新媒体与传统媒体宣传安全把关工作，全年实现意识形态零事故、节目导向零事故、安全播出零事故。

【媒体融合发展】 2022年，梅州市广播电视台推动节目向“学习强国”学习平台、央视新闻、央视频、省台新媒体端发布；推动县级融媒体中心建设，联合梅江、大埔、五华、蕉岭、梅县、兴宁等融媒体中心，在无线梅州App开办县域直播频道。在Twitter等海外社交媒体平台开设6个“客家”系列账号，打通“客家生活频道”在海外网络直播的渠道。承担梅州市总工会、市妇联等市直单位政务新媒体运营业务。与中央广播电视总台合作摄制《走进老区看新貌·梅州篇》大型直播节目，全网播放量超270万次。《梅州台记者直击大埔高陂抗洪一线》等直播节目被微信视频号官方列入“优秀直播案例”。《主播说客家》等“主播”系列融媒体栏目共生产节目115期，全网播放量达1000万次。构建“广电+”产业体系，推动广电事业与旅游产业、体育产业、教育产业、会展活动深度融合，建设大埔县百侯镇“红色+古色+绿色”研学旅行实践教育营地，利用三河坝红色教育培训中心，打造一个集理论学习、教学体验、实践提升于一体的红色教育培训基地。组织参加第十八届深圳国际文化产业博览交易会，持续推进梅州广电产业多元化发展战略。2022年3月4—25日，梅州市广播电视台创新“直播带岗”形式，举行“2022梅州市线上直播系列就业招聘会”，吸引40家企业的参与，现场提供就业岗位6000多个，达成就业意向的有1500多人，入职的有400多人。（梅州市广播电视台）

非物质文化遗产

【非物质文化遗产概况】 截至2022年底，梅州市有各级非物质文化遗产项目名录420项（国家级7项、省级37项、市级112项、县级264项）、各级非物质文化遗产项目代表性传承人473人（国家级7人、省级38人、市级97人、县级331人）。6个市级非物质文化遗产代表性项目入选第八批省级非物质文化遗产代表性项目名录。公布22位市级非物质文化遗产代表性传承人和30个市级非物质文化遗产代表性项目。童爱娜（梅州客家山歌）、张广武（广东汉剧）、钟柳红（兴宁竹板歌）3人进入第六批国家级“非遗”代表性传承人推荐申报名单。7个非遗代表性项目保护单位（企业）入选第一批梅州市老字号名录。推进创建国家级客家文化（梅州）生态保护区工作，通过文化和旅游部暗访，完成国家级文化生态保护实验区建设成果验收专家评审会各项议程。

【“非遗”传承保护】 2022年，梅州市实施省级“非遗”代表性项目（大埔县青溪仔狮灯）传承人涂叠登、市级“非遗”代表性项目（对山歌、梅江区客家娘酒）传承人梁森犇、丘爱忠3人的抢救性记录，全面、真实、系统反映传承人核心技艺和传承实践，包括每位传承人的口述片、实践片、教学片和综述片，以及全套工作卷宗。持续推进“非遗”数字化，完成“客家话音典”App、客家话专有汉字造字和输入系统研发推广，建成客家民居建筑数据图像资源数据库。梅县区数字文化馆网站开设“非遗”专栏，展示各项“非遗”故事。贯彻落实《国家级文化生态保护区管理办法》，对“非遗”及其孕育发展的人文环境进行区域性整体保护，打造“非遗”特色街区，开展11位传承人工作室建设。完成梅州市非物质文化遗产馆提升改造工程。联合人力资源、乡村振兴部门认定和建设大埔县光德陶瓷烧制技艺、五华县长乐烧酒制作工艺等4个“非遗”工坊。编辑《广东汉剧传统戏的舞台音韵》《客家山歌剧经典唱段》《客家山歌选辑》《竹板声声韵悠扬——兴宁竹板歌纪事》《广东汉剧艺术传承谱系》《客家“非遗”》《客家文博》《我们身边的“非遗”》等“非遗”读本，不断丰富理论研究成果。

【“非遗”交流合作】 2022年，梅州市继续联合多部门开展“非遗”文化进校园、进农村惠民演出工作。组织6个省级“非遗”代表性项目参加广东省“文化和自然遗产日”主会场活动实物展。组织广大中小学校、青少年宫、“非遗”项目保护单位、“非遗”代表性传承人参加2022年广东省“‘非遗’进校园”系列活动。启动“广东汉剧海外（毛里求斯）传承推广中心”项目活动，组织海外线上教学活动7场次，在海外深受好评。加拿大客属联谊会授予市级传承人杨苑玲第31届客属恳亲大会“特别贡献奖”。组织兴宁市墨烟张墨条参加在日本东京举办的“匠心南粤·美美与共——中国广东非物质文化遗产交流展”，以“非遗”为载体，加大客家文化对外传承传播力度，向世界讲好梅州“非遗”的故事。持续开办客家山歌幼苗培训班；开展以红色文化、爱国教育、客家文化等为主题的“非遗”进景区、进校园、进社区、进乡村等群众喜闻乐见的展示展演活动达250多场次。组织兴宁藤编技艺代表性传承人参加十一届“省长杯”工业设计大赛，获产品设计组优秀奖，参加梅州市第三届“市长杯”工业设计大赛，获产业组银奖和产品组铜奖。组织国家级“非遗”代表性项目五华提线木偶参加全国第八届木偶皮影中青年技艺传承展演、全省优秀木偶皮影剧目展演活动，2人分获优秀技艺传承奖和助演奖。

【“非遗”宣传】 2022年，梅州市组织开展“非遗过大年·文化进万家”活动，其中《五华县下坝迎灯》《天籁幸福家乡年》《埔寨火龙》等节目成果入选文旅部视频直播节目。组织举办2022年“文化和自然遗产日”主题活动59场，组织一批“非遗”项目参加“文化和自然遗产日”广东省主会场开幕演出和“‘非遗’购物节”、云直播等活动。围绕党的二十大召开，组织广东汉剧、客家山歌剧等开展“礼赞新时代·奋进新征程——喜迎党的二十大文化惠民展演”活动，创作广东汉剧《虎口红线》、客家山歌剧《乡村振兴处处春》《苏区红土情》《红山茶》《虹桥烟雨》等。持续依托“相约周六”品牌活动，开展客家山歌剧《桃花梦》《客家阿妹唱山歌》《杯花声声迎客来》等惠民演出。组织举办梅州首届群众文艺汇演活动暨客家文化“非遗”艺术周活动，激活文旅市场和群众文化创新创造活力。利用各大重要节假日时间节点，联合各大电视台开展“文化进万家客家文艺精品展播”“红色题材舞台精品剧目展播”“喜迎党的二十大胜利召开精品剧目展播”等活动。

【“非遗”资金投入保障】 2022年，中央财政、省级财政分别投入非物质文化遗产保护资金1407万元、161万元，主要用于国家级和省级“非遗”代表性项目保、国家级和省级代表性传承人开展传承活动补助、客家文化（梅州）生态保护实验区建设等。市财政持续投入资金 145 万元用于补助市级“非遗”代表性传承人、客家文化（梅州）生态保护实验区建设、举办客家文化（“非遗”）艺术周等。各县（市、区）结合实际情况，加大对传承人的扶持力度。

【梅县区（客家山歌）入选“中国民间文化艺术之乡”建设典型案例】 2022 年，梅县区（客家山歌）入选“中国民间文化艺术之乡”建设典型案例，为广东省入选的 3 个案例之一。

梅县区拥有独具客家深厚文化底蕴的客家山歌，其伴随着客家民系的形成而传播繁衍，是客家传统文化的重要载体。梅县区坚持“弘扬山歌文化，打响文化名片”的工作思路，打造民间文化艺术特色品牌，加大客家山歌的传承保护力度，加强文化艺术队伍建设，深入挖掘客家山歌优秀民间文化资源，促进文旅融合、助推乡村振兴，推动梅县区客家山歌民间文化艺术的保护传承和创新发展。

（梅州市文化广电旅游局）

2022 年梅州市市级以上“非遗”代表性项目一览表

表 2

序号	项目类别	项目名称	保护单位	批次	公布文件时间
1	传统音乐	梅州客家山歌	梅州市文化馆	国（1）	2006 年
2		广东汉乐	大埔县文化馆	国（1）	2006 年
3	传统舞蹈	狮舞（席狮舞）	梅江区文化馆	国（1）（扩展项目）	2008 年
4		龙舞（埔寨火龙）	丰顺县文化馆	国（1）（扩展项目）	2008 年
5	传统戏剧	木偶戏（五华提线木偶）	五华县提线木偶传习所	国（1）（扩展项目）	2008 年
6		广东汉剧	广东汉剧传承研究院	国（2）	2010 年
7	曲艺	竹板歌	兴宁市文化馆	国（5）	2021 年
8	传统音乐	客家山歌（松口客家山歌）	梅县区文化馆	省（2）	2007 年
9	传统舞蹈	平远船灯	平远县文化馆	省（1）	2006 年
10		竹马舞	五华县文化馆	省（2）	2007 年
11		龙舞（花环龙）	大埔县文化馆	省（2）	2007 年
12		杯花舞	兴宁市文化馆	省（2）	2007 年
13		鲤鱼舞（鲤鱼灯）	大埔县文化馆	省（2）	2007 年
14		铙钹花	梅江区文化馆	省（3）	2009 年
15		打莲池（蕉岭莲池舞）	蕉岭县文化馆	省（3）	2009 年
16		狮舞（青溪仔狮灯）	大埔县文化馆	省（3）扩展	2009 年

续表 2

序号	项目类别	项目名称	保护单位	批次	公布文件时间
17	传统舞蹈	锣花舞	五华县文化馆	省（4）	2012 年
18		龙舞（青溪黑蛟龙灯舞）	大埔县民间舞蹈保护协会	省（5）扩展	2013 年
19		船灯（广福船灯）	蕉岭县非保中心	省（8）扩展	2022 年
20	传统戏剧	广东汉剧	大埔县文化馆	省（3）扩展	2009 年
21		采茶戏	五华县采茶戏演艺有限公司	省（3）扩展	2009 年
22		木偶戏（梅县提线木偶戏）	梅县区木偶传习所	省（3）扩展	2009 年
23		客家山歌剧	梅州市客家山歌传承保护中心	省（7）	2017 年
24	曲艺	竹板歌（蕉岭竹板歌）	蕉岭县文化馆	省（3）	2009 年
25		竹板歌（梅县竹板歌）	梅县区文化馆	省（4）扩展	2012 年
26		竹板歌（梅江五句板）	梅江区文化馆	省（7）扩展	2017 年
27	传统美术	五华石雕	广东五华一建工程有限公司	省（2）	2007 年
28	传统技艺	木刻版画（兴宁版画）	兴宁市非保中心	省（8）扩展	2022 年
29		丰顺埔寨纸花技艺	丰顺县文化馆	省（3）	2009 年
30		光德陶瓷烧制技艺	大埔县文化馆	省（4）	2012 年
31		中式服装制作技艺（客家服饰制作技艺）	梅州市客侨博物馆	省（8）	2022 年
32		酿造酒传统酿造技艺（兴宁珍珠红酒酿造技艺）	广东明珠珍珠红酒业有限公司	省（8）	2022 年
33		客家盐焗鸡制作技艺（梅江区客家盐焗鸡制作技艺）	梅江区尚记食品有限公司	省（5）	2013 年
34		蒸馏酒传统酿造技艺（长乐烧酒制作工艺）	广东长乐烧酒业股份有限公司	省（5）扩展	2013 年
35		酿造酒传统酿造技艺（梅县客家娘酒酿造技艺）	梅县区非物质文化遗产保护中心	省（5）扩展	2013 年
36		糕点制作技艺留隍云片糕制作技艺	丰顺县文化馆	省（6）	2015 年

续表 2

序号	项目类别	项目名称	保护单位	批次	公布文件时间
37	传统技艺	三及第制作技艺（蕉岭三及第）	蕉岭县文化馆	省（6）	2015 年
38		豆腐传统制作技艺（兴宁大坪布骆包子豆腐制作技艺）	兴宁市大坪镇文教体育服务中心	省（7）	2017 年
39	民俗	兴宁罗家通书推算法	兴宁市文化馆	省（4）	2012 年
40		下坝迎灯	五华县文化馆	省（6）	2015 年
41		兴宁上灯习俗	兴宁市文化馆	省（7）扩展	2017 年
42		西河漳溪墟扫街灯	大埔县文化馆	省（7）扩展	2017 年
43		香花祭仪	梅江区文化馆	省（8）	2022 年
44	传统体育游艺与杂技	李家教拳（兴宁李家教拳）	兴宁市文化馆	省（8）扩展	2022 年
45	民间文学	下市话	梅江区非保中心	市（3）	2011 年
46		对山歌	梅江区文化馆	市（6）	2014 年
47	传统音乐	客家山歌（蕉岭长潭山歌）	蕉岭县非保中心	市（2）	2009 年
48		绩苴歌	丰顺县非保中心	市（2）	2009 年
49		客家山歌（兴宁客家山歌）	兴宁市非保中心	市（3）	2011 年
50		客家筝	梅州市文化馆	市（8）	2019 年
51		丰良山歌	丰顺县文化馆	市（8）	2019 年
52		平远上岃山歌	平远县文化馆	市（9）	2020 年
53		兴宁客家锣鼓	待认定	市（10）	2022 年
54	传统舞蹈	落地金钱	平远县非保中心	市（1）	2007 年
55		龙舞（香火龙）	平远县非保中心	市（2）	2009 年
56		打莲池（梅江区打莲池）	梅江区文化馆	市（2）	2009 年
57		龙　舞	平远县非保中心	市（3）	2011 年
58		马灯舞	兴宁市大坪镇文化站	市（3）	2011 年
59	民俗	蕉岭金狮舞	蕉岭县文化馆	市（9）	2020 年

续表 2

序号	项目类别	项目名称	保护单位	批次	公布文件时间
60	民俗	五鬼弄金狮	大埔县民间舞蹈保护协会	市（6）	2014 年
61		梳妆舞	待认定	市（10）	2022 年
62		铙钹花	待认定	市（10）	2022 年
63	传统戏剧	广东汉剧（蕉岭北礤）	待认定	市（10）	2022 年
64	曲艺	落地花鼓	平远县非保中心	市（2）	2009 年
65	传统体育游艺与杂技	黄氏头部拳	平远县文化馆	市（2）	2009 年
66		足球运动	梅县强民体育会	市（5）	2013 年
67		刁家教拳	兴宁市文化馆	市（8）	2019 年
68		五华足球	待认定	市（10）	2022 年
69	传统美术	兴宁花灯	兴宁市非保中心	市（5）	2013 年
70		兴宁烙画	兴宁市文化馆	市（9）	2020 年
71		梅县区客家门神画	梅县区文化馆	市（6）	2014 年
72		客家泥塑	梅州市沅声民间艺术发展有限公司	市（8）	2019 年
73	传统技艺	平远黄粄	平远县非保中心	市（2）	2009 年
74		平远红菌豆腐头	平远县非保中心	市（2）	2009 年
75		手工榨油技艺	平远县非保中心	市（2）	2009 年
76		手工榨油技艺（罗岗镇高山茶油制作工艺）	兴宁市罗岗镇文化站	市（3）	2011 年
77		客家娘酒（兴宁老酒酿造工艺）	兴宁市兴田街道文化站	市（3）	2011 年
78		黄金姜糖	丰顺县非保中心	市（3）	2011 年
79		畲江菊花糕	梅县非保中心	市（3）	2011 年
80		蕉岭县竹编技艺	蕉岭县非保中心	市（4）	2012 年
81		客家娘酒（梅江区客家娘酒）	梅江区非保中心	市（4）	2012 年
82		汤南面线	丰顺县非保中心	市（4）	2012 年

续表 2

序号	项目类别	项目名称	保护单位	批次	公布文件时间
83	传统技艺	墨烟张墨条制作技艺	兴宁市非保中心	市（4）	2012 年
84		汤坑牛肉丸	丰顺县非保中心	市（5）	2013 年
85		南口镇车陂仙人粄	梅县区文化馆	市（6）	2014 年
86		兴宁黄粄制作技艺	兴宁市文化馆	市（6）	2014 年
87		新陂乐仙腐竹制作技艺	兴宁市文化馆	市（6）	2014 年
88		五华酿豆腐	五华县文化馆	市（6）	2014 年
89		百侯牛肉干	大埔县文化馆	市（6）	2014 年
90		百侯薄饼	大埔县文化馆	市（6）	2014 年
91		西阳清凉山茶制作技艺	梅江区清凉山茶叶专业合作社	市（6）	2014 年
92		马图茶制作技艺	丰顺县文化馆	市（6）	2014 年
93		三圳酿粄制作技艺	蕉岭县餐饮行业协会	市（7）	2016 年
94		留隍草席制作技艺	丰顺县文化馆	市（7）	2016 年
95		汤坑镇梳“大鳖尾”技艺	丰顺县文化馆	市（7）	2016 年
96		西河老鼠粄制作技艺	大埔小吃文化城	市（7）	2016 年
97		平远八尺娘酒酿造技艺	梅州市八珍娘酒业有限公司	市（7）	2016 年
98		丙村开锅肉丸	梅县区丙村镇文教体育服务中心	市（7）	2016 年
99		陈华记凉茶制作技艺	兴宁市文化馆	市（8）	2019 年
100		兴宁根雕技艺	兴宁市文化馆	市（8）	2019 年
101		民间舞蹈道具编织工艺	大埔县文化馆	市（8）	2019 年
102		平远木雕技艺	平远县文化馆	市（8）	2019 年
103		五华金木雕工艺	广东薪火文化传媒有限公司	市（8）	2019 年
104		梅州客家菜烹饪技艺	梅州市围龙屋星园酒家	市（9）	2020 年
105		梅城腌面烹饪技艺	梅江区文化馆	市（9）	2020 年
106		梅塘梅菜制作技艺	梅江区文化馆	市（9）	2020 年

续表 2

序号	项目类别	项目名称	保护单位	批次	公布文件时间
107	传统技艺	梅县白渡牛肉干制作技艺	梅县区白渡镇生利德盛老牌牛肉干脯厂	市（9）	2020 年
108		客家红焖肉烹饪技艺	梅州市嘉惠餐饮管理有限公司	市（9）	2020 年
109		兴宁藤编技艺	兴宁市文化馆	市（9）	2020 年
110		平远客家娘酒鸡制作技艺	平远县旅游协会	市（9）	2020 年
111		埔寨走马灯制作技艺	丰顺县文化馆	市（9）	2020 年
112		丰顺苦笋烹饪制作技艺	丰顺县文化馆	市（9）	2020 年
113		五华大布七月七药粄制作技艺	五华县水寨镇文教体育服务中心	市（9）	2020 年
114		五华毛糕制作工艺	五华县岐岭镇文教体育服务中心	市（9）	2020 年
115		五华横陂小炒	五华县横陂镇文教体育服务中心	市（9）	2020 年
116		客家围龙屋建造技艺	待认定	市（10）	2022 年
117		客家炒绿制作技艺	待认定	市（10）	2022 年
118		笛箫制作技艺	待认定	市（10）	2022 年
119		植物土法染布	待认定	市（10）	2022 年
120		客家剪纸	待认定	市（10）	2022 年
121		客家煎炸小食	待认定	市（10）	2022 年
122		客家捶丸制作技艺	待认定	市（10）	2022 年
123		客家手工茶	待认定	市（10）	2022 年
124		黄金玉香糕	待认定	市（10）	2022 年
125		热柘豆干制作技艺	待认定	市（10）	2022 年
126		蕉岭客家娘酒酿造技艺	待认定	市（10）	2022 年
127		猪兜窝茶制作技艺	待认定	市（10）	2022 年
128		广福豆干制作技艺	待认定	市（10）	2022 年
129		桂岭蜂蜜	待认定	市（10）	2022 年
130		大埔高陂瓷雕传统手工技艺	待认定	市（10）	2022 年

续表 2

序号	项目类别	项目名称	保护单位	批次	公布文件时间
131	传统技艺	大埔西岩乌龙茶制作技艺	待认定	市（10）	2022 年
132		竹畲萝编制工艺	待认定	市（10）	2022 年
133		仙洞米粉	待认定	市（10）	2022 年
134		黄金竹编技艺	待认定	市（10）	2022 年
135		油炸豆腐	待认定	市（10）	2022 年
136		客家土陶工艺	待认定	市（10）	2022 年
137		义学客家老酒制作工艺	待认定	市（10）	2022 年
138		聚通酱油酿造技艺	待认定	市（10）	2022 年
139		月光糕制作工艺	待认定	市（10）	2022 年
140	民俗	大埔元宵灯节	大埔县非保中心	市（2）	2009 年
141		七盏灯	五华县非保中心	市（2）	2009 年
142		六月六福祖公王节	平远县非保中心	市（2）	2009 年
143		广福宫祚福	大埔县民俗保护协会	市（4）	2012 年
144		梅石宫醮会	五华县非保中心	市（5）	2013 年
145		松源扛公王	梅县区文化馆	市（5）	2013 年
146		水车小桑等公王	梅县区文化馆	市（5）	2013 年
147		梅县挂大牌	梅县区松源镇文教体育服务中心	市（9）	2020 年
148		太阳生日	梅江区文化馆	市（5）	2013 年
149		畲族招兵节	丰顺县文化馆	市（6）	2014 年
150		黄金迎灯	丰顺县文化馆	市（7）	2016 年
151		西河大靖迎马	大埔县文化馆	市（7）	2016 年
152		下市闹元宵	梅江区文化馆	市（7）	2016 年
153		百侯龙珠灯	大埔县文化馆	市（8）	2019 年
154		砂田菜花灯	丰顺县文化馆	市（8）	2019 年
155		新铺七月半	蕉岭县新铺镇文化站	市（8）	2019 年
156		扛仙师	待认定	市（10）	2022 年

文博事业

【文博事业概况】　2022 年，梅州市新建、完善 8 个非国有博物馆（类博物馆），备案 2 家非国有博物馆，27 家博物馆（纪念馆）入列 2021 年度广东省博物馆（纪念馆）名录，其中叶剑英元帅纪念馆运行评估被评为“优秀”等次。全市有备案博物馆（纪念馆）29 家，其中纪念馆 7 家、博物馆 22 家（非国有博物馆 9 家、国有博物馆 13 家）。有国家一级博物馆 1 家（广东中国客家博物馆）、二级博物馆 1 家（大埔县博物馆）。全市 29 家国有、非国有博物馆（纪念馆）馆藏藏品 8.65 万件（套），其中一级文物 26 件（套）、二级文物 232 件（套）、三级文物 1575 件（套）。各级文物保护单位 544 处，其中全国重点文物保护单位 11 处、广东省文物保护单位 103 处、市级文物保护单位 144 处、县（市、区）级文物保护单位 286 处。广东省不可移动革命文物名录 87 处，其中全国重点文物保护单位 3 处、省级文物保护单位 18 处、市级文物保护单位 20 处、县级文物保护单位 36 处、一般不可移动文物 10 处；广东省可移动革命文物名录 12 件（套），均为三级。

【文物安全】　2022 年，梅州市文化广电旅游局与各县（市、区）文化广电旅游体育局签订《2022 年度文物保护单位目标管理责任书》，明确文物安全管理目标，落实文物安全管理责任。完成落实文物博物单位文物安全直接责任人公告公示制度，为全市 544 处文物保护单位、137 处一般不可移动文物和 27 家博物馆（纪念馆）制作公告公示信息牌。对全市各级文物保护单位消防安全进行全面检查，对检查中发现的安全隐患要求立即整改。

【文物保护利用】　2022 年，梅州市争取省级专项资金对新联大夫第等 6 处广东省文物保护单位进行修缮保护。完成 30 处红色革命遗址保护和活化利用。出台《梅州市革命文物保护利用五年行动计划（2021—2025 年）》。完成全市革命文物开展现状调查，为革命文物保护利用提供科学决策依据。对全市广东省革命文物名录中 56 处市县级文物保护单位和 10 处一般不可移动文物开展“四有”记录档案编制。组织开展全市第二批广东省不可移动革命文物名录推荐申报工作，向广东省文化和旅游厅推荐申报不可移动革命文物 37 处、可移动革命文物名录 615 件（套）。继续联合中国人寿财险梅州中心支公司为全市 21 处省级以上革命文物类文物保护单位免费投保，进一步提高全市革命文物类文物保护单位的安全防护水平。

【文物考古】　2022 年，梅州市完成梅江区金山顶至元城路 1 平方千米的地下文物埋藏区的划定和考古调查，协助企业完成 6 项用地文物考古调查勘探，完成全市石刻调查并形成调查报告，守护好城市历史文化遗产。

（梅州市文化广电旅游局）

2022 年梅州市市级以上文物保护单位一览表

表 3　　一、全国重点文物保护单位（11 处）

序号	文物保护单位名称	县（市、区）	详细地点	年代	类别
1	叶剑英故居	梅县区	雁洋镇雁上村虎形自然村	清	近现代重要史迹及代表性建筑
2	丘逢甲故居	蕉岭县	文福镇逢甲村	清	近现代重要史迹及代表性建筑
3	父子进士牌坊	大埔县	茶阳镇学前街	明	古建筑
4	人境庐和荣禄第	梅江区	金山街道办事处小溪唇居委	清光绪七年（1881）、清光绪十年（1884）	近现代重要史迹及代表性建筑

续表 3

序号	文物保护单位名称	县（市、区）	详细地点	年代	类别
5	谢晋元故居	蕉岭县	新铺镇尖坑村	清光绪三十一年（1905）	近现代重要史迹及代表性建筑
6	大埔光禄第	大埔县	西河镇车龙村	清	近现代重要史迹及代表性建筑
7	联丰花萼楼	大埔县	大东镇联丰村	明	古建筑
8	大埔泰安楼	大埔县	湖寮镇龙岗村	清	古建筑
9	三河中山纪念堂	大埔县	三河镇汇城村	民国 18 年（1929）	近现代重要史迹及代表性建筑
10	大埔肇庆堂	大埔县	百侯镇侯南村	民国	近现代重要史迹及代表性建筑
11	狮雄山遗址	五华县	华城镇塔岗村	秦汉	古遗址

二、广东省文物保护单位（103 处）

序号	文物保护单位名称	县（市、区）	详细地点	年代	类别
12	灵光寺	梅县区	雁洋镇阴那村	明	古建筑
13	八一起义军三河坝战役烈士纪念碑	大埔县	三河镇汇东村	1964 年	近现代重要史迹及代表性建筑
14	千佛铁塔	梅江区	金山街道办事处龙丰村东岩莲花山	五代南汉	古建筑
15	“奕世流芳”牌坊	大埔县	湖寮镇龙岗村	清	古建筑
16	兴宁学宫	兴宁市	兴田街道办事处司前街	明	古建筑
17	狮雄山塔	五华县	华城镇塔岗村	明	古建筑
18	长乐学宫	五华县	华城镇城镇村	明	古建筑
19	英烈庙	五华县	双华镇大陂村	明	古建筑
20	东江工农兵第一次代表大会遗址	丰顺县	八乡镇滩良村庄屋坪	民国 19 年（1930）	近现代重要史迹及代表性建筑
21	元魁塔	梅县区	松口镇铜琶村	明	古建筑
22	南华又庐	梅县区	南口镇侨乡村	清	古建筑
23	桥溪村古民居建筑群	梅县区	雁洋镇长教村	明—民国	古建筑
24	棣华居	梅江区	西阳镇新联村	民国	近现代重要史迹及代表性建筑

续表 3

序号	文物保护单位名称	县（市、区）	详细地点	年代	类别
25	联芳楼	梅江区	西阳镇新联村	民国	近现代重要史迹及代表性建筑
26	恩元第	梅江区	金山街道办事处小溪唇居委	清	古建筑
27	石寨土楼	蕉岭县	南磜镇石寨村	明	古建筑
28	两海会馆	兴宁市	兴田街道办事处神光路 5 号	清	古建筑
29	东山书院	梅江区	金山街道办事处小溪唇居委龙丰村东山岌下	清	古建筑
30	邹坊文祠	平远县	仁居镇邹坊村	清	古建筑
31	凌风塔	平远县	石正镇潭头村	清	古建筑
32	李惠堂旧居	五华县	横陂镇锡坑老楼村	清—民国	近现代重要史迹及代表性建筑
33	森堂公祠	大埔县	湖寮镇新村	民国 26 年（1937）	近现代重要史迹及代表性建筑
34	小树庐	平远县	仁居镇城南村	民国	近现代重要史迹及代表性建筑
35	李威光故居	五华县	华城镇黄埔村	清	古建筑
36	通议大夫第	大埔县	百侯镇侯南村	清	古建筑
37	井下吴屋	平远县	仁居镇井下村	清	古建筑
38	荣槐楼	五华县	转水镇三源村	清	古建筑
39	磐安围	兴宁市	叶塘镇河西村	清	古建筑
40	福禄岌民居群	梅江区	三角镇泮坑村福禄岌	清—民国	古建筑
41	通议第	大埔县	湖寮镇新寨村	清	古建筑
42	邹鲁故居	大埔县	茶阳镇花窗村	清	近现代重要史迹及代表性建筑
43	广东省四大银行金库旧址	平远县	仁居镇井下村	民国 33 年（1944）	近现代重要史迹及代表性建筑
44	罗福星故居	蕉岭县	蓝坊镇大地村	清	近现代重要史迹及代表性建筑
45	赖寿官夫妇墓	蕉岭县	长潭镇长东村沙前岭	明	古墓葬
46	群丰大夫第	梅县区	丙村镇群丰村	明—清	古建筑

续表 3

序号	文物保护单位名称	县（市、区）	详细地点	年代	类别
47	驾虹桥	平远县	仁居镇仁居村	明—清	古建筑
48	兴宁古城墙	兴宁市	兴田街道办事处东街居委	明—清	古建筑
49	林修明故居	蕉岭县	新铺镇下南山村	清	古建筑
50	南礤观察第	蕉岭县	南礤镇南礤村	清	古建筑
51	宋湘故居	梅县区	白渡镇创乐村	清	古建筑
52	文峰塔	兴宁市	宁新街道办事处文星村	清嘉庆十九年（1814）	古建筑
53	善述围	兴宁市	罗岗镇柿子坪村	清光绪十年（1884）	古建筑
54	李坚真故居	丰顺县	黄金镇径双村蕉头窝	民国	近现代重要史迹及代表性建筑
55	延庆堂	大埔县	湖寮镇莒村	民国	近现代重要史迹及代表性建筑
56	定昌公祠	丰顺县	汤南镇隆烟村	民国	近现代重要史迹及代表性建筑
57	李金发故居	梅县区	梅南镇上村	清光绪二十六年（1900）	近现代重要史迹及代表性建筑
58	林风眠故居	梅江区	西阳镇阁公岭村	清光绪二十六年（1900）	近现代重要史迹及代表性建筑
59	棣华围	兴宁市	刁坊镇周兴村	民国 3 年（1914）	近现代重要史迹及代表性建筑
60	马图红四军军部旧址	丰顺县	龙岗镇马图村	民国 18 年（1929）	近现代重要史迹及代表性建筑
61	仁居红四军第一纵队革命旧址	平远县	仁居镇仁居村	民国 24 年（1935）	近现代重要史迹及代表性建筑
62	世德堂	梅县区	松口镇铜琶村	明—清	古建筑
63	一斗堂	大埔县	茶阳镇长兴村	明—清	古建筑
64	李和美屋	兴宁市	宁新街道办事处佛岭村	清	古建筑
65	双龙村大夫第	梅县区	畲江镇双龙村	清	古建筑
66	松溪桥与古道	平远县	差干镇湍溪村	清	古建筑

续表 3

序号	文物保护单位名称	县（市、区）	详细地点	年代	类别
67	种王上围	丰顺县	丰顺县汤南镇新楼村	清	古建筑
68	兰芳楼	五华县	安流镇楼江村	清	古建筑
69	辅德堂	大埔县	西河镇北塘村	清	古建筑
70	莲瑞流馨民居	大埔县	百侯镇侯南村	清	古建筑
71	侯南村中议大夫第	大埔县	百侯镇侯南村	清	古建筑
72	桂岭书院	蕉岭县	蕉城镇城郊村	清	古建筑
73	拱辰楼	大埔县	高陂镇银滩村	清	古建筑
74	宝善居	平远县	大柘镇丰光村	民国 2 年（1913）	近现代重要史迹及代表性建筑
75	梅县邓仲元旧居和仲元小学旧址	梅县区	丙村镇银场村	民国 7 年（1918）	近现代重要史迹及代表性建筑
76	莲塘村古氏洋楼	梅县区	城东镇莲塘村	民国 8 年（1919）	近现代重要史迹及代表性建筑
77	玉成围	兴宁市	合水镇霞洞村	民国 11 年（1922）	近现代重要史迹及代表性建筑
78	喆庐	梅县区	松口镇大黄村	民国 14 年（1925）	近现代重要史迹及代表性建筑
79	张民达旧居	梅县区	桃尧镇螺江村	民国 14 年（1925）	近现代重要史迹及代表性建筑
80	仪园	梅县区	水车镇先锋村	1949 年	近现代重要史迹及代表性建筑
81	东江纵队粤东游击队交通站旧址	梅江区	梅江区三角镇坜明村	1949 年	近现代重要史迹及代表性建筑
82	联辉楼	梅江区	梅江区城北镇干光村	民国 14 年（1925）	近现代重要史迹及代表性建筑
83	松江大酒店旧址	梅县区	梅县区松口镇繁荣社区	民国 21 年（1932）	近现代重要史迹及代表性建筑
84	松口图书馆旧址	梅县区	梅县区松口镇公园路	民国 23 年（1934）	近现代重要史迹及代表性建筑
85	德馨堂	梅县区	梅县区南口镇侨乡村	民国 6 年（1917）	近现代重要史迹及代表性建筑
86	惠楼	平远县	东石镇锡水村	民国	近现代重要史迹及代表性建筑
87	姚子青故居	平远县	大柘镇墩背村	清宣统元年（1909）	近现代重要史迹及代表性建筑

续表 3

序号	文物保护单位名称	县（市、区）	详细地点	年代	类别
88	黄梅兴故居	平远县	东石镇大屋村	清光绪十二年（1886）	近现代重要史迹及代表性建筑
89	丘逢甲墓	蕉岭县	文福镇鹤湖村	民国 2 年（1913）	古墓葬
90	中共中央至中央苏区秘密交通线棣萼楼中转站旧址	大埔县	青溪镇蕉坑村	民国	近现代重要史迹及代表性建筑
91	中共中央至中央苏区秘密交通线缵诒堂中转站旧址	大埔县	青溪镇虎市村	民国	近现代重要史迹及代表性建筑
92	中共南方局工作委员会机关旧址	大埔县	枫朗镇大埔角村	民国 30 年（1941）	近现代重要史迹及代表性建筑
93	闽粤赣边区党委和边纵活动旧址	大埔县	光德镇上漳村	民国 37 年（1948）	近现代重要史迹及代表性建筑
94	干庐	梅县区	南口镇锦鸡村	民国 25 年（1936）	近现代重要史迹及代表性建筑
95	新联大夫第（牛角屋）	梅江县	西阳镇新联村	清	古建筑
96	茶山绍德堂	梅县区	水车镇茶山村	明—清	古建筑
97	槐岗继善楼	梅县区	程江镇槐劣村	清	古建筑
98	铁耕楼	蕉岭县	蕉城镇陂角村	清	古建筑
99	国立中山大学梅县办学旧址	梅江区	梅州市梅江区西郊街道梅州师范学校附属小学内	民国 34 年（1945）	近现代重要史迹及代表性建筑
100	刘复之故居	梅江区	梅州市梅江区三角镇上坪村	民国 6 年（1917）	近现代重要史迹及代表性建筑
101	萧向荣故居	梅县区	梅州市梅县区石扇镇新东村	清宣统二年（1910）	近现代重要史迹及代表性建筑
102	松源红四军军部旧址	梅县区	梅州市梅县区松源镇金星村同怀别墅	民国 25 年（1936）	近现代重要史迹及代表性建筑
103	爱春楼	梅县区	梅州市梅县区松口镇铜琶村	清	近现代重要史迹及代表性建筑
104	作庐	梅县区	梅州市梅县区畲江镇连江村	民国 31 年（1942）	近现代重要史迹及代表性建筑

续表 3

序号	文物保护单位名称	县（市、区）	详细地点	年代	类别
105	何天炯旧居	兴宁市	兴宁市石马镇新群村	民国 8 年（1919）	近现代重要史迹及代表性建筑
106	恒云楼	兴宁市	兴宁市径南镇星耀村	民国 24 年（1935）	近现代重要史迹及代表性建筑
107	平远石北乡苏维埃政府旧址	平远县	平远县东石镇灵水村毓秀书院	民国 25 年（1936）	近现代重要史迹及代表性建筑
108	中央红色交通线大埔段	大埔县	大埔县青溪镇、茶阳镇	民国 26 年至民国 30 年（1937—1941）	近现代重要史迹及代表性建筑
109	江东小筑	大埔县	大埔县湖寮镇岭下村	民国 30 年（1941）	近现代重要史迹及代表性建筑
110	华萼楼	大埔县	大埔县三河镇汇城村	民国 9 年（1920）	近现代重要史迹及代表性建筑
111	大埔县工农革命政府公安局旧址	大埔县	大埔县青茶阳镇万川路	民国 23 年（1934）	近现代重要史迹及代表性建筑
112	罗明故居	大埔县	大埔县青枫朗镇坎下村	清光绪二十七年（1901）	近现代重要史迹及代表性建筑
113	古大存故居遗址	五华县	五华县梅林镇优河村	清光绪二十三年（1897）	近现代重要史迹及代表性建筑
114	曾国华故居	五华县	五华县岐岭镇凤凰村	清宣统二年（1910）	近现代重要史迹及代表性建筑

三、梅州市文物保护单位名单（144 处）

序号	文物保护单位名称	县（市、区）	详细地点	年代	类别
115	梅江桥	梅江区	江南街道办事处梅南居委会后侧	民国 23 年（1934）	近现代重要史迹及代表性建筑
116	江南天主教堂建筑群旧址	梅江区	江南街道办事处梅南居委机关路 9 号	民国 27 年（1938）	近现代重要史迹及代表性建筑
117	状元桥	梅江区	金山街道办事处小溪唇居委东山书院前	清	古建筑
118	曾井	梅江区	西郊街道办事处马石居委城西大道	五代南汉	古建筑
119	凌风东西路骑楼式传统商业街建筑群	梅江区	金山街道办事处凌东居委梅江桥至中山街段	民国 21 年（1932）	近现代重要史迹及代表性建筑

续表 3

序号	文物保护单位名称	县（市、区）	详细地点	年代	类别
120	梅州学宫	梅江区	金山街道办事处凌西居委南门考院前	清	古建筑
121	杨姓始祖墓、定光古佛玉甲墓	梅江区	金山街道东厢月梅一村	北宋乾德二年（964）	古墓葬
122	侯安国墓	梅江区	城北镇塔下村与三村村交界地曾坑尾狐狸径	清	古墓葬
123	罗氏公墓	丰顺县	汤南镇新埔园村白石岭	清	古墓葬
124	罗依塔	梅江区	长沙镇下罗村	清	古建筑
125	路亭古塔	蕉岭县	文福镇红星村	清	古建筑
126	水寨大桥	五华县	河东镇居委会	1961 年	近现代重要史迹及代表性建筑
127	盘龙围	梅县区	石坑镇龙凤村	清	古建筑
128	蔡蒙吉故居	梅县区	松源镇金星村	宋	古建筑
129	五里大黄屋	兴宁市	福兴街道办事处五里村	明正德十六年（1521）	古建筑
130	坭陂进士第	兴宁市	坭陂镇汤一村	清乾隆二十五年（1760）	古建筑
131	姚德胜旧居	平远县	大柘镇杞园村	清	古建筑
132	永富祖祠	蕉岭县	长潭镇新泉村	清	古建筑
133	仲裕楼	大埔县	西河镇漳北村	清	古建筑
134	莒村州司马第	大埔县	湖寮镇莒村	清	古建筑
135	李光耀祖居——中翰第	大埔县	高陂镇党溪村	清	古建筑
136	万卷楼	大埔县	高陂镇银滩村	清	古建筑
137	邹家围	丰顺县	丰良镇璜溪村邹家围	清	古建筑
138	龙上古寨	丰顺县	汤南镇新埔园村	清	古建筑
139	古氏宗祠	五华县	华阳镇优河村	清	古建筑
140	潜斋邹公祠	五华县	龙村镇宫前村	清	古建筑
141	魏大斌故居	五华县	横陂镇夏阜村	清	古建筑

续表 3

序号	文物保护单位名称	县（市、区）	详细地点	年代	类别
142	素庐	平远县	仁居镇南门岗	民国	近现代重要史迹及代表性建筑
143	克修公祠	蕉岭县	蓝坊镇大地村	民国	近现代重要史迹及代表性建筑
144	瓒椿庄	蕉岭县	蓝坊镇大光村	民国	近现代重要史迹及代表性建筑
145	何如璋故居——人境庐建筑群	大埔县	湖寮镇双坑村	清	近现代重要史迹及代表性建筑
146	资政第	大埔县	西河镇车龙村	民国	近现代重要史迹及代表性建筑
147	埔河文庙	丰顺县	汤坑镇埔河村	清	古建筑
148	新南斐厦堂	梅县区	松源镇新南村	明—清	古建筑
149	闽粤梁氏宗祠	梅县区	松源镇青塘村	明—清	古建筑
150	围坪朱屋	梅江区	城北镇干光村	清	古建筑
151	坪宫崇德围	兴宁市	径南镇坪宫村	清	古建筑
152	永生文蔚第	兴宁市	永和镇永生村	清	古建筑
153	凉庭丰泰堂	平远县	东石镇凉庭村	清	古建筑
154	南台大夫第	平远县	石正镇南台村	清	古建筑
155	龙岗中宪第	大埔县	湖寮镇龙岗村	明	古建筑
156	小留宽裕居	大埔县	大麻镇小留村	清	古建筑
157	清溪绍阳书室	丰顺县	黄金镇清溪村	明	古建筑
158	丰良斜塔	丰顺县	丰良镇棠荆村	清	古建筑
159	皇恩宠锡（陈家祠）	五华县	棉洋镇联西村	明	古建筑
160	华城东征军政治部旧址（宗圣祠）	五华县	华城镇城镇村	清	古建筑
161	茶山资政第	梅县区	水车镇灯塔村茶山自然村	民国	近现代重要史迹及代表性建筑

续表 3

序号	文物保护单位名称	县（市、区）	详细地点	年代	类别
162	悦来四下山新居	梅县区	白渡镇悦来村	民国	近现代重要史迹及代表性建筑
163	郁卿黄公祠	梅江区	西阳镇甫田村黄屋阁13号	民国	近现代重要史迹及代表性建筑
164	碧芬精庐（卢耕父故居）	梅江区	西阳镇太平村澄岗岭	民国	近现代重要史迹及代表性建筑
165	星耀光绍庐	兴宁市	径南镇星耀村	民国	近现代重要史迹及代表性建筑
166	胪声耀堃第	兴宁市	径南镇胪声村	民国	近现代重要史迹及代表性建筑
167	侯北笙曹筱筑	大埔县	百侯镇侯北村	民国	近现代重要史迹及代表性建筑
168	大留怡和书室	大埔县	大麻镇大留村	民国	近现代重要史迹及代表性建筑
169	邓太乙墓	梅县区	松口镇盘龙村	元	古墓葬
170	天褒节孝石牌坊	蕉岭县	蓝坊镇龙潭村	清	古建筑
171	余里古窑址	大埔县	三河镇余里村	元	古遗址
172	南门考院前黄氏祖祠	梅江区	金山办事处南门考院前13号	清	古建筑
173	马鞍山大叶屋	梅江区	三角镇东升村围屋路48号	明	古建筑
174	谢田谢氏祖祠	梅县区	城东镇谢田村	明	古建筑
175	悦来敦尚楼	梅县区	白渡镇悦来村	民国	古建筑
176	桃源继述楼	梅县区	桃尧镇桃源村	清	古建筑
177	太湖刘屋	梅县区	畲江镇太湖村	清	古建筑
178	坑美以祯居（蒲风故居）	梅县区	隆文镇坑美村	清	古建筑
179	广东工农革命军（东路）第十团团部旧址	梅县区	梅南镇九龙村	民国	近现代重要史迹及代表性建筑
180	人和三堡学堂	梅县区	丙村镇人和村	清	近现代重要史迹及代表性建筑

续表3

序号	文物保护单位名称	县（市、区）	详细地点	年代	类别
181	中和善庆庐	梅县区	石扇镇中和村	民国	近现代重要史迹及代表性建筑
182	中行石拱桥	平远县	中行镇中行村	明	古建筑
183	仁居万五韩公祠	平远县	仁居镇仁居村	民国	古建筑
184	凤头进士第	平远县	八尺镇凤头村	明	古建筑
185	仁居官塘唇李屋	平远县	仁居镇仁居村	清	古建筑
186	恩世居	平远县	热柘镇热水村	民国	近现代重要史迹及代表性建筑
187	长征罗屋	兴宁市	刁坊镇长征村	清	古建筑
188	星耀荆荣第	兴宁市	径南镇星耀村	清	古建筑
189	下走马岗罗屋	兴宁市	宁中镇丝新村	清	古建筑
190	星耀拙庐	兴宁市	径南镇星耀村	民国	近现代重要史迹及代表性建筑
191	双坑采芹小筑	大埔县	湖寮镇双坑村	民国	古建筑
192	遍沙祥辉楼	丰顺县	黄金镇遍沙村	民国	近现代重要史迹及代表性建筑
193	坑口刘氏宗祠	五华县	棉洋镇棉洋村	明	古建筑
194	新一戴氏宗祠（桂园围）	五华县	华城镇新一村	清	古建筑
195	元坑足球旧址	五华县	长布镇源潭村	清	古遗址
196	叶大经公墓	梅江区	城北镇黄明村	宋	古墓葬
197	三角村资政第	梅江区	三角镇湾下村	清	古建筑
198	温鸣剑旧居	梅县区	丙村镇红光村	民国	近现代重要史迹及代表性建筑
199	红旗村夏氏祖屋	梅县区	新城办事处	民国	近现代重要史迹及代表性建筑
200	小都村安思居	梅县区	雁洋镇三乡小都村	民国	近现代重要史迹及代表性建筑
201	南福村笃敬庄	梅县区	雁洋镇南福村	民国	近现代重要史迹及代表性建筑
202	茶山村德崇楼	梅县区	水车镇灯塔村茶山自然村	清	古建筑

续表 3

序号	文物保护单位名称	县（市、区）	详细地点	年代	类别
203	茶山村畅云楼	梅县区	水车镇灯塔村茶山自然村	清	古建筑
204	茶山村大夫第	梅县区	水车镇灯塔村茶山自然村	清	古建筑
205	群星村万安围	兴宁市	叶塘镇群星村	明	古建筑
206	坪里龙田世基	兴宁市	龙田镇五一村	明	古建筑
207	儒地水口桥	平远县	中行镇儒地村	明	古建筑
208	五指石摩崖石刻	平远县	差干镇差干村	清	石窟寺及石刻
209	文贵村普滩桥	平远县	泗水镇文贵村	清	古建筑
210	仲石村万载桥	平远县	中行镇仲石村	清	古建筑
211	黄氏祖始墓（含二世祖墓）	蕉岭县	文福镇坑头村	元	古墓葬
212	北塘村振德楼	大埔县	西河镇北塘村	民国	近现代重要史迹及代表性建筑
213	石圳村史庐	大埔县	枫朗镇石圳村	民国	近现代重要史迹及代表性建筑
214	北塘村宜斋公祠	大埔县	西河镇北塘村	民国	近现代重要史迹及代表性建筑
215	蓝田书院	丰顺县	汤坑镇红旗居委	清	古建筑
216	棉洋刘氏二世祖墓	五华县	棉洋镇罗城村	明	古墓葬
217	德赞楼（黄遵宪故居）	梅江区	金山办事处小溪唇	清	古建筑
218	松口火船码头	梅县区	松口	清	古建筑
219	廖安祥故居	梅县区	梅州市梅县区雁洋镇黄坳村	民国	近现代重要史迹及代表性建筑
220	永新资政第	梅县区	梅州市梅县区丙村镇红光村	清	近现代重要史迹及代表性建筑
221	梅平武工队旧址	平远县	梅州市平远县大柘镇	民国	近现代重要史迹及代表性建筑
222	武颂庐	大埔县	梅州市大埔县高陂镇古田村	民国	近现代重要史迹及代表性建筑
223	椿森第	大埔县	梅州市大埔县茶阳镇街道	清	近现代重要史迹及代表性建筑

续表 3

序号	文物保护单位名称	县（市、区）	详细地点	年代	类别
224	杰庐	大埔县	梅州市大埔县三河镇梓里村	民国	近现代重要史迹及代表性建筑
225	粤东地委机关旧址胜坑爱庐居	大埔县	梅州市大埔县银江镇胜坑村	民国	近现代重要史迹及代表性建筑
226	埔北区苏维埃政府旧址高乾昭稳堂	大埔县	梅州市大埔县茶阳镇茅坪村	民国	近现代重要史迹及代表性建筑
227	丰顺县苏维埃政府旧址	丰顺县	梅州市丰顺县黄金镇望楼村	民国	近现代重要史迹及代表性建筑
228	黄国梁故居	五华县	梅州市五华县郭田镇龙潭村	民国	近现代重要史迹及代表性建筑
229	罗芳伯故居	梅县区	梅州市梅县区石扇镇西南村	清	古建筑
230	大黄村河南堂	梅县区	梅州市梅县区松口镇大黄村	清	古建筑
231	五里黄粤兴屋	兴宁市	兴宁市福兴街道办事处五里村	清	古建筑
232	羊岌福寿堂	蕉岭县	梅州市蕉岭县文福镇白湖村	清	古建筑
233	羊岌力田草庐	蕉岭县	梅州市蕉岭县文福镇白湖村	清	古建筑
234	黄氏景昇公祠	五华县	梅州市五华县龙村镇梧溪村	宋	古建筑
235	锡坑儒林第	五华县	梅州市五华县横陂镇锡坑近江村	清	古建筑
236	龙门第牌坊	五华县	梅州市五华县水寨镇大坝七一村	明	古建筑
237	培风塔	五华县	梅州市五华县岐岭镇联安村	清	古建筑
238	联殊塔	五华县	梅州市五华县水寨镇大坝坝心村	清	古建筑
239	邓恩铭祖居	梅江区	梅州市梅江区三角镇上坪村	清	古建筑
240	小溪唇禄善堂	梅江区	梅州市梅江区金山街道小溪唇居委	清乾隆二十年至乾隆三十年（1755—1765）	古建筑
241	朱云卿故居（百福堂）	梅江区	梅州市梅江区西郊街道程江社区	清嘉庆年间（1796—1820）	古建筑

续表 3

序号	文物保护单位名称	县（市、区）	详细地点	年代	类别
242	水美星拱楼	梅县区	梅州市梅县区梅南镇水美村	民国 18 年（1929）	近现代重要史迹及代表性建筑
243	上村绍安庐	梅县区	梅州市梅县区梅南镇上村村	民国	近现代重要史迹及代表性建筑
244	邓逸凡故居	兴宁市	兴宁市水口镇小丰村	清道光十年（1830）	古建筑
245	高陂明光楼	兴宁市	兴宁市龙田镇高陂村	民国 20 年（1931）	近现代重要史迹及代表性建筑
246	凌云塔	平远县	平远县大柘镇梅东村	清乾隆三十二年（1767）	古建筑
247	坝头奎文阁	平远县	平远县大柘镇坝头村	清	古建筑
248	林连宗故居	蕉岭县	蕉岭县新铺镇潘田村	清	近现代重要史迹及代表性建筑
249	八一起义军三河坝战役指挥部旧址田氏宗祠	大埔县	大埔县三河镇汇东村	清	近现代重要史迹及代表性建筑
250	密坑棣萼楼	大埔县	大埔县湖寮镇密坑村	民国 32 年（1943）	近现代重要史迹及代表性建筑
251	太宁义训堂	大埔县	大埔县茶阳镇太宁村	清	古建筑
252	恭下宜慎山庄	大埔县	大埔县大麻镇恭下村	民国 26 年（1937）	近现代重要史迹及代表性建筑
253	茶阳旋庐	大埔县	大埔县茶阳镇街道	民国 25 年（1936）	近现代重要史迹及代表性建筑
254	占下四角楼（吉安楼）	丰顺县	丰顺县砂田镇占头村	清乾隆四十一年（1776）	古建筑
255	广东工农革命军东路第十团（五县暴委、七县联委）成立旧址	丰顺县	丰顺县丰良镇九龙村	清中期	古建筑
256	徐名鸿故居	丰顺县	丰顺县汤坑镇埔河村	清末	近现代重要史迹及代表性建筑
257	坪上锡朋楼	五华县	五华县郭田镇坪上村	清乾隆四十五年（1780）	古建筑
258	五华县人民政府旧址（福庆楼）	五华县	五华县周江镇冰坎村	民国	近现代重要史迹及代表性建筑

文化场馆

梅州市剑英图书馆

【梅州市剑英图书馆概况】 2022年，梅州市剑英图书馆入藏普通图书1.09万种3.84万册，年末馆藏纸质图书68.98万册、电子图书68.4万册，总藏量137.38万册；订购报纸71种85份、期刊654种831份；接待到馆读者55.18万人次，文献外借41.29万册次，数字资源浏览501.69万次；举办讲座34场，其中线上19场、线下5场、线上线下联动10场；举办展览16场，其中线上10场、线下4场、线上线下联动2场；举办线下培训11场；举办其他阅读推广活动71场，其中线上36场、线下34场、线上线下联动1场；全年线上线下活动累计服务读者32万人次。年内，获评“书香童年 美声传悦”——2022年广东青少年美文朗诵展示活动优秀组织奖、“喜迎二十大 强国有我”知识达人段位赛优秀组织奖，推荐1名读者入选“广东少儿阅读之星”榜单。

【业务知识培训】 2022年，梅州市剑英图书馆组织业务骨干参加国家和省图书馆、图书馆学会等单位机构举办的业务知识培训，内容涵盖阅读推广、图书馆总分馆制建设、图书馆未成年人服务提升、古籍库房建设与管理等，全馆参加职工53人次，继续教育时长累计2525学时。

【文化志愿服务】 2022年，梅州市剑英图书馆组织开展暑假、节假日志愿活动，提供读者咨询、文明督导、图书整理、阅读指导、秩序维护等服务，144人次参与，累计志愿服务时长2730.74小时；开展读者活动志愿服务，工作内容包括场地布置、读者登记、秩序维护、奖品发放等，全年开展12场次，78人次参与，累计志愿服务时长182.43小时。

【馆校合作】 2022年，梅州市剑英图书馆开展“图书馆＋学校”馆校合作项目，加强与校园图书馆资源共享及面向在校学生的图书馆服务，拓展未成年人阅读推广。与梅州城区及周边3家中小学校开展集体借阅、诗文配画、经典诵读、展览、书香班级评比、阅读之星评选、作品征集等活动，累计服务师生约7000人次。

【少儿活动】 2022年，梅州市剑英图书馆开展“缤纷六一 乐享童趣”系列活动，以“巧手涂色”、“你来比画我来猜”、跳绳、套圈圈等趣味游戏吸引140组家庭参与；举办“奇遇太空 探‘阅’之旅”绘本阅读挑战、“四月芳菲 诗海拾贝”宫格闯关寻古诗、21天阅读挑战书——少儿阅读习惯养成活动、“跨越百年，恰同学少年”错位时空素材征集等活动，发挥公共图书馆“第二课堂”的社会教育功能。

【客都文化公益讲堂】 2022年，梅州市剑英图书馆承办的“客都文化公益讲堂”被列入梅州市政府2022年度“十件民生实事”项目。全年开展10场公益讲座，主题涵盖近代文学、唐宋诗词、客家文化、广东汉乐、家庭教育、红色文化等方面，吸引现场听众近1100人次，全年通过图书馆微信平台“在线公益讲堂”和网站线上讲座服务读者1.2万人次，丰富人民群众文化生活。

【“书香伴我行 奋进新征程”2022年世界读书日系列活动】 2022年3—6月，梅州市剑英图书馆组织开展“书香伴我行 奋进新征程”2022年世界读书日系列活动。4月23日，开展2022粤澳“共读半小时”阅读活动，以集体诵读的形式呼吁市民品味书香，享阅读之乐；开展“书香满溢・喜阅连年”——2022年世界读书日粤港澳创作比赛全市征稿，推荐8份作品参加全省总评选，其中3份作品获得省级荣誉；举办思考世界的孩子——儿童哲学启蒙作品展、中国百年童书展、2021年度读者借阅量评比、“品读文化津梁・邂逅阅读之美”文津奖作品读后感征集等线下活动，第二届“中华传统文化百部经典”知识大赛、第十一届“图书馆杯”广东全民英语口语大赛等线上活动；组织全市10家公共图书馆举办茅盾文学奖知识竞答、“书香读书‘阅’品历史文化”竞答、“书香童年 美声传悦”——2022年广东青少年美文朗诵展示等活动。

【“喜迎二十大 奋进新征程”主题活动】 2022年4—12月，梅州市剑英图书馆组织开展“喜迎二十大 奋进新征程”主题活动。“奋进新征程 建功新时代”主题图书荐读活动以线上、线下结合的形式向读者推荐权威读本、理论力作、长篇小说、报告文学、儿童文学等重点主题图书；“中国有梦 腾飞

2022 年 4 月 23 日，梅州市剑英图书馆组织开展粤澳“共读半小时”阅读活动（梅州市剑英图书馆供图）

千载”“中国梦”优秀电影作品线上展览累计吸引 2000 人次观看；“喜迎二十大 强国有我”知识达人段位赛围绕“学习强国”学习平台权威内容设计题库，以“云竞赛”形式助推全民乐学好学常学蔚然成风。

【梅州市公共图书馆实现用户信息互联互通互认】 2022 年，梅州市剑英图书馆主导开展梅州公共图书馆“中心馆—总分馆制”建设和联盟建设。7 月，市、各县（市、区）公共图书馆实现用户信息互联互通互认，一馆办卡各馆通用、一卡通行就近借阅、一馆藏书各馆共享，全市公共图书馆以一证通模式实现纸质图书通借通还，开通以来累计办证 58 万张，打破梅州公共图书馆馆际图书流通的壁垒，提高全市图书资源的利用率。

（梅州市剑英图书馆）

广东中国客家博物馆

【广东中国客家博物馆概况】 广东中国客家博物馆于 2005 年 3 月 28 日奠基兴建，2007 年 10 月由梅州市编办批准成立梅州市客家博物馆，2008 年 4 月 8 日落成并对外开放。2008 年 6 月经广东省编办批准成立广东客家博物馆，2009 年 2 月经国务院批准冠名广东中国客家博物馆。2010 年 3 月 20 日开始免费对外开放。广东中国客家博物馆是“国家一级博物馆”，是国内首家全面展示客家民系文化渊源与发展，系统收藏、整理、研究、展示客家历史文物与客家民俗文物的综合性博物馆。占地 11.4 万平方米，建筑面积 3.7 万平方米，由主馆客家博物馆、分馆黄遵宪纪念馆、大学校长馆、将军馆、华侨馆、梅州市非物质文化遗产展示馆、梅州名人廉吏馆以及《客家文博》杂志社组成，形成以主馆为中心、各分馆为卫星馆的生态博物馆格局。该馆是一日读懂客家的必经之处，是客家人寻根问祖和文化交流的重要平台，是海峡两岸交流基地，是广东省爱国主义教育基地，是国家 AAA 级旅游景区。

广东中国客家博物馆的主馆客家博物馆于 2019 年 6 月完成升级改造并对外开放，馆内设有主题陈列“客家人”以及梅州地方通史展览“梅州史话”。其中，“客家人”陈列以“大客家”的视野，从“源流篇”“人文篇”“客魂篇”三大部分全面展示客家民系的历史、现状和未来；“梅州史话”展览分别从远古梅州、建置变迁、客都形成展示梅州的历史文化。黄遵宪纪念馆是专题收藏、陈列、研究黄遵宪的主题馆，由全国重点文物保护单位人境庐和荣禄第组成，升级后的“黄遵宪生平事迹”陈列，从黄遵宪的家世渊源、青少年时期、随使日本时期、出使美欧亚时期、江宁入幕时期、湖南新政时期、革职放归时期 7 个部分，展示一代先驱黄遵宪在不同人生阶段的事迹和贡献。大学校长馆主要介绍和展示晚清以来 249 位梅州籍海内外校长、书记的生平事迹、学术成就及主要贡献。将军馆主要介绍和展示从辛亥革命以来的梅州籍将军在中国军事史上的风貌和历史功绩，展陈 478 名将军，其中上将 10 人、中将 101 人、少将 367 人。华侨馆内设“海丝寻梦”展览，从出洋篇、创业篇、传承篇、融合篇、故土篇 5 个部分，以大量翔实而丰富的史料、图文及各种珍贵的华侨文物，展现客属侨胞艰苦奋斗的创业史，展示历代侨贤爱国爱乡的贡献史。梅州市非物质文化遗产展示馆设在省级文物保护单位恩元第内，以“乡愁映像·一客一故乡”为主题，从乡音、乡饮、乡风、乡艺、乡情、乡信 6 个部分展示梅州各级“非遗”项目。梅州名人廉吏馆以“景仰先贤、忠孝清廉”为主题，挖掘 19 位客家先贤赤诚报国、行廉志洁的光辉事迹，以宣传忠孝清廉精神，弘扬浩然正气，营造崇俭尚廉的社会新风尚。《客家文博》杂志社是在广东省新闻出版局的指导和梅州市文化广电旅游局的主管下，在广东中国客家博物馆内设立的期刊编辑部门。其出版发行的综合性学术刊物《客家文博》是广东省文博系统内首家有正式刊号［CN44-（Q）1131］的期刊，被中国知网、维普网、超星域出版平台等数据库全文收录，为“广东省优秀期刊”。

2022年12月17日，学生参观梅州市非物质文化遗产展示馆
（广东中国客家博物馆供图）

【馆藏文物与藏品管理】 广东中国客家博物馆主要收藏客家历史文物及民俗文物。馆藏文物主要为唐代水车窑产品、客家历代名人书画作品以及族谱、侨批、契约文书等各类型的客家民俗文物，古籍图书以清代著名爱国诗人、杰出外交家、思想家、政治家、教育家黄遵宪的藏书为主。2022年，广东中国客家博物馆利用省拨文化繁荣发展基金，采购楠木夹板，完成黄遵宪藏书和部分族谱上板、入库、上架工作，达到良好的防虫、防潮保护效果。实施馆藏文物预防性保护项目建设，逐步完成14类462件（套）预防性保护设备采购和安装。

【宣传教育】 2022年，广东中国客家博物馆创新采用线上线下联动的方式，打造宣传教育工作的新亮点。全年举办53场宣教活动，其中线上宣讲活动10场。在微信公众号推出“客博有故事”系列活动，利用新媒体宣传苏区红色文化和客家文化，点击量3700人次；推出“我们的节日”“我们身边的‘非遗’”等系列活动，开展馆校合作共建活动，让观众沉浸式体验和感受客家传统文化习俗及“非遗”文化的魅力。推出“爱我客家——小小讲解员”志愿者活动和“赓续红色血脉 培育时代新人”红色讲解员活动，培育青少年深入了解客家文化历史。2022年3月，广东中国客家博物馆宣讲团队被梅州市妇联授予“梅州市巾帼文明岗”称号。12月，广东中国客家博物馆获评“广东博物馆馆校合作教育基地”。

【学术研究】 广东中国客家博物馆一直致力于客家文化和文物博物的相关研究，申报相关科研课题、撰写学术论文。2022年“张弼士早期商业经营活动探析”“基层博物馆文化传播研究”课题获得梅州市社科课题立项，并顺利结题。同时，整合馆内科研力量，编辑出版《我们身边的非遗》儿童读本；编辑出版第35~38期《客家文博》。

【展览活动】 2022年，广东中国客家博物馆开展梅州市“5·18”国际博物馆日系列活动。分馆华侨博物馆重新开馆，内设“海丝寻梦——梅州海外客侨历史文化陈列”常设展览；推出“护行天下——华侨护照专题展”临时展览，介绍华侨护照发展历史及涉侨政策的变化，宣传华侨华人奋勇拼搏的精神，凝聚侨心侨力。推出“千年窑火——中国客家博物馆馆藏客家地区出土陶瓷展”，以馆藏陶瓷为基础，展示陶瓷发展历史。同时推出“千年窑火——梅州地区古窑址介绍及出土陶瓷赏析”线上展览，分5期介绍梅州地区古窑址及出土器物，宣传梅州陶瓷文化。专题展览“笔筒文化耀古今”入选“2022年广东省弘扬社会主义核心价值观主题展览”推介项目。

【广东中国客家博物馆“客家双系壶”数字藏品首发】 2022年5月，广东中国客家博物馆利用馆藏唐水车窑双系壶文物资源，结合NFT概念进行二次创作，推出“客家双系壶”数字藏品，尝试馆藏文物数字化新模式，助力构建线上、线下相融合的博物馆传播体系。该数字藏品引发16万人在线抢购，限量发

2022 年 2 月 1 日至 4 月 28 日，广东中国客家博物馆举办“笔筒文化耀古今”专题展览

（广东中国客家博物馆供图）

售 8000 件，数秒内即告售罄。

【广东客家博物馆“小小讲解员”志愿项目入选省典型案例】 2022 年，广东中国客家博物馆“小小讲解员”志愿项目入选 2022 年度广东省文化和旅游志愿服务项目典型案例，成为梅州市唯一入选项目。该馆从 2015 年起开展面向未成年人的“爱我客家——小小讲解员志愿活动”。每年暑假，该馆通过面试招募 20~30 名 8~14 周岁的青少年，对其进行讲解礼仪、讲解内容、讲解技能等方面的培训。经培训考核合格后成为义务讲解员，在假期为游客提供义务解说服务。自活动开展以来，共有 223 名青少年成为“小小讲解员”，志愿服务总时长 819 小时。

（广东中国客家博物馆）

梅州市文化馆

【梅州市文化馆概况】 梅州市文化馆是国家二级文化馆，与梅州市非物质文化遗产保护中心合署办公，公益一类事业单位。负责组织开展普及性文化艺术类培训、基层文化骨干业务辅导、民间文化传承等活动，促进群众文化事业发展，不断丰富群众文化生活。2022 年，梅州市文化馆组织线上线下惠民文化活动 63 场，开展基层业务辅导 32 场，服务群众 23 万人次；开设普及性文化培训班 8 个，培训学员 2.37 万人次。

【普及性文化培训】 2022 年，梅州市文化馆定期举办客家山歌幼苗培训班、少儿艺术团、美术书法培训班、音乐艺术培训班、老年合唱培训班、国标舞培训班、线上群文音乐创作培训班、客家筝线上公益研习班，全年共培训学员 2.37 万人次。

【线上惠民活动】 2022 年，梅州市文化馆通过数字赋能，举办“五一”“汉乐汉曲”线上音乐会、“强国复兴有我”——群文优秀作品线上展演系列活动、“学四史 守初心”线上知识竞答宣传教育活动、文化进万家非遗展播、社会主义核心价值观主题书画作品展等空中培训、展演、展览活动近 20 场，服务线上群众 10 万余人次。

【基层业务辅导】 2022 年，梅州市文化馆发挥基层文化阵地作用，依托广东省群众文艺作品创排基地（戏剧类）平台，排演小品《心花怒放》《进门不是客》《不翼而飞》《没办法》、山歌表演唱《回娘家》、相声《猜地名》；组织群文辅导业务骨干，走进各县（市、区）文化馆（站）、城区广场、公园等地开展下基层辅导活动，全年开展 32 场。

【群文服务平台建设】 2022 年，梅州市文化馆组织群众文艺队伍创排广场舞《永远年轻》《万泉河水清又清》参加“舞动新时代”2022 广东省广场舞展演展播活动，组织老年合唱团演唱《不忘初心》《追寻》参加第十九届群星奖群星合唱评奖。

【文旅志愿服务】 2022 年，梅州市文旅志愿者达 1.27 万人，在册 8881 人，全市共开展“岭南文脉 时代新韵”2022 年广东文化志愿服务下基层活动，戏曲进校园志愿服务活动、国标舞培训志愿服务等线上线下文化惠民演出 608 场次，惠及观众近 80 万人次。

【编辑出版刊物】 2022 年，梅州市文化馆编辑出版《梅州群文》《2021 年梅州群文获奖作品集》《客家非遗 · 蕉岭篇》等刊物。

【第十六届梅州城区群众文艺会演】 2022 年，梅州市文化馆举办第十六届梅州城区群众文艺会演活动，初赛采取“录制视频 + 专家评审”方式、决赛采取“线下现场比赛 + 线上直播”方式，共 52 个城区群众文艺队伍参赛，决出音乐类金奖 1 个、银奖 1 个，舞蹈类金奖 2 个、银奖 3 个、铜奖 12 个。

【梅州市群众文艺创作工作】 2022 年，梅州市文化馆举办梅州市群文作品创作培训班，开展梅州市群众文艺作品评选活动，共收到群文作品 134 个，评出市级获奖作品 66 件，推荐 24 个作品参加 2022 年度广东省群众文艺作品评选。在 2021 年度广东省群众文艺作品评选中，梅州市获得一等奖 1 个、二等奖 6 个、三等奖 6 个，全省排名第六。

【山歌幼苗培训班、少儿艺术团】 2022 年，梅州市文化馆免费开放品牌项目——客家山歌幼苗培训班，举办第十二届暑期班，第十二届、十三届长年班。少儿艺术团排演大型山歌剧《山寨红灯笼》选段《今生莫想再挂砣》在第十三届广东省少儿戏剧小梅花荟萃活动中分获少年组、儿童组“银花”称号，山歌音乐情景剧《我爱北京天安门》获得 2022 广东省群众艺术花会（少儿艺术）铜奖。

【2022 年梅州市首届群众文艺会演活动暨客家文化“非遗”艺术周】 2022 年，梅州市文化馆首次承办全市规模群众文艺活动——2022 年梅州市首届群众文艺会演活动暨客家文化“非遗”艺术周，历时三个多月，形成市、县、镇三级联动，内容包括首届梅州市群众文艺会演、首届梅州市群众艺术花会（音乐舞蹈）原创作品大赛，共创排优秀原创音乐、舞蹈作品 15 个，组织选拔优秀群众文艺节目 14 个，参演 368 人。

2022 年，梅州市文化馆承办广东省大型群众文化活——“南粤木棉红”2022 广东省群众文艺作品惠民演出梅州“非遗”综艺卖场　　（梅州市文化馆供图）

【2022“我最 OK”广东全民才艺大比拼】 2022 年，梅州市文化馆选送戏曲表演《试妻》选段参加 2022“我最 OK”广东全民才艺大比拼总决赛，获得银奖。

【“南粤木棉红”2022 广东省群众文艺作品惠民演出（梅州“非遗”综艺专场）】 2022 年，梅州市文化馆承办广东省大型群众文化活动——“南粤木棉红”2022 广东省群众文艺作品惠民演出（梅州“非遗”综艺专场），通过“线下展演 + 线上直播”方式，向全国人民展示广东汉剧、客家山歌、提线木偶、杯花舞等“非遗”项目，线上直播观众超 21 万人。

【广东省第十六届美术书法摄影作品联展】 2022 年，梅州市文化馆组织全市美术书法摄影爱好者参加广东省第十六届美术书法摄影作品联展活动，共收作品 287 件，经评审获美术类金奖 1 个、优秀奖 4 个，书法类银奖 1 个、优秀奖 2 个，摄影类银奖 1 个、铜奖 1 个、优秀奖 1 个；梅州市文化馆获优秀组织奖。

【2022 年河源·梅州客家山歌擂台邀请赛】 2022 年，梅州市文化馆应河源市文化馆邀请，联合举办 2022 年河源·梅州客家山歌擂台邀请赛，组织 12 名梅州民间山歌手赴河源参赛，获得金奖 1 个、银奖 1 个、铜奖 3 个。（梅州市文化馆）

新华书店

【新华书店概况】 2022 年，广东新华发行集团梅州新华书店有限公司，实现主营业务收入 4546 万元。其中，销售大中专教材和中小学课本 523 万元、一般图书 1272 万元、文化用品 738 万元、目录教辅 900 万元。根据广东新华发行集团股份有限公司相关要求，于 2022 年 5 月全面完成与广东新华发行集

2022 年 8 月 19 日，梦工厂雅物馆在梅城江南购书中心开馆

（广东新华发行集团梅州新华书店有限公司供图）

团蕉岭新华书店有限公司的合并工作，原广东新华发行集团蕉岭新华书店有限公司整合为广东新华发行集团梅州新华书店有限公司分公司。

【重点政治读物征订发行】 2022 年，广东新华发行集团梅州新华书店有限公司总计发行《习近平谈治国理政》第四卷、党的二十大文件、新党章等党史政治读物 6 万册，发行码洋 270 万元。其中，《习近平谈治国理政》第四卷发行 3 万册，发行码洋 240 万元；党的二十大文件、新党章发行 3 万册，发行码洋 30 万元。

【多元业态结构调整】 2022 年，广东新华发行集团梅州新华书店有限公司落地梅县四阅书店少儿美术培训项目并扩大江南购书中心该项目经营面积；引入“东盐”进口文具合作商，与樊登读书会展开合作联合共建数字阅读空间；开设收费制少儿手工体验项目并设专区经营。

【梦工厂雅物馆在梅城江南购书中心开馆】 2022 年 8 月 19 日，梦工厂雅物馆在梅城江南购书中心开馆，同时“梦工厂雅物”——梅州市首届艺术创意产品展开幕。梦工厂雅物馆由梅州市文联联合广东新华发行集团梅州新华书店有限公司、梅州市客家梦工厂文创投资有限公司共同建设，旨在打造为集艺术创意、开发、展览、消费、推广于一体的梅州艺术创意基地。该次创意产品展共筛选约 70 名文艺家和文创单位提供的雕塑、雕刻、陶艺、书画、文玩、盆景、书籍等近 150 件作品。

（广东新华发行集团梅州新华书店有限公司）

广东汉剧·客家山歌

广东汉剧

【广东汉剧演出概况】 2022 年，广东汉剧传承研究院持续开展“文化惠民”演出活动，继续擦亮“周五有戏”“周六艺苑”品牌，加强“五进”活动，通过大戏、折子戏、剧目唱段、汉歌等表演形式，让基层群众近距离感受广东汉剧的魅力。全年完成惠民演出 80 场次。

【老戏复排】 2022 年，广东汉剧传承研究院复排《闹严府》《秦香莲》等一批优秀经典剧目。

【《章台青柳》创排】 2022 年，广东汉剧传承研究院与省剧协合作创排大型广东汉剧《章台青柳》。该剧汇聚全国一流的主创团队，导演组由原中国戏曲学院副院长、京剧研究所所长赵景勃担任，荣获中国戏剧梅花奖“二度梅”的广东汉剧著名表演艺术家李仙花主演以及一级演奏员钟礼俊作曲，该剧通过剧目创作、艺术研讨、名家指导、宣传推介等方式全力打造，成为广东汉剧艺术精品剧目，选定国家一级演员黄丽华同时主演柳如是一角，冲刺第三十一届中国戏剧梅花奖。

【《天风海雨梅花渡》创排】 2022 年，广东汉剧传承研究院新编大型广东汉剧《天风海雨梅花渡》，该剧由国家一级编剧盛和煜担任编剧，国家一级导演张曼君担任导演并集结国内一流艺术创作团队和剧院力量全力创排，该剧拟于 2023 年 2 月上旬首演。《天风海雨梅花渡》拟定作为第十五届广东省艺术节推演精品剧目，力争冲刺中国艺术节和中国戏剧节等全国性重大活动。

【“非遗”保护】 2022 年，广东汉剧传承研究院保护传承“非遗”，提升剧种影响。做好广东汉剧“非

2022 年 10 月 9 日，大型广东汉剧《章台青柳》在广东汉剧院牡丹剧场展演
（张文婷 摄）

遗”传承保护工作，深入挖掘广东汉剧深厚文化底蕴，在创排新剧、复排老戏等剧目创新上持续发力，努力培养坚守“非遗”阵地的文化传人。推进五省（广东、湖北、湖南、陕西、福建）汉剧院团共同联合申报“世界非遗”工作，加快申报工作开展。

【广东汉剧（汉乐）驿站建设】 2022 年，广东汉剧传承研究院做好广东汉剧（汉乐）驿站建设，拓展广东汉剧艺术的展示和协作区域，延伸广东汉剧舞台。先后在深圳市、惠州市和梅州市的部分大中小学校以及大埔、蕉岭、五华、丰顺、梅江等地设立广东汉剧（汉乐）驿站，至 2022 年底共建立 20 个广东汉剧（汉乐）驿站，努力将广东汉剧舞台延伸到百姓家门口。

【“粤戏越精彩·广东戏曲行当展演”】 2022 年，广东汉剧传承研究院参加 2022“粤戏越精彩·广东戏曲行当展演”，优秀青年演员徐尚楣、江丹入选“十佳花旦”，邓振鹏、潘智岳入选“十佳小生”。

【“广东汉剧毛里求斯传承推广中心”设立】 2022 年 4 月 14 日，广东汉剧传承研究院与毛里求斯中华艺术委员会达成共识，在毛里求斯共和国首都路易港市设立“广东汉剧毛里求斯传承推广中心”。同年 11 月中旬，该中心每周一次的“云上授课”互动活动正式启动，受到两国有关部门的一致好评，让广东汉剧这一中华戏曲艺术瑰宝成为连接海外华侨华人的桥梁纽带，把汉剧舞台延伸到海外。

（广东汉剧传承研究院）

客家山歌

【客家山歌、客家山歌剧概况】 梅州客家山歌是用客家方言演唱的民歌，是中原文化与梅州土著文化融合的产物。它的歌词诗味很浓，类似竹枝词，有“国风”和“吴歌”的余韵。2006 年 5 月 20 日，“梅州客家山歌”被国务院列入第一批国家级非物质文化遗产名录。客家山歌剧是在客家山歌、小调、客家歌舞、宗教音乐、竹板歌说唱等民间艺术的基础上融合多个外来剧种的表现手法而形成的地方戏曲剧种。梅州山歌剧萌芽于明、清时期粤东提线木偶表演中的“耍戏”（用客家方言和山歌音乐演唱的节目），至今已有数百年的历史，是广东客家语系代表性的剧种。2017 年，客家山歌剧被列为第七批广东省非物质文化遗产代表性项目名录，2019 年，梅州市客家山歌传承保护中心被广东省文化和旅游厅认定为该项目的保护单位。梅州市客家山歌传承保护中心（前身为梅州市山歌剧团）成立于 1958 年，主要负责客家山歌和客家山歌剧的研究、保护、传承、展演和推介工作。

【精品剧节目打造】 2022 年，梅州市客家山歌传承保护中心围绕传统节日时间节点，创排《2022 年客家山歌春节戏剧晚会》《2022 客家春晚》《天籁客家幸福年》，在梅州地区营造浓厚的喜庆氛围。其中，情景宣传片《天籁客家幸福年》创新融合客家年中的民俗风情、饮食文化、特色民居、秀美风光等代表性文化元素，向观众展示出客味浓郁的幸福年；围绕中国香港和梅州疫情时间节点，录制梅港抗疫 MV《客家儿女·同心抗疫》、抗疫歌曲《梅州加油》；围绕“乡村振兴”主题，传承中心创排《乡村振兴处处春》，并参加广东省第三届“乡村振兴大擂台”比赛，情景表演用客家山歌的方式介绍平远的特色特产黄粄、桑葚、西柚、梅片、脐橙，提升梅州和客家传统文化的知名度和影响力，获得小组赛第二名。参与广东卫视《飞越广东·奋楫新时代》之《遇见梅好》的策划、创作和录制，视频在广东卫视、广东新闻频道及各地市主要频道播出，反响热烈。年内，创排《山歌告诉世界》等新节目，对客家山歌剧《虹桥烟雨》及小戏《四狗告状》进行复排。

【文化惠民演出】 2022 年，梅州市客家山歌传承保护中心完成线下演出 39 场；线上展播 52 场，主要为在春节、元宵、“五一”、“七一”、国庆等时间节点联合电视台在梅州导视、客家生活、梅州综合等电视频道，开展各类主题精品剧目展播，同时为方便群众观看客家山歌剧，梅州导视还专门设立点播专栏。

【“非遗”传承发展】 2022 年，梅州市客家山歌传承保护中心“戏曲进校园”活动持续开展，“嘉应学院实践教学基地”“中华优秀传统文化传承基地——客家音乐文化合作单位”完成挂牌，年内接收嘉应学院音乐与舞蹈学院实习学员 11 人，“非遗”资料《客家山歌剧经典唱段选集（一）》《客家山歌选辑》完成编印工作。梅州市客家山歌传承保护中心业务骨干走进嘉应学院、梅州市老干部大学、梅州市艺术学校、化育小学等 14 所学校，结合线上和线下的方式进行客家山歌及山歌剧的知识授课、示范性演出，全年开展 207 次进校园活动，惠及师生超 4500 人次；坚持“传帮带”的传统技艺教授方式，组织业务骨干对年轻演员进行山歌教唱和观剧学习，并选送陈夫、陈辉分别参加 2022 年度艺术人才培养资助项目。年内，杨苑玲（广东省省级非物质文化遗产代表性传承人）在 2021 年度传承活动评估中被评为优秀，曹艳常、潘倩入选第八批梅州市市级非物质文化遗产（客家山歌剧）代表性传承人，青年演员邓碧霞、陈婷霞获得 2021 年度梅州市文艺“双精”奖（戏剧类）；完成中国客家博物馆内杨苑玲、滕冬红“‘非遗’传承人展室”建设，完善展室内“非遗”资料。

【《客家山歌剧音乐唱腔艺术》出版】 由梅州市文化广电旅游局和梅州市客家山歌传承保护中心主编，滕冬红、滕琳所著的书籍《客家山歌剧音乐唱腔艺术》（为“客家山歌剧”系列丛书，属于 MPR 出版物）于 2022 年 7 月出版，该书参阅客家山歌剧剧种自创建以来的大量音乐资料，引用丰富多彩的谱例，重点阐述客家山歌剧音乐唱腔在雏形期—发展期—成熟期的各种形态，对于从音乐角度去探究客家山歌剧剧种有着重要意义。

2022 年 1 月 17 日，广东省“‘非遗’过大年·文化进万家”非物质文化遗产展示展演活动暨“冬养汕尾”嘉年华活动在汕尾举行。图为传统舞蹈《杯花声声迎客来》

（梅州市客家山歌传承保护中心供图）

【开展“青春正好 梦想起航——庆祝中国共产党成立 101 周年文化惠民演出活动”“永远跟党走 奋进新征程庆祝中国共产党第二十次全国代表大会胜利召开文化惠民演出”】 2022 年，梅州市客家山歌传承保护中心组织梅州市艺术学校、嘉应学院、广东广电网络分公司开展“青春正好 梦想起航——庆祝中国共产党成立 101 周年文化惠民演出活动”“永远跟党走 奋进新征程庆祝中国共产党第二十次全国代表大会胜利召开文化惠民演出”，活动时长各为 1 小时。两场演出活动谋划时间早，在 2021 年底列入 2022 年度重要计划，主题鲜明、形式多样，不仅有客家山歌《哦嗨一声歌成河》、客家山歌剧《桃花雨》主题曲、音乐剧《血色三河》片段等具有客家特色的节目，还有琵琶钢琴器乐和朗诵等节目。“青春正好 梦想起航——庆祝中国共产党成立 101 周年文化惠民演出活动”与广东广电网络分公司合作，是梅州市客家山歌传承保护中心首次独立采用线下演出和线上直播后可回看的演出方式，演出当天线上观看点击超 8000 人次。

（梅州市客家山歌传承保护中心）

党史·地方志·档案

党 史

【党史工作概况】 2022年，梅州市党史部门有9个，分为市、县两级，市级1个（正处级，参照公务员法管理），各县（市、区）8个（正科级，参照公务员法管理），其中丰顺县史志办公室为“史志合一”部门。全市从事党史工作人员62人。中共梅州市委党史研究室有序开展全市党史编研、党史宣教和党史资政等工作，做到“党有所需、史有所为”，推动全市党史工作高质量发展。

【党史宣传宣教】 2022年，中共梅州市委党史研究室加强党史宣传教育系列活动，不断推动红色文化、红色故事进农村、进社区、进机关、进学校、进军营、进企业等党史“六进”活动。在重要时间节点，组织党史业务骨干到梅州日报社、市档案馆、东山书院、东山中学、梅县外国语学校、平远县等单位宣讲党史知识15场次，受众约4000人，赠阅红色读物1200余本（册）。与梅州市直机关工委、梅州市文化广电旅游局和梅州军分区政治处等单位联合举办的“铭记光辉历史 赓续红色血脉——梅州市党史学习教育红色文化巡展”活动自2022年8月2日启动以来，分别在红色文化公园、东山书院、梅江区各中小学校等地成功举办，总参观超过2万人次，深受广大党员干部群众和学生的欢迎，进一步弘扬党的优良革命传统。

【党史编研出版】 2022年，中共梅州市委党史研究室深入挖掘红色资源，加大研究阐释力度。在课题研究方面，与嘉应学院苏区精神（广东）研究中心共同完成广东省党的建设研究会2022年度重点课题《广东省发掘红色资源赓续红色血脉经验研究——以梅州市为例》；组织申报的课题“围绕原中央苏区历史 打造梅州红色教育高地”被确立为2022年度广东党史研究规划课题。在学术论文方面，《论九龙嶂革命根据地女红军连的历史及其地位》在嘉应学院学报（哲学社会科学）第40卷第2期发表，《曾国华家书：饱含革命信仰与道德风尚》《浅谈梅州团组织的建立（1919—1926）》等专题文章在《梅州日报》刊登。在编印出版方面，《铭记苏区历史 传承红色基因——梅州革命史迹简介（一）》《百年历程·光辉丰碑——中共梅州地方历史主题画册》等红色书籍正式出版，《中共梅州地方历史大事记（2012—2016）》《中国共产党梅州市第五、六、七次代表大会文件汇编》完成初稿修改；协助广东省委党史研究室审改并出版《初心粤迹——广东省红色革命遗址精览》《广东省红色革命遗址大博览——北部生态区卷（上册）》等书籍；做好大埔、丰顺、平远等县党史二卷的审校工作，持续推动全市党史三卷的编写工作。在史料征集利用方面，征集一批红色家书、红色廉洁故事，并加强红色家书的宣传，对新挖掘出来的抗日英雄徐可生的家书进行专题宣传报道；协助市直有关单位核实相关史实并提供史料素材，如梅州市普法办开展红色法治文化遗存目录、《梅州历史文化名城保护规划（2022—2035年）》、《梅州市革命文物保护利用五年行动计划（2021—2025）》等。

2022年8月2日，“铭记光辉历史 赓续红色血脉——梅州市党史学习教育红色文化巡展”在梅州军分区举办　（中共梅州市委党史研究室供图）

【革命遗址保护利用】 2022年，中共梅州市委党史研究室配合宣传部门争取省级红色革命遗址保护利用专项资金，统筹推进红色革命遗址保护利用，并做好李明光烈士事迹陈列室、谢晋元故居、黄文杰故居、兴宁大坪革命历史陈列室等涉党史纪念场馆展陈史料的审核把关工作。

【意识形态工作】 2022年，中共梅州市委党史研究室严格落实意识形态工作责任制，组织开展各项风险排查，加强对梅州党史网站的管理和维护，指定专人负责，加强技术联防，对内容进行审查把关，确保梅州党史网站运转正常。积极组织党员干部参与梅州市“粤盾—2022”广东省数字政府网络安全攻防演练，防范化解各种意识形态风险。

（中共梅州市委党史研究室）

地方志

【地方志工作概况】 2022年，梅州市以编纂高质量年鉴作为推动地方志转型升级的重要抓手，编纂市、县级综合年鉴9部。推进《全粤村情》提质增效，至年底印刷出版14册。建立梅州市地方志专家库，物色和遴选15名地方志专家，为第三轮修志做好人才储备。组织开展2022年“多彩乡村 弘扬岭南文化”主题教育实践活动，到乡镇开展“百村（校）行”活动10场，向省地方志办报送优秀作品27份，梅州市人民政府地方志办公室被省地方志办评为2022年“优秀组织单位”。全市有微信公众号2个（“方志梅州”“方志兴宁”），“方志梅州”微信公众号全年发布推文46条57篇，阅读量8349人次。2022年新入库综合年鉴、地情书37本，累计完成212本图书数字化及审校任务。

【年鉴业务培训】 2022年，梅州市人民政府地方志办公室加强年鉴业务培训，编印《年鉴、年报资料编写基本知识》手册700本，发至各县（市、区）地方志办及市直各供稿单位，不断提高《梅州年鉴》及地方志资料年报供稿单位的供稿质量。组织梅州市地方志系统人员参加全国年鉴主编培训班线上学习培训，提升年鉴编撰能力。

【年鉴规范化建设】 2022年，梅州市人民政府地方志办公室严格执行年鉴编纂三级审查（初审、复审、终审）制度，实践年鉴评议与审读制度，推动出版前评议、出版后审读常态化开展。6月14日，梅州市人民政府地方志办公室组织召开2022年年鉴质量评价会议，评审人员根据《梅州市2022年年鉴评价标准和分值》，对参评的8部县级综合年鉴进行质量评价，评选出4部优秀县级综合年鉴，推荐参加广东省2022年年鉴质量评价活动。在2022年广东省年鉴质量评价活动中，《梅州年鉴2021》获省市级优秀二等奖，《大埔年鉴2021》《兴宁年鉴2021》《梅江年鉴2021》获县区级优秀二等奖，《平远年鉴2021》获县区级优秀三等奖。开展“互联网+年鉴”行动，在“方志梅州”微信公众号设置“鉴知梅州”专栏，推送专题文章10篇，让人们通过读鉴，更加深入认识和了解梅州。

【志书编修指导和旧县志再版工作】 2022年，梅州市地方志系统大力促进部门志、镇村志编修工作的开展，指导《梅州政协志》《旧寨村志》《大埔县教育志》《茶阳镇志》《长新村志》《丰顺档案志》《石寨村志》《留畲村志》《兴宁县山志》《兴宁县乡土志》《大坪镇志》《蕉岭共青团志》等编纂工作。兴宁、梅县组织召开动员会暨业务培训会，全面铺开部门志、镇村志编修工作。截至2022年底，兴宁有7个镇实施镇志编修，《大坪镇志》顺利出版发行。梅县有20个单位已开展志书编纂工作。五华县有序抓好3个镇、3个村的镇村志试点编纂工作。蕉岭县指导编纂《石寨村志》《蕉岭共青团志》《石寨村志》已出版发行，《蕉岭共青团志》于2022年11月通过终审付印。大埔县指导编纂的《茶阳镇志》（入选第六批中国名镇志文化工程）已出版发行。平远县指导编纂出版《平远县民政志（1985—2020）》。丰顺县指导编纂《丰顺县档案志》。加强古籍抢救保护、整理研究和出版利用。兴宁出版发行《祝允明岭南诗文辑注》《兴宁县山志》《兴宁县乡土志》，完成《正德兴宁志》、嘉靖《兴宁县志》的整理出版工作。大埔县对校点再版的6部旧县志进行数字化工作。蕉岭县整理出版《镇平县志》（康熙、乾隆版点注本）。

【地方史编研】 2022年，梅州市地方志工作部门贯彻落实《广东省地方史编纂管理办法》，按照省地方志办《关于进一步推动地方史编研的通知》的要求，进一步规范地方史编研管理，推进出版《世界客都与海滨邹鲁——梅州·潮汕关系初探》《老梅城简史》《梅县中学史》《晚清民国报刊兴宁史料辑录》《平远工业史》《蕉岭书香羊岃》《大埔陶瓷发展史》《五华塘湖村史》等地方史作品。蕉岭县聘请嘉应大学退休教授丁恩深编写特色史《话说镇平》，已完成初稿，进入审核出版阶段。

【地情资料收集】　2022年，梅州市人民政府地方志办公室坚持地方志资料年报制度，常态化做好地方志资料年报工作，市级收集年报资料的单位有113个，为第三轮修志做好充分的资料准备。征集“志说广东”栏目图文资料摄影作品60份、文稿9篇，《广东乡村经典菜肴》文稿98篇，“粤鉴话你知”稿件46篇。

【地情资源开发利用】　2022年，梅州市人民政府地方志办公室推进《全粤村情》提质增效，全市编纂《全粤村情·梅州卷》调查文稿22册，采集文字1500多万字，图片1.5万多幅。2022年新出版4册，分别是《全粤村情·大埔县卷》第二、四册，《全粤村情·丰顺县卷》第一、二册，全市已印刷出版14册。五华县、平远县全面完成出版任务。做好自然村落历史人文普查成果开发利用，五华县组织编纂地方志丛书《长乐人物丛谈》《长乐风物丛谈》，展现古长乐社会人文、古迹遗存、风土人情等方面内容。丰顺县策划编辑《丰顺历史文化名人录》，全面介绍丰顺古今历史名人。平远县编印《平远概览》小册子，大力宣传平远自然、历史、人物、民俗等地情内容。

【网站和新媒体平台建设】　2022年，梅州市人民政府地方志办公落实信息公开发布“先审后发”“三审三校”制度，管理运营门户网站及微信公众号，讲好梅州故事，树好梅州形象。“方志梅州”微信公众号全年发布推文46条57篇，阅读量近万人次。兴宁市“方志兴宁”微信公众号全年发布推文30多篇，总阅读量8000多人次。平远县在县政府网站“方志平远”专栏中发布工作动态、鉴知平远等各类文章13篇。

【地方志数字化建设】　2022年，梅州市人民政府地方志办公室继续推进志鉴史、地情书等地方志书籍文献资料数字化工作，做好全市全文数据库审核，全年新入库综合年鉴、地情书37本，累计完成212本图书数字化及审校任务。梅州新增图书入库较快，上半年即100%完成任务，得到省地方志办的充分肯定。兴宁建立本级地方文献数据库平台，上传至地方文献数据库的兴宁志鉴史、地情书籍140多部，使史志资源的整理、保管、检索和开发利用更加有序、高效。

【地方志轻量化产品建设】　2022年，梅州市人民政府地方志办公室申报广东省情系列微视频项目，从不同角度深挖梅州历史，展现美丽梅州，不断输送文化作品。做好广东省情系列11集梅州篇微视频的宣传推广工作，截至2022年4月底，在方志广东、“学习强国”学习平台、抖音和腾讯视频、今日头条、南方网等App播放总量达629万次。继续做好2023年项目申报工作。全市向省地方志办申报《东山书院》《茶阳花环龙》《五华石艺》等涉及特色建筑、特色物产、特色文化等类别选题22个。

【方志馆、方志驿站、村史馆建设】2022年，梅州市人民政府地方志办公室推动全市方志馆、方志驿站、村史馆建设。梅州市在市方志馆二楼开设方志展馆，展陈由“梅州名片”“梅州概况”“诗画梅州”“客韵悠悠”“发展成就”五大部分内容组成，图文并茂介绍梅州悠久的历史、厚重的客家文化、钟灵毓秀的山水、丰饶的物产和独特的民俗风情，展现世界客都、长寿梅州的魅力，有效提升方志馆的公共服务功能。各县（市、区）指导各镇、村建设方志驿站、村史馆，开展地方志“六进”活动，为群众提供志书、年鉴和地情资料查阅，以及地方文化交流等服务，打通服务群众“最后一公里”，推动方志文化更贴近社会公众，走进百姓现实生

2022年12月，梅州市情展馆开展　（梅州市人民政府地方志办公室供图）

2022 年 3 月 3 日，梅州市人民政府地方志办公室到兴宁市开展地情资源调研
（梅州市人民政府地方志办公室供图）

活。梅县在雁洋、丙村两镇建立 13 个村史馆，平远县建有村史馆 10 个，蕉岭县建成文福镇长隆村方志馆、羊岃村村史馆，兴宁市建有永和镇方志驿站、永和镇永星村方志驿站，五华县建有长布镇方志驿站、黄狮新村村史馆。

【《梅州市年鉴供稿工作评价办法（试行）》出台】 2022 年，梅州市人民政府地方志办公室制订出台《梅州市年鉴供稿工作评价办法（试行）》。该办法的试行出台，为全市开展年鉴供稿评价提供明确的依据，有利于全面提高年鉴供稿质量和时效。12 月，组织对全市年鉴供稿单位供稿工作评价打分并通报。

【2022 年“多彩乡村 弘扬岭南文化”主题教育实践活动】 2022 年，梅州市人民政府地方志办公室按照省地方志办《关于举办 2022 年“多彩乡村 弘扬岭南文化”主题教育实践活动的通知》要求，广泛发动民众参与该次活动，大力推介多彩乡村，让更多人了解梅州乡村特色和内涵，激发投身乡村建设热情。在主题教育实践活动期间，全市开展“百村（校）行”活动 10 场次；报送优秀作品 27 份。梅州市、蕉岭县地方志办在蕉岭文福开展“庆祝建党 101 周年·走进多彩乡村”活动。梅县区联合区委宣传部等单位举办“多彩乡村·魅力梅县”乡村振兴短视频大赛，拍摄报送的微视频《“侨”见了松口》获省一等奖；调研报告《岭南“侨”色：地方场域视角下传统古村落的价值内涵与活化实践研究——以广东梅州侨乡村为例》获省三等奖。大埔县组织报送的摄影作品《乡村沃野——大埔县西河镇秋收季》获省二等奖。兴宁市组织报送的诗词作品《石马镇乡村振兴组诗》获省二等奖。梅州市人民政府地方志办公室被省地方志办评为 2022 年“多彩乡村”主题教育实践活动“优秀组织单位”。

【梅州市地方志专家库建立】 2022 年，梅州市人民政府地方志办公室制订《关于组建梅州市地方志专家库工作方案》，印发《关于建立梅州市地方志专家库的通知》，广泛征集专家学者，经个人申报、单位推荐、梅州市地方志办审核等程序，确定首批入库专家 15 人，为挖掘历史文化资源助推融湾建设，发挥专家智囊作用。

（梅州市人民政府地方志办公室）

档　案

【档案工作概况】 2022 年，梅州市档案局、档案馆不断研究探索新形势下档案事业发展的新途径新举措，各项工作取得新的进展。2022 年，梅州市档案馆共接收档案 203 卷又 1.71 万件，实现梅州市财政局等 14 个单位的文书类档案数字化副本离线接收，离线接收电子目录数量 1.74 万条，数字化副本 1.06 万份。全年接待档案利用者 782 人次，利用档案资料 1.12 万卷又 9410 件。

【档案服务工作】 2022 年，梅州市档案局服务经济社会发展，提前介入重大工程和重点项目档案的管理工作，加强日常监督和业务指导工作，先后完成五华抽水蓄能电站等 12 宗省、市重点工程项目档案验收任务。其中，广东韩江高陂水利枢纽工程移民安置案例于 2022 年 11 月成功入选水利部办公厅公布的全国水利工程移民安置高质量发展实践典型案例名录。推进疫情防控档案归集工作，2021 年度疫情防控档案移交接收与进馆工作全面完成，全市各级档案馆共接收疫情防控档案 1.96 万件。

【基础业务建设】 2022 年，梅州市档案局推进未达标国家档案馆建设工作，现场督办档案馆项目建设16次，协调解决项目建设事项52个，兴宁市、蕉岭县、丰顺县档案馆新馆全面完成建设、迁馆任务，并正式启用。指导中国客家博物馆完成对馆藏的7500多套、9700多件侨批档案的整理、扫描、著录工作，并同步建设梅州市侨批档案信息管理系统，打造梅州市侨批资源共建共享平台，实现对侨批的保护、研究和利用一体化。

年内，梅州市档案馆扩宽档案征集渠道，制订年度征集方案，向叶剑英纪念园、梅州市客家山歌传承保护中心、嘉应学院客家研究院等单位征集相关名人档案、红色档案和客家文化特色档案，并与梅州市广播电视台和梅州日报社合作，开展方言档案和口述史的采集建档工作，进一步丰富馆藏档案的种类和资源。严把档案入馆和保管“双重质量关”，确保进馆档案符合整理要求，对发现问题的档案进行抢救，全年抢救修复破损档案6426页。加强档案资源数字转型，全年纸质档案数字化扫描约290万页，比上年增长112%，馆藏纸质档案数字化比例达到97.96%。

【档案安全保护】 2022年，梅州市档案局制订《“十四五”梅州市档案事业发展规划》《梅州市市直机关档案检查评价标准》《梅州市市属企业档案检查评价标准》和《检查评价清单》，开展市直单位档案综合检查工作，真正把档案法的权威性和刚性树立起来。同时，深入各县（市、区）及26家市直单位开展档案安全专项检查，进一步筑牢档案安全防线。

年内，梅州市档案馆完善实体档案保管保护条件。对档案除尘室、档案内控查阅室等进行优化，新增档案除尘修复工作台、档案恒温恒湿存储柜、档案除湿加湿机等设备。不断提升档案信息安全。制定完善档案信息安全制度和数据灭失应急预案，新增防火墙设备，对档案资源服务器和磁盘阵列进行完善升级，严格把控档案数字化的风险治理环节，规范机房设备定期巡检和防火墙安全检测标准，确保资源服务器和网络信息安全。与河南省新乡市档案馆签订电子档案容灾异地备份协议，实现档案数据异地备份。提升消防、防汛安全意识和应急事件的处置能力。严格按照《梅州市档案馆防灾害和事故应急预案》组织全馆干部职工开展消防安全、防洪抢险演练活动，提高灾害事故处置能力。

【档案培训宣传】 2022年，梅州市档案局开展“6·9”国际档案日宣传活动，围绕“喜迎二十大 档案颂辉煌”活动主题，在客都汇广场开展档案法宣传，展出展板18块，发放各类宣传资料1.2万余份。举办全市220名档案业务人员参加的档案工作人员岗位培训班，对档案干部的政治素养、政策法规、业务知识、专业技能等进行培训；组织全市各级档案部门工作人员1268人次参加“全省疫情防控档案线上培训”“数字档案室建设与评价”等20次专题培训线上讲座。发挥档案资政参考作用。以馆藏档案资源为基础，整合档案信息资源，编写《铭记历史，奋斗当下——梅州市档案馆档案编研成果》《梅州市党史学习教育活动专题汇编》等内部编研资料，向本级党委政府报送档案信息资政参考。

【档案公共服务】 2022年，梅州市档案馆升级档案管理系统，不断提高档案查询利用效率，构建局域网内档案管理利用新平台，全年接待利用者782人次，利用档案资料1.12万卷又9410件。加入全国档案查询利用平台，以异地联动方式，实现民生档案的异地查档和便民服务，全年办结异地查档申请26次，并与深圳市档案馆、北京市海淀区档案馆等4家省内外档案馆签订跨馆查阅协议，建立起馆藏民生档案跨馆异地利用工作新机制。

【《梅州记忆——梅州市近代以来社会发展史料展》固定陈列展】 2022年，梅州市档案馆为提高档案工作影响力，在梅州市档案馆大楼一楼设置《梅州记忆——梅州市近代以来社会发展史料展》固定陈列展，为广大党员干部和群众提供了解梅州档案、梅州历史的窗口，助力打造爱国主义教育基地和党建学习教育场所。

（梅州市档案局 梅州市档案馆）

责任编辑：陈旭芳 古淑灵

卫生健康

卫生健康综述

【卫生健康概况】 2022年，梅州市有卫生机构2936个，其中医院类机构80个（含妇保院、慢病院）、基层医疗机构2815个；有床位2.34万张，其中医院类机构床位1.81万张、基层医疗机构床位5223张，每千常住人口床位数6.06张；卫生机构有在岗职工3.45万人，其中卫生技术人员2.86万人，含执业（助理）医师1.06万人、注册护士1.21万人，每千常住人口执业（助理）医师数、注册护士数分别为2.75人、3.14人。全市诊疗量1878万人次，出院量54.1万人次。

2022年，梅州市卫生健康事业发展主要体现为全市卫生健康系统落实疫情防控措施，果断精准处置7起较大输入性疫情，未发生本地大规模社区传播疫情。再攀医疗高峰，高水平医院建设进步明显，梅州市人民医院2021年度国家三级公立医院绩效考核全国排位从前8.7%稳步上升至前7.5%，连续4年评定为A+等级，成为粤东西北地级市医院中唯一一所“广东省公立医院改革与高质量发展示范医院”；中山大学附属第三医院粤东医院申报建设国家区域医疗中心。梅州市医学科学院、市应急收治中心、市中医热病中心稳步建设，市妇幼保健院、紫合医院1期工程建设进度加快，梅江区疾控中心、五华县第六人民医院等项目开工建设。兴宁、丰顺、大埔和蕉岭人民医院成为首批全国“千县工程”示范单位。超额完成适龄女生人乳头瘤病毒（HPV）疫苗免费接种民生实事任务。梅州市卫生健康领域仍面临一些问题，如：基层医疗服务能力不强，基层医疗机构设备不足和等级不高；优质医疗资源不足，信息化水平有待提升；等等。

【新冠疫情防控】 2022年，梅州市卫生健康系统坚持“外防输入、内防反弹”总策略和“动态清零”总方针，统筹疫情防控和经济社会发展，落实各项防控措施，果断精准处置五华“1·15”、平远“1·31”、梅城“8·18”、丰顺“9·4”“10·23”、梅县“11·8”和市“11·20”及后续疫情。全年累计报告病例1.02万例，其中1678例确诊、8537例无症状感染者。疫情得到及时有效控制，未发生输入性疫情而引起的本地大规模社区传播疫情。

年内，全市卫生健康系统开展疫情防控各项工作，制订梅州市发生本地新冠疫情应急处置工作方案、本地疫情“黄金24小时”应急处置工作指引、疫情防控及应急处置培训方案、到梅返梅人员健康管理工作指引、流调溯源工作专班工作等方案预案，以及精神卫生医疗机构等重点场所疫情防控指引；更新优化应急处置方案和防控措施堵塞防控漏洞；累计向各地各部门发出232份防控建议函。加强哨点监测，全市规范建成19家发热门诊、134家发热诊室，制订出台《哨点监测机构工作人员分级分类管理指引》等5项工作指引。开展医疗救治，指定粤东医院、市人民医院泰康院区2家定点救治医院，实施定点医院升级建设ICU床位数200张；全市可用于新冠病例收治ICU床位数647张。实施亚（准）定点救治医院改造，实现床位总数达到1150张、监护床位总数达到100张。采取区域共建的形式，在梅县片区（含梅县区、蕉岭县、大埔县）、兴宁片区（含兴宁市、平远县）、五华片区（含五华县、丰顺县)按分片区建设3个方舱医院，总床位达5000张。全市组建6支救治队伍，共1631名医护人员（医生330名、护士1301名）。指导各县（市、区）建成新冠疫情流调溯源处置第一、第二梯队及后备梯队，加强流调溯源现场指挥中心建设，组建581名的市三级流调溯源队伍，开展20期应急处置和流调溯源培训，全年派出16批次共478人支援西藏、深圳、广州等地疫情防控流调溯源和现场采样工作。累计派出市流调溯源专家到各县（市、区）开展指导400多次，指导各县（市、区）开展新冠疫情等公共卫生应急事件120多次。强化核酸检测，修订完善《梅州市区域新冠病毒核酸检测工作预案（试行）》第四版，编写《梅州市新冠病毒抗原检测实施方案》。优化采样点布局，全市共规划设置2485个采样点，4767个采样单元，名单化的核酸采样人员1.21万名，能够确保6小时内完成采样任务。全市核酸检测能力超过44.9万管/天，可在24小时内完成全市区域核酸检测任务。全年全市共完成1560余万人次的核酸检测工作。全年共派出1批次503人支援深圳疫情防控核酸采样检测工作。强化集中隔离管理，全市储备集中隔离场所152个，梅州本土隔离房间2.33万间，100%完成省下达任务。统筹使用全市隔离场所，在连续多起疫情叠加情况下，隔离管理实现“双零”目标（隔离场所工作人员“零感染”，隔离人员“零交叉感染”）。使用“一码通”系统和“12320”专号，落实人员管控措施。强化疫苗接种，制定3~11岁人群、60岁以上老年人和加强免疫疫苗接种实施方案，设置182个接种点573个接种单元，日接种能力达9.69万剂次。全市累计接种888.40万剂次，接种第一剂次339.28万人，全人群覆盖率87.59%；完成全程接种330.89万人，全人群全程覆盖率85.43%；完成加强针接种216.11万人，18岁以上人群加强免疫覆盖率76.54%。其中，3~11岁人群接种第一剂56.25万人，覆盖率96.75%，完成全程接种53.99万人，覆盖率92.87%；12~17岁人群接种第一剂31.98万人，覆盖率100.72%，完成全程接种33.30万人，覆盖率104.86%；18~59岁人群接种第一剂179.27万人，覆盖率87.56%，完成全程接种174.85万人，覆盖率85.40%；60岁以上人群已接种第一剂70.87万人，覆盖率91.29%，完成全程接种67.71万人，覆盖率87.23%；18岁以上加强免疫接种209.64万人，加强免疫接种完成率89.01%。强化院前急救能力，以市、县两级120指挥中心为核心，59家急救网络医院及基层卫生机构为网点，264台120救护车和1000余名医护人员为基础，建成完善的院前急救服务体系。强化医疗物资储备，各级各类医疗机构应急物资储备可满足医院30天满负荷运行。

【卫生健康规划发展与信息化建设】 2022年，梅州市成立健康梅州行动推进委员会和健康梅州行动志愿者服务队，专项启动健康梅州行动，加强卫生健康知识传播。提请以梅州市政府办公室名义下发《梅州市卫生健康事业发展“十四五”规划》。完成2021年度健康梅州2030规划评估报告。将重点工作和重点项目纳入经济社会总体规划。落实国家原中央苏区、革命老区和广东省北部生态区振兴发展政策，提出切合卫生健康事业发展实际的诉求和重点项目申请。推进信息便民惠民“五个一”攻坚行动，全市卫生健康部门所属的二级及以上公立医院（含慢病院、妇幼保健院）共36个，33个医院建成信息系统，使用居民电子健康码，开展“互联网+医疗健康”服务。全市24个公立医院接入省全民健康信息管理平台开展数据采集工作。2022年省远程医疗扩面项目建设完成后，全市共164个市县镇级医疗机构接入省远程医疗平台，开展远程诊疗、远程培训和视频会议服务。促进市人民医院、市中医医院、粤东医院和市第二中医医院四个互联网医院开展互联网诊疗服务，满足疫情防控期间患者就诊需求，避免线下就诊可能带来的风险。成立全市卫生健康系统信息化建设专家库，推进卫生健康系统信息化发展。

【医药卫生体制改革】 2022年，梅州市出台《关于印发梅州市深入推广福建省三明市经验 深化医药卫生体制改革实施方案的通知》《梅州市医改办关于印发梅州市深化医药卫生体制改革近期重点工作任务的通知》《梅州市医改办推动公立医院高质量发展实施意见》等文件，促进公立医院改革发展。推进医疗服务价格改革，调整医疗服务价格。印发《关于制定和调整我市公立医疗机构基本医疗服务价格的通知》，调整价格项目360项。在广东省异地子系统维护定点医疗机构信息，增加定点医疗机构开通跨省门特直接结算，每个县（市、区）至少有 1 家医院能进行高血压、糖尿病等 5 个门诊特殊病种的跨省直接结算，覆盖率 100%。全市定点医药机构均支持医保电子凭证个人账户支付，部分定点医疗机构开通医保移动支付业务，为群众就医看病报销提供便利。2022 年，梅州市人民医院成为粤东西北地级市医院中唯一一家“广东省公立医院改革与高质量发展示范医院”。

【疾病预防控制】 2022 年，梅州市开展流感、重点感染性腹泻、登革热 NS1 抗原、手足口病、禽类市场环境及艾滋病监测。全年对 1040 份流感样病例样品开展核酸检测，阳性率 10.38%（108/1040）；累计检测 260 份住院严重急性呼吸道感染病例标本，阳性率 3.08%（8/260）。对 611 份腹泻病例样品检测，阳性率 7.86%（48/611），轮状病毒 25%（12/48），诺如病毒 75%（36/48）。全市 8 个县（市、区）23 家医疗机构开展登革病毒 NS1 筛查 656 份，未检出 NS1 阳性。对 135 份手足口病样品开展核酸检测，阳性率 84.44%（114/135），CA16 病毒 40 份，CA6 病毒 75 份，其他 EV 病毒 1 份，CA16 病毒和 CA6 病毒同时阳性 2 份。检测 18 个市场共 480 份环境样本，其中 8 个县（市、区）16 个市场检出 H9 亚型阳性样本 149 份，市场阳性率 88.89%（16/18），样本阳性率 31.04%（149/480）；5 个县（区）9 个市场检出 H5 亚型阳性样本 35 份，市场阳性率 50.00%（9/18），样本阳性率 7.29%（35/480）。全市报告 HIV/AIDS 共 106 例，比上年同期下降 6.2%；死亡 15 例，下降 48.3%。成人艾滋病抗病毒治疗比例为 90.48%。

年内，梅州市强化重点人群和特殊场所结核病防控，共收到 255 例预警信号，及时响应 245 例；发现活动性肺结核师生患者 86 例（其中教职工 13 例），患者和密切接触者均按照《学校结核病防控指南》处置。提高病原阳性肺结核患者耐药筛查率。全年共报告活动性肺结核病人 1807 例，登记治疗 1510 例（其中单纯结核性胸膜炎 38 例），登记治疗率 83.56%。辖区同期内经上级定点医疗机构确诊并通知基层医疗卫生机构管理的肺结核患者 1515 人，已管理的肺结核患者 1509 人，肺结核患者管理率 99.60%。同期辖区内已完成治疗的肺结核患者 1712 人，按照要求规则服药的肺结核患者 1661 人，肺结核患者规则服药率 97.02%。全年报告五种性病发病人数 3245 例，比上年同期下降 6.4%，其中梅毒 1861 例、淋病 307 例、尖锐湿疣 328 例、生殖器疱疹 106 例、生殖道沙眼衣原体 643 例。全市麻风病现症病人 3 例，患病率为 0.08/10 万。MDT 覆盖率 100%，规则治疗率 100%。全市管理高血压患者 19.96 万人，任务完成率 132.45%，规范管理 14.81 万人，规范管理率 74.22%；管理 2 型糖尿病患者 8.36 万人，任务完成率 135.88%，规范管理 6.18 万人，规范管理率 74%。全市在册严重精神障碍患者 2.76 万人，规范管理率 94.11%，服药率 93.42%，规律服药率 88.14%，精神分裂症规律服药率 88.3%；危险性评估 3 级及以上患者 2097 人，按要求报送公安机关列管。联合梅州市委政法委、市公安局、市民政局、市财政局、市医疗保障局和市残联等部门编制《梅州市精神分裂症患者应用长效针剂治疗项目实施方案》，联合市公安局在梅州市第三人民医院设置强制医疗专区。2022 年，梅州市免疫规划工作调查评估总得分 85.83 分，居全省第四名。共报告 AFP 病例 17 例，报告率 2.04/10 万；共报告 83 例疑似麻疹病例，其中兴宁市报告确诊病例 2 例，风疹确诊病例 3 例，梅县风疹确诊病例 1 例，其余检测为阴性。

【爱国卫生】 2022 年，梅州市新创 3 个省卫生镇、13 个省卫生镇复审，14 个省卫生村。全市共有 1 个国家卫生城市和 1 个省卫生城市、4 个国家卫生县城和 1 个省卫生县城；2 个国家卫生镇和 68 个省卫生镇，省级以上卫生镇覆盖率达 73.68%，省级以上卫生城市、卫生县城全覆盖；省卫生村 1994 个，覆盖率 97.64%，市级以上卫生村全覆盖。五华县爱国卫生健康促进中心被全国爱卫会表彰为爱国卫生运动 70 周年先进集体。

【病媒生物防治】 2022 年，梅州市完成城区 44 家公共场所、16 所学校、34 家次医疗机构、99 份各类生活饮用水的卫生学检测工作。完成鼠类生态学监测 5098 笼（夹）。完成蚊媒监测 1.15 万点次，其中布放诱蚊诱卵器 4.28 万个（其中阳性 1907 个）；布雷图指数法入户调查 47.93 万户（其中阳性积水 1.21 万处），根据监测数据开展风险评估，及时提出防制建议。开展登革热媒介伊蚊抗药性实验。

【卫生应急】 2022 年，梅州市发生突发公共卫生事件 5 起，其中等级定为“较大”的有1起，发病数4例，死亡数1例；定为“未分级”的4起，发病数172例，均为轻症，无重症和死亡病例。

【卫生健康综合监督】 2022年，梅州推动全市卫生健康行业诚信建设，初步建立卫生健康行业诚信信息归集、评估、应用、奖惩、管理等制度体系，推送行业诚信信息至信用信息共享平台并实现动态更新。实现行政审批事项100%网上受理、100%网上办结。公共场所卫生许可事项全面推行告知承诺制，行政审批工作提速增效。监管执法事项100%纳入“双随机、一公开”监管随机抽查。开展公共场所、生活饮用水、涉水产品、学校卫生、职业卫生等监督执法工作。建立守信激励和跨部门联合惩戒机制，在公共场所行业推行卫生监督量化分级管理模式，开展企业卫生信誉度等级评定并实行动态管理。建立梅州市市级职业卫生监管底册，推进职业卫生分级分类监管。定期将卫生行政处罚案件信息归集到广东政府网站集约化平台。在二级以上医疗机构、消毒产品、涉水产品领域试点实施医疗卫生监管信用信息分级管理。全年全市共派出卫生监督员3.13万人次，监督各类疫情防控重点单位1.25万家次，其中公共场所6003家次、生活饮用水单位219家次、医疗卫生机构4306家次、学校/托幼机构923家次、消毒产品销售企业40家次、餐饮具集中消毒单位28家次、工矿企业325家次、医学隔离场所689家次，发出卫生监督意见书1.26万份。全年共受理立案卫生违法案件331件，行政处罚327件（其中一般程序152件，简易程序175件），罚款金额共计78.87万元。

【食品安全】 2022年，梅州市共采集227份食品样品进行化学污染物及有害因素监测，177份样品进行微生物及其致病因子监测。发出食品安全风险隐患通报3次，涉及湿粉类食品（SMF）、鲜银耳、湿木耳食品（XYR）等7份样品2个监测项目。全市160家监测医疗机构上报675例食源性疾病病例，准确率98.96%。接到企业标准备案申请，完成资料核对243次，食品安全企业标准受理备案142份，其中制定68份、修订49份、延续备案5份、修改单19份、注销1份；备案食品类别包括保健食品、饮料、谷物及其制品、酒类等共14类。

【基层卫生健康】 2022年，梅州市基本公卫项目财政补助经费人均标准每年84元，按照《国家基本公共卫生服务规范（第三版）》，组织全市医疗卫生机构开展26项国家基本公卫项目管理工作。居民规范化电子健康档案覆盖率73.15%，高血压、2型糖尿病、肺结核患者管理率分别达到74.22%、74%、99.60%。开展优质服务基层行活动，全面提升基层优质服务能力，截至2022年底，全市5家卫生院达到国家推荐标准，59家卫生院（社区卫生服务中心）达到基本标准。丰顺县、平远县、兴宁市、五华县、蕉岭县、大埔县6个县（市）开展紧密型县域医共体建设，共建成由11个县级医院牵头的紧密型县域医共体。

【老龄健康】 2022年，梅州市开展“银龄安康”老年人意外伤害保险工作，市县两级财政共同出资1114.85万元为88.4万名户籍60周岁以上老人购买老年人意外伤害保险，实现全市户籍60周岁以上老人政府统保全覆盖。出台《“十四五”梅州市老龄事业发展和养老服务体系建设规划》。做好国家基本公共卫生服务，通过村（居）委会社区定点服务和上门入户服务，各基层卫生院为65岁以上老年人提供1次健康管理服务、2次医养结合服务，为65岁以上失能老年人上门进行健康评估，一年一次健康服务。至12月底，为全市32.08万位老年人开展健康管理服务，健康管理率达到57.48%。平远县长田镇官仁村、蕉岭县蕉城镇城西社区2个村（区）被国家卫生健康委、全国老龄办命名为“2022年全国示范性老年友好型社区”。全市有医养结合机构6家，总床位1171张，争取中央资金投资医养结合项目4个，争取项目资金1580万元，用于增加960张养老护理床位及配套医疗设施设备建设。开展老年友善医疗机构创建，评定梅州市人民医院等135家医疗机构为“梅州市2022年度老年友善医疗机构”。

【妇幼健康】 2022年，梅州市孕产妇死亡率3.34/10万，5岁以下儿童死亡率4.18‰，婴儿死亡率2.51‰。印发《梅州市基本避孕服务项目实施方案》，开展城乡妇女“两癌”免费检查、出生缺陷综合防控和消除艾滋病、梅毒、乙肝母婴传播项目。举办梅州市2022年适龄女生HPV（人乳头瘤病毒）疫苗免费接种项目推进暨“两癌”培训会议。印发《梅州市母婴安全和健康儿童行动提升计划实施方案（2021—2025 年）》，加强市、县两级危重孕产妇和新生儿救治中心标准化建设和规范化管理。蕉岭县妇幼保健院通过二级妇幼保健机构等级（二级甲等）现场评审，确定为二级甲等妇幼保健机构。通过线上审核和抽取部分机构现场质控方式开展全市二级妇幼保健机构 2021 年度绩效考核工作。印发《市卫生健康局贯彻 2021—2030 年梅州市妇女儿童发展规划实施方案》。联合梅州市民政局、市妇儿工委办，选取梅江区、梅县区和大埔县，开展“一站式”婚育健康医学检查场所建设现场调研指导，完善全市“一站式”婚育健康医学检查场所建设，推动婚前医学检查率、孕前优生健康检查率达 80%以上。加强重点领域风险防范和排查，分别对梅州市妇幼保健院、梅州市人民医院开展人类辅助生殖技术调研指导。强化《出生医学证明》管理和发放监管，全市各管理机构、签发机构和助产机构开展自查排查，各县（市、区）卫生健康局交叉核查，全面整治各类违法违规行为，规范出生医学证明发放管理。

【职业健康】 2022 年，梅州市共报告新发职业病 9 例，其中职业性尘肺病 6 例（硅肺 3 例、煤工尘肺 1 例、其他尘肺病 2 例）、职业性耳鼻喉口腔疾病（噪声聋）2 例、物理因素所致职业病（中暑）1 例。全年共有 525 家企业进行职业健康检查，当年实际接受职业健康检查的劳动者人次为 3.25 万人（包含上岗前、在岗、离岗时）。通过职业健康检查发现的疑似职业病人数 22 人，检出率 0.07%，职业禁忌证人数 604 人，检出率 1.86%。年内，对全市 125 家用人单位开展重点行业、重点岗位、重点职业病危害因素监测，检测项目主要包括粉尘、化学毒物、噪声等。对重点职业病危害企业进行专项检查，共检查企业 172 家，发出卫生监督意见书 172 份（含疫情防控），给予 9 家企业警告、55 家企业责令限期改正。全市完成企业职业卫生国家级“双随机、一公开”工作任务 150 家（停产 10 家）和市级“双随机、一公开”工作任务 78 家。全市重点行业企业累计申报职业病危害 568 家，2022 年度新增申报 44 家。全市共开展 391 家企业职业卫生监督检查，发出卫生监督意见书 376 份，对 7 家职业健康检查机构进行专项检查，全市职业卫生简易程序警告 12 宗，一般程序 1 宗，罚款 1.5 万元。

【医政医管】 2022 年，按照《梅州市城市医疗联合体建设规划方案》，在梅江区、梅县区启动城市医疗联合体建设工作，推进其余县（市）县域共同体建设工作，实现基层首诊、双向转诊、急慢分治、上下联动、资源共享的分级诊疗秩序。把社会办医加快发展纳入总体规划，落实《梅州市民营医院管理年活动实施方案》。强化胸痛中心、卒中中心、创伤中心、危重孕产妇救治中心、危重儿童和新生儿救治中心等五大中心建设，县医院医疗服务能力不断提升。加强临床重点专科建设，组织实施《梅州市临床重点专科评审与管理工作方案》。启动全市二级综合医院等级评审和复审工作，成立梅州市二级综合医院等级评审领导小组，组织梅州市医疗质量评价中心，建立二级综合医院等级评审数据监测系统。2022 年梅州市人民医院通过三级医院等级复审，被确定为三级甲等综合医院。全年全市无偿献血 3.73 万人，献全血 995.89 万毫升，血小板 3404.75 治疗量。规范临床用血，开展临床用血专项检查，指导临床合理安全用血。举办 2022 年庆祝“5·12”国际护士节护士表彰活动，评选表彰 160 名“梅州市优秀抗疫护士和百佳优秀护士”，其中“优秀抗疫护士”60 人、“百佳优秀护士”100 人。严格医疗机构执业登记和广告审批，执业许可和变更受理 58 份，其中批准办结 58 份；受理医疗机构申请广告审批事项 31 份，批准办结 31 份。组织 1175 名考生参加医师资格实践技能考试。做好医师、护士注册工作，其中医师注册 417 人，其中首次注册 74 人，变更 311 人，注册备案 25 人，取消备案 7 人；护士注册 627 人，其中首次注册 44 人，重新注册 2 人，变更 246 人，延续 333 人，注销注册 2 人。成立梅州市“平安医院”建设工作领导小组，在全市二级及以上医院设立投诉管理部门，要求全市二级及以上公立医院购买医疗责任险，全市二级以上医院（含民营）按要求设置警务室，建立与公安机关定期会商制度、安全检查指导和涉医违法案件处置工作机制。梅州市获评“2020—2021 年度全国平安医院建设表现突出地区”。

【药事管理】 2022 年，梅州市组建市药事管理与药物治疗学委员会，加强医疗机构药房管理、外购药管理。支持药事管理专家团队开展工作。加强上下级医疗机构用药衔接，完善医共体内药学协作的组织管理、技术协作、权责共担机制，推进医联体、区域内上下级医疗机构药学协作的组织管理、技术协作、权责共担机制、药事服务合作。加强抗菌药物临床应用专项整治以及麻醉药品和精神药品等特殊药品管理专项整治，推进各医疗机构实施国家基本药物制度，规范基本药物采购、使用和管理，完善村卫生站基药补偿机制。做好麻醉药品和第一类精神药品购用印鉴卡信息化管理工作。

【卫生健康人才发展】 2022年，梅州市有卫生专业技术人员2.76万人，其中研究生学历641人，大学本科学历6871人，分别占2.33%、24.94%；高级职称2445人（正高352人，副高2093人），中级职称4653人，分别占8.88%、16.89%。执业（助理）医师9642人，执业护士1.2万人，药师2136人，技师1753人。全市共引进卫生人才1126人，其中博（硕）士高层次人才69人（其中博士6人，硕士63人），进博士工作站博士后1名，本科485人。成功入选省人才项目1项，实现该项目“零”的突破。柔性引进国医大师孙光荣、李佃贵，广东省中医院陈志强、符文彬、吴山等16名知名教授担任学科带头人，指导带动中医学科发展，遴选青年骨干跟师学习，中医人才队伍逐步增强。年内，组织2022年全国卫生专业技术资格考试、全国执业护士资格考试、广东省卫生系列高级实践技能考试，全市共有考生6422人，其中卫考4072人，通过2526人（通过率62.03%）；护考1321人，通过946人（通过率71.61%）。按照卫生健康技术人才职称制度改革新的申报评审要求组织评审申报，申报人数572人，评审通过491人，通过率85.83%。利用梅州市人民医院汕头大学医学院梅州临床学院、广东医科大学梅州临床医学院、广东医科大学研究生联合培养基地的医学教育和医学人才培养平台开展“3＋2”“4＋1”人才培养。2022年新增硕士生导师25人，招收全日制硕士研究生17名。推动梅州市中医药科学院、“症病学说”研究所、梅州市中医热病中心、博士工作站等平台建设。

【医学科技与教育】 2022年，梅州市共受理79份市级医药卫生科研课题立项申请，通过立项课题65项。获得参与“十四五”科技部重点研发计划项目1项，获得50万元经费资助；获批省自然科学基金面上项目2项；省企联合基金项目1项；广东省科学进步奖二等奖1项；省医学科研基金项目8项；省中医药局科研课题13项；参与广州市科技计划项目——重点研发计划项目1项；发表SCI论文34篇，获得授权专利50项，实现专利转化1项；获批2021年度叶剑英基金科技进步奖二等奖1项，三等奖8项；获批2023年省中医药局科研课题11项。全年获批国家级继续教育项目17项；省级继教项目51项；省中医药继续教育项目4项；市级继续医学教育Ⅱ类学分项目共审批11项。全市新招住院医师规范化培训医师60人，参加住培结业考核49人，通过率100%；参加助理全科医师培训结业考核30人，26人合格，通过率86.7%。全市规范化培训全科医生30人、助理全科医生56人、转岗培训全科医生70人、岗位培训全科医生52人，共计208人，完成省下达任务的88.1%；培训助理全科医生带教师资78名，完成省下达任务136.8%。组织146人参加2022年广东省全科医生转岗（岗位）结业考核，合格113人；全年录取订单定向医学生182人。

【卫生健康宣传】 2022年，梅州市坚持正面宣传和防范化解风险，落实重大主题宣传，做好新闻舆论工作，开展健康促进和教育，维护意识形态安全。及时发布疫情防控通告、信息。在各个世界卫生日等重要节点开展形式多样的卫生健康主题宣传。树立先进典型，宣传梅州卫健系统“梅州好人”的感人事迹。联合梅州市文明办举办“强国复兴有我·致敬抗疫逆行者”合唱专场音乐会。制作一批疫情防控相关图册和宣传视频。

【人口监测】 截至2022年12月31日，梅州市常住人口385.80万人。全市户籍人口539.35万人。全市流动人口15.37万人，减少0.37万人，减幅2.34%。全市常住人口出生2.5万人，减少0.55万人，减幅17.97%。出生率6.42‰，自然增长率-1.07‰，分别比上年同期下降1.31和0.16个千分点。分孩次看，全市常住人口一孩出生10521人，减少1484人，减幅12.36%；二孩出生9212人，减少2239人，减幅19.55%；多孩出生5266人，占总出生人口的21.06%，减少1752人，减幅24.96%。全市常住人口出生性别比为113.79（以女性为100），下降1.48%。

【家庭发展】 2022年，梅州市继续落实计划生育奖励扶助有关制度，奖励扶助资金纳入财政专项预算保障。全市有计划生育奖扶对象33.45万人，发放奖扶资金1.06亿元。计划生育特殊家庭“三个全覆盖”率达99.79%（已领取特别扶助奖励的家庭建档率、联系人制度落实率和家庭医生签约率），督促各级卫生医疗机构建好“绿色通道”，为计划生育特殊家庭成员提供就医便利服务。年内，开展“生育关怀——关爱计生困难家庭”慈善活动、家庭健康促进、青春健康教育以及新型婚育文化建设等工作。承接实施国家级计生协“2022年新型婚育文化建设试点项目”、省级计生协“计划生育家庭维权项目”和“向日葵亲子小屋”项目。做好计生家庭意外伤害保险工作，全年共投入229.3万元保险资金，为全市农村独生子女家庭、农村纯二女户家庭和特困计生家庭共7.64万户（23.5万人）购买计生家庭意外伤害保险。开展关爱计生困难特殊家庭慈善活动，共筹集慈善活动资金45.6万元，为全市456户计生特殊、困难家庭每户发放1000元帮扶慰问金。推进符合条件的托育机构参与示范创建，平远碧桂园华帅幼儿园成功创建2022年度梅州市托育服务机构市级示范单位。征集公立医疗机构举办托育服务试点意向，拟推进梅州市妇幼保健院、梅江区妇幼保健院、梅县区妇幼保健院、五华县安流镇中心卫生院作为首批试点单位建设。

【中医药事业】 2022年，梅州市共有中医类医疗卫生机构1815个，中医床位3333张，平均每万常住人口拥有中医床位数8.64张，其中中医医院床位2938张，比上年增长6.3%。中医医疗机构中，中医医院9家，其中三级甲等中医医院2家，二级甲等中医医院7家。全市中医执业（助理）医师1867人，每万常住人口拥有中医执业（助理）医师5.06人，中药师（士）469人。其中，中医医疗机构中医执业（助理）医师1045人、中药师（士）197人。全市中医药门诊量708.7万人次，占总门诊量的37.7%；9家中医医院出院人数8.6万人，占总出院人数的15.9%。全市中医医院业务收入达14.8亿元。2022年，梅州市进一步巩固全国基层中医药工作先进单位创建成果，推进国家中医药综合改革示范区建设，促进中医药传承创新发展。发挥中医药防治新冠病毒的优势作用，参与新冠病毒预防、救治、康复全过程。创建高水平中医医院和区域中医诊疗中心，打造院士团队和国医大师平台。实施基层中医药服务能力提升工程，完善县级中医医院“两专科一中心”建设，持续推进全市5个中医医共体建设，启动“十四五”24个中医馆和240个中医阁建设。实施梅州市嘉应岐黄人才培养工程，启动梅州市“十四五”优秀中医临床骨干研修项目。完成全市中医药基础知识与技能培训，开展“治未病”学术专题培训600多人。

2022年8月9日，梅州市乳腺病诊疗中心在梅州市人民医院揭牌

（梅州市卫生健康局供图）

【梅州市托育行业协会成立】 2022年6月16日，梅州市托育行业协会在梅城成立，首批会员单位32个。成立大会上表决通过《梅州市托育行业协会章程》，选举产生第一届理事会、监事会。全市共有托育服务机构52家，其中已备案27家。该协会旨在宣传党和国家托育服务方针政策，激发社会力量参与积极性，增加3岁以下婴幼儿普惠性托育服务有效供给，规范托育行业经营管理、做好托育行业教师技能培训等，促进婴幼儿健康成长。年内，该协会举办全市保育师持证上岗培训考试、0~3周岁幼师团队家庭教育讲座等活动。

【梅州市乳腺病诊疗中心成立】 2022年8月9日，梅州市乳腺病诊疗中心在梅州市人民医院挂牌成立，中国科学院院士、中山大学孙逸仙纪念医院院长、乳腺外科教授宋尔卫，中山大学中山医学院生理学教授、新华学院校长王庭槐，梅州市副市长陈伶俐等出席仪式并揭牌。该诊疗中心承担全市乳腺病诊疗服务体系建设的具体工作，包括组织协调、培训指导、质量控制、平台系统维护等；为梅州乃至粤东地区乳腺癌患者提供全周期、全链条医疗服务，从预防、早期诊断到全过程治疗、术后康复，全方位保障乳腺癌患者的生命健康安全。

【梅州市适龄女生 HPV（人乳头瘤病毒）疫苗免费接种项目启动】 2022 年，根据广东省卫生健康委员会统一安排，梅州市于 9 月启动适龄女生 HPV（人乳头瘤病毒）疫苗免费接种项目，这是 2022 年广东省、梅州市十大民生实事项目。在开始接种前，全市各县（市、区）卫健部门进行统筹部署，确定具备预防接种资质的定点接种机构，并对疫苗接种工作人员开展相关业务培训。免费接种项目使用的疫苗为国产二价 HPV 疫苗，共接种两针，第 0、6 月各接种 1 针，可预防高危型 HPV16 和 HPV18 两个亚型的感染；对象是具有广东省学籍、2022 年 9 月起新进入初中一年级、未接种过 HPV 疫苗且未满 14 周岁的女生。开学后，符合条件的学生按照知情、自愿原则免费接种。《广东省适龄女生人乳头瘤病毒（HPV）疫苗免费接种工作方案（2022—2024 年）》要求到 2030 年实现 90% 的 15 岁以下女生完成 HPV 预防性疫苗全程免疫。2022 年，梅州全市累计完成首剂免费 HPV 疫苗接种 2.85 万剂，超额完成目标人群 60% 接种率任务。（丘佳珺）

市直医疗机构选介

梅州市人民医院

【梅州市人民医院概况】 梅州市人民医院（黄塘医院）、梅州市医学科学院是广东省高水平医院重点建设医院（第一期第二批），是国家博士后科研工作站、国家药物临床试验机构、广东省院士工作站、广东省博士工作站，是国家住院医师规范化培训基地、广东省高等医学院校教学医院，拥有 2 个省工程技术研究中心，是国家级的胸痛中心、心衰中心、房颤中心、心脏康复中心、高级卒中中心和综合卒中中心。2022 年，梅州市人民医院牵头成立梅州市乳腺病诊疗中心，提升区域乳腺病诊疗服务水平；成为国内首批泛血管疾病管理中心建设单位；成为广东省第一批市级心血管病防治服务机构；成为广东省艾滋病专科联盟成员单位。

截至 2022 年底，梅州市人民医院由院本部、广梅院区、泰康院区、扶大院区、客天下院区 5 个院区组成，总占地面积 26.2 万平方米；托管五华县第三人民医院（华城医院）。编制病床 3500 张，实际开放病床 2800 张，临床医技科室 107 个，其中心血管内科为国家临床重点专科建设项目，消化内科、神经外科、泌尿外科、胸外科、妇科、重症医学科、急诊科、感染科、麻醉科、康复科、病理科 11 个专科为广东省临床重点专科，心脏血管外科、普通外科（胃肠外科、肝胆外科、甲状腺外科、乳腺外科、肛肠科）、骨科、呼吸内科 4 个专科为广东省临床重点专科建设项目，放疗科为广东省医学特色专科，肿瘤内科等 51 个专科为梅州市医学重点专科。拥有 12 个市级医学中心、13 个市级医疗质量控制中心和 17 个院级医学中心。有在职职工 3998 人，其中硕士以上学历 482 人、高级职称 538 人、中级职称 938 人，享受国务院政府特殊津贴专家 3 人、全国先进工作者 1 人、全国卫生计生系统先进工作者 1 人、广东省医学领军人才 1 人、广东省杰出青年医学人才 2 人、“珠江人才计划”青年拔尖人才 1 人、广东医院优秀院长 1 人、享受梅州市政府特殊津贴专家 3 人、市专业技术拔尖人才 7 人。

【机构变动】 2022 年，梅州市人民医院撤销、合并、增设一批科室，对部分科室进行更名。增设门诊放化疗中心护理单元。撤销神经外科重症监护科机构设置，原神经外科重症监护科的业务整合至重症医学二科。撤销心脏血管及甲状腺外科护理单元设置。撤销超声五科的机构设置，原超声五科的业务整合至超声三科；撤销医疗后勤保障科的机构设置；增设动力运维科、输送科。介入手术室升格为介入手术中心，属一级业务科室；增设资产管理科，附设资产管理科下属。增设价格管理科，附设价格管理科下属；增设财务科下属；撤销收费科及收费科下属机构设置。增设工会下属。增设临床研究治疗中心，属一级业务科室。撤销急诊重症监护科的机构设置。泌尿外四科更名为泌尿外二科。设立泌尿外科护理单元一单元，负责泌尿外一科和泌尿外二科护理工作；设立泌尿外科护理单元二单元，负责泌尿外三科和泌尿外四科护理工作。撤销原泌尿外一科护理单元、泌尿外二科护理单元、泌尿外三科护理单元和泌尿外四科护理单元。原物业管理科下属物资仓、设备科下属设备仓库的人员和业务归属资产管理科下属。增设疼痛科，属一级业务科室。增设档案室，属医院办公室下属。设立甲状腺外科及疼痛科护理单元，负责甲状腺外科和疼痛科护理工作。撤销原甲状腺外科护理单元。撤销康复治疗室的机构设置。

【业务开展】 2022年，受超预期的新冠疫情冲击，梅州市人民医院全年业务量出现一定程度下降，但医疗质量进一步提高，业务结构进一步优化，运营效率进一步提升，医院运行平稳高效，保持高质量发展态势。全年总诊疗量169.34万人次，较上年下降8.56%。出院患者数12.81万人次，下降3.16%；疑难复杂重症病例占比92.35%。平均住院日5.84天，缩短0.82天。DRG总权重提高3.96%；CMI值1.83，提高7.02%；时间消耗指数为0.67，下降1.47%。出院患者手术5.73万台次，下降1.44%；出院患者手术占比44.73%，提高0.78个百分点；微创手术占比（仅包括经非自然腔道入路的微创手术，不含介入）25.64%，继续保持在优秀区间；介入手术9499例，增长13.88%；四级手术1.34万例，增长7.89%；四级手术占比23.31%，提高2.01个百分点。医疗质量安全稳中向好，主要指标、关键指标保持在优秀区间，抢救成功率98.13%，住院患者死亡率0.24%，住院患者出院后0～31天非预期再住院率0.78%，非计划再次手术总发生率0.21%，手术患者并发症发生率0.41%，低风险组病例死亡率为0。医院感染例次率1.08%，Ⅰ类切口手术部位感染率0.01%。点评处方占处方总数的比例为5.33%，点评出院患者医嘱比例为10.83%，抗菌药物使用强度37.64DDDs，基本药物采购品种数占比为44.29%。全年护理不良事件发生率0.25%，优质护理服务病房覆盖率100%。病历书写及时完成率98.12%，病案首页填写准确率99.70%。检验标本不合格率0.054%；大型医用设备检查阳性率96.39%；超声存图符合率94.62%，诊断符合率95.88%。

【技术创新】 2022年，梅州市人民医院开展新技术139项，多项重大技术取得突破。开展全国首例FuseVive™肺动脉血栓清除系统辅助下机械取栓术、全国首例“全皮下植入式心律转复除颤器（S-ICD）+无导线起搏器（Micra）”一站式植入手术、全国首批且粤东西北首例植入新一代左心耳封堵器WATCHMAN FLX™的手术，开展华南首例SHOCKWAVE血管内冲击波手术，开展Rhythmia三维标测系统指引下外科换瓣术后房扑消融术等国内先进技术。脑科中心开展立体定向导航辅助PBC治疗三叉神经痛、经皮球囊扩张术治疗大脑后动脉狭窄。消化病中心开展腹腔镜下保留胃功能胃癌根治术、腹腔镜下胃旁路手术（LRYGB）肥胖及代谢性疾病的治疗、经口直视胆道镜对胆管良恶性狭窄的诊治、荧光腹腔镜下解剖性肝叶（肝段）切除术等国内先进技术。妇科开展经原腹部瘢痕入路单孔腹腔镜下妇科肿物切除术、经脐单孔腹腔镜联合后腹膜入路腹膜外淋巴结清扫术治疗早期卵巢癌保留生育功能等国内先进技术。骨科中心开展机器人辅助下全膝关节置换术、微创单通道孔镜下臀肌挛缩松解术。血液净化中心在粤东地区率先开展双腔血液透析滤过（PHF）新技术。呼吸与危重症医学科开展粤东西北首例超声支气管镜引导下经食管穿刺针吸活检术，开展硬质支气管镜技术、高频喷射通气技术等国内先进技术。肝病科开展双重血浆分子吸附系统（DPMAS）在高脂血症和高胆红素血症中的应用技术，开展例数及治疗质量进入国内领先行列。影像中心开展定量磁敏感成像（QSM）在帕金森病中的临床应用、磁共振弹性成像在肝纤维化分期中的应用、多对比定量成像技术（MTP）、基于人工智能t-ACS实时心脏电影成像技术的临床应用等新技术。

【医院科研教学】 2022年，梅州市人民医院健全完善科研管理和激励制度，进一步规范各类科研活动，营造热爱科研的良好氛围，打造风清气正的学术环境。获批国家放射与治疗临床医学研究中心核心单位。参与“十四五”科技部重点研发计划项目1项。广东省院士工作站围绕狂犬病防控开展人狂犬病毒血清抗体数字化检测试剂盒研发，已进入临床试验筹备阶段。高度重视药物临床试验机构建设，新增Ⅰ期临床试验研究室（Ⅰ期药物临床试验、生物等效性试验）、免疫学、内分泌等3个专业备案；立项注册类药物/医疗器械临床试验项目46项，Ⅰ期临床试验项目7项，心血管病中心作为组长单位发起注册类III类医疗器械临床试验项目2项；参与创新药物临床试验项目22项，国际多中心药物临床试验项目4项。获批省自然科学基金面上项目2项，省企联合基金项目1项，省医学科研基金项目5项，省中医药局科研课题8项，参与广州市科技计划项目重点研发计划项目1项。全年获得总科研经费2300万元，增长18.41%。发表论文131篇，其中SCI论文63篇（影响因子最高的一篇达33.006），核心期刊论文44篇；获得实用新型专利57项，外观设计专利1项，计算机软件著作权3项，专利成功转化1项。获批2021年度叶剑英基金科技进步奖二等奖1项，三等奖3项。

年内，梅州市人民医院创新住培管理模式，完善制度建设，实施带教师资聘任制，优化教学绩效分配方案，提升带教师资满意度。加强师资教学能力建设，新增省级师资45名，开展院级师资培训31场次，累计培训1200人次。成立督导专家团，全年开展行政督导196次，教学督导250次。开展住培教学研究，发表教学论文12篇，获批市医药教学课题1项。重视全科医学教学，新增全科省级骨干师资35名；共招收全科住培学员12名，完成省级部门下达的任务。住培结业考核全员通过；参加年度业务水平测试的学员中，62%超过全国平均线，考核质量稳居国内前列。发展研究生教育，获批“广东医科大学研究生联合培养基地”，成为“汕头大学医学院梅州临床学院”，新增硕士研究生导师25名；招收研究生17名，招生规模创新高。不断推进本科生教育，深化院校合作，全年接收培养本科医学实习、见习生220名，教学任务完成率100%。稳步推进继续教育，修订继续教育管理制度，规范学术交流合作，申报和开展继续教育项目，获批国家级继续教育项目17项，省级继续教育项目22项，采用“线上+线下”相结合方式举办学术会议41场。

【医院人才队伍建设】 2022年，梅州市人民医院优化高层次人才政策，制订《高层次人才引进与管理办法》，增强引才政策竞争力。拓宽线上宣传引才渠道，创新招聘考核模式，全年引进各类人员145人，其中博士研究生5人、硕士研究生31人，招收1名博士进入博士后科研工作站，完成年度引才计划，引才质量持续提升，人才结构持续优化。完成职称评审申报，获评正高职称49人、副高职称51人，高级职称评审通过人数再创新高。调整护士岗位设置比例，引导护士专业化职业化发展。做实做细高层次人才关爱工作，设立“博士之家”，为高层次人才提供温馨舒适的科研交流空间。提升医务人员薪酬待遇，职工获得感、幸福感日益增强。入选“珠江人才计划”青年拔尖人才1人，获评广东省五一劳动奖章1人、南粤好医生11人、南粤好护士2人、“岭南南丁格尔式优秀护士”3人、梅州好医生8人、梅州市优秀抗疫护士5人、梅州市百佳优秀护士14人。

【医院基础设施建设】 2022年，梅州市医学科学院大楼、梅州市人民医院传染病院区（梅州市应急收治中心）建设项目一期建设顺利推进，完成年度投资计划。推进院内平面功能整合，完成5号楼GCP病房、1号楼、3号楼、广梅院区口腔门诊等一批改造项目；完成C区停车场硬底化工程，可提供停车位700多个；完成全院老旧房屋安全检测工作，依法依规处置和拆除8号楼等一批危房。

【医疗设备引进】 2022年，梅州市人民医院新增联影3.0T科研型磁共振uMR890，瓦里安Halcyon科研型直线加速器、广东省首台心脏ECT、SPECT-CT、聚焦超声治疗系统、微阵列基因芯片分析系统、智能化流水线消毒供应系统等顶尖设备，为提升临床服务能力和科研创新水平提供有力支撑。完成医用耗材供应链延伸服务项目（SPD）一期建设，将全院医用耗材纳入扫码管理，基本实现用后结算，减少资金积压约2500万元。广东省医疗机构首台智能化洗衣龙系统投入使用，洗涤质量明显提升，耗水量、耗电量、耗气量接轨国际标准，节能降耗成果显著。中央运送系统顺利上线，减少人员盲目等待和信息间接传达。试运行物流机器人系统，助力实现物流配送全流程监管。

【医院信息化建设】 2022年，梅州市人民医院推进智慧医院建设，启动人事、财务、后勤一体化等信息管理系统建设，建立融业务运行、人力资源管理、财务管理、成本核算、楼宇智能、后勤一体化管理、内部风险防控等功能于一体的医院运营管理平台；打通系统间的管控节点，实现互联互通、实时监管，智慧管理架构体系已逐步成型。夯实以“电子病历”为核心的智慧医疗信息化基础，持续完善AI智能质控、临床辅助诊疗决策、诊疗服务全流程闭环等功能平台建设，提升临床诊疗规范化水平。升级加固核心IT基础设施，搭建华为私有云平台，保障医院信息系统的稳定性和业务连续性，为开展大数据应用和实现精细化管理提供有力支撑。完善“互联网+”医疗服务建设，实现省内异地、跨省异地医保一站式报销结算、门诊挂号医保线上支付、电子票据、医保“双通道”处方、病历复印线上申请快递到家等高效、便捷、个性化服务。

【医院新冠疫情防控】 2022年，梅州市人民医院因时因势优化调整防控措施，最大限度统筹好疫情防控和日常医疗服务。在疫情常态化防控阶段，做好发热门诊、预检分诊、病区陪护管理、救治资源准备等相关工作。在发生“10·23”外地输入疫情后，接管广梅开发区医院和梅州市城区专用隔离场所，收治359名新冠患者，全部治愈出院，完成管理运行任务。全年发热门诊接诊3.54万人次，高质量完成哨点监测任务。负责管理运行市城市核酸检测基地，全年累计检测量758.38万人次，为疫情防控发挥重要作用。全年共派出1800多人次分别支援上海、广州、深圳及本市等地区开展医疗救治、患者转运、核酸检测、核酸采样、流调、院感防控、后勤保障等各项疫情防控工作，完成抗疫任务。进入新阶段后，制订医疗资源扩容储备方案，做好人员培训，做好救治平面、设备、药品、防护物资等准备，为落实“保健康、防重症”的任务目标打下坚实基础。在新冠感染高峰到来时，组织医务人员克服身体不适及人员紧张等困难，迅速增加发热门诊、急诊、重症监护、全科医学病房等资源，救治大量新冠患者，做到“应收尽收、应治尽治”。

【医联体建设】 2022年，梅州市人民医院选派中级职称以上人员55人长期进驻基层开展帮扶。帮扶华城医院开展新技术4项，在“优质服务基层行”活动中，华城医院表现突出，达到服务能力推荐标准，获得国家通报表扬。帮扶留隍医院开展新技术8项，留隍医院医疗业务收入增长12.39%。“组团式”帮扶蕉岭县人民医院开展冠状动脉造影术、冠状动脉支架植入术等新技术4项，实现蕉岭县心脏介入治疗“零”的突破。远程医疗不断拓展，全年开展远程影像诊断1765例，增长190.21%；远程病理诊断1008例，增长34.12%。

【高水平医院建设】 2022年，梅州市人民医院围绕“打造一流学科、发展前沿技术、建一流科研创新平台、培养集聚拔尖人才、建立现代管理制度、发挥引领示范作用”等方面精准发力，快速推进高水平医院建设取得成效。根据2022年公布的2021年度国家三级公立医院绩效考核结果，梅州市人民医院排位从前8.7%稳步上升至前7.5%，连续4年评为“A+”等级，多项核心评价指标稳步上升，其中医疗质量核心指标CMI值更是跃升至全国第27名；根据广东省卫健委公布的2021年度DRGs评价指数，在全省146家三级综合医院中，梅州市人民医院代表医院综合服务能力的DRGs能力指数位居第5名、代表医院住院服务总产出的总权重位居第4名、代表医院收治疾病疑难危重度的CMI值位居第4名、学科建设能力指数位居第3名；在2022年广东省医疗保障局发布的《广东省定点三级医疗机构医保医药服务评价报告（2021）》中，梅州市人民医院总分位居广东省定点三级综合医疗机构第9名；在2022年广东省医改办公布的“广东省公立医院改革与高质量发展示范医院”名单中，梅州市人民医院成为全省25家示范医院之一，也是粤

2022年9月19日，梅州市人民医院通过三级医院等级评审现场评审。图为评审专家合影
（梅州市人民医院供图）

东西北地级市医院唯一入选医院。

【医院就医服务】 2022年，梅州市人民医院提升群众就医体验，改善门诊服务环境，将1号楼原住院病区调整优化为门诊服务平面，增加1200平方米候诊区域、43个诊室，同步更新完善导视系统，门诊诊疗区功能分区更清晰、流线更合理，进一步方便患者。优化细化门诊手术服务流程，为门诊患者提供安全便捷的手术服务，门诊手术增长17.33%。推进MDT诊疗，门诊MDT诊疗增长31.11%，各病种MDT诊疗方案执行率达93.5%；MDT诊疗成效明显，心血管介入增长9.55%，神经介入增长29.58%，经皮主动脉瓣膜置换术增长155.60%，二尖瓣钳夹术增长3倍，CCM植入术位居全省第二。推广日间手术服务，日间手术目录由108种扩展到335种，全年完成日间手术9645例，增长12.11%，日间手术占择期手术比例18.01%，提高2.48个百分点。个性化定制健康体检服务赢得群众好评，体检人次增长83.19%。进一步规范营养管理工作内容及流程，完善临床营养风险筛查评价和治疗体系，临床营养风险筛查率由80.14%提升至99.86%，营养评定率由27.93%提升到74.64%。专科护理门诊量16.27万人次，增长4.18%，门诊量位居全省前列。

【梅州市人民医院通过三甲医院复审】 2022年，广东省卫健委组织专家对梅州市人民医院进行三级医院等级复审。于9月19日，顺利通过三级医院等级评审现场评审。经过资格审查、现场评审、综合评分、结果公示，梅州市人民医院于10月24日正式通过三级甲等综合医院复审，确定为三级甲等综合医院。通过“以评促建、以评促改”，梅州市人民医院进一步提高管理水平，健全现代医院管理制度，不断提升医院救治能力和服务效能，促进医院质量安全持续改进。

【全球首例TAVR+TEVAR+PYRAS“一站三式”手术成功完成】 2022年3月30日，梅州市人民医院成功完成世界首例经颈动脉TAVR+TEVAR+PYRAS［经颈动脉主动脉瓣置换术（TAVR）+胸主动脉腔内修复术（TEVAR）+肾动脉支架植入术（PYRAS）］“一站三式”手术。患者是一名76岁高龄男性，病例主要为主动脉瓣重度反流、巨大瓦式窦瘤、大瓣环和横位心，心血管内科钟志雄教授团队进行多学科讨论，并与中国科学院院士、梅州市医学科学院名誉院长葛均波教授及其团队作深入交流。手术方案确定后，钟志雄教授团队历时3小时，圆满完成手术，一次性成功解决患者的三种疾病，再一次验证“一站式”微创治疗技术治疗心脏主动脉瓣合并主动脉疾病的可行性，填补这类复杂高危高难心血管病治疗领域的空白。

（梅州市人民医院）

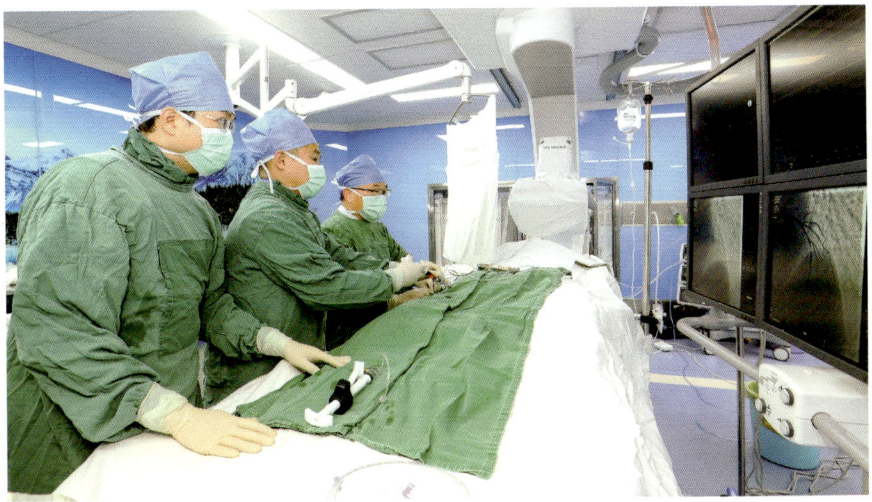

2022年3月30日，梅州市人民医院心血管病中心主任钟志雄教授带领钟炜（左一）、李存仁（左二）成功完成世界首例经颈动脉TAVR+TEVAR+PYRAS“一站三式”手术

（梅州市人民医院供图）

梅州市中医医院

【梅州市中医医院概况】 梅州市中医医院（梅州市田家炳医院、梅州市中医药科学院）是梅州市市级公立三级甲等中医医院，坐落于梅州市中心城区，前身是1993年著名企业家、知名慈善家田家炳捐资兴建的梅州市人民医院田家炳院区；2015年12月设立梅州市中医医院；2020年10月，经梅州市委编办研究同意，加挂梅州市中医药科学院牌子。医院占地面积7.3万平方米，业务用房面积7.8万平方米。设临床科室37个，医技辅助科室10个，职能科室18个，开放床位790张。在职职工1150人，其中专业技术人员1010人，含高级职称106人、中级职称226人、硕士研究生学历68人、本科学历589人；全国卫生系

统先进工作者 1 人，市管专业技术拔尖人才 1 人。

【医疗业务】 2022 年，梅州市中医医院总诊疗量 48.71 万人次，增长 2.45%；急诊总诊疗量 4.77 万人次，减少 5.57%；入院总病人数 2.81 万人，增长 12.32%；完成手术台数 1.44 万次，增长 17.03%；收治疑难病人（C 型）1.75 万例，增长 49.86%；危重病人抢救成功率 98.9%。

【医疗设备】 2022 年，梅州市中医医院医学装备部提交 8 次医疗设备立项申请，比上年减少 7 次；组织 23 场医疗设备市场调查会，市场调查 70 余项医疗设备项目，其中包括：电子支气管镜工作站、超声支气管镜工作站、彩色超声诊断仪、数字化摄影 X 射线机、X 射线计算机体层摄像设备、超高清荧光腹腔镜、热病中心重症医学科设备采购项目、热病中心病区（房）配套设施、移动式 C 形臂 X 射线机、关节镜及配套器械、直线加速器及配套设备、手术显微镜、玻切机等设备。

【专科建设】 2022 年，梅州市中医医院开展经皮主动脉瓣置换术（心血管内科）、经颈静脉肝内门体分流术（肿瘤科）、双重血浆置换术（重症医学科、肾病科）等新技术项目共 35 项。完善多学科联合会诊（MDT）制度，全年共组织 140 场次 MDT。坚持以“大中心、小专科”模式发展，增设核医学科、肺病科、心胸外科、产科、新生儿科、内分泌风湿血液科等科室，成立妇女儿童医疗中心、肺病中心。3 月，成立广东省非物质文化遗产岭南传统天灸疗法传承基地和符氏针灸推广基地，并签约成为广州中医药大学教学医院。4 月，与梅县区中医医院签订“组团式”紧密型帮扶协议，组建帮扶团队 5 人，常驻并参与梅县区中医医院的管理和学科建设工作，开展柔性技术支持。5 月，该院皮肤科成为国家银屑病规范化诊疗中心。

【中医医院疫情防控】 2022 年，梅州市中医医院强化核酸检测能力，门急诊核酸检测能力为每天监测 8 批次，发热门诊核酸检测能力为每天监测 12 批次，日检测能力增加至 1800 人次。医院完成新冠核酸检测 39.13 万例次，大筛查共 6.61 万组。年内，承担中骏世界城、辖区社区、学校疫苗接种医疗保障，支援深圳市、五华县、丰顺县、梅江区、梅县区核酸采样工作，支援五华、平远和方舱医院隔离点医疗护理、疫情防控督导工作和各地区现场流调工作，共计委派医务人员 535 人。制定中医药防治新冠感染方案，其中预防方 1 种，治疗方 6 种（含清肺排毒方、解肌清热方、解肌散热足浴方、成人疏风清热方、健儿解热方、扶正解毒方）。

【教学科研】 2022 年，梅州市中医医院接收实习人员 104 人，见习 11 人。全年派出进修人员 65 人，比上年增长 38.3%，组织 8 场进修汇报会。全院共计 987 名专业技术人员进行继续教育学习。梅州市中医医院作为广州中医药大学第三附属医院协同规培基地，共接收 30 名规培生参加心血管内科、肾病科、内分泌科、儿科轮科培训。年内，获广东省科学进步奖二等奖 1 项、叶剑英科学技术进步奖三等奖 2 项。申报广东省中医药局科研项目 10 项，立项 3 项，其中 2 项获得经费资助；申报梅州市科技社会发展项目 20 项，立项 20 项；申报市医药卫生科研项目 8 项，获通过 7 项。全年三类科研项目提交成果验收申请共计 40 项，较上年增加 12 项，其中省中医药科研项目结题验收 2 项。

【人才队伍建设】 2022 年，梅州市中医医院加大各类专业人才的引进力度，全年共招录人员 49 人，副高以上职称 4 人，硕士研究生 12 人，本科生 34 人，为医院快速发展提供人才保障。为已取得高一级专业技术资格且符合聘任条件的专业技术人员办理聘任手续，共聘任中级职称 43 人，初级职称 108 人，续聘人员 165 人。举办“第二期非中医类别医师系统培训中医药知识和技能培训班”（“西学中”班），共 90 名学员参训。

【基础建设】 2022 年，梅州市中医医院 C 栋装修改造项目、加建便民药房工程均完工并通过竣工验收。完成 A 栋与新门诊综合大楼连廊建设工程（二期），增加雨棚。康复中心搬迁改造修缮项目竣工验收。消毒供应室污物和工作人员通道改造完成。院内道路绿化景观提升项目完工。完成 B 栋二层、六层、A 栋原肿瘤科搬迁后的维修。完成技能培训中心装修项目。碎石室搬迁改造完成，完成环评、预评和控评工作。完成粒子病房改造。

【中医热病中心建设】 2022 年，梅州市中医医院中医热病中心项

2022 年 1 月 15 日，国家区域（华南）中医诊疗中心分中心在梅州市中医医院挂牌成立
（梅州市中医医院供图）

目进度稳步推进，项目增加的直线加速器用房主体结构于 3 月底完成，主体结构于 6 月全部封顶。外墙装修完成，并拆除脚手架，室内土建装修及安装工程，共完成约 40%。该项目是广东省公共服务领域补短板储备项目和梅州市重大工程建设项目，总投资 4.24 亿元，建设用地面积约 8000 平方米，设置床位数 245 张，主要包含疫情应急防控、诊疗救治、中医热病科研、中药制剂研发、健康体检等功能。

【国家区域（华南）中医诊疗中心分中心成立】 2022 年 1 月 15 日，国家区域（华南）中医诊疗中心梅州市中医医院（梅州市田家炳医院）分中心签约揭牌仪式在梅州市中医医院举行。广东省中医院与梅州市中医医院现场签订中医重点专科技术协作组合作协议，挂牌成立肺病、肾病、脑病、外科、皮肤病、急诊和重症医学六大国家区域（华南）中医诊疗中心分中心。两院采取团结协作、学科共建、资源互补、平台共享等形式，共同强化肺病、肾病、脑病、外科、皮肤病、急诊和重症医学 6 个专科的中医重点专科综合服务能力建设。同时，开展 6 个专科中医优势病种临床诊疗方案的梳理、验证、制定、优化，联合攻关中医治疗难点，并通过远程会诊、远程影像诊断、远程病理诊断、远程教育培训等服务，共同打造区域性医疗卫生信息平台，提升专科中医临床疗效。

【广东省非物质文化遗产岭南传统天灸疗法传承基地暨符氏精灸推广基地揭牌】 2022 年 3 月 5 日，广东省非物质文化遗产岭南传统天灸疗法传承基地暨符氏精灸推广基地在梅州市中医医院（梅州市田家炳医院）揭牌。岭南天灸是广东省非物质文化遗产，基于晋代名医葛洪开创的穴位敷贴法，经广东省中医院符文彬教授的研究和挖掘，开创出更适合岭南地区气候、群众体质的天灸疗法，有着组方严谨、选穴精准的特点，对于呼吸、消化、内分泌系统均有明确疗效。符式精灸具有施灸方便、烟雾少、灸量精准等特点，适用于临床内、外、妇、儿科多种疾病，疗效显著。两大基地落户，在传承中医文化、中医技法、学科建设和人才培养等方面提供帮助，对梅州市中医医院中医康复能力建设具有重大意义。

（梅州市中医医院）

梅州市妇幼保健院（梅州市妇女儿童医院）

【梅州市妇幼保健院（梅州市妇女儿童医院）概况】 梅州市妇幼保健院（梅州市妇女儿童医院)始建于 1995 年，是一所以“妇女儿童健康为中心，保健与临床相结合”集预防、医疗、保健、教学、科研于一体的二级甲等妇幼专科医院、全市妇女儿童医疗保健中心，是广东省健康促进示范医院、广东省地贫诊断中心梅州分中心、梅州市出生缺陷综合防控中心、梅州市产前诊断中心。2022 年，共有院本部、凤尾园院区、华南院区 3 个院区，建筑面积 1.5 万平方米，编制床位 220 张。有职工 555 人，高级职称 70 人，中级职称 175 人。开设有妇科、产科、产前诊断中心、生殖医学中心、医学遗传中心、乳腺科、新生儿科、儿科、儿保科、中医科、健康体检中心等 20 多个临床专科。有省级临床重点专科 1 个（妇产科），市级临床重点专科 8 个（儿科、新生儿科、产科、妇科、乳腺科、生殖医学中心、超声科、新生儿疾病筛查专科），医院围绕年初制定的“加快发展，全力准备，完成搬迁”中心工作，推进落实“创三甲”工作，以绩效考核为抓手，补短板、强弱项，提升医疗服务能力水平，严抓医疗质量和医疗安全，做好医疗保障服务，全年无孕产妇和新生儿死亡，无重大医疗纠纷发生。年内，产科获得2021年度广东省三八红旗集体称号，生殖医学中心获得2021年度梅州市三八红旗集体。

【医院疫情防控】 2022年，梅州市妇幼保健院因时因势优化调整疫情防控措施，保障妇女儿童健康和生命安全。发热门诊24小时开诊，优化就诊流程，加强医务人员培训，实现就诊、检查、治疗一站式就诊体系，发挥医院哨点监测作用，全年无院感发生，无医务人员感染。疫情放开后，承担120急救指挥中心院前急救转运任务；实行24小时核酸采样、检测工作，做到应检尽检，所有标本均4～6小时出报告。组建核酸检测队、核酸采样队、方舱医院医疗救治队和流调队支援本地及广州、上海、香港等地区的疫情防控工作；作为梅县区、梅江区涉疫孕产妇及儿童定点救治医疗机构，完成市新冠疫情防控指挥部交办的各项支援抗疫任务及医疗服务保障工作。全年共外派支援疫情防控人员300多人次。在梅州“10·23”丰顺疫情、“11·8”和“11·20”梅县区疫情暴发期间，派出医疗队员105人支援抗疫。

【专科能力建设】 2022年，梅州市妇幼保健院孕产保健部以加强产科质量为核心，重点抓好高危妊娠管理，开设产后门诊，开展产科优质服务、产前筛查和产前诊断服务，导乐分娩、无痛分娩、产钳助产等特色服务项目不断推广应用。加强紧急剖宫产、产后出血、重度子痫前期、羊水栓塞等危急重症抢救及新冠疑似或阳性患者医疗救治流程演练，提升孕产妇危急重症抢救能力。全年产科危急重症抢救482例，抢救成功率100%。

妇女保健部，妇科腹腔镜、宫腔镜微创技术日趋娴熟，成功开展腹腔镜下宫颈癌、卵巢癌、子宫内膜癌等高难度手术。开展子宫托应用、阴式子宫韧带高位悬吊、腹腔镜下子宫腹直肌悬吊固定术、TVT术等新技术，为盆腔脏器脱垂患者带来福音。乳腺科，输液港植入技术、乳腺癌辅助化疗、分子靶向治疗技术、乳腺组织标记物植入术、乳管镜检查等新技术应用，实现诊治病种的多样性，诊疗能力得到提升。儿童保健部，儿科继续做精做专儿童呼吸门诊，儿童呼吸系统慢性疾病的诊治技术处于梅州市领先水平。儿童支气管镜、儿童鼻咽镜、肺功能检查、小儿推拿技术等特色专科诊疗技术得到全面推广，确诊治愈多例儿童疑难杂症和罕见病例，疑难危重疾病的诊治抢救能力和专科知名度进一步提升。制订儿童新冠病毒感染疾病重症的早期识别、预警指标、早期干预及预后随访体系，减少儿童重症发生。第一波医疗救治高峰儿科收治新冠感染儿童248人，重症15人，均治愈出院，0死亡。新生儿科，开设日间病房、早产儿营养管理专科、新生儿护理门诊，熟练掌握PICC置管及脐静脉置管术、高频呼吸机的使用，开展全自动外周动静脉换血术，成功救治3例重症黄疸患儿，成功救治28周以下早产儿及1000克以下早产儿2例，在广州市妇女儿童医院专家指导下，成功为一例先天性肛门闭锁患儿进行肛门成形术。儿童保健科，6月取得梅州市0～6岁残疾儿童康复救助定点机构资格，已评估孤独症儿童70余人次，持续在训儿童11人。新生儿及早产儿眼底筛查、听力诊断、0～6岁儿童眼保健、硬性电子耳内镜、电子鼻内镜、儿童腺样体射频消融术、遗传代谢病筛查干预等新技术发展较快，儿保科及五官专科、口腔专科业务增长良好。手术麻醉科，配合临床顺利完成医院首例肠套叠肠切除手术、首例新生儿肛门闭锁手术、首例小儿腺样体射频消融手术。加强无痛麻醉服务，成功开展脉冲泵无痛分娩、无痛取卵等新技术，为临床手术科室保驾护航。体检中心顺利通过广东省卫健委职业健康体检资质备案评审，并取得梅州市职业病诊断中心资质，为全市提供职业病防治服务。中医科，开展穴位贴敷、督脉熏蒸、针灸减肥、中医妇科理疗等中医适宜技术和新项目，业务增长较快，社会经济效益明显。医技科室配合临床科室做好专科建设，超声科和检验科业务及经济总量增幅较大，心电图室和放射科业务也取得较大增长，医学遗传中心顶住出生数下降16.8%和新冠检测收费价格大幅下调的压力，通过发展市级出生缺陷干预中心相关业务，保证整体业务下降幅度不大，积蓄发展动能。

【“三甲”创建工作】 2022年，梅州市妇幼保健院持续推进“三甲”创建工作。编印员工应知应会手册，人手一册，培育知晓率。编发首版（AO版）规范性文件，对制度、流程、规范、职责等规范性文件进行培训与落实。加强创建工作定期督查，包括评审条款、规范性文件和应知应会内容的学习，创建资料整理情况等，召开创建专题工作会议，协调和推进“三甲”创建工作。

【科研和新技术新项目开展】2022 年，梅州市妇幼保健院申报广东省基础与应用基础研究基金省企联合基金 2 项（含合作项目 1 项，已获得立项批准），市社会发展科技计划项目 7 项，市医药卫生科研立项 1 项，其他科研合作项目 2 项。完成立项科研课题结题评审 14 项，阶段性成果评估 3 项。年内，发表国家、省级论文 15 篇，开展 14 项新技术新项目，其中已转为常规技术共 10 项。2022 年申报梅州市级继续医学教育项目 2 项，均获批并完成项目。

【妇幼公共卫生服务】 2022 年，梅州市妇幼保健院落实疫苗免费接种工作，组织开展宣传发动及培训等工作，并于年底前完成接种任务。完成 2021 年度国家及省级年报上报，组织 2021 年度年报全市视频线上培训及妇幼公共卫生服务项目现场质控和指导工作，加大对全市妇幼公共项目督导考核及日常监管，抓好各项目完成情况质量控制。配合广东省出生缺陷防治中心开展 2022 年免费出生缺陷筛查项目重点现场绩效评价工作。履行妇幼公共卫生服务辖区管理职能，2021 年度广东省三级妇幼保健院绩效考核中辖区管理指标基本达标。协助梅州市妇儿工委、市卫健局完成《2021—2030 年妇女儿童规划新纲要》妇幼指标和内容的编制审核。各项民生实事、出生缺陷防控、预防艾梅乙母婴传播、农村妇女“两癌”免费检查项目等工作顺利实施并如期完成。梅州市地中海贫血防控模式列入广东省卫健委健康广东行动推进典型案例推广名单。

【妇幼新院区建设】 2022 年，梅州市妇幼保健院新院区建设受 5—6 月持续大雨及下半年梅州本土疫情等多种因素影响，致工期延后，至年底全面竣工并完成内部验收。此外，医疗专项工程和通信、网络、市电及供气等配套工程全部竣工验收。成立新院整体搬迁管理组织架构，制订整体搬迁方案，筹集项目资金，加快推进配套家具、设备采购、安装等工作，做好搬迁前准备工作。

【医院文化建设】 2022 年，梅州市妇幼保健院加强与梅州日报社《健康周刊》栏目、《南方日报》、梅州电视台《民生 820》栏目等主流媒体紧密合作，发挥主流媒体正面导向作用；加强与专业媒体运营公司合作，开通医院视频号、抖音号及视频直播等，多元化宣传妇幼名医名科。截至年底，抖音号累计发布 90 个作品，达到上万次观看量的有 4 个，短视频达到上万次观看量的有 17 个，其中《无痛分娩一起来了解》观看量 7 万次。全年医院微信视频号直播 5 场，关注量和观看量持续增加。通过与梅州生活服务多媒体运营平台互动，开通直播场次 9 场，观看量均破万。全年在梅州日报《健康周刊》上发表科普、学术文章 13 篇，接受梅州市广播电视台、《梅州日报》、《南方日报》等主流媒体采访 80 多人次。

【医院首批胚胎移植成功“好孕”】2022 年 6 月 23 日，梅州市妇幼保健院生殖医学中心顺利通过广东省卫健委组织的国家人类辅助生殖技术专家组“体外受精——胚胎移植”和“卵细胞浆内单精子显微注射”技术（即第一代、第二代试管婴儿技术）试运行评审，成为梅州市第二家拥有试管婴儿资质的医疗机构。9 月 15 日，接受试管手术的两名患者通过验孕显示受孕，这是该院生殖医学中心获得“试管婴儿”技术运行资格后进行的首批胚胎移植，且首批 2 例患者都成功“好孕”，标志该院辅助生殖技术迈上新台阶。截至 12 月 31 日，共完成取卵 33 周期，移植 27 周期，妊娠 12 例，妊娠率 44.5%，取得良好的社会效益和经济效益。（梅州市妇幼保健院）

嘉应学院医学院附属医院

【嘉应学院医学院附属医院概况】嘉应学院医学院附属医院始建于 2009 年，是集医疗、教学、科研、预防、保健于一体的梅州市市直公立综合性二级医院，是嘉应学院医学院直属附属医院，是广州医科大学附属第一医院、广州健康呼吸研究院技术协作医院。总建筑面积 3 万多平方米，在职职工约 300 人，编制床位 400 张，设有 18 个临床和医技科室，配备有一批能够满足各类医技检查和疾病治疗的中高端设备和层流手术室、超高清一体化手术室。2022 年，全院为 6.4 万人次提供门急诊服务，比上年下降 5.15%；为 2161 人次患者提供住院

2022年1月8日，嘉应学院医学院附属医院与广州医科大学第一附属医院、广州呼吸健康研究院在梅州市联合开展"爱肺计划"

（嘉应学院医学院附属医院供图）

治疗，下降11.72%；平均住院日6.59天，下降0.43天；手术总台数646台，下降40.57%。

【医院疫情防控】 2022年，嘉应学院医学院附属医院抓好疫情防控和医疗救治工作。做好疫情防控期间的医疗保障、疫苗接种，以及大规模核酸检测、流调、医疗救治等工作，确保群众生命安全和身体健康。派出医护骨干142人次支援梅州其他县（市）和深圳、广州等市疫情防控工作。与第三方检测机构签订新冠病毒感染疫情核酸检测合作协议，医院日最高检测能力达到5万份，全年累计为全市群众提供核酸检测服务达460多万人次；为嘉应学院、梅州市监狱等重点单位干部职工累计提供核酸检测服务近60万人次。投入全市大型会议、活动医疗服务保障，保障国家、省市等系列大型会议、活动和考试顺利开展。

【医疗服务提升】 2022年，嘉应学院医学院附属医院梳理医疗服务的痛点和堵点，调整优化医院专家门诊办公室，推出线上医生门诊坐诊排班时间表，持续改善医院服务水平。组织党员志愿者和医务骨干开展送医送药下乡及进校园义诊活动2次，为群众及师生进行义诊超300人次。

【教学科研】 2022年，嘉应学院医学院附属医院申报市级科研课题2项，发表省级以上杂志论文13篇。承担医学院教学任务共约5000节课时，接收医学院实习生4名。

【对外合作】 2022年，嘉应学院医学院附属医院深化与广州医科大学附属第一医院的战略合作，通过邀请该院专家团队会诊、手术指导和选送医护人员到该院进修学习等方式，提升医院医疗技术水平。1月8日，与广州医科大学第一附属医院、广州呼吸健康研究院在梅州市联合开展"爱肺计划"，提高梅州市高危人群肺癌早诊率和治疗率。借助广州医科大学附属第一医院的品牌效应，着力打造附属医院的特色专科品牌。派出骨干医生到平远县中医医院、蕉岭县中医医院进行帮扶支援，参与到基层医院门诊、手术、病例讨论和学术讲座等帮扶工作中。

【技术协作医院挂牌】 2022年1月8日，嘉应学院医学院附属医院举行"广州医科大学附属第一医院、广州呼吸健康研究院"技术协作医院挂牌仪式。通过与两院建立战略合作，争取省级乃至国家级优质医疗资源下沉。并在两院的支持和帮助下，搭建起人才培养、学科建设、会诊转诊、学术研究、医学教育等多方面的交流合作平台，加快推进医教研协同发展，不断提升能力水平，开创医院高质量发展新局面。

【嘉应学院医学院附属医院新住院大楼落成启用】 2022年1月8日，嘉应学院医学院附属医院新住院大楼落成启用，改善医院就医环境，提升患者就医体验。新住院大楼于2021年12月验收竣工，地上10层、地下2层，主体工程和配套设施设备总投资达1.2亿元，总建筑面积近3万平方米，可增加400张床位。大楼有10间标准的层流净化手术室，其中有两个为一体化手术室，手术视频可直接连接到会议室和示教室，方便教学及学术活动。（嘉应学院医学院附属医院）

梅州市第三人民医院

【梅州市第三人民医院概况】 梅州市第三人民医院成立于1969年

11月，隶属梅州市卫生健康局管理，为公立非营利性市级精神心理专科医院。2022年，医院分设院本部、江南综合院区。院本部开设精神科、心理科、老年科、儿少科、睡眠医学科、心身医学科、康复中心，含门诊及12个住院科室。江南院区开设内科、外科、妇产科以及中医、按摩理疗、皮肤科、心理科、口腔科、健康体检等业务，加入梅州城区120急救，提供24小时急诊服务。医辅科室有放射科、医技科、检验科、药剂科、临床药学部、信息科、供应室等。医院定编病床1300张，实际开放1300张；有在职员工673人，其中高级职称73人、中级职称127人。

【医疗业务】 2022年，梅州市第三人民医院医疗业务继续保持平稳健康发展。全年总门诊量10.96万人次，其中精神科总门诊量7.73万人次，江南院区总门诊量3.23万人次；收治入院病人3591人次，其中精神科入院2960例，江南院区入院病人631例。心理科全年接诊门诊患者2300人次，完成心理咨询1000多人次、心理测评2.3万份，物理治疗120人次，处置心理危机热线电话390人次。精神科开展血药浓度监测、脑电生物反馈治疗、经颅磁刺激治疗、心理量表测评，完善康复中心相关检查治疗项目，对住院患者实施个体化或团体治疗，提高精神患者治疗效果。检验科PCR核酸实验室全年检测新冠核酸标本44万份。临床药学全年共完成药品血药浓度监测1.4万例，血药浓度监测品种数和准确率位居全省精神病专科医院前列。自制药品管理进一步加强，提高制剂品种质量标准，制剂产品检测项目落实全检，产品质量稳定，经省、市药监部门抽检均合格，未出现生产差错事故。全年完成精神残疾评定145例。法医精神病司法鉴定全年共受理完成85例，无重复鉴定、无超范围执业。

【疫情防控】 2022年，梅州市第三人民医院参与疫情防控阻击战，全年派出核酸采样人员5批次共151人次，多批次参与外援流调队，2批次的转运专班，47人次的心理医生派驻隔离点，外派院感专家6人次参与院感督导，派出2名司机、1名电工奔赴前线疫区，均完成任务。严格执行上级防控要求，全年转诊发热患者159人次，闭环转送黄码人员223人次；筑牢医院内疫情防线，精神科住院部全年实行两次闭环管理，采取“7+7”“5+5”封闭轮岗模式，确保患者、职工“双安全”；完成住院病人2剂新冠疫苗接种工作；调整“乙类乙管”防控政策后，成立救治组织架构，制订救治方案和工作指引，做好救治设备、药物保障，抓好人员培训，守护1300多名住院病人的生命健康安全。

【学科建设】 2022年，梅州市第三人民医院在做大做强精神科的基础上，加强心理科以及老年科、儿少科、睡眠医学科等亚专科学科建设，优化心身医学科、睡眠医学科、儿少科、老年科就诊人群服务，全方位提升患者就医感受。医院康复中心是粤东地区规模最大的精神心理专科患者康复家园，占地5000多平方米，分门诊康复、住院康复、儿少康复、老年康复4个功能区，为专科患者更好地康复回归家庭、回归社会提供较好的康复设备设施。

【医疗设备】 2022年，梅州市第三人民医院拥有螺旋CT、DR、CR、彩色B超、脑电地形图仪、超声经颅多普勒血流分析仪、电子胃镜、全自动生化分析仪、血药浓度检测仪、精神压力分析仪、精神科药物基因检测、无抽搐电休克治疗仪、经颅磁刺激治疗仪、经颅直流电刺激仪、团体生物反馈治疗仪、多导睡眠检测仪、失眠治疗仪、心理CT、韦氏智力检测仪、计算机认识矫正系统、XR扩展实景治疗系统、海豚屋现代仿生学数字化训练平台、腹腔镜、宫腔镜等一批检查、检测、治疗设备。

【信息化建设】 2022年，梅州市第三人民医院完善优化在用信息系统，简化流程，提升群众就医体验感。7月，通过开展全院大型网络安全培训会议，提高员工网络安全意识，保障患者个人隐私安全；12月，院内PACS系统上线启用。

【人才建设】 2022年，梅州市第三人民医院加强人才引进和培养工作。全年公开招录专业技术人员20人；选派业务骨干到国内、省内参加培训、进修，全年选派住院医师规范化培训3人，外院进修1人；组织院内各级培训45场次；协助梅州市卫健局做好精神科医师转岗培训工作，完成省级考核17人；全年参加省内外各级短期学习班共14人次；全年接收见习、实习人次102人；全年通过职称考试、评审取得中级职称48人、初级职称26人。邝云航、谢乃潺、吴凯新入选2022年度《岭南名医录》；刘远胜、古小红、罗立峰获“梅州好医生”称号；何芳梅、侯嘉文分别被广东省护士协会评为“南粤精神科好护士”和“南粤院感管理好护士”；林永娟被梅州市护理学会评为“优秀抗疫护士”，李尽、李亿敏分别被梅州市护理学会评为十佳护士之“护理服务之星”“沟通能手”，阙加澣获“南丁格尔”奖。

2022 年，梅州市第三人民医院院本部实景图　（梅州市第三人民医院供图）

【教学科研】 2022 年，梅州市第三人民医院有市级科研项目 2 个，公开发表科研论文 1 篇，在省级学术团体担任副会长 3 人、理事 2 人、副主任委员 2 人、常务委员 11 人、委员 64 人。作为梅州市嘉应学院医学院临床见习基地和教学合作单位，承担精神心理科带教和教学工作，承担理论大课精神病学 1 门课程 48 学时的教学任务。全年接收到院实习见习学生 101 人次，接收到院进修 6 人次。作为梅州市精神科转岗医师培训基地，全年为全市乡镇卫生院和社区卫生服务中心精神科专职医师进行规范化培训 31 人次。

【严重精神障碍患者管理】 梅州市精神卫生中心于 2017 年 11 月在梅州市第三人民医院加挂牌成立，承担全市精神卫生防治管理、技术指导、人员培训、宣传教育、信息管理等工作。全市各县（市、区）均挂牌成立县级精神卫生中心。

2022 年，梅州市精神卫生中心加强严重精神障碍患者管理治疗工作，提高全市严重精神障碍管理治疗工作水平，各项管理指标均达到国家和省要求。截至 2022 年 12 月 31 日，全市在册严重精神障碍患者 2.76 万人，报告患病率 7.13‰，年面访率 91.38%，规范管理率 94.11%，服药率 93.42%，规律服药率 88.14%，精神分裂症服药率 93.44%，精神分裂症规律服药率 88.3%。梅州市被评为“2021 年度广东省严重精神障碍管理治疗工作先进市”，梅县区、丰顺县、平远县、大埔县、兴宁市被评为“2021 年度广东省严重精神障碍管理治疗工作先进县（区）”。全年举办严重精神障碍管理治疗（国家基本公共卫生服务项目）市级工作培训 2 场次，全市精神卫生相关人员 600 多人次参加，强化全市各级工作人员的责任意识，指出各县（市、区）存在的主要问题，提高全市严重精神障碍管理治疗工作水平。抓好年度督导考评，完成院长行风热线接访涉及热点问题的意见建议处置落实工作。全年出版《梅州市严重精神障碍信息管理简报》4 期。

【业务宣传】 2022 年，梅州市第三人民医院围绕“外树品牌，内塑形象”，做好各项业务宣传工作。全年接受梅州市广播电视台《民生 820》栏目记者采访 18 次、《服务 900》栏目记者采访 4 次；在《梅州日报》“健康周刊”栏目刊登科普文章 28 篇；在医院官网推出 100 多条网站新闻、通知公告、科普文章；在医院微信公众号推送健康科普、疫情防控、政策宣传等图文宣传共计 152 篇，粉丝 3.14 万人；在医院视频号、抖音号制作推送宣传医院、治疗特色、人文关怀、健康科普等短视频共 23 个，观看量达 9 万多次。

（梅州市第三人民医院）

责任编辑：吴奕珊

体　育

群众体育

【群众体育概况】 2022年，梅州市共举办群众体育赛事活动1973场次，8.4万人参与，其中举办足球赛事1300场次，3.65万人参与。全市体育场地面积996万平方米，人均体育场地面积2.57平方米/人。剑英体育馆等7个公共体育场馆被列入2022年省市十件民生实事项目，获得中央资金184.8万元免费或低收费开放补助，开展和承接赛事活动、培训、健身指导和公益活动851场次，受益人群约12.8万人。

【体育场地设施建设】 2022年，梅州市注重完善顶层设计，印发实施《梅州足球十年发展规划（2021—2030年）》《梅州市“十四五”时期全民健身设施补短板五年行动方案》《梅州市“十四五”时期体育公园建设工作方案》，加快推进体育场地设施建设。年内，新建2块足球小公园，升级改造2块足球场，给予40块足球场对外开放资金补助，动工建设丰顺体育公园一期项目。推进全民健身器材进社区，实施梅州市体育局2022年“六进工程”全民健身器材配建工作，维修和升级农村体育设施，共有44个村、6个社区、14个机关单位、5个小区受益，22个行政村获中央110万元资金支持。2022年，梅州建设平远“红色记忆”骑行步道获中央和省补助1859万元；兴宁市全民健身中心获得省资金补助200万元。因在体育场地设施补短板工作中积极作为，梅州市在2022年的全省群体工作会、全省体育公园建设工作推进会中分别作典型发言。

【健身指导】 2022年，梅州市结合“全民健身日”和社会体育指导员培训班，开展新修订《中华人民共和国体育法》宣传贯彻工作，增强群众体育工作的法治意识，依法合规开展群众体育工作。社会体育指导员服务站获评1个AA级、2个A级和1个B级服务站。开展市级体育协会星级评估资助工作，发放扶持资金28.8万元。

【群众赛事活动】 2022年，梅州市举办全国性大型体育赛事，梅县区和五华县分别承担2022中超联赛（梅州赛区）工作。蕉岭县于7月29—31日承办2022年广东省航海模型锦标赛，来自全省34支参赛队403名参赛人员参与22个项目的角逐；于8月6—11日举办2022年广东省无线电测向冠军赛，来自全省53支代表队847名无线电测向爱好者竞相“猎狐”。举办“五四”青年足球赛、广东高校梅州校友足球联赛、乡村振兴足球联赛、老年人健身展演、市青少年羽毛球锦标赛等各项社会赛事。年内，组队参加广东省第十六届运动会群众组的体育舞蹈、健身气功、羽毛球、太极拳、围棋、中国象棋、乒乓球、网球8个项目的比赛，共获29个奖项。开展群众体育赛风赛纪专项整顿治理工作，对梅州市2020—2022年主办、承办的114项市级赛事活动全面开展“回头看”，对照赛风赛纪自查事项清单，逐项落实检查。

【2022赛季中超联赛（梅州赛区）】 2022年，梅州市成为2022赛季中超联赛三大赛区之一，作为联赛首阶段的一个重要赛区，比赛场地为五华县惠堂体育场、横陂足球小镇9号场和梅县曾宪梓体育场。6月4日下午，2022赛季中超第一阶段梅州赛区首场比赛在五华县横陂足

2022 年 6 月 5 日，梅州市女足（08 年龄组）在 2022 年广东省“省长杯”青少年足球锦标赛决赛中获得冠军
（梅州市体育局供图）

球小镇打响，由深圳队对阵成都蓉城队，深圳队以 2∶0 战胜成都蓉城队。4 日晚 7 时，梅州客家队迎来中超首秀，在五华县惠堂体育场迎战天津津门虎队。新外援罗德里格打进队史首粒中超进球，梅州客家 1∶1 战平对手，收获中超联赛首个进球首个积分。12 月 31 日下午，2022 中超联赛收官轮，梅州客家以 1∶0 战胜广州队，取得 2022 赛季 6 场“广东德比”全胜。2022 赛季中超联赛，梅州客家以 34 战 14 胜 7 平 13 负积 49 分的战绩收获第 9 名。

【2022 梅州马拉松线上赛】 2022 年 12 月 20 日，客商银行·2022 世界客都长寿梅州马拉松线上赛在梅州客商银行启动。赛事以“‘亲梅逐马’助力梅州‘融湾入海’”为主题，以“奋进新征程，梅州跑起来”为口号，共设置 4 个项目。为期 10 天的 2022 梅州马拉松线上赛，共有 1.23 万名跑友参加，总跑量达 33 万余千米。该届梅州马拉松线上赛设置全新的 PK 模块“梅州市跑团大本营 PK 赛”，采用“跑团累积跑量”的形式进行排名，共有来自梅州各县（市、区）共 28 家跑团 2756 名跑团成员报名参赛。活动于 12 月 30 日在梅州客商银行客商大讲堂举行抽奖暨颁奖仪式。

【梅州市“五四”青年足球赛】 2022 年 6 月 24 日，由共青团梅州市委员会、市体育局、市广播电视台主办的 2022 年梅州市“中国体育彩票杯”“五四”青年足球比赛在梅州市全民健身广场爱奇足球场举行。该赛事是梅州市委振兴足球之乡四大品牌赛事之一，是梅州市青年足球的最高竞技平台。赛期 3 天，共进行 36 场比赛。有东御公司、市消防救援支队、市二中医、嘉应控股等 16 支来自机关单位、国有企业、乡镇街道的队伍参加，采用分组循环淘汰附加赛的形式举行。最终东御公司队获得冠军，市消防救援支队获得亚军，梅州人保队获得季军。

【梅州市获广东省室内五人制足球青少年锦标赛（U14）组冠军】 2022 年 8 月 20—21 日，2022 年广东省室内五人制足球青少年锦标赛（U14）组在广东省肇庆市新区体育中心举行，梅州市足协委派兴宁育新足球俱乐部代表梅州参赛。梅州队前两场分别以 12∶0、7∶0 战胜肇庆奥动队和深圳碧波联队；第三场与顺德队鏖战到最后一分钟，拿到宝贵三分；第四场在落后惠州队的情况下，追平比分；最后一场，梅州队以 6∶1 战胜肇庆立讯队，最终以 5 战积 13 分的成绩获得冠军。 （梅州市体育局）

竞技体育

【竞技体育概况】 2022 年，梅州市全力备战参赛广东省第十六届运动会，成绩突出。梅州体育代表团竞技体育组共获得金牌 17.73 枚、银牌 3 枚、铜牌 6 枚，代表团总分 783.53 分。其中，足球项目男子丙组获得冠军，时隔 24 年再次捧杯。蹦床队勇获 2.7 块金牌。跆拳道项目获得 3 个冠军。2022 年 6 月 5 日，梅州市女足（08 年龄组）在 2022 年广东省“省长杯”青少年足球锦标赛决赛中获得冠军。12 月 23—25 日，梅州市举办 2022 年田径教练员培训班，对来自嘉应学院体育学院、各县（市、区）业余体校的共 30 多名学员进行田径规则讲解、体能训练方法、田径教学方法和实操等培训，提高全市青少年田径教练员的业务水平和执教能力。

【梅州市参加广东省第十六届运动会】 2022 年，广东省第十六届运动会竞技体育组共设 41 个大项，梅州市代表团参加其中 15 个大项目，参赛人数共 700 多人；群众体育组设有 10 个大项，梅州市代表团

2022 年，梅州男足（09 年龄组）在第十六届省运会竞技体育组足球项目男子丙组决赛中获得冠军　　（梅州体育局供图）

参加其中 8 个大项，参赛人数共 100 多人，是历届梅州市体育代表团参赛项目和人数最多的一次。此外，梅州市多支项目运动队取得新突破。其中，梅州男足（09 年龄组）在竞技体育组足球项目男子丙组决赛中，以 3：1 逆转战胜广州队，获得冠军，这是梅州男足时隔 24 年再次捧起省运会冠军杯。在体育竞技组跆拳道比赛中，梅州代表队共收获 3 枚金牌、4 枚铜牌和 8 个第五名，取得自 2002 年第十一届省运会梅州市参加跆拳道项目以来的历届最好成绩；跆拳道代表队刘曜乐获得甲组男子 +74 公斤级第一名，是梅州自 2001 年组建跆拳道队以来，收获的首块跆拳道男子省运会金牌；张楚玲获得甲组女子 53 公斤级第一名，这是梅州时隔 16 年再次获得跆拳道项目金牌；同时卓裕霞获乙组女子+59 公斤级第一名。

【梅州市参加广东省第七届少数民族传统体育运动会】　2022 年 8 月 22—28 日，广东省第七届少数民族传统体育运动会在韶关市乳源瑶族自治县举行，该活动以“相会岭南新瑶乡，携手奋进新时代”为主题，共设 12 个竞技项目、3 类表演项目。梅州市共派出 26 名运动员参加蹴鞠、押加、武术和表演项目比赛。梅州代表团获得 1 枚金牌、5 枚银牌、10 枚铜牌，并获优秀组织奖、体育道德风尚奖、团体总分优胜奖。　（梅州市体育局）

体育产业

【体育产业概况】　2022 年，受疫情和产业项目投资大环境影响，梅州市体育产业总产值 12.44 亿元，与上年相比，降幅较大。通过 2022 年开展体育产业名录核查统计，全市体育产业名录机构为 612 家。

【传统体育产业发展】　2022 年，梅州市体育彩票实现销量 4.42 亿元，比上年增长 5.54%，共筹集体彩公益金 1.08 亿元；全市体彩实体店规模 460 个，提供就业岗位近 600 个，实现税收 643.83 万元。广东红旗、广东跃速、兴宁新昌 3 家大型体育制造企业产值 3.29 亿元，实现税收 3432 万元；体育产业项目投资 4.85 亿元。

【体育品牌项目发展】　2022 年，梅州继续挖掘潜力，做强做优体育品牌项目。世界客都长寿梅州马拉松大赛于 2022 年成功获 2021 年广东省体育产业示范项目称号。五华县球王故里足球生态精品线路成功入选 2022 中国体育旅游精品线路，平远县北京国际山地徒步大会梅州·平远站成功入选 2022 中国体育旅游精品赛事。五华足球小镇作为中超梅州赛区的赛场之一，为 6 支中超参赛球队提供赛事集训服务。

【创新赛事营销方法】　2022 年，梅州市通过吸引社会资本，创新赛事营销方法。年内，开展品牌赛事线上直播活动。1 月，成功举办客商银行·2021 世界客都长寿梅州马拉松线上赛，在赛事直播中推介梅州市重点体育企业，如五华足球小镇、跃速体育公司、红旗体育公司等，提升本土体育企业市场影响力。启动政府和社会资本合作运营赛事模式，制订《市体育局社会力量战略性合作体育赛事工作方案》，将市域内举办的及代表梅州参加省级以上的赛事活动计划面向社会公开，吸引社会资源参与办赛，探索体育赛事供给模式多元化，丰富体育赛事活动。

（梅州市体育局）

梅州足球改革发展

【足球改革发展新突破】　2022

2022 年，五华奥林匹克体育中心 （吴腾江 摄）

年，梅州足球改革发展实现重要突破。9 月，成功创建全国足球发展重点城市，并从 2022 年起，广东省委、省政府连续 5 年每年拨款 5000 万元和国家体育总局每年拨款 500 万元经费支持梅州足球发展。年内，梅州还承接中国足协超级联赛，成功完成第一阶段赛事任务。

【“三大工程”实施】 2022 年，梅州持续实施“双青”工程。制订实施梅州足球青苗青训“双青”工程方案，推动幼儿足球启蒙特色示范区建设，选定 55 所学校作为足球特色青训学校开展试点。实施青少年足球竞赛体系提升工程。深化“体教社”融合，构建更高质量青少年足球竞赛体系，面向全市青少年多层次开展青少年足球联赛。完成全市青少年足球精英梯队选拔与训练，无缝对接重点城市 U 系列城际赛，成功承办 2022 年中国足协青少年足球锦标赛（重点城市组）第一阶段比赛。完成 2011、2012 年龄段精英训练营，选拔一批优秀球员进入国家后备人才库。实施全市教练员、裁判员“大轮训”工程。市足运中心、市足球协会针对梅州市社会俱乐部、校园足球、市县体校三类足球教练员和裁判员开展 11 期培训班，完成 420 人培训。同时提升场地设施建设，全年新建 7 块足球场，其中社会足球场 4 块、校园足球场 3 块；升级改造 15 块足球场，其中社会足球场 6 块、校园足球场 9 块。全市共 336 块社会足球场对外开放。

【“三大任务”推进】 2022 年，梅州市推进职业足球股权改革。与省交易控股集团、广州交易集团、券商机构加强资源对接，与广州长隆深入洽谈，高规格举办资源对接会，全力推介梅州客家足球俱乐部。推进足球文化宣传，出版《梅州足球史话》，传扬梅州足球历史文化，央视体育频道（CCTV-5）《足球之夜》节目 2 次专题聚焦“足球之乡”，点赞“梅州现象”，新华社称梅州足球为“南国广东一抹难得的亮色”。优化政策措施，在印发《梅州足球十年发展规划（2021—2030 年）》的基础上，继续科学编制《梅州市关于加快足球改革发展若干实施意见》《梅州市深化体教融合促进青少年健康发展实施意见》，并不断完善。

（梅州市体育局）

责任编辑：吴奕珊

社会生活

人力资源

【人力资源工作概况】 2022年，梅州市在疫情反复袭扰、经济下行压力加大的背景下，就业局势、社保征缴、劳动关系持续保持稳定，牢牢守住"基本盘"。开展送政策、送资金、送服务"三送"活动，共为企业减负2.8亿元，让企业得到真真正正的实惠。参与制定出台"1+N"人才政策体系，向四海英才广发"求贤令"。在全省率先举办"直播带岗"线上就业招聘活动，企业职工养老保险实现全国统筹、失业保险实现省级统筹。三项工程各项培训指标超额完成，技能人才在各类竞赛中取得亮眼成绩。启动创建"无拖欠农民工工资城市"行动，劳动争议调解仲裁结案率位居全省第一，法定审限内仲裁结案率连续11年达100%。

与此同时，受疫情影响，招聘会举办、劳务对接交流等就业服务受限；开展技能培训只能采取线上方式，线下培训工作进展缓慢；欠薪事件易发高发。高校毕业生就业形势严峻，出现慢就业、缓就业现象。

【就业创业】 2022年，梅州市城镇新增就业2.1万人，完成年度任务的104.83%；城镇失业人员再就业1.25万人，完成年度任务的104.01%；就业困难人员实现就业1660人，完成年度计划的110.67%。2022年梅州离校未就业高校毕业生共8894人，就业8704人，就业率97.69%。全市举办各类线上线下招聘会378场，实现就业8112人；举办"直播带岗"13场，实现就业7000多人，活动总点击率超过130万人次。在全省率先举办"直播带岗"就业招聘活动，活动总点击率超过130万人次。落实纾困惠企政策，一体落实"降、缓、返、扩、补"社保纾困稳岗一揽子政策，深入企业开展"三送"活动。2022年，共为企业缓缴约3340万元，为企业减负约1.94亿元，完成政策性退费9123万元。

【人事人才】 2022年，梅州市人力资源和社会保障局会同梅州市委组织部制定"1+N"人才构架体系，细化"青梅计划"操作指南，实施"宗匠计划"，培育壮大技能人才队伍。建成梅州市"一站式"人才服务平台。全市8个县级、104个镇级乡村振兴人才驿站全部建成，实现全覆盖。全年共引进博士、硕士及其他急需紧缺人才210多人。开展2022年广东省事业单位集中公开招聘高校毕业生工作，征集岗位67个，招聘人数81人。推进事业单位职称改革，建立县级以下事业单位管理岗位职员等级晋升制度。稳妥推进职称制度改革，合理下放职称评审权限，累计核准备案职称评审委员会22家，安全组织专业技术人员职业资格考试12场，服务考生1.75万人，新取得专业技术人才职称6038人。

【"粤菜师傅""广东技工""南粤家政"三项工程】 2022年，梅州市人力资源和社会保障局累计开展"粤菜师傅"培训2569人次；开展"南粤家政"培训7177人次；开展各类职业技能培训1.89万人次，补贴资金1527.2万元。参与制订和推动出台《梅州市客家菜传承发展促进条例》。成功举办梅州市第二届"南粤家政"技能大赛，组织选手参加广东省第二届"南粤家政"技能大赛，获得5个优胜奖，梅州市人力资源和社会保障局获优秀组织奖。

【技工教育】 2022年，梅州市技工院校累计招生7046人，超额完成省下达任务，招生人数创 10 年来新高。引导学生 100%本市实习，全市技工院校毕业生留梅就业率 55.4%，其中梅州市技师学院留梅就业率达 75%以上。加强校企业合作，开设产教融合专业 12 个，建立校企合作企业 170 多家。加强学校基础设施建设，提升办学水平，五华县技工学校被认定为省重点技工学校。

【劳动关系】 2022 年，梅州市劳动保障监察部门共办结各类劳动违法案件 187 件，协调处理欠薪问题 489 件，为 6060 名劳动者追回工资共 1.3 亿元。仲裁累计结案率 99.45%，位居全省前列，调解成功率 88.22%，法定审限内结案率 100%，超额完成省下达的指标任务。广东嘉元科技股份有限公司被评为“全国和谐劳动关系创建示范企业”，是全省获此荣誉称号的 17 家企业之一。

【梅州市首个“电子技术应用”铜箔专业班课程开设】 2022 年 5 月 20 日，梅州市技师学院与广东嘉元科技股份有限公司签订三年校企合作战略协议，拟开设全市首个“电子技术应用”铜箔专业班，为梅州市铜箔产业的高质量发展提供人才保障。2022 年秋，梅州市技师学院在全市开设首个“电子技术应用”铜箔专业班，招收新生 100 名，依托师资及教学经验，在人才培养、学生实习、教师社会实践、技能提升培训和鉴定、创新合作办学模式、共建校外实训基地等方面与广东嘉元科技股份有限公司深入开展合作，共同为铜箔产业发展培养紧缺人才和实用型人才，全力助力梅州市铜箔产业高质量发展。

【梅州市第二届“南粤家政”技能大赛举办】 2022 年 7 月 5 日，梅州市开展第二届“南粤家政”技能大赛，来自各县（市、区）的 96 名选手参加比赛。“南粤家政”技能大赛共设 4 个竞赛项目，其中包括育婴员、家政服务员、养老护理员和医疗护理员等，经过比拼，程月凤、黄险兰、刘燕娜、范超 4 名选手分获育婴员、家政服务员、养老护理员、医疗护理员项目一等奖。此外，每个赛项前 3 名的选手还将代表梅州市参加广东省第二届“南粤家政”技能大赛。通过举办“南粤家政”技能大赛，推动梅州家政行业健康发展、擦亮梅州家政品牌、促进梅州实体经济高质量发展和乡村振兴。

（卢伟周）

社会保险基金管理

【社保基金概况】 2022 年，梅州市参加社会保险总参保 361.64 万人次，比上年增长 0.08%。梅州市社保基金总收入 149.4 亿元，增长 11.16%。全市社保基金总支出 147.7 亿元，增长 9.4%。截至 2022 年底，社保基金累计结余 61.5 亿元，增长 2.84%。

【社保纾困惠企】 2022 年，梅州市执行阶段性缓缴社会保险费政策，共为企业增加约 3340 万元现金流。实施失业保险稳岗返还政策，共发放失业保险稳岗返还资金约 3858 万元。实施阶段性降低失业和工伤保险费率政策，共为企业减轻社保费用约 2081 万元。共发放一次性留工培训补助 1.12 亿元。实施失业保险保障扩围政策，共发放失业补助金约 2216 万元。全年共完成政策性退费约 9123 万元。

【社保待遇提高】 2022 年，梅州市落实企业职工养老保险、机关事业单位养老保险待遇调整政策，全市企业退休人员人均养老金从 1900.56 元/月提高至 1943.22 元/月。城乡居民养老保险基础养老金标准由每人每月 180 元提高至 190 元，工伤保险月人均伤残津贴提高至 4610.64 元。

【社保制度改革】 2022 年 1 月 1 日，梅州市企业职工养老保险实现全国统筹。2022 年 7 月 1 日，失业保险基金实现省级统筹；梅州市启动实施新业态从业人员职业伤害保障试点工作。推进机关事业单位养老保险改革，市本级省属单位的清算工作全面完成，制订职业年金实账积累延期工作方案，并按方案明确的时间节点抓好落实。

【社保经办管理】 2022 年，梅州市推动“简便办”“提速办”，全市 35 家工伤保险服务协议机构全部完成接口改造和联调测试工作，打通工伤医疗费用联网结算“最后一公里”。企业职工社会保险费欠费补缴申报等 8 项服务事项业务办理时限改为“即办”，截至 2022 年底，共有 62 项社保政务服务事项实现“即办”。82 项社保高频服务事项全部实现“全市通办”，部分服务事项实现“跨省通办”。政务服务应上尽上事项 100%上线，“网办”办结率实现 100%，“网办”

成为群众办事的主渠道。

【基金风险防控】 2022年，梅州市落实“事前防范、事中核查、事后监管”基金风险防控机制，建立全市死亡、服刑人员数据集中核查比对机制，加快基金风险防控“数字化”转型。开展社保基金管理提升年、社保经办机构风险防控能力提升和“清数”“筑墙”三大行动，全面提升全市各级社保经办机构基金风险防控能力。

【梅州市政务服务中心人社（社保）服务分厅正式挂牌】 2022年6月24日，梅州市政务服务中心人社（社保）服务分厅正式挂牌，社保政务服务标准化、规范化、便利化水平进一步提升。

（梅州市社会保险基金管理局）

住房公积金管理

【住房公积金管理概况】 2022年，梅州市住房公积金归集46.73亿元，比上年同期增长4.23%；累计归集总额360.87亿元，归集余额119.34亿元，全市累计开户缴存人数28.46万人。全市住房公积金提取35.73亿元，累计提取241.54亿元。全市发放个人住房抵押贷款14.62亿元，比上年同期下降24.5%；累计发放个人住房抵押贷款180.21亿元，个贷余额95.27亿元；全年新增贷款6468户，累计发放贷款8.67万户；全市个贷率79.83%，个贷逾期率0.26‰。全市业务收入3.66亿元，业务支出1.94亿元，实现可分配增值收益1.72亿元，比上年同期增长17.8%；累计上缴城市廉租住房建设补充资金9.32亿元。

【助企纾困惠民】 2022年，梅州市住房公积金管理中心调整相关政策，通过研究拟订住房公积金支持性政策，发挥助企纾困惠民作用。结合梅州市实际制订出台《关于实施住房公积金阶段性支持政策的通知》。截至2022年12月，梅州市7家受困企业申请缓缴公积金，涉及员工4123人，暂缓缴存额680万元。对1名受疫情影响无法正常还款的借款人“不作逾期处理”，未按逾期处理的贷款余额34.5万元。1020名租房职工享受提高租房提取额度的政策，累计提高租房提取额530.63万元，得到省督查组好评。

【“互联网+住房公积金”建设】 2022年，梅州市住房公积金管理中心落实“双百”工作要求，推动“科技赋能”，加快“互联网+住房公积金”建设，以实际举措推进营商环境优化工作。通过梳理政务服务事项，以信息化建设为支撑对能创造条件实现全流程网上办理的业务做到“能上尽上”，49项政务服务事项实现100%线上受理、100%线上办结。同时实现“跨省通办8+5高频事项”的全程网办，满足缴存单位和职工“一次都不用跑”的需求，提高群众的幸福感。

（梅州市住房公积金管理中心）

医疗保障

【医保基金概况】 截至2022年底，梅州市城乡居民医保参保353.21万人，完成率95.37%，比上年增长1.21%，排名全省第七；城乡居民医保基金收入33.74亿元，增长率1.93%。基本医保参保人数410.77万人，按常住人口计算基本医保参保率105.81%。

【医保制度改革】 2022年，梅州市实施阶段性缓缴政策，惠及2万多家中小微企业，缓缴资金达1.6亿元。出台以降低缴费基数、缴费费率为核心的《梅州市职工基本医疗保险和生育保险办法》和《梅州市职工大额医疗费用补助办法》，每年可为单位、企业减负3.1亿元、降幅达11.92%，调整后全市企业医保负担降至粤东西北地区第10位。

【集采制度化常态化】 2022年，梅州市制度化常态化开展国家和省组织药品和医用耗材集中带量采购，全年共组织10批次药品和8批次耗材带量采购，节省采购费用超9亿元。2022年药品线上采购率为99.3%；医用耗材线上采购率达98.2%，较2021年的78.7%明显提升。按规定核拨给医疗机构结余留用资金4011万元，调动医疗机构参与改革的积极性。

【基金监督管理】 2022年，梅州市深化医保支付制度改革，医疗费用快速增长势头得到有效控制。实施慢性病长期住院按床日费用结算政策，解决患者频繁转院的痛点难点问题。全面落实医保基金监管新规，加大处罚力度，医保违规行为得到有效遏制。2022年追回违规资金2526.49万元，全市行政处罚案件6件，曝光违法违规案件10件。

2022 年 11 月，梅州市医保经办业务实现“一窗办理、一次办结”（银刚 摄）

【经办服务质效提升】 2022 年，梅州市推进医保领域“放管服”改革，全市医保经办业务实现“一窗办理、一次办结”，35 项医保事项均实现“网上办”和“跨省通办、省内通办”，10 项高频事项实现“全市通办”，17 项通过粤省事、粤医保等小程序实现“掌上办”。医保电子凭证激活人数达 280 万人，激活率达 66%。省内异地就医生育费用实现直接结算。梅州市异地就医在线备案超时率为零，群众满意度排在全省首位。兴宁市石马镇于 2022 年 3 月被列为全国医疗保障基层服务示范点创建单位之一，该示范点可承接办理城乡居民医保参保登记、零星报销、医疗救助等 15 项高频次业务。

【疫情防控支持】 2022 年，梅州市持续做好疫情防控医疗费用保障工作，医保结算新冠疫情医疗费用 2730 万元。按照省统一部署，4 次下调全市新冠病毒核酸检测服务项目价格，单检从每人份 40 元降至最高不超过 13.5 元、混检从每人份 8 元降至 2.8 元。

【梅州市印发实施《梅州市职工基本医疗保险门诊共济保障实施细则》】 2022 年，梅州市印发实施《梅州市职工基本医疗保险门诊共济保障实施细则》，将职工医保普通门诊纳入医保支付范围，惠及全市 57 万名职工参保人，职工普通门诊统筹报销实现从无到有，报销不设起付标准，政策范围内支付比例不低于 50%，年度最高支付限额为 1734 元；职工医保年度最高支付限额从 41 万元提升至 70 万元；拓宽个人账户使用范围，个人账户资金扩大至直系亲属在定点医药机构共济使用，也可用于支付直系亲属参加居民医保个人缴费。

（梅州市医疗保障局）

社会事务

【民政概况】 2022 年，梅州市民政局牢固树立以人民为中心的发展思想，践行“民政为民、民政爱民”工作理念，落实民生政策，兜底保障全面有力。全面完成市政府重点工作和市十件民生实事民政事项，城乡低保、特困人员供养、孤儿养育、残疾人“两项补贴”标准全面达标。全年向低保、特困供养人员、孤儿、事实无人抚养儿童以及残疾人等困难群众发放基本生活补助合计 10.86 亿元，其中低保对象 4.96 万户 10.26 万人，累计发放低保金 4.5 亿元；全市特困供养人员 1.7 万人，累计发放特困基本生活供养金 2.56 亿元；发放临时救助 1379.12 万元（含救助物资折价 171.45 万元），救助 1.58 万人次；孤儿 375 人，发放基本生活保障金 917.61 万元，事实无人抚养儿童 1888 人，发放基本生活保障金 3325.97 万元；残疾人“两项补贴”惠及 3.64 万名困难残疾人和 8.34 万名重度残疾人，残疾人两项补贴累计发放 3.38 亿元；全市建成社工站 114 个、社工点 552 个，配备社工岗位 2490 个，实现镇（街）社工站（点）100%全覆盖，困难群众和特殊群体社会工作服务 100%全覆盖，全年服务群众 17 万人次。

【民政惠民政策】 2022 年，梅州市全面完成市政府十件民生实事民政事项，城乡低保、特困人员供养、孤儿养育、残疾人两项补贴标准全面达标，出台《梅州市民政局 梅州市财政局关于进一步保障好困难群众基本生活的通知》《梅州市特困人员供养服务机构提标提质的工作指引（试行）》《梅州市临时救助实施细则》等惠民政策文件。

【兜底保障工作】 2022 年，梅州市出台《梅州市 2022 年规范社会救助兜底保障动态管理专项行动工作方案》，联合乡村振兴局、医保局印发《关于进一步完善社会救助兜底保障成果与乡村振兴有效衔接工作联动协作机制的通知》。做好全市无劳力建档立卡贫困户兜底保障工作，全年全市将符合条件的3.1万人纳入保障范围，共落实低保渐退政策的脱贫户4261人，出台《梅州市最低生活保障边缘家庭和支出型困难家庭救助实施细则》，截至12月底，纳入最低生活保障边缘家庭共有1916户5017人，已将最低生活保障边缘家庭中重病重残的625人纳入单人保；纳入支出型困难家庭共1户3人。建立健全享受民政政策补贴对象火化信息台账共享核查比对机制，全年清退2.03万人次。通过数据比对，杜绝“死人保”等补贴发放漏洞，做到“应保尽保”。

【低保救助】 2022年，梅州市落实省市十件民生实事等重点工作，确保城乡低保、特困人员供养标准全面达标。各县（市、区）城镇低保标准达到每人每月828元、农村低保标准达到每人每月580～828元；城镇低保补差水平达到每人每月653～664元、农村低保补差水平达到每人每月300～400元；特困人员供养标准城镇达到每人每月1325～1330元、农村达到每人每月928～1325元，达到并超过省、市要求的标准。全年全市有低保对象4.96万户10.26万人，低保金支出4.5亿元；全市特困供养人员1.7万人，特困供养支出2.56亿元；临时救助支出1379.12万元（含救助物资折价171.45万元），救助1.58万人次。

【特困人员供养】 2022年4月，梅州市出台《梅州市人民政府关于调整梅州市特困人员护理补贴标准的通知》，全自理的分散供养和集中供养的特困人员月人均护理标准均由30元提高至33元；半自理（半失能）分散供养的特困人员月人均护理标准为486元，集中供养的特困人员月人均护理标准为972元；全护理（失能）分散供养的特困人员月人均护理标准为972元，集中供养的特困人员月人均护理标准为1944元。加强资金监管和推动提高护理人员服务水平，规范认定条件，印发《梅州市特困人员供养服务机构提标提质的工作指引（试行）》，突出抓好“三个提升”（提升生活设施、生活环境、生活质量），提升服务水平。2022年，梅州市特困供养人员1.7万人；全市生活不能自理4183人（半失能1830人、失能2353人，生活不能自理的特困人员集中供养率达到51.73%），累计照料护理资金支出共5926.38万元。

【专项整治工作】 2022年，梅州市制订印发《全市养老服务和社会救助中突出问题整治工作方案》，为延伸开展社会救助领域腐败问题整治，制订《梅州市社会救助领域群众身边腐败和作风问题总会治理行动工作方案（2022—2025年）及2022年重点工作安排的通知》，明确持续深入开展社会救助领域突出问题整治。加强近亲属备案，已备案近亲属人数317人，预防惩治吃拿卡要、暗箱操作，杜绝“人情保”“关系保”。同时，开展重点信访积案化解处置工作。

【流浪乞讨人员救助】 2022年，梅州市持续开展救助管理服务质量大提升工作，落实《关于开展全市救助管理机构风险隐患专项排查工作的通知》工作部署。联合市卫健、市医保部门出台《关于做好流浪乞讨病人医疗救治费用联合审核工作的通知》。开展第十个主题为“救助，让弱有所扶更温馨”的开放日宣传活动，全面展示梅州救助工作成效，营造良好的社会救助氛围。同时，开展全市救助管理机构规范服务专项督导检查工作，以及在兴宁市救助管理站召开全市救助机构应急演练暨业务培训，进一步提升服务质量水平。至年底，全市救助生活无着流浪乞讨人员344人次。

【养老服务】 2022年，梅州市有养老机构171家（含公办、民办、公建民营）。加大民办养老机构运营补贴力度，全年市级财政运营补贴累计投入72.94万元、一次性床位建设补助58.95万元；全市养老床位数2.83万张。继续实施全市养老机构消防安全专项整治三年行动和公办养老机构生活设施、生活环境、生活质量“三提升”行动，全面开展养老机构服务质量建设专项行动，并抽查“回头看”，养老机构消防安全、护理水平、卫生状况等得到改善。稳步推动全市有条件地区开展长者饭堂，全市共建成26家，梅江区、梅县区、大埔县、蕉岭县、丰顺县均有各具特色的长者饭堂。联合梅州市财政局、市住建局、市残联印发《关于加快推进“十四五”特殊困难老年人家庭适老化改造工程工作的通知》，全年全市完成1538户协议签订并推进建设。建立农村留守老年人定期探访制度，2022年市、县民政部门共巡访9000多人次。鼓励养老机构从业人员参加第二届全省“南粤家政”比赛，1名养老护理人员获得五星级“南粤家政”服务人员称号。获得全国养老服务先进个人1名。

【特殊人群照料】 2022年，梅州市做好残疾人“两项补贴”发放工作。困难残疾人生活补贴标准提高至每人每月188元，重度残疾人护理补贴标准提高至每人每月252元。年内，全市3.64万名残疾人享受困难生活补贴，8.34万名重度残疾人享受护理补贴，残疾人“两项补贴”累计发放3.38亿元。

【儿童权益保障】 2022年，梅州市全面完成孤儿提标工作，孤儿基本生活最低养育标准由2021年的集中供养1883元/人・月、分散供养1227元/人・月分别提高至1949元/人・月和1313元/人・月。市级和8个县（市、区）均成立未成年人保护工作领导小组。市、县两级均建立儿童福利机构孤残儿童医疗救治“绿色通道”。继续落实“孤儿医疗康复明天计划”和“福彩圆梦孤儿助学”项目。关心关爱留守儿童和困境儿童等特殊群体未成年人，梅州市民政局联合市教育局、市妇女联合会、团市委印发《梅州市第二届“护童成长”——关心关爱特殊群体未成年人思想道德教育工作方案》，推送“护童成长云讲堂”6期，全市16.35万人观看；线下开展“爱心护童行・文明伴成长”和“爱心爸妈护童成长”等活动。依法依规做好收养登记，2022年全市共办理收养登记30宗。

【社工工作和志愿服务】 2022年，梅州市继续实施“广东兜底民生服务社会工作服务双百工程”，全市全面建成镇（街道）社工站114个、社工点552个，配备社工岗位2490个、社工督导岗位16个，完成全市镇（街道）社会工作服务站（点）100%覆盖、困难群众和特殊群体社会工作服务100%覆盖的任务。细化社工站管理办法和社工年度考核实施细则，建立困难群众和特殊群体社会工作服务网格化管理机制。对全体社工人员开展专业培训。持续推进社会工作人才队伍建设，开展社会工作者职业水平考试考前培训，全市持证社工人数累计达到1862人。推动志愿服务工作，广泛动员志愿服务组织和志愿者登录“i志愿”系统登记注册，截至年底，全市注册登记的志愿者约60万人，志愿服务组织及团体共4142个，志愿者累计志愿服务时长1707万小时。

【慈善工作】 2022年，梅州市制订《2022年梅州市规范慈善财产投资活动专项行动工作方案》，组织全市73个慈善组织开展规范慈善财产投资活动专项行动。梅州市首例“粤财信托・教育基金慈善信托”顺利备案，实现“零”的突破。动员慈善力量助力“一老一小”民政服务机构疫情防控，缓解疫情防控期间全市养老、儿童民政服务机构封闭运营管理压力。2022年，全市共接收社会各界捐款1.88亿元，聚焦当地民情民生，助力乡村振兴工作。

【福利彩票发行】 2022年，梅州市共销售福利彩票2.53亿元，完成省厅下达任务数2.45亿元的103.27%。为全市筹集公益金2798万元，代扣代缴个人偶然所得税607万元，年内，在《梅州日报》开办“公益福彩”专栏及在“掌上梅州”和“梅州民政”频道开设慈善公益、福彩栏目；将公益福彩宣传融入梅州日报社策划的宣传活动；在梅州市广播电视台和《梅州导视》频道播放福彩公益广告；推广户外销售亭试点成果，增设户外销售亭。探索福彩发行新模式，移动销售宣传车进工业园区、旅游景区、休闲广场、夜市经济等。

【殡葬改革】 2022年，梅州市出台《梅州市人民政府办公室关于印发梅州市加快推进殡葬改革促进殡葬事业发展实施意见的通知》，持续深化殡葬改革，规范殡葬管理，推进新时代殡葬事业健康有序发展。规范梅州市殡葬业价格秩序、安葬（放）设施建设经营专项行动工作。落实惠民殡葬政策，全年全市7家殡仪馆共火化遗体3.39万具，减免殡葬基本服务费用3.24万宗，共计减免费用4562.42万元。做好清明节期间的文明祭扫，以及移风易俗等工作。

【婚姻登记】 2022年，各县（市、区）在确保疫情防控工作安全有序的基础上，最大限度满足人民群众婚姻登记需求。全年全市共办理国内结婚登记20378对、离婚登记5989对，办理涉外、港澳台、华侨结婚登记113对、离婚登记9对，其中异地婚姻登记跨省办理41对、跨市办理40对、跨区办理1347对。推进婚姻登记历史档案电子化，全市完成1950年至2020年的婚姻历史档案电子化126.67万份。

【区划地名】 2022年，梅州市宣传贯彻落实新修订《地名管理条例》，做好梅州城区重要地理方位的住宅楼宇命名更名审批交接工作。开展中国·国家地名库梅州地名数据质量提升的工作，对全市在中国·国家地名库的6.85万条信息进行审核复查；开展国家地名志缺项补需工作、国家地名录退回重审工作、国家标准地名词条基础材料缺失补充工作。对退回的5个国家地名志缺项、9条国家标准地名词条、328条国家地名录进行补充、审核工作，提供标准地名配图16幅。完成省界粤赣线、市界梅潮线第四轮联合检查工作，与赣州市开展创建平安边界活动，并签订平安边界协议书。

2022年6月19日，梅州市民政局开展“6·19”救助开放日宣传活动

（梅州市民政局供图）

【基层政权和社区建设】 2022年，梅州市适时对第一批基层群众性自治组织出具证明事项正负面清单进行动态调整，形成《梅州市基层群众性自治组织出具证明事项清单（第二批）》，确定负面清单事项32项。印发《梅州市加强社区工作者职业体系建设的实施意见（试行）》，加强全市社区工作者职业体系建设。探索村规民约在基层治理中的作用，在梅县区丙村镇芦陵村、平远县东石镇汶水村开展“五位一体”“积分制+红黑榜”示范村试点工作。6篇村规民约入选省百篇优秀村规民约。以平远县上举镇畲脑村被民政部确定为议事协商试点单位为契机，在全市范围开展议事协商创新实践工作。选取8个村（居）开展“一站式”城乡社区综合服务示范创建。指导村（居）建立健全人民调解、治安保卫、公共卫生、妇女和儿童、环境和物业管理等各类必要的下属委员会。全市2257个村（居）全部设立公共卫生委员会。梅江区江南街道中心坝社区居民委员会被评为全国先进基层群众性自治组织，平远县大柘镇城北社区居民委员党委书记、主任肖榆被评为全国优秀城乡社区工作者。

【梅州市开展“寒冬送温暖”专项救助行动】 2022年，梅州市组织全市救助机构开展“寒冬送温暖”专项救助行动，专项行动开展以来，全市共出动巡查车辆465次，出动1389人次，劝导救助50人次，媒体报道6次，发放救助指引卡、宣传单240多份，棉被、棉衣、方便面等各类物资一批。

（梅州市民政局）

社会组织

【社会组织概况】 2022年，梅州市有2443个社会组织，其中社会团体1259个（其中市直293个、县级956个），民办非企业单位1118个（其中市直112个、县级1006个），基金会66个（市直66个），社会组织从业人员3万余人，总资产53.6亿元，成为参与社会治理、服务社会的一支重要力量。

【规范社会团体分支（代表）机构专项整治】 2022年，梅州市开展规范社会团体分支（代表）机构专项整治工作，全市共有1136个社会团体完成自查自纠，抽查检查社会团体774个。

【社会组织党建】 2022年底，全市有党员的社会组织555个，党组织186个，党员3100多人，新组建12个社会组织党支部。党委直接管理的党支部23个（21个党支部、2个联合党支部），党员数量126人。制订《中共梅州市社会组织委员会制度汇编》等规定，形成“1+7”制度体系，创新开展党组织参与社会组织议事决策观察点工作，发挥党组织引导监督社会组织依法执业、诚信从业作用，把党的全面领导落实到社会组织工作各方面全过程中。开展4期梅州市社会组织“思享汇”主题沙龙活动，为社会组织高质量发展建言献策，近100个社会组织参与。全年共开展线上线下党建培训 8 场次，社会组织党组织书记、党员参加培训约 500 人次。开展讲党课、专题学习、外出学习参观等活动约 30 场次。加强党群服务中心建设，将原福彩发行中心部分办公场所作为新的党群服务中心办公场地。制订《梅州市民政局中共梅州市社会组织委员会开展“五社联动”结对联系共建工作方案》，完善社区、社会组织、社工、社会资源及社区自治组织共同参与的“五社联动”工作机制，引导社区社会组织服务社区群众、培育社区文化、参与社区治理、促进社区和谐。全年有 20 家社会组织党支部和社会组织慰问困难群众 110 余户，慰问金及物资价值 3 万余元。持续开展“进乡村助振兴”“我为群众办实事”活动。梅州市爱心慈善基金会等 17 家社会组织参与全市民政服务机构（养老、儿童机构）疫情防控募捐活动，捐赠现金 17 万余元和抗疫物资一批。

（梅州市民政局）

民族事务

【少数民族聚居村经济社会发展】 2022 年，梅州市推进丰顺县凤坪畲族村文旅项目建设，把加快少数民族聚居村经济社会发展放在突出的位置，以创建少数民族特色村寨、打造“中国畲族故里”为发展定位，在“特”字上下功夫，科学规划、量力而行、集中投入，推进畲族村文体旅游驿站、民俗展示中心、高山茶文化推广中心基础设施建设。全面推动畲族村乡村振兴发展，鼓励发展茶叶等优势产业，促进当地群众增收，全村茶园种植面积 866.67 公顷，年产干茶 20 多万千克，年产值达 5700 万元，人均茶叶收入近 6 万元。

2022 年 9 月 16 日，梅州市开展民族团结进步宣传教育活动——“推广普通话，铸牢中华民族共同体意识”经典诵读比赛 （梅州市民族宗教事务局供图）

【民族团结进步宣传教育活动】 2022 年，梅州市印发《梅州市促进各民族广泛交往交流交融行动方案》，转发广东省委统战部等部门《关于加强干部铸牢中华民族共同体意识教育培训的意见》，推进各地各有关单位加强干部铸牢中华民族共同体意识教育培训工作。持续开展民族团结进步宣传教育活动，先后在学吧、嘉福教育、梅雁中学等，开展“民族团结相亲相爱，共创和谐同心同德”“画好同心圆，争做石榴籽”“平等、团结、互助、和谐”等主题活动，形成“中华民族一家亲，共圆伟大复兴梦”的浓厚氛围。同时以社区为“着力点”，开展“诵读经典，爱我中华”亲子阅读分享会、“推广普通话，铸牢中华民族共同体意识”等形式新颖多样、群众喜闻乐见的民族团结进步创建活动，努力构建互嵌式的社区环境。嘉应学院参加 2022 年广东省中华经典诵写讲大赛之“笔墨中国”——第十四届广东省规范汉字书写大赛，获得“优秀组织奖”，指导教师兰浩获优秀指导教师奖，8 名学生的作品取得好成绩。2022 年，梅州市共开展主题宣传活动 40 余场次，发放民族团结宣传资料 1 万余份。

【城市少数民族服务管理工作】 2022 年，梅州市贯彻落实《关于推进民族事务治理体系和治理能力现代化工作的意见》，做好外来流动少数民族群众来信来访工作，尽力协调帮助他们解决子女上学、涉民族矛盾纠纷等困难和问题。落实《关于印发新疆劳动力来粤务工服务工作实施方案的通知》精神，加强与有关单位的沟通联系，摸清岗位底数，做好新疆劳动力到梅州市务工服务工作，及时了解掌握全市流动少数民族和户籍在梅州少数民族人员情况。加强与公安、国安、网信、人社等部门的沟通协调，加大涉民族因素矛盾纠纷排查力度，及时发现、消除涉民族因素矛盾纠纷和不稳定因素，维护民族团结、社会稳定。平远县在全市率先成立“石榴籽”工作室，为各族群众提供知识技能培训及沟通交流的服务平台。

【梅州市组织参加广东省第七届少数民族传统体育运动会】 2022年，梅州市组织运动员参加广东省第七届少数民族传统体育运动会，梅州市代表团共派出26名运动员参加蹴鞠、押加、武术和表演项目比赛，获得1枚金牌、5枚银牌、10枚铜牌的成绩，并获得优秀组织奖、体育道德风尚奖、团体总分优胜奖。（梅州市民族宗教事务局）

宗教事务

【政治引领】 2022年，梅州市以坚持宗教中国化方向为主线，以学习党的二十大精神为契机，加强对宗教界人士的政治引领，持续深入开展“爱党爱国爱社会主义”主题教育，指导各级宗教团体自主开展党的二十大精神专题学习，天主教梅州教区主教廖宏清等宗教界人士在《梅州日报》发表学习体会文章。选派业务骨干到各主要宗教活动场所开展专题宣讲，引导宗教界培育和践行社会主义核心价值观，弘扬以优秀客家文化为重点的中华优秀传统文化，增进“五个认同”。支持宗教界与时俱进解经讲经，引导信教群众讲大局、讲法治、讲科学，不断巩固宗教与社会主义社会相适应的思想理论基础。2022年宗教政策法规学习月期间，全市各级宗教部门共发放宣传资料9000余份，举办各类培训班或主题学习会16场次。

【安全责任落实】 2022年，梅州市推动“三级网络两级责任制”落细落实，全市宗教活动场所均确定1名工作人员为具体责任人，全方位负责场所各项工作，并制作“宗教活动场所工作联系牌”安放在场所显著位置对外公示。根据疫情防控形势变化，加强对宗教领域疫情防控工作指导检查，统筹协调统战系统各成员单位力量，组成8个督导检查组，不定期赴各县（市、区）宗教活动场所开展督导检查。开展“安全生产月”活动，全市开展宗教场所建筑安全、消防安全、食品安全等风险隐患排查整治行动，出动检查人员200多人次，梅州市民族宗教局获评“平安梅州建设先进集体”，天主教梅州教区主教座堂、兴宁市慈光寺被广东省民族宗教委评为全省宗教活动场所消防安全达标工作示范点。

【场所规范管理】 2022年，梅州市民族宗教事务局抓好《宗教活动场所财务管理办法》的贯彻落实，将宗教场所财务管理工作纳入各级宗教工作培训班学习内容，指导千佛塔寺等主要宗教活动场所聘请第三方机构代理记账，推动解决宗教场所财务监管问题。指导宗教团体、宗教活动场所加强对《互联网宗教信息服务管理办法》的学习，选派人员参加全省互联网宗教信息审核人员培训，并取得互联网宗教信息审核资格。指导各全市性宗教团体召开理事会议，组织宗教界人士学习全国性宗教团体《关于崇俭戒奢的共同倡议》，激发宗教界自我变革的勇气，引导宗教界人士和信教群众秉持简朴理念，反对攀比虚荣、贪大求奢，塑造良好教风，形成健康文明的生活习惯。

【梅州市开展民间信仰活动场所普查备案和试点管理工作】 2022年，梅州市开展民间信仰活动场所普查备案和试点管理工作，摸清各县（市、区）民间信仰场所的历史沿革、信仰特点、影响范围、面积规模、管理方式、资金财产等情况，建立台账、完善备案。加强民间信仰场所的规范管理，指导帮助重点场所建立健全内部管理制度，提高自我管理能力，规范开展活动。截至年底，全市已建档录入宗教信息管理系统的民间信仰场所有928处，其中历史较悠久、影响较大、有一定面积规模且已登记编号的有92处。

（梅州市民族宗教事务局）

2022年梅州市十件民生实事完成情况

【梅州市十件民生实事完成情况概况】 2022年度梅州市十件民生实事经市八届人大一次会议票决通过后，市政府及时研究制订分工方案，将其细化分解为33项具体任务，以清单形式逐项明确分管市领导、牵头部门、完成时限，并建立动态台账、定期调度，全程跟踪督办。各牵头责任单位和各县（市、区）人民政府针对各项任务制订具体工作方案，明确阶段性目标和推进措施，全力推动市十件民生实事落地见效。截至2022年12月28日，梅州市十件民生实事33项具体任务已全面完成。

【优质基础教育提供】 截至2022年9月底，梅江区会文学校（小学部）、平远县石正实验幼儿园（一期工程）、大埔县西岭实验学校、西岭实验幼儿园、五华县凤凰城小区配套小学5所新建、改扩建公办学校于2022年秋季学期投入使用，新增公办学位8820个，超额完成计划任务。2022年，梅州市组织实施骨干教师、校（园）长市级免费培训1438人，完成目标任务的287.6%；市级开展辖区内教师免费轮训7.16万人次，完成目标任务的238.7%；县级组织教师免费培训3.24万人，完成目标任务的166%。梅州市推出“‘双减’怎么减，梅州有办法”系列报道第十一、第十二期。实现课后服务两个“全覆盖”，即义务教育学校全覆盖、有需求的学生全覆盖，并全面推行“5+2”模式。

2022年，全市公安、教育部门通过联合检查、重点督查等方式加强日常监督管理，压实学校安全主体责任，进一步巩固提升“4个100%”工作成效。健全安全管理机构，协调保安服务公司调换无证、超龄保安员，配备配齐护卫器械，按照人员配备标准全市校园保安员应配3635人，实配3730人，清退到龄退休或其他不符合校园安保要求的保安员88人。建立健全“专职保安员+保卫干部+N”的护学岗机制，严格落实“高峰勤务”要求，做好重点时段、重点部位巡逻防控，推动校园最小应急单元建设和点位上图，提升校园应急处突能力。实行校园封闭式管理，校园封闭管理率实现100%。逐校完成一键报警系统安装并与公安机关联网，校园视频监控实现全覆盖。

【困难群众生活救助水平提高】 2022年，梅州市城乡低保人均补差水平分别从每人每月631元、286元提高到不低于653元、300元，全市4.97万户10.3万名低保对象，累计支出低保金3.77亿元。特困人员基本生活标准按不低于当地最低生活保障标准的1.6倍，全市1.7万名特困供养人员，累计支出2.34亿元。全市集中供养孤儿最低基本生活保障标准从每人每月1883元提高到1949元，分散供养孤儿、事实无人抚养儿童从每人每月1227元提高到1313元，全市512名孤儿，累计发放686.87万元；2078名事实无人抚养儿童，累计发放2314.29万元。困难残疾人生活补贴、重度残疾人护理补贴标准分别从每人每月181元、243元提高到188元、252元，惠及全市3.68万名困难残疾人和8.32万名重度残疾人，累计发放16835.38万元。

2022年，梅州纳入最低生活保障边缘家庭共有3184户7987人，已将最低生活保障边缘家庭中重病重残的380人纳入单人保；纳入支出型困难家庭共有5户17人。全市全面建成社工站114个，其中，镇（街）110个、市县（区）直属单位4个，建成社工点552个，镇（街）社工站实现100%全覆盖，困难群众和特殊群体社会工作服务覆盖率达到100%。组织公开招聘“双百工程”社工1597名。直聘社工深入村居，协助落实政策1.52万项，提供物资救助10.91万元。2022年，梅州办理法律援助事项共4323宗（不含法律咨询数），占年度任务的144.1%，其中法律援助案件数3209宗，代书数291宗，见证认罪认罚数823宗，做到100%应援尽援。接待法律咨询8942人次，参与法律宣传咨询活动80场次。

【“粤菜师傅”“广东技工”“南粤家政”三项工程实施】 2022年，梅州市开展“粤菜师傅”培训2438人次（其中获证人数1856人），完成年度目标任务的243.8%；带动就业创业2446人次。推动保护传承梅州客家菜和促进产业发展立法工作，《梅州市客家菜传承发展促进条例（草案）》提请市八届人大常委会会议审议。五华县技工学校通过专家评估，被广东省人社厅确认为省重点技工学校。各技工院校开展招生宣传和报名工作，截至2022年8月底，全市技工院校累计招生7046人，完成年度目标任务140.9%。各县（市、区）开展“南粤家政”工程保育员、病患护理等线上线下培训7068人次，完成年度目标任务的176.7%，带动就业创业10001人次。开展各类职业技能培训1.75万人次，补贴资金1410.01万元。全市城镇新增就业2.01万人，完成年度任务的100.53%；城镇失业人员再就业1.22万人，完成年度任务101.43%；就业困难人员实现就业1613人，完成年度任务的134.42%。

【疾病预防和就医保障强化】 2022年，梅州市为全市1.8万名具有广东省学籍新进入初中一年级、14周岁以下未接种过HPV疫苗的女生免费接种HPV疫苗，截至12月14日，完成2.85万剂首针免费HPV疫苗接种，完成任务数的158%。2022年10月10日，梅州出台《梅州市人民政府办公室关于印发梅州市职工基本医疗保险门诊共济保障实施细则》，自2022年11月1日起正式实施以来，全市共有8.25万人选定就医医疗机构，职工普通门诊就医共12.81万人次，医保基金支出420万元。全面完成订单定向招录培养计划，招录182名户籍为粤东西北地区的本科、专科医学生（其中广州中医药大学19人、嘉应学院医学院64人、江门中医药职业学院50人、茂名健康职业学院49人），完成目标任务165%。

【农村人居环境改善】 2022年，梅州市根据省有关村内道路建设的工作部署要求，按照《梅州市农村村内道路建设攻坚行动工作方案》，加快推进梅州村内道路建设。截至2022年12月21日，梅州全面完成全市农村村内干路建设总任务1046.83千米。经过4批次的镇级自评、县级初核、市级验收，全市104个圩镇全部基本达到宜居圩镇标准，其中有16个圩镇基本达到示范圩镇标准，完成省、市目标任务。截至2022年12月20日，梅州完成省下达梅州2022年农村削坡建房风险点整治目标任务共8620户，竣工率100%。招募选派309名青年志愿者到基层一线从事2～3年乡村振兴志愿服务。

【生态文明建设】 2022年，梅州市加快推进各地治水治河，补齐水安全、水环境短板，抓好河流保护和生态修复，2022年开工建设25宗，完成投资7950万元，建成80.17千米碧道，全面完成年度建设任务。推动宜林荒山造林和重点水源区域的疏残林、灾损林分、低效林分改造，2022年建设高质量水源林3800公顷，完成年度目标任务。开展全市古树名木资源补充调查，加强对全市46株一级古树的监测和保护，完善古树名木保护制度。累计投入1656万元治理费用，其中财政投入772万元，矿山企业投入884万元，全年共完成矿山石场治理复绿面积44.32公顷。

【历史文化保护传承】 2022年，梅州市新增30个市级非遗代表性项目，实施33个市级非遗代表性项目保护传承传播。完成5个文物保护单位的修缮和抢修工程项目。鼓励新建或完善8个以上非国有博物馆和类博物馆。开展10期客都文化公益讲堂。落实梅州3.7万户广播电视“户户通”用户服务责任，畅通优秀文化传承传播渠道。2022年，梅州市开展红色革命遗址保护20处，其中梅县区3处、兴宁市5处、平远县1处、蕉岭县3处、大埔县6处、丰顺县1处、五华县1处；开展红色革命遗址活化利用10处，其中梅江区2处、兴宁市1处、平远县2处、蕉岭县1处、丰顺县2处、五华县2处。2022年，梅州争取中央资金184.8万元，支持推进全市7个公共体育场馆向社会免费或低收费开放，累计开展和承接赛事活动、培训、服务指导和公益活动851场次，受益人群约12.8万人。

【食品、交通和自然灾害风险监控】 截至2022年12月10日，梅州市累计完成食品抽检任务2.15万批次，完成全年任务的100.21%，其中不合格480批次，不合格率2.23%，不合格产品处置率100%。截至2022年12月14日，全市共完成食用农产品快速检测22.55万批次，合格率98.96%，完成年度目标任务132.34%，其中蔬菜类19.26万批次、水产品类1.39万批次、肉类7287批次、蛋类1226批次、水果类1.05万批次。所有不合格产品均无害化处理或现场销毁。梅州超额完成13个、35条车道超限车辆电子抓拍监控设施点建设，超额完成10个治超卸货站场建设。获取梅州主要自然灾害的致灾因子信息，完成超过200万栋房屋建筑、2万千米公路道路、7500座桥梁、1600宗水利水电工程、1600千米长堤围、270座供水设施、8万千米供水管线等重要承灾体信息的调查任务。2022年7月底，各行业普查数据全部上报省普办。全年对64宗小型病险水库进行除险加固，开工率占年度计划56宗的114.3%，完成投资2.89亿元，占年度计划投资2.6亿元的111.2%。

【居住条件改善】 2022年，梅州市开工改造城镇老旧小区159个，重点改造城镇老旧小区配套基础设施、公共服务设施、建筑公共部位等。对全市燃气相关企业、燃气基础设施、燃气安全运行情况等进行全面摸底排查，台账建档率达100%，并制定整治方案。

【“数字政府”建设】 2022年，梅州市实现群众就医、求学、养老、户籍业务等100项高频事项“跨省通办、省内通办”。

完成480件“一件事”主题集成服务的工作任务，在此基础上，印发《梅州市“一件事”主题集成服务改革工作实施方案》，另行在各县（市、区）推进实施40件“一件事”主题集成服务。于2022年1月10日提前完成2327台“粤智助”政府服务一体机部署任务，在全市行政村全覆盖，实现基层群众办事“就近办、自助办、一次办成”。

（梅州市人民政府地方志办公室）

责任编辑：古淑灵

生态环境

环境质量

【水环境质量】 2022年，梅州市16个省考（含8个国考）断面优良比例和达标比例均达到100%，与上年持平；8个国家地表水考核断面水质改善幅度11.63%，在全国排第25名；23个省级（含15个国家级）水功能区考核断面达标比例91.3%；县级及以上城市集中式饮用水水源地水质达标率100%，水质均保持在Ⅲ类以上。

【大气环境质量】 2022年，梅州城区环境空气质量优良率为99.2%，排名广东省第一。细颗粒物（$PM_{2.5}$）平均浓度18微克/立方米，比上年下降10.0%，创历年最高水平，持续达到世界卫生组织第二阶段标准。二氧化硫（SO_2）年均浓度6微克/立方米；二氧化氮（NO_2）年均浓度18微克/立方米，可吸入颗粒物（PM10）年均浓度28微克/立方米，一氧化碳日均值第95百分位数浓度0.8毫克/立方米，臭氧日最大8小时值第90百分位数浓度135微克/立方米。

【土壤环境质量】 2022年，梅州市落实土壤污染重点监管单位规范化管理12家，建设用地按要求完成土壤污染状况调查地块50宗，全市受污染耕地安全利用率达96.43%，重点建设用地安全利用得到有效保障。

【声环境质量】 2022年，梅州市区城市功能区声环境全年昼夜平均等效声级为51.4分贝，达标时段929个，达标率为96.8%。梅州市区城市区域声环境平均等效声级为53.3分贝，噪声强度等级为二级，评价为“较好”。梅州市区城市道路交通噪声昼间平均等效声级为66.5分贝，噪声强度等级为一级，评价为“好”。（梅州市生态环境局）

环境规划

【《梅州市生态环境保护“十四五”规划》印发实施】 2022年2月25日，梅州市人民政府印发实施《梅州市生态环境保护“十四五”规划》，围绕“到2035年美丽梅州目标基本实现”的总要求，聚焦绿色发展、质量改善、生态保护、治理体系等领域，协同推进减污降碳，探索“绿水青山就是金山银山”有效路径，争当生态发展区先行示范市。

【《梅州市水生态环境保护“十四五”规划》印发实施】 2022年5月7日，梅州市人民政府印发实施《梅州市水生态环境保护“十四五”规划》，围绕水环境质量持续改善的核心目标，统筹水环境治理、水资源利用和水生态保护，推进山水林田湖草沙系统治理，以高水平保护推动高质量发展，深入打好碧水保卫战，为争当生态发展区建设先行示范区、建设美丽梅州、实现韩江“秀水长清”提供有力支撑。

【《梅州市“无废城市”建设试点实施方案》印发实施】 2022年6月22日，梅州市人民政府办公室印发《梅州市“无废城市”建设试点实施方案》，统筹城市发展与固体废物管理，强化制度、技术、市场、监管等保障体系建设，推进固体废物减量化、资源化、无害化，发挥减污降碳协同效应，提升城市精细化管理水平，推动梅州市全面绿色转型。

【《梅州市关于深入打好污染防治攻坚战的实施方案》印发实施】 2022年11月9日，中共梅州市委、梅州市人民政府印发《梅州市关于深入打好污染防治攻坚战的实施方案》，以实现减污降碳协同增效为总抓手，以持续改善生态环境质量为核心，以精准治污、科学治污、依法治污为工作方针，统筹污染治理、生态保护、应对气候变化，推动蓝天、碧水、净土保卫战实现新突破，以高水平保护推动高质量发展、创造高品质生活，建设人与自然和谐共生的美丽梅州。

（梅州市生态环境局）

污染防治

【水污染防治】 2022年7月27日，梅州市生态环境局印发实施《梅州市2022年水污染防治攻坚工作方案》。全年推进饮用水水源保护、生活污水治理、畜禽水产养殖污染治理和入河排污口规范化整治，加强工业执法监督检查，30个市考断面平均水质达标率为83.34%，比上年上升6.67%；优良率为100%，上升3.33%。与潮州交界韩江赤凤断面达到Ⅱ类水质，与揭阳交界榕江北河龙溪断面达到Ⅲ类水质，无劣Ⅴ类水体断面。完成全市主要河流湖库入河排污（水）口排查长度5607.67千米，完成70个列入省整治清单的问题排污口整治。开展全市饮用水源保护区矢量信息整合，组织编制（修订）县级以上水源地风险源名录及镇级以上水源地突发环境事件应急预案。开展县级及以上城市集中式饮用水水源地环境保护状况评估，评估结果均为优秀。

【大气污染防治】 2022年，梅州市强化重点环节治理和污染天气应急应对，高标准完成省下达目标任务。全年完成17家重点企业276条炉窑现场检查及分级管控；梅州市重点VOCs（挥发性有机物）排放企业和加油站油气在线监控项目完成建设，实现对城区大气监控重点区域内15家加油站厂界VOCs的在线监控；完成机动车排污监控平台升级改造，建成2期机动车遥感监测系统，至年底柴油车遥感监测覆盖率达50%；组织5次臭氧污染天气应急活动，削减本地污染物的排放，有效减少污染天气的发生。

【土壤污染防治】 2022年7月26日，梅州市生态环境局印发实施《梅州市2022年土壤与地下水污染防治工作方案》，推进土壤和地下水环境质量状况调查、土壤污染源头防控、农用地分类管理、建设用地土壤环境管理、地下水污染防治等工作。全年完成10个“双源”（地下水污染源和集中式地下水型饮用水水源）地下水点位基础环境状况调查；对全市用途转变为“一住两公”（居住用地、公共管理与公共服务用地）的历史地块补充开展土壤污染状况调查，2022年共完成36个出让、划拨重点建设用地地块的调查工作并通过专家评审，全年重点建设用地安全利用率达100%；推进受污染耕地安全利用和风险管控，全市受污染耕地安全利用率96.43%，达到省考核目标。

【固体废物和危险废物污染防治】 2022年6月，梅州市列入广东省小微企业危险废物收集试点城市。7月28日，梅州市生态环境局编制完成《梅州市小微企业危险废物收集试点工作方案》，采取“5＋2＋11”模式在梅州市辖区内开展危险废物收集试点，即全市共布设5家工业危废综合收集、2家机修行业危废综合收集和11家机修行业废矿物油收集单位。全年共为5家企业核发危险废物经营许可证，对辖区危险废物经营单位、铝灰预处理与协同处置单位、废弃危险化学品产生单位、部分在用集中医学隔离观察点进行专项检查58家次。实施《梅州市医疗废物应急联动处置工作方案》，疫情期间，全市涉疫废物均得到安全有序处置。2022年，梅州市工业固体废物处置利用率达99%。

【农村生态环境保护】 2022年7月20日，梅州市人民政府办公室印发《梅州市农村生活污水治理攻坚行动方案（2022—2025年）》，围绕到2025年全市农村生活污水治理率提高到60%以上的目标，因地制宜开展治理工作。2022年，梅州市完成年度新增280个以上（含30个省民生实事任务）自然村生活污水治理攻坚任务，全市农村生活污水治理率达54.86%。分梯次逐步推进农村黑臭水体治理工作，完成3处农村黑臭水体治理。统筹推进农村环境综合整治工作，完成 105 个行政村的整治任务。

（梅州市生态环境局）

环保审批和监管

【环境监管执法概况】 2022 年，梅州市生态环境系统落实“双随机、一公开”执法监管，组织开展排污许可清单式执法检查、塑料废弃物再生利用企业环境监管检查、新冠疫情集中隔离场所环境安全检查等专项执法检查，以及机动车维修行业危险废物环境违法犯罪行为交叉执法行动和危险废物安全专项整治联合执法行动等，同时对全市 58 家重点单位自动监控工作开展非现场执法监督管理。全年共出动执法人员 1.16 万人次，检查企业 4331 家，立案 27 件，其中涉建设项目管理类 7 件、逃避监管违法排污类 3 件、废水废气超标排放类 3 件、危险废物处理处置类 1 件、其他类 13 件；下达处罚决定书 25 家，罚没金额 381.6 万元。

【环境信访及应急管理】 2022 年，梅州市生态环境系统落实《梅州市生态环境违法行为有奖举报暂行办法》，全年受理有效举报 4 条，经查属实 1 条，不属实 3 条，核发奖金 1000 元。开展信访积案难案攻坚化解专项行动，推进重点信访问题挂账销号，常态化开展涉环保项目“邻避”问题专项治理工作，全市 2 个涉环保项目“邻避”问题均得到解决。全年全市各级生态环境部门共受理信访案件 1419 件，办结 1419 宗，办结率 100%。开展 2022 年梅州市生态环境保护执法大练兵活动，组织突发环境事件应急演练 3 次，全年未发生一般（Ⅳ级）以上突发环境事件。完成环境风险应急预案备案企业 368 家，380 家企业完成环境应急预案的修订编制。

2022 年 5 月 22 日，梅州市生态环境局、市林业局联合在梅城百岁山公园举办“5·22”国际生物多样性日主题宣传活动（袁慧 摄）

【中央生态环境保护督察整改】 2022 年 9 月 26 日，中共梅州市委办公室、梅州市人民政府办公室印发实施《梅州市贯彻落实第二轮中央生态环境保护督察报告整改方案》（以下简称《整改方案》），从严从实抓好中央第四生态环境保护督察组反馈问题的整改落实。截至 2022 年底，第二轮中央生态环境保护督察期间交办的 607 件信访案件全部办结；《整改方案》涉及的 14 项整改任务完成 2 项（农村集中式供水问题和渗滤液处置短板突出问题），其余 12 项均达到整改时序进度。

【《关于生态环境领域服务支持实体经济高质量发展的若干措施》印发实施】 2022 年 4 月 12 日，梅州市生态环境局出台《关于生态环境领域服务支持实体经济高质量发展的若干措施》，从落实区域环境准入引导、深入打好污染防治攻坚战、用好总量排放指标、支持重点产业高质量发展、服务重点项目建设、促进绿色低碳发展、简化园区建设项目环评编制内容、优化环评审批服务、试行豁免和告知承诺制审批、为工业增量发展争取上级给予更有效支持 10 个方面提出支持措施，强化生态环境要素保障，推动梅州工业园区、集聚地主导产业做强做优，助力实体经济高质量发展。

（梅州市生态环境局）

生态环境宣传教育

【梅州生态文明体验馆一期项目建成开馆】 2022 年 6 月 5 日，梅州生态文明体验馆一期项目建成开馆。该馆位于梅州市科学技术馆内，占地面积约 1000 平方米，一期项目分为序厅、展示区、污染危害区、绿韵长廊区、生物多样性区、国际合作区、环保课堂等区域；

2022 年 6 月 5 日，梅州生态文明体验馆揭幕仪式在剑英湖畔举行

（袁慧 摄）

互动体验区为二期待建项目。该馆利用三维立体、数字融合等先进信息技术，重点展示梅州生态文明建设成果，并配套生态环境教育课室，充分发挥生态环境宣教阵地作用。

【梅州市生态环境局、市林业局联合在梅城百岁山公园举办“5·22”国际生物多样性日主题宣传活动】 2022 年 5 月 22 日，梅州市生态环境局、市林业局联合在梅城百岁山公园举办“5·22”国际生物多样性日主题宣传活动，向市民展示野生动植物标本等，营造良好的宣传氛围。活动旨在向公众传播、普及生物多样性保护知识，促进人与自然和谐共生，推进生态文明建设，提高全社会保护生物物种资源以及生物安全意识，增强社会各界生物多样性保护意识，形成公众广泛参与的氛围。

（梅州市生态环境局）

节能减排

【污染物总量减排】 根据《广东省生态环境厅关于做好 2022 年主要污染物减排相关工作的通知》，广东省下达的 2022 年梅州市主要污染物重点工程累计减排任务为氮氧化物 300 吨、挥发性有机物 373 吨、化学需氧量 1300 吨、氨氮 200 吨。根据国家和省核定结果，2022 年度梅州市已完成主要污染物重点工程累计减排量为氮氧化物 2414 吨、挥发性有机物 493 吨、化学需氧量 4348 吨、氨氮 765 吨，完成年度目标任务。

【节约能源】 2022 年，梅州市发展和改革局稳步推进碳达峰碳中和工作，编制碳达峰实施方案，做好新上项目节能评审工作，争取大埔电厂二期工程、嘉元时代 10 万吨高性能电解铜箔、盈华电子 1.66 万吨高端电解铜箔等 30 个项目取得节能审查批复并陆续开工建设。编制梅州市新能源及储能专项规划、光伏产业高质量发展指导意见，推动光伏、储能等产业健康有序发展。开展汽车以旧换新专项行动和新能源汽车购置补贴活动，累计申请补贴资金 1086 万元。推进充电基础设施建设，新增充电桩 303 个。

（梅州市生态环境局 梅州市发展和改革局）

责任编辑：古淑灵

县（市、区）

梅江区

【梅江区概况】 梅江区位于广东省东北部，梅江河中游，梅州市中部，东邻梅县区雁洋镇和大埔县银江镇，南邻丰顺县和梅县区梅南镇，西连梅县区程江镇和大坪镇，北接梅县区石扇镇和城东镇。区域面积570.64平方千米，其中耕地面积17.85平方千米。2022年，梅江区辖三角、城北、长沙、西阳4个镇和金山、江南、西郊3个街道，81个村，48个社区。年末，全区常住人口43.78万人，比上年增长0.17%；全区户籍人口36.14万人，比上年增长0.53%（其中城镇人口30.63万人、农村人口5.51万人）。全年人口出生率6.4‰，死亡率6.94‰，自然增长率-0.55‰。祖籍梅江区的海外华人、华侨和港澳台同胞40多万人。区境内矿产资源主要有煤炭、石灰石、花岗岩、稀土、黏土、矿泉水等；较高的山峰有5座，其中位于西阳镇的明山嶂银窿顶海拔1357米，为梅江区第一高峰；主要河流有10条，其中梅江为主干流，全长307千米，流经梅江区境30多千米，集雨面积300多平方千米；土特产有金柚、客家盐焗鸡、客家娘酒等。

梅江区是国家历史文化名城，有众多名胜古迹和丰富的文化遗产。2022年，梅江区有各级文物保护单位40处，其中有人境庐和荣禄第全国重点文物保护单位1处，有恩元第、东山书院、千佛铁塔、大觉寺、林风眠故居、棣华居、联芳楼等省级文物保护单位12处，有曾井、梅州学宫、状元桥、梅江桥、罗衣塔、朱云卿故居等市级文物保护单位20处，有八角亭、洁养堂、留馀堂等县级文物保护单位7处；有嘉应大学、东山中学、梅州中学等名校；有中山路、凌风路、仲元路、元城路等历史文化名街；有席狮舞、铙钹花、打莲池、梅江区客家盐焗鸡制作技艺、客家娘酒、清凉山茶制作技艺、五句板、梅城山歌、闹八音、拜公王、升龙转火、拜孔圣人、拜药师等各级非物质文化遗产保护项目85项。5月，中式服装制作技艺（客家服饰制作技艺）、香花祭仪入选广东省第八批省级非物质文化遗产代表性项目名录；12月，植物土法染布、客家剪纸、客家煎炸小食、客家捶丸制作技艺入选梅州市第十批市级非物质文化遗产代表性项目名录。

梅江区人杰地灵，英才辈出。清代有嘉应州入翰林院之第一人李象元，进士李黼平，外交家、教育家、杰出爱国诗人黄遵宪，20世纪中国美术界的一代宗师林风眠，岭东著名女诗人叶璧华；近代有中央红军（第一方面军）参谋长兼红一军团参谋长、红四军参谋长朱云卿。祖籍梅江区的将军有叶松盛、张建、张榛盛、侯又生等23位，大学校长（书记）有刘复之、杨简、黄友谋、薛尚实、吴道钧等16位，“两院”院士有李国豪、黎尚豪、梁伯强、江欢成、杨简、梁春广6位，其中李国豪为中国科学院和中国工程院“双院士”。

梅江区是原中央苏区县、国家园林城市、国家森林城市、国家卫生城市、全国义务教育发展基本均衡区、全国青少年校园足球试点区、全国群众体育先进单位、全国国土资源节约集约模范县、广东省推进教育现代化先进区，是著名的文化之乡、华侨之乡、足球之乡。

【国民经济】 2022年，梅江区坚持稳字当头、稳中求进，狠抓发展第一要务，把资源要素优先用在

“打粮食”项目上，以“发展思维”“产出思维”推动产业优化提升。制订出台细化措施96条，确保国家和省、市稳经济一揽子政策及接续措施落实落细到位。全年全区实现地区生产总值287.73亿元，比上年增长0.2%。其中，第一产业增加值9.37亿元，比上年增长6.9%；第二产业增加值123.58亿元，下降1.0%；第三产业增加值154.79亿元，增长0.7%。三次产业结构比重3.3：42.9：53.8，第三产业所占比重比上年提高0.2个百分点。人均地区生产总值6.58万元，与上年持平。居民消费价格总指数101.8%，上升1.8个百分点。居民人均可支配收入4.14万元，增长4.8%，扣除价格因素，实际增长2.9%。居民人均消费支出2.52万元，增长1.9%；分城乡居民人均消费，城镇居民人均消费支出2.57万元，增长1.7%；农村居民人均消费支出1.83万元，下降1.8%。

【农业发展】 2022年，梅江区保障国家粮食安全，以实施乡村振兴为抓手，推进农村一、二、三产业融合，做强农业产业，优化产业结构，促进梅江区农业高变量发展。全年全区农林牧渔业产值14.35亿元，比上年增长6.5%。粮食作物播种面积3833公顷，增长0.04%；水稻播种面积2640公顷，下降0.4%；蔬菜种植面积4995公顷，增长3.5%。粮食总产量2.07万吨，增长3%，其中稻谷总产量1.82万吨，增长4.3%；蔬菜总产量12.44万吨，增长8.5%；花生总产量1053吨，增长1.1%；水果总产量4.54万吨，增长3.4%，其中柚子总产量2.32万吨，增长0.6%；茶叶总产量2718吨，增长3.1%。林地面积4050公顷，森林覆盖率72.28%，建成自然保护区2个、森林公园2个。生猪饲养量约6万头，出栏4.04万头，年末存栏量3万头；水产面积805公顷（含清凉山水库、干才水库、泮坑水库），总产量7898吨，增长6.7%。2022年，梅江区“梅江白宫芋头”入选全国“名特优新”农产品目录，梅州市明山嶂茶业有限公司“臻龙须”绿茶、梅州市小密茶业有限公司“醉美小密”绿茶、梅州市梅江区西阳镇清凉山荣发茶场“梓树凹”绿茶3个产品新录入“梅江区清凉山茶”全国“名特优新”农产品目录，新认证绿色食品产品2个。全年有梅州绿园金现代农业有限公司基地、广东梅玲果品有限公司基地、梅州壹号鱼农业有限公司水产生产基地等7个基地入选粤港澳大湾区菜篮子基地。2022年，梅江区新增省级示范家庭农场1家，省级休闲农业与乡村旅游示范点1个和市级示范点4个，“诗画西阳美丽茶乡行”乡村旅游线路被评为“夏季避暑到茶乡”全国茶乡旅游精品线路。

【工业经济】 2022年，梅江区有规模以上工业企业74个，实现规模以上工业总产值279.34亿元，比上年下降5.3%；完成规模以上工业增加值117.5亿元，下降1.5%。全年完成规模以上工业销售产值277.66亿元，下降6.5%；五大支柱工业增加值113.09亿元，下降1.2%；烟草增加值75.45亿元，增加2.9%；电力增加值15.67亿元，增加1.7%；电子信息增加值21.29亿元，下降14.4%；医药制造业增加值5100万元，下降19.1%；农副食品加工业增加值1733万元，下降16.4%；工业用电量7.81亿千瓦时，下降12.1%。抓好“打粮食”项目，推进产业项目建设，力争形成更多的增量支撑，全年新开工和续建5亿元以上重点工业项目包括“博敏电子新一代电子信息产业投资扩建项目”“广东盈华电子科技有限公司年产4万吨高端电子铜箔建设项目（一期投产暨二期动工活动）”“梅州鼎泰年产220万平方米高端线路板项目”等6个项目，计划总投资118亿元；拟新开工项目包括广东泓亚科技股份有限公司“高端印制板及配套物联网模组建设项

2022年9月28日，广东盈华电子科技有限公司年产4万吨高端铜箔项目一期投产暨二期动工活动正式启动
（梅江区人民政府地方志办公室供图）

目”、广东盈华电子科技有限公司“改扩建年产1.66万吨高端铜箔项目”2个项目,计划总投资20亿元。指导企业申报项目争取技改奖补等资金约3019万元,促进企业转型升级，助推梅江经济发展。推进小微企业上规模发展，通过建立重点小微企业培育库，为列入培育库的优质规模以下工业企业提供高效服务，全年培育规模以上工业企业10家。搭建政银企对接合作平台，帮助企业解决融资难问题。强化服务，推动更多商贸流通企业上限入库纳统工作，全年新增限额以上商贸流通企业24家,限额以上企业达97家，完成社会消费品零售总额146.47亿元，增长5.55%。全年全区有快递物流点375个（不含邮政），邮政公司城区分公司组织的邮政服务标准加盟店70家,并建立村级站点26个。完善冷链物流设备设施，至年末，梅江区建设冷库企业13家，冻库193个，冻库容积超3万立方米。

【招商引资】 2022年，梅江区牢固树立产出思维，制订《梅江区招商引资工作实施方案（2022—2025年）》，围绕电子信息、数字经济、总部经济等6个重点领域，分别建立产业招商小组开展产业精准招商。全年完成招商引资新签合同项目30个，计划投资总额105亿元，其中报市纳统项目22个,计划投资金额62亿元，完成实际投资金额6.6亿元。全年新签约项目比上年增加21个，其中4个工业项目超10亿元；新签约工业类（含增资扩产）项目16个,计划投资金额83亿元，分别占项目总数和总投资的53%、79%；新签约的30个项目中，动工28个，动工率93.3%。开展宣传推介、项目对接和外出招商，全年对接企业137家、商（协）会12家。举办“稳企暖企、以商引商”深圳推介会、梅江数字经济暨飞翔云互联网产业园招商洽谈会、梅江区互联网产业招商暨人才政策宣讲活动3场专题招商推介活动，进一步扩大宣传，吸引客商。

【城乡建设】 2022年，梅江区科学划定“三区三线”，促进国土空间集约高效利用。城市更新步伐加快，43个老旧小区改造提升，12个农贸市场升级改造,畅通39条市政道路、背街小巷，罗乐大桥至省道333线连接建成通车。城市管理更加精细，全力创建全国文明城市，开展新一轮“两美”行动，完成408条道路、153个小区缆线整治,新增纳入物业管理小区150个，成功创建11个“绿色社区”，所有街道基本建成生活垃圾分类示范片区。全年梅州城区城市照明装灯总功率（指城市道路照明和景观照明使用灯具额定功率）4846.31千瓦，路灯盏数5.02万盏，比上年净增588盏。路灯专用高压变压器27台，三遥节能稳压控制箱278台。在城区安装水位检测仪11台、漏电监测保护仪6台，更换残旧光源53盏，新装太阳能路灯、LED路灯共123盏。完成鸿通路至鸿达路周边市政道路、梅江沿河健走步道、彬芳大道等6个道路提升改造项目及中华路生态停车场建设，新建三角中心小学人行天桥,更新25座破损公交站亭。做好城区34座市政桥涵（含隧道）的日常巡查维修检测、国道205环城路线6座桥梁设施的日常巡查维护。全区所有墟镇达到宜居墟镇标准，其中西阳墟镇达到示范圩墟镇标准。全区鉴定为C、D级非经营性农村自建房36栋,完成整治36栋;完成农村削坡建房风险点整治111户，完成农村危房改造6户。依区级职权作出行政处罚13宗，罚款金额20.83万元。全年拆除违法建筑面积2126.3平方米，拆除临时建筑4489.5平方米。通过城市管理信息系统累计处理城市管理问题案件1.7万件，处置1.52万件,处置率88.5%;按期处置1.09万，按期处置率72.2%；受理市“创文”办督察督办案25宗。2022年，梅州市梅江区江南街道老旧小区改造案例获评“中国基层领导力典型案例征集”优秀案例。

【环境卫生】 2022年，梅江区精细化抓好辖区城市范围内491.3万平方米道路日常清扫保洁，城区住房、门店共13万多户生活垃圾收运，管理城区22座垃圾中转站、44座公共厕所。每天生活垃圾保持日产日清，无害处理率、有效处理率100%。利用数字城管+环卫网格化，领导干部、管理员、一线工人统一安排巡查网格，及时处置市民关注关心的环境卫生问题。采用联动+分片的方式联合城管等相关部门加大对余泥渣土运载车辆带泥上路、无证运输等现象的监管力度，加大夜间对各工地出入口车辆的巡查。聚焦“创文”失分点和薄弱点，加强重要点位、难点地段的巡查作业保障。梳理中央生态环境保护督察交办问题清单，开展“回头看”和自查自纠，压实责任，加密道路洒水清洗作业频次，以实际行动助力打好打赢污染防治攻坚战，推进城区大气环境质量持续改善。进一步理顺环境卫生工作体制机制，实现“一把扫帚扫到底”目标，在征求意见、专家论证、征询法律顾问意见、集体决策的基础上，有条不紊推进各项改革工作，计划引进具备专业资质、先进管理理念的第三方企业实施环卫作业，探索建立面向全国文明城市创建的长效保障机制。开展城市生活垃圾分类宣传督导服务项目，通过政府购买社工服务加志愿服务的形式，搭建“社工＋志愿者＋小区物业＋北区干部”联动工作平台，逐步实现常态化开展宣传引导和投放督导的工作机制，提高生活垃圾分类各项工作成效。全年购置配备4000个垃圾分类桶、2辆压缩式垃圾车和5个分类压缩斗箱，在城区及部分垃圾分类试点村（社区）设置2221个垃圾分类投放点，升级改造248个垃圾分类投放亭，分类投放体系及转运能力进一步提升。2022年，梅州市环境卫生管理局江南所沿江二路清扫组被评为“省巾帼文明岗”，杨清俊当选广东省第十三次党代会代表。

【生态环境】 2022年，梅江区以推动高质量发展为主题，以改善区域生态环境质量、解决群众关心的生态环境问题为目标，全区环境保护工作稳步推进。全年梅州城区环境空气质量优良率99.2%，$PM_{2.5}$平均浓度18微克/立方米，下降10%。全年全区饮用水源地水质达标率和主要河段水质达标率保持100%。在防控土壤环境风险、保障农产品质量及人居环境安全方面均达到预定目标，梅江受污染耕地安全利用类和严格管控类任务完成比例均达到100%。做好新冠疫情防控期间涉疫医疗废物监管工作，加强对医疗废水、医疗废物、城镇生活污水处理设施、集中式饮用水水源监督检查，确保疫情防控期间医疗废水、医疗废物、生活污水及时有效得到处理，筑牢抗疫生态环境安全屏障。推进挥发性有机物综合治理，建立VOCs重点企业分级管控机制，加强电子电路、木质家具等重点行业领域VOCs减排。深化工业炉窑分级管理，推动燃气锅炉实施低氧燃烧改造。落实《梅江区重污染天气应急预案》，开展城区范围扬尘喷洒治理，有效降低$PM_{2.5}$、PM_{10}、臭氧等污染物浓度。进一步加大露天焚烧督察监管力度，督促各镇（街道）继续加强露天焚烧宣传巡查管控工作。加强国控和省控水质监测断面治理，强化饮用水水源地保护，开展饮用水源地环境问题排查整治。强化受污染耕地安全利用和风险管控，因地制宜制订实施安全利用方案，加快推进土壤污染状况详查。对一般性工业固体废物产生和利用处置，实行网上申报，对48家企业进行危险废物规施化环境管理帮扶指导检查，排查发现问题112个，均完成整改。全年共出动执法人员1329人次，检查排污企业621家次；“双随机”抽查企业147家，受理各类环境信访案件581件，接待群众来访1批2人次，发出“责令改正违法行为决定书”1份，立案查处1件，处罚金额36万元，申请强制执行案件3件。全年对27家重点排污单位进行监督性监测，全部重点污染源污染物排放达标率100%。全年共受理审批建设项目38个，登记表备案84个。对65家排污单位发放排污许可证，核发技术利用单位辐射安全许可证22家，危险废物经营单位核发危险废物经营许可证1家，完成全年排污许可证质量、执行报告审核“双百”任务。全年梅江区共取得上级专项资金1.57亿元，主要用于污染天气应急应对、园区废水处理设施提标改造、农村生活污水治理、生态保护与修复等项目。2022年，环保投资6400万元，比上年增长79.4%。

【财政管理】 2022年，梅江区抓好财政收支管理，增强管财理财能力，防范化解财政风险，保障财政平稳运行。一般公共预算收入5.93亿元，比上年下降18.53%；税收返还8737万元，专款及一次性补助收入21.37亿元，债务转贷收入8737万元，上年结余4.04亿元，调入资金6687万元，动用预算稳定调节基金8118万元，收入总计34.57亿元。一般公共预算支出27.45亿元，增长4.35%，一般公共服务支出3.32亿元，增长23.33%；上解支出1.02亿元，结转下年支出6.07亿元，安排预算稳定调节基金280万元，支出总计34.57亿元。全年一般公共预算执行收支平衡。2022年梅江区政府性基金预算收入6576万元，上级补助收入8811万元，专项债务转贷收入12.40亿元，上年结余1105万元，调入资金6673万元，收入总计14.72亿元；政府性基金预算支出6.79亿元，年终结余结转5674万元，地方政府专项债务还本支出7.36亿元，支出总计14.72亿元，全年政府性基金执行收支平衡。2022年区级国有资本经营预算总支出206万元，主要是解决历史遗留问题及改革成本支出121万元，结转下年使用85万元。机关事业单位基本养老保险基金收入 2.24 亿元，上年结余 6855 万元，合计收入 2.93 亿元；养老保险基金支出 2.46 亿元，主要是基本养老金支出，收支相抵后，年末滚存结余 4643 万元。着力抓好财政收入，确保各项收入及时、足额入库。扶持企业做大做强，增强发展内生动力，支持企业技术改造、小微工业企业上规模。争取上级新增债券资金支持，加大项目推进力度，加快资金支出，扩大有效投资，全年全区获得新增债券资金 5.91 亿元。直达资金惠民生，直达资金 6.97 亿元，主要用于城乡居民基本医疗保险补助、基本公共卫生服务、城乡义务教育公用经费、就业补助、困难群众救助补助等 66 个惠企利民项目支出。环保投入优生态，将第一批中央资金 7500 万元安排于 8 个生态保护修复工程项目实施，厚植生态发展，加强污染治理。全年全区统筹安排污染防治专项资金 1.06 亿元，支持打好蓝天、碧水、净土三大保卫战。

【税费征缴】 2022 年，梅江区组织税费收入 138.06 亿元，比上年下降 0.37%。其中税务部门组织国内税收收入 97.34 亿元，下降 4.71%（还原留抵退税后国内税收收入实际增长 13.82%）；海关代征税收收入 2.42 亿元，增长 27.9%；社会保险基金收入 35.33 亿元，增长 8.07%；非税收入 5.99 亿元，增长 43.4%；出口退税 3.64 亿元，增长 25.25%。新增减税降费及退税缓税缓费 24.77 亿元，其中增值税留抵退税 20.01 亿元、新增减税降费 2.94 亿元、缓税缓费 1.82 亿元。2022 年成立由政府主导的梅江区协税护税工作专班，配合相关部门通力合作，信息共享，完善涉财税源数据共享机制，全年 23 条目录全部挂接完毕，通过大数据平台获取涉税数据 20 多万条。以精确执法为目标，进一步规范税收执法行为，加强行政执法公示平台管理，及时更新行政处罚、行政征收、行政许可、权责清单等信息。通过大数据比对，确定风险企业名单，进行实地核查，发现涉嫌虚开增值税普通发票线索立即移交稽查部门。以“我为纳税人缴费人办实事”实践活动，优化税收营商环境，通过线上线下齐问需，解决纳税人缴费人合理需求 18 项；落实“一企一策一方法”利企惠企措施，对企业涉税需求制作简单易懂的课件，推送税费优惠政策，全年对辖区内 1.22 万户纳税人开展纳税信用评价，其中 A 级纳税人 952 户，占比 7.79%，高于全市平均水平 1.82%。完成“粤智助”政府服务自助机功能升级，新增接入 41 项自助办税缴费业务，打通办税缴费“最后一公里”。

【教育事业】 2022 年，梅江区有各级各类学校 144 所，其中幼儿园 95 所（公办 14 所）、完全小学 28 所（公办 25 所）、教学点 3 个、初级中学 3 所、九年一贯制学校 7 所（公办 5 所）、完全中学 4 所、职业高中 3 所（公办 1 所）、特殊教育学校 1 所。在校学生 7.86 万人（含民办学校学生 1.85 万人），其中职业学校学生 2246 人、高中学生 6650 人、初中学生 1.23 万人、小学学生 3.92 万人、在园幼儿 1.82 万人、特殊教育学校学生 153 人。公办中小学教师 3323 人、公办幼儿园教师 67 人、特殊教育学校教师 22 人。全年全区投入教育经费 11.5 亿元，其中投入 3.54 亿元用于学校重点工程建设项目；新建或改建教学楼、体育馆、运动场等 10 个，新购计算机 628 台、电子白板或多媒体电教平台 556 套、图书 14.79 万册、学生桌木凳 4627 套。全年全区落实各类教育资助金 1100 万元，受益学生 9732 人次，其中学前教育资助 180 万元，义务教育家庭经济困难学生生活费、普通高中免学费、职业高中免学费、国家助学金、建档立卡户学生生活费五项补助共 620 万元。全年公开招聘教师 98 名，引进稀缺人才 3 名，招聘临聘教师 99 名。完成 13 名小学副校长轮岗交流，完成第二轮中小学教师“区管校聘”工作，选派 24 名教师到农村或薄弱学校支教，派出 15 名教师到广州市增城区跟岗学习。组织幼儿园教师全员职务培训 2677 人，中学教师全员职务培训 1561 人，新任班主任能力培训 57 人，师德师风建设网络培训 3963 人。2022 年全区高考参考人数 2297 人，本科上线人数 1079 人，比上年增加 90 人，其中体艺类考生入围本科线 330 人；中考入围东山中学普通分数线人数 373 人，入围东山中学指标分数线人数 1639 人，入围率 26.3%。

【文旅体育】 2022 年，梅江区充分发挥梅江文化资源优势，整合资源突出特色，繁荣群众文艺创作，建立非物质文化遗产研究与保护机构，形成以区文化馆、图书馆和镇（街道）综合文化站及村（社区）综合文化服务中心为主的三级公共文化服务体系，其中图书馆为一级馆、文化馆为二级馆、7 个镇（街道）综合文化站均达二级站以上标准，全区 81 个村、42 个社区实现综合性文化服务中心全覆盖。全区公共文化场所总面积8.96万平方米，大小文体活动广场共80多处，有4个“粤书吧”、3个“两中心融合”试点。6月，由广东省文化和旅游厅举办的全省群众文艺作品评选，梅江区选送的歌曲《等你归来》获音乐类一等奖，客家民谣《快乐客家》获音乐类二等奖。8月，由梅州市文广旅游局举办的全市群众文艺作品评选，梅江区上送作品获一等奖2件、二等奖6件、三等奖3件。围绕“喜迎二十大”“我们的节日”等主题突出、特色鲜明的专题文艺演出活动10多场次。2022年梅江区新增省级文物保护单位2处、市级3处，全区共有各级文物保护单位40处，其中国家级1处、省级12处、市级20处、县级7处。一般不可移动文物85处。拥有国家AAAA级旅游景区1家，国家AAA级旅游景区2家，省级旅游度假区1家，五星级饭店2家，三星级民宿1家，四星级民宿2家，星级农家乐5家，星级民宿4家，旅行社31家，各级旅游服务点19处。全区有省级休闲农业与乡村旅游示范镇1个，省休闲农业与乡村旅游示范点5个，省乡村民宿示范点2个，省乡村旅游精品线路1条，市乡村旅游精品线路3条。全年全区接待旅游总人数131.94万人次，旅游总收入10.31亿元。国家AAA级旅游景区全年接待游客38.31万人次，旅游收入5087.93万元，其中客天下景区全年接待游客21.92万人次，旅游收入4020.72万元；爱丽丝庄园接待游客7.88万人次，旅游收入189.94万元；广东中国客家博物馆接待游客8.51万人次，旅游收入877.31万元。2022年，梅江区西阳镇笙竹村被认定为“广东省文化和旅游特色村”，获评“广东省乡村民宿示范点”。

2022年，梅江区有体育场馆2个，足球场108块，其中教育系统足球场57块、社会足球场51块。对外开放社会足球场37块，游泳馆（池）33家，健身房16个，健身步道372.7千米，体育彩票经营门店60家。全年体育彩票销售总金额595.76万元，其中公益金分成217.87万元。全年全区有非营利性协会和俱乐部共22家，体育产业相关服务业189家，社区体育公园15个，健身小广场192个。全年投入250万元，新建城北镇觉塘片区研学文化社区体育公园；投入50万元，新建完善13个村（社区）健身小广场。2022年由梅江区组队代表梅州市参加省第十六届运动会群众组健身气功比赛获二等奖1个、三等奖4个。年末全区有单项体育协会17个，俱乐部5个，社会体育指导员1929名，晨晚练点140多个。2022年，梅江区运动员参加各级各项目比赛，获得省级冠军2个、亚军1个、季军2个，市级冠军8个、亚军2个、季军5个。全年各项目运动员注册200多人，各项目输送市体校180多人、省体校集训队5人、职业足球俱乐部梯队12人。

【卫生健康】 2022年，梅江区有卫生机构111个，其中医院类机构2个、基层医疗机构104个、专业公共卫生机构4个、其他卫生机构1个；有床位753张，其中医院类机构床位545张、基层医疗机构床位208张。全区有卫生工作人员2058人，其中医生技术人员1597人，含执业（助理）医师564人、注册护士630人。诊疗量109.98万人次，出院量1.52万人次。出生人数2483人，出生人口性别比111.14（以女性为100），出生率6.4‰。2022年梅江区病控中心综合大楼、芹洋半岛社区卫生服务中心大楼、市第二中医医院综合大楼3个在建医疗卫生项目完成投资5100万元。对接乡村振兴，基层医疗机构开展孕产妇、儿童、老年人、慢性病患者、肺结核患者、精神障碍患者健康管理等29个基本公共卫生服务项目，全年新生儿访视人数3232人，访视率99.6%。老年人中医药健康管理率70.66%，儿童中医药健康管理服务率86.41%，达到相应的要求。全年全区基本实现建档立卡的贫困人口、最低生活保障对象等特殊群体家庭医生履约全覆盖。推进医保支付方式改革，推行以按病种付费为主的多元复合式医保支付方式，逐步减少医保基金按项目付费的比例，实行季度限额，报销比例向基层医疗机构倾斜，引导群众基层首诊。全年全区实现60周岁以上的户籍人口老人意外伤害综合保险政府统筹全覆盖，为老年人提供挂号、就医等便利服务的绿色通道，设立“老年人爱心岗”，同时开展打击整治养老诈骗专项行动。2022年，完成城乡妇女“两癌”筛查任务，举行第34个爱国卫生月活动，出动病媒防制专业人员1200人次，出动病媒防制专业器械750余台次。至年末，开展环境卫生整治约50次，清理垃圾2600余吨，清除卫生黑点900余处，农贸市场清洁消毒600个次。

【疫情防控】 2022年，梅江区集中资源力量，因时因势优化防控措施，调整优化防控举措，出台《梅江区新冠肺炎医疗救助保障工作方案》，做好医疗救治、药品供应、疫苗接种、重点人群防护等工作，尽量延峰、有效削峰、平稳疫峰，最大限度保护人民生命安全和身体健康，最大限度减少疫情对经济社会发展的影响。面对突如其来的梅江“8·18”“1·20”疫情，第一时间完成平稳转换，科学精准“挖源斩链”，用最小的代价实现最大的防控效果。统筹各方资源，核酸检测、流调溯源、隔离转运、网格管理、突发事件处置等能力稳步提升。组建131人的专业流调溯源队伍，全年共排查在梅江密接人员2947人、次密接人员662人；组建500多人的医务人员队伍，开展核酸检测1130万余人次。整合储备11个集中隔离场所1775间隔离房间，隔离人员和医务人员零感染。做好梅州城区专用隔离场所服务保障，选派1294名医务人员驰援市内兄弟县区和广州、深圳、惠州等地，为全省、全市抗疫大局做出梅江贡献。应对新冠病毒变化，做足“保健康、防重症”的基础准备，确保疫情防控“迎峰转段”平稳有序，有效守护人民群众安全健康、维护社会大局和谐稳定。

镇·街道

【三角镇】 位于梅州市南部城乡接合部，镇域面积38.01平方千米。2022年，三角镇有规模以上工业企业35家，累计实现总产值50.92亿元，比上年下降18.52%；固定资产投资总额47.03亿元，下降15.1%；限额以上批发零售企业18家，累计实现销售总额100.9亿元，增长6.44%；限额以上餐饮和住宿业企业8家，累计实现营业收入6924万元，下降30.6%。全年粮食总产量871吨，下降21.74%，其中水稻总产量523吨，下降40.01%；蔬菜总产量8021吨，增长5.66%；水果总产量601吨，下降6.53%。全年全镇列入区重点建设项目2项，分别投资60亿元和1523万元；新立项项目2项，分别投资1.7亿元和5278.34万元；招商引资项目2项，分别投资1.3亿元和1亿元；全年新增入库项目23个。2022年三角镇新建和升级改造党群服务中心5个，建成干净整洁村9个、美丽乡村示范村4个，全镇13个村农村集体经济收入达15万元以上。全年三角镇受理调处各类消费投诉487宗，举报17宗，挽回经济损失30.92万元；处理网上信访案件122件，政务热线2874宗；调处各类纠纷案件411件，调解协议涉及金额191.05万元。全年常态化整治1400场次，办理行政处罚案件63件宗，罚没金额24.27万元。2022年，坜明村成功创建省“民主法治示范村”。

【城北镇】 位于梅州城区北部，镇域总面积117.78平方千米。2022年，城北镇有规模以上工业企业5家，销售总额2.43亿元，比上年下降6.4%；限额以上批发零售企业10家，销售总额6.3亿元，下降6.6%。全年城北镇完成中小学生综合教育基地投资6100万元，海吉新城农副产品商贸物流园投资5000万元；区重点项目——城北镇白围社区老旧小区改造项目（二期）动工；谋划预备项目总投资1.7亿元，紧密对接增城对口帮扶项目；夯实发展基础，投资2000万元，引进埃安汽车销售服务有限公司投入运营。全年城北镇发动环城路沿线居民、店铺改造外立面的住户500多户，新建覆盖15个村的客家特色美丽乡村示范带，完成樱花大道、桐花谷、榕树公公观景台等靓丽景点建设，玉水、扎上、扎下、干才4个村污水处理设施工程竣工。2022年城北镇村集体经济收入551.16万元，增长55.56%；全镇20个村集体经济收入超10万元。立足资源优势，突出群益枇杷种植历史悠久、色泽金黄、鲜嫩多汁的特点，利用群益枇杷村的区位优势，借力群益枇杷在广东的品牌效应，扩大群益枇杷种植面积。利用玉水村独特的富硒土壤和气候条件，引领群众有序流转土地，大力发展李果经济。集约耕地20多公顷，按照“合作社＋农户＋基地”的产业化模式，完善“种苗供应＋技术服务＋农户种植＋运输销售”的李果产业链条，带动周边213户村民种植李果，亩均产值2400元以上，农户户均增收约4500元，农业产业整体效益持续提升。依托电商平台拓宽省外销售渠道，打造群益枇杷、玉水李子、扎田花卉、塔下金柚、上村番茄、中村玉米、杨文蔬菜等特色品牌，做大做强种养、加工、渔业等“农字头”产业，带动农民增收致富。开展证照不全检查整治，保健市场虚假违法广告乱象专项整治，立案查处违法案件5件，接待消费者咨询36人次，受理消费者申（投）诉举报85件，为消费者挽回经济损失5.8万元。落实河长制责任，清理河道长18千米，清理水域面积6.1平方千米、水面漂浮物69吨，指导整改禽养殖污水处理，关闭不符合环保条件的养殖场5家，筑牢绿色发展生态屏障。

【长沙镇】 位于梅州城区南部，镇域面积94.77平方千米，山地面积7.47万公顷，耕地面积292.78公顷，森林覆盖率80.2%，空气质量优良率99%。2022年，长沙镇完成总投资700多万元的红色遗址改造项目，加快长沙墟镇段水环境整治工程建设，总投资2800多万元；全镇自然村集中供水工程全面完成，累计铺设管网30千米，总投资1100多万元；总投资400万元的海滨园老旧小区改造项目全面开工，计划投资5000万元的梅州市宝长建筑工程有限公司铝合金门窗生产线建设项目、计划投资2300万元的大密田园科普体验综合体项目顺利落户。开展农村人居环境整治，拆除破危泥砖房3600平方米，修复危旧老屋15座1.5万平方米，清理房前屋后生活垃圾4000处。实施光伏+外立面改造和“五小园”建设，全年完成100多户改造任务，建成“五小园”2个。乡村振兴示范带加快建设，探索小密村、大密村、澄滩村国防教育+“非遗”文化+特色种养等生态融合发展，以点带面夯实乡村产业基础，在小密村投入200万元，建成民兵整训基地。推广强泰丝苗米种植“合作社+农户+基地”模式，全年实现产值145万元。2022年，长沙镇6个村实现村集体收入10万元以上。坚定践行“绿水青山就是金山银山”理念，打好生态环境保卫战，做好环保督察问题整改后半篇文章，实现生态环境常态长效管理，建设生物防火林带43千米，完成森林松材线虫防治1600公顷。开展“我为群众办实事”实践活动，完成澄滩村1.5千米碧道太阳能路灯安装，6.5千米山区道路和2.28千米村道建成通车。

【西阳镇】 位于梅州城区东南部，镇域面积272.68平方千米。2022年，西阳镇规模以上工业企业24家，完成总产值45.33亿元；限额以上批发零售商品销售额完成2.66亿元。坚持“项目为王”，全面推进英帅“茶·梅花峰（银顶山）健康生态园”、梅州市工业废物管理服务项目（一期）等强镇产业项目建设。聚焦产业招商，全面践行绿色发展理念，广东华电梅州西阳镇分散式风电项目落地取得进展，双方签订合作意向书。推进“四好农村路”建设，实施3个路面硬底化、道路扩宽和改造提升工程，总里程13.39千米，总投资1110多万元。注重“强服务、建平台、引资源”，不断壮大集体经济，推动“富民兴村”项目，成立全市首个镇级乡村振兴服务中心——西阳镇乡村振兴服务中心，镇村“抱团”合办梅州市西阳山水文旅有限公司于7月6日注册，注册资本800万元。全年西阳镇新增省重点农业龙头企业3家、培育省家庭农场1家，建成6个田头小型仓储保鲜冷链设施，辖区5家茶叶企业获得梅州市首批授权使用“梅州晒茶”品牌专用标志企业名单，“柏宫源绿茶”“苏记祥绿茶”获梅州“客家炒绿”茶王称号。2022年，西阳山水文旅公司营业额突破100万元，全镇27个村村集体经济收入实现10万元以上。全年完成农房外立面升级改造89户，装光伏58户，村级电站5个。配合打造“风眠故里·百里画廊”乡村振兴示范带，建成风眠绿道公共停车场、明山村主题公园等一批亮点民生工程。12月10日，广东省委书记黄坤明率队到西阳镇直坑村实地调研考察，对西阳美丽乡村建设成效给予肯定。

【江南街道】 位于梅州城区南部，是梅州市政治、经济、文化中心，总面积5.66平方千米。2022年，江南街道规模以上工业总产值1.48亿元，比上年增长0.6%；规模以上批发零售业完成5.12亿元，增长18.43%；规模以上住餐业完成4504万元，下降20.37%。聚焦文明城市创建，全年设立文化墙46处989平方米，安装公益广告牌、宣传栏1488块，向市民发放宣传资料7.62万份。开展文明实践活动700多场次，参与人员1.45万人次，在省、市、区各类新闻媒体发表新闻报道130多篇。全年完成法院宿舍、团结路1号文明小区和市防疫站小区提升改造项目及梅南大院等6个老旧小区周边的19条巷道提升改造。全年街道受理网格事件1745件，上级交办信访案件15件，网访件67件，自办案件9件，答复率100%；办理食品经营许可证、药品许可证、营业执照等各类登记业务4000多次；处理各类消费投诉700多宗，为消费者挽回经济损失约240万元；遏制各类违法行为，发出处罚决定书137份，罚款金额15万元。2022年，江南街道完成街道联络站提升改造，首次实现全国、省、市、区四级代表进站；人大代表团投入18万元完成江南小学侧破损墙体提升改造，投入20多万元完成微民生实事20件，走访慰问困难党员、困难群众、特殊群体和困境儿童共1518户。

【金山街道】　位于梅州城区东北部，总面积35.20平方千米。2022年，金山街道规模以上工业总产值2.28亿元，限额以上批发和零售商品销售总额9.53亿元，限额以上住宿和餐饮营业总额593万元。以乡村振兴重点村周溪村“十里梅花长廊”为核心，串联攀桂坊周边东郊村、东街村、月梅村，打造“四村联动”人居环境整治项目示范片，连接辖区中国客家博物馆、东山书院、濂溪书院、李国豪故居、廖柏鸿故居等红色文化资源，打造红色精品路线。投入50多万元建设村道1000多米，推进50户农房外立面升级改造，建成“五小园”5个；投入近200万元对攀桂坊范围道路进行管线整治2.1千米，城市面貌有效提升。发展特色农产品项目，鼓励农户扩大狗爪豆种植面积，发展养蜂产业，全年金丰村狗爪豆种植面积6.5公顷，蜂蜜销售近3000千克。坚持重大矛盾纠纷一月一排查一报告制度和重大矛盾纠纷挂点领导落实办理制度，全年街道98个网格共上报网格事件2957件，全部完成办结；受理登记上级转送、交办和自办的信访案件102件，均按时答复办结；全年查处各类违法案件38件，罚没入库金额6.7万元。

【西郊街道】　位于梅州城区西部，总面积6.53平方千米。2022年，西郊街道粮食总产量33吨，比上年增长61.8%；蔬菜总产量6295吨，增长12.4%；水果总产量80吨，增长12.7%；水产总产量78.57吨，下降19.2%。全年街道规模以上工业总产值1.99亿元，下降27.2%；限额以上批发零售商品销售额10.53亿元，增长7%。树立“项目为王”理念，提升望杏坊保护活化利用水平，“鹤和楼”“司马第”“醉经楼”等古代建筑修缮项目全面完工，梅兴路片区老旧小区建筑主体改造项目、金苑小区C区老旧小区周边道路和配套基础设施提升改造项目顺利推进。投资1000万元的梅江区红色革命遗址修复保护及陈列布展项目启动，朱云卿、黄芸、杨广存等革命烈士故居进行修缮布展，整合辖区历史人文资源串珠成链，推动“特色地标”变成“思政课堂”，引领向上向善的时代风尚，打造传承优良传统、弘扬家风家教综合阵地。坚持人民至上，“龙舟水”防汛救灾期间，街道派出12个工作组816人次排查安全隐患280处，发放“明白卡”417份，转移安置群众366人次；先后投入30万元对黄塘河、黄寨河进行清淤疏通，降低汛情风险。投资54万元在11个村（社区）布排238个垃圾投放点，完成生活垃圾分类示范区建设。加强信访工作，全年受理信访案件74件，办结71件。落实党政主要领导带队检查责任制，出动执法及消防检查人员1280人次，排查各类场所3130户次，发现安全隐患3650多处，整改隐患3300多处，安装可燃气体报警装置278个，签订《安全生产责任书》150家、《消防安全责任书》2387家。

2022年，梅江区金山街道打造“四村联动”人居环境整治项目示范片

（梅江区人民政府地方志办公室供图）

附：2022年梅江区领导班子成员名单

区委书记：陈金銮
区委副书记：钟秀堂（女）
徐　甦（任至2月）
王增文（4月任职）
区委常委：王增文（任至4月）
李　俊
张峥奇
王爱峰（挂职）
钟建兵
梁　飞（挂职，任至6月）
江元泉
林勇军
姚文顺
林　松
廖文玉（女，8月任职）
区人大常委会主任：曾小喜
区人大常委会副主任：管文杰
曾江林
叶怀忠
陈战苏

王丙俊
叶秋玲（女）
区政府区长：钟秀堂（女）
区政府副区长：钟建兵
王爱峰（挂职）
梁　飞（挂职，任至6月）
林勇军
罗裕权
丘颂霞（女）
郑荣丰
张瑜祥
钟永彩
区政协主席：赖经烈
区政协副主席：杜延生
刘伟球
孙伟华
徐　莉（女）
陈启泰
卢小敏
区纪委书记：江元泉
区纪委副书记：谢文梅
王　导
区监委主任：江元泉
区监委副主任：谢文梅
王　导（1月任职）
（梅江区人民政府地方志办公室）

梅县区

【梅县区概况】　梅县区位于广东省东北部，韩江上游，梅州市中部。全区总面积2482.86平方千米。2022年，梅县区辖19个镇（办事处、高管会）、355个行政村、34个社区。2022年末，梅县区户籍人口61.67万人，常住人口55.51万人，人口出生率6.39‰，死亡率6.60‰，自然增长率-0.22‰。矿产资源以大理石、煤、铁、锰、钨、锌、铜、石灰石等为大宗。旅游景区景点有国家AAAAA级旅游景区雁南飞茶田度假村，国家AAAA级旅游景区叶剑英纪念园、雁山湖国际花园度假区、千年古刹灵光寺，国家AAA级旅游景区南寿峰健康产业园和大观天下文化旅游产业园，省级文物保护单位元魁塔，最具代表性的中国五大特色建筑客家民居围龙屋南华又庐、丙村温公祠，国家级文化产业园南口麓湖山庄，国家级古村落水车茶山村、南口侨乡村，广东省十大最美古村落雁洋桥溪村、国家历史文化名镇和历史文化名街松口、世界最大圆形建筑——梅县文体中心；主要地方名胜有阴那山、王寿山、九龙嶂等。

梅县区先后获中国金柚之乡、全国水果百强县、中国旅游强县、全国文化先进县、中国民间艺术之乡（山歌艺术之乡）、全国绿化模范县、全国绿色小康县、全国文明县城、国家卫生城市等称号，并被确认为中央苏区县、中国长寿之乡。是传统的文化之乡、足球之乡、华侨之乡。2019年，梅县区获评全国森林康养基地试点建设区、全省首批全域旅游示范区，入选国家、省级现代农业（金柚）产业园创建名单，于2021年11月获评中国民间文化艺术之乡，梅州综合保税区于2021年12月通过国家正式验收。客家文化源远流长，客家话方言以梅县客家话为代表，文化底蕴深厚，孕育出不少杰出人物。著名的有清代著名诗人宋湘、黄遵宪，辛亥革命烈士陆军上将邓仲元，中华人民共和国十大开国元帅之一叶剑英，现代著名画家林风眠，政协第七、八、九届全国委员会副主席叶选平，全国人大常委会原委员、香港金利来集团有限公司董事局原主席曾宪梓，两院“院士”古德生、张楚汉等。

【经济发展】　2022年，梅县区地区生产总值238.26亿元，比上年增长0.1%。其中，第一产业增加值59.96亿元，增长4.3%，对地区生产总值增长的贡献率为17.5%；第二产业增加值78.62亿元，下降4.7%，对地区生产总值增长的贡献率为-26.1%；第三产业增加值99.68亿元，增长1.4%，对地区生产总值增长的贡献率为9.5%。三产结构比为25.2∶33.0∶41.8。人均地区生产总值4.28万元，增长0.4%。

【工业】　2022年，梅县区坚持壮大实体、扩量提质，经济发展企稳向好。落实一揽子稳增长政策和加快实体经济振兴发展若干措施，全力稳住经济基本盘。致力打造“2＋1”产业集群，梅县产业集聚地成功创建省级新一代电子信息技术（电子专用材料）特色产业园。成功举办促进实体经济高质量发展大会暨“五个一批”活动，投资81亿元的嘉元时代年产10万吨高性能电解铜箔项目成为全市历史上单体投资最大工业项目。嘉元科技年产3.1万吨高性能铜箔技改项目全部投产，盛富金属三期、福德金属二厂等一批项目投产，超华科技600万张芯板、润龙汽车、庆达科技二期等项目有序推进。以铜箔为主的电子信息产业实现产值61.59亿元、比上年增长12.9%，打造百亿产业迈出坚实步伐。完成工业投资24.68亿元，增长18.19%，其中技改投资14.74亿元。新增规模以上工业企业15家，总数达105家；实现规模以上工业总产值190.46亿元、规模以

2022 年 6 月 8 日，梅县区与国家能源集团广东电力有限公司签订九龙嶂抽水蓄能电站项目投资意向书，项目计划投资 110 亿元

（梅县区人民政府地方志办公室供图）

上工业增加值 53.1 亿元。

【农业】 2022 年，梅县区以创建国家农业现代化示范区为目标，以国家、省级现代农业产业园为平台，聚焦特色产业，大力发展现代农业，做大做强金柚、水稻、茶叶和特色水产等优势产业，做优做精小龙虾、肉鸽、食用菌、葡萄、奈李等特色产业，打造建设一批现代特色农业产业基地，形成“一村一品、一镇一业”的特色农业与旅游业相结合格局，不断拓展农业功能形态，促进一、二、三产业融合发展。2022 年，梅县区农林牧渔业现价总产值 94.97 亿元，按可比价比上年增长 4.5%。其中，农业产值 73.2 亿元、林业产值 1.03 亿元、牧业产值 14.17 亿元、渔业产值 4.88 亿元。2022 年，梅县区获评省级休闲农业与乡村旅游重点县，入选茶叶省级现代农业产业园建设名单，国家现代农业产业园通过农业农村部考核认定。

【营商环境】 2022 年，梅县区获评省制造业发展较好县区，宝丽华、嘉元科技、超华科技入选“2022 广东企业 500 强”，嘉元科技入选“国家知识产权示范企业”、获评“第七届广东省政府质量奖”。梅州综合保税区一期封关运行、二期动工建设，引进项目 19 个，进出口总值 8.15 亿元，国际无水港基本建成。发挥企业创新主体作用，认定国家科技型中小企业 32 家、高新技术企业 8 家，新增专精特新企业 11 家、省工程技术研究中心 1 家。着力促消费稳外贸，完成社会消费品零售总额 145.05 亿元，进出口总额 26.2 亿元。

【旅游】 2022 年，梅县区以文化和旅游深度融合为主线、以创意人文构建城市品牌体系、以社区引领驱动供给改革、以活动导向塑造文旅品牌、以创意赋能树立城市标签，彰显文旅的大产业、大民生、大展示功能，促进文化和旅游产业高质量建设，提升梅县区在全国的文化旅游影响力。公共服务水平得到进一步提升，培育具有引领性的城市公共文化品牌，主客共享的全域旅游服务体系不断完善；产品供给体系实现新一轮迭代升级，基于社区的生态旅游模式探索取得成效，一批以精品度假为核心的集聚区初步形成，旅游跨界融合频繁；文化和旅游融合体制机制改革取得新成效，居民获得感不断增强，精神文化生活日益丰富。“十四五”时期，在社区导向型旅游发展、人文导向型城乡发展理念引导下，提出打造生态型休闲度假旅游高地、红色旅游融合发展示范区、客家精神家园展示区、公共文化服务标杆四大具体目标。“叶帅故里 · 大美梅县”品牌深入人心。依托客家文化生态保护区、三宜城乡风貌建设基础，在全市率先建设成为人文艺术引领型、精品度假驱动型、景观城市发展型的全国全域旅游示范区建设标杆、客家文化精神高地。2022 年，梅县区巩固提升国家全域旅游示范区创建成果，旅游接待 107.42 万人次、旅游收入 8.34 亿元。

【交通基础设施建设】 2022 年，梅县区公路硬化通车总里程 3560 千米，公路密度达每百平方千米 143.43 千米。其中，高速公路 7 条（段）共 136.5 千米，国道 2 条共 84.18 千米，省道 11 条共 465.49 千米（包括 307.34 千米新升省道），农村公路 2873.84 千米。全区通镇公路达三级路以上，镇通村公路全部实现路面硬化，通 100 人（20 户）以上自然村道路基本实现路面硬化。全区已开通城乡公交线路 82 条，途经全区新能源电动公交车 1361 辆，全区 355 个建制村开通公交。

【城乡建设】 2022 年 3 月，梅县区成功申报 2022 年传统村落集中

2022 年，梅县区西部旅游快线第五标段（梅县区人民政府地方志办公室供图）

连片保护利用示范县（市、区），是广东省唯一入选的县，区住建部门组织编制《梅县区传统村落集中连片保护利用规划》，推进投资4500 万元的梅县区传统村落集中连片保护利用示范项目建设工作，通过一同谋划、一体规划、一同建设，借鉴先进经验，不断细化工作方案，确保传统村落集中连片保护利用示范建设项目快速推进。2022年，梅县区推动重点工程及市政基础设施建设，推进“十个一批”等民生实事。对续建的梅县新城地下管廊等市政基础设施工程、梅县新城棚户区改造工程、程江河段棚户区改造工程、梅县区人民南路断头路市政道路工程、梅县区西片区储备地三条市政道路工程、梅县区公园北路梅花城侧道路工程、梅县区扶大变电站侧垃圾压缩中转站配套建设公厕工程、客都大桥至高铁梅州西站段沥青路面改造工程二期建设项目进行项目监管和协调推进，同时做好部分完工项目的收尾结算工作。对新建的梅县区电力管沟项目、大新城新满街与新富街步行砖路面改造工程、梅花山公园环山路升级改造工程做好前期调研、协调等工作。全力推进广梅中路金锭花园人行天桥工程、扶外路市政道路改造工程。

【生态环境】 2022 年，梅县区环境质量保持良好，未发生因环境问题引发的集体上访和群体性事件，未发生重大污染事故。梅县区新城环境空气质量优良率 99.4%，各项污染物平均浓度符合国家环境空气质量二级标准；6 个地表水考核断面（1 个省考断面、5 个市考断面）平均水质均达到或优于Ⅲ类，平均水质优良率 100%，平均水质达标率 83.3%（松源河铜盘桥断面平均水质未达标）；受污染耕地安全利用措施到位率 100%，受污染耕地安全利用率达 90%以上；全区城镇生活垃圾无害化处理率 100%；工业危险废物安全处置率 100%，医疗废物安全处置率 100%。城区环境噪声基本符合城市噪声质量标准。

【自然资源】 2022 年，梅县区耕地面积 1.12 万公顷，园地 2.67 万公顷，林地 18.15 万公顷，草地 1428.86 公顷，城镇村及工矿用地 1.43 万公顷，交通运输用地 3113.63 公顷，水域及水利设施用地 7619.23 公顷，其他土地 1746.6 公顷，湿地 42.63 公顷。共有 27 家矿山企业（12 家建筑石场、1 家矿泉水企业、3 家铁矿、1 家铜矿、8 家石灰石矿、1 家银锑矿、1 家大理石矿）。

【科学技术】 2022 年，梅县区有国家高新技术企业 34 家，国家企业技术中心 1 家，国家“星创天地” 1 家、省“星创天地”2 家，省创新型企业 2 家、省创新型试点企业 1 家，省企业重点实验室 1 家，省工程技术研究中心 11 家、市工程技术研究中心 34 家，省部产学研示范基地 3 家、省科技特派员工作站 7 个，省部产学研合作重点实验室培育单位 1 家，省产业技术创新联盟 1 个，省技术创新专业镇 8 家、市技术创新专业镇 2 家，省众创空间试点单位 2 家，省科技企业孵化器 1 家，省青少年科技教育基地 4 家。

【教育】 2022 年，梅县区有各级各类学校 61 所（其中，完全中学 8 所，初级中学 11 所，九年一贯制学校 6 所，中心小学和直属小学 28 所；民办中小学 4 所，即富力足球学校、同仁北实新世纪学校、梅州市外语实验学校、华业外国语学校；中等职业学校 2 所，即第一职业学校、梅州英才外语学校；特殊教育学校、青少年宫各 1 所）。幼儿园 133 所（其中，公办幼儿园 36 所、民办幼儿园 97 所）。另有在建民办学校 1 所，即梅州市东山培英高级中学。

【文化艺术】 2022 年，梅县区文化馆在全区范围内征集一批优秀群众文艺作品，共收到各类作品 16

件，其中戏剧曲艺作品6件、音乐作品9件、舞蹈作品1件。主要创作艺术作品有大型山歌剧《血蝴蝶》（原名《九龙烽火》）、木偶剧《哪吒闹海》、开场舞《伟大旗帜》、音诗舞《我们的绿水青山》、舞蹈《绿水青山》《中国书法》、歌伴舞《祖国万岁》《领航》《以人民的名义》《江山》《人民至上》、快板表演唱《民法典记心中》《赞清风》、音乐表演唱《林嫂直播间》《转妹家》、山歌对唱《叶帅故里法润梅县》《阅读新时代 奋进新征程》《山歌唱响新时代》《文明城市惠人民》《非遗文化系民情》《南粤家政好工程》《乡村振兴惠人民》《一村一村歌》《闽粤赣边一家亲》《客家文化客家情》、儿童音乐剧《你好 茅洲河》、儿童剧《金宝的奇幻冒险》、青少年法治教育舞台剧《平行西游之超能护“未”队》等。11月18日，梅县区畲江镇抗疫MV《光里畲江》发布；11月19日，梅县区畲江镇抗疫歌曲《有梦就会站起来》发布；11月30日，由梅县区文化广电旅游局出品、梅县区融媒体中心制作的原创战疫MV《风雨同舟》发布。

【社会民生】 2022年，梅县区坚持建管并举、统筹兼顾，城乡发展持续提升。滚动实施城建“十个一批”重点民生项目，程江、大沙安置区竣工验收，三丰安置区、宪梓公园基本完工，梅汕高铁安置区建设有序推进，梅花山脚地块征拆工作全面完成，天虹购物中心、48个老旧小区改造等项目稳步推进。新改建城区20.9千米污水管网，改造完成10个老旧小区供水管网。深化创文巩卫，开展六大专项整治行动，市容市貌不断提升，入选中国最美县域和全国传统村落集中连片保护利用示范区。实施美丽圩镇建设攻坚行动，高质完成城乡17家农贸市场升级改造，17个圩镇达到宜居圩镇标准，畲江、雁洋成为示范圩镇。畲江镇域乡村振兴规划获评全省一等奖。围绕“三色同辉、三产融合、三线同美”，创建丙雁乡村振兴示范带，引领美丽乡村“1+N”建设。丙村镇红光村获评中国美丽休闲乡村。制订农房风貌改造提升、老屋拯救行动等奖补政策，完成民房改造1520座，打造“四小园”5852个，建成美丽庭院5957户。完成农村问题户厕无害化卫生改造322户、自然村内干路硬底化16.3千米，建成镇级污水处理设施23座、村级污水处理设施218座。全区金柚种植面积达1.81万公顷，产量56万吨，产值43.5亿元，人均金柚收入9600元。茶叶省级现代农业产业园获批。打造43个“一村一品”专业村、2个乡村产业社区，石坑奈李、石扇咸菜、大坪小龙虾等特色农业产业持续发展。全区农民人均可支配收入达2.55万元，高于全省、全国平均水平，76%的村集体年收入达10万元。完成撂荒地复耕复种3693.33公顷，建成高标准农田100公顷，新增垦造水田56.67公顷，种植粮食2.38万公顷，完成上级下达任务。驻镇帮镇扶村各组团单位筹集资金1000多万元支持乡村振兴。

乡镇、办事处、高管会

【新城办事处】 位于梅县区城区，总面积3.88平方千米。辖5个社区。2022年，常住人口总户数近3万户，常住人口7万多人，其中户籍人口2.3万多人。税收收入1.6亿元，固定资产投资完成7255万元。

【扶大高管会】 梅州高新技术产业开发区梅县（扶大）园区管理委员会（简称扶大高管会）位于梅县区城区，距梅州市区5千米，总面积18.8平方千米。辖4个村和1个社区。2022年，有6489户，在册人口1.72万人。规模以上工业企业总产值3.4亿元。

【程江镇】 位于梅县区新县城。是梅县区的政治、经济、文化中心。国道205线、206线及宪梓大道、人民大道，梅河、天汕、梅大高速公路纵横贯穿全镇。是广东省卫生镇、教育强镇、文明镇、生态镇，是梅州市文化先进镇、平安镇、生态镇。总面积61平方千米，其中耕地面积497.3公顷、山地有林面积2966.87公顷。自然资源有钴、煤、石灰石、矿泉水等资源，其中煤炭储量丰富。辖14个村和3个社区。2022年，户籍人口5.2万人，常住人口14万多人。税收收入4.74亿元，比上年减少27.73%。

【南口镇】 位于梅县区西南部，距梅州市区14千米。总面积262.5平方千米，其中山林面积1.85万公顷、耕地面积2400公顷、城镇面积2.5平方千米。矿产资源主要有钴、锰、煤、石灰石、硅石、钨、钼、铁、金、稀土、高铝土、铀等。辖46个村和3个社区。2022年，总户数1.96万户，总人口7.05万人。税收收入2459万元。

【畲江镇】 位于梅县区南部，距梅州市区 43 千米。国道 206 线贯穿全镇，广梅汕铁路、梅汕高铁穿境而过，梅汕高铁在畲江镇设立畲江北站，是汕梅、梅河高速公路交会中心，是梅畲快速干线的终点。是全国重点镇、全国文明镇、省立中心镇、省编织工艺专业镇、省卫生镇，是广梅产业园、梅州综保区、松棚铁路物流货场所在镇。总面积 175 平方千米。辖 23 个村和 2 个社区。2022 年，户籍人口 4.92 万人。规模以上工业总产值 35.48 亿元，固定资产投资完成 9.33 亿元。

【水车镇】 位于梅县区南部，距梅州市区 30 千米。梅汕高铁、梅汕铁路、国道 206 线、梅畲快线、县道 023 线穿镇而过。总面积 123 平方千米，其中山地 9333 公顷、耕地 933 公顷，鱼塘约 300 公顷。辖 18 个村和 1 个社区。2022 年，全镇有 6486 户，总人口 2.3 万人。工商税收入 194.51 万元，固定资产投资 1.37 亿元。

【梅南镇】 位于梅县区南部，距梅州市区 17 千米。广梅汕铁路、国道 206 线、梅揭高速公路，以及在建汕梅高铁、梅畲快线穿境而过。是国务院命名的第一批革命老区，是梅县区申报中央苏区县的主要革命遗迹地之一，朱德、古大存、李坚真、王维等革命老前辈曾驻扎开展革命工作，也是中国现代象征派鼻祖、知名雕塑家李金发和国学家、教育家古直的故乡。总面积 145 平方千米，辖 16 个村和 1 个社区。2022 年，总户数 4539 户，总人口 1.92 万人。税收收入 2949.53 万元，规模以上工业总产值 2.5 亿元。

【梅西镇】 位于梅县区西北部，距梅州市区 51.4 千米。辖 17 个村和 2 个社区，总面积 92.7 平方千米。辖内交通要线主要有县道 020、010 线及济广高速平兴段（梅西辖内长 12.8 千米），设有梅西互通收费站。2022 年，总户数 8284 户，总人口 3.09 万人。财税收入 388 万元，规模以上工业总产值 1.63 亿元。

【石坑镇】 位于梅县区西北部，距梅州市区 45 千米。总面积 88.07 平方千米，其中山地 6666.67 公顷、耕地 780 公顷。有 17 个村和 1 个社区。石坑镇除出产稻谷，还有奈李、两茶（食茶、油茶）等传统特产，是广东省名茶——单丛茶的重要产地。2022 年，总户数 7334 户，人口 2.7 万人。限额以上批发零售商品销售额 2329 万元。

【大坪镇】 位于梅县区西北部，距梅州市区 30.5 千米。省道 242 线贯穿全境。总面积 76.7 平方千米，辖 12 个村和 1 个社区。2022 年，总户数 5773 户，总人口约 2 万人，其中常住人口约 1 万人。税收收入 162.53 万元，乡镇净收入 99.25 万元。

【城东镇】 位于梅县区东北部，距梅州市区 8 千米。总面积 79.3 平方千米，圩镇面积 1.2 平方千米，耕地面积 391.46 公顷，林地面积 5226 公顷，森林面积 5653 公顷。辖 12 个村和 1 个社区。矿产资源丰富，分布面广，煤、锰、铜、铅、锌、石灰石、建筑石和黏土等较为突出。是广东省（机电）技术创新专业镇、广东省教育强镇。2022 年，有 5505 户，在册人口 2.1 万人。规模以上工业总产值 14.53 亿元，固定资产投资完成 11.68 亿元，税收收入 1.13 亿元。

【石扇镇】 位于梅县区西北部，距梅州市区 18 千米。总面积 94.3 平方千米，辖 12 个村和 1 个社区。2022 年，户籍人口 6255 户 2.12 万人，是全国"一村一品"创新专业镇、广东省森林小镇、广东省卫生镇。规模以上工业产值 2.27 亿元，比上年减少 21.9%；限上批零产值 3242 万元，减少 37%；税收收入 558.38 万元。

【丙村镇】 位于梅县区东部，距梅州市区 26.8 千米。旅游快线省道 223 线、224 线及梅大高速公路、嘉应环城高速和梅坎铁路贯通丙村。素有"梅县文化之乡、华侨之乡、足球之乡"的美誉。总面积 171 平方千米，耕地面积 1332 公顷，林地面积 1.25 万公顷。辖 21 个村和 1 个社区。2022 年，全镇户籍人口 4.2 万人。规模以上工业总产值 58.5 亿元，比上年增长 5.2%；固定资产投资完成 1.29 亿元。

【雁洋镇】 位于梅县区东北部，总面积 188 平方千米，辖 27 个村和 2 个社区。是叶剑英元帅的故乡、国际慢城、全国乡村旅游重点镇、中国特色小城镇、广东特色小镇创建示范点。辖内交通便利，省道 223 线、224 线及梅坎铁路、韩江水运、梅大高速公路穿境而过，在三乡圩镇、丙雁交界处开通有高速路出入口，镇通行政村道路全部实现水泥硬底化。2022 年，有 8622 户、3.39 万人。规模以上工业企业产值 64.9 亿元，比上年增长 18.2%；固定资产投入完成 4 亿多元；税收收入 6 亿元。

【白渡镇】　位于梅县区东北部，距梅州城区 24 千米。总面积 187.6 平方千米，山地面积 1.47 万公顷，耕地面积 1358.5 公顷，圩镇面积 0.43 平方千米。辖 24 个村和 1 个社区。是广东省卫生镇、广东省教育强镇、广东省宜居示范镇。2022 年，总户数 8076 户，户籍人口 2.85 万人。固定资产投资 13 亿元，比上年增长 54.8%；规模以上工业总产值完成 3.9 亿元。

【松口镇】　位于梅县区东北部。建制早于梅州，是岭南四大古镇之一、客家先民南迁的始居地之一，也是孙中山发动辛亥革命的策源地之一，负“自古松口不认州”盛名，享“文化之乡、华侨之乡、山歌之乡”美誉。总面积 328 平方千米，其中耕地面积 572.85 公顷（其中水田面积 548.16 公顷）、林地面积 6368.34 公顷。辖 41 个村和 5 个社区。2022 年，总人口 6.3 万人，规模以上工业企业总产值 8133.3 万元。2022 年，松口镇被评为“全国重点镇”“广东省金柚技术创新专业镇”，松口古镇、古街区被公布为“中国历史文化名镇”“中国历史文化名街”。

【隆文镇】　位于梅县区东北部，距梅州市区 62.5 千米。总面积 114.3 平方千米。辖 14 个村和 1 个社区。2022 年，总户数 6535 户，总人口 2.28 万人。财税入库 169.34 万元，镇级净收入 61.97 万元，固定资产投资 490.89 万元。

【桃尧镇】　位于梅县区东北部，距梅州市区 67.5 千米。总面积 118 平方千米，圩镇面积 1.5 平方千米。有铁、稀土和石灰石等资源，水资源丰富。辖 15 个村和 1 个社区。2022 年，总户数 3948 户，总人口 1.75 万人，常住人口 7227 人。工商税收入 73.2 万元，固定资产投资 1580 万元。

【松源镇】　位于梅县区东北部，距梅州市区 93 千米。总面积 149.5 平方千米，圩镇面积 3.5 平方千米。境内矿产资源有锰、铁、铀、煤、金、瓷土和石灰石等资源，宝坑锰矿、杨阁铁坑铁矿储量丰富。辖 22 个村和 1 个社区。2022 年，有 1.1 万户，在册人口 4.2 万人。工商税收 632.13 万元。

附：2022 年梅县区领导班子成员名单

区委书记：温助民
区委副书记：王　锋
　张小兰（女）
区委常委：李瑞全
　赖启忠
　骆小锐
　张贤亮
　宋碧峰（挂职）
　吕瑜泉
　赖宇坚
　曾万灵
　葛建明
区人大常委会主任：曾庆辉
区人大常委会副主任：涂戈峰
　谢　芳（女）
　王英豪
　梁新强
　叶世振
　张炳荣
区政府区长：王　锋
区政府副区长：张贤亮
　宋碧峰（挂职）
　吕瑜泉
　王宏基
　刘演政
　陈海晗
　陈春妮（女）
　彭　华
区政协主席：罗时亮
区政协副主席：郭龙元
　余洪昌
　李　刚
　徐婉玲（女）
　林作鹏
　凌宏志
区纪委书记、监委主任：曾万灵
区纪委副书记、监委副主任：徐　涛
　冯　青

（梅县区人民政府地方志办公室）

兴宁市

【兴宁市概况】　兴宁市位于广东省东北部，东江、韩江上游，东连梅县区，南邻丰顺县，西接五华县、龙川县，北接平远县、江西寻乌县，总面积 2104.85 平方千米。辖 17 个镇、3 个街道、458 个村和 46 个社区。2022 年末，全市户籍人口 114.98 万人，常住人口 77.03 万人。

兴宁是中央苏区县、全国粮食生产先进县、全国重点产茶县、全国体育先进县、全国东南沿海出口蔬菜重点区域基地县（市），有文化之乡、华侨之乡、足球之乡、商贸之乡、中国油茶之乡、客家山歌之乡、中国民间艺术杯花舞之乡、中国围龙屋之乡、中国花灯之乡、中华诗词之乡的美誉。兴宁市有保

存较好的围龙屋 2500 多座，占梅州市总量的 60%以上，其中 100 多座被评为特色古民居。

兴宁市矿藏资源丰富，有煤、磁铁矿、石膏矿、钒钛磁铁矿、硫铁矿、萤矿、石灰石矿、稀土矿等矿藏资源 39 种，矿点 230 多处，总储量约 9 亿吨，是广东省重点矿藏大县（市）之一。有国家级森林公园 1 个（神光山国家森林公园）、省级自然保护区 1 个（兴宁铁山渡田河省级自然保护区）、市级自然保护区 6 个。土特产主要有茶叶、高山茶油、沙田柚、珍珠红酒，风味小食有砸粽、鸡颈粄、萝卜粄、黄粄、艾圆等。兴宁茶油、兴宁单丛茶获得国家地理标志证明商标。

2022 年，兴宁市被评为国家县域商业行动示范县、全国县域农业农村信息化发展先进县、“四好农村路”全国示范县创建单位、广东省全域旅游示范区。“电商物流 + 农村客货同载 + 商超联运”获评全国农村物流服务品牌。兴宁茶油、兴宁丝苗米入选全国第二批名特优新农产品名录。

【经济发展】 2022 年，兴宁市地区生产总值 200.99 亿元，比上年增长 1.1%。其中，第一产业增加值 53.53 亿元，增长 4.5%；第二产业增加值 37.1 亿元，增长 1.2%；第三产业增加值 110.37 亿元，下降 0.6%。工业总产值 99.03 亿元，工业增加值 24.59 亿元。固定资产投资下降 4.7%；社会消费品零售总额 103.11 亿元，下降 0.9%；进出口总额 7.14 亿元，增长 8.1%。地方一般公共预算收入 9.56 亿元，下降 10.2%。

【农业】 2022 年，兴宁市实现农业总产值 87.6 亿元、比上年增长 5.5%。粮食作物播种面积 4.32 万公顷，粮食产量 29.35 万吨。新认定粤港澳大湾区“菜篮子”生产基地 8 家、省级农民合作社示范社 2 家，新增“粤字号”农业品牌 3 个。新培育农业龙头企业 11 家，新获“三品”（无公害农产品、绿色食品、有机农产品）认证企业 2 家、产品 4 个。坭陂镇角塘村获评省“一村一品”示范村。丝苗米省级产业园提质增量，肉鸽省级产业园加快建设，油茶产业获评省林业特色产业发展基地。

【乡村振兴】 2022 年，兴宁市新建高标准农田 1000 公顷，垦造水田 54.47 公顷、新增水田指标 9.03 公顷。实施美丽村屋、美丽村道项目 100 个，70%以上村庄达到美丽宜居村标准。推进 10 条乡村振兴示范带建设，“茶果飘香·醉美径南”示范带初具规模。“兴宁茶油”“兴宁丝苗米”入选第二批全国名特优新农产品名录。持续做好驻镇帮镇扶村工作，巩固脱贫攻坚成果，提高村集体经济收入，全市 75%以上行政村集体收入实现 10 万元以上。市、镇两级乡村振兴人才驿站实现全覆盖。兴宁市被评为 2022 年全国县域农业农村信息化发展先进县。

【工业】 2022 年，兴宁市完成工业投资 13.75 亿元，实现规模以上工业增加值 19.2 亿元，比上年增长 7.1%。新增“小升规”企业 8 家，红禾朗电工等 10 个项目开工建设，恒兆科技等 23 个项目建成投产。引进项目 19 个，计划投资总额达 80 亿元。其中，工业项目 32.4 亿元，增长 173.8%。工业园区完成固定资产投资 7 亿元；新进园项目 10 个，计划投资总额 17 亿元。完成土地收储 25.84 公顷，叶塘安置区二期、兴宁·天河创新产业园二期竣工交付，创新产业园三期等项目加快推进，总投资 50 亿元的医疗器械产业园启动建设，蓝韵医疗、辰浩医疗等 10 家企业先后试产。

【招商引资】 2022 年，兴宁市围绕医疗器械、装备制造、电子信息、食品工业等重点产业方向开展招商引资工作，全年新签约合同项目 19 个（试产投产 11 个、在建 7 个、试营业 1 个），计划投资总额 80.04 亿元。其中，超亿元合同项目 15 个，计划总投资 77.64 亿元；工业合同项目 15 个，计划总投资 32.36 亿元。

【城乡建设】 2022 年，兴宁市完成“三区三线”划定，基本构建国土空间规划总体格局。新档案馆建成启用，梅龙高铁（兴宁段）加快建设，高铁站前综合广场和配套工程、官汕路改建等项目动工建设。新改建中低压配电网 298 千米。实现 5G 网络城区全覆盖。新改建农贸市场 4 个，改造老旧小区 12 个。省县级文明城市、国家卫生城市创建工作和“两美”行动深入推进，新建垃圾分类示范社区、绿色社区各 9 个，城区建成区 60%村（社区）实现生活垃圾分类全覆盖。实施圩镇人居环境提升工程，所有圩镇达到宜居圩镇标准，合水镇、石马镇达到示范圩镇标准。

【旅游】 2022 年，兴宁市成功创建广东省全域旅游示范区，旅游集散中心建成使用，新增 AAA 级旅游景区 2 家(粤东云山谷生态旅游区、珍珠红诚意酒城旅游区)。接待游客 89.12 万人次，旅游总收入 6.63 亿元。

【生态环境保护】　2022 年，兴宁市城区污水主管网实现全覆盖，全市饮用水源地水质达标率、空气质量优良率均达 100%，环境空气质量在全省县（市、区）排名第九，森林覆盖率 67.1%，林地绿化率 99.1%。第二轮中央环保督察案件全部办结。加快推进铁山嶂废弃矿区综合治理等山水修复项目，实施和山岩水库等一批水库清淤工程。河（湖）长制、林长制落实有力，完成高质量水源林 495.27 公顷、新造林抚育 515.53 公顷。

【民生保障】　2022 年，兴宁市民生支出 60.9 亿元，增幅 0.13%，占一般公共预算支出的 85.9%。“粤菜师傅”“广东技工”“南粤家政”工程全年培训 3322 人次，新增城镇就业 4080 人。举办各类招聘会 60 场，达成就业意向 2858 人。做好医保、社保扩面征缴，常住人口基本医保参保率 100%。发放低保资金 1.14 亿元、特困人员供养资金 5526 万元；支出医疗救助金 4322.11 万元，救助困难群众 6.91 万人次。镇（街）社会工作服务站点和困难群众、特殊群体社会工作服务实现全覆盖。十件民生实事全面完成。

【教育】　2022 年，兴宁市新增学位 2530 个。其中，义务教育学位 2350 个，学前教育学位 180 个。兴宁市第一中学、兴宁市实验学校 2 个教育集团入选省级优质基础教育集团培育对象。小学学龄人口毛入学率 100%，初中学龄人口毛入学率 111%，小学毕业生升学率 100%，初中毕业生升学率 58.5%，高中毕业生升学率 99.2%，考上大专及以上学校人数 5037 人，其中本科 2269 人。

【文化】　2022 年，兴宁市新增省级“非遗”项目 3 个（兴宁李家教拳、兴宁版画、兴宁珍珠红酒酿造技艺）、市级“非遗”项目 3 个、县级“非遗”项目 6 个，省级文保单位 2 个（何天炯旧居、恒云楼）。在粤东西北地区率先全面启动镇志编修，《大坪镇志》成为《广东省地方志工作条例》实施以来梅州市首部出版的镇志。建成图书馆分馆服务点 4 个。全市公共图书馆藏书 40.11 万册，博物馆馆藏物品 3595 件，全年送书下乡 6321 册。开展全民阅读系列活动 21 场，惠及群众 15.3 万人次。是年，设立兴宁市文物局。

2022 年，兴宁市建成的“四好农村路”　（兴宁市交通运输局供图）

【医疗卫生】　2022 年，兴宁市有卫生机构 654 个，病床 3166 张，每万人拥有床位数 26.3 床；卫生专业技术人员 4164 人，每万人全科医生数 2.62 人。兴宁市健全门诊共济保障机制，推进药品和医用耗材集中带量采购，降低就医负担。新建市人民医院完成主体建设。做好疫情防控工作，全面抓好方舱医院等“九大能力”建设，支援其他地区、接收隔离人员，狠抓医疗资源提质扩容、药品供应、重症救治、疫苗接种等工作，实现疫情防控转段平稳有序。是年，石马镇成功打造全国医疗保障基层服务示范点。

【深化改革】　2022 年，兴宁市深入推进“放管服”改革和“数字政府”建设，推动行政审批事项 100% 网上受理、100%网上办结。加快镇街体制、国有企业、群团机关等改革，政府治理体制不断完善。深化商事制度改革，激发市场活力，新登记市场主体 7296 家。推进土地管理改革，盘活存量建设用地。推进“智慧农业”和省数字乡村发展试点县工作，建成益农信息社 386 家。强化创新驱动，认定国家高新技术企业 5 家、科技型中小企业 35 家，兴宁市中小企业服务中心获评国家中小企业公共服务示范平台，绿粮农业科技项目获评省科技进步

2022 年 12 月 19 日，兴宁市第八届“市长杯”足球联赛开赛

（兴宁市文化广电旅游体育局供图）

一等奖，明珠流体公司成功申报国家知识产权优势企业。

【体育】 2022 年，兴宁市有标准体育场 2582 个，小运动场 43 个，各类球、场馆 2031 个。新建 2 个社区体育公园（径南镇陂蓬村社区体育公园、罗岗镇黄龙寨体育公园）。举办第八届“市长杯”足球联赛、“全民健身日”系列活动启动仪式暨“中国体育彩票杯”骑行活动、大学生“篮协杯”夏季篮球联赛、“中国体育彩票杯”小学生篮球赛 4 个体育活动。兴宁市蹦床队代表梅州参加广东省第十六届运动会蹦床比赛，取得 4 枚金牌、1 枚银牌、2 枚铜牌，成功实现省运会金牌“零”的突破。

镇·街道

【兴田街道】 位于市境西南 300 多平方千米的宁江盆地中部，是兴宁的政治、经济、文化中心。东连宁新街道，南接福兴街道，西连新陂镇，北邻宁中镇，总面积 14.86 平方千米。2022 年，辖 6 个村和 16 个社区，街道户籍人口 17.8 万人，常住人口 13.2 万人。耕地面积 367.53 公顷，水田面积 328.67 公顷。粮食种植面积 573.53 公顷，总产量 3952 吨。其中，水稻种植面积（“两造”）548 公顷，总产量 3866 吨。镇级财政预算内收入 1.22 亿元。

【宁新街道】 位于兴城东南，东连永和镇、坭陂镇，南靠刁坊镇，西邻兴田街道、福兴街道，北毗宁中镇，总面积 29 平方千米。2022 年，辖 12 个村和 8 个社区，年末总人口 5.08 万人。耕地面积 711.93 公顷，其中水田面积 646.53 公顷。粮食种植面积 1236.2 公顷，总产量 8273 吨。其中，水稻种植面积（“两造”）1124.27 公顷，总产量 7890 吨。镇级财政预算内收入 6005.46 万元。

【福兴街道】 位于宁江河西南岸，东连宁新街道、兴田街道，西邻五华转水镇，南毗刁坊镇，北靠新陂镇，有国家 AAAA 级旅游景区——神光山国家森林公园，总面积 34.94 平方千米。2022 年，辖 10 个村和 4 个社区，年末户籍人口 3.67 万人。耕地面积 370.33 公顷，水田面积 280 公顷。粮食种植面积 653.33 公顷，总产量 4900 吨，其中水稻种植面积（“两造”）533.33 公顷，总产量 4000 吨。镇级财政预算内收入 7177 万元。工农业总产值 5.47 亿元，其中工业总产值 3.25 亿元、农业总产值 2.22 亿元。

【宁中镇】 位于兴宁市城区东北面，东连永和镇，南毗宁新镇，西邻兴田街道、新陂镇、叶塘镇，北与龙田镇、石马镇接壤，总面积 43.63 平方千米。2022 年，辖 23 个村和 1 个社区，年末户籍人口 3.51 万人。耕地面积 1273.86 公顷，水田面积 1095.13 公顷。粮食种植面积 1719.46 公顷，总产量 1.17 万吨，其中，水稻种植面积（“两造”）1652.4 公顷，总产量 1.15 万吨。镇级财政预算内收入 3425.22 万元。工农业总产值 2.75 亿元，其中工业总产值 7721.5 万元、农业总产值 1.97 亿元。农民人均纯收入 0.97 万元。

【刁坊镇】 位于兴宁市东南部，东邻坭陂镇，南连五华县水寨、转水两镇，西接福兴街道办事处，北依宁新街道办事处，总面积 58.01 平方千米。2022 年，辖 22 个村和 1 个社区，年末户籍人口约 4 万人。耕地面积 1461.27 公顷，水田面积 1344.6 公顷。粮食种植面积 2135.87 公顷，总产量 1.48 万吨，其中水稻种植面积（“两造”）2061.4 公顷，总产量 1.46 万吨。镇级财政预算内收入 3345.65 万元。全年实现工农业总产值 6.67 亿元；农民人均纯收入 1.74 万元。

【坭陂镇】 位于兴宁市中南部，东连新圩镇，西接刁坊镇、宁新街道，南邻五华县，北接永和镇，总面积 87.87 平方千米。2022 年，辖 31 个村和 1 个社区，年末户籍人口 8.04 万人。耕地面积 2538.87 公顷，水田面积 2301.53 公顷。粮食种植面积 3778.6 公顷，总产量 2.62 万吨。其中，水稻种植面积（“两造”）3537.2 公顷，总产量 2.48 万吨。镇级财政预算内收入 2487.11 万元。

【龙田镇】 位于兴宁市中部，东连石马镇，南接宁中镇，西邻叶塘镇，北连合水镇，距城区 8 千米，总面积 45.9 平方千米。2022 年，辖 16 个村和 1 个社区，年末户籍人口 4.29 万人。耕地面积 1276.4 公顷，水田面积 1033.8 公顷。粮食种植面积 1842.13 公顷，总产量 1.23 万吨。其中，水稻种植面积（“两造”）1613 公顷，总产量 1.15 万吨。镇级财政预算内收入 2011.68 万元。

【合水镇】 位于兴宁市中北部，距市区 15 千米，东连石马镇，西接叶塘镇，南与龙田镇相邻，北靠黄陂镇、大坪镇，东北与梅县区西部交界；因“粤东明珠”合水水库坐落境内而得名合水，总面积 101.98 平方千米，是广东省“教育强镇”“广东省卫生镇”“兴宁市龙眼基地镇”和“茶叶基地镇”。2022 年，辖 21 个村和 2 个社区，年末户籍人口 3.74 万人。耕地面积 760.53 公顷，水田面积 728.07 公顷。粮食种植面积 1305.13 公顷，总产量 8711 吨。其中，水稻种植面积（“两造”）1174.27 公顷，总产量 8208 吨。镇级财政一般预算收入 513.1 万元。

【叶塘镇】 位于兴宁市西北部，东邻龙田镇、合水镇，南接新陂镇、五华县，西靠龙川县，北连大坪镇，总面积 166.81 平方千米，是兴宁重点发展镇之一。2022 年，辖 41 个村和 1 个社区，年末户籍人口 8.23 万人。耕地面积 2871.8 公顷，水田面积 2448 公顷。粮食种植面积 4295 公顷，总产量 2.94 万吨。其中，水稻种植面积（“两造”）4103.13 公顷，总产量 2.87 万吨。全年实现工农业总产值 7.53 亿元，其中工业总产值 3.7 亿元、农业总产值 3.83 亿元。镇级财政预算内收入 2361.55 万元，农民人均纯收入 1.27 万元。

【新陂镇】 位于兴城西郊，东连兴田镇、宁中镇，南邻福兴街道，北接叶塘镇，西与五华县毗邻，总面积 43.08 平方千米。2022 年，辖 13 个村和 1 个社区，年末户籍人口 3.89 万人。耕地面积 999.67 公顷，水（旱）田面积 904.07 公顷。粮食种植面积 1674.73 公顷，总产量 1.13 万吨。其中，水稻种植面积（“两造”）1543 公顷，总产量 1.08 万吨。水果种植面积 155.8 公顷，总产量 4726 吨；油茶种植面积 200 公顷，总产量 83 吨。镇级财政预算内收入 2587.1 万元；工农业总产值 10.61 亿元，其中工业总产值 5.67 亿元、农业总产值 4.94 亿元。农民人均纯收入 1.64 万元。

【永和镇】 位于兴宁市东部，东邻径南镇、西连宁新街道、宁中镇，南靠坭陂镇、新圩镇，北接石马镇。距市区约 10 千米，总面积 109.63 平方千米。2022 年，辖 24 个村和 1 个社区，年末户籍人口 4.49 万人。山地面积 9511.03 公顷，耕地面积 1394.67 公顷，粮食种植面积 2369.07 公顷，总产量 1.61 万吨。其中，水稻种植面积（“两造”）2190.8 公顷，总产量 1.54 万吨。全年镇级财政一般预算收入 620 万元。

【径南镇】 位于兴宁市东部山区，东邻梅县南口镇，南接新圩镇，北靠石马镇，西连永和镇，总面积 141.92 平方千米。2022 年，辖 24 个村和 1 个社区，年末户籍人口 3.35 万人。耕地面积 1302 公顷，水田面积 1233.87 公顷。粮食种植面积 2038.2 公顷，总产量 1.4 万吨。其中，水稻种植面积（“两造”）1828.93 公顷，总产量 1.32 万吨。镇级财政预算内收入 1729.09 万元。

【新圩镇】 位于兴宁市南部宁江下游，东邻梅县区畲坑镇，北连永和镇、径南镇，西靠坭陂镇，南接水口镇，总面积 117.79 平方千米，是省级工艺专业镇、广东省卫生镇、兴宁市工艺基地镇。2022 年，辖 19 个村和 1 个社区，年末户籍人口 4.47 万人。耕地面积 1826.47 公顷，水田面积 1469.47 公顷。粮食种植面积 3533.67 公顷，粮食总产量 1.67 万吨。工业总产值 1.49 亿元，公共财政收入 1727 万元，其中本级财政收入 306 万元。

【水口镇】 位于兴宁市最南端，是兴宁的南大门，东邻梅县畲江镇，西连五华县河东镇、水寨镇，南靠丰顺县，北接新圩镇，总面积 228.85 平方千米，是广东省首批规划的中心镇之一。2022 年，辖 38 个村和 1 个社区，年末户籍人口

8.21 万人。耕地面积 2531.46 公顷，水田面积 1950.59 公顷。粮食种植面积 3182.13 顷，总产量 2.14 万吨。其中，水稻种植面积（“两造”）2910 公顷，总产量 2.04 万吨。全镇财政总收入 4413.66 万元，其中工商税收入 412.02 万元。

【罗浮镇】 位于兴宁市最北部，东江河上游的东部，地处粤赣两省三县交界地区，北与江西省寻乌县接壤，西南与河源市龙川县相接，东南与兴宁市罗岗镇相邻，距兴宁市区 56 千米，总面积 274.3 平方千米，约占兴宁市的 1/7。是广东省中心镇、全国重点镇、著名的红色苏区镇、兴宁重要的油茶生产基地。2022 年，辖 25 个村和 1 个社区，年末户籍人口 5.74 万人。耕地面积 2144.2 公顷，水田面积 2043.67 公顷。粮食种植面积 3233.33 公顷，总产量 2.18 万吨。其中，水稻种植面积（“两造”）3116.53 公顷，总产量 2.14 万吨。镇级财政预算内收入 2489 万元。

【罗岗镇】 位于兴宁市北部，东邻黄陂镇、黄槐镇，西连龙川县，南接大坪镇，北靠罗浮镇，总面积 151.28 平方千米。2022 年，辖 30 个村和 1 个社区，年末户籍人口 7.46 万人。耕地面积 1728.67 公顷，水田面积 1585.07 公顷。粮食种植面积 2756 公顷，总产量 1.86 万吨。其中，水稻种植面积（“两造”）2639.07 公顷，总产量 1.83 万吨；玉米种植面积 20.6 公顷，总产量 70 吨。全镇财政总收入 2721.91 万元，财政一般预算收入 102.91 万元。

【黄槐镇】 位于兴宁市北部，与梅县区梅西镇、平远县石正镇、江西省寻乌县交界，距兴宁城区 44 千米，总面积 95 平方千米。2022 年，辖 12 个村和 1 个社区，年末户籍人口 3.46 万人。耕地面积 693 公顷，其中水（旱）田面积 581 公顷。粮食种植面积 925.07 公顷，总产量 6206 吨。其中，水稻种植面积（“两造”）828.27 公顷，总产量 5827 吨。镇级财政预算内收入 1937.26 万元，农民人均纯收入 2.55 万元。

【黄陂镇】 位于兴宁市东北部，东邻梅县石坑镇，西连罗岗镇及大坪镇，南邻合水镇，北接黄槐镇，总面积 127.52 平方千米。2022 年，辖 28 个村和 1 个社区，年末户籍人口 7.4 万人。耕地面积 1533.3 公顷，水田面积 1000 公顷。粮食种植面积 1678.3 公顷，总产量 1.16 万吨。其中水稻种植面积（“两造”）1599.8 公顷，总产量 1.15 万吨。油茶种植面积 2073.3 公顷，总产量 1133 吨。镇级财政预算内收入 2828 万元。

【大坪镇】 位于兴宁市西北部，东邻黄陂镇，南连叶塘镇，西接河源市龙川县，北靠罗岗镇，圩镇距兴宁市区 29 千米，总面积 187.09 平方千米。2022 年，辖 37 个村和 1 个社区，年末户籍人口 7.55 万人。耕地面积 2318 公顷，水田面积 2133 公顷。粮食种植面积 3694.87 公顷，总产量 2.55 万吨。其中，水稻种植面积（“两造”）3527.67 公顷，总产量 2.47 万吨。油茶种植面积 2182.33 公顷，总产量 1121 吨。镇级财政预算内收入 4750 万元。

【石马镇】 位于兴宁市东北部，东邻径南镇及梅县南口镇，西连龙田镇、合水镇，南毗永和镇、宁中镇，北接梅县石坑镇，总面积 105.75 平方千米。2022 年，辖 26 个村和 1 个社区，年末户籍人口 3.73 万人。耕地面积 870 公顷，水田面积 834.87 公顷。粮食种植面积 1621.67 公顷，总产量 1.11 万吨。其中，水稻种植面积（“两造”）1527.87 公顷，总产量 1.08 万吨。

附：2022 年兴宁市领导班子成员名单

市委书记：宋才华
市委副书记：洪国华
袁勇华（任至 7 月）
朱志勇（9 月任职）
市委常委：宋才华
洪国华
袁勇华（任至 7 月）
朱志勇
骆小锐（任至 8 月）
罗文波
刘东峰
潘启东
杨裕瑜
黄志勇
郭亚玮（6 月任职）
蔡文健（任至 12 月）
黄静宏（8 月任职）
陈定鼎（12 月任职）
市人大常委会主任：邓　强
市人大常委会副主任：李福泉
何伟忠
廖红彬
温建文
刘瑞灵
石秀芳
市政府市长：洪国华
市政府常务副市长：刘东峰
市政府副市长：潘启东

郭亚玮（6 月任职）
罗丽平
黄伟军
陈君溢
谢明扬
吴思波

市政协主席：陈日新

市政协副主席：罗苑铭
罗宇芳
练胜红
郑　华
陈思忠
李朝晖

市纪委书记：罗文波

市纪委副书记：陈远辉　袁望中

市监委主任：罗文波

市监委副主任：陈远辉　袁望中

（兴宁市地方志办公室）

平 远 县

【平远县概况】　平远县位于广东省东北部、梅州市西北部，地处粤闽赣三省交界处，东邻蕉岭县，南接梅县区、兴宁市，西、北分别与江西省寻乌县、福建省武平县交界，是全省唯一的三省苏区边际县。全县总面积 1381 平方千米，辖 12 个镇、136 个村、7 个社区。2022 年末，全县户籍人口 25.71 万人，常住人口 18.66 万人。

平远县属国家重点生态功能区，有林业用地面积 10.71 万公顷，活力木蓄积量 0.08 亿立方米，森林覆盖率 77.48%，有南台山国家级森林公园、广东平远龙文—黄田省级自然保护区和韩江水系重要支流柚树河、黄田水库等，是全国森林旅游示范县、全国绿化模范县、国家森林康养基地、广东省林业生态县、全省林长制试点县。平远有国家 AAAA 级旅游景区五指石和南台卧佛山等 6 个国家 AAA 级旅游景区。平远是广东北大门之一，北邻赣南，东连闽西，南接汕潮揭，济广高速、梅平高速和正在动工建设的瑞梅铁路途经平远，国道 206、358 线贯通全县，外联内畅交通体系初步形成，与粤港澳大湾区、海西区、赣南等地区构成“3 小时经济圈”。县境有丰富的金属和非金属矿藏。脐橙、南药、优质稻、油茶、茶叶等农业主导产业发达，是全国粮食生产先进县、全国休闲农业与乡村旅游示范县、中国油茶之乡、中国仙草之乡、广东橙乡、广东省特色农产品优势区。获得全国县级文明城市提名城市、国家卫生县城、全国村庄清洁行动先进县、中国最美县域、全国百佳深呼吸小城等荣誉。土特产有平远脐橙、金柚、八尺米酒、黄粄、红菌豆腐头、平远梅菜、锅叾茶、石正云雾茶、南台茶、香菇、木耳、水柿、蒜头、浸姜、蜂蜜、牛肉干、高山茶油等。平远客家炒绿和平远石斛、东石花生、平远三华李被列入全国名特优新农产品名录。

平远历来崇文重教，历代人才辈出，是粤东客家先民的始兴地，享有“世界客都文化始祖地”美誉，涌现了世界客属名贤首贤程旼、明代监察御史韩元勋、爱国爱乡侨领姚德胜、辛亥革命时期广东北伐军总司令姚雨平，民国时期抗日英烈黄梅兴、姚子青、姚中英，“北胡（适）南吴”的哲学家吴康，“中国土木水利（交通）建设之父”曾养甫，以及为新中国建设事业作出贡献的外交大使吕志先、北京航空学院一级教授林士谔、老红军林钦才、医学博士姚碧澄、知名教授吴三立等一大批名人贤士。平远是中国民间文化艺术之乡，有保存完好的丰泰堂围龙屋以及船灯舞、落地金钱等非物质文化遗产。平远有着光荣的革命传统，历史上红四军三次到平远，开辟了著名的“马克思路”和“列宁路”，抗战后期省政府播迁平远办公，建有全国唯一的以纪念中国工农红军第四军为主题的红四军纪念馆，2011 年 8 月被确认为“原中央苏区县”。

【经济发展情况】　2022 年，平远县政府主要经济指标基本实现由负转正、逆势上扬。地区生产总值 86.57 亿元，比上年增长 0.6%；一般公共预算收入 5.35 亿元，增长 1.4%（其中县本级财政税收 1.88 亿元，减收 4642 万元）；地方一般公共预算支出 31.6 亿元；固定资产投资 43.28 亿元，增长 17.7%；社会消费品零售总额 33.25 亿元；居民人均可支配收入 2.68 万元，增长 5.4%；金融机构存贷比 62.4%。

【工业经济】　2022 年，平远县工业投资 17.98 亿元，比上年增长 33.2%，实现规模以上工业增加值 9.19 亿元。坚持以项目促产业、以产业壮实体，举办总投资超 100 亿元的重点工业项目集中开工投产活动。先进材料主导产业培育成效凸显，盈华覆铜板一期 1200 万张生产项目投产、二期动工；富远稀土 5000 吨分离和金雁磁电项目顺利投产，省离子型稀土开发创新中心加快建设，稀土产业产值、税收同比分别增长 40%、148%；绿色钙基产业园项目前期工作加速推进。52 项重点项目完成投资 43.36 亿元，超额完成年度投资计划。总投资10亿元的工业园基础设施项目加快建设。广东能源光伏复合（一区）首期并网发电，粤电泗水风电场全容量并网发电。坚持招大引强，全年新引进项目7个、计划总投资50亿元，其中超亿元项目6个、超10亿元项目1个。实施技改项目13个，新增规模以上工业企业9家。全年共申报发行债券资金15.56亿元、增长427%。谋划储备2023年债券项目18个、申报资金22亿元，获政策性开发性金融工具8500万元。获评第一批国家县域商业建设行动示范县。

【县城扩容提质】 2022年，平远县科学划定“三区三线”，完成县城控制性详细规划局部调整。推进8项总投资6.75亿元的县城提质改造项目建设，111个老旧小区、6个农贸市场、8个停车场、11处城中小公园、25条背街小巷完成改造，城市精细化管理水平提升。平远大道、平城中路、平城南路、关柘路、新建路等市政道路基本完成改造，道路服务功能实现提升。建设路西段、子青路和杞凤路升级改造稳步推进，城南中学门口等多个交通信号枢纽得到优化。瑞梅铁路平远段、天然气“县县通”工程平远段、燃气管道老旧更新改造工程开工建设。省道225线大柘至石正段全线通车。持续推动县城污水处理厂配套管网和城乡供水扩网工程建设，完成原制水厂升级改造，新建制水厂1座，改扩建供水管网67千米、污水管网12.7千米。县城生活垃圾无害化处理率达100%。

【乡村振兴】 2022年，平远县超额完成粮食生产任务，完成撂荒耕地复耕复种1400公顷、垦造水田40公顷，新建成高标准农田933.33公顷，新增水田指标3.6公顷。成功获批国家农村产业融合发展示范园、南药省级现代农业产业园（扩容提质）、省级农业科技园区、省级中药材（林业）特色产业发展基地，平远三华李被列入全国名特优新农产品名录，新增粤港澳大湾区菜篮子生产基地1个，全县农林牧渔业总产值增长4.4%。广东供销（平远）天业冷链物流产业园投入使用，11个农产品产地冷藏设施完成建设。供销社公共型农业社会化服务体系改革初见成效，县供销社获省供销系统综合业绩考核二等奖。驻镇帮镇扶村工作推进，73%行政村集体经济收入超10万元。八尺、热柘产业社区试点建设扎实有效。统筹4.1亿元推进美丽乡村建设和美丽圩镇攻坚行动，全县所有圩镇达到宜居标准，差干、河头达到示范标准。红色记忆美丽乡村示范带获评“省十大美丽乡村风貌提升示范带”。所有行政村达到县级以上文明村标准，加丰村、畲脑村成功创建“全省民主法治示范村”。投入2.5亿元提升改造县乡道路，完成48.8千米建制村“单改双”工程，获评省级“四好农村路”示范县。

2022年，平远县推进8项总投资6.75亿元的县城提质改造项目建设。图为改造提升后的平远大道城南中学段
（平远县住房和建设局供图）

【疫情防控】 2022年，平远县坚决落实“疫情要防住、经济要稳住、发展要安全”重要要求，因时因势调整优化疫情防控政策，打赢“1·31”“4·13”等外地输入疫情战，数百名医务工作者白衣执甲、逆行出征，完成支援深圳、广州、丰顺等地疫情处置任务。防控政策优化后，把防疫重心从防控感染转向医疗救治，突出“保健康、防重症”，抓好“一老一小”等重点机构疫情防控，应设尽设发热门诊（诊室）17家，ICU、血透床位分别增至14张、53张，全力保障人民群众生命健康。

【政务服务】 2022年，平远县严格执行民主集中制和“三重一大”事项决策机制，自觉接受县人大及其常委会法律监督和工作监督，主动接受县政协民主监督，办理人大代表建议66件、政协委员提案55

件，办复率达 100%。推动实施行政审批事项“双百工程”，纵深推进“放管服”改革，行政服务事项进驻政务服务中心比例达 99.5%，基本实现群众业务“一站式”办结。全面推广“粤系列”应用，“粤智助”政务服务设备实现镇村全覆盖。在全省首创“税村共建”服务乡村振兴新模式，与江西寻乌和福建武平实现“跨省通办”，100 项高频政务服务事项实现“省内通办”。“数字财政”系统预算动态监控和闭环管理进一步强化，资金来源去向更加透明。实施国企改革三年行动，32 家县属国企重组改革任务有序推进。持续深化农村综合改革，促进农村土地经营权流转，全县流转承包地 5420 公顷、占承包地总面积的 50.9%。

【生态环境】 2022 年，平远县全面完成中央环保督察反馈问题整改。通过国家生态质量考核，获中央生态补偿金 1.96 亿元。城区环境空气质量优良率连续 7 年排名全市第一。县域水环境质量持续提升，主要河流省控断面达Ⅱ类标准，优良率达 100%。县城集中式饮用水源水质达Ⅱ类标准，全县农村饮用水源水质优良率达 100%。完成东石、八尺稔田河生态清洁流域治理及 7 宗病险水库除险加固。完成高质量水源林建设 233.33 公顷、森林抚育 3000 公顷、新造林抚育 498.46 公顷，成为全省唯一入选国务院全面推行林长制工作成效明显拟激励名单的县。重点实施 8 个山水林田湖草沙生态系统一体化保护和修复工程，完成矿山石场治理复绿 4.32 公顷、历史遗留矿山治理 21.33 公顷。

【民生实事】 2022 年，平远县坚持八成以上财力用于民生领域，基本完成年度“10＋2”民生实事。完成“三项工程”（“粤菜师傅”“广东技工、“南粤家政”）培训任务，全县城镇新增就业 1496 人，城镇登记失业率 2.43%。城乡低保、特困供养、残疾人“两项补贴”和孤儿养育标准持续提高。镇、村（居）社会工作服务站点和困难群众、特殊群体社会工作服务实现 100%全覆盖。县慈善会通过 AAA 等级认定，获得捐赠税前扣除资格。

【旅游】 2022 年，平远县多措并举推动全域旅游工作稳步前进，大河背景区获评国家 AAA 级旅游景区，北京国际山地徒步大会平远站入选中国体育旅游精品赛事。立项建设全域旅游基础设施项目，南台卧佛山、相思谷、五指石景区实现一体化运营。

【文化·教育】 2022 年，平远县文化馆获评国家一级文化馆。建成 3 个新型阅读空间“粤书吧”，建成 8 个图书馆文化馆分馆和 24 个村级服务点。“非遗”舞蹈节目《金钱声声》获得梅州市群众艺术花会原创作品大赛舞蹈类金奖。丰富提升红四军纪念馆展陈内容，完成林钦才故居、陈学生故居等革命遗址保护修缮，毓秀书院获批省级文物保护单位。成功纳入全省基础教育高质量发展实验区。9 所民办幼儿园转为公办幼儿园，新增公办幼儿学位 570 个。县教师发展中心、开放大学改造项目和石正幼儿园投入使用，县实验小学、大柘中心小学运动场完成升级改造。

【卫生·体育】 2022 年，平远县紧密型县域医共体“六统一”建设基本完成，县人民医院综合大楼投入使用。县中医医院通过二甲复审。与中山二院、广州市中西医结合医院建立新一轮组团式帮扶关系，在超声诊疗科、骨科等领域取得突破。县体育场对外开放经验做法获全市推广。

【社会平安建设】 2022 年，平远县获全市安全生产责任制及消防工作考核、信访工作考核“优秀”等次。以党的二十大安保维稳为主线，开展扫黑除恶斗争和打击整治养老诈骗专项行动，破获涉恶案件 5 件、打掉恶势力团伙 1 个，侦破涉养老诈骗案件 10 件，社会治安大局平安稳定。

乡　镇

【差干镇】 位于平远县境北部，距县城 54 千米，东邻福建省武平县下坝乡，西接江西省寻乌县项山乡，南与该县仁居镇、上举镇接壤，北靠福建省武平县民主乡。总面积 94.6 平方千米，辖 7 个村、42 个村民小组。旅游资源丰富，有五指石、松溪河等知名景区。2022 年末，户籍人口 2378 户 8349 人。其中，乡村人口 7126 人、城镇人口 1223 人。实现农业总产值 1.31 亿元，比上年增长 32%；规模以上工业总产值 3956 万元，现价增速 56.9%。

【仁居镇】 位于平远县境西北部，东邻差干、上举两镇，西接八尺镇，南连东石、河头两镇，北毗江西省吉潭镇项山乡，距县城 36 千米。总面积 191 平方千米，辖 15

个村、1个社区、192个村民小组。2022年末，户籍人口7234户23106人。其中，乡村人口17386人、城镇人口5720人。实现农业总产值3.47亿元，比上年增长17.9%；规模以上工业总产值2120万元，现价增速5.6%。

【八尺镇】 地处平远县境西北部，东邻仁居、河头两镇，南连中行镇，西、北分别与江西省寻乌县留车镇、南桥镇接壤，国道206线和358线及济广高速公路贯穿其间，是平远县的北大门。总面积108平方千米，辖11个村、1个社区、118个村民小组。2022年末，户籍人口4537户14538人。其中，乡村人口11464人、城镇人口3074人。实现农业总产值2.65亿元，比上年增长13.8%；规模以上工业总产值2078万元，现价增速-12.5%。

【河头镇】 位于平远县境中部，东邻东石镇，西接八尺镇、中行镇，南连大柘镇，北靠仁居镇。地形呈长形块状，总面积82.42平方千米，辖9个村、81个村民小组。2022年末，户籍人口3015户10638人。其中，乡村人口9271人、城镇人口1367人。实现农业总产值1.84亿元，比上年增长-36.7%；规模以上工业总产值0万元，现价增速0%。

【中行镇】 位于平远县境西部，距县城14千米，国道206线贯穿其间。东邻河头镇，西接江西省寻乌县丹溪乡，南连大柘镇，北靠八尺镇。总面积74平方千米，辖6个村、51个村民小组。是省级“优质稻种植与加工专业镇”。2022年末，户籍人口2677户8775人。其中，乡村人口6500人、城镇人口2275人。实现农业总产值1.4亿元，比上年增长9.5%；规模以上工业总产值2050万元，现价增速-6.9%。

【上举镇】 位于平远县境东北部闽粤交界处，东邻泗水镇，西与仁居镇、差干镇相连，南接东石镇，北与差干镇、福建省武平县下坝乡交界。距县城33千米，总面积98.6平方千米，辖6个村、53个村民小组。是广东省森林小镇。2022年末，户籍人口2056户7337人。其中，乡村人口5980人、城镇人口1357人。实现农业总产值1.61亿元，比上年增长27.4%；规模以上工业生产总产值0万元，现价增速0%。

2022年，平远县持续推进乡村振兴建设。图为河头镇向阳村概貌

（平远县河头镇供图）

【泗水镇】 位于平远县境东北部山区，东邻蕉岭县，西接上举镇，南连东石镇，北毗福建省武平县。总面积133.8平方千米，辖8个村、140个村民小组，是平远县的重要林区。2022年末，户籍人口3159户10554人。其中，乡村人口8382人、城镇人口2172人。实现农业总产值1.81亿元，比上年增长44.7%；规模以上工业总产值6826万元，现价增速0%。

【东石镇】 位于平远县境中部，东邻蕉岭县，西接河头镇，南与大柘镇、热柘镇接壤，北靠仁居镇、上举镇、泗水镇。总面积163.1平方千米，辖17个村、1个社区、223个村民小组。其中，灵水、白岭、太阳村是革命老区。2022年末，户籍人口10216户33896人。其中，乡村人口25067人、城镇人口8829人。实现农业总产值2.53亿元，比上年增长-8.8%；规模以上工业总产值7668万元，现价增速-63.9%。

【大柘镇】 地处平远县城，由原超竹镇、大柘镇、坝头镇三镇合一，东邻东石镇和热柘镇，西接江西省寻乌县，南连石正镇和长田镇，北毗中行镇、河头镇。总面积154.51平方千米，辖25个村、3个社区、266个村民小组。2022年末，户籍人口29664户84401人。其中，乡村人口24481人、城镇人口59920人。常住人口9.12万人。实现农业总产值3亿元，比上年增长4.3%；规模以上工业总产值10.71亿元，现价增速-70.6%。

【石正镇】 位于平远县境西南部，地处粤赣两省四县交界，与梅县区梅西镇、兴宁市黄槐镇、江西省寻乌县丹溪乡接壤，济广高速公路、省道225线横贯其中，距平远县城12千米。总面积98平方千米，辖17个村、1个社区、173个村民小组。2022年末，户籍人口9676户33289人。其中，乡村人口20208人、城镇人口13081人。实现农业总产值2.89亿元，比上年增长14%；规模以上工业总产值30.29亿元，现价增速237.4%。

【长田镇】 平远县南大门，东、西、南与梅县的石扇镇、梅西镇及大坪镇接壤，北与热柘镇、大柘镇相连。国道206线南北贯穿全镇，距梅州市区30千米，距平远县城14千米。总面积69平方千米，辖7个村、59个村民小组。2022年末，户籍人口2929户9338人。其中，乡村人口6363人、城镇人口2975人。实现农业总产值1.75亿元，比上年增长-1.5%；规模以上工业总产值1.95亿元，现价增速-21.1%。

【热柘镇】 位于平远县境东南部，东与蕉岭县新铺镇、梅县区石扇镇接壤，西与大柘镇为邻，南连长田镇，北接东石镇。距平远县城13.9千米。总面积104.8平方千米，辖8个村、74个村民小组。柚树河小胆滩海拔89米，是全县最低点。2022年末，户籍人口3578户12841人。其中，乡村人口9602人、城镇人口3239人。实现农业总产值1.21亿元，比上年增长-6.4%；规模以上工业总产值3069万元，现价增速3.8%。

附：2022年平远县领导班子成员名单

县委书记： 廖茂忠

县委副书记： 周小勇

陈琼宏

县委常委： 廖茂忠

周小勇

陈琼宏

徐万宝（任至7月）

林忠云

蔡晓红（女）

王俊辉（挂职）

余毅宗

郭育春

韩 旭

曾小芬（女）

彭勇栋

张锡洪（9月任职）

县人大常委会主任： 姚永波

县人大常委会副主任： 肖桂华（女）

廖文香

马文生

李远林

陈永和

赖光亮

县政府县长： 周小勇

县政府常务副县长：

徐万宝（任至8月）

余毅宗（10月任职）

县政府副县长：

王俊辉（挂职，县委常委）

韩 旭（县委常委）

李万年

陈 瑛（女）

蓝常基

王平梅（女）

张锡洪（任至10月）

李菲丹（10月任职）

县政协主席、党组书记： 凌声宏

县政协党组副书记： 林忠云（县委常委、统战部部长，兼任）

刘志刚

县政协副主席： 刘志刚（常务）

姚小玲（女）

韩垂辉

罗益新

卢 斌（兼任，7月免职）

刘 胜

县纪委书记： 郭育春

县纪委副书记： 冯 浪

谢增锋

县监委主任： 郭育春

县监委副主任： 冯 浪

谢增锋（1月任职）

（林绪远）

大埔县

【大埔县概况】 大埔县位于广东省东北部、韩江中上游，东北紧靠福建省漳州市平和县、龙岩市永定区，东南连接潮州市饶平县，西依梅县区、梅江区，南邻丰顺县和潮州市潮安区。全县区域总面积2462平方千米，辖14个镇和1个丰溪林场，镇、场下设256个村（社区）。2022年末，全县户籍总人口53.75万人，常住人口32.3万人，主要为汉族。祖籍大埔的海外华侨、华人有50多万人，素有“华侨之乡”美称。

大埔县物产丰饶，山地丘陵众多。2022年森林覆盖率78.99%。境内溪河多，水力资源丰富。瓷土储量4.38亿吨，紫砂陶土储量超1亿吨，有近800年制作陶瓷的历史，大埔青花瓷、高陂陶瓷产品远销欧美、中东及东南亚等110个国家和地区，是“陶瓷之乡”。土特产主要有瓷器、蜜柚、茶叶等，还有各式各样的风味小吃，有中国青花瓷之乡、中国蜜柚之乡、中国名茶之乡、中国小吃名县、全国重点产茶县的称誉。国家质检总局批准西岩乌龙茶、大埔青花瓷为国家地理标志保护产品。大埔蜜柚、大埔乌龙茶被农业部登记为“国家农产品地理标志”的农产品。大埔蜜柚入选“首批100个中国地理标志农产品入选保护清单”，受到欧盟协定保护。

大埔县是中国民间艺术之乡（花环龙之乡）、中国民间文化艺术之乡（广东汉乐之乡），广东汉乐被列入国家级非物质文化遗产名录。大埔县是革命老区，是广东省首个被认定的原中央苏区县，是第三批国家级农村职业教育和成人教育示范县、国家卫生县城。大埔县三河坝战役烈士纪念碑入选全国爱国主义教育示范基地。茶阳镇、百侯镇、三河镇是中国历史文化名镇，百侯镇侯北村、侯南村是全国文明村。

大埔县素有“文化之乡”美称，名人有“父子进士”（饶相、饶与龄）、“一腹三翰林”（杨缵绪、杨黼时、杨演时）、一县同期“四位省主席”（罗卓英、吴奇伟、范汉杰、赵公武）、“父子两总理”（李光耀、李显龙），还有华侨实业家、爱国侨领张弼士，中国首任驻日公使何如璋，中国共产党早期革命活动家罗明，中山大学首任校长邹鲁，首届感动香港十大人物之一的田家炳，现代著名作家杜埃和碧野，中国科学院院士郑度、杨文采、蒲慕明和中国工程院院士饶芳权、邱冠周、涂善东等杰出人物。

大埔县主要旅游景点有全国红色旅游经典景区“八一”起义军三河坝战役纪念园，全国重点文物保护单位6处（茶阳“父子进士”牌坊、大东花萼楼、湖寮泰安楼、西河光禄第、百侯肇庆堂、三河中山纪念堂），国家AAAA级旅游景区3个（泰安楼客家文化旅游产业园、百侯名镇旅游区、张弼士故居旅游区），国家AAA级旅游景区8个（坪山梯田旅游区、富大陶瓷工业旅游区、三河坝战役纪念园、大埔县江畔人家休闲旅游度假区、李光耀祖居旅游景区、大埔西河北塘乡村旅游区、瑞山生态旅游度假区、西岩茶乡度假村），还有明朝兵部尚书翁万达墓、广东大埔丰溪省级自然保护区、粤东名胜万福寺、大埔阴那山国家森林公园、田家炳祖居拱辰楼等旅游景点。大埔县是世界长寿乡、中国十大文化休闲基地、中国特色旅游休闲度假胜地、全国休闲农业与乡村旅游示范县、十佳中国最美的小城、中国深呼吸小城100佳、中国最美丽县、国家重点生态功能区、新时代·中国最佳生态康养旅游名县、最美中国旅游县。

2022年3月，大埔至潮州（含大埔至漳州支线）高速公路工程冠名为2020年度公路水运建设“平安工程”，图为大埔至漳洲支线枫朗段

（大埔县交通运输局供图）

2022年，大埔县获评全国未成年人保护示范县、广东省儿童友好示范县。西岩茶叶集团、凯达茶业公司入围2022年度全国茶业百强企业，西岩茶叶集团被评为“2022中国十大茶王”。入选省第十批文物保护单位5处（中央红色交通线大埔段、大埔县工农革命政府公安局旧址、枫朗镇坎下村罗明故居、三河镇汇城村华萼楼、湖寮镇岭下村江东小筑）。“红动古道·绿动乡村——中央红色交通线亲子研学游”线路上榜全国乡村旅游精品线路。三河坝战役纪念园入选省首批技术工人疗休养基地。大埔县看守所获评“全国优秀公安基层单位”。大埔县百侯镇获评“全国依法治理创建活动先进单位”，三河坝战役纪念园管理处入选首批省政府立法基层联系点。

【经济社会发展】 2022年，大埔县经济社会保持平稳发展。全县地区生产总值100.80亿元，比上年增长0.4%，增速排名全市第四；规模以上工业增加值14.10亿元；固定资产投资 29.63 亿元；外贸进出口总额 5.17 亿元；本级一般公共预算收入 5.15 亿元，剔除留抵退税影响，增长 5.2%。2022 年，大埔县完成工业投资 10 亿元，增长 2.4%；技改投资 4.97 亿元，增长 210.8%。先进制造业税收 1244 万元，增长 37.7%。大埔电厂二期、茶阳镇防洪工程等重大项目动工，龙湖水电站建成运营并实现“上规”，全县电力规模以上企业产值 27.42 亿元，税收 1 亿元。全年陶瓷产值 10.77 亿元；蜜柚产值 16.80 亿元，增长 7.6%；茶叶产值 11.30 亿元，增长 7.6%。

2022 年，大埔县新建的九年一贯制学校——西岭实验学校

（大埔县教育局供图）

【乡村振兴建设】 2022 年，大埔县新增高标准农田 632 公顷，完成撂荒耕地复耕复种 2467 公顷，动员人大代表、政协委员、新的社会阶层人士、工商业人士认耕认种 133 公顷。百侯镇侯南村入选省乡村研学旅行特色村，西河镇车龙村入围省文化和旅游特色村。14 个镇通过“宜居圩镇”市级验收，湖寮、百侯、银江镇通过“示范圩镇”验收。打造品质县城，梅潭河碧道工程被评为“省十大最生态碧道”，完成日华、大昌等 6 个老旧小区改造，完成农贸市场升级改造 10 家。生活垃圾无害化处理率 100%。完成全域自然村集中供水工程（第二批），新建成 79.89 千米农村公路。

【改革创新】 2022 年，大埔县行政审批事项实现 100% 网上受理、100% 网上办结，电子印章覆盖率 100%，1671 项政务服务事项实现“全市通办”，线上办件率居全市前列。新增内资企业 531 家。“粤政易”活跃率保持全市第一名，“粤商通”注册率 100%。新培育认定科技型中小企业 31 家，规模以上工业企业建立研发机构比例 40.9%。新增专利授权量 6 件，利用知识产权质押融资 1500 万元。引进紧缺人才 9 名，培育农村实用人才 820 名、技能人才 540 名、特色文化人才 639 名。

【民生保障】 2022 年，大埔县居民人均可支配收入 2.30 万元，增长 4.2%。新增公办学位 5490 个。成功处置“11·22”新冠疫情，疫苗接种有序推进，疫情防控顺利转段。全县城镇新增就业 2102 人，再就业 1228 人，城镇登记失业率 2.9%。成功创建全域省级民主法治示范村（社区）。建成社区体育公园 2 座、“粤书吧”等文体设施 2 个。

镇 场

【湖寮镇】 位于大埔县城区，是大埔县县城所在地。东邻百侯镇、西河镇，西接三河镇、大麻镇，南依高陂镇，北靠茶阳镇、西河镇。有国道 235 线、省道 221 线经过。2022 年，总面积 208 平方千米，耕地面积 457.40 公顷，山地面积 2 万公顷。辖 19 个村和 4 个社区。总人口 8.53 万人。农村经济总收入 10.07 亿元、农民人均纯收入 1.70 万元，比上年分别增长 0.2%、0.3%。业广利电子（梅州）有限公司等 8 家规模以上工业企业年总产值 3.04 亿元。

【百侯镇】 位于大埔县东部，东连枫朗镇、大东镇，西接湖寮镇，南依枫朗镇、高陂镇，北靠西河镇。有省道 221 线经过。2022 年，总面积 112.27 平方千米，山地面积 7038 公顷，耕地面积 447.40 公顷。辖 14 个村和 1 个社区，总人口 2.86 万人，素有“文化之乡、华侨之乡”之美誉。全年投入资金 380 万元实施自然村集中供水工程、侯北新街堤路工程，推动河岸工程。百侯镇被评为“广东省卫生镇”、被认定为“广东省‘一村一品、一镇一业’蜜柚专业镇”，百侯镇侯南村被评为广东省乡村研学旅行特色村。

【枫朗镇】 位于大埔县东南部，东邻大东镇、福建省平和县九峰镇，西接高陂镇，南与潮州市饶平县上饶镇相连，北依百侯镇。有省道221线、227线和大潮高速（大漳支线）经过，高速有枫朗出口，是古今东进闽南，南下潮汕的交通要塞。2022年，总面积167.83平方千米，山地面积1.29万公顷，耕地面积1232公顷。辖23个村，总人口5.20万人。农村经济总收入14.13亿元，比上年增长1.4%；农民人均纯收入1.95万元，增长2.6%。投入资金125万元建设垃圾转运站，投入资金255万元建设15个全域自然村集中供水工程。

【大东镇】 位于闽粤两省四县（区）的交界处，东与福建省平和县长乐乡、九峰镇相邻，西接百侯镇、西河镇，南与枫朗镇和潮州市饶平县饶洋镇相连，北与福建省永定区湖山乡相依。有省道227线和大潮高速（大漳支线）经过，高速有大东出口。2022年，总面积98.27平方千米，辖13个村，总人口2.30万人。全镇村组资产总额9757.07万元，村组固定资产9628.36万元，年度一般公共预算财政拨款收入1323.52万元，其他收入1346.11万元。投入资金977万元用于基础设施建设。花萼楼景区全年售票收入22万元。

【高陂镇】 位于大埔县南部，地处韩江中游，东与百侯镇、枫朗镇、潮州市饶平县三饶镇毗邻，西与洲瑞镇、银江镇交界，南与光德镇、桃源镇及丰顺县的潭江镇接壤，北与湖寮镇、大麻镇相连。有省道227线、333线、222线和大潮高速（含大漳支线）经过，高速有高陂赤山出口。2022年，总面积308.95平方千米，总人口8.55万人，是大埔县地域面积最大的镇，也是全国重点镇、广东省确定的首批重点建设中心镇、行政体制改革试点镇和陶瓷专业镇。全镇耕地面积2625公顷，山地面积2.40万公顷。辖35个村和1个社区。农村经济总收入26.09亿元、农民人均纯收入1.96万元，分别比上年增长4.5%、5.8%。

【光德镇】 位于大埔县南部，北、西接高陂镇，西南与桃源镇相连，东、南毗邻潮州市饶平县三饶镇、新丰镇。有省道333线和大潮高速经过，高速有光德出口。2022年，总面积125.96平方千米，耕地面积574.28公顷，林地面积11000.17公顷。辖10个村和1个社区，总人口3.50万人。完成撂荒复耕复种199.50公顷，完成率100%。全镇规模以上陶瓷企业工业总产值9980.10万元。大埔县Y185线陂漳桥至光德富岭旅游产业公路工程全面开工建设。乌子石中共闽粤赣边区党委会旧址修缮项目完工。

【桃源镇】 位于大埔县最南端，东连光德镇，西和西南邻丰顺县潭江镇，西南邻潮州市潮安区凤凰镇，东南接潮州市饶平县三饶镇，北接高陂镇，地处两市（梅州市、潮州市）、三县（饶平县、丰顺县、大埔县）、一区（潮安区）交会之处，有省道222线经过。2022年，总面积76.76平方千米。辖6个村，总人口1.88万人。全年规模以上工业总产值1.16亿元，重点项目完成投资0.66亿元。广东飞马峰农业有限公司被广东茶叶联盟授予“广东生态茶园认定企业”。在中国首届斗茶大赛暨2022中国十大茶王评比活动总决赛中，飞马峰茶叶获全国第11名、特别金奖第一名。吉玉公司被授予首批“梅州老字号”荣誉称号。

【大麻镇】 位于大埔县西部，韩江纵贯其境，东邻湖寮镇，西与梅县区松口镇、雁洋镇为邻，南连高陂镇、银江镇，北接三河镇。有国道235线、省道222线、梅龙高速和大潮高速（含大漳支线）经过，高速有大麻出口。2022年，总面积229.82平方千米，辖22个村和1个社区，总人口3.74万人。完成撂荒复耕复种全镇连片3亩以上撂荒耕地220.75公顷。莲塘大桥主体基本完工并实现通车。博铖电子厂一期项目完成投资1800万元，实现稳定生产。顺丰梅州柚物流集散中心新增50个村级揽收点，日处理柚子量1200吨。

【三河镇】 位于大埔县西部，东邻湖寮镇、茶阳镇，西与梅县区松口镇为邻，南连大麻镇，北接青溪镇，有国道235线、省道227线、梅龙高速、梅坎铁路经过，高速有三河出口。2022年，总面积150.23平方千米，水田面积379.07公顷。辖12个村和1个社区，总人口1.95万人。万川千红蜜柚企业产品获得出口美国市场认证。大埔电厂二期项目于9月21日动工建设，投资80.62亿元。规模以上企业博富能增资扩产8000万元。

【银江镇】 位于大埔县西部，地处梅、埔、丰交界，居韩江上游，东接洲瑞镇、高陂镇，西邻梅县区雁洋镇和梅江区西阳镇，南连丰顺县砂田镇，北与大麻镇、梅县区雁洋镇交界，素有大埔县西大门之称。有国道 235 线和省道 333 线、224 线、222 线经过。2022 年，总面积 209.82 平方千米，辖 13 个村，总人口 2.80 万人。村集体经济收入 149 万元，有省级龙头企业 1 家、市级 1 家、县级 1 家。宣传推广银江十大长寿珍品，打造一体化金针菜特色产业园，全镇规模化金针菜种植基地 6 个，金针菜特色产业全年总产值 3000 万元。

【洲瑞镇】 位于大埔县西南部，东及东北连高陂镇，西及西北紧依银江镇，西南与丰顺县砂田镇毗邻，因洲瑞镇地貌四周环山，中间低平，形如盆状，故素有“金盆乡”之美称。有省道 333 线经过。2022 年，总面积 83.25 平方千米。粮食种植面积 282.07 公顷，粮食总产量 1278.00 吨。其中，水稻种植面积 245 公顷，总产量 1164 吨。辖 9 个村，总人口 1.79 万人。瑞山生态旅游度假区通过完善景区基础设施以及绿化亮化美化工程，全年实现旅游收入 900 万元；建设瑞山天泉客莱中央厨房有限公司项目，专门从事客家菜预制菜生产和销售，全年投资 4100 万元，完成厂房、内部车间建设和设备预订。华光村绿雅园投资 510 万元用于园区大门建设、花木种植和大门周边景观完善及园区绿化，明缘山庄星级民宿建设项目投入 700 万元进行观光步道建设、电梯安装、苏州风格长廊建设和餐厅、民宿升级改造。规模以上企业瑞山天泉包装饮用水厂全年生产总值 2850 万元。三和实业有限公司创新陶瓷产品研发，全年总产值 1800 万元。

【茶阳镇】 位于粤闽两省两县（区）交界处，地处梅州三大江之一——汀江河畔，是大埔老县城、红色革命老苏区、广东省首批中心镇之一。东邻福建省永定区下洋镇，西邻三河镇、青溪镇，南接西河镇、湖寮镇，北靠丰溪林场和福建省永定区峰市镇、城郊镇。有国道 235 线、省道 227 线和 332 线、梅龙高速、梅坎铁路经过，高速有茶阳出口。2022 年，总面积 294.30 平方千米，辖 26 个村和 1 个社区，人口 5.50 万人。粮食以水稻为主，主要经济作物有烟叶、蜜柚，耕地面积 1847.27 公顷；竹木资源丰富，林业用地面积 2.42 万公顷。被认定为省级“一村一品、一镇一业”蜜柚专业镇。新增规划建设蜜柚初加工产业园 1 个，规模以上工业总产值 4255 万元。整合邹鲁故居“椿森第”、老县委旧址、父子进士牌坊、大埔县工农革命政府公安局旧址、同天饭店、骑楼老街等旅游资源，打造集红色旅游、科普教育、民俗历史、康体养生于一体的经典旅游线路。

【西河镇】 位于大埔县东北部，东北与福建省永定区下洋镇接壤，西与湖寮镇、茶阳镇相邻，东南与福建省永定区湖山乡相连，南与大东镇、百侯镇相邻，有国道 235 线、省道 227 线、梅龙高速经过西河。2022 年，总面积 210 平方千米，辖 27 个村和 1 个社区，总人口 3.50 万人。全年粮食种植面积 561 公顷，主要生产优质水稻、蜜柚、烤烟、玉米、西瓜农业经济作物，素有“大埔粮仓”之称。完成撂荒复耕复种面积 181.60 公顷。全镇景区旅游收入 134.80 万元，接待游客 14.90 万人次。

【青溪镇】 位于大埔县西北部，位于粤、闽两省两区一县（梅县区、永定区、大埔县）交界，是著名革命老区。东北与茶阳镇接壤，西邻梅县区松口镇，南接三河镇，北接福建省永定区峰市镇。有省道 332 线和梅坎铁路（多宝坑小站）经过。2022 年，总面积 164.05 平方千米，辖 13 个村，总人口 2.16 万人。蜜柚种植面积 1178.67 公顷，山羊养殖 2400 头，做强蜜柚、山羊等特色产业。龙头企业有省级 5 家、市级 2 家、县级 1 家，吸收农村劳动力 2000 余人。完成中央红色交通线总体规划编制、2 条山地体验线的勘察修复、中央红色交通线（大埔段一期）保护利用项目，打造中央红色交通线经典旅游线路。

【丰溪林场】 位于大埔县北部，东部与福建省永定区岐岭乡毗邻，南部、西部与茶阳镇相邻，北部与福建省永定区凤城街道相邻。丰溪林场创办于 1958 年，原属汕头地区管辖，1963 年转为县办，1984 年 4 月被广东省人民政府批准建立省级自然保护区，保护区总面积 105.9 平方千米。1996 年 8 月被广东省林业厅批准建立丰溪省级森林公园。2022 年，林场总面积 30.70 平方千米，辖 3 个村，总人口 1848 人。丰溪保护区主要保护对象有中亚热带常绿阔叶林和珍稀动物、植物，是广东省综合性保护区之一，有高等植物 227 科、2026 种；脊椎动物 286 种。

附：2022年大埔县领导班子成员名单

县委书记：黄增国
县委副书记：凌晓文
　　蓝　欣
县委常委：黄增国
　　凌晓文
　　蓝　欣
　　陈伟平
　　杨自强
　　刘晓泉（挂职）
　　杨润世
　　李延海
　　吴丽丽（女）
　　廖昌元
　　叶慧玲（女）
　　张榆昌
县人大常委会主任：张红梅（女）
县人大常委会副主任：刘辉堂
　　邓立新（女）
　　张长先
　　邓玉伦
　　罗振康
　　邝金禄
县政府县长：凌晓文
县政府副县长：刘晓泉（挂职）
　　李延海
　　吴丽丽（女）
　　饶凌云（女）
　　罗春达
　　赖　宽
　　钟刻铭
　　葛志发
县政协主席：陈德志
县政协副主席：张友群（女）
　　刘小平
　　杨竹玲（女）
　　刘广明
　　黄伟胜
　　严庆东
县纪委书记：叶慧玲（女）
县纪委副书记：罗伟国
　　郭　勇（任至4月）
　　李　浩（7月任职）
县监委主任：叶慧玲（女）
县监委副主任：罗伟国
　　郭　勇（任至4月）
　　李　浩（9月任职）

（大埔县人民政府地方志办公室）

蕉岭县

【蕉岭县概况】　蕉岭县位于广东省东北部，辖蕉城、新铺、三圳、文福、广福、长潭、蓝坊、南礤8个镇。全县有97个村、10个社区。县境内有广东梅州蕉华工业园区。全县总面积962平方千米，其中山地面积7.47万公顷、耕地面积0.6万公顷。2022年末，全县户籍人口22.95万人，比上年减少700人，下降0.3‰。全年出生人口1454人，出生率7.98‰；死亡人口1865人，死亡率10.24‰；自然增长人口减少411人，自然增长率下降2.26‰。

蕉岭县地质构造比较复杂，岩石类主要有砂页岩、侵入岩、石灰岩、变质岩等。境内河流属韩江水系，主要河流韩江二级支流石窟河在县境内长61.4千米，集水面积728.2平方千米。县境属亚热带地区海洋性季风气候，夏长冬短，光照充足，雨季长，雨量充沛。重要矿产资源有铷、锰、铁、铝、钨、铜、铅、锌、锡、石灰石、大理石、花岗岩、石英砂、稀土等。水力资源10万千瓦以上。野生动植物资源丰富，药用植物有288个品种，分隶95个科。主要旅游景点有国家AAAA级旅游景区长潭旅游风景区、全国重点文物保护单位丘逢甲故居和谢晋元故居、镇山国家森林公园、省文物保护单位罗福星故居和石寨土楼。是世界长寿之乡。

【经济社会发展】　2022年，蕉岭县实现生产总值105.68亿元，比上年下降0.4%。其中，第一产业增加值18.70亿元，增长7.3%；第二产业增加值45.55亿元，下降6.3%；第三产业增加值41.43亿元，增长2.9%。产业结构持续优化调整，一、二、三产业结构为比17.7∶43.1∶39.2。全县完成全口径税收收入9.07亿元（含蕉华园区），下降32.0%。完成一般公共预算收入6.32亿元，下降10.1%。一般公共预算支出29.12亿元，增长18.3%。其中，民生支出24.34亿元，增长16.2%，占一般公共预算支出的83.6%。

【农业】　2022年，蕉岭县实现农业总产值29.80亿元，比上年增长7.7%。粮食作物播种面积1.07万公顷，增长1.88%；甘蔗种植面积73.67公顷，减少58.8%；油料种植面积2112.93公顷，增长7.7%；蔬菜种植面积6100.33公顷，增长6.96%；中草药种植面积711.6公顷，增长3.8%。全年粮食产量6.8万吨，增长2.99%；糖蔗产量2801吨，减少55.8%；油料产量5219吨，增长8.4%；蔬菜产量14.42万吨，增长10.9%；园林水果产量6.13万吨，增长5.5%；茶叶产量3289吨，增长12.1%。全年猪牛羊禽肉产量2.09万吨，增长9.3%。其中，猪肉产量1.32万吨，增长5.8%；禽肉产量5997吨，增长18.4%。年末生猪存栏7.25万头，下降5.6%；生猪出栏16.46万头，增长9.1%。全年水产品产量6512吨，增长2.6%。

【工业和建筑业】 2022年，蕉岭县工业增加值比上年下降5.6%。规模以上工业增加值实现24.69亿元，下降8.0%。规模以上工业企业实现主营业务收入77.68亿元，下降14.5%；利润总额亏损0.23亿元，下降101.9%。规模以上工业新型建材产业实现工业产值71.38亿元，下降17.9%；新型建材产业工业总产值占全县规模以上工业总产值89.8%。建筑业增加值12.56亿元，下降8.3%。全年具有资质等级的总承包和专业承包建筑企业14个，增长40%；总承包和专业承包完成建筑业总产值20.22亿元，下降51.1%；实现利润总额11471万元，下降28.7%；利税总额11471万元，下降28.7%。建筑施工企业房屋建筑施工面积41.4万平方米，下降55.1%；房屋竣工面积4.6万平方米，增长88.2%。

【固定资产投资】 2022年，蕉岭县固定资产投资额比上年增长1.0%。分产业看，第一产业完成投资额下降100.0%；第二产业完成投资额下降12.9%；第三产业完成投资额增长9.6%。分投资主体看，国有经济投资增长112.16%，民间投资下降47.3%。其中，民间投资占全县固定资产投资的比重为36.3%。

【广福园区】 2022年，蕉岭县成立赣闽粤原中央苏区对接融入粤港澳大湾区振兴发展先行区（蕉岭片区）广福园区建设指挥部，委托省规划设计院编制《赣闽粤原中央苏区对接融入粤港澳大湾区振兴发展先行区（蕉岭片区）总体规划及城市设计》，根据国土空间规划“三区三线”划定方案，广福园区落实用地规模223.2公顷。2022年，广福园区获得省级特色产业园政策支持、取得新增建设用地73.33公顷，获得政策性开发性金融工具基金3.91亿元，建设广福园区基础设施首期工程项目。

【服务业】 2022年，蕉岭县实现服务业增加值41.13亿元，比上年增长2.9%，其中，批发和零售业增加值4.19亿元，下降7.3%；住宿和餐饮业增加值1.05亿元，下降3.2%；金融业增加值5.48亿元，增长6.3%；房地产业增加值4.9亿元，下降0.7%；交通运输、仓储和邮政业增加值2.3亿元，下降1.3%；其他服务业增加值23.26亿元，增长5.8%。规模以上服务业企业实现营业收入2.85亿元，增加14.4%；利润总额1074万元，增加10.4%。全县共投入50辆新能源公交车；开通24条城乡公交线路，实现8个镇全覆盖；全县97个行政村均开通公交线路，覆盖率100%。

2022年11月18日，蕉岭县举行总投资3.91亿元的赣闽粤原中央苏区对接融入粤港澳大湾区振兴发展先行区（蕉岭片区）广东梅州蕉华工业园区北部发展区（广福）基础设施首期项目动工仪式 （蕉岭县人民政府地方志办公室供图）

2022年，蕉岭县公路货物周转量12.32亿吨千米，下降5.9%；公路旅客周转量843万人千米，下降52.7%。年末，公路通车里程1491.84千米，增长3.4%，其中，高速公路里程40.46千米；“四好农村路”1242.51千米，下降17.4%。年末全县民用汽车拥有量达到3.4万辆，增长3.7%，其中私人汽车3.07万辆，增长3.8%。民用轿车保有量1.62万辆，增长6.6%，其中私人轿车1.62万辆，增长6.7%。邮电通信主营业务收入2.01亿元，增长17.8%。其中，移动增长21.6%、电信增长14.4%、联通增长12.5%。年末固定电话用户4730户，下降6.9%；移动电话用户21.92万户，增长1.1%，其中4G用户16.822万户，增长7.5%，占移动电话用户比重达76.75%。当年新增移动电话用户7.52万户。年末互联网宽带接入用户13.71万户，其中宽带（固定）4.04万户，移动宽带9.67万户。

【国内贸易和对外经济】 2022年，蕉岭县实现社会消费品零售总额38.42亿元，比上年下降2.4%。从消费形态看，商品零售额34.46亿元，下降2.5%；餐饮收入3.95亿元，下降2.1%。按经营地统计，城镇消费品零售额 29.04 亿元，下降 2.7%；乡村消费品零售额 9.37 亿元，下降 1.4%。进出口贸易企业进出口总额 1559.3 万美元，下降 29.7%。贸易出口总额 1542.4 万美元，下降 29.7%。

【金融和保险业】 2022 年末，金融机构本外币存款余额 133.34 亿元，比上年增长 9.1%，其中居民（住户）储蓄存款余额 106.77 亿元，增长 13.9%。金融机构本外币贷款余额 69.21 亿元，增长 7.3%；其中住户贷款 46.97 亿元，增长 5.7%。年末全县农村合作机构本外币存款余额 39.43 亿元，增长 6.9%。银行业金融机构年利润（税后）1.8 亿元，下降 0.47%。年末银行业金融机构不良贷款率 0.89%，回落 0.13 个百分点。财产、人寿实现保险费收入 2.31 亿元，增长 13.6%，其中财产保险费收入 1.35 亿元，增长 32.5%；人寿保险费收入 9605 万元，下降 5.4%。财产和人寿决赔款 8943 万元，增长 8.3%，其中财产保险决赔款 5837 万元，增长 12.4%；人寿保险决赔款 3106 万元，增长 1.4%。

2022 年，蕉岭中学熊德龙体育场改造完成

（蕉岭县人民政府地方志办公室供图）

【科技、教育、文化、卫生和体育】 2022 年，蕉岭县专利授权量 210 件，其中，发明 13 件，实用新型 164 件，外观设计 33 件。全年共有 179 家企业获得专利授权 179 件。

全县有普通高中 2 所，在校学生 3589 人；初级中学 13 所，在校学生 7029 人；小学 20 所，在校学生 1.45 万人；幼儿园 52 所，在园幼儿 6968 人。适龄儿童入学率 100%，小学生升学率 100%，初中学生升学率 100%，高中学生升学率 100%，九年义务教育巩固率 98.4%，高中阶段教育毛入学率 98.2%。考上大专以上的人数 972 人，其中本科 555 人。

年末，黄桂清图书馆有藏书 42.22 万册，比上年增长 19.8%。法刚博物馆馆藏物品 8631 件。组织文化“三下乡”活动，全年送戏下乡 22 场、送电影下乡 1164 场、送书下乡 3584 册，受教育人数 23 万人次。全县有 300 瓦立体声调频广播电台 1 座，有线电视在用用户 1.87 万户，城乡入户率 94.72%，电视覆盖率 94.65%。

年末，全县有各种卫生机构 161 个，病床床位 1108 张，其中县人民医院 320 张、中医院 200 张、妇幼保健院 100 张；平均每万人拥有病床 59 张。卫生专业技术人员 1366 人，其中执业医师 371 人、助理执业医师 129 人、注册护士 555 人。平均每万人拥有医生数 27.22 人。

全县有各类体育场、馆 1181 个，其中标准运动场 9 个；召开各大中型运动会 4 场，参加人数 2110 人。

【环境和人民生活】 2022 年，蕉岭县平均降水量 1839.3 毫米，比上年增长 61.6%；年平均气温 21.7℃；年平均湿度 75.5%；年日照时间 1821.9 小时。全县水资源总量 9.64 亿立方米，增长 164.8%；大型水库蓄水总量 1.04 亿立方米，增长 7.7%。全县城乡共建成生活污水处理厂 8 座，城市污水处理能力达到 2 万吨/日，城市生活污水集中处理率达到 98.85%，城市生活垃圾无害化处理率达到 100%。全县有环境监测站 1 个。全县环境质量保持稳定良好，蕉岭城区空气质量综合指数为 2.49，优良率 100%；主要江河水质达到功能区水质要求，主要饮用水源水质达标率 100%；区域噪声、道路交通噪声保持稳定，城市声环境质量较好，各功能区噪声达标率 100%。

年末，蕉岭县活力木蓄积量 697.66 万立方米，森林覆盖率 79.4%。县级以上自然保护区 2 个，自然保护区面积 13296.96 公顷。森林抚育面积 1500 公顷，建成生态公益林 3.74 万公顷，林木采伐量 3.16 万立方米。规模以上工业综合能源消费量149.10万吨标准煤，下降3.5%；单位GDP能耗下降2.9%；规模以上工业单位增加值能耗增加4.4%；单位GDP电耗下降5.0%。全社会用电量14.68亿千瓦时，下降5.3%，其中工业用电量11.82亿千瓦时，下降6.7%。

2022年，蕉岭县常住全体居民人均可支配收入2.83万元，比上年增长4.8%。按常住地分，全县常住城镇居民人均可支配收入3.3万元，增长3.7%；常住农村居民人均可支配收入2.23万元，增长5.9%。农村增速比城镇高2.2个百分点。居民消费价格总指数为101.8%，上升1.8个百分点。城镇新增就业人数1452人，年末城镇登记人口失业人员1346人，失业人员实现再就业人数812人，就业困难人员实现再就业242人。城镇职工养老保险参保人数（含企业离退休人员）5.35万人，增长3.2%；参加工伤保险2.9万人，增长0.2%；参加职工基本医疗保险2.7万人，下降8.3%；参加职工失业保险2.17万人，增长2.1%；参加生育保险2.7万人，增长20.1%。参加城乡居民养老保险5.92万人，下降3.5%；参加城乡居民医疗保险16.11万人，下降10.2%。

全县有各类型社会福利院10间，床位326张，收养人数126人。全县得到各级政府救济5937人次；全年发放救济金额3205万元。享受低保救济的困难群众3632人，其中城镇212人、农村3420人，发放低保救济金额1587万元。城乡社区服务机构和设施438个，其中综合性社区服务中心107个。年末拥有社会组织277个。

乡　镇

【蕉城镇】 位于蕉岭县境中部，国道205线贯穿全境，为全县政治、经济、文化中心，是县城所在地、省定中心镇。总面积57.68平方千米，辖11个村和4个社区。2022年，工农业生产总值16.67亿元，比上年降低0.2%；农民人均纯收入3.30万元，增长3.7%。境内有龙安村丝苗米省级现代农业产业园，有桂岭新区、长寿新城、奥园商贸中心等新型功能区，有镇山国家森林公园、兴化寺、德昭园、滨水公园、石窟河十里画廊等旅游景点，产、景、城相互交融，宜居、宜业、宜游。

【新铺镇】 位于蕉岭县最南端，石窟河沿岸，毗邻梅县区、平远县。总面积184.9平方千米，其中耕地面积1780公顷、林业用地1.42万公顷，森林覆盖率79%。辖21个村和1个社区。2022年，工农业生产总值28.52亿元，比上年下降2.7%；农民人均纯收入2.51万元，增长5.9%。新铺交通条件优越，天汕高速公路、国道205线横贯全镇。自然资源和物产丰富，是著名的水泥之乡、茶果之乡、华侨之乡、文化之乡，是省级中心小城镇建设示范点、省级建材专业镇。

【长潭镇】 位于蕉岭县城西郊，东与蕉城镇隔河相望，西与平远县接壤，南与三圳镇相邻，北与广福镇相邻。总面积91.59平方千米，其中耕地面积0.1万公顷、山林面积0.69万公顷，辖11个村和1个社区。2022年，工农业生产总值3.269亿元，比上年增长1.2%；农民人均纯收入2.15万元，增长6.7%。长潭镇是广东省乡村旅游特色镇。境内生态旅游资源丰富，拥有国家AAAA级旅游景区长潭水库、一线天、百竹园、名木古树园、珍稀园、千亩枫叶园、高台庵、澳洲山庄、闽粤赣释迦文化中心等多个自然人文景点。辖区内有广东长潭粤电站和省级自然保护区。文化底蕴深厚，有抗清志士林丹九、赖其肖，画家林乃干，联合国高级专员钟嘉谋等名人。

【三圳镇】 位于蕉岭县中南部，东接国道205线和蕉华管理区，西与平远县交界，南与新铺镇接壤，北与蕉城镇相邻，距蕉城10千米，石窟河贯穿而过。耕地面积827公顷，山林面积6887公顷，森林覆盖率73%。辖9个村和1个社区。2022年，总户数8032户，2.5万人。2022年，工农业生产总值4.21亿元，比上年增长3.5%；农民人均纯收入2.08万元，增长5.9%。

【文福镇】 位于蕉岭县城以北12千米，是近代抗日志士、爱国诗人、教育家丘逢甲的故乡，也是著名的“菲尔兹奖”“马塞尔·格罗斯曼奖”获得者、当代数学大师——丘成桐院士的家乡。天汕高速公路、国道205线贯穿全镇，自然资源丰富（石灰石、锰、铅、锌、铁、稀土等矿产资源）。总面积122平方千米，耕地面积0.07万公顷，森林总面积0.9万公顷，其中生态公益林面积0.55万公顷，森林覆盖率 78.6%。辖 8 个村和 1 个社区。2022 年，总人口 2.13 万人。2022 年，工农业生产总值 20.9 亿元，比上年增长 6.3%；农民人均纯收入 2.23 万元，增长 5.9%。

【广福镇】 位于蕉岭县北部，地处闽粤两省交界，距县城 24 千米，国道 205 线和长深高速公路穿镇而过，是广东省首批中心镇之一。总面积 107.3 平方千米，其中耕地面积 671.87 公顷、山林面积 9667.2 公顷，森林覆盖率 78.17%。境内有较丰富的大理石、锰、铁、钙、钾等矿产资源和水力资源。历史文化古迹有广福寺遗址、石峰村粟坝罗氏大围屋、乐干村九栋民居等，传统民间艺术有船灯舞等。先后获得“广东省宜居城镇”“广东省教育强镇”“梅州市文化先进镇”“梅州市文明镇”“梅州市平安镇”等称号。辖 10 个村和 1 个社区。2022 年，全镇社会生产总值实现 5.56 亿元，比上年增长 3.1%；农民人均纯收入 2.47 万元，增长 3.5%。

【蓝坊镇】 位于蕉岭县东部，距县城 6 千米，总面积 134.6 平方千米，其中耕地面积 776 公顷，山地面积 1.03 万公顷。境内矿产资源丰富（煤、钨、稀土、铁、铅、锌、花岗岩、耐火石等）。生态优美、人文荟萃，有效保护和开发龙潭飞瀑、文峰插汉、会仙洞、梯田、罗福星故居、克修公祠、水口塔、贞节牌坊等旅游资源。辖 11 个村和 1 个社区。2022 年，生产总值 1.96 亿元，比上年增长 2.3%；农民人均纯收入 1.09 万元，增长 2.9%。

【南礤镇】 位于蕉岭县东北部，东面与梅县的松源、隆文两镇相连，北部与福建省的武平、上杭两县毗邻。总面积 173.9 平方千米，其中耕地面积 800 公顷，山林面积 14333 公顷。省道 223 线、县道 045 线南北贯通，镇府驻地距离县城 22 千米。境内山清水秀，森林和水力资源丰富，森林覆盖率 89.1%，是蕉岭县木材、烤烟、茶叶、毛竹和冬笋的主要产区之一。辖 16 个村。2022 年，生产总值 2.86 亿元，比上年增长 3%；农民人均纯收入 1.10 万元，增长 3.5%。

附：2022 年蕉岭县领导班子成员名单

县委书记： 刘鸿涛
县委副书记： 刘裕君、林文建
县委常委： 刘鸿涛
刘裕君
林文建
曾光华
胡　班
余　翔（任至 5 月）
曾文渊
杨红军
丘文慈
陈　丽（女）
徐永岭
谢伟传
县人大常委会主任： 张伟杰
县人大常委会副主任： 江运洪
饶森健
陈苑娜（女）
古育辉
张　卫
丘志铭
县政府县长： 刘裕君
县政府副县长： 胡班
余　翔（任至 5 月）
徐永岭
吴东海
张　慧（女）
谢彦博
李杜强
陈春妮（女）
县政协主席： 钟梅芬（女）
县政协副主席： 彭　刚
古芹花（女）
张永超
汤超宏
肖培彬
朱发庆
县纪委书记： 曾文渊
县纪委副书记： 陈运华
汤维彬
县监委主任： 曾文渊
县监委副主任： 陈运华
汤维彬

（蕉岭县人民政府地方志办公室）

丰顺县

【丰顺县概况】 丰顺县位于广东省东部，梅州市南端，属南亚热带季风气候区，辖 16 个镇、1 个国有农场，行政区域面积 2710.22 平方千米。2022 年末，全县户籍人口 72.22 万人，旅外华人华侨和港澳台同胞 40 多万人。梅汕高铁在丰顺县境内设有丰顺东站和建桥站两个站。梅汕高速公路穿境而过，并在县城设立两个出入口，广梅汕铁路横贯县内中部，县通镇公路全部实现水泥硬底化，国道 206 线、235 线，省道 228 线、224 线、334 线贯穿而过。

丰顺县是全国地热资源丰富的县份，素有“九汤十八磜”之称，是著名的温泉之城，地热活动区遍布8个镇、24处，日动储量2.2万立方米，最高水温92℃，硅、氟、氡等元素含量符合医疗用热矿水标准，具有分布广、储量大、水温高、水质好、高端开发价值高等特点，主要用于发电、旅游服务业、养殖业、公共汤湖洗浴、家庭洗浴等方面。新中国第一座地热发电站——邓屋地热电站建立在丰顺县汤坑镇。重要矿产资源有铁、钨、铅、锌、钼、锡、铜、金和稀土等金属矿，花岗岩、高岭土、钾长石、叶蜡石、水晶、石墨、云母等非金属矿。铁矿储量在2000万吨以上，属中型矿。

丰顺县旅游资源丰富，有众多的温泉、瀑布、奇峰异石、文物古迹，主要旅游景点有大宝山旅游度假区、千江温泉度假区、龙鲸河漂流、龙归飞瀑、揭岭飞泉、铜鼓峰高山旅游区、黄花村乡村游、八乡山大峡谷、韩山生态旅游区及太平寺、济公殿、西岩寺、丰顺公园、坚真公园，有国家级非物质文化遗产“埔寨火龙”和省内独特的畲族风情。保留着水乳交融的潮客文化、历史悠久的宗教文化和红色激扬的老区文化。

丰顺县著名人物有晚清洋务运动领袖丁日昌，民族英雄徐名鸿，华夏女杰李坚真，数学大师李国平，国民革命军中将吴逸志、少将陈勉吾等，中国人民解放军将军胡军、黄锦容、林才文，爱国侨领丁家骏、何侨生、郑明如、陈修试、罗锦磲、徐廷侨等；国内实业家有地产大王朱拉伊、朱孟依和朱庆伊兄弟，中南五省糖王冯小华、李国辉，自行车大王谭伟龙等。

【经济社会发展】 2022年，丰顺实现地区生产总值119.29亿元，比上年增长0.2%。其中，第一产业增加值26.99亿元，增长4.5%；第二产业增加值42.37亿元，下降6.1%；第三产业增加值49.93亿元，增长3.2%；三次产业结构比重为22.6∶35.5∶41.9；人均地区生产总值2.48万元，与上年持平。全年城镇新增就业2371人，城镇失业人员实现再就业1453人。年末城镇登记失业率2.53%，与上年持平。全年一般公共预算收入完成6.73亿元，下降15.0%；其中税收收入完成3.57亿元，下降17.5%。全年一般公共预算支出完成49.18亿元，下降3.4%。

2022年7月22日，粤东重点供水工程集中通水仪式分别在潮州主会场和梅州、揭阳分会场举行，图为梅州市丰顺县新区供水工程分会场 （郑坤 摄）

【农业】 2022年，丰顺县粮食作物种植面积2.29万公顷，与上年持平；粮食总产量11.93万吨，下降0.1%。在全年主要经济作物产量中：花生总产量5033吨，增长1.0%；蔬菜总产量23.29万吨，增长4.6%；园林水果总产量6.83万吨，增长4.4%；茶叶总产量4552吨，增长11.4%。全年肉类总产量4.81万吨，增长3.4%，其中猪肉产量1.31万吨，增长1.1%；禽肉产量3.35万吨，增长4.7%。全年水产品总产量1.09万吨，下降0.1%。

【工业和建筑业】 2022年，丰顺县实现规模以上工业总产值92.95亿元，比上年增长4.4%；完成规模以上工业增加值16.42亿元，增长9.4%。规模以上工业企业实现主营业务收入95.18亿元，增长10.8%；实现利润总额2.13亿元，增长47.5%。规模以上工业企业完成出口交货值7.09亿元，下降19.3%。实现资质以上建筑业总产值126.33亿元，下降15.1%；完成建筑业增加值23.17亿元，下降18.3%。

【固定资产投资】 2022年，丰顺县完成固定资产投资比上年下降29.5%，其中：工业投资下降53.6%，工业投资中技改投资下降65.0%；房地产开发投资6.68亿元，下降52.1%。商品房销售面积20.94万平方米，下降27.3%；销售总额11.40亿元，下降37.5%。

【交通和邮电业】 2022年，丰顺县旅客周转量2551万人千米，比上年增长31.5%；货物周转量5.23亿吨千米，下降17.0%。完成邮政业务总量5985万元，增长4.0%。

【国内贸易】 2022年，丰顺县实现社会消费品零售总额55.15亿元，比上年下降1.0%。按经营地分，城镇实现社会消费41.84亿元，下降0.7%；乡村实现社会消费13.30亿元，下降2.1%。按消费类型分，商品零售实现49.34亿元，下降0.8%；餐饮收入实现5.80亿元，下降2.9%。

【对外经济贸易和旅游业】 2022年，丰顺县外贸进出口总额1.1亿美元，比上年下降23.7%。其中出口1.09亿美元，下降23.8%。全年实际利用外资152万美元，下降80.8%。全年接待游客57.81万人次，下降71.7%；旅游营业收入3.93亿元，下降63.1%。

【金融和保险业】 2022年末，丰顺县各项贷款余额128.87亿元，比上年增长2.1%；各项存款余额237.43亿元，增长5.1%，其中住户存款余额198.55亿元，增长11.0%。全年保费收入2.96亿元，增长3.9%。其中人寿险保费收入1.07亿元，下降12.6%；财产险保费收入1.89亿元，增长16.2%。全年保险赔款支出1.02亿元，增长8.5%。其中人寿险赔款支出1399万元，增长1.1%；财产险赔款支出8809万元，增长8.1%。

【科学技术和教育】 2022年末，丰顺县事业单位和抽样企业各类专业技术人员7467人。其中正高级专业技术人员19人，副高级专业技术人员1270人，中级专业技术人员2227人，初级专业技术人员3951人。全县有幼儿园118所，在园幼儿1.8万人；小学168所（完全小学77所、教学点91个），在校学生4.43万人；初中学校26所（初级中学14所、九年一贯制12所），在校学生2.25万人；高中学校7所（高级中学1所、完全中学6所），在校学生9251人；职业技术学校1所，在校学生1661人；特殊教育学校1所，在校学生30人。

2022年1月15日，丰顺县坚真大湖天池项目举行开工仪式

（郑坤 摄）

【文化、卫生和体育】 2022年末，全县有文教体育服务中心16个，文化馆、图书馆、纪念馆各1个，博物馆2个，电影院3家；有广播电视台1座，播映内容丰富、节目多彩。有卫生机构330个，实有床位2204张，在职人员3133人（其中卫生技术人员2548人）。其中：医院7个，实有床位1565张，卫生技术人员1243人；基层医疗卫生机构中镇级卫生院16个，实有床位555张，卫生技术人员871人；村卫生站264个，卫生技术人员112人；专业公共卫生机构5个，床位84张，卫生技术人员248人；其他卫生机构1个，卫生技术人员0人。有面积大小不等的体育活动场所1137个。全年组织镇以上体育活动竞赛7次。

【人口、人民生活和社会保障】 2022年末，全县户籍人口72.22万人，比上年末减少5.4‰。据住户抽样调查结果，全年全县常住居民人均可支配收入2.47万元，比上年增长4.3%，其中：城镇常住居民人均可支配收入3.04万元，增长3.3%；农村常住居民人均可支配收入1.81万元，增长4.9%。2022年城乡居民医疗保险参合率96.2%，基本实现全覆盖。

【资源和环境】 2022年末，丰顺县有环境监测站1个。有城市（县城）生活污水处理厂1座，城市（县城）生活污水处理能力达到4万吨/日，城市（县城）生活污水集中处理率达到100%。城市生活垃圾无害化处理率达到100%。全年规模以上工业综合能源消费量6.98万吨标准煤，比上年下降13.2%。规模以上工业单位增加值能耗下降18.5%。全社会用电13.62亿千瓦时，下降10.2%，其中工业用电量6.41亿千瓦时，下降21.0%。

镇　场

【汤坑镇】　位于丰顺县东南部，是全县政治、经济、文化中心，也是梅州市对外开放的重要窗口。汤坑镇于2004年10月由原汤坑镇、东联镇和附城镇三镇合并而成，总面积220.72平方千米，城区面积约25平方千米。辖32个村和11个社区。2022年，户籍人口14.48万人，其中农业人口2.67万人、非农业人口11.82万人。全镇规模以上工业总产值19.69亿元，其中电子元件制造行业累计产值2.29亿元、钢铁行业累计产值6.1亿元、食品生产及加工行业累计产值9.19亿元、其他行业累计产值2.15亿元。对比2021年同期，2022年经济发展趋势普遍略有收窄，增长有所减缓，但食品生产及加工行业仍保持较高的增长势头。固定资产投资额约4260万元。

【北斗镇】　位于丰顺县中西部，距县城9千米。206国道、大丰华高速、梅汕高速、广梅汕铁路、梅汕高铁穿境而过，交通区位优势明显。总面积90.44平方千米，境内四面高山环绕，其中山地面积9000公顷、耕地面积366.2公顷、林地面积7333.33公顷，森林覆盖率88%。辖8个村。2022年，户籍人口1.77万人，常住人口5769人；镇内基础产业为农业，主要作物为水稻和番薯，特色产业为茶叶和红花茶油。财政拨款预算收入996.72万元，比上年增长8.95%。

【汤西镇】　位于丰顺县境西南部。总面积191.83平方千米，辖12个村和1个社区。总户数1.34万户，人口5.95万人。全镇有3所中学、10所小学、5个教学点和2所公办幼儿园。2022年，镇财政收入2004.22万元，财政支出2004.22万元。全镇规模以上工业企业8家，产值14.13亿元。

【汤南镇】　位于丰顺县南端，榕江北河贯穿其中，拥有丰富的地热资源，是丰顺新区温泉宜居城的核心区，国道206、235线及梅汕高速路、广梅汕铁路畲汕线通过镇境，交通网络发达。辖8个村和1个社区，总面积45.01平方千米，户籍人口5.24万人，其中95%以上为罗姓，语言以潮汕方言为主。主要生产米面制品、扬声器等，特色美食有手工面线、菜粄和菜脯等。特色建筑种王上围距今已有300多年历史，2015年被广东省人民政府列为第八批广东省文物保护单位。

【埔寨镇】　位于丰顺县最南端，是华侨之乡、文化艺术之乡和革命老区，有国家非物质文化遗产——“埔寨火龙”和省级非物质文化遗产——“埔寨纸花”。1998年，广东省文化厅授予埔寨镇“广东省民族民间艺术之乡”称号。2000年，埔寨镇被文化部授予“中国民族民间艺术之乡”称号。2016年，埔寨镇获得文化部命名的2014—2016年度“中国民间文化艺术之乡”称号。总面积97.94平方千米，辖9个村和1个社区。户籍人口4.48万人。2022年，埔寨镇财政总收入1700.74万元。

【八乡山镇】　位于丰顺县西南部，总面积188.49平方千米，平均海拔600多米。辖15个村，其中14个村是“全国第一批绿色村庄”，1个村是广东省首批“国家森林乡村”。八乡山镇是著名的革命老区，东江苏维埃政府和广东省区域内唯一一支列入中央红军序列的军级建制部队——红十一军的诞生地。拥有中国特色景观旅游名镇，全国绿化先进集体，国家地理标志保护产品（八乡山番薯），全国名特优新农产品（丰顺高山红薯），第十二批全国“一村一品”（番薯）示范村镇，广东省休闲农业与乡村旅游示范镇，省卫生镇，省级“一村一品、一镇一业”茶叶、番薯专业镇，省“一村一品、一镇一业”番薯示范村（银河村、马山村、高基村），省乡村治理示范村（滩良村），省级民主法治示范村（滩良村），市文明镇，市十佳乡风文明镇，市文明村（马山村），市百佳乡风文明村（马山村、方吉村），市客家美食名村（贵人村）等荣誉称号。2022年，户籍人口2.2万人，常住人口0.58万人。茶园面积1139.87公顷，年出产干茶约143万千克；番薯种植面积234.87公顷，年产量近355千克；苦笋种植面积133.33公顷，年产量近8万千克。2022年，八乡山镇财政收入（含上级预算内拨款）127.36万元；各村集体经济总收入248.07万元。

【丰良镇】　地处丰顺县北部山区，原为丰顺县老县城，是全国重点镇、广东省中心镇。国道206线、355线穿镇而过。总面积249.21平方千米，山地面积2.2万公顷，耕地面积1933.33公顷，其中水田1733.33公顷。圩镇建成面积2.5平方千米。辖22个村和1个社区。2022年，总户数1.39万户，总人口6.39万人，其中农业人口4.61万人、非农业人口1.77万人。2022年，镇财政收入5269.82万元，比上年增长79.5%。

【建桥镇】　位于丰顺县西北部，国道206线贯穿全镇，梅汕高铁（丰顺段）建桥站设在建桥镇岗围村，总面积93.79平方千米。山地面积8364.67公顷；林地面积5718.6公顷；耕地面积825公顷，其中水田面积732.07公顷。辖10个村。2022年，户籍人口3.04万人，常住人口1.27万人。完成社会生产总值2.42亿元，比上年增长3%；完成农业生产总值8239万元，增长3.8%，财政收入1337.87万元。

【龙岗镇】　位于丰顺县北部山区。有国家原产地地理标志保护产品马图绿茶，马山茶业示范基地被认定为2022年"粤字号"农业品牌示范基地。总面积112.99平方千米，辖11个村。2022年，全镇总户数5624户，人口2.09万人。镇财政收入3412.63万元，比上年下降11.06%；财政支出3216.73万元，下降18.28%。

【潘田镇】　位于丰顺县中部，素有"两个之最"的美誉：地理位置居全县最中心，平均海拔达426米。总面积148.23平方千米，辖13个村和1个社区。2022年，常住人口2.06万人。农村社会总产值2.15亿元，比上年增长5.2%，工农业总产值2.09亿元，其中工业总产值1702万元，增长4.8%；农业总产值1.92亿元，增长4.3%；农民人均纯收入1.76万元，增长5.1%。

【大龙华镇】　位于丰顺县东北部。辖16个村，总面积226.69平方千米，耕地面积526.67公顷。2022年，人口2.19万人，常住人口9817人。社会生产总值2.92亿元，比上年增长3.71%。财政收入（含上级预算内拨款）1254.73万元。

【黄金镇】　位于丰顺县东北部，名优特产有黄金姜糖。盛产竹子，素有"竹乡"之称，2007年被梅州市评为"竹具专业镇"。总面积155.89平方千米，山地面积1.39万公顷，耕地面积1266.67公顷。辖24个村和1个社区。2022年，有8380户，3.78万人。全镇村集体经济年收入397.75万元，入股分红类收益317.4万元，全镇24个村集体经济年收入均10万元以上。

【留隍镇】　位于丰顺县东北部，居潮州、梅州、揭阳三个地级市之间，广东省第二大江——韩江纵贯镇域。境内温泉资源、水力资源丰富，建有"韩江小三峡"之称的韩江枢纽水利工程（东山电站）。先后获得全国重点镇、第三批国家新型城镇化综合试点地区、第二批全国特色小城镇、广东省中心镇、广东省生态示范镇、广东省青榄专业镇技术创新试点单位、广东潮客小镇特色小镇创建工作示范点等荣誉称号。1999年，特色产品"铜峰牌"青榄获全国第三届水果展销会"中华名果"称号。2015年，留隍云片糕被列入梅州市市级非物质文化遗产保护名录。留隍草席制作技艺于2016年8月31日被梅州市人民政府列入梅州市第七批市级非物质文化遗产代表性项目名录。2004年10月原东留、茶背两镇并入留隍镇。总面积422.68平方千米，辖36个村和1个社区，人口10.5万人。2022年，社会总产值17.9亿元；农业总产值4.8亿元；完成税收收入1813.62万元，其中中央级收入608.97万元、省级收入299.33万元、县级收入811.4万元；财政总收入3615.94万元，其中一般公共预算收入3615.94万元。

【潭江镇】　位于丰顺县东北部，是广东省中心镇、红陶专业镇、单丛茶之乡，也是梅州唯一的少数民族（畲族）聚居地。总面积221.8平方千米，其中山地面积1.91万公顷、水田面积536.67公顷。镇域内自然资源丰富，森林覆盖率80%，拥有2400公顷茶叶种植区，在全市建制镇中规模最大。水力、河沙、矿产等资源蕴藏量大，土壤硒含量高。茶叶、红陶、红薯是潭江"三宝"。省道227、县道027横纵贯穿镇域。辖18个村和1个社区。2022年，人口3.1万人，其中凤坪畲族村950人（畲族608人）。社会生产总值6.22亿元，比上年增长3.15%，其中农业生产总值3.71亿元、工业生产总值2.51亿元，分别增长 2.77%、4.13%。农民人均纯收入 1.6 万元。春茶产量 64 万千克，产值 1.6 亿元。

【砂田镇】　位于丰顺县东北部，总面积 140.7 平方千米，其中山地面积 1.2 万公顷、耕地面积 586.93 公顷，境内四面群山怀抱，西北面莲花山脉主峰——铜鼓峰为粤东最高峰。辖 16 个村和 1 个社区。2022 年，全镇有 4287 户，人口 1.95 万人。经济运行稳中向好，农村经济总收入 1.6 亿元，农民人均纯收入 1.2 万元。

【小胜镇】　位于丰顺县东北部，总面积 75.32 平方千米。辖 11 个村，总人口 1.6 万人。2022 年，镇生产总值 1.4 亿元，比上年增长 3%；农民人均纯收入 1.13 万元，增长 3.7%。

【埔寨农场】　位于丰顺县最南端，国道 235 线贯穿全境、交通方便，原是梅州地区唯一能种植橡胶的省属国营农场。总面积 6.82 平方千米，辖半岭、大塘 2 个管理区。2022 年，有 585 户 2500 多人，常住人口 1000 人。农村社会总产值 3620 万元，农民人均纯收入 1.39 万元。

附：2022 年丰顺县领导班子成员名单

县委书记：张志锋
县委副书记：罗达祥
　梁玉辉
县委常委：林　剑
　罗小平
　石远平
　张晓山
　廖月芝
　张学鹏
　钟凌玮（任至 3 月，8 月被开除公职）
　徐晓东
　陈少洲（挂职）
　古孟青（4 月任职）
县人大常委会主任：邱翠茂
县人大常委会副主任：廖若旦
　刘超平
　吴伟明
　马扬闲
　张良生
　谢仕华
县政府县长：罗达祥
县政府副县长：林　剑
　张晓山
　陈少洲（挂职）
　罗小天
　李吉祥
　曾小丽
　谢定雄
　罗　灏
县政协主席：黄建斐
县政协副主席：陈美琼
　蔡运林
　陈新化
　彭水利
　罗炳元
县纪委书记：张学鹏
县纪委副书记：王湘阳（任至 6 月）
　朱传讯
　邹学平（7 月任职）
县监委主任：张学鹏
县监委副主任：王湘阳（任至 6 月）
　朱传讯
　邹学平（7 月任职）

（丰顺县史志办公室）

五华县

【五华县概况】　五华县位于广东省东部，辖 16 个镇、415 个村和 36 个社区。土地面积 3237.8 平方千米。2022 年末户籍人口 151.92 万人，常住人口 92.44 万人。自然资源丰富，有金属矿物 34 种，非金属矿物 19 种，矿点 97 处，其中钨、钼矿达国家标准一级一类、萤石矿属世界一级品、钾长石储量和质量均居全省首位。全县山地占 49.1%，丘陵占 41.3%，河谷冲积平原占 5.4%，盆地占 4.2%。水力资源丰富，理论蕴藏量 6.8 万千瓦，可开发量 4.79 万千瓦。动物、植物种类繁多，其中兽类 20 多种、禽类 100 多种、两栖爬行类 50 多种；植物 1500 多种。五华是原中央苏区县、国家级粮食生产区、国家电子商务进农村综合示范县、国家卫生县城、全国基层中医药先进县、全国体育先进县、中华诗词之乡、工匠之乡、文化之乡、华侨之乡、足球之乡。五华人才辈出，清代武状元李威光、球王李惠堂、革命家古大存、院士钟世镇等是其中杰出代表。土特产繁多，国优名酒长乐烧、贡品大田柿花历为名品，远近闻名，长乐烧酒、七畬径茶通过国家地理标志产品认证。境内文物古迹众多，有全国重点文物保护单位 1 个、省级文物保护单位 9 个、市级文物保护单位 18 个、县级文物保护单位 69 个，狮雄山遗址入选“广东省十年十大重要考古发现”，古大存故居遗址、曾国华故居被公布为

2022 年 9 月 19 日，梅州抽水蓄能电站二期开工建设、梅州三渡水抽水蓄能电站前期工作正式启动
（五华县蓄能办供图）

广东省文物保护单位。民间传统艺术丰富多彩，其中五华提线木偶被评为全国优秀非物质文化遗产，竹马舞、石雕、采茶戏、长乐烧制酒工艺和下坝迎灯被列为省级非物质文化遗产保护项目。“山、水、泥”旅游独具特色，景点有被誉为“粤东明珠、物种宝库”的省级自然保护区七目嶂和国家 AAA 级旅游景区益塘水库旅游区、汤湖热矿泥山庄等。有中国传统村落岐岭镇凤凰村、横陂镇夏阜村，广东省古村落河东镇寨顶巷、横陂镇夏阜村西门寨、双华镇虎石村下门寨。

【经济发展】 2022 年，五华县实现生产总值 178.88 亿元，比上年增长 1.6%，增速排名全市第一。其中，第一产业增加值 43.31 亿元，增长 4.6%；第二产业增加值 37.88 亿元，下降 2.6%；第三产业增加值为 97.68 亿元，增长 1.8%。1—12 月，全县完成地方一般公共预算收入 12.43 亿元，增长 2.26%（若剔除留抵退税影响，则增长 6.13%）。

【农业】 2022 年，五华县农业生产保持平稳发展的态势。粮食产量 34.54 万吨，比上年增长 0.1%，蔬菜、水果、肉牛、肉羊、牛奶等产量保持平稳。农林牧渔业总产值 71.4 亿元，增长 6.0%；增速比全市平均水平（4.7%）高 1.3 个百分点，增速排名全市第三。其中：农业、林业、牧业、渔业、农林牧渔服务业产值分别增长 7.0%、16.6%、0.8%、2.4%、12.0%。

【工业】 2022 年，五华县规模以上工业增加值 8.39 亿元，比上年增长 16.8%；增速比全市平均水平（-2.8%）高 19.6 个百分点，增速排名全市第一；规模以下工业增加值 5.38 亿元，增长 8.3%；增速比全市平均水平（6%）高 2.3 个百分点，增速排名全市第二。

【招商引资】 2022 年，五华县签约引进产业项目 12 个，计划总投资 135 亿元，完成实际投资 7.9 亿元。千方百计稳工业，实现 15 家工业企业“小升规”，完成规模以上工业总产值 38.17 亿元、比上年增长 6.5%。推动建筑业抗压前行，实现总产值 57.65 亿元，贡献县级税收 1.66 亿元，占县级税收收入的 27.4%。想方设法促进番禺（五华）产业转移园、河东工业园提质增效，新建道路 3.5 千米、污水管网 7.6 千米，盘活低效工业用地 12.72 公顷，争取政策性开发性金融工具资金 1.3 亿元，动工建设智能机械产业基地首期基础配套设施项目，园区新增投产企业 9 家。

【基础设施建设】 2022 年，五华县完成基础设施建设投资 4.43 亿元，比上年增长 197%。其中，省道建设完成 1.3 亿元，农村公路完成 9215 万元，公路客货站场及其他完成投资 2.22 亿元。全年累计完成水利建设投资约 6 亿元，比上年增加 10%。全面完成牛石水、大都河（联新片）生态清洁小流域治理，基本完成三源水生态清洁小流域治理工程主体工程建设，完成全县 265 个自然村供水管网铺设，新增保障农村集中供水 16.65 万人，完成七都涝区治理工程建设任务，岩前水库除险加固及锡坑、尘风坳等 13 宗小型水库除险加固工程完成主体工程建设，基本完成 15.9 千米年度碧道建设任务。

【城乡建设】 2022 年，五华县完成华园市场、大坝市场等 6 个农贸市场升级改造，县城华贸片、华景新城老旧小区改造取得实质性进展。县城华兴北路智慧停车场、国道 238 线县城段改线工程、高铁经济产业园等项目扎实推进。琴江新城污水管网等市政配套项目有序推进，县城污水处理厂（三期）扩

2022年，国道238线转水大榕树段

（五华县人民政府地方志办公室供图）

建工程竣工运营。新建5G基站387座，实现县城、乡镇5G信号基本覆盖。16个镇全部达到"宜居圩镇"标准，华城镇、转水镇达到"示范圩镇"创建标准。500千伏敬州变电站建成投产，助力梅州电网迈进"双核"时代。水寨新型城镇化配电网示范区建设取得阶段性成效，居民用电可靠性明显提升。

【生态环境】 2022年，五华县高质量完成"三区三线"划定任务。森林防灭火"一网三行动"开展，建设森林防火隔离带1837.6千米；绿化行动实施，国储林收储林地面积1833.33公顷，完成造林面积2506.67公顷、抚育面积7100公顷，森林覆盖率69.23%。办结中央环保督察交办案件96件，办结率100%。有序实施山水林田湖草沙一体化保护和修复项目。打好污染防治攻坚战，主要污染物总量减排成效明显，县城空气质量优良天数比例达99.7%，上级考核断面水质年均值优良率、县城集中式饮用水源水质优良率均100%，农村生活污水治理率55.8%。

【乡村振兴】 2022年，五华县争取省级涉农资金6.89亿元。全面铺开乡村振兴共同富裕带头人擂台赛。蔬菜省级现代农业产业园创建工作深入推进；新增梅州柚种植面积1000公顷、茶叶种植面积66.67公顷，"稻虾共作"模式广泛推广，建成种养基地22个、面积155.33公顷；农业产业扩面提质增量，新增"粤字号"农业品牌5个、认证绿色食品4个；粤港澳大湾区"菜篮子"产品梅州配送中心运营有序，新增生产基地6个。华城镇乡村产业社区试点工作正式启动。坚决守牢粮食安全底线，全面实施新一轮垦造水田项目，集约土地109.4公顷、竣工72.13公顷；有序推进1760公顷高标准农田建设，完成撂荒耕地复耕9193.33公顷、复种5606.67公顷；粮食播种面积5.62万公顷、总产量34.54万吨。河东镇油田片乡村振兴三村联动示范带建设全面完成，"益水长乐·状元古韵"乡村振兴示范带和"古邑新城·客家乡韵"乡村振兴示范区建设项目顺利启动。农村集中供水工作获评省级"优秀"等次，获得奖补资金7225万元。加大金融支持乡村振兴力度，出台金融助力乡村振兴15条措施，统筹2000万元资金在全市率先设立乡村振兴信用贷款风险补偿基金，涉农贷款总额156.2亿元、比上年增长15.7%。成功争取实施省小型农田水利建设和农业生产社会化服务创新试点项目。强化人才支撑，建成乡村振兴"1＋16"人才库，组织各类人才培训1.72万人次。

【民生实事】 2022年，五华县"粤菜师傅""广东技工""南粤家政"三项工程培训各类技能人才3739人次，新增城镇就业4275人。县技工学校成功创建省级重点技工学校。县长乐小学、河东镇第五小学等一批项目建成投用，新增学位5900个；县人民医院门急诊住院大楼、县妇幼保健计生服务中心大楼建成投用，谷城医院即将试运营，县第六人民医院、县精神卫生中心门急诊大楼等项目建设稳步推进，群众就医环境逐步改善。68个村（社区）党群服务中心改造提升工程扎实推进。县救助服务站和未成年人保护中心加快建设，长者饭堂、居家养老服务中心（站）建设，养老机构适老化改造有序推进。

【教育】 2022年，五华县教育系统有各级各类学校664所，在校学生22.53万人，新增学位5900个。实现全市首个小区配套小学无偿移交给政府举办公办小学（长乐小学），完成教师发展中心培训大楼建设。坚持五育并举，平南中学获省中小学劳动教育特色学校；继续推进“校内课后服务430”工程，成为广东省第一个组建中小学校内课后服务教研中心的县。

【文化】 2022年，五华县参加粤港澳大湾区在广州市举办的全省木偶皮影剧（节）目展演活动；创排木偶书法节目《守正创新》；参加在广西南宁举办的全国第八届木偶皮影中青年技艺传承展演，其中周鹏润获优秀技艺传承奖，周鹏鸿获助演奖；创排的小品《吃在五华，游在五华》入选参加广东省第五届曲艺大赛。举办五华县2022年“奋进新征程·建功新时代”全县广场舞大赛。完成送戏进校园18场、进企业16场、进农村22场、进社区9场、进军营3场，其他惠民演出29场。线下演出共74场，通过网络直播、抖音等渠道线上宣传23场次，线上线下受益观众60多万人次。

【旅游业】 2022年，五华县接待游客67.12万人次，实现旅游总收入4.17亿元。组织甜粄、酿粄、发粄、切糕、米橙、长乐烧酒系列产品等美食赴江西省赣州市寻乌县参加“喜迎二十大 留住乡愁味”中国（寻乌）·客家灰水粄制作大赛暨客家美食文化节活动，精选优秀提线木偶剧目赴重庆、成都参加“活力广东·客都梅州、和美汕头、古韵潮州、温润揭阳”文化旅游推介会。五华县华城镇黄埔村被公布为第三批广东省文化和旅游特色村，新丰寨旅游景区、登云嶂云雾茶园被梅州市农业农村局、市文化广电旅游局授予市级休闲农业与乡村旅游示范点称号。五华县热矿泥温泉度假村旅游厕所被公布为“梅州10座最美旅游厕所”。

【体育】 2022年，五华县举办横陂镇“乡村振兴杯”足球联赛、“农商行杯”“五四”青年篮球邀请赛等活动，全年全民健身活动2000多场次。拥有大型体育运动中心5个、各级各类足球场地291块、全县健身步道66千米。新增五华河河口段碧道工程、水寨镇罗湖公园健身步道2条，新建转水镇益塘村社区篮球场1个，升级改造五华县体育场（足球场）、水寨镇大湖村2个足球场地。五华代表梅州市参加广东省第十六届运动会男子足球项目获得丙组冠军、丁组第二名、乙B组第三名、乙A组第四名的好成绩，五华县卓裕霞获得省运会跆拳道冠军，五华获得2022年广东省“省长杯”高中男子、女子足球赛“双冠军”，获得梅州市青少年男足梯队精英选拔赛U9冠军和女足U9、男足U10、男足U11亚军。完成2021—2022学年度五华县校园足球三级联赛暨“县长杯”足球赛总决赛工作。广东省第十六届运动会“中国体育彩票”竞技体育组曲棍球比赛由五华县体育运动学校曲棍球队代表梅州参赛，分别获得男子乙组第四名、女子乙组第五名。

乡 镇

【水寨镇】 位于五华县城区，是五华政治、经济、文化中心。总面积99平方千米，辖24个村和6个社区。全镇有4.71万户16.86万人。耕地面积1335.45公顷，其中水（旱）田993.23公顷、旱地341.91公顷、水浇地0.31公顷。2022年，全镇一般公共预算补助收入4686万元，一般公共预算支出4686万元。

【河东镇】 位于五华县中部，地处县城，是五华著名的工贸集市、人文秀区、果蔬之乡和建材重镇。总面积238平方千米，辖43个村和3个社区。全镇有3.05万户15.44万人，其中城镇人口9.72万人，农村人口5.72万人。耕地总面积3402.6公顷，其中水田2798.93公顷、旱地527.34公顷、水浇地76.34公顷。2022年，镇级一般公共预算收入4302.34万元，一般公共预算支出4302.34万元。

【转水镇】 位于五华县北部，距县城13千米，总面积158.5平方千米，辖21个村和1个社区。全镇有耕地面积2077.6公顷，其中水（旱）田1800.2公顷、旱地277.4公顷。有1.84万户7.26万人，其中农业人口4.51万人，非农业人口2.75万人。财政总收入3763万元，总支出3763万元，收支平衡。

【华城镇】 位于五华县北部，是老县城，全国重点镇之一，距县城27千米，总面积247.5平方千米。辖34个村和3个社区，耕地面积2866.67公顷，山地面积1.6万公顷。华城镇交通便利，广梅汕铁路、国道205线和梅河高速公路穿境而过，铁路、高速公路均设有上落站和出入口，梅龙高铁五华站也落户华城。华城是梅州市乡镇街道体制改革试点镇、广东省数字乡村发展试点镇、广东省城乡融合发展中心镇试点镇。2022 年，华城镇地方财政总收入 4693 万元，其中镇本级一般公共预算收入 4490 万元，包含税收收入 4253 万元、非税收入 237 万元；镇级政府性基金预算收入 203 万元。

【岐岭镇】 位于五华县西北部，距县城 49 千米，总面积 154.6 平方千米，辖 25 个村和 2 个社区。2022 年全镇有 1.94 万户 7.74 万人；全镇有山地面积 1.08 万公顷，耕地面积 1591.91 公顷，其中水田 1410.62 公顷、旱地 110.88 公顷、水浇地 70.41 公顷。全年镇级财政总收入 4162.95 万元，财政总支出 4162.95 万元。

【潭下镇】 位于五华县西北部，距县城 35 千米，总面积 258 平方千米，因境内潭下河河道弯曲，形成许多河湾潭角且潭深故称潭下，辖 21 个村和 1 个社区。自然资源丰富，山地面积 2.07 万公顷，约占全县山地面积的 1/10；耕地面积 1498.2 公顷，素有"五华粮仓"之美誉。潭下镇以"互联网 +"为抓手，加快互联网与传统产业、特色产品融合发展，推广电商"招牌"，做强产业"品牌"，培育一批特色农业产业，建设"电商强镇 · 富庶潭下"。2022 年，全镇总人口 6.27 万人。全镇一般公共预算财政收入 2425.77 万元，其中县级税收收入 288.84 万元。

【长布镇】 位于五华县西北部，总面积 284.1 平方千米。耕地面积 2265.2 公顷，其中水田 1791.27 公顷、旱地 473.47 公顷；山地面积 2.67 万公顷。辖 25 个村和 2 个社区，总人口 8.2 万人。一般性公共预算收入 0.33 亿元，税收收入 0.0038 亿元。

【周江镇】 位于五华县西南部，距县城 38 千米，总面积 199.4 平方千米，其中山地面积 1.73 万公顷，耕地面积 1479.33 公顷。辖 22 个村和 2 个社区。全镇有 1.46 万户 6.36 万人，其中农业人口 5.69 万人，非农业人口 6671 人。全镇经济稳步增长，农村经济总收入 5.32 亿元，比上年增长 4.1%；镇级财政收入 2433.42 万元，下降 11.2%；农民人均纯收入 1.21 万元，增长 5.3%。

【横陂镇】 位于五华县城西南 8 千米处，总面积 236 平方千米。辖 35 个村和 3 个社区。2022 年末，全镇有耕地面积 2722.73 公顷，其中水田 2079.35 公顷、旱地 545 公顷、水浇地 97.91 公顷。全镇有 2.96 万户 11.76 万人，农村经济总收入 14.64 亿元，农民人均纯收入 1.37 万元。全镇一般公共预算总收入 4146.09 万元，政府性基金预算财政拨款收入 1873.65 万元，税务收入 1251 万元。

【郭田镇】 位于五华县东南部，距县城 25 千米，是五华县第一个共产党员黄国梁的故乡，总面积 142 平方千米，辖 12 个村和 1 个社区。2022 年，全镇有 6940 户 4.63 万人，其中农业人口 3.92 万人，非农业人口 7001 人。2022 年，农村经济总收入 5.2 亿元，比上年增长 6%；农民人均纯收入 1.14 万元，增长 5.8%；财政总收入 0.1961 亿元，支出 0.1961 亿元。

【双华镇】 位于五华县东南部，距县城 28 千米，总面积 141 平方千米，辖 16 个村和 1 个社区。2022 年，全镇有耕地面积 1000 公顷，林地面积 1.19 万公顷，生态公益林面积 8733.33 公顷。全镇有 8184 户 4.35 万人，其中农业人口 3.48 万人；农民人均纯收入 1.45 万元，比上年增长 4.9%；全镇农村经济总收入 5.05 亿元，增长 5.2%。

【安流镇】 位于五华县南部，距县城 33 千米，琴江河贯穿全镇，是五华县中心镇、人口大镇。全镇有 42 个村和 4 个社区，人口 16.16 万人，常住人口 9.3 万人，农业人口 15.3 万人，5000 人以上的村有 13 个。总面积 238 平方千米，耕地面积 4333.33 公顷（其中水田面积 2733.33 公顷、旱地面积 1600 公顷），林地面积 1.45 万公顷，生态公益林面积 6666.67 公顷。2022 年财政收入 4702.05 万元，收支平衡。

【棉洋镇】 位于五华县城南部 45 千米处，总面积 254 平方千米。辖 26 个村和 2 个社区。2022 年，全镇有耕地面积 2567.1 公顷，其中水（旱）田 2299.1 公顷、旱地 250.4 公顷。总人口 2.76 万户 11.52 万人，其中农业人口 10.32 万人，非农业人口 1.2 万人。全镇经济总产值实现 11.01 亿元，比上年增长 6%。

【梅林镇】 位于五华县城西南部

51 千米处，是革命家古大存的故乡。总面积 128.4 平方千米，辖 18 个村和 1 个社区。2022 年末，耕地总面积 1544.67 公顷，其中水田 1396.4 公顷、旱地 104.33 公顷、其他耕地 43.93 公顷。全镇户籍人口有 1.6 万户 6.23 万人。2022 年全镇经济稳定增长，实现财政收入 8182 万元；地方生产总值 5.44 亿元，比上年增长 3.7%；农民人均纯收入 12447 元，增长 3.5%。

【华阳镇】 位于县城西南部，距县城 62 千米，辖 13 个村和 1 个社区，有 1.2 万户 6.55 万人，总面积 153.5 平方千米。其中，山地面积 12000 公顷，耕地面积 1466.67 公顷。境内主要有花岗石、大理石、稀土矿和水晶石等矿产资源。2022 年，全镇生产总值 7.83 亿元，比上年增长 1.2%；工业生产总值 2.84 亿元，增长 0.1%，农业总产值 3.81 亿元，增长 1.8%。

【龙村镇】 位于五华县最南端，距县城 65 千米，总面积 349.1 平方千米。辖 38 个村和 3 个社区。山地面积 2.73 万公顷，耕地面积 2337.4 公顷。梅州市“一号工程”——梅州（五华）抽水蓄能电站项目落户该镇黄狮村。2022 年，全镇有山地面积 2.73 万公顷，耕地面积 2337.4 公顷；全镇有 2.32 万户 10.96 万人，其中非农业人口 1.33 万人、农业人口 9.63 万人；镇级财政总收入 4305.37 万元。

附：2022 年五华县领导班子成员名单

县委书记：朱少辉

县委副书记：丘　炀
宋学希

县委常委：刘敬东（任至 10 月）
幸国平
张少凡
罗丽思（女）
招业斌
周长山
甘飞鸿
罗瑞金
谢瑞狮
蔡　强
温定基（10 月任职）

县人大常委会主任：钟光振

县人大常委会副主任：谢国泉
张　裕
曾冬云（女）
李永浩
李清昌
黄永响

县政府县长：丘　炀

县政府副县长：张少凡
罗丽思（女）
招业斌
蔡　强（6 月任职）
李政江
丘武秋
邝逸平
张志军（10 月任职）
赖俊香（女）
温定基（任至 10 月）

县政协主席：詹庆东

县政协副主席：邓秋香（女）
胡高云（女）
李炎香
邹志轩
刘锐锋
黄国标

县纪委书记：幸国平

县纪委副书记：张雄辉
张碧波

县监委主任：幸国平

县监委副主任：张雄辉
张碧波

（五华县人民政府地方志办公室）

责任编辑：陈旭芳

人物·荣誉

2022年梅州市国家级先进单位

梅州市大埔韩江高陂水利枢纽工程建设管理处 被水利部授予“水利安全生产标准化一级单位”称号。是广东省2021年唯一一家通过评审的水利工程项目法人单位。梅州市大埔韩江高陂水利枢纽工程建设管理处承担高陂水利枢纽工程项目法人职责，高陂水利枢纽工程自2015年底动工建设以来，该处主动对标水利安全生产标准化要求，强化工程安全监督管理，推进安全生产标准化一级达标工作，同时引进专业的安全技术咨询团队驻场指导，为高质量推进工程建设提供坚强的队伍保障。高陂水利枢纽工程建设以来，连续3年获得“广东水利建设工程文明工地”荣誉称号，梅州市大埔韩江高陂水利枢纽工程建设管理处完成的“风化花岗岩边坡旋扭滑移机制及应急处置和精细化施工关键技术研究”项目获得国家安全科技进步奖二等奖。

梅州市广播电视台《民生820》栏目组 被应急管理部授予“全国119消防先进集体”称号。梅州市广播电视台《民生820》栏目是全国十大收视长虹栏目，收视率排名广东省民生新闻节目第二。从2013年11月9日起，栏目组与梅州市消防部门在广东全省地级电视台中率先合作开设消防公益宣传专栏《直击119》和《火灾隐患曝光台》，栏目聚焦灭火救援现场，每年播出消防新闻超300条；每年策划消防主题节目、消防专题和人物专访等20余期；多形式推进消防宣传“五进”，平均每月举行1场“线上+线下”活动；聚能量助力基层社会治理，开通消防咨询服务热线，370多名《民生820》志愿者服务队队员常态化进村入户宣传消防知识。《民生820》还不断创新宣传方式，依托全国百强的“梅州电视民生820”微信号，整合视频号、抖音号、“无线梅州”App等全媒体资源，大力传播安全知识。

《民生820》栏目连续9年获得梅州市热心消防公益先进集体和个人表彰。

广东中烟工业有限责任公司梅州卷烟厂 被国家烟草专卖局授予“烟草行业2016—2020年普法工作先进单位”称号。在“七五”普法启动之初，广东中烟工业有限责任公司梅州卷烟厂结合企业实际构建科学长效的普法体系和专兼联动的协调机制，在规划层面和实施层面保证普法过程衔接紧密、热度不减。在普法工作中，创新开拓普法载体阵地，融合运用传统和信息化媒介，综合发挥厂区宣传栏、企业楼宇电视、微信交流群的信息投放作用，发布法治新闻和新法新规，营造学法良好氛围；轮动式组织法律宣讲、法律咨询、法治片观影等普法活动。落实“谁用法、谁普法”普法责任制，明确职能部门的普法责任清单，形成普法联动机制，并充分利用生产安全月、《中华人民共和国民法典》宣传周、纪律教育月等专项普法时间节点，落实企业生产经营相关法规的学习普法宣传，加强“要点式”普法。

梅州市价格成本调查队 被国家发展改革委授予“2019—2021年度全国农产品成本调查工作先进集体”称号。梅州市价格成本调查队在成本监审和农产品成本调查工作中深入基层，积极服务群众、服务工作对象，及时帮助他们解决在成本工作中遇到的困难和问题。如期按质完成省、市交办的各项调查任务并认真撰写相关分析材料，为上级制定农业相关政策提供科学、合理的参考依据。同时，深入田间地头认真调研，向调查户发放种养殖技术书籍和传递最新相关农业信息及农业政策，引导调查户科学合理布局种植结构，增加收入。

梅州市农业农村局 被农业农村部授予“全国农村集体产权制度改革工作先进集体”称号。梅州市农业农村局建立市级统筹协调、县级组织实施的领导体制和工作机制，成立由市、县、镇三级书记任组长的领导小组，研究和解决农村集体产权制度改革的重大政策和问题。建立“1 + N”的改革工作机制，制定联席会议、专项督查制度，实行“一月一报告、两月一简报、一季一通报”工作机制。梅州市农村集体产权制度改革工作成效明显。党对农村集体经济组织的领导全面加强，全市基本实现村党组织书记三个“一肩挑”目标。将农村集体经营性资产以股份或者份额形式合理量化到本集体成员，除 3 个有名无实的经济社因历史原因无法进行改革，其他改革任务完成。按期完成年度清产核资工作，并及时录入管理系统。农村集体经济组织登记赋码发证率达 100%。全市经联社、经济社确认集体经济组织成员 462.01 万人、成员身份确认率达 100%。全市村级集体经济年收入为零的“空壳村”全部消除，年收入 10 万元以上的村有 668 个、占比 32.47%。农村产权制度改革工作得到农民群众普遍认可，未发生群体性信访事件。

国家税务总局梅州市税务局 被国家机关事务管理局、中共中央直属机关事务管理局、国家发展和改革委员会、财政部授予“节约型机关”称号。国家税务总局梅州市税务局高度重视节能减排和节约型机关创建工作，牢固树立“绿水青山就是金山银山”的绿色发展理念，坚持以“刀刃向内”的勇气，出实招、动真格，求实效，围绕“健全制度、挖掘潜力、深化改造、宣传教育”的工作思路，把节能减排和过“紧日子”措施要求充分结合，真正落实到具体工作中。

梅州市科学技术协会 被中国科学技术协会授予“2022 年全国科普日优秀组织单位”称号。2022 年，梅州市科学技术协会联合梅州市全民科学素质工作领导小组各成员单位、各县（市、区）科协、市属学（协）会等相关单位联合开展梅州市 2022 年全国科普日主场系列活动，各相关单位汇聚多方科普资源，依托新时代文明实践中心（所、站）、党群服务中心等阵地，深入农村、社区、企业、学校，开展形式多样、内容丰富的系列科普联合行动。

中国人民银行梅州市中心支行办公室 被共青团中央授予“一星级全国青年文明号”称号。作为金融消费权益保护工作的牵头部门，中国人民银行梅州市中心支行办公室聚焦梅州小学生、老年人和农村群体，开展“小老乡 大普及”宣传活动，提升梅州居民金融素质。在平远县差干镇建立梅州首个“金融教育特色示范镇”，建设 8 个金融教育示范基地，建立小学生、老年人、农村等各类“金融读书角”，开展“金融知识主题班会”“金融知识夕阳红”“金融宣教书法大赛”、诚信签名承诺等活动。探索建立“普惠金融服务点”，了解金融服务需求，普及金融政策、金融知识、金融产品。通过金融小品、金融微电影、金融动漫、金融课程等载体，让金融政策知识宣传有料有趣、入脑入心。制作的小品《金融知识下乡记》，从全省金融系统 120 多个节目中脱颖而出，在“广东金融界喜迎二十大暨金融知识普及联合文艺宣传”云直播活动中播出。借助抖音平台发布“防范非法集资”原创作品，以温情的故事反映非法集资给家庭、社会带来的危害，获得广东省“守住钱袋子 DOU 来助力”抖音话题挑战赛最佳人气奖。制作法治动漫微视频，通过古今对比、以案普法的方式，让存款保险知识简单易懂。协助开发《智慧金融“漫漫”说系列课程》（客家话版），让客家地区老年人听得懂、乐意听。联合货币信贷管理部门举办“金融助企 政策直达”金融支持稳企业保就业直播，联合有关单位开展梅州市云上金融政策宣讲暨公职人员金融知识培训，提高金融知识覆盖面和触及率。实施小微企业金融能力提升工程，牵头开展金融财税知识进企业活动。指导金融机构派驻 2000 余名“金融宣传员”，逐村逐户走访，把金融知识送到田间地头。

2020 年以来，中国人民银行梅州市中心支行办公室获得一星级全国青年文明号、中国人民银行女职工文明示范岗、梅州市三八红旗集体、中国人民银行广州分行优秀共产党员、党代表等集体和个人荣誉 10 余项。

广发银行梅州分行营业部 被共青团中央授予“一星级全国青年文明号”称号。广发银行梅州分行营业部始终坚持把青年文明号的精神内涵融入金融服务的具体实践，致力于打造为客户提供卓越体验的金融服务窗口。广发银行梅州分行营业部组建青年党团员突击队，执行社保服务每天提前半小时到岗制度，开设老年金融服务专区，主动开展上门服务，倾力关爱老年人和特殊人群；践行金融业的初心和使命，服务实体经济，为小微企业纾困解难；以分行“新时代文明实践中心”为依托，引导青年员工树立和深化社会责任意识，践行志愿服务精神，常年开展金融知识进社区、进校园活动，为营造良好金融生态环境贡献力量。广发银行梅州分行营业部先后获得“全国青年文明号”“全国金融系统文化建设先进单位”“中国银行业文明规范服务百佳单位”“全国金融五一劳动奖状”“一星级全国青年文明号”“全国金融系统学雷锋活动示范点”等称号。

农工党梅州市委员会 被农工党中央授予“2018—2022 年先进集体”称号。农工党梅州市委员会坚持以习近平新时代中国特色社会主义思想为指导，以学习贯彻党的二十大精神为主线，以深化政治交接、增进政治共识为引领，主动作为，扎实履职，各方面工作取得一定成绩。农工党梅州市委会团结引领全市各级组织深入实施政治建党、人才强党、履职兴党、作风固党、制度治党战略，推进思想政治、组织、履职能力、作风、制度建设；胸怀“国之大者”、牢记民之关切，聚焦推进健康中国、美丽中国建设和梅州高质量发展履职作为；聚力服务民生，用心用情用力增进民生福祉；圆满完成换届、主题教育等活动，开拓创新、协同共进。

2022 年梅州市国家级先进个人

江　平 被水利部授予“全国水旱灾害防御工作先进个人”称号。江平是广东省水文局梅州水文分局总工程师，在广东有效应对 2021 年韩江流域遭遇 60 年来最严重旱情的过程中，他作为韩江水量调度支撑单位技术负责人，深入一线调研，收集蓄水工程和取水口资料，分析水量供需情况，跟踪水雨情、水库蓄水变化等信息，其间共组织发出旱情分析材料 36 份、河道水情监测快报 339 份、旱情简报 258 份、水文周报旬报 29 份，为地方有关部门提供全面的分析、准确的预报、科学的调度建议，为韩江流域成功实施 2020—2021 年特枯水年水量统一调度发挥重要作用。江平先后获得《一种记录洪水洪峰水位的水尺》实用新型专利、《一种分布式单位线预报方法》《一种超渗—蓄满混合产流模式的水文预报方法及系统》两项发明专利，并将创新成果应用于自主研发的水雨情监测预报预警系统，实现辖区中小河流站点洪水预警率 100%，系统自动发送水雨情预警短信逾百万条、直达各级防汛责任人 6500 多人，为流域洪水防御作出重要贡献。

杨　坚 被全国绿化委员会、人力资源和社会保障部、国家林业和草原局授予“全国绿化先进工作者”称号。杨坚在 2000 年 9 月至 2004 年 5 月就职梅州市林业科学研究所期间，结合自身的专业知识，采取合理、有效的防治措施，确保每年所培育的近 200 万株苗木均为良种壮苗。

杨坚在 2004 年 5 月至 2019 年 12 月就职梅州市林业局森林病虫害防治站期间，年均检测各地送检的枯死松树样本近百份，为及时发现松材线虫病疫情并开展除治工作争取了时间。其组织开展的梅州市全国第三次林业有害生物普查工作，在全市共发现并鉴定出各类有害生物 273 种，拍摄上交清晰的影像资料 1450 余份，制作标本 480 余套；编制《梅州市林业有害生物名录图谱》和主要有害生物分布图。通过他和各级森防部门积极争取，全市防治经费由 2015 年度的 200 多万元增加到 2021 年的 4200 多万元，全市林业有害生物防治“四率”指标均低于或不超过省下达任务目标。他推广采取白僵菌、灭幼脲等生物或仿生防治药物开展无公害防治，使全市马尾松毛虫的发生面积从 2001 年的 2.6 万公顷下降到 2020 年的 1300 多公顷；2021 年 5 月组织开展梅州市首次飞机防治松材线虫病工作，在蕉岭县飞防面积 1600 多公顷等。同时，通过全市年均培训各级技术人员 300 多人次，累计印制各类防治宣传品 10 万多份，在电视台、广播电台、新媒体等累计发送新闻稿件上百件，竖立各类宣传牌 100 多块等措施，在全社会营造良好的防治氛围同时，有效提高基层森防工作者的业务能力。2019 年 12 月，杨坚调任梅州市林业局生态保护修复科后，先后完成开展梅州市最美古树名木评选活动、配合市相关单位成功申报财政部第一批山水林田湖草沙一体化保护和修复工程项目等工作。

蓝　宇 被公安部授予“全国优秀人民警察”称

号。蓝宇，梅州市公安局网络警察支队支队长、警务技术四级主任。曾立个人二等功1次、个人三等功3次，获评广东省优秀共青团员，广东省优秀共青团干部，广东省广州市亚运会、亚残运会先进个人。他从警22年先后在治安、巡警、交警、纪检、户政、科信、网警等多岗位历练。在疫情防控和重大安保工作中，带领队伍出色完成一系列数据核查、流调溯源等疫情防控任务以及新中国成立70周年、中国共产党成立100周年、党的二十大等重大安保工作任务。积极投身公安智慧新警务建设，曾在2018年和2021年“智慧公安我先行”全国公安基层技术革新大赛中，主创研发“便携式综合办证终端”“电报机器人”分别获得全国一等奖、二等奖。

黄伟玲 被最高人民法院授予“全国法院办案标兵”称号。黄伟玲，广东省梅州市中级人民法院立案庭副庭长，一级法官。2019年至2022年7月中旬，黄伟玲共受理各类民商事案件1104件，审结1092件，结案率达98.9%。自2021年10月梅州市中级人民法院成立速裁团队以来，担任速裁团队负责人的黄伟玲带领另外两名法官迅速制订速裁案件审理规程，并以20%的民商事审判力量承接全院40%以上的民商事案件，速裁团队自2021年10月成立至2022年7月中旬共收案963件，审结889件，结案率93.32%，平均审理期限稳定在22.5天，月结案率保持在90%以上，其中黄伟玲收案677件，审结658件，结案率高达97.19%，平均审结时间22.5天。

侯旻浩 被国家信访局授予“全国信访系统优秀办信员”称号。侯旻浩自参加工作以来，一直从事信访工作，自2016年任现职以来，主要负责办信、书记市长信箱等工作，2016—2021年合计处理群众来信3.99万件，其中市领导信箱来信1.89万件、市领导批示件2396件。其长期负责办信、市领导信箱等工作，为领导了解社情民意、广泛听取群众意见、解决民生热点问题作出贡献。其在2020年新冠疫情防控期间负责办理涉疫信访事项，及时报送相关信息，共处理涉疫信访事项100件。主动指导市直单位和各县（市、区）信访局操作员进行信访业务规范化操作，得到各单位的一致好评。

余华章 被全国“安康杯”竞赛组委会授予“2022年度全国‘安康杯’竞赛安全文化宣传活动先进个人”。余华章是广东省水文局梅州水文分局局长，在安全生产专项整治中，严格落实“一线三排”工作机制，在安全生产工作中努力做到“标本兼治、重在治本”，实现单位全年安全生产零事故的工作目标。2022年，余华章带领单位全体职工在完成防汛抗旱水文测报任务上取得突出成效。为有效应对从2020年夏季至2022年开春60年来韩江流域最严重的旱情做好监测预警预报工作，提出科学的调度意见；组织编制《广东省韩江流域2022年冬—2023年春枯水期水量调度计划》，做好日、周、旬、月水文信息报送工作。在2022年“龙舟水”期间，组织出动应急监测队6支38人次，完整测得三河坝“六连涨”等各主要水文站的洪水过程；强化水文滚动预报和联合会商，共发布水情预报37份、水情预警62份、水情预警预报短信26.1万条，对梅江和韩江主要控制站点的预报预见期都达20小时以上，预报合格率达100%。

黄烁丹 被农工党中央授予“2018—2022年先进个人”称号。其兢兢业业、履职尽责，担当作为，克己奉公、无私奉献，彰显了农工党爱国、革命、奉献的优良传统，体现了农工党参政报国、履职为民的使命担当。其坚定政治信念、勤业敬业、积极履职作为，竭诚为民、服务民生。

2022年梅州十大新闻人物

张玉珍 2022年，五华县妇联主席张玉珍获得“全国妇联系统先进工作者”称号。张玉珍不仅积极动员五华县广大家庭、妇女儿童成为创建全国县级文明城市和卫生县城的主力军，还建立健全保护女童人身权益、依法维护妇女儿童权益工作等联动协调机制，维护妇女儿童的合法权益。她还组织开展寻找“最美家庭”“书香家庭”“好媳妇”等各类家庭文明创建活动，善作留守儿童、困难家庭的“知心人”。

黄思静 1996年出生于梅县区，是中国女篮的一名主将。北京时间2022年2月14日，在2022年国际篮联女篮世界杯预选赛中，中国女篮以103：70大胜法国队，以三战全胜的战绩强势挺进女篮世界杯正赛。在此战中，黄思静表现较为突出，她三分球9投6中，贡献了全场最高分30分，另有7个篮板和6次助攻，并最终获得赛区MVP，入选赛区最佳阵容。

饶建玲 大埔县文化馆馆长、群众文化专业副研究馆员、梅州客家山歌市级传承人，在大埔县文化馆工作了 30 年。2011 年 11 月，历时 5 年艰辛，饶建玲交出了自担任馆长以来的第一份“成绩单”：大埔县文化馆被文旅部评定为国家一级文化馆。2015 年和 2022 年，大埔县文化馆顺利通过评估定级。2022 年，饶建玲获评“全国文化和旅游系统先进工作者”。

林文祥 国家一级编剧，梅州市戏剧研究工作室主任。先后有山歌剧《合家福》等 10 部编剧作品参加广东省艺术节，其中 6 部作品获得剧目和编剧一等奖，多部作品获得广东省“五个一工程”奖、“鲁迅文艺奖”，《等郎妹》参加中国戏剧节获得“曹禺戏剧奖”、优秀编剧奖，《桃花雨》参加中国艺术节获“文华优秀剧目奖”。琼剧《圆梦》获海南省“文华大奖”，并获文化和旅游部的重点剧本扶持。

乔 治 生前为广州市派驻梅州市平远县东石镇驻镇帮镇扶村工作队队长。2022 年 3 月 23 日，他因病抢救无效，不幸离世，年仅 41 岁。在驻镇帮镇扶村期间，他探索产业振兴项目，精准制订帮扶措施，千方百计解决当地群众急难愁盼问题；建立健全防返贫动态监测机制，助力修缮保护和发展红色革命旅游遗址，全力巩固脱贫攻坚成果和乡村振兴有效衔接，为东石镇的乡村振兴工作打下了坚实基础。2022 年 4 月，共青团中央追授乔治“全国优秀共青团干部”称号。

曾伟生 兴宁市心胸外科专家，从医 40 余年，一直坚守医者初心，以人民健康为己任，用心护佑生命。2016 年退休后，他选择反哺家乡，技术帮扶兴宁市医疗事业发展。在他的带动下，兴宁市人民医院开设了心胸外科。6 年来，曾伟生每年手术逾 700 台，年均 300 多台三、四级手术，填补了该医院多项空白，逾 1700 名兴宁及周边县市重大胸外科病患实现了“家门口”治愈，手术质量和数量均居全省县级医院前列。

林志勇 2022 年 4 月 30 日，来自蕉岭县新铺镇的“登山勇士”林志勇历经重重挑战，成功登顶海拔 8844.43 米的世界第一高峰——珠穆朗玛峰。喜悦之余，他把写有“世界长寿之乡·蕉岭”字样的横幅展示在世界之巅，表达对家乡的思念之情。自 2015 年接触登山以来，林志勇已经先后攀登了半脊峰、慕士塔格峰、雀儿山、四姑娘山二峰、那玛峰、玉珠峰等海拔 5000~8200 米的雪峰。

侯 冰 在 2022 年的共青团中央“两红两优”表彰决定中，梅县区雁洋镇政府社会工作服务站的负责人侯冰被授予“全国优秀共青团员”称号。多年来，侯冰深耕社会工作专业领域，一直扎根基层，深入走访群众，精准识别民政服务对象，充分运用各项福利政策、社会资源为群众解决困难。上岗以来，她入户走访民政服务对象、困难群体共计 763 户，达 1200 多人次。

罗龙斌 网名阿斌，梅州兴宁人，1984 年生人，退伍军人。2021 年 7 月 8 日，阿斌推着自己设计焊接的手推车，从兴宁出发，一路向西，过河源、走韶关、越湖南、经贵州、到重庆、抵成都，然后，沿着“中国最美景观大道”国道 318 线去拉萨……阿斌用 287 天的时间，穿破 4 双鞋，减重 14 千克，跨越 6 个省份，行程 4368 千米，于 2022 年 4 月 20 日徒步到达西藏拉萨，完成他 10 多年的梦想。

李素偌 2021 年，在番禺区派驻五华县驻镇帮镇扶村工作组的牵线搭桥下，李素偌毅然回到梅州五华县扎根乡村，带领村民在撂荒土地上掀起“稻虾共作”热潮，助力乡村振兴。带动 13 个镇、30 个基地发展 133.33 公顷“稻虾共作”项目，其中撂荒耕地有 80 多公顷；并带动 300 人就业。在 2022 年梅州市五华县中国农民丰收节活动中，李素偌被评为“五华县乡村振兴共同富裕带头人”。

2022 年梅州十大公益人物

张国旋 大埔县大麻镇中村村英雅家炳学校的教务处副主任。1994 年，张国旋被确诊为先天性的“血友病甲型”，左膝关节骨质严重坏死、右手肘关节遭受损伤，行走需要拐杖支撑。在 2017 年之前，张国旋几乎每隔一个月，就要利用双休日到广州南方医院输入“凝血第八因子”，他往往周五傍晚坐大巴赶往医院，输完“凝血因子”后便在医院大厅坐到天亮，再去天河客运站坐车回家。如此辛苦地一天内赶个来回，就是为了周一能按时回到热爱的课堂给学生上课。他常年忍受病痛折磨坚守岗位，只为把一批批山里娃送出大山。

肖格英 广州市天河区银河小学的一名老师。

2021年8月28日，她来到500多千米之外的梅州兴宁罗浮镇中和小学，正式开始为期一年的支教生涯。2022年2月，根据工作安排，肖格英的支教身份变为兴宁市教师发展中心的专职教研员。4个月里，她走访兴宁市10个镇的小学和5所城区学校，开展示范课3节，听课52节，进行课例评析28节、梅州市举办的“高质课堂”课例评分10节，举办专题讲座17场。

何　建　于2009年参军并加入中国共产党，2019年加入应急救援队伍。自2019年4月兴宁市应急救援队成立以来，何建带领全体队员高效组织完成森林山火扑救任务29次。2021年，他带队参加梅州市森林防灭火五级联动应急实战演练，协助兴宁市创文办、城综局、各镇街道办参加各项工作30余次，参加“梅州市长杯足球比赛”安保工作15次。此外，他还带领队员参加大型疫苗临时接种点执勤安保工作120余次。

肖泰清　平远县八尺镇角坑村泰清酒厂厂长。他有三级肢体残疾，行动不便，但凭其自强不息的精神在传统酿酒业闯出一番天地，酒厂每年产出2.5万千克酒，年销售额达50多万元。肖泰清热心公益事业，相继加入平远义工协会和志愿者联合会，参与助残、助老、助困、助学等志愿活动，累计志愿服务时长超过1000小时。从2014年开始，他资助家庭困难学子圆大学梦，已帮扶困难学生7名，累计金额1.4万元。

周旭东　广东省消防救援总队梅州支队兴宁大队福兴消防站战斗班班长。在2018年的汕头洪涝增援行动中，周旭东在汕头潮南灾区奋战7天7夜，于湍急的水流中冒着生命危险挨家挨户搜寻被困人员。他还心系群众，主动到辖区各中小学、社区为群众讲解消防知识，培训消防技能。2021年5月，周旭东主动申请为罗岗镇红旗村6.8公顷水田送水近60吨，解了偏远山区垦造水田项目工程灌溉用水燃眉之急。

黄云光　2013年以来，黄云光一直积极参与“关爱留守儿童”“关爱老兵”“无偿献血”“文明交通”“疫情防控”等志愿服务活动，奔走在各县（市、区）的志愿服务一线，参与志愿服务活动近2000场，总志愿服务时长超过6000小时，志愿服务里程达10万多千米。2021年4月10日，在梅州市团委、梅州市志愿者联合会、梅州市关爱妇女儿童中心的支持下，梅州市黄云光志愿者服务队正式成立。在成立不到一年的时间里，服务队已有200多名志愿者，开展了500多场志愿活动。

卢洁贞　少儿绘画老师，也是梅州市蕉岭县心连心义工协会的副会长。她将自己的专长和志愿服务工作充分结合起来，通过开办少儿画公益课，参加协会“助学1+1”、关爱老人等公益品牌活动，致力为有困难的家庭提供帮助。她积极参与各项志愿服务活动，包括扶贫助学、关爱抗战老兵、关爱困境儿童、关爱留守儿童、助残和环境保护等公益活动，累计志愿服务总时长超3400小时。

黄祈録　心脏、肺脏、双侧肾脏、肝脏、胰腺、眼角膜……这是来自大埔县退伍军人黄祈録留在人世的最后一份“生命礼物”。出生于1995年的黄祈録从小听着革命先烈的故事长大，2012年报名参军入伍，直至2017年退役，其间多次获得部队嘉奖。2022年4月，一场突发急症带走了黄祈録年轻的生命。在他弥留之际，他的妻子蓝莎在征得家人的同意后，捐献黄祈録有用的器官，延续他人生命。黄祈録离世捐献器官后，蓝莎也进行器官捐献志愿登记，践行与丈夫的约定。

张志飞　兴宁市邮政局一名普通的农村邮政投递员。自1995年参加工作以来，除了大年初一休息，他都坚持在工作岗位，每天投递100余件包裹，无一差错、无一丢失损毁、无一投诉、无一安全事故。20多年来，张志飞负责管辖12个村，占辖区刁坊总面积的一半以上。2020年8月，他的股骨头受伤坏死，手术后考虑到单位人手紧缺，仅休息一个月就回到岗位继续工作。张志飞始终牢记“人民邮政为人民”的服务宗旨，以饱满的工作热情和认真负责的态度为客户服务。

高宏滔　广东省消防救援总队梅州支队丰顺县汤坑消防救援站战斗员。自2019年5月入职以来，高宏滔先后参加处置梅州市平远县“9·19”商行火灾、梅州市梅县区“12·12”南口镇山火扑救等急难险重任务，累计处置各类灭火救援300多起，救出各类遇险群众40多人；先后为辖区各单位开展消防安全培训100余次，累计培训1万余人；积极参与单位慰问孤寡老人、留守儿童，帮扶特困家庭，无偿献血等活动。

责任编辑：陈旭芳　黄伟锋

名　录

梅州市领导班子成员名单

中共梅州市委

马正勇　书记
王　晖　副书记
王庆利　副书记
刘晋生　常委（挂任）
蒋万军　常委
陈金銮　常委
罗盛芬　常委
孙春明　常委（挂任至6月）
陈煜昌　常委
曾永祥　常委
崔　毅　常委
张运全　常委
梁　维　常委
赵　东　常委（6月挂任）

梅州市人大常委会

马正勇　党组书记、主任
余其豹　党组副书记（任至12月）
李远青　党组成员、副主任（任至1月）
黎健平　党组成员、副主任（任至1月）
曾小华　党组成员、副主任（任至1月）
张映平　党组成员、副主任（任至1月）
蓝伟东　党组成员、副主任（12月任职党组副书记）
伍德凤　副主任
黄立强　党组成员、副主任（1月任职）
张达宏　党组成员、副主任（1月任职）
刘锐清　党组成员、副主任（1月任职）

梅州市人民政府

王　晖　党组书记、市长
陈金銮　党组副书记、副市长
刘晋生　党组成员、副市长（挂任）
孙春明　党组成员、副市长（挂任至6月）
赵　东　党组成员、副市长（6月挂任）
曾永祥　党组成员、副市长（任至1月）
詹　星　党组成员、副市长
陈伶俐　副市长
蒋　鲲　党组成员、副市长
谢钦文　党组成员、副市长（1月任职）
陈　亮　党组成员、副市长（1月任职）

政协梅州市委员会

戚优华　党组书记、主席（任至12月）
杨朝晖　党组书记、主席候选人（12月任职）
崔　毅　党组副书记
李忠良　党组副书记、副主席（任至1月）
曾祥海　党组成员、副主席（1月任职党组副书记）
韩小林　副主席
周秋明　党组成员、副主席（任至1月）
马志元　副主席
陈元星　副主席
刘耿灵　党组成员、副主席（任至1月）
李利平　副主席
朱国城　党组成员、副主席（1月任职）
蔡雪嫦　党组成员、副主席（1月任职）

曾碧玉　党组成员、副主席（1月任职）
陈志宁　党组成员

中共梅州市纪律检查委员会

蒋万军　书记
张炎华　副书记
陈怀宇　副书记
梁英浩　副书记
张灼明　常委（任至2月）
刘彩波　常委（2月任职）
葛军生　常委（任至3月）
谢传兰　常委
陈　伟　常委
叶丽君　常委

梅州市监察委员会

蒋万军　主任
刘锐清　副主任（任至1月）
张炎华　副主任
陈怀宇　副主任
梁英浩　委员（1月任职副主任）
李　丹　委员（任至2月）
葛军生　委员（任至5月）
谢传兰　委员（9月任职）
陈　伟　委员（9月任职）
叶丽君　委员（9月任职）
罗爱彬　专职委员（3月任职）

梅州市中级人民法院

林秀雄　党组书记、院长

梅州市人民检察院

吴文志　党组书记、检察长

梅州市领导机关正、副秘书长名单

中共梅州市委

曾永祥　秘书长
邓冠明　副秘书长
张达宏　副秘书长（任至2月）
沈　涛　副秘书长
凌望远　副秘书长（4月任职）
隋　斌　副秘书长（4月任职）
林满山　副秘书长（4月挂任）

梅州市人大常委会

黄立强　秘书长
李志钧　副秘书长（任至1月）
曾志军　副秘书长（任至1月）
余红辉　副秘书长（任至1月）
凌　峰　副秘书长（1月任职）
钟雄浩　副秘书长（1月任职）
钟尚平　副秘书长（1月任职）

梅州市人民政府

陈　亮　秘书长
巫敏和　副秘书长（任至1月）
黄伟华　副秘书长
黎清华　副秘书长
刘洪洲　副秘书长
邓国功　副秘书长（任至1月）
钟　优　副秘书长
梁志坚　副秘书长
梁亮新　副秘书长（3月任职）
张德汪　副秘书长（5月任职）
李振鹏　副秘书长（挂任）
罗树荣　副秘书长（挂任）

政协梅州市委员会

吴　晖　秘书长
江立志　副秘书长
曾光辉　副秘书长
刘　军　副秘书长

梅州市市直单位处级领导干部名单

中共梅州市委办公室

曾永祥　主任（2月任职）
凌望远　副主任（任至4月）
陈运坤　纪检监察组组长

梅州市人大常委会办公室

凌　峰　主任
张　戈　副主任（任至8月）
黄国良　副主任（任至7月）
曾伟平　纪检监察组组长（任至12月）

梅州市人大常委会研究室
钟雄浩 主任
廖庆桓 副主任（8月任职）
梅州市人大常委会监察和司法工作委员会
侯通传 主任（任至1月）
郭琪营 主任（1月任职）
张卫红 副主任
梅州市人大常委会财政经济工作委员会
郭琪营 主任（任至1月）
练清万 主任（1月任职）
邱卫金 副主任
梅州市人大常委会农村农业工作委员会
林健雄 主任（1月任职）
胡玉全 副主任
梅州市人大常委会教育科学文化卫生工作委员会
陈志文 主任
黄锦亮 副主任
梅州市人大常委会华侨民族宗教外事工作委员会
林健雄 主任（任至1月）
侯通传 主任（1月任职）
李 智 副主任（5月任职）
梅州市人大常委会选举人事任免工作委员会
何海燕 主任（任至1月）
林华玲 主任（1月任职）
吴小彦 副主任（1月任职）
梅州市人大常委会城乡建设环境与资源保护工作委员会
曾 光 主任（任至1月）
余红辉 主任（1月任职）
钟宇鸣 副主任
梅州市人大常委会代表联络工作委员会
郭文烈 主任（任至1月）
陈汉杰 主任（1月任职）
王秋兰 副主任
梅州市人大常委会法制工作委员会
廖海文 主任（任至1月）
杨远东 主任（1月任职）
杨苏平 副主任
政协梅州市委员会办公室
江立志 主任
张卫东 副主任
王永芳 副主任
政协梅州市委员会提案委员会
张绍英 主任（任至1月）
巫敏和 主任（1月任职）
李宙光 副主任
政协梅州市委员会经济委员会
吴怀浪 主任
温志良 副主任（任至7月）
叶晓春 副主任（7月任职）
政协梅州市委员会文化和文史资料委员会
古清华 主任
梁财生 副主任
政协梅州市委员会科教卫体委员会
杨文宗 主任
李雪奇 副主任（任至10月）
陈堂利 副主任（10月任职）
政协梅州市委员会社会法制和人口资源环境委员会
胡万强 主任
卢华亮 副主任（任至7月）
郭江源 副主任（7月任职）
政协梅州市委员会港澳台侨外事委员会
谢又新 主任
陈浪滔 副主任
政协梅州市委员会农业和农村委员会
蓝汕兴 主任（任至1月）
罗伟章 主任（1月任职）
林 碚 副主任
政协梅州市委员会联络工作委员会
赖永生 主任
丘胜发 副主任
中共梅州市委巡察工作领导小组办公室
张灼明 主任（任至2月）
刘彩波 主任（2月任职）
罗爱彬 副主任（任至2月）
叶丽君 副主任（任至2月）
李 娜 副主任（3月任职）
中共梅州市委巡察组
刘少庭 组长（任至2月）
叶敏强 组长
张德中 组长（任至9月）
葛军生 组长（3月任职）
钟国洪 组长（9月任职）

刘育明　副组长
陈文波　副组长
管建琪　副组长
赖汝建　副组长（3 月任职）

中共梅州市委组织部

罗盛芬　部长
卓利清　分管日常工作的副部长
张运泉　副部长（兼任至 4 月）
钟利文　副部长、市公务员局局长（局长任至 5 月）
曹志辉　副部长、市委“两新”组织工委书记（4 月任职）
吴席军　副部长、市公务员局局长（局长 9 月任职）
胡洪斌　副部长（2 月任职）
廖亿华　纪检监察组组长

梅州市委机构编制委员会办公室

叶桂杰　主任
曾建宇　副主任
周庆文　副主任
温宗明　副主任（4 月任职）

中共梅州市直属机关工作委员会

曾永祥　书记
陈军营　分管日常工作的副书记
陈辉林　副书记
刘志彪　副书记
吴晓健　纪工委书记

中共梅州市委政策研究室

张达宏　主任（任至 4 月）
杨　春　主任（4 月任职，副主任任至 4 月）
李卫君　副主任
张建明　副主任

中共梅州市委党史研究室

邓文庆　主任（任至 4 月）
姚意军　主任（4 月任职，副主任任至 4 月）
丘金标　副主任（4 月任职）
邓威雄　副主任

中共梅州市委老干部局

张运泉　局长（任至 4 月）
钟利文　局长（4 月任职）
曾繁理　副局长（任至 5 月）
黄钧震　副局长

梅州市委市政府接待服务中心

温伟平　主任（2 月任职）
廖琼慧　副主任（任至 2 月）
何红城　副主任
秦秀珠　副主任（8 月任职）
林　科　副主任（8 月任职）

中共梅州市委办公室机关服务中心

范雄丁　主任

梅州市委保密委员会办公室（市国家保密局）

陈益明　主任（局长）

中共梅州市委办公室机要局

巫万忠　局长（任至 9 月）

中共梅州市委党校（梅州市社会主义学院）

罗盛芬　校长
张劲龙　常务副校长
廖远忠　副校长（任至 8 月）
李志春　副校长
李爱平　副校长
蔡素红　教育长
徐东超　专职校委
丘金标　专职校委（任至 4 月）

梅州市总工会

蓝伟东　主席
刘仁忠　常务副主席
曾燕萍　副主席（任至 4 月）
谢爱民　副主席（4 月任职）

共青团梅州市委员会

李　敏　书记（任至 2 月）
廖琼慧　书记（2 月任职）
古孟青　副书记（任至 4 月）
陈　宁　副书记
温扬涛　副书记（8 月任职）
解广夫　副书记（挂任至 8 月）

梅州市妇女联合会

曾碧玉　主席（任至 2 月）
丘晓红　主席（2 月任职）
李雪瑛　副主席（任至 3 月）
谭幼琼　副主席
侯可筠　副主席（8 月任职）
廖莹莹　副主席（挂任至 8 月）

叶剑英纪念园管理局

李理和　局长
黄永保　副局长
李晓锐　副局长
陈国军　副局长
叶铭光　副局长

中共梅州市委统战部

崔　毅　部长
丘晓红　常务副部长（任至2月）
王忠豪　分管日常工作的副部长（2月任职）
吴寿康　副部长、市侨务局局长（2023年11月接受梅州市纪委监委纪律审查和监察调查）
管　雅　副部长、市民族宗教事务局局长（任至4月）
罗桂芳　副部长（兼任至8月）
王　忠　副部长（8月兼任）
蓝建辉　副部长、市民族宗教事务局局长（局长5月任职）
蔡瑛樱　副部长（4月任职）
黄　君　纪检监察组组长（8月任职）

梅州市工商业联合会

罗桂芳　专职副主席（任至8月）
王　忠　专职副主席（8月任职）
管　婷　专职副主席
罗志东　专职副主席

梅州市民营企业联络服务中心（梅州世界客商大会秘书处）

李杰才　主任

中共梅州市委外事工作委员会办公室（市外事局）

房科辉　主任（局长）
吴玉萍　副主任（副局长）
黄佐君　副主任（副局长）

中共梅州市委台港澳工作办公室

王忠豪　主任（任至2月）
邓志兴　主任（2月任职）
邓　锐　副主任
梁苑玲　副主任
孔国泉　副主任

梅州市归国华侨联合会

汤志平　主席
蔡宇文　副主席
王映萍　副主席

中共梅州市委宣传部

张运全　部长
梁　放　常务副部长
张爱芳　副部长、市精神文明建设委员会办公室主任
汤铭琛　副部长、市互联网信息办公室主任（主任5月任职）、市新闻出版局（市版权局）局长（任至5月）
刘采峰　副部长、市互联网信息办公室主任（任至2月）
李龙华　副部长（4月任职）、市新闻出版局（市版权局）局长（5月任职）
吴朝晖　市精神文明建设委员会办公室专职副主任（任至4月）
杨文昌　市精神文明建设委员会办公室专职副主任（8月任职）
吴海静　纪检监察组组长

中共梅州市委讲师团

廖　坚　团长

梅州市文学艺术界联合会

陈锐锋　主席
郭碧玲　副主席
陈桂昌　副主席（任至2月）
吴朝晖　副主席（4月任职）

梅州市文化广电旅游局

谢钦文　局长（任至3月）
张灼明　局长（3月任职）
林干良　副局长
廖文玉　副局长（任至9月）
林　玲　副局长（9月任职）
李俊培　副局长

广东中国客家博物馆

谢　涛　馆长

梅州市社会科学界联合会

古　熠　主席
丘　灵　副主席
张广珍　副主席

广东汉剧传承研究院

张广武　院长
徐　青　副院长
魏瑞新　副院长
黄丽华　副院长

梅州市广播电视台

杨延庆　台长
赖志侃　总编辑（任至 6 月）
汤青松　总编辑（9 月任职，副总编辑任至 9 月）
王育平　总经理
叶　斌　副台长、纪委书记
汤裕康　总工程师
张达权　副总经理
郭进达　副总编辑（5 月任职，副总经理任至 5 月）
李　莹　副总经理（5 月任职）
钟宇锋　副总编辑（10 月任职）

梅州日报社

罗金良　社长（任至 6 月）
赖志侃　社长（6 月任职）
黄山松　总编辑（任至 11 月）
梁　庚　总经理
张柏明　副总编辑
杨瑞春　纪委书记
钟伟光　副总编辑
丘锦乾　副总经理
钟　勇　副社长（5 月任职）

中共梅州市委政法委员会

梁　维　书记
詹　星　第一副书记
朱景洲　委员（任至 8 月）
谷永晟　委员（8 月任职）
林秀雄　委员
吴文志　委员
李振鹏　委员
李庆明　常务副书记
胡文悦　副书记（任至 3 月）
丘创彬　副书记
叶仁基　委员
贺旭勇　委员
黎小丰　委员（8 月任职）
温伟平　副书记（任至 2 月）
杜汪坚　副书记（4 月任职，专职委员任至 4 月）
刘森元　副书记（4 月任职，专职委员任至 4 月）
陈　维　专职委员（任至 8 月）
温伟东　专职委员（任至 8 月）
邓海恩　专职委员（任至 12 月）

梅州市公安局

詹　星　局长、督察长
李昌龙　常务副局长（任至 6 月）
张茂欣　常务副局长（6 月任职，副局长任至 6 月）
曾招强　副局长
房春鸣　副局长
赖　勤　副局长（任至 8 月）
钟旭东　政治处主任
叶　亮　纪检监察组组长

梅州市公安局指挥中心

朱文轩　指挥长
李志能　政委

梅州市公安局交通警察支队

林锐华　支队长（任至 3 月）
梁惠文　政委

梅州市公安局巡逻警察支队

李　铮　支队长
谭荣锥　政委

梅州市公安局刑事警察支队

张善波　支队长
陈文望　政委

梅州市人民检察院

吴文志　检察长
宋秦川　副检察长
李常青　副检察长（任至 10 月）
黄明仰　副检察长
金　芃　副检察长(9 月任职,政治部主任任至 9 月）
江亮生　纪检监察组组长

梅州市中级人民法院

林秀雄　院长
朱杭基　副院长（任至 9 月）
李永平　副院长
王利珍　副院长
徐　慧　副院长
李　沁　政治处主任（8 月任职）
李光锦　纪检监察组组长

梅州市中级人民法院执行局

杨　平　局长

梅州市司法局

叶仁基　局长
谢益民　副局长

谭建明　副局长（任至 4 月）
罗永科　副局长
杨远东　副局长（任至 1 月）
钟　勋　副局长
郑永源　副局长（5 月任职）
邱小军　政治处主任（任至 3 月）
谢阿慧　政治处主任（8 月任职）

梅州市强制隔离戒毒所

叶仁基　第一政委
何科东　所长（1 月任职）
刘　琦　政委（4 月任职）

梅州市人民政府办公室

陈　亮　主任
彭耿明　副主任
李定华　副主任
黄国乔　纪检监察组组长

梅州市政务服务数据管理局

刘彩波　局长（任至 3 月）
徐　甦　局长（3 月任职）
刘素芬　副局长
李　森　副局长
李文彦　副局长

梅州市公共资源交易中心

姚福平　主任

梅州市政府打击走私综合治理办公室

钟　优　主任

梅州市住房公积金管理中心

段　成　主任（任至 5 月）

梅州市机关事务管理局

杨　栋　局长（任至 9 月）
罗桂芳　局长（9 月任职）
王昌岳　副局长（任至 1 月）
陈远航　副局长（1 月任职）
朱春粦　副局长（任至 10 月）
刘建文　副局长（10 月任职）

梅州市信访局

邓国功　局长（任至 3 月）
梁亮新　局长（3 月任职，副局长任至 3 月）
曾艳娇　副局长
卢国基　副局长（任至 4 月）
张思兰　副局长
谢德颂　副局长（5 月任职）

梅州市政府发展研究中心

温爱生　主任
高国升　副主任（任至 5 月）
熊　华　副主任
何　标　副主任（10 月任职）
傅江平　副主任（10 月任职）

梅州市政府金融工作局

凌挥明　局长
张昌亮　副局长
廖文豪　副局长
陈　维　副局长（挂任）

梅州市人民政府地方志办公室

钟伟基　主任
黎俊红　副主任
连申威　副主任

梅州市财政局

张　军　局长
丘小录　副局长
邹永礼　副局长
侯卫芳　副局长（3 月任职，总会计师任至 3 月）
王科文　副局长（9 月任职）
张懿峰　总会计师（9 月任职）
林　侃　副局长（挂任）
罗奕山　纪检监察组组长

梅州市世界银行贷款业务办公室

刘碧荣　主任

梅州市政府国有资产监督管理委员会

吴志洲　主任（任至 9 月）
丘孝东　主任（9 月任职）
罗海涛　副主任
魏仲权　副主任
黄耀新　副主任
林丽雅　纪检监察组组长

广东金雁工业集团有限公司

伍思扬　副董事长（1 月任职）、总经理
刘胜东　党委副书记（4 月任职，副总经理任至 5 月）
汤华达　纪委书记
李　瑜　副总经理
肖新文　副总经理
莽文学　总工程师

广东嘉城建设集团有限公司

张　晓　董事长（1月任职）
李海强　党委副书记
曾国柱　党委副书记、总经理（6月任职）
王华勋　纪委书记
温治邦　副总经理
谢智明　总工程师

广东嘉应控股集团有限公司

陈小华　董事长、总经理
冯明赞　党委副书记
俞育东　副总经理
徐均胜　副总经理
陈　莹　纪委书记

广东客都文旅有限公司

房　岿　董事长（任至5月）
赵　旭　董事长（5月任职）、总经理
范永光　党委副书记(4月任职,副总经理任至4月)
陈旭良　纪委书记
聂　华　副总经理（9月任职）
林玉永　副总经理（9月任职）

梅州市审计局

丘加悦　局长
练清万　副局长（任至1月）
冯玉涛　副局长
刁向晖　副局长
张敬浩　副局长（任至6月）
蓝伟庆　副局长（9月任职）
林小琼　总审计师

梅州市民政局

王　健　局长
曾宪鑫　副局长
温燕玲　副局长
丘德俊　副局长（任至5月）
吴振军　纪检监察组组长

梅州市退役军人事务局

伍卫华　局长
陈汉杰　副局长（任至1月）
黄龙光　副局长
余洪波　副局长
徐振东　副局长（9月任职）
范东阳　副局长（3月兼任）

梅州市档案馆

张　阳　馆长（任至9月）
巫万忠　馆长（9月任职）
范美林　副馆长
凌秀凤　副馆长

梅州市残疾人联合会

卢振中　理事长
王智敏　副理事长
陈卫东　副理事长

梅州市政府驻北京联络处

张　颖　主任（3月任职）
刘治中　副主任（任至5月）

梅州市政府驻广州办事处

邓志兴　主任（任至3月）
刘采峰　主任（3月任职）
张云常　副主任
吴家云　副主任

梅州文化旅游特色区管委会

刘依君　主任
谢小康　副主任
赖展新　副主任

广东梅州高新技术产业园区管理委员会

广州（梅州）产业转移工业园管理委员会

广东梅州经济开发区管理委员会

刘晋生　党工委书记
林满山　党工委副书记、主任
罗树荣　党工委副书记
黄卫军　副主任（任至4月）
林　玲　副主任（任至9月）
陈佳祥　副主任
凌珍宏　副主任
梁联胜　副主任（兼任至9月）
李汉基　副主任（10月任职）
管在贤　副主任（挂任）
张添畅　副主任（挂任）

广东梅州蕉华工业园区管理委员会
（广东省蕉岭华侨农场）

刘鸿涛　党委书记
刘裕君　党委副书记、主任（场长）
丘建安　副主任（副场长）
张艳辉　副主任（副场长）

梅州综合保税区管理委员会

温助民　党组书记
王　锋　党组副书记、主任
谢源兴　副主任
邓光辉　副主任
罗锐华　副主任（10 月任职）

梅州嘉应新区管理委员会

李思平　党工委书记、主任
郑春缀　党工委副书记（任至 8 月）、副主任（任至 9 月）
叶绿娜　副主任
刘赞扬　副主任
谢崇杰　副主任
刘健辉　纪检监察组组长（任至 3 月）

梅州市农业农村局

罗伟纯　局长
魏祥灵　副局长（任至 4 月）
黄　帆　副局长
陈爱东　副局长
刘治中　副局长（5 月任职）
古广文　总农艺师
古　裕　纪检监察组组长

梅州市乡村振兴局

罗伟章　局长（任至 3 月）
罗伟纯　局长（3 月任职）
陈远航　副局长（任至 1 月）
曾志军　副局长（1 月任职）
徐杞文　副局长
赖玉澄　副局长（挂任）

梅州市林业局

熊锋松　局长
谢新和　副局长（任至 9 月）
刘敬东　副局长（10 月任职）
郑尚森　副局长
范宜上　副局长

梅州市水务局

陈海燕　局长
张世俭　副局长（任至 4 月）
陆大为　副局长
王　骎　副局长
黄辉源　副局长
温友君　副局长（9 月任职）
陈志年　总工程师

梅州市大埔韩江高陂水利枢纽工程建设管理处

刘震涛　主任
肖建文　副主任
曾祥勇　副主任
黄先廉　总工程师

梅州大堤管理处

陈炳章　主任

梅州市梅西水库管理局（区）

姚远尹　局长（主任）

梅州市供销合作社

丘孝东　理事会主任（任至 9 月）
刘　水　理事会主任（10 月任职）
黄华生　理事会副主任
潘　雄　理事会副主任

梅州市农林科学院

卓国宁　院长
谢岳昌　副院长
陈新伟　副院长
刘高新　副院长

梅州市工业和信息化局

钟光灵　局长（任至 6 月。6 月，接受梅州市纪委监委纪律审查和监察调查）
袁勇华　局长（9 月任职）
曾子威　副局长
陈梅生　副局长
吴文宇　副局长
魏　婷　副局长
邓文光　总经济师
林元基　副局长（挂任）
张启文　纪检监察组组长

梅州市应急管理局

温勇登　局长
罗远怀　副局长（任至 4 月）
郑国辉　副局长
罗映宏　副局长
吴小峰　副局长
廖创有　副局长（5 月任职）
庄小建　总工程师（任至 3 月）
罗伟红　总工程师（9 月任职）

梅州市市场监督管理局

罗颖安 局长（任至5月）
丘德俊 局长（5月任职）
刘仕贤 副局长（任至4月）
谢 强 副局长
张秀英 副局长
张启祥 副局长（任至4月）
彭润根 副局长
周志彬 副局长（任至4月）
饶 戟 副局长（10月任职，总工程师任至10月）
赖凌锋 总工程师（10月任职）
余春娜 纪检监察组组长（2月任职）

梅州市交通运输局

谢文威 局长
熊强华 副局长
胡新文 副局长
刘振贵 副局长
张汉清 副局长
钟伟才 副局长（兼任）
林忠绪 总工程师
刘红茹 纪检监察组组长

梅州市公路事务中心

谢文威 党委书记（8月任职）
王 忠 主任（任至9月）
赖伟强 副主任
马名扬 副主任
汪正清 副主任
朱 辉 总工程师

梅州市教育局

彭 旭 局长（任至9月）
杨 栋 局长（9月任职）
李足新 副局长（任至9月）
钟 文 副局长
罗涤权 副局长
李杏玲 副局长
唐秀娟 纪检监察组组长

梅州市科学技术局（梅州市知识产权局）

涂礼俊 局长（任至6月）
徐万宝 局长（9月任职）
李昌栋 副局长
刘海祥 副局长

梅州市卫生健康局

林雨兰 局长
周秋明 副局长（任至1月）
洪 霞 副局长（任至9月）
汪永光 副局长
罗清华 副局长
李 涛 副局长（1月任职）
甘祝军 副局长（9月任职）
曾繁伟 纪检监察组组长

梅州市红十字会

吴秉标 常务副会长

梅州市体育局

陈远洋 局长
陈颖明 副局长（任至4月）
李新海 副局长
吴仁发 副局长（10月任职）

梅州市科学技术协会

李 丹 主席（2月任职）
凌 浚 副主席
何小娟 副主席

梅州市人民医院

钟志雄 院长
叶 敏 副院长
吴祖光 副院长
张国标 副院长
曹向忠 纪委书记

梅州市中医医院（梅州市田家炳医院）

郑 青 党委书记
王 锦 院长
李 平 副院长
俞万香 副院长
杨睦富 副院长
谢坤清 副院长

广东梅县东山中学

郭思健 校长
林铭绪 副校长
张开贤 副校长
王永新 副校长
李炜豪 副校长
廖承莹 副校长
何兴平 副校长

梅州开放大学

林振东　校长（任至 5 月）

罗金良　校长（6 月任职）

王　修　副校长

陈元双　副校长

黄柳梅　副校长

梅州市曾宪梓中学

林　敏　校长

梅州市职业技术学校（市旅游职业技术学校）

郭捷兴　校长

梅州农业学校（梅州市理工学校）

赵仁发　校长（任至 10 月）

董芳远　校长（10 月任职）

梅州市发展和改革局

吴特宏　局长

刘宇新　副局长（任至 6 月）

胡胜荣　副局长

陈志文　副局长（3 月任职，总经济师任至 3 月）

陈彬文　副局长（9 月任职）

李信泰　副局长（9 月任职）

曾文杰　总经济师（5 月任职）

杨建厂　纪检监察组组长

梅州市铁路建设办公室

邓永东　主任（1 月任职）

梅州市人力资源和社会保障局

黎红英　局长

廖聚如　副局长（任至 4 月）

胡丽玲　副局长

彭思学　副局长

廖先鉴　副局长（9 月任职）

谢伟堂　纪检监察组组长（任至 12 月）

梅州市社会保险基金管理局

陈超雄　局长

梅州市技师学院（梅州市高级技工学校）

曾利兰　院长（校长）（1 月任职）

梅州市医疗保障局

蔡雪嫦　局长（任至 3 月）

刘　冲　党组书记（2 月任职，任至 8 月）

吴志洲　党组书记（8 月任职）

薛兴冰　局长（3 月任职）

刘　水　副局长（任至 10 月）

赖志坚　副局长（任至 5 月）

姚清兰　副局长（10 月任职）

梅州市统计局

姚志华　局长

刘大河　副局长

陈建群　副局长

张　修　副局长（5 月任职）

梅州市住房和城乡建设局

薛兴冰　局长（任至 3 月）

李　宏　局长（3 月任职）

周耀坤　副局长

罗德彦　副局长（任至 10 月）

朱焕明　副局长

赖寿华　副局长

张　颖　副局长（任至 3 月）

曾国柱　副局长（任至 6 月）

李　信　副局长（10 月任职，总工程师任至 10 月）

孙一新　总工程师（10 月任职）

曾繁欧　纪检监察组组长

梅州市城市供排水中心

罗文斌　主任

梅州市生态环境局

姚铠滔　局长

吴启鸿　副局长（任至 3 月）

张文画　副局长

李云清　副局长（9 月任职，总工程师任至 9 月）

周　健　副局长（挂任）

梅州市自然资源局

梁　维　局长（任至 3 月）

郭惠华　局长（3 月任职）

黎敏文　副局长

吕悦初　副局长

黄嘉良　副局长

黄星辉　总规划师

胡文恭　纪检监察组组长

梅州市土地储备中心

曾伟峰　主任

梅州市商务局

刘　冲　局长（任至 3 月）

李　敏　局长（3 月任职）

凌　峰　副局长（任至 1 月）

叶洪清　副局长（任至9月）
刘旭初　副局长
李洪涛　副局长（5月任职）
李志敏　副局长（5月任职）

说明：

1. 梅州市领导班子成员名单，梅州市领导机关正、副秘书长名单，梅州市市直单位领导干部（副处单位正职）名单由梅州市委组织部提供；

2. 统计时间为2022年1月1日至2022年12月31日

中央、省属驻梅州单位处级领导干部名单

中华人民共和国梅州海关
杨　浩　关长
朱卫冰　派驻纪检组组长
黎建明　副关长（任至11月）
叶华荣　副关长
张谷琛　副关长（8月任职）
陈子凌　副关长（12月任职）

中华人民共和国梅州海关缉私分局
石志伟　局长
罗宇明　政委

广东省机场管理集团有限公司梅州机场公司
曾毅强　党委书记、执行董事
杜志安　党委副书记、总经理
黎利娟　党委副书记、纪委书记、工会主席
黄会中　副总经理
阮和兴　副总经理

广东省煤炭工业总公司梅县留守处
袁红珊　党委书记、主任
黄权生　副主任（1月任职）

广东省煤矿专用设备制造厂
袁红珊　执行董事、总经理
冯传德　工会主席

广东煤炭地质一五二勘探队
李　辉　队长、党委副书记
丘雪平　党委书记、副队长、工会主席
蓝静辉　副队长
吴国文　副队长

广东省地质局第八地质大队、广东省梅州地质灾害应急抢险技术中心
李华应　党委书记、副大队长（副主任）
许科贤　纪委书记（任至11月）
陈仕明　总工程师

广东省梅州监狱
黎小丰　党委书记、监狱长
罗强忠　党委副书记、政委
柯学强　企业总经理
曾　政　副监狱长
林加昌　副监狱长
卓培杰　副监狱长
曾雄章　纪委书记

广东粤电长潭发电有限责任公司
骆伟明　党委书记、执行董事、总经理
徐必慷　党委副书记、纪委书记、工会主席
邱新明　副总经理

广东粤电青溪发电有限责任公司
王　军　党委书记、执行董事、总经理（任至6月)
魏清华　党委书记、执行董事、总经理（6月任职）
文爱琼　党委副书记、纪委书记、工会主席
谢加宁　副总经理
林　峰　副总经理

广东粤电大埔发电有限公司
陈伟强　党委书记、执行董事
谢传亿　党委副书记、总经理
王　允　党委副书记、工会主席、纪委书记
李　恒　副总经理
郭　杰　副总经理
赖景暖　副总经理（3月任职）
文鸣明　副总经理（11月任职）

中国人民银行梅州市中心支行、国家外汇管理局梅州市中心支局
黄沛光　党委书记、行长、局长
朱　冕　副行长
温举鸿　副行长、副局长
侯双梅　工委会主任
吴　强　纪委书记

江　锋　副行长

中国银行业监督管理委员会梅州监管分局

陈雁玲　局长

卓素芬　副局长（12 月任职）

段　梅　副局长

刘毅军　副局长

何龙慧　纪委书记

中国建设银行股份有限公司梅州分行

廖　刚　行长

曾群星　副行长

蔡海平　副行长

李东文　副行长

陈清华　副行长

钟立华　派驻纪检组组长（10 月任职）

贾振毅　高级专员

中国工商银行股份有限公司梅州市分行

肖文泽　行长（任至 3 月）

陈明华　代为履行行长职务（3—8 月任职）、行长（8 月任职）

蔡文敏　副行长（任至 1 月）

王　剑　副行长（5 月任职）

钟小山　副行长（任至 5 月）

黄志东　副行长（任至 11 月）

康洪银　副行长

吴勇群　纪委书记

朱剑锋　副行长（5 月任职）

中国农业银行股份有限公司梅州分行

陈　涛　党委书记、行长

孙友光　纪委书记

白　杨　副行长

陈耀鹏　副行长

徐淑玲　行长助理

中国银行股份有限公司梅州分行

王创成　行长（5 月任职）

彭友朋　副行长

陈　维　副行长（4 月任职）

林东升　副行长（8 月任职）

周仰楷　驻行纪检组组长

张　阳　副行长

广东发展银行股份有限公司梅州分行

赖晓玲　党委书记、行长

徐　岳　纪委书记、副行长

李国君　副行长

舒　旭　行长助理（任至 8 月）、副行长（6 月任职）

邓洪涛　副行长（10 月任职）

中国农业发展银行梅州市分行

孔祥平　行长

刘建兵　副行长

黄文胜　副行长（任至 2 月）

丘瑞和　副行长（3 月任职）

交通银行股份有限公司梅州分行

左李琳　行 长

刁向东　副行长

彭永刚　副行长

曾笑霞　行长助理

梅州市邮政管理局

钟伟才　局　长

石　军　纪检组组长、副局长（5 月任职）

中国邮政集团有限公司梅州市分公司

吴纪伟　党委书记、总经理（任至 4 月）

李志明　党委书记、总经理（4 月任职）

林远荣　副总经理、工会主席

陈林树　纪委书记、副总经理

王子龙　副总经理

朱春晓　副总经理

中国邮政储蓄银行股份有限公司梅州分行

容宇贵　党委书记、行长

朱晓东　纪委书记、副行长（5 月任职）

罗尚辉　副行长、工会主席

周　明　副行长

陈坚鑫　副行长（5 月任职）

安信证券梅州地区中心营业部（梅州新中路证券营业部）

罗亿东　总经理

广发证券股份有限公司（梅州梅江二路证券营业部）

张伟滨　副总经理（负责全面工作）

梅州农村商业银行股份有限公司

卓仲宇　党委书记、董事长

欧志青　纪委书记、监事长

丘瑞祥　副行长

冯敬华　副行长

卓　芬　副行长

国家税务总局梅州市税务局

罗伟民　党委书记、局长

利志清　副局长

曾建东　副局长

徐春辉　副局长

曾小斌　副局长（任至11月）

陈海涛　纪检组组长

袁辉祥　总经济师

中国人民财产保险股份有限公司梅州分公司

涂必峰　总经理

彭佳常　副总经理

林文贵　副总经理

李旭东　副总经理（7月任职）

雷宇亮　总经理助理（任至7月）

中国人寿保险股份有限公司梅州分公司

许国驹　党委书记、总经理

丘海雄　副总经理

陈　兴　纪委书记、总经理助理

中华联合财产保险股份有限公司梅州中心支公司

张惠生　总经理

中国电信股份有限公司梅州分公司

江卫平　党委副书记、副总经理（主持工作、任至7月）党委书记、总经理（7月任职）

刘卓番　副总经理（任至3月）

林　敏　纪委书记

杨　翔　副总经理（任至2月）

侯宇希　副总经理

赖宇锋　副总经理

中国移动通信集团广东有限公司梅州分公司

曾　鹏　总经理

廖智强　副总经理

邱影玲　副总经理

黄伟华　副总经理

张文泉　资深经理（任至5月）

中国铁塔股份有限公司梅州市分公司

杨碧泉　党委书记、总经理（3月任职）

陈英辉　纪委书记、工会主席、副总经理

华国栋　副总经理（10月任职）

中国联合网络通信有限公司梅州分公司

史濬彬　总经理（任至9月）

彭清源　总经理（10月任职）

张　晶　副总经理（任至3月）

林键鹏　副总经理（4月任职）

刘晓峰　驻梅州纪检组组长

汪成龙　副总经理

吴　浩　副总经理（任至4月）

吴廷浩　副总经理（4月任职）

梅州市气象局

郑伟杰　党组书记、局长

黄茂栋　纪检组组长

姚建春　副局长

彭尚永　副局长（4月任职）

广东省梅州航道事务中心

李小明　党组书记

朱伟亮　主任

吴建锋　副主任、纪检组组长

梁祖锋　总工程师

中华人民共和国梅州海事局

余银锋　局长

李忠辉　副局长

罗　鑫　副局长

广东电网公司梅州供电局

郑　宇　党委书记、副总经理（任至9月）

陈卫中　党委书记、副总经理（9月任职）

朱力方　副总经理、工会主席

曾庆粟　副总经理

邱卓伟　副总经理

邓惠华　副总经理

李　伟　纪委书记

张巧华　工会副主席

广东省盐业集团梅州有限公司

张悦兴　党总支书记、总经理（任至4月）
党委书记、总经理（9月任职)

黄冠生　党总支委员、副总经理、河源公司执行董事（任至4月）
党委副书记、副总经理、河源公司执行董事（5月任职、任至10月）
党委副书记、副总经理（9月任职）

蔡天武　纪委书记
卢志元　副总经理（3—10 月任职）
　　　　副总经理、河源公司执行董事（9 月任职）
欧海鹏　副总经理、揭阳公司执行董事（任至 4 月）
蔡　浩　副总经理、汕尾公司执行董事（任至 3 月）
　　　　副总经理、揭阳公司执行董事兼汕尾公司执行董事（4 月任职）
陈纪锐　副总经理、汕头公司执行董事（4 月任职）
李　剑　副总经理、潮州公司执行董事（9 月任职）
王　敏　副总经理

中国石化销售股份有限公司广东梅州石油分公司

王海坚　经理、党委副书记（9 月任职）
潘甲斌　党委副书记（主持党务工作至 8 月）、党委书记（8 月任职）、纪委书记、副经理
何　斌　副经理
刘雄华　副经理
钟鹏程　副经理（9 月任职）
钟定凡　经理助理（9 月任职）

广东省梅州市烟草专卖局（公司）

刘晓明　党组书记、局长、总经理
郭子麟　副总经理（9 月任职）
陈伟贤　副总经理（任至 2 月）
谢志廉　副局长（任至 10 月）
黄汉武　纪检组组长（任至 9 月）
陈海强　副总经理

广东中烟工业公司梅州卷烟厂

刘依军　厂长、党委书记
李伟才　副厂长
何传郁　纪委书记（任至 11 月）
林乃强　副厂长
刘勇桂　副厂长（11 月任职）
何立元　二级业务经理、工会主席（3 月任职）

嘉应学院

吴　琦　党委书记
杨　洲　党委副书记、院长（任至 8 月）
罗任权　党委副书记
罗嘉文　副院长
袁　铎　副院长
张丽霞　副院长
廖志成　副院长
陈建存　副院长

国家统计局梅州市调查队

何志辉　党组书记、队长
郭伟坚　副队长
曾繁略　副队长
彭　燕　纪检组组长

梅州粤运汽车运输有限公司

张　敏　董事长、党委书记
张永全　党委副书记、总经理
罗映天　党委副书记、副总经理
裴守刚　副总经理、纪委书记
刘平林　纪委书记、副总经理、工会主席
周国勉　副总经理

广东省水文局梅州水文分局

余华章　局　长
张洪清　副局长
朱能胜　副局长
江　平　总工程师（8 月任职）

梅州市消防救援支队

段建国　支队长
郑海生　政治委员
夏侯凯全　副支队长
陈文涛　副支队长（3 月任职）
张华玉　副支队长（7 月任职）
杨文波　副政治委员
谭火清　政治部主任

说明：

中央省属驻梅州单位领导干部名单由各单位提供，统计时间为 2022 年 1 月 1 日至 2022 年 12 月 31 日

责任编辑：黄伟锋

附　录

2022 年梅州国民经济和社会发展统计公报

2022 年，梅州坚持以习近平新时代中国特色社会主义思想为指导，全面学习、全面把握、全面落实党的二十大精神，坚决贯彻落实习近平总书记、党中央关于“疫情要防住、经济要稳住、发展要安全”的重要要求，坚持稳字当头、稳中求进，统筹疫情防控和经济社会发展，统筹发展和安全，有力有效应对超预期因素冲击，全市经济社会发展保持稳定，梅州苏区加快振兴、高质量发展迈出新的坚实步伐。

一、综合

2022 年末，全市常住人口 385.80 万人，比上年末减少 1.89 万人，其中城镇常住人口 203.24 万人，占常住人口比重（常住人口城镇化率）52.68%，比上年末提高 0.3 个百分点。全年出生人口 4.20 万人，出生率 7.34‰；死亡人口 3.23 万人，死亡率 5.65‰；自然增长人口 0.97 万人，自然增长率 1.69‰。年末户籍人口为 539.35 万人。

经广东省统计局统一核算，2022 年梅州市实现地区生产总值（初步核算数）1318.21 亿元，比上年增长 0.5%。其中，第一产业增加值 257.91 亿元，增长 4.7%；第二产业增加值 407.69 亿元，下降 3.5%；第三产业增加值 652.60 亿元，增长 1.3%。三次产业结构比重为 19.6∶30.9∶49.5，第三产业比重提高 0.2 个百分点。人均地区生产总值 34085 元，增长 0.6%。

2022 年，全年地方财政一般预算收入 83.96 亿元，剔除留抵退税因素后同口径（以下简称同口径）下降 1.7%，自然口径下降 11.6%；其中，税收收入 42.01 亿元，同口径下降 10.8%，自然口径下降 27.3%。全年一般公共预算支出 449.63 亿元，比上年增长 1.5%。其中，教育支出 90.95 亿元，增长 1.8%；卫生健康支出 54.24 亿元，下降 0.4%；社会保障和就业支出 87.27 亿元，增长 8.3%。民生类支出 370.45 亿元，占一般公共预算支出比重为 82.4%。

全年城镇新增就业 2.10 万人，就业困难人员实现再就业 0.17 万人。年末城镇实有登记失业人员 1.48 万人。

2022 年，全年居民消费价格比上年上涨 1.8%。分类别看，食品烟酒类价格上涨 1.6%，衣着类价格上涨 2.5%，居住类价格上涨 1.9%，生活用品及服务类价格上涨 0.8%，交通通信类价格上涨 4.8%，教育文化娱乐类价格上涨 0.4%，医疗保健类价格下跌 0.3%，其他用品及服务类价格上涨 1.2%。商品零售价格上涨 3.4%。全市工业生产者出厂价格上涨 0.5%，其中，轻工业价格上涨 1.3%，重工业价格上涨 0.1%。

二、农业

全年粮食作物播种面积 276.33 万亩，比上年增长 0.4%；稻谷种植面积 243.79 万亩，增长 0.5%；甘蔗种植面积 1.87 万亩，下降 14.1%；油料种植面积 19.41 万亩，增长 0.4%；蔬菜种植面积 112.05 万亩，增长 4.2%；园林水果种植面积 127.04 万亩，增长 3.1%；茶叶种植面积 32.95 万亩，增长 0.7%。

全年粮食产量 113.77 万吨，比上年增长 0.1%，其中：稻谷产量 105.72 万吨，下降 0.1%；甘蔗产量 4.76 万吨，下降 6.6%；油料产量 3.79 万吨，增长 2.4%；蔬菜产量 259.23 万吨，增长 5.6%；水果产量 160.90 万吨，增长 3.5%；茶叶产量 2.77 万吨，增长 8.3%。

全年肉类总产量 28.03 万吨，比上年增长 3.6%，其中：猪肉产量 15.90 万吨，增长 5.2%；禽肉产量 10.43 万吨，增长 2.6%。年末生猪存栏 127.65 万头，增长 3.7%；生猪出栏 201.25 万头，增长 4.9 %。

全年水产品产量 10.64 万吨，比上年增长 1.6%。

三、工业和建筑业

全年全部工业增加值比上年下降 0.5%。规模以上工业增加值下降 2.8%，其中，国有及国有控股企业增长 4.8%，外商及港澳台投资企业增长 1.9%，股份制企业下降 3.0%，股份合作制企业下降 5.0%，集体企业增长 3.8%。分轻重工业看，轻工业增长 0.2%，重工业下降 4.7%。分企业规模看，大型企业增长 0.3%，中型企业下降 8.1%，小微型企业增长 0.4%。

高技术制造业增加值比上年增长 4.2%，占规模以上工业增加值的比重为 20.4%，比上年提高 1.7 个百分点。其中，电子及通信设备制造业增长 4.3%，医药制造业下降 8.8%，计算机及办公设备制造业增长 5.8%，医疗仪器设备及仪器仪表制造业增长 36.6%。

先进制造业增加值比上年增长 2.1%，占规模以上工业增加值的比重为 27.9%，比上年提高 2.2 个百分点。其中，高端电子信息制造业增长 6.3%，先进装备制造业下降 10.9%，先进轻纺制造业下降 0.1%，新材料制造业增长 3.2%，生物医药及高性能医疗器械业下降 1.4%，石油化工业下降 4.1%。

装备制造业增加值比上年下降 1.7%，占规模以上工业增加值的比重为 23.9%，比上年提高 0.7 个百分点。其中，计算机、通信和其他电子设备制造业增长 3.9%，汽车制造业下降 16.3%，电气机械和器材制造业下降 29.3%。

优势传统产业增加值比上年下降 4.3%，其中，食品饮料业增长 5.2%，建筑材料下降 17.6%，家具制造业下降 70.0%，纺织服装业下降 14.1%，金属制品业下降 22.4%，家用电力器具制造业下降 14.4%。

全年规模以上工业实现利润总额 26.90 亿元，比上年下降 43.5%。亏损企业亏损总额 17.17 亿元，增长 44.9%。亏损企业亏损面 31.4%。分经济类型看，国有控股企业利润 10.01 亿元，增长 171.2%；股份制企业 11.63 亿元，下降 63.7%，外商及港澳台商投资企业 6.63 亿元，下降 18.3%。分门类看，采矿业利润 1.84 亿元，增长 471.6%；制造业 23.47 亿元，下降 44.0%；电力、热力、燃气及水生产和供应业 1.59 亿元，下降 70.4%。全年规模以上工业企业每百元营业收入中的成本为 81.49 元，增加 2.53 元；营业收入利润率为 3.03%，下降 2.28 个百分点。

全年全社会建筑业增加值 110.33 亿元，比上年下降 11.3%。全年具有资质等级的总承包和专业承包建筑企业 201 个，增长 3.6%；总承包和专业承包完成建筑业总产值 341.53 亿元，下降 15.6%；实现利润总额 17.41 亿元，下降 10.6%；利税总额 27.05 亿元，下降 12.4%。建筑施工企业房屋建筑施工面积 1461.86 万平方米，下降 16.9%；房屋竣工面积 392.24 万平方米，下降 70.9%。

四、服务业

全年批发和零售业增加值 92.61 亿元，比上年下降 2.4%；交通运输、仓储和邮政业增加值 33.42 亿元，下降 3.9%；住宿和餐饮业增加值 20.15 亿元，下降 3.5%；金融业增加值 93.73 亿元，增长 6.0%；房地产业增加值 104.90 亿元，下降 5.9%。现代服务业增加值 352.82 亿元，增长 0.7%。

全年规模以上服务业企业实现营业收入 73.80 亿元，比上年增长 2.0%；利润总额负 4.81 亿元，下降 3.5%。分行业看，教育行业增长 14.6%，卫生和社会工作行业下降 1.9%，信息传输、软件和信息技术服务业营业收入增长 4.9%，科学研究和技术服务业增长 6.2%，交通运输、仓储和邮政业增长 6.6%，租赁和商务服务业下降 28.4%，水利、环境和公共设施管理业下降 29.7%。

全年货物运输总量 10235 万吨，比上年下降 8.7%。货物运输周转量 111.81 亿吨公里，下降 6.8%，其中，公路货物周转量 111.77 亿吨公里，下降 6.8%。

全年旅客运输总量 272.33 万人，比上年下降 19.9%。旅客运输周转量 3.98 亿人公里，下降 28.0%，其中，公路旅客周转量 3.98 亿人公里，下降 28.0%。

年末全市民用汽车保有量 72.4 万辆，比上年增长 5.4%。其中：私人汽车保有量 66.1 万辆，增长 4.9%。民用轿车保有量 42.9 万辆，增长 5.9%。年新注册汽车 3.64 万辆，下降 11.2%。年末高速公路通车里程 752 千米。

全年完成邮电业务总量 49.41 亿元，比上年增长 15.7%。其中：邮政业务总量（按 2020 年不变价计算）13.91 亿元，增长 7.5%；快递业务量 7380.69 万件，增长 13.9%；快递业务收入 8.51 亿元，增长 10.8%；电信业务总量（按2021年不变价计算）35.49亿元，增长19.3%。年末电话总用户439.9万户，下降2.9%，其中固定电话用户36.9万户，下降6.8%；移动电话用户403.0万户，下降2.6%。年末（固定）互联网宽带接入用户131.1万户，增长6.9%。

五、固定资产投资

全年完成固定资产投资比上年下降11.0%。其中，项目投资增长15.4%。分投资主体看，国有经济投资增长21.3%，民间投资下降31.0%，港澳台、外商经济投资下降13.6%。

在固定资产投资中，第一产业投资比上年增长84.4%，第二产业投资增长11.3%，第三产业投资下降18.9%。民间投资占固定资产投资的比重为45.7%。工业投资增长11.3%，占固定资产投资的比重为27.4%。基础设施投资增长12.7%，占固定资产投资的比重为42.2%。高技术制造业投资增长104.0%，占固定资产投资的比重为8.0%。先进制造业投资增长73.9%，占固定资产投资的比重为8.6%，其中装备制造业投资增长85.3%。

房地产开发投资109.33亿元，比上年下降49.8%。按用途分，商品住宅开发投资83.47亿元，下降50.2%，其中：90平方米以下住宅投资5.58亿元，下降14.4%；144平方米以上住宅投资18.34亿元，下降54.9%。办公楼投资1.26亿元，下降12.2%；商业营业用房投资11.89亿元，下降53.2%。商品房施工面积2312.77万平方米，下降10.1%；商品房竣工面积311.54万平方米，下降10.2%；商品房销售面积为248.63万平方米，下降35.2%；商品房销售额137.91亿元，下降38.5%。

六、国内贸易

全年社会消费品零售总额656.82亿元，比上年增长0.4%。其中，限额以上社会消费品零售总额为124.82亿元，增长2.9%。分区域看，城镇消费品零售总额493.50亿元，增长0.7%；农村消费品零售总额163.32亿元，下降0.6%。分消费类型看，商品零售额597.42亿元，增长0.6%；餐饮收入59.40亿元，下降2.4%。

在限额以上单位商品零售额中，粮油食品类下降7.0%，饮料类下降8.7%，烟酒类增长4.8%，中西药品类增长15.8%，石油及制品类增长22.3%，汽车类下降6.9%，家用电器和音像器材类下降11.9%，服装鞋帽、针、纺织品类下降8.8%，日用品类下降10.3%，文化办公用品类下降23.4%，通信器材类下降28.3%。全市限额以上单位通过公共网络实现的商品零售增长54.0%，占限额以上单位商品零售比重2.5%。

七、对外经济

全年货物进出口总额110.03亿元，比上年下降9.6%。出口总额91.51亿元，下降6.5%，其中，“三资”企业出口25.27亿元，下降5.0%；私营企业出口64.44亿元，下降5.9%。在出口总额中，一般贸易出口67.71亿元，下降12.7%，占出口总额的74.0%。

全年新签外商直接投资项目23个，实际利用外商直接投资1.15亿元，下降28.4%。

八、金融

年末全市金融机构本外币各项存款余额2807.60亿元，比上年末增长8.9%，其中：住户存款余额2088.83亿元，增长12.0%。金融机构本外币各项贷款余额1969.06亿元，比上年末增长12.0%，其中：短期贷款418.86亿元，增长16.9%；中长期贷款1491.49亿元，增长10.6%。银行业金融机构本年利润（税后）31.41亿元，下降19.8%。年末银行业金融机构不良贷款率为1.14%，提高0.38个百分点。

年末全市证券市场共有国内A股上市公司9家，市价总值590.04亿元，比上年末下降34.1%；境外（香港）上市公司1家，市价总值折合人民币0.6亿元，下降91.9%。广东嘉元科技股份有限公司通过定向增发实际募集资金人民币33.78亿元，是梅州市上市公司历次再融资金额最大的一次。全市共有18家“新三板”挂牌企业，挂牌企业总数在粤东西北12市中排名第一位。

年末全市共有13家证券公司，全年实现营业利润总额1.00亿元，比上年下降26.9%；全年累计股票基金交易额11180亿元，下降17.5%；资金账户累计新开户数6.08万户，下降24.0%；股票基金市值449.11亿元，下降12.9%；融资融券余额23.75亿元，下降12.3%。

全年实现保费收入67.73亿元，比上年增长2.0%。其中，寿险业务保费收入36.92亿元，下降5.8%；财产险业务保费收入30.81亿元，增长13.2%。全年共支付各项赔款和给付20.31亿元，比上年增长3.7%，其中：寿险业务赔付支出1.96亿元，下降13.8%；财产险业务赔款支出18.35亿元，增长6.1%。

九、人民生活和社会保障

全年全市居民人均可支配收入27431元，比上年增长4.7%。分城乡看，城镇居民人均可支配收入33924元，增长3.6%；农村居民人均可支配收入20290元，增长 5.4%。

全年全市居民人均消费支出 19624 元，比上年增长 3.7%。分城乡看，城镇居民人均消费支出 22064 元，增长 3.0%；农村居民人均消费支出 16940 元，增长 4.0%。全市居民恩格尔系数为 40.3%，比上年回升 1.3 个百分点，其中城镇为 39.2%，农村为 41.9%。

年末全市参加城镇职工基本养老保险（含离退休）106.71 万人，比上年末增长 2.0%。参加城乡居民基本养老保险人数 166.36 万人，下降 1.6%。参加职工基本医疗保险 58.22 万人，下降 4.9%。参加城乡居民基本医疗保险 370.47 万人，城乡居民医疗保险覆盖率 100%。参加工伤保险 49.39 万人，增长 0.1%。参加失业保险 39.18 万人，增长 2.3%。参加生育保险 42.19 万人，增长 1.9%。全市五大险种社会保险费收入 149.40 亿元，比上年增收 14.38 亿元。

全市各类社会福利单位收养人数 3794 人，其中，88 间敬老院入院人数 1298 人，敬老院床位 3133 个。全年城乡各种社会救济对象得到各级政府救济 25.78 万人次。全市享受低保救济的困难群众 10.26 万人，其中，城镇 0.53 万人，农村 9.73 万人。城乡社区服务机构和设施 2285 个。全年共发行销售福利彩票 2.54 亿元，筹集福利彩票公益金 0.28 亿元。

十、教育和科学技术

全年普通高等教育招生 6138 人，在校学生 26631 人，毕业生 7885 人；成人高等教育招生 9192 人，在校学生 18528 人，毕业生 8125 人；各类中等职业教育招生 8712 人，在校学生 24700 人，毕业生 7855 人；普通高中招生 30073 人，在校学生 88840 人，毕业生 28583 人；普通初中招生 64391 人，在校学生 185443 人，毕业生 54889 人；普通小学招生 54574 人，在校学生 365319 人，毕业生 63551 人；技工学校招生 7046 人，在校学生 16874 人，毕业生 4877 人；特殊教育在校学生 1178 人；学前教育在园幼儿 156952 人。小学学龄人口毛入学率 104.4%，初中学龄人口毛入学率 110.7%，小学毕业生升学率 100%，初中毕业生升学率 99.7%，高中毕业生升学率 99.4%。

年末县及县以上科研机构 25 个。年末国有企事业单位拥有自然和社会科学专业技术人 67698 人。全市专利授权量 3521 件，比上年下降 14.9%，其中，发明 244 件，增长 47.9%；实用新型 1991 件，下降 24.1%；外观设计 1286 件，下降 4.6%。

十一、文化、卫生和体育

年末全市共有各类专业艺术表演团体（公有制）7 个、文化馆 9 个、公共图书馆 10 个、博物馆 11 个、广播电台 8 座、电视台 8 座、有线电视台 8 座，电影放映单位 30 个，全市广播综合人口覆盖率 100%，电视综合人口覆盖率 100%，有线数字电视用户 32.57 万户。全年出版报纸 2816.5 万份、各类杂志 5.28 万册，公共图书馆藏书 505.13 万册。2021 年，文化及相关产业增加值 27.87 亿元，占地区生产总值比重 2.13%。

年末全市共有卫生机构 2936 个，其中，医院 59 个，妇幼保健院 9 个，社区卫生服务中心（站）8 个，镇（街道）卫生院 119 个，专科疾病防治院（所、站）12 个，疾病预防控制中心（防疫站）9 个，卫生监督所（中心）8 个。全市拥有病床 23364 张，其中，医院 16453 张，妇幼保健院 935 张，社区卫生服务中心（站）139 张，镇（街道）卫生院 5084 张，专科疾病防治院（所、站）753 张。全市卫生专业技术人员 28620 人，其中，医院 15928 人，妇幼保健院 1862 人，社区卫生服务中心（站）451 人，镇（街道）卫生院 6706 人，专科疾病防治院（所、站）444 人，疾病预防控制中心（防疫站）420 人，卫生监督所（中心）123 人，卫生专业技术人员中有执业医师和执业助理医师 10594 人、注册护士 12111 人。

全年全市运动员在参加省级以上比赛中，共获奖牌 41.73 块（含“双计分”项目），其中，金牌 22.73 块，银 7 牌块，铜牌 12 块。全市各级组织举办县级及以上各种运动竞赛会 25 次，参加运动会的运动 2.30 万人次。

十二、资源、环境和安全生产

全年总用水量 19.09 亿立方米，下降 1.8%。年平均降水量 1777.5 毫米，较常年偏多 12.0%。

全年规模以上工业综合能源消费量 290.59 万吨标准煤，比上年下降 5.0%。单位工业增加值能耗下降 0.4%。全社会用电 119.62 亿千瓦时，下降 3.1%，其中：工业用电量 57.31 亿千瓦时，下降 7.8%。

全市环境质量总体保持良好。梅州城区空气质量达标率 99.2%；地表水 16 个省考（含 8 个国考）断面水质优良率 100%、达标率 100%，县级及以上城市集中式饮用水水源地水质均保持在 III 类及以上、达标率 100%；梅州市区城市区域声环境评价为较好，市区城市道路交通噪声评价为好，功能区噪声达标率为

96.8%。全市共有城市（县城）生活污水处理厂15座，城市（县城）生活污水处理能力达到58万吨/日，城市生活垃圾无害化处理率达100%。

全年完成人工造林1.41万亩，当年新封山育林14.11万亩，退化林修复5.27万亩，人工更新0.44万亩，中幼林抚育19.76万亩。全市森林覆盖率74.54%。林木采伐量75.73万立方米，比上年减少1.2%。全市设立县级以上自然保护区49个，面积17.48万公顷，其中：省级以上7个，面积6.15万公顷。

全年农作物受灾面积9146.37公顷，自然灾害造成直接经济损失6.90亿元。全市共发生各类地质灾害6起，造成死亡人数4人，直接经济损失149万元。

全市共发生各类生产安全事故49起，死亡人数51人，各类事故直接经济损失926.77万元。全年发生道路交通事故2104起，比上年下降23.9%；死亡206人，下降14.7%；受伤2335人，下降17.9%；直接经济损失154.17万元，下降8.6%。道路交通万车事故死亡人数为1.69人。

注：

1. 本公报中2022年数据为初步统计数。

2. 从2011年起，规模以上工业统计口径由年主营业务收入500万元调整为2000万元及以上；固定资产投资项目统计起点由计划总投资50万元提高到500万元，增速为可比口径。限额以上批发和零售业统计标准为批发业年主营业务收入2000万元及以上，零售业年主营业务收入500万元及以上。2012年四季度，国家统计局实施了城乡一体化住户调查改革。2013年起按照新的调查口径对外发布城乡一体的居民人均可支配收入和分城镇、农村常住居民人均可支配收入数据。由于新老调查方案在调查范围、调查对象、城乡划分标准、样本抽选、计算和汇总方式、指标口径等方面变化较大，改革后新口径数据和旧口径数据存在不可比的差异。从2015年起，“地方公共财政预算收入”更名为“地方一般公共预算收入”；各项金融机构存款余额中，“单位存款”更名为“非金融企业存款”、“储蓄存款”更名为“住户存款”。

3. 地区生产总值、三次产业及相关行业增加值、人均地区生产总值绝对数按现价计算，增长速度按可比价计算；地方一般公共预算收入增长速度为剔除留抵退税因素后的同口径增长率。

4. 地区生产总值、社会消费品零售总额等相关历史数据已根据第四次全国经济普查结果进行修订，农业相关历史数据已根据第三次全国农业普查结果进行修订。

5. 数据来源：本公报中城镇新增就业、社会保障数据来自市人力资源和社会保障局和市医疗保障局；财政数据来自市财政局；公路、旅客和货物周转量等数据来自市交通局；城市污水处理数据来自市住房和城乡建设局；外贸进出口、外商直接投资等数据来自市商务局；快递业务来自市邮政管理局；电话用户、互联网用户数据来自省通信管理局；金融数据来自市人民银行、市银监局、市金融局；保险业数据来自市保险行业协会；教育数据来自市教育局、市开放大学和嘉应学院；科技成果、专利数据来自市市场监督管理局和市科技局；艺术表演团体、博物馆、公共图书馆、文化馆、广播、电视和电影数据以及报纸、期刊、图书数据来自市委宣传部和市文化广电旅游局；体育数据来自市体育局；人口出生率、死亡率、自然增长率，卫生数据来自市卫生健康局；户籍人口、道路交通事故数据来自市公安局；低保、社会救助、福利彩票数据来自市民政局；用水量数据来自市水务局；降水量数据来自市气象局；环境监测数据来自市生态环境局；林业数据来自市林业局；各类地质灾害数据来自市自然资源局；农作物受灾面积、安全生产数据来自市应急管理局；其他数据来自市统计局和国家统计局梅州调查队。

文献选编

市委工作报告

——在市委八届六次全会第一次全体会议上的报告

（2023年1月9日）

梅州市委书记　马正勇

现在我代表市委常委会作工作报告，请予审议。

这次会议的主要任务是，以习近平新时代中国特色社会主义思想为指导，深入贯彻党的二十大精神，传达贯彻中央经济工作会议、中央农村工作会议及省委经济工作会议精神，深入贯彻落实省委十三届二次全会精神和省委黄坤明书记来梅调研指示要求，总结2022年工作，部署2023年工作，动员全市上下进一步奋起直追、竞标争先，以高质量发展为牵引，举全市之力建设赣闽粤原中央苏区对接融入粤港澳大湾区振兴发展先行区，推动梅州苏区加快振兴、共同富裕。

一、2022 年工作回顾

2022年，是党和国家历史上极为重要的一年，也是我市极不平凡的一年。过去一年，面对持续下行的经济压力、反复袭扰的新冠疫情，我们坚持以习近平新时代中国特色社会主义思想为指导，深入贯彻党的二十大精神，坚决落实“疫情要防住、经济要稳住、发展要安全”重要要求，按照省委工作部署，高效统筹疫情防控和经济社会发展，在危机中育先机、于变局中开新局。

这一年，我们坚持从高从严、对标对表，持续加强党的全面领导和党的建设。坚持以政治建设统领党的各项建设，纵深推进全面从严治党，严格执行省委坚决落实“两个维护”十项制度机制，持续巩固深化肃清李嘉、万庆良恶劣影响成果，忠诚拥护“两个确立”、坚决做到“两个维护”。坚持把习近平总书记系列重要讲话、重要指示批示精神作为学习的第一议题、贯彻的第一遵循、落实的第一政治要件。按照“全面学习、全面把握、全面落实”的重要要求，全市动员、全员参与，持续掀起学习宣传贯彻党的二十大精神热潮。深入推进基层党建三年行动计划，在全省率先建立基层党组织“平急转换”机制，持续整顿软弱涣散基层党组织。实施“加快振兴、共同富裕”破题攻坚行动，出台容错纠错机制办法，常态化开展谈心谈话，激励广大干部新时代新担当新作为。牢固树立“人人都是营商环境”的理念，充分激发改革攻坚的锐气和勇气，全面提振干事创业精气神。出台“人才振兴16条”和“青梅计划”等五大人才计划，全年引进各类人才12581人。严格落实中央八项规定及其实施细则精神，保持正风肃纪反腐高压态势，全年立案1520件，党纪政务处分1447人，政治生态持续净化优化。

这一年，我们坚持因时因势、以变应变，疫情防控顺利转段。先后果断精准处置五华“1·15”、平远“1·31”、城区“8·18”、丰顺“9·4”“10·23”、梅县“11·8”和城区“11·20”等系列外地输入疫情。国家二十条、新十条优化措施出台后，我市严格按照省的部署，制定具体落实措施，优化核酸检测、调整隔离方式、分级分类救治、加快疫苗接种、强化个人防护，以科学精准有效的手段尽量延峰、有效削峰、平稳渡峰，最大限度保护人民群众生命安全和身体健康，最大限度减少疫情对经济社会发展的影响。

这一年，我们坚持敢想敢为、善作善成，成功获批《支持梅州对接融入粤港澳大湾区加快振兴发展总体方案》（下称《梅州方案》）。立足全域原中央苏区定位，深刻认识欠发达这一最基本市情，谋划建设先行区，多方呼吁、几经努力，得到省委省政府和国家发改委、财政部等部委的大力支持，推动《梅州方案》成功获批，让梅州成为我省继横琴、前海、南沙之后又一国家级战略平台。这是落实总书记、党中央战略决策的具体行动，是促进广东区域协调发展的创新实践，是中央给广东、给梅州送来的一份“大礼包”，极大提升了梅州苏区融湾振兴发展的战略格局，增加了原中央苏区版图的“梅州分量”。量身定制的《梅州方案》，从配套政策、项目布局、资金安排、要素供给、体制创新等方面给予全力支持，为梅州打开了跨越式发展的新渠道，拓展了争取后续支持的新空间，对于推动梅州苏区加快振兴、共同富裕具有重要现实意义和深远历史意义。

这一年，我们坚持集中资源、集聚要素，培育壮大实体经济。正确处理生态与发展的关系、“稳”和“进”的关系，从“过日子思维”转向“发展思维”、从“投入思维”转向“产出思维”，把资源要素优先用在“打粮食”项目上，出台加快实体经济振兴发展若干措施、自然资源保障产业用地、促进低效产业用地再利用、创新金融服务等系列政策和一揽子稳增长措施，稳住了经济基本盘。预计全年地区生产总值实现正增长。226项年度投资305亿元重点项目完成321.7亿元，超额完成全年投资任务。组建招商工作专班和6支市级驻外招商队，在广州支持帮助下，全年引进招商项目119个，计划投资总额604.56亿元。铜箔产业一枝独秀，总投资81亿元的嘉元时代、总投资28亿元的盈华电子等工业项目顺利开工，年产值30亿元的立讯智造、年产值26亿元的盈华覆铜板一期等项目顺利投产。嘉元科技、金雁电工跻身“2022年广东制造业企业500强”榜单。梅州至龙川高铁加快建设，瑞梅铁路和汕梅高速改扩建项目开工建设；梅蓄一期投产发电、二期顺利开建，大埔电厂二期开工。

这一年，我们坚持产业为重、全面振兴，推动乡村振兴走在全省前列。综合评价获评全省“优秀”等次，其中乡村治理成效全省第一、产业振兴工作全省第三。扎实推进驻镇帮镇扶村和“九大攻坚行动”，巩固拓展脱贫攻坚成效。超额完成全年粮食生产任务和省下达撂荒耕地复耕复种任务。推进梅州柚、嘉应茶、客都米等特色优势产业提质增效，新增4个省级现代农业产业园、3个省级农业科技园、10家省级重点农业龙头企业，总数均居全省第一。农林科学院省级功能平台建设取得了“零”的突破。推进32条乡村振兴示范带、10个乡村产业社区建设，推动形成古镇与良田共存、产业与乡村共兴的乡村新貌。

这一年，我们坚持深化改革、扩大开放，全面激发振兴发展动力活力。全市50项年度重点改革任务扎实推进，2项国家级、6项省级试点工作落地见效，蕉岭、梅县畲江、五华华城城乡融合发展省级试点稳步推进。深化“放管服”改革，优化政务服务“一网通办”，推动行政审批事项100%网上受理、100%网上办结。深入开展农村重点领域改革，农村集体产权制度改革工作获全国先进。开放平台不断完善，梅州综保区封关运行，进出口额超8亿元。跨境电商综试区交易额大幅增长，国际无水港加快建设。积极“融湾入海”，主动对接“双区”、两个合作区建设，深化与南沙、前海、横琴自贸区合作。

这一年，我们坚持尽力而为、量力而行，不断提高均衡普惠的民生福祉。持续改善“三就一保”等重点民生，深入实施“粤菜师傅”“广东技工”“南粤家政”工程，新增就业20966人。全面落实“双减”政策，新增公办学位8820个，广东梅州职业技术学院投入使用。市人民医院、粤东医院高水平医院建设加快推进，市妇幼保健院、紫合医院基本建成。深入打好蓝天、碧水、净土保卫战，推进山水林田湖草沙一体化保护和修复工程，新引进投资20亿元再建50万亩国家储备林，抓好第二轮中央生态环境保护督察问题整改，森林覆盖率74.52%、全省第一，城区空气质量达标率99.2%、全省第一，国考省考断面水质优良率100%。推进全国文明城市创建，获评2023年“东亚文化之都”。顺利通过国家级文化生态保护实验区建设成果验收专家评审。实施梅州足球新十年发展规划，获评全国足球发展重点城市。

这一年，我们坚持底线思维、极限思维，保持社会大局安全稳定。以“时时放心不下”的责任感，统筹发展和安全，认真抓好“喜迎二十大·忠诚保平安”五大专项行动，常态化开展扫黑除恶斗争，严厉打击整治养老诈骗等各类违法犯罪行为，有效防范化解政治、意识形态、经济、社会等十大风险隐患。扎实推进全国市域社会治理现代化试点合格城市建设，落实信访工作条例，践行新时代“枫桥经验”，推进治理重复信访、化解信访积案专项工作，开展问题楼盘、涉众金融、涉农涉土等重点领域隐患排查，荣获第一批“广东省法治政府建设示范市”称号。深入排查整治危化品、非煤矿山、自建房、地质灾害等安全隐患，做好防汛防台风防灭火等工作，切实保障人民群众生命财产安全。

一年来，市委坚持总揽全局、协调各方。支持人大、政协依法依章程履行职责，加强法治政府建设，保证司法机关依法独立公正行使职权。支持各民主党派、工商联、无党派人士参政议政，加强民族、宗教、港澳台侨等工作，构建大统战工作格局。充分发挥工青妇等群团组织联系群众、服务群众的作用。加强党管武装工作。

这些成绩的取得，根本在于以习近平同志为核心的党中央坚强领导，在于习近平新时代中国特色社会主义思想科学指引，得益于省委、省政府的重视关心，饱含着全市各级党组织和广大党员干部的辛勤付出，离不开社会各界的鼎力支持。在此，我代表市委，表示衷心的感谢！

二、形势与任务

党的二十大报告指出，高质量发展是全面建设社会主义现代化国家的首要任务，是中国式现代化的本质要求。中央经济工作会议强调，要坚持发展是党执政兴国的第一要务，坚持稳中求进工作总基调，着力推动高质量发展，为全面建设社会主义现代化国家开好局起好步。

黄坤明书记到广东工作以来，全面贯彻总书记、党中央决策部署，无论是重要会议场合，还是重要调研活动，都强调要牢记习近平总书记的殷殷嘱托，在高质量发展上走在前列作出示范。一再强调，贯彻新发展理念、推动高质量发展是广东的根本出路，也是广东实现现代化建设的唯一出路。一再要求，一要坚持把高质量发展作为广东现代化建设的首要任务和总抓手；二要坚持实体经济为本，制造业当家；三要坚持“一把手”工程，大力抓好招商引资；四要实施“百县千镇万村高质量发展工程”，促进城乡区域协调发展；五要突出绿美广东引领，高水平谋划推进生态文明建设。这些要求，释放了狠抓发展、狠抓经济的强烈信号，体现了省委服务全局的政治站位、推动高质量发展的坚定信心、“经济大省勇挑大梁”的政治担当。

特别是1月3日召开的省委经济工作会议，强调要拿出走在前列的精气神，强化当好示范的历史主动，探索新路径，激发新动能，实现新突破，勃发新气象，在高质量发展中闯出一条新路来。要以稳定的预期提振信心，稳定政策支持，稳定社会大局，稳步提升质量效益，为经济发展注入更多确定性。要锚定高质量发展首要任务，紧紧抓住产业项目、工业投资和产业平台，推动实施“大产业”“大平台”“大项目”“大企业”“大环境”五大提升行动，奋发有为做好全年经济工作。

2022年12月，省委黄坤明书记来梅州调研指导，强调梅州要紧扣高质量发展谋划推进现代化建设，在抢抓机遇中进一步增动能、激活力、补短板，坚定信心、奋起直追、迎头赶上，加快实现全面振兴发展。这对我们既是极大的鼓励和鞭策，也是殷切的期望和嘱托，让我们备受鼓舞、倍增信心。我们要锚定高质量发展首要任务，立足梅州现代化建设长远目标，坚定不移狠抓发展第一要务，全面落实《梅州方案》，着力在融入粤港澳大湾区现代产业体系、加快现代基础设施体系建设、促进与粤港澳大湾区要素流通共享、跨区域共建宜业宜居宜游优质生活圈等四方面先行示范，努力把梅州建设成为赣闽粤原中央苏区对接融入粤港澳大湾区振兴发展先行区，赣闽粤原中央苏区对接融入粤港澳大湾区的门户城市和粤北地区区域性中心城市。

今日梅州政策空前利好，机遇前所未有，前景一片光明。我们必须用好总书记教给我们的世界观和方法论，坚持实事求是、尊重规律、系统观念、底线思维，把《梅州方案》从“纸面”落到“地面”，将政策红利变成具体项目，转化为发展优势，把美好蓝图变为美好现实。重点要做到“六个注重”。

一是注重长远安排与现实考量相统一。长远看，到2035年，我们要与全国同步基本实现社会主义现代化，必须大力发展以先进制造业为主体的实体经济，产业兴市、富民强市，推动共同富裕取得实质性进展；近期看，到2025年，我们要实现经济实力明显提升，居民人均可支配收入增速高于全国平均水平目标，必须坚持“造血”和“输血”并举，把握政策“窗口期”，把每年年度工作要点落实落细落到位，每年都要有一批标志性成果，积小胜为大胜，让先行区建设可见可知可感。

二是注重自力更生与借助外力相统一。我们要发挥主人翁精神和主体作用，摒弃“等靠要”思想，主动作为、敢想会干，集中资源要素优先用到“打粮食”项目上，促进企业壮大、税收增加、百姓受益。同时，要善于借力借智借势，多跑省进京，努力争取《梅州方案》确定的国家事权和省级事权落地见效；多宣传推介，吸引广大企业和企业家来梅投资兴业，共享政策红利。

三是注重扬长优势与补齐短板相统一。一方面，要立足现有基础和比较优势，推动生态文明、乡村振兴、文化名城、社会治理、基层党建工作持续走在全省前列。另一方面，要正视差距、下足功夫，努力补齐对外交通、实体经济、发展平台、改革开放、民生事业方面短板，变短板为“潜力板”。

四是注重整体谋划和重点突破相统一。既要从全域谋划对接融入大湾区加快振兴发展，又要从局部区域考虑重点突破，推动10个产业园区和谋划建设的赣闽粤合作园区优先发展、差异化发展，形成点面结合融湾格局。既要全面推动经济社会高质量发展，又要抓住主要矛盾和矛盾的主要方面，突出实体经济、乡村振兴两大重点，形成城乡区域协调发展格局。

五是注重传承接续与改革创新相统一。我们要传承红色基因，发扬老一辈革命家当年“提着脑袋干革命”的大无畏精神，扎下身心，艰苦奋斗，推进先行区建设一个阶段一个阶段跃升推进、迭代提升。同时，要发扬广东人敢为天下先、“第一个吃螃蟹”的改革创新精神，敢闯“无人区”，敢涉“深水区”，推进工作改进、措施改良向机制改革转变，用超常规举措激发苏区融湾振兴动能和活力。没有改革，因循守旧，实现不了赶超。

六是注重党建工作与群众工作相统一。坚持党性与人民性相统一的立场，推进党建工作与群众工作相统一、相融合，走好新时代党的群众路线，要心中有人民，始终替人民着想，始终为群众留一把椅子，走出“舒适圈”，把屁股端端坐在老百姓这一端。要针对不同地域、不同年龄、不同群体的不同需求，倾听不同声音，更好地察民情、顺民心、办民事，提高工作的精准性，真正做到与群众思想同心、目标同向、事业同创。

这“六个注重”，既是认识深化，也是实践要求。我们必须牢牢扛起先行区建设的政治责任，把握重大历史机遇，用好用足用活政策，挖掘潜能、激发动能、创新赋能，以高质量发展的步步推进，赢得梅州现代化建设的节节胜利。

三、2023 年工作安排

今年工作的总体要求是：以习近平新时代中国特色社会主义思想为指导，全面贯彻落实党的二十大精神和中央经济工作会议部署，深入贯彻习近平总书记对广东系列重要讲话和重要指示精神，按照扎实推进中国式现代化，坚持稳中求进工作总基调，完整、准确、全面贯彻新发展理念，构建新发展格局，着力推动高质量发展的要求，认真落实省委工作部署，坚定不移狠抓发展第一要务，全面激发内生动力，全力推进先行区建设，牢牢扭住实体经济、乡村振兴两大重点，扎实抓好科技教育人才、改革开放、绿美梅州、文化强市、重点民生、安全发展工作，加强党的全面领导和党的建设，力促经济实现质的有效提升和量的合理增长，保持社会大局稳定，推动梅州苏区加快振兴、共同富裕，为梅州全面建设社会主义现代化开好局起好步。

今年全市的发展目标是：地区生产总值增长 5.5%，一般公共预算收入增长 5%，全体居民人均可支配收入增速与经济增速基本同步。这些指标经市委常委会研究，认为符合中央和省委经济工作会议精神，符合梅州实际，有利于引导预期。我们要鼓足干劲、确保完成，力争完成得更好。重点要抓好十项工作。

（一）全力推进先行区建设。把先行区建设作为“一把手”工程，围绕与大湾区产业协作、交通互联、人文交融、规则衔接、资源共享、市场融合、生态共建等，集中资源要素推进先行区建设，牵引带动全市高质量发展。一要力促政策落地。目前国家出台了总体方案，省、市将相应出台若干措施和实施方案，对先行区中长期建设的目标、任务、举措等进行全面部署。要梳理最迫切、最需要、最有利的重大事项和重大项目，争取列入国家 2023 年粤港澳大湾区建设年度工作要点和省年度工作要点。争取省直相关部门尽快出台配套政策措施，推动更多的国家事权、省级事权落地。各地各有关部门要制定具体行动方案，明确时间表、路线图，力促国家、省、市确定的任务清单一一落实到位。二要狠抓项目建设。抓好重大项目、重大平台的谋划，形成总项目库和年度重大项目清单，特别是要筛选若干现代化基础设施项目和产业项目，争取列入今年国家和省“盘子”。要把招商引资作为“一把手”工程，领导干部亲自招、带头招，坚持以商引商、以链引商、以侨引商、联合招商，探索“以投代引”资本招商模式，力争引进一批大项目好项目，特别是总投资超 50 亿元的先进制造业项目。要逐月通报各县（市、区）招商引资情况，并密切跟进、强化服务，推动项目顺利开工、顺利投产、顺利达产。按照“三年工程瞄准两年干”的要求，加快实施“十四五”规划的基础设施重大项目，推进梅州至龙川高铁、汕梅（汕昆）高速公路改扩建工程、瑞梅铁路、梅蓄二期、大埔电厂二期等项目建设，动工建设梅州至龙岩武平铁路，形成更多实物工作量。扎实做好梅县区九龙嶂、大埔县青溪、梅州市三渡水抽水蓄能电站、梅县荷树园电厂四期工程、五华县新型储能产业示范项目等项目前期准备工作。三要高效协同推进。市领导小组要牵头抓总，12 个专责小组和工作专班要压实责任，并推进苏区融湾办实体化运作，共同推动重点任务落实。

（二）大力发展实体经济。坚持制造业当家，强化项目为王，扭紧产业项目、工业投资、产业平台等重点关键，发展壮大实体经济。一要做大产业。着眼稳链延链补链强链，大力推动传统支柱产业转型升级，加快发展铜箔—高端印制电路板、稀土、钙基硅基精深加工及应用、装配式建筑、食品工业、生物医药与健康、数字经济等产业，着力打造先进材料千亿级产业集群。二要夯实平台。发挥省 8 个帮扶集团对口支援作用，深化穗梅对口帮扶协作，建好 10 个省级产业园区，推动与大湾区建设“飞地园区”“反向飞地”，力促梅州高新区年内获批国家高新区、梅州经开区升格为国家级经开区。以“一区多园”模式打造梅州承接产业有序转移主平台，争取纳入首批省级重点建设主平台，依托广州（梅州）产业转移工业园等申报设立省级经济特别合作区。推进梅州综保区二期建设，确保年底封关验收。争取与广铁集团合作运营国际无水港。推进中心城区南部产业新城建设，打造广东省城产融合发展示范区。三要壮大企业。抓好 542 家规上工业企业和 50 家骨干企业，促进与链主企业、领军企业、龙头企业合作，着力打造一批 50 亿元级企业。支持嘉元科技、盈华电子等企业做大做强，支持塔牌集团、BPW 车轴等企业转型升级。实施“个转企、小升规、规改股、股上市”市场主体培育计划，培育更多“专精特新”企业和单项冠军企业。四要优化环境。市里明确每年投向制造业的资金、土地、用能、金融等要素硬指标，以强力举措推动工业投资有效改观。强化以亩产论英雄，完善差异化倒逼政策，推动园区提升投入产出比。坚持“两个毫不动摇”，突出“用户思维”，积极构建亲清新型政商关系，弘扬企业家精神，完善市场化、法治化、国际化营商环境。

（三）全面推进乡村振兴。全力推进省委“百县千镇万村高质量发展工程”，抓住县域这个重要发力点，着力把县镇村发展的短板转化为高质量发展的潜力板。这次市委全会将审议我市的实施方案，把省委部署转为梅州具体行动。我们要发扬“马上干”精神，一天当作两天用、两步并作一步走，力争短时间内建设强富绿美新县域取得新突破。一方面，要推进以产业振兴为重中之重的乡村振兴。守牢耕地红线和不发生规模性返贫底线，抓好粮食生产和撂荒耕地复耕复种，推进高标准农田建设。牢牢抓住农产品精深加工这一关键，以“跨县集群、一县一园、一镇一业、一村一品”产业体系建设为抓手，推动省级现代农业产业园、农业龙头企业提质增效，让农民分享更多增值收益。大力发展客家预制菜，千方百计吸引一批头部食品加工企业，布点建仓冷链物流，着力提高梅州柚、嘉应茶、客都米等大宗农产品的规模效益。抓好 32 条省级乡村振兴示范带和 10 个产业社区建设，强化农房管控和农村人居环境整治提升，完善乡村治理体系，形成古镇与良田共存、产业与乡村共兴的乡村新貌。另一方面，要推进以县城为重要载体的新型城镇化。实施县域产业提升工程，各县（市、区）培育壮大 1 ~ 2 个优势主导产业，推进产业园区提质增效；按照五类县城分类，明确各县县城功能定位，建管并重打造品质县城，形成“八仙过海、各显神通”的县域经济发展生动格局。统筹中心镇、专业镇、特色镇、建制镇建设，建设美丽圩镇、美丽小城镇，深化镇街体制改革，推进规划建设、基础设施、要素配置、生态环保、基本公共服务一体化，把乡镇打造成为乡村治理中心、农村服务中心、乡村经济中心。

（四）强化教育科技人才支撑。坚持教育优先发展、科技自立自强、人才引领驱动，不断塑造发展新优势。一要建设高质量教育体系，创建全国义务教育优质均衡发展县、学前教育高质量发展实验区，办好 10 所示范性高中，推动市技师学院新校区和兴宁技师学院建设，加快紫琳学院建设，支持嘉应学院建设高水平应用型大学。二要提升科技创新能力，加快建设省高性能电解铜箔区域创新中心、南方离子型稀土开发及应用技术创新中心、大健康功能微生物区域创新中心，申报一批省级以上重点实验室、工程研究中心、企业技术中心和新型研发机构，引导湾区企业在梅组建产业技术创新平台，培育更多的高新技术企业。三要建设新时代赣闽粤原中央苏区人才振兴发展试点，鼓励大湾区高校、科研院所与梅州本土高校联合办学。落实“人才振兴 16 条”和“青梅”等五大人才计划，大力引进学科领军人才、骨干人才和高技能人才。

（五）全面深化改革开放。一方面，以改革破壁垒、挖潜能。主动衔接大湾区规则机制，持续深化“放管服”改革，探索“极简审批”改革，深化“一照通行”涉企审批服务改革，实现“行政审批事项 100%网上受理、100%网上办结”，深化与广州营商环境对口帮扶共建，力促重要指标达到或接近大湾区水平。加快创建全国农村改革试验区，开展全域土地综合整治、农村集体经营性建设用地入市、农村产权流转交易市场规范化建设、撂荒耕地恢复生产机制省级改革等试点，推进集体林地“三权分置”改革。另一方面，以开放借外力、提效能。打好外贸、外资、外包、外经、外智“五外联动”组合拳，积极参与“一带一路”建设，高水平办好世界客商大会，举办海外侨商梅州行活动，争取国家支持在梅州实施与大湾区同等出入境便利措施，巩固拓展东南亚、欧美日韩市场，深化口岸开放合作，加强与中欧区域政策合作，加快培育跨境电商、海外仓等新业态新模式。主动对接“双区”、海西区，申报广东自贸区梅州联动发展区，建设赣闽粤合作园区。

（六）扎实推进生态文明建设。省委作出《深入推进绿美广东生态建设的决定》，站在人与自然和谐共生的高度谋划发展，努力探索新时代“绿水青山就是金山银山”的广东路径。这次市委全会将审议我市的实施方案，深入实施绿美梅州生态建设“八大行动”，以此为引领，协同推进降碳、减污、扩绿、增长，在高质量发展中实现高水平保护。一要突出品质提升增创生态优势。加强森林资源保护和森林防灭火工作，扎实推进山水林田湖草沙一体化保护和修复，突出乔木和灌木结合，持续优化林分、改善林相，高质量实施国储林工程，规划建设一批珍稀动植物研学基地、植物园、山地公园、郊野公园，持续优化生态廊道、绿道、碧道、古驿道，打造森林城市、森林乡村，从群众身边绿起来、美起来，形成爱绿、植绿、护绿、兴绿的全面绿化氛围。二要突出源头治理推进污染防治。严格落实"三线一单"分区管控，深入打好蓝天、碧水、净土保卫战，加强农村面源等污染难点治理，抓好中央生态环境保护督察整改落实，完善环保设施建设管护机制，推动生态环境质量保持全省前列。三要突出结构优化加快绿色转型。积极稳妥推进碳达峰碳中和，开展生态产品价值实现机制试点、林业碳汇试点，开展碳排放权交易，办好广东林业博览会。发展绿色低碳产业，鼓励绿色出行、绿色交通、绿色消费等，形成绿色低碳生产生活方式。

（七）奋力推进文化强市建设。紧紧围绕举旗帜、聚民心、育新人、兴文化、展形象，推动优秀传统文化创造性转化、创新性发展，焕发国家历史文化名城新活力。一是繁荣新时代客家传统文化。高质量建设客家文化（梅州）生态保护实验区，开展"2023东亚文化之都·中国梅州活动年"系列活动，推进梅州围龙屋、汉剧申遗，实施文艺"双精"工程，创作一批文化精品，培育一批文化产业，加快创建国家全域旅游示范区，打造全球客家文化传播推广中心。二是深化新时代精神文明建设。积极创建全国文明城市，建好用好新时代文明实践中心，弘扬社会主义核心价值观，提高人民道德水准和文明素养。传承推广红色文化，保护利用中央红色交通线、三河坝革命遗址、九龙嶂革命根据地等红色资源，大力弘扬伟大建党精神、苏区精神。三是发展新时代全民健身事业。统筹群众体育、竞技体育和体育产业发展，实施第二个足球振兴十年规划，建设全国足球发展重点城市，完善公共体育服务体系，举办系列高水平运动赛事，促进体育消费，营造全民健身良好氛围。

（八）持续改善重点民生。坚持尽力而为、量力而行，抓好"民生十大工程"，不断提高民生均衡性可及性。一要突出就业优先。深入实施提升就业服务质量工程，完善重点群体就业支持体系，促进高质量充分就业、稳定增收，全年新增城镇就业2万人。二要深化"健康梅州"建设。认真抓好疫情防控，按照"乙类乙管"总体方案要求，围绕"保健康、防重症"目标，做好新阶段疫情防控工作。深化医药卫生体制改革，推动优质医疗资源均衡布局，健全多层次医疗保障制度体系，完善分级诊疗体系，支持市人民医院、粤东医院建成省高水平医院，带动基层医疗卫生服务水平提升，推进常态化药品和耗材集中带量采购，加强应急能力建设，健全公共卫生体系。三要完善社会保障体系。推动社会保障从"制度全覆盖"转向"人群全覆盖"，进一步完善城镇职工和城乡居民养老、医疗等保险制度，建立完善租购并举住房政策，全面落实困难群众救助帮扶措施，建立生育支持政策体系，积极应对人口老龄化问题。

（九）高水平建设平安梅州法治梅州。坚定不移贯彻总体国家安全观，持续打造全国最安全稳定、最公平公正、法治环境最好的地区之一，以新安全格局保障新发展格局。一要抓平安建设。统筹发展与安全，有效防范化解政治、经济、意识形态、公共安全等十大风险隐患，常态化开展扫黑除恶斗争，严厉打击各类违法犯罪，强化安全生产综合治理，健全重大风险应急处置机制，以平时平安确保长治久安。二要抓社会治理。扎实推进全国市域社会治理现代化试点城市建设，坚持和发展新时代"枫桥经验"，做好信访和矛盾纠纷排查化解工作，构建"综合网格+综治中心+平安梅州云平台"工作体系，建设人人有责、人人尽责、人人享有的社会治理共同体。三要抓法治建设。实施"一规划两纲要"，深化"四级同创"，加强产业促进、人才培养、文化传承等重点领域立法，加快法治政府建设，深化司法体制综合配套改革，健全公共法律服务体系，开展"八五"普法，提高全面依法治市水平。

（十）加强党的全面领导和党的建设。全面落实新时代党的建设总要求，深化自我革命、全面从严治党，努力把全市各级党组织锻造得更加坚强有力。一要强化忠诚核心的政治定力。以党的政治建设为统领，严格执行省委坚决落实"两个维护"十项制度机制，忠诚拥护"两个确立"、坚决做到"两个维护"。严明政治纪律和政治规矩，牢记"五个必须"，杜绝"七个有之"，做到"三个决不允许"，持续优化政治生态。严肃党内政治生活，全面贯彻民主集中制，发展积极健康的党内政治文化。二要坚持科学理论的正确引领。深化落实第一议题、常设议题制度，坚持用习近平新时代中国特色社会主义思想凝心铸魂，深入落实党的创新理论学习教育计划，推动广大党员干部深入学思践悟。坚持理论武装和常态化长效化开展党史学习教育相结合，引导党员干部不断学史明理、学史增信、学史崇德、学史力行。严格落实意识形态工作责任制，健全敏感信息闭环反馈机制，把牢舆论阵地的领导权、管理权、话语权。三要打造坚强有力的战斗堡垒。把抓基层打基础作为长远之计和固本之策抓紧抓实抓好，进一步筑牢上下贯通、执行有力的严密组织体系，增强党组织政治功能和组织功能。深入实施新一轮基层党建三年行动计划，研究出台实施党建赋能工程“1＋N”政策文件，持续整顿软弱涣散基层党组织，深化模范机关创建工作，深入实施南粤党员先锋工程，健全“双报到、双服务”“平急转换”等机制。创建抓党建促乡村振兴示范县，开展村集体经济整体提质行动，以党建引领基层治理效能提升，汇聚高质量发展的强大力量。四要锻造全面过硬的干部队伍。坚持新时代好干部标准，研究制定建设高素质干部队伍三年行动方案，持续选优配强各级领导班子，打造堪当苏区振兴发展重任的过硬队伍。组织开展“竞标争先”活动，实施亮诺亮绩亮牌行动，采取现场会点评、“比武打擂”述职等方式，互看互比互学，比精神状态，学攻坚克难，推动全市各级领导干部比学赶超、赛龙夺锦，聚精会神谋发展、抓落实。要以实绩用干部，注重在融湾先行区建设、实体经济、乡村振兴等重大任务及破题攻坚行动一线锤炼检验、识别评价、选拔使用干部。健全干部担当作为激励和保护机制，落实推进领导干部能上能下规定，坚持“三个区分开来”，为担当者担当。坚持党管人才原则，深化人才发展体制机制改革。五要形成风清气正的良好氛围。坚持以严的基调强化正风肃纪，持之以恒加固中央八项规定精神堤坝，深入整治形式主义官僚主义和不担当不作为问题，健全基层减负长效机制。大力加强作风建设，成立专门领导小组，出台专项工作意见，打造“零投诉”机关、无信访单位，全面提升机关效能和办事效率，以良好的党风政风带动社风民风。突出加强对“一把手”和领导班子的监督，深化运用监督执纪问责“四种形态”。扎实开展八届市委巡察工作。坚持不敢腐、不能腐、不想腐一体推进，坚持受贿行贿一起查，重点查处政治问题和经济问题交织的腐败案件。加强新时代廉洁文化建设和家庭家教家风建设，推动形成常态化开展警示教育长效机制。

同志们，让我们更加紧密团结在以习近平同志为核心的党中央周围，全面贯彻习近平新时代中国特色社会主义思想，踔厉奋发、感恩奋进、团结奋斗，全力建设先行区，推动梅州苏区加快振兴、共同富裕，为广东在新征程中走在全国前列、创造新的辉煌，为全面建设社会主义现代化国家、全面推进中华民族伟大复兴作出梅州应有贡献！

政府工作报告

——在梅州市第八届人民代表大会第三次会议上的报告

（2023 年 2 月 8 日）

梅州市市长　王晖

各位代表：

现在，我代表市人民政府，向大会报告工作，请予审议，并请各位政协委员和其他列席人员提出意见。

一、2022 年工作回顾

2022 年，是党和国家历史上具有里程碑意义的一年，也是梅州极不寻常、极不平凡的一年。市政府坚持以习近平新时代中国特色社会主义思想为指导，深入学习宣传贯彻党的二十大精神，全面落实“疫情要防住、经济要稳住、发展要安全”重要要求，认真贯彻省第十三次党代会和省委十三届二次全会精神，以及省主要领导来梅调研指示要求，按照市第八次党代会和市委八届二次全会部署要求，积极应对复杂形势和经济下行压力，扎实做好“六稳”“六保”工作，全市经济社会发展势头良好，梅州苏区加快振兴、共同富裕迈出新的坚实步伐。

——令人自豪的是，我们喜迎和学习宣传贯彻党的二十大。精心组织迎接党的二十大系列主题宣传活动，纵深推进“喜迎二十大·忠诚保平安”五大专项行动，圆满完成维稳安保任务，着力保持平稳健康的经济环境、国泰民安的社会环境、风清气正的政治环境。坚决贯彻习近平总书记“全面学习、全面把握、全面落实”重要要求，迅速组织开展学习研讨、专题调研、宣传宣讲、研究阐释等工作，深刻领会丰富内涵、精神实质和实践要求，做到学思用贯通、知信行统一，推动党的二十大精神传遍梅州大地。

——令人振奋的是，我们迎来前所未有的发展机遇。党中央、国务院深切关怀老区苏区，国家发展改革委、财政部联合印发《支持梅州对接融入粤港澳大湾区加快振兴发展总体方案》（简称《梅州方案》），让梅州成为我省继横琴、前海、南沙之后又一国家级战略平台。省推动北部生态发展区高质量发展、推动产业有序转移、省直机关及有关单位对口支援、广州对口帮扶合作等系列政策相继实施，为梅州加快发展带来新一轮政策红利。

——令人鼓劲的是，我们有效推进一批打基础、利长远工作。立足当前、着眼长远，建机制、出政策、抓落实，工作成效逐步显现，发展后劲持续增强。整合出台加快实体经济振兴发展“1+4+1”产业扶持政策，推动传统产业提质增效、新兴产业加快发展。建立“1+1+X”招商引资政策体系，组建招商工作专班和6支市级驻外招商队，引进项目119个，均实现当年签约、当年动工，完成年度投资96.95亿元、分别是上两年的1.87倍和3.66倍。出台土地管理“1+N”系列文件，完成垦造水田6500亩，还清历史欠账；处置存量土地近3万亩，“挣”得指标1.3万多亩，有效保障用地需求。出台人才振兴16条和五大人才计划，引进各类人才1.2万多人，建成“一站式”人才服务平台，县镇两级乡村振兴人才驿站实现全覆盖。

——令人欣喜的是，我们谋划推动重大平台、重大项目取得新突破。梅州综保区一期封关运行，国际无水港基本建成，跨境电商综试区成效明显。嘉元时代、盈华电子等一批投资超50亿元的产业项目加快建设。梅蓄一期、韩江高陂水利枢纽工程投产发电。梅州至龙川高铁加快建设，瑞梅铁路、汕梅（汕昆）高速改扩建、梅蓄二期、大埔电厂二期等重大项目开工建设。梅州至武平高铁、梅州至漳州高铁和大埔至丰顺高速、梅州至泉州高速、潮州至南昌高速（梅州段）等总投资超两千亿元的重大项目有序推进。这些平台和项目必将为梅州发展产生重大影响、插上腾飞之翼。

回顾过去一年，我们主要做了以下工作：

（一）全力稳住经济大盘，经济发展企稳向好。加力落实国家、省稳经济系列政策措施，出台稳增长103条政策措施和66条接续政策，加强运行研判和监测调度，狠抓统计纳统，全力稳增长、强信心。全市地区生产总值1318.21亿元，同比增长0.5%；全体居民人均可支配收入2.74万元，同比增长4.7%。全力扩投资，成立重大项目并联审批工作专班，省、市重点项目超额完成年度投资任务，固定资产投资降幅比上半年大幅收窄、回升幅度居全省第一。成功争取专项债资金78亿元、政策性开发性金融工具资金36.58亿元。全力促消费，开展发放消费券等促消费活动，社会消费品零售总额同比增长0.4%。全力稳外贸，跨境电商进出口增长94.56%，带动全市进出口总额降幅收窄至9.6%。全力稳市场主体，新增减税降费及退税缓税缓费超59亿元，新登记各类市场主体4.59万户。

（二）大力发展实体经济，产业质效稳步提升。坚持把发展经济的着力点放在实体经济，立讯智造和嘉元科技（白渡园区）、盈华覆铜板等项目顺利投产，推动铜箔、电子信息、汽车零部件等产业集群加快发展，全市规上工业增加值262.59亿元，铜箔产业增加值同比增长26.2%；工业投资同比增长11.3%，先进制造业、高技术产业投资分别增长73.9%和104%。扎实开展重点企业服务活动，新增规上工业企业86家，新认定专精特新中小企业52家。梅州经开区被认定为省级加工贸易产业转移园，梅县园、蕉岭园获批省级特色产业园。强化数字赋能，5G制造等数字经济加快发展，新建5G基站2235座。发展全域旅游，新增省级全域旅游示范区1个、国家AAA级旅游景区5家，建成全国乡村旅游精品线路1条、省级夜间文化和旅游消费集聚区1个。出台创新金融服务支持实体经济若干措施，全市贷款余额同比增长12%，贷存比为70.13%、比年初提高1.96个百分点。

（三）推进乡村振兴，城乡品质持续优化。坚决守住粮食安全底线，超额完成粮食生产任务、连续31年实现稳产丰产。新建成高标准农田8万亩。部署推进撂荒耕地复耕复种，探索认耕认种、“认领一亩田”等模式，完成复耕复种37.64万亩、超额完成省下达任务。发展农业产业，新认定重点农业龙头企业国家级1家、省级15家，新增全国名特优新农产品7个，新增省级现代农业产业园4个，出台客家预制菜产业发展若干措施，突出打造嘉应茶“客家炒绿”品牌，梅州柚产值增加超7亿元，全市农林牧渔业总产值同比增长4.7%。农业社会化服务县镇村三级协办体系初步建立。推进驻镇帮镇扶村，全市原建档立卡脱贫户和三类监测对象家庭年人均可支配收入高于省定标准，有效守牢不发生规模性返贫底线。10个乡村产业社区试点稳步推进。乡村振兴综合改革省级试点任务基本完成，农村集体产权制度改革完成阶段性目标任务。乡村振兴综合评价获全省“优秀”等次，其中乡村治理、产业振兴分别居全省第一和第三。新改建国省干线公路153千米、农村公路510多千米。兴宁市获评“四好农村路”全国示范县。蕉岭县获评全国村庄清洁行动先进县。科学编制国土空间规划和产业规划，规划建设广东省城产融合发展示范区中心区。提前超额完成年度城镇老旧小区改造任务。梅州城区厨余垃圾处理设施建成使用，实现中心城区生活垃圾分类全覆盖。各县（市）县城提质扩容步伐加快，所有圩镇达到宜居圩镇标准，预计城镇化率达53.28%。

（四）打造文化名城，世界客都更具魅力。获授“东亚文化之都”。成功创建全省首个国家级客家文化（梅州）生态保护区，新增省级非遗项目6项。完成红四军纪念馆、熊锐故居等30处革命遗址和一批历史建筑保护修缮，16处近现代重要史迹及代表性建筑入选第十批省文物保护单位名单。文艺“双精”工程成效明显，《春闹》等2个作品荣获省“五个一工程”奖。制定汉剧振兴发展意见，创排《章台青柳》等大型汉剧。出台文明行为促进条例，全国文明城市创建扎实推进。

（五）科学精准处置，疫情防控扎实有效。坚持人民至上、生命至上，因时因势优化防控措施，特别是面对多起输入疫情，坚持主动防、早发现、快处置，广大党员干部、医务人员、公安民警、教职员工、志愿者等闻令而动、尽锐出战，众志成城打赢了一场场疫情歼灭战。顺利完成支援深圳、广州、上海、西藏等地疫情处置任务。面对疫情防控进入新阶段，我们聚焦保健康、防重症，全力做好医疗救治、药品和医疗物资供应、疫苗接种等工作，确保防控措施调整转段平稳有序、社会秩序稳定。

（六）推进美丽梅州建设，生态优势持续巩固。科学划定“三区三线”，促进国土空间集约高效利用。实施水泥、火电等重点领域和行业碳达峰行动，谋划建设抽水蓄能、光伏等新能源项目。深入推进污染防治攻坚战，城区环境空气质量达标率持续保持全省前列，16个省级及以上断面水质和县级以上城市集中式饮用水水源地水质达标率、优良率持续保持100%。第二轮中央生态环境保护督察问题整改达到序时进度。成功创建省级海绵城市建设示范市，省级“无废城市”试点建设稳步推进。完成105个行政村环境整治任务。开展自然资源资产梳理行动，加快推进山水林田湖草沙一体化保护和系统治理，铁山嶂废弃矿区生态综合修复工程等重点示范项目扎实开展。全面推深做实林长制，“智慧林长”信息平台加快建设。国储林建设成效明显，收储林地12万亩，完成高质量水源林5.72万亩、新造林抚育7.05万亩。抓好“生态+流域”综合治理，河（湖）长制有效落实，碧道建设获省级激励。

（七）激发发展活力，改革创新深入推进。抓好重点领域改革，出台深化“放管服”改革全面优化营商环境工作实施方案，推动行政审批事项100%网上受理、100%网上办结。深耕“粤系列”平台应用，“跨域通办”“全市通办”加速推进，“粤政易”在线审批公文实现100%全覆盖，“粤智助”实现村（居）全覆盖，市政务服务中心获评全省市级标杆政务服务中心。国企改革三年行动圆满收官，市管企业资产总额、营业总收入实现较快增长。企业创新主体作用有效发挥，新培育认定高新技术企业12家、科技型中小企业270家；新增省级创新平台12家、省级农业科技园3个，总量均居粤东西北地区前列。市农林科学院省级功能平台建设实现“零”的突破。R&D经费投入预计同比增长13%。

（八）改善重点民生，百姓福祉不断增进。坚持把八成以上财力用于民生领域，省、市十件民生实事全面完成。“粤菜师傅”“广东技工”“南粤家政”三项工程培训1.89万人次，新增城镇就业2.1万人。推动客家菜传承发展立法。狠抓扩面征缴，常住人口基本医保参保率达100%。提高低保、特困供养、残疾人、孤儿养育标准，底线民生保障水平不断提高。镇（街）社会工作服务站点和困难群众、特殊群体社会工作服务实现全覆盖。建立健全门诊共济保障机制，将普通门诊纳入职工医保范围。推进药品和医用耗材集中带量采购，节省年度采购费用9亿多元，有效降低群众就医负担。

（九）统筹社会事业发展，社会大局保持稳定。成功申报创建省基础教育高质量发展实验区，新建5所公办中小学校（幼儿园），新增公办学位8820个，“双减”政策进一步落实，民办教育规范发展。高水平医院建设、市医学科学院等项目扎实推进。成功创建"十四五"时期全国足球发展重点城市，圆满完成中超联赛梅州赛区承办任务，荣获"省长杯"青少年校园足球联赛高中男女组双冠军。扎实推进全国首批市域社会治理现代化试点合格城市建设，群众安全感和政法工作满意度持续保持全省前列。抓好意识形态工作，国家安全"梅州屏障"有效筑牢。落实信访工作条例，稳妥化解一批积案。开展问题楼盘、上市公司等领域风险隐患排查处置，打好城镇燃气、自建房安全专项整治攻坚战，安全生产、道路交通安全、消防、森林防灭火、食品药品监管、金融机构风险化解等工作扎实有效。退役军人优抚安置、双拥共建等取得新成效。国防动员体系不断健全，兵役征集和民兵后备力量建设顺利推进。民族、宗教、港澳台侨、外事、妇女儿童、档案、地方志等工作有新进步。

（十）坚持党的全面领导，自身建设持续加强。严格执行省委坚决落实"两个维护"十项制度机制，严明政治纪律和政治规矩，政治生态持续净化优化。弘扬伟大建党精神，推动党史学习教育常态化长效化。锲而不舍落实中央八项规定及其实施细则精神，整顿纠治一批"四风"问题。成功创建省法治政府建设示范市。"八五"普法扎实开展。认真落实向市委、市人大及其常委会报告工作和向市政协通报情况制度，高效办结人大代表建议、政协委员提案，办复率和满意率均达100%。全面落实决策、执行和重点领域信息公开，审计监督不断增强。坚持常态化"过紧日子"，严控"三公"经费和一般性支出，廉洁政府建设取得新成效。

各位代表！成绩来之不易，根本在于习近平总书记的领航掌舵，得益于党中央、国务院对老区苏区人民的深切关怀，是省委、省政府和市委坚强领导的结果，是市人大、市政协和社会各界监督支持的结果，是全市人民和各级各部门团结奋斗的结果。在此，我代表市人民政府，向全市广大干部群众，向各位人大代表、政协委员和离退休老同志，向各民主党派、人民团体、无党派人士，向中央和省属驻梅州单位、驻梅州部队、武警官兵，向关心支持梅州发展的港澳台同胞、海外侨胞和社会各界朋友，表示衷心的感谢并致以崇高的敬意！

看到成绩的同时，我们也清醒认识到，我市发展不充分、不平衡问题依然突出，加快发展的制约因素不容忽视：一是经济总量小、人均水平低。地区生产总值总量仅占全省的1.0%，标兵已远、追兵渐近。人均地区生产总值长期处在全省末位，仅为全国、全省平均水平的43%和35%左右。二是实体经济不强、产业层次不高。全市企业龙头少、规模小，产业链上下游带动能力弱，规上工业增加值仅占全省的0.66%，尚无百亿级企业、千亿级产业。园区亩均效益低，低效产业用地多。三是区域和企业自主创新能力不强。全市具有自主知识产权、高新技术、高附加值的企业少，高新技术企业仅占全省的0.4%。企业创新主体动力不足，省级以上研发平台少。四是要素保障不足。我市属北部生态发展区，用地、用林、用能、排污总量等资源要素制约趋紧，尤其是全市能源消费总量基数低、仅占全省的2.1%。五是财政收支矛盾突出。税源结构单一，收入总量少，地方一般公共预算收入仅占全省的0.63%，人均预算收入约为全省平均水平的20%。"三保"支出占比大，市县可统筹财力少，暂付款挂账较多，历史包袱重，还债压力大。六是部分干部担当意识、创新意识、服务意识仍需加强，思想不够解放，营商环境仍需优化，等等。对这些问题，我们已经采取一系列措施加以解决，今后将进一步加大工作力度。

二、2023年工作安排

2023年是全面贯彻落实党的二十大精神的开局之年，做好今年政府工作意义重大。面对世界变局和疫情冲击，当前我国经济恢复的基础尚不牢固，但我国经济韧性强、潜力大、活力足，长期向好的基本面没有变。党的二十大擘画了中国式现代化的宏伟蓝图，为新时代新征程党和国家事业发展指明了前进方向。习近平总书记和党中央、国务院高度重视革命老区振兴发展，从国家层面出台《梅州方案》，支持梅州全域建设赣闽粤原中央苏区对接融入粤港澳大湾区振兴发展先行区（简称"先行区"），支持梅州融湾发展。省委、省政府加力推进高质量发展、区域协调发展，省主要领导来梅调研给予悉心指导，为梅州加快发展指明方向、注入强劲动力。市委八届六次全会立足推动梅州苏区加快振兴、共同富裕，全面部署今年工作，动员全市上下奋起直追、竞标争先，全力建设先行区。我们要全面学习、全面把握、全面落实党的二十大精神，牢牢抓住机遇，坚决扛起使命担当，以既定目标作为战略指引，守正创新办好自己的事，坚定不移走好新的赶考之路。

今年政府工作的总体思路是：坚持以习近平新时

代中国特色社会主义思想为指导，全面贯彻落实党的二十大精神，深入贯彻习近平总书记对广东系列重要讲话和重要指示精神，按照省委、省政府工作部署和市委工作要求，积极探索中国式现代化的梅州路径，坚持稳字当头、稳中求进，完整、准确、全面贯彻新发展理念，服务和融入新发展格局，着力推动高质量发展，更好统筹疫情防控和经济社会发展，更好统筹发展和安全，坚定不移狠抓发展第一要务，全面激发内生动力，全力推进先行区建设，牢牢扭住实体经济、乡村振兴两大重点，全面深化改革创新，巩固提升生态优势，持续改善民生福祉，保持社会大局稳定，力促经济实现质的有效提升和量的合理增长，推动梅州苏区加快振兴、共同富裕，为梅州全面建设社会主义现代化开好局起好步。

今年我市经济社会发展的主要预期目标是：地区生产总值力争增长 6%；固定资产投资增长 11%，社会消费品零售总额增长 5%，进出口总额增长 3%；规上工业增加值增长 8.5%；地方一般公共预算收入增长 5%；全体居民人均可支配收入增速与经济增速基本同步。

今年重点抓好以下十个方面：

（一）举全市之力推进先行区建设

全力推动政策落地落实。依托省支持梅州融湾工作领导小组，争取更大力度支持，推动在全省形成“双区”、三大平台、一个方案一体推进的发展格局。积极争取上半年印发实施省若干措施，争取省直相关部门出台配套政策措施，形成“1+ N”政策体系。推动省制定年度工作要点，积极争取下放或委托省级管理权限。争取国家每年将一批重大事项、重大项目纳入粤港澳大湾区建设年度重点工作安排，推动涉及国家事权政策尽快落地。充分发挥市领导小组及其办公室作用，压实市各专责小组和各县（市、区）、市直各部门的责任，抓紧出台市实施方案，强化重点工作谋划，特别是加快争取和申报改革试点示范，务实推进一批重大政策、重大事项、重大项目、重大平台落地。今年各县（市、区）片区建设要开好局起好步，大干、快干、实干，见到新气象、取得新成效。

融入粤港澳大湾区现代产业体系。积极承接大湾区产业转移，争取央企、省属国企和珠三角知名企业在梅州设立区域总部或子公司，推动形成与大湾区梯度转移、分工合理、优势互补的产业协作体系。围绕打造与大湾区联动的产业链，着力引进建设一批延链补链强链的重大战略性产业项目。建设新型电子元器件和电子材料产业集聚区，谋划建设广东省稀土应用产业基地，致力打造先进材料千亿级产业集群。联动发展生产性服务业，支持服务企业拓展研发设计、文化创意、电子商务等业态，培育一批服务型制造示范企业。布局建设一批省级产销冷链集配中心、梅州城区综合物流园区。共享大湾区创新资源，谋划推进“一区五中心”建设，吸引大湾区高校、科研机构和企业在梅州设立或共建协同创新平台，创建 2 个省级以上创新创业孵化平台。

高水平建设融湾合作产业平台。用好省对口支援、广州对口合作等资源，争取将梅州承接产业有序转移主平台纳入省重点支持建设的主平台。依托广梅园等申报设立省级经济特别合作区。积极争取深圳、广州等珠三角城市在梅州布局“飞地园区”，支持各县（市、区）在珠三角城市设立产业、科创等“反向飞地”。“一园一策”推动 10 个省级产业园（集聚地）提质增效，加快盘活低效用地，提高亩均效益，全年每个园区均新增连片收储建设用地 300 亩以上。继续推动梅州高新区、梅州经开区申报国家级开发区。

推进现代基础设施体系建设。充分发挥基础设施投资压舱石作用，落实“三年工程瞄准两年干”要求，在加快现有项目建设的同时，再谋划推进一批重要基础设施项目。积极创建交通强省试点城市，加快推进梅龙高铁、瑞梅铁路和汕梅（汕昆）高速改扩建项目建设，争取动工建设梅武高铁、大丰高速等项目，扎实开展梅漳高铁、蕉岭货运铁路、大潮疏港铁路、梅县至永定（上杭）高速、潮州至南昌高速（梅州段）、梅州至泉州高速、五华至紫金高速等前期工作，拓宽梅州机场航线网络，加密建设融湾出省出海大通道。提档升级国省道，加快建设美丽公路、智慧公路。加快推进大埔电厂二期建设，支持现有煤电企业依法合规扩大产能；整合资源开发利用新能源，加快建设光伏、风电等项目，抓好一批输变电工程、天然气主干管网“县县通”及配套管网等工程建设；加快推进五华新型储能产业园、梅蓄二期建设，启动规划建设一批新的抽水蓄能电站项目。扎实推进五华城乡供水一体化升级改造工程、大埔茶阳防洪工程、丰顺水系连通水美乡村和教堂水库等项目建设，争取年底新建平远大坑头水库、动工兴宁石壁水库增效扩容工程。抓好 5G 基站、工业互联网、新能源汽车充电桩等新基建建设，加强网络安全、数据安全建设，谋划建设广东省数据资源“一网共享”平台灾备中心（梅州市分节点），开展特色产业集群数字化转型试点，推动融入“数字湾区”。

（二）着力打好实体经济倍增主动战

坚持实体经济为本、制造业当家。实施制造业当家“一把手”工程，落实大产业、大平台、大项目、大企业、大环境五大提升行动，推动制造业高端化、智能化、绿色化发展。积极对接省20个战略性产业集群，实施延链补链强链工程，做强做大新一代电子信息、汽车零部件、生物医药与健康、新能源、新材料、数字经济等产业集群，打造百亿级企业、千亿级产业。加快一批重点铜箔–高端印制电路板项目建设，推动产业高质量集聚发展。致力发展钙基硅基精深加工及应用、陶瓷及标准化瓷泥深加工等产业。紧抓工业投资，新上一批投资超亿元工业项目，推进100家以上工业企业技术改造，力争工业投资、技改投资均增长15%。坚持分类指导、分头推进，实施“个转企、小升规、规改股、股上市”市场主体培育计划，新增上规企业100家以上，力争年产值10亿元以上企业有新突破。

坚持招大引强。实施招商引资“一把手”工程，压实驻外招商队和各县（市、区）等主体责任，瞄准珠三角等重点区域，开展靶向招商、精准招商、产业链招商、飞地招商。深入实施“乡贤回乡投资兴业”工程，以商引商引进一批链主企业、核心配套企业和专精特新企业。深入实施暖企、稳商行动，鼓励并扶持本土企业增资扩产，促其做大做强。力争全年引进60个亿元以上工业项目、实际投入110亿元以上，各县（市、区）分别引进1个投资超10亿元的工业项目，全市争取引进2个投资超50亿元的大项目。抓好梅州综保区招商引资，实现量和质双提升。

稳定和扩大消费。把恢复和扩大消费摆在优先位置，推出更多定制化消费产品，支持住房、汽车、家电、零售、餐饮、文旅等消费。拓展梅州小吃、手信等品牌市场，在江北老城区连片打造“老字号一条街”“非遗一条街”，全市创建1~2个省级以上夜间文化和旅游消费集聚区。持续活跃内贸流通市场，推进名优特产入驻电商平台，建设农林产品交易平台和电商产业园。打造一批体育旅游精品线路，举办系列高水平运动赛事，促进体育消费。

强化要素保障。坚持要素跟着项目走，落实资金、土地、用能、排污总量等要素硬指标，倾力支持实体经济发展。推行“标准地、带项目”供应、“交地即开工”，高效配置新增工业用地。加大土地一级市场开发力度，各县（市、区）常年保持300~500亩连片熟地储备。深化存量用地盘活，完成省下达批而未供和闲置土地处置任务，年内垦造水田6000亩，处置低效工业用地2900亩。全面加强政银企合作，优化信贷风险补偿资金运行机制，降低中小微企业综合融资成本，发展产业链金融，推动金融更大力度服务支持实体经济。坚持用政策谋项目、用项目争政策，加强项目谋划储备，做深做细项目前期工作，提高项目成熟度，更好争取中央预算内投资、专项债、政策性开发性金融工具等项目和资金支持。

（三）着力提升区域创新能力

强化企业创新主体作用。落实创新普惠政策，促进创新链、产业链、资金链、政策链有效融合。推动高新技术企业树标提质，壮大科技型中小企业群体，新培育认定高新技术企业15家左右、科技型中小企业150家以上。围绕现代产业体系整合集聚科创优势资源，支持企业技术中心、制造业创新中心等研发创新平台建设，促进产业链上中下游企业合作对接，推动重点产业关键共性技术突破。引导金融机构将更多信贷资金投向科技型企业。

加速科技成果转移转化步伐。引进和培育专业化科技成果转移转化机构，完善成果转移服务机制，建设市知识产权协同运营中心，扩大知识产权质押融资规模。推动市农林科学院创建“嘉应茶”省级工程技术研究中心和省级柑橘种质资源圃等科研创新平台。推动梅州产业技术研究院孵化科技型企业6家以上。推动市医学科学院建设高水平临床科研型机构。用好嘉应学院创新资源，建设省级重点科研平台和中心，深化校企共建，推进政产学研深度融合。

建设创新人才集聚地。深化人才体制机制改革，建设新时代赣闽粤原中央苏区人才振兴发展试点，增创人才发展新优势。落实“1+N”人才政策体系，实施五大人才计划，全面激发创新创业创造活力。聚焦实体经济、重点产业和乡村振兴，引进和培养更多人才。推进人才驿站赋能提质，优化人才服务。开展职业技能提升行动，推进户籍制度改革，吸引各类人才返乡就业创业。

（四）着力全面深化改革开放

持续深化重点领域改革。瞄准《梅州方案》改革试点，借鉴大湾区和自贸区制度创新成果，推进体制机制创新。谋划推出一批上下贯通、部门协同的“集成式”改革，打造梅州标志性、突破性改革品牌。深入推进数字政府改革建设，加快政务服务“一网通办”，推进基层政务服务标准化规范化便利化。深化投融资体制改革，推广“承诺制”改革，鼓励社会资本参与基础设施和社会事业等领域建设，丰富民间资本投资场景，扩大民间投资。深化财税金融改革，健全现代预算制度，强化税收征管，稳定财政收入。深化司法体制综合配套改革。坚持“两个毫不动摇”，一视同仁支持各类市场主体发展，让国企敢干、民企敢闯、外企敢投。深化国资国企改革，探索打造国资创新发展平台，强化资本运作能力，推动国资国企“二次创业”和转型升级发展。依法保护民营企业产权和企业家权益，促进民营经济发展壮大。完善政企沟通机制，为企业解难题办实事，大力弘扬企业家精神，全面构建亲清政商关系，让民营企业信心满满、放手拼搏。

优化营商环境。落实优化营商环境条例，调整充实营商环境工作力量，开展营商环境建设短板弱项提升行动，抓好重点领域专项整治、重点指标整改提升，跟上省营商环境一体化发展步伐。深化“放管服”改革，完善部门权责清单，统筹推进“证照分离”和“一照通行”改革。持续巩固行政审批事项100%网上受理、100%网上办结，打造“一件事一次办”主题集成服务升级版。实施12345政务服务便民热线市场主体诉求智能分办项目。落实市场准入负面清单管理制度，健全以信用为基础的新型监管机制，积极营造公平竞争环境。

扩大高水平对外开放。加强与大湾区基础设施联通，深化研究规则衔接、机制对接等实现形式，推动就业、教育、医疗、社保等领域合作取得新突破，全方位对接融入“双区”和三大平台建设。高水平建设粤港澳青年国情教育基地、粤港澳青少年交流基地、梅港澳青年创新创业基地，促进青年创新创业。用好闽粤赣十三市党政领导联席会议制度，强化与赣州、龙岩等周边地区联动发展，在交界地区探索建设粤赣、粤闽合作园区，推进蕉岭苏区融湾先行区综合示范窗口建设。做好新时代“侨”的文章，举办海外侨商梅州行活动，凝聚侨心侨力侨智，吸引更多外出乡贤、华侨华人回梅投资兴业。筹办好第六届世界客商大会。

做大外贸外资。落实“五外联动”组合拳，深化与“一带一路”共建国家和地区经贸文化交流合作，加快培育保税物流、海外仓等新业态新模式。引导企业用好区域全面经济伙伴关系协定（RCEP）优惠政策，稳定重点企业、重点产品进出口。支持铜箔、线路板、电声、陶瓷等重点外贸企业增资扩产，培育壮大一批加工贸易企业。推动大埔、丰顺国家外贸转型升级基地高质量发展。高水平运营梅州综保区一期，推动综保区二期年底封关验收，力促综保区和跨境电商进出口额有较大突破。谋划开通铁海联运“三同”班列和中欧班列，建设运营好国际无水港。

（五）着力推进乡村全面振兴

狠抓乡村产业振兴。深化驻镇帮镇扶村，持续开展“千企帮千镇、万企兴万村”，用好乡村振兴产业项目点状供地政策，发展优势明显、特色鲜明的乡村产业，巩固拓展脱贫攻坚成果。坚持因地制宜、突出特色，推动10个乡村产业社区试点建设见到成效。做好“土特产”文章，抓住“粮头食尾”“农头工尾”布局发展特色农产品加工业，推动农产品初加工、精深加工和综合利用加工协调发展，向一、二、三产业融合发展要效益。实施新型农业经营主体提升行动，培育一批乡村产业振兴带头人、乡土专家，新认定省级农民合作社示范社3家以上、家庭农场8家以上。加快发展农业社会化服务，健全县镇村三级协办体系。

大力发展现代农业。坚持以工业化理念、产业链思维做强农业，建设山区农业强市。以“跨县集群、一县一园、一镇一业、一村一品”产业体系建设为抓手，积极创建国家农业现代化示范区，力争新增省级现代农业产业园2个、省级重点农业龙头企业5家以上。发展客家预制菜等食品产业，引进一批头部食品加工企业，打造客家预制菜产业集聚区。把“来自世界长寿之都的金柚（蜜柚）·广东梅州柚”打造成为全国知名品牌，将“客家炒绿”打造成为广东绿茶第一品牌，培育壮大客都米、平远橙、兴宁鸽等“梅字号”农业品牌。建设粤港澳大湾区优质农产品供给地，新认定全国名特优新农产品2个、粤港澳大湾区“菜篮子”生产基地12个。全面落实耕地保护和粮食安全党政同责，新建和改造提升高标准农田9.6万亩。建立健全撂荒耕地整治长效机制，以零容忍的态度坚决遏制新增撂荒耕地，坚决守住耕地红线。抓好粮食生产和重要农产品稳产保供，抓实种业振兴行动，确保完成粮食生产任务。优化农村物流快递网点布局，发展农村电商。加快农产品冷链集散综合服务中心建设，建成8个农产品直供配送平台，辐射带动赣闽粤原中央苏区冷链物流产业发展。重视发展设施农业，促进农机农艺融合应用。发展林下经济，培育新型林业经营主体，创建中药材、油茶等特色林业产业发展基地。

深化乡村建设行动。深入实施农村人居环境整治提升五年行动，深化村庄规划编制和执行，强化农房管控和风貌提升，统筹抓好农村厕所革命、生活垃圾污水治理、供水水质提升，建设宜居宜业和美乡村，实现乡村由表及里、形神兼备的全面提升。高质量抓好乡村振兴示范带建设，加大雁洋片区风貌整治力度，做出示范、树立标杆。规范农村建房，整治削坡建房风险点，坚决遏制新增农村乱占耕地建房行为。持续推进“四好农村路”提档升级和危旧桥梁改造。加强农田水利设施建设，推进山塘清淤加固和病险水库除险加固。盘活乡村闲置资源，鼓励发展乡村旅游、休闲农业、乡村民宿等农旅新业态，推进梅江西阳艺术村落和笙竹民宿群、丰顺古村落等开发建设，积极创建一批全国乡村旅游重点镇（村）。

推进农村改革发展。积极创建全国农村改革试验区、农村产权流转交易市场规范化建设试点。抓好全域土地综合整治试点，探索集体经营性建设用地入市改革。深化省级发展新型农村集体经济专项改革试点，扎实推进农村承包地“三权分置”改革，引导土地经营权规范有序流转。支持开展以工代赈试点，吸纳更多农民工就业。扎实推进城乡融合发展省级试点，加快农业转移人口市民化。改进乡村治理，推行网格化管理，推广运用“积分制”“清单制”，促进移风易俗，建设良法善治乡村。

（六）着力推进城市提质扩容

打造城产融合示范区。牢固树立“经营城市”理念，做大做强中心城区，全面提升城市发展质效。高质量完成国土空间规划、产业规划等编制工作，推进广东省城产融合发展示范区中心区建设。布局建设市政基础设施和公共服务配套设施，加快建设剑英公园大道延长线。制定产业引进政策目录，盘活江南新城、芹洋半岛等闲置楼宇资源和各类国有资产，引进有实力的园区产业运营商和大型“链主”企业参与片区全链条开发，发展高端制造业、高新技术产业和总部经济、楼宇经济、数字经济。

做美城市环境。下足“绣花”功夫，系统谋划城市更新行动，加快城镇老旧小区改造和社区建设进度，完成“三旧”改造任务800亩。加大力度推进城区临时建筑和广告、招牌示范整治工作。持续推进“一城两坊”传承保护开发利用，提升改造嘉应古城“5街20巷”。开展海绵城市建设立法，新建改造一批供水管网、城镇污水处理设施、污水管网以及雨污分流区域排水系统，补齐城乡基础设施短板。巩固提升城区生活垃圾分类示范成效，其他县（市）城区80%的村（社区）实现生活垃圾分类。提高城市精细化、数字化管理水平，加大人居环境改善和城市风貌提升，加强建筑工地和城市基础设施的日常管护，打造宜居、韧性、智慧城市。

推动县域高质量发展。落实“百县千镇万村高质量发展工程”，建设强富绿美新县域，推进强县联镇带村。支持各县（市、区）做强1~2个主导产业和优势产业，壮大县域经济，培育一批经济强县（区）。推动以县城为重要载体的新型城镇化，支持县城高水平提质扩容，完善公共服务、环境卫生、市政公用、产业培育等设施，增强辐射带动能力。加快创建县域商业建设行动示范县，推动大中型商贸流通企业、连锁经营企业进入县域市场。强化乡镇联城带村的节点功能，建强中心镇、专业镇、特色镇，培育一批名镇名品、全国经济强镇，把镇（街）打造成为乡村治理中心、农村服务中心、乡村经济中心。实施小城镇品质提升工程，建设美丽圩镇，推动梅县松口、大埔百侯等一批古镇焕发新光彩。

（七）着力提升绿色生态优势

筑牢生态屏障。坚持发展与保护并重，科学运用“三区三线”划定成果，争创一批国家生态文明建设示范区、“绿水青山就是金山银山”实践创新基地，推动生态建设走在全省前列。高标准推进绿美梅州生态建设八大工程，全面深化林长制，强化林分改造和林相提升，大力营建乡土阔叶混交林，完成林分林相改造10万亩以上。加快国储林建设，新增收储集体林地3万亩以上。抓好城乡绿化美化，实施古树名木保护提升等行动，持续优化生态廊道、绿道、碧道、古驿道，营造绿美人居环境。推进矿山修复治理，年底前全市持证在采矿山建成绿色矿山。全面完成山水林田湖草沙一体化保护和修复工程项目任务。

深化污染防治攻坚。持续打好蓝天、碧水、净土保卫战，强化“三线一单”生态环境分区管控，让梅州天更蓝、山更绿、水更清、生态更优美。加强大气点源和噪声污染精细化管理，深化城市扬尘管控。持续推进河（湖）长制，加快县级城市黑臭水体排查。持续强化饮用水水源地保护和监管，确保国考省考断面水质、县级以上饮用水水源地水质达标率均达100%。加强建设用地和农用地土壤污染风险管控。加快中央生态环境保护督察反馈问题整改，完成省级“无废城市”试点建设任务。

拓展生态产品资源化价值化。实施生态发展战略规划，开展生态产品价值实现机制试点。提升矿产资源利用价值，着力在稀土、重钙、建筑石料、矿泉水等资源领域率先突破，实现价值最大化。推行采矿权“净矿”出让和矿业权竞争性出让，吸引大型企业以全产业链开发模式参与矿产资源开发利用。探索与粤港澳大湾区共建区域性生态资产和生态产品交易市场，按省部署要求开展森林覆盖率等资源权益指标、碳排放权、排污权、用能权、水权等交易。积极申报碳普惠制试点城市和全国林业碳汇试点市，建立绿色金融新模式。

推进绿色低碳。积极稳妥推进“碳达峰、碳中和”，严格落实能源消耗总量和强度“双控”制度，完成省下达节能减排降碳约束性指标任务。实施新能源及储能专项规划，推动新能源在工业等领域应用，提高新能源消费比重。大力推行绿色制造，提升水泥、钢铁、陶瓷、电力等行业能效，推动企业循环式生产、产业循环式组合、园区循环式改造。倡导绿色消费、绿色出行、绿色公益，加快生产生活方式绿色转型。

（八）着力提高人民群众生活品质

不断完善社会保障。坚持就业优先，促进高校毕业生、农民工、退役军人等稳定就业，力争全年技能培训达 1.1 万人次以上、新增城镇就业 2 万人。引导技师院校毕业生 100%在本市实习，大幅度提高毕业生在本市就业比例。严厉打击欠薪等违法行为，创建“无拖欠农民工工资城市”，让农民工不再“忧薪”。持续深化社保领域改革，提高社保覆盖面。落实企业职工养老保险基金全国统筹政策，推进失业保险省级统筹。深化医保支付方式改革、药品和医用耗材集中采购，完善医疗救助制度，提高基本医疗保障水平。健全分层分类的社会救助体系和救助标准动态调整机制，提升城乡社会救助服务均等化水平。依法保障妇女儿童、残疾人合法权益，推进儿童友好城市建设，关爱服务老年人，各县（市、区）分别建设 1 家以上镇级综合养老服务机构（中心）。做好社会福利、公益慈善等工作，提升镇（街）社会工作服务能力。坚持“房住不炒”，落实因城施策支持刚性和改善性住房需求的政策，探索房地产新发展模式，确保房地产市场平稳发展。

坚持教育优先发展。全面贯彻党的教育方针，深化教育领域综合改革。强化教育部门能力建设，激发活力、提升水平。加强市县教师发展中心建设，深化名师名校长培养工程，完善一线教师考评激励机制。建设融湾教育研学基地，争取大湾区内地高校在梅建设附属中小学校区或合作办学，增加优质教育资源供给。扩大公办幼儿园和普惠性民办幼儿园覆盖面，巩固提升“5080”攻坚成果。推进基础教育高质量发展实验区建设，持续推动义务教育优质均衡发展和城乡一体化。巩固拓展“双减”成果。提质发展高中教育，办好 10 所示范高中，争取高考成绩实现新突破。创新发展职业教育和技工教育，健全订单式培养机制，更好服务产业发展和创新创业。加快推进广东梅州职业技术学院建设。支持嘉应学院硕士授权单位建设，加快建设高水平应用型大学。引导规范民办教育发展。办好开放教育、全民终身教育和特殊教育。建成市专门学校。持续实施学生营养改善计划，抓好学生饮用奶、营养餐等，提升学生身体素质。加强校园安全管理，抓好防溺水、防校园欺凌、心理健康教育等工作。

建设卫生强市。深化医药卫生体制改革，促进医保、医疗、医药协同发展和治理。健全公共卫生服务和应急体系，推进市人民医院等高水平医院建设，推动粤东医院申报国家区域医疗中心，支持市中医医院与广州中医药大学合作共建、创建高水平中医医院，建成市应急收治等 4 个中心。支持五华、兴宁、丰顺创建“三甲”医院，推动 5 家中心卫生院升级“二甲”。积极争取与粤港澳大湾区医院合作共建紧密型医联体、专科联盟。认真做好新阶段疫情防控工作，完善分级诊疗机制，保障好群众的就医用药，抓好疫苗接种等工作，着力保健康、防重症。深入开展爱国卫生运动，践行文明健康的生活方式。全面落实“三孩”生育政策及配套支持措施，减轻生育、养育、教育负担。

繁荣文化事业。深入挖掘客家文化和红色文化资源，奋力推进文化强市建设。建好用好新时代文明实践中心，深入开展社会主义核心价值观宣传教育。持续创建全国文明城市，深化市县镇村“四级联创”。高水平办好“2023 东亚文化之都 · 中国梅州活动年”系列活动。高质量建设国家级客家文化（梅州）生态保护区。深入实施非遗传承人工程，抓好客家山歌、广东汉剧名家培养，持续推进梅州围龙屋、汉剧申遗，争取加入“海丝申遗城市联盟”。推进狮雄山遗址公园建设。深入实施文艺“双精”工程，推出一批精品力作。完善公共文化服务体系，创新实施文化惠民工程，推进各类文化场馆数字化、智慧化转型。抓好叶剑英纪念园升级改造，提升完善纪念馆布展，综合治理故居周边环境。挖掘保护利用闽粤赣边纵队革命历史，抓好中央红色交通线、三河坝战役纪念园等革命遗址活化利用，创建红色旅游融合发展示范区，发展红色教育培训产业。加快建设梅州文旅产业互联网大数据平台。改造提升景区景点，新增1个国家全域旅游示范区，培育一批文化产业，打造文旅融合发展产业生态圈。

推动体育发展。统筹抓好群众体育、竞技体育和体育产业发展。落实“十四五”全民健身实施计划，推动体育公园、“两场一池一馆一中心”等补短板场地设施建设。高质量建设全国足球发展重点城市，打造全国幼儿足球启蒙特色示范区。推动职业足球股权多元化改革，整合社会资源发展足球事业和产业。深化体教融合，抓好市县体校建设，办好嘉应学院足球（产业）学院。争取第十五届全运会足球赛事落户梅州。

办好十件民生实事。根据省十件民生实事安排，结合梅州实际，我们拟订了2023年市十件民生实事候选项目，包括优化生育支持政策等11项，今年继续实行人大代表票决制，请大家审议。我们将坚持量力而行、尽力而为，把更多财力用于保障民生和基本公共服务，以小切口推动大变化。

（九）着力推进社会治理创新

提升社会治理水平。落实总体国家安全观，完善安全隐患常态化排查整治机制，坚决维护国家政权安全、制度安全、意识形态安全。全面加强市域社会治理，构建“综治中心+全科网格+粤平安云平台”工作体系。常态化开展扫黑除恶斗争，集中打击整治电信诈骗等违法犯罪。抓好预防青少年违法犯罪工作。做好禁毒工作。健全信访工作机制，集中化解一批信访问题。实施退役军人服务中心（站）能力提升行动，加强军人军属荣誉激励和权益保障。扎实创建第十二届全国双拥模范城。抓好国防教育和兵役征集工作。支持民主党派加强自身建设。深化共青团基层组织改革。扎实开展第五次全国经济普查，做好民族、宗教、外事侨务、统计、档案、地方志等工作。

防范化解重大风险。聚焦重点领域风险防范，精准“排雷拆弹”，努力把风险隐患化解在萌芽状态。强化类金融机构监管，防范和处置非法集资。依法依规支持金融机构、上市公司处置风险。压实企业主体责任，依法依规做好房地产企业风险处置工作，确保如期完成“保交楼”等任务。抓好道路交通、消防、自建房、建筑工地、危爆危化品、工贸企业、非煤矿山、城镇燃气等重点行业领域安全监管，持续推进安全生产风险专项整治。强化食品药品安全监管，保障群众饮食和用药安全。扎实推进地质灾害隐患点工程治理、避险搬迁等工作，加强防灾减灾救灾应急管理体系建设，做好“三防”、森林防灭火、水文、气象等工作。

（十）着力提高政府治理效能

坚持忠诚为政。始终把政治建设摆在首位，深刻领悟“两个确立”的决定性意义，增强“四个意识”、坚定“四个自信”、做到“两个维护”，不断提高政治判断力、政治领悟力、政治执行力，紧跟总书记、奋进新征程。坚持不懈用习近平新时代中国特色社会主义思想凝心铸魂，常态化开展学习教育，不折不扣把党的二十大、党中央提出的目标任务落到实处。严肃党内政治生活，严明政治纪律和政治规矩，巩固风清气正的政治生态。

坚持依法行政。深入学习习近平法治思想，持续推进法治政府示范创建。全面贯彻民主集中制，健全重大行政决策程序制度。完善政府立法工作，推动城乡建设与管理、生态环境保护等重点领域立法。抓好“八五”普法。落实全过程人民民主，自觉接受人大依法监督、政协民主监督，办好建议提案。加大政务公开力度，让权力在阳光下运行。

坚持勤政廉政。狠抓作风建设，旗帜鲜明激励担当作为，提升干部执行力、抓落实能力。扎实开展“竞标争先”活动，实施亮诺亮绩亮牌行动，推动全市上下比学赶超、赛龙夺锦。坚持全面从严治党，强化自我革命，深入推进党风廉政建设和反腐败斗争，坚决整治不正之风和腐败问题。严格落实中央八项规定及其实施细则精神，重点纠治形式主义、官僚主义，切实减轻基层负担。强化审计监督和统计监督，抓实审计整改。坚持长期“过紧日子”，最大限度压减支出、节用裕民。

各位代表！苏区振兴正当时，惟有实干向未来。让我们更加紧密地团结在以习近平同志为核心的党中央周围，在省委、省政府和市委的坚强领导下，坚定信心、同心同德，奋起直追、竞标争先，为谱写梅州苏区加快振兴、共同富裕新篇章而努力奋斗！

文件选录

2022 年梅州市委、市委办文件选录一览表

表 4

序号	文件名称	发文文号
1	中共梅州市委办公室 梅州市人民政府办公室关于印发《梅州市 2021 年度省市重点项目建设进展情况通报》的通知	梅市明电〔2022〕10 号
2	中共梅州市委、梅州市人民政府印发《梅州市关于构建更加完善的要素市场化配置体制机制的实施方案》的通知	梅市明电〔2022〕14 号
3	中共梅州市委办公室 梅州市人民政府办公室关于印发《贯彻落实省委办、省府办〈关于进一步深化税收征管改革的实施方案〉的若干措施》的通知	梅市明电〔2022〕16 号
4	中共梅州市委办公室 梅州市人民政府办公室关于印发《粤闽赣苏区改革开放创新发展试验区规划建设工作方案》的通知	梅市明电〔2022〕25 号
5	中共梅州市委办公室印发《2022 年落实市第八次党代会、市委八届二次全会重点工作任务清单》的通知	梅市明电〔2022〕29 号
6	中共梅州市委办公室 梅州市人民政府办公室关于 2021 年度梅州市药品安全责任评价结果的通报	梅市明电〔2022〕31 号
7	中共梅州市委办公室 梅州市人民政府办公室关于加快推进重点区域国土绿化提升工作的通知	梅市明电〔2022〕38 号
8	中共梅州市委办公室 梅州市人民政府办公室关于印发《梅州市推动“广东技工”工程高质量发展实施方案》的通知	梅市明电〔2022〕39 号
9	中共梅州市委办公室 梅州市人民政府办公室关于印发《梅州市新型冠状病毒肺炎疫情防控领导小组（指挥部）及办公室工作方案》的通知	梅市明电〔2022〕40 号
10	中共梅州市委办公室 梅州市人民政府办公室关于成立梅州市“东亚文化之都”建设工作领导小组的通知	梅市明电〔2022〕42 号
11	中共梅州市委办公室 梅州市人民政府办公室关于印发《2022 年市领导直接联系企业挂点服务方案》的通知	梅市明电〔2022〕44 号
12	中共梅州市委办公室 梅州市人民政府办公室关于开展市县领导直接联系村（社区）“两委”干部工作的通知	梅市明电〔2022〕45 号
13	中共梅州市委办公室 梅州市人民政府办公室关于印发《梅州市 2022 年重点项目工作目标责任制实施方案》的通知	梅市明电〔2022〕48 号
14	中共梅州市委办公室印发《关于开展“党建引领添动力 奋勇争先促发展”模范机关创建主题实践活动的实施方案》的通知	梅市明电〔2022〕49 号
15	中共梅州市委办公室 梅州市人民政府办公室关于进一步加强地质灾害防御工作的通知	梅市明电〔2022〕52 号

续表 4

序号	文件名称	发文文号
16	中共梅州市委办公室　梅州市人民政府办公室关于印发《梅州市城市生活垃圾分类工作实施方案（2022—2025 年）》的通知	梅市明电〔2022〕57 号
17	中共梅州市委办公室　梅州市人民政府办公室关于 2021 年县（市、区）知识产权保护工作考核结果的通报	梅市明电〔2022〕58 号
18	中共梅州市委办公室　梅州市人民政府办公室关于市党政领导开展安全生产大检查督导工作的通知	梅市明电〔2022〕60 号
19	中共梅州市委办公室　梅州市人民政府办公室关于进一步做好 2021 年度省推进乡村振兴战略实绩考核工作的通知	梅市明电〔2022〕62 号
20	关于印发《梅州市 2022—2024 年争创“全国双拥模范城”实施方案》的通知	梅市明电〔2022〕65 号
21	中共梅州市委关于印发《市委常委会 2022 年度基层党建重点项目研判安排》的通知	梅市明电〔2022〕66 号
22	中共梅州市委办公室　梅州市人民政府办公室关于 2021 年度梅州市招商引资项目绩效管理专项核查结果的通报	梅市明电〔2022〕67 号
23	中共梅州市委　梅州市人民政府印发《关于加快新时代人才振兴发展的实施意见》的通知	梅市明电〔2021〕69 号
24	中共梅州市委　梅州市人民政府关于印发《梅州市推进水利高质量发展的实施意见》的通知	梅市明电〔2022〕71 号
25	中共梅州市委　梅州市人民政府关于印发《梅州市推进交通强市建设实施意见》的通知	梅市明电〔2022〕74 号
26	中共梅州市委关于认真学习宣传贯彻省第十三次党代会精神的通知	梅市明电〔2022〕76 号
27	中共梅州市委办公室　梅州市人民政府办公室关于印发《梅州市市管企业外部董事选聘和管理暂行办法》的通知	梅市明电〔2022〕79 号
28	中共梅州市委办公室　梅州市人民政府办公室关于印发《梅州市撂荒耕地复耕复种攻坚行动工作方案》的通知	梅市明电〔2022〕81 号
29	中共梅州市委　梅州市人民政府关于印发《梅州市进一步加快推进乡村特色产业高质量发展的意见》的通知	梅市明电〔2022〕83 号
30	中共梅州市委办公室印发《梅州市贯彻落实〈关于加强新时代廉洁文化建设的意见〉的分工方案》的通知	梅市明电〔2022〕84 号
31	中共梅州市委　梅州市人民政府印发《关于大力推进招商引资促进实体经济高质量发展的意见》的通知	梅市明电〔2022〕92 号
32	中共梅州市委办公室　梅州市人民政府办公室关于印发《梅州市实施“青梅计划”集聚优秀青年人才的若干措施》的通知	梅市明电〔2022〕100 号
33	中共梅州市委办公室印发《梅州市关于拓展新时代文明实践中心建设的工作方案》的通知	梅市明电〔2022〕106 号

续表 4

序号	文件名称	发文文号
34	中共梅州市委关于认真学习宣传贯彻《习近平谈治国理政》第四卷的通知	梅市明电〔2022〕108 号
35	中共梅州市委办公室　梅州市人民政府办公室印发《贯彻落实〈中共梅州市委　梅州市人民政府关于加快新时代人才振兴发展的实施意见〉任务分工方案》的通知	梅市明电〔2022〕113 号
36	中共梅州市委办公室　梅州市人民政府办公室关于印发《梅州市全面深化土地管理工作总体方案》的通知	梅市明电〔2022〕114 号
37	中共梅州市委　梅州市人民政府关于印发《梅州市招商引资绩效管理办法》的通知	梅市明电〔2022〕119 号
38	中共梅州市委办公室　梅州市人民政府办公室关于印发《梅州市贯彻落实第二轮中央生态环境保护督察报告整改方案》的通知	梅市明电〔2022〕126 号
39	中共梅州市委办公室　梅州市人民政府办公室印发《梅州市贯彻落实〈中共广东省委办公厅　广东省人民政府办公厅关于推动新时代消防救援工作高质量发展的意见〉的实施方案》的通知	梅市明电〔2022〕130 号
40	中共梅州市委　梅州市人民政府关于印发《梅州市关于深入打好污染防治攻坚战的实施方案》的通知	梅市明电〔2022〕144 号
41	中共梅州市委办公室印发《关于开展“学习贯彻党的二十大精神　探索全面建设社会主义现代化的梅州实践”专题调研的工作方案》的通知	梅市明电〔2022〕148 号
42	中共梅州市委办公室关于做好学习贯彻党的二十大精神宣讲工作的通知	梅市明电〔2022〕152 号
43	中共梅州市委办公室　梅州市人民政府办公室关于成立梅州市金融风险化解委员会的通知	梅市明电〔2022〕156 号
44	中共梅州市委办公室　梅州市人民政府办公室关于成立梅州市招商引资工作领导小组的通知	梅市办〔2022〕7 号
45	中共梅州市委办公室关于印发《学习宣传贯彻党的二十大精神总体工作方案》的通知	梅市办〔2022〕11 号
46	中共梅州市委办公室　梅州市人民政府办公室关于成立梅州市推进赣闽粤原中央苏区对接融入粤港澳大湾区振兴发展先行区建设工作领导小组的通知	梅市办〔2022〕13 号
47	中共梅州市委办公室　梅州市人民政府办公室关于印发《“十四五”梅州市档案事业发展规划》的通知	梅办字〔2022〕5 号
48	中共梅州市委办公室关于印发《2022 年全市开展纪律教育学习月活动的意见》的通知	梅办字〔2022〕12 号
49	中共梅州市委　梅州市人民政府关于印发《梅州市贯彻落实〈中共广东省委　广东省人民政府关于新时代支持革命老区和原中央苏区振兴发展的实施意见〉的行动方案》的通知	梅市发〔2022〕2 号
50	中共梅州市委　梅州市人民政府转发《市委宣传部、市司法局关于开展法治宣传教育的第八个五年规划（2021—2025 年）》的通知	梅市发〔2022〕4 号
51	中共梅州市委关于认真学习宣传贯彻党的二十大精神的通知	梅市发〔2022〕8 号

2022 年梅州市政府、市府办文件选录一览表

表 5

序号	文件名称	发文文号
1	梅州市城市生活垃圾分类管理办法	市政府令第 8 号
2	梅州市人民政府关于印发梅州市金融改革发展“十四五”规划的通知	梅市府〔2022〕1 号
3	梅州市人民政府关于印发梅州市应急管理“十四五”规划的通知	梅市府〔2022〕2 号
4	梅州市人民政府关于印发梅州市教育发展“十四五”规划的通知	梅市府〔2022〕3 号
5	梅州市人民政府关于印发梅州市升放气球安全管理规定的通知	梅市府〔2022〕4 号
6	梅州市人民政府关于印发梅州市新型城镇化规划（2021—2035 年）的通知	梅市府〔2022〕5 号
7	梅州市人民政府关于印发梅州市城乡供水保障规划（2021—2035 年）的通知	梅市府〔2022〕8 号
8	梅州市人民政府关于下达梅州市 2022 年国民经济和社会发展计划的通知	梅市府〔2022〕9 号
9	梅州市人民政府关于印发梅州市能源发展“十四五”规划的通知	梅市府〔2022〕10 号
10	梅州市人民政府关于印发梅州市海绵城市建设管理办法的通知	梅市府〔2022〕11 号
11	梅州市人民政府关于印发梅州市妇女发展规划和梅州市儿童发展规划的通知	梅市府〔2022〕12 号
12	梅州市人民政府关于印发梅江区集体土地上房屋征收与补偿实施办法的通知	梅市府〔2022〕13 号
13	梅州市人民政府关于印发梅州市“十四五”节能规划的通知	梅市府〔2022〕14 号
14	梅州市人民政府转发国家和省关于开展第三次全国土壤普查的通知	梅市府〔2022〕15 号
15	梅州市人民政府关于印发梅州市农业农村现代化“十四五”规划的通知	梅市府〔2022〕17 号
16	梅州市人民政府关于印发《梅州市促进经济稳增长若干政策措施》的通知	梅市府〔2022〕19 号
17	梅州市人民政府关于印发梅州市市级储备粮管理办法的通知	梅市府〔2022〕20 号
18	梅州市人民政府 梅州军分区关于印发梅州市大学毕业入伍视力矫正补助办法的通知	梅市府〔2022〕22 号
19	梅州市人民政府关于印发梅州市加快实体经济振兴发展若干措施及其配套文件的通知	梅市府〔2022〕24 号

续表 5

序号	文件名称	发文文号
20	梅州市人民政府关于印发梅州市全民科学素质行动规划纲要实施方案（2021—2025 年）的通知	梅市府〔2022〕27 号
21	梅州市人民政府关于印发梅州市生产经营单位安全生产主体责任规定的通知	梅市府〔2022〕30 号
22	梅州市人民政府关于印发梅州市职工基本医疗保险和生育保险办法的通知	梅市府〔2022〕32 号
23	梅州市人民政府关于印发梅州市市本级政府投资项目工程建设领域超投资问题治理的指导意见（试行）的通知	梅市府函〔2022〕10 号
24	梅州市人民政府关于印发梅州市突发事件总体应急预案的通知	梅市府函〔2022〕11 号
25	梅州市人民政府关于印发梅州市生态环境保护“十四五”规划的通知	梅市府函〔2022〕30 号
26	梅州市人民政府关于印发梅州市气象灾害应急预案的通知	梅市府函〔2022〕79 号
27	梅州市人民政府关于印发梅州市水生态环境保护“十四五”规划的通知	梅市府函〔2022〕80 号
28	梅州市人民政府关于印发梅州市文化广电旅游发展“十四五”规划的通知	梅市府函〔2022〕86 号
29	梅州市人民政府关于印发梅州市“十四五”残疾人保障和发展规划的通知	梅市府函〔2022〕127 号
30	梅州市人民政府关于公布第五批梅州市历史建筑名录的通知	梅市府函〔2022〕154 号
31	梅州市人民政府关于印发梅州市碧水保卫战行动计划（2021—2025 年）的通知	梅市府函〔2022〕158 号
32	梅州市人民政府关于印发梅州市市本级政府投资项目工程建设领域超投资问题治理的指导意见（试行）的通知	梅市府函〔2022〕279 号
33	关于公布梅州市第十批市级非物质文化遗产代表性项目名录的通知	梅市府函〔2022〕280 号
34	梅州市人民政府办公室关于印发梅州市公共服务“十四五”规划的通知	梅市府办〔2022〕1 号
35	梅州市人民政府办公室关于印发梅州市卫生健康事业发展“十四五”规划的通知	梅市府办〔2022〕2 号
36	梅州市人民政府办公室关于印发梅州市加快推进城市天然气事业高质量发展工作方案的通知	梅市府办〔2022〕3 号
37	梅州市人民政府办公室关于印发梅州市区人才公寓管理办法的通知	梅市府办〔2022〕4 号
38	梅州市人民政府办公室关于加强行政规范性文件制定和监督管理工作的实施意见	梅市府办〔2022〕5 号

续表 5

序号	文件名称	发文文号
39	梅州市人民政府办公室关于印发梅州市粮食安全和应急物资保障“十四五”规划的通知	梅市府办〔2022〕6 号
40	梅州市人民政府关于印发梅州市临时救助实施细则的通知	梅市府办〔2022〕8 号
41	梅州市人民政府关于调整梅州市特困供养人员护理标准的通知	梅市府办〔2022〕9 号
42	梅州市人民政府办公室关于印发梅州市绿色矿业发展五年行动实施方案（2021—2025 年）的通知	梅市府办〔2022〕12 号
43	梅州市人民政府办公室关于印发梅州市职工基本医疗保险门诊共济保障实施细则的通知	梅市府办〔2022〕13 号
44	梅州市人民政府办公室关于印发创新金融服务支持实体经济发展若干措施的通知	梅市府办〔2022〕14 号
45	梅州市人民政府办公室关于印发梅州市闲置土地处置暂行办法的通知	梅市府办〔2022〕18 号
46	梅州市人民政府办公室关于印发梅州市国有建设用地开工竣工逾期处置办法的通知	梅市府办〔2022〕19 号
47	梅州市人民政府办公室关于印发梅州市促进存量工业用地高效率利用实施办法的通知	梅市府办〔2022〕20 号
48	梅州市人民政府办公室关于印发梅州城区公共租赁住房管理实施细则的通知	梅市府办〔2022〕21 号
49	梅州市人民政府办公室关于印发梅州市火灾事故调查处理规定的通知	梅市府办〔2022〕22 号
50	关于印发梅州市农村公路“路长制”实施方案的通知	梅市府办〔2022〕23 号
51	梅州市人民政府办公室关于印发梅州市加快客家预制菜产业发展若干措施的通知	梅市府办〔2022〕24 号
52	关于印发《梅州市最低生活保障边缘家庭和支出型困难家庭救助实施细则》的通知	梅市府办〔2022〕25 号
53	梅州市人民政府办公室关于印发梅州市职工大额医疗费用补助办法的通知	梅市府办〔2022〕26 号
54	梅州市人民政府办公室关于印发梅州市落荒耕地复耕复种攻坚行动工作方案的通知	梅市府办函〔2022〕4 号
55	梅州市人民政府办公室关于同意梅州市 2022 年人工影响天气工作计划的复函	梅市府办函〔2022〕5 号
56	梅州市人民政府办公室关于印发梅州市工贸行业生产安全事故应急预案的通知	梅市府办函〔2022〕7 号
57	梅州市人民政府办公室关于印发梅州市成品油行业专项政治工作方案的通知	梅市府办函〔2022〕9 号

续表 5

序号	文件名称	发文文号
58	梅州市人民政府办公室关于印发加快推进殡葬改革促进殡葬事业发展实施意见的通知	梅市府办函〔2022〕15 号
59	梅州市人民政府办公室关于印发梅州市存量违法用地整治专项行动工作方案的通知	梅市府办函〔2022〕23 号
60	梅州市人民政府办公室关于印发梅州市市本级重大项目前期工作经费使用管理暂行办法的通知	梅市府办函〔2022〕24 号
61	梅州市人民政府办公室关于印发梅州市粮食应急预案（2022 年修订）的通知	梅市府办函〔2022〕39 号
62	梅州市人民政府办公室关于加快推进农业水价综合改革的通知	梅市府办函〔2022〕40 号
63	梅州市人民政府办公室关于印发梅州市加强防御雷电灾害管理工作实施方案的通知	梅市府办函〔2022〕45 号
64	梅州市人民政府办公室关于印发梅州市 2022 年固定资产投资目标任务工作实施方案的通知	梅市府办函〔2022〕50 号
65	梅州市人民政府办公室关于印发梅州市地方政府专项债券规范管理与加快支出使用若干措施的通知	梅市府办函〔2022〕54 号
66	梅州市人民政府办公室关于印发梅州市 2022 年促进消费活动工作方案的通知	梅市府办函〔2022〕64 号
67	梅州市人民政府办公室关于转发市林业局梅州市松材线虫病疫情防控五年攻坚行动方案（2021—2025 年）的通知	梅市府办函〔2022〕65 号
68	梅州市人民政府办公室关于印发梅州市切实加强水库除险加固和运行管护工作实施方案的通知	梅市府办函〔2022〕67 号
69	梅州市人民政府办公室关于印发梅州市支持国家区域医疗中心建设政策清单的通知	梅市府办函〔2022〕68 号
70	梅州市人民政府办公室关于印发梅州市 2022 年稳外贸稳外资工作实施方案的通知	梅市府办函〔2022〕70 号
71	梅州市人民政府办公室关于印发梅州市推进 2022 年数字政府改革建设工作实施方案的通知	梅市府办函〔2022〕71 号
72	梅州市人民政府办公室关于印发梅州数字政府网络安全体系建设总体规划（2021—2025 年）的通知	梅市府办函〔2022〕72 号
73	梅州市人民政府办公室关于印发梅州市关于服务保障省市重点项目建设促进有效投资的若干措施的通知	梅市府办函〔2022〕74 号
74	梅州市人民政府办公室关于印发梅州市预防学生溺水专项治理工作方案的通知	梅市府办函〔2022〕79 号
75	梅州市人民政府办公室关于印发梅州产业发展引导基金筹建工作方案的通知	梅市府办函〔2022〕83 号

续表 5

序号	文件名称	发文文号
76	梅州市人民政府办公室关于开展 2022 年政府挂牌督办火灾高风险区域工作的通知	梅市府办函〔2022〕85 号
77	梅州市人民政府办公室关于印发梅州市创建“无证明城市”实施方案的通知	梅市府办函〔2022〕91 号
78	梅州市人民政府办公室关于印发梅州市 2022 年促销费扩内需工作实施方案的通知	梅市府办函〔2022〕93 号
79	梅州市人民政府办公室关于印发梅州市“无废城市”建设试点实施方案的通知	梅市府办函〔2022〕94 号
80	梅州市人民政府办公室关于印发梅州市金融突发事件应急预案的通知	梅市府办函〔2022〕96 号
81	梅州市人民政府办公室关于印发梅州市贯彻落实广东省深化证照分离改革实施方案工作方案的通知	梅市府办函〔2022〕100 号
82	梅州市人民政府办公室印发《梅州市关于加快省产业园建设承接产业梯度转移的实施方案》的通知	梅市府办函〔2022〕101 号
83	梅州市人民政府办公室关于对兴宁市东岳宫市场服务管理有限公司等三家重大火灾隐患单位进行挂牌督办的通知	梅市府办函〔2022〕105 号
84	梅州市人民政府办公室关于对梅州市裕维电子有限公司等三家重大火灾隐患挂牌督办单位进行摘牌的通知	梅市府办函〔2022〕108 号
85	梅州市人民政府办公室关于印发梅州市农村生活污水治理攻坚行动方案（2022—2025 年）的通知	梅市府办函〔2022〕107 号
86	梅州市人民政府办公室关于印发梅州市政务服务全市通办宣传推广工作方案的通知	梅市府办函〔2022〕109 号
87	梅州市人民政府办公室关于印发梅州市推动小微工业企业上规模工作方案的通知	梅市府办函〔2022〕111 号
88	梅州市人民政府办公室关于印发梅州市“一件事”主题集成服务改革实施方案的通知	梅市府办函〔2022〕113 号
89	梅州市人民政府办公室关于印发开展重点企业服务活动工作方案的通知	梅市府办函〔2022〕116 号
90	梅州市人民政府办公室关于印发梅州市人民政府 2022 年度规章制定计划的通知	梅市府办函〔2022〕119 号
91	梅州市人民政府办公室关于印发梅州市人民政府 2022 年度重大行政决策事项目录的通知	梅市府办函〔2022〕120 号
92	梅州市人民政府办公室关于印发梅州市支持国家区域医疗中心建设政策清单的通知	梅市府办函〔2022〕121 号
93	梅州市人民政府办公室关于同意在梅州城区实施 2022 年防空警报试鸣的复函	梅市府办函〔2022〕125 号
94	梅州市人民政府办公室关于开展重大行政决策后评估工作的通知	梅市府办函〔2022〕128 号

续表 5

序号	文件名称	发文文号
95	梅州市人民政府办公室关于印发梅州市“十四五”用水总量和强度管控方案的通知	梅市府办函〔2022〕129 号
96	梅州市人民政府办公室关于印发梅州市危险化学品生产安全事故应急预案（2022 版）的通知	梅市府办函〔2022〕130 号
97	梅州市人民政府办公室关于印发梅州市残疾预防行动方案(2022—2025年）的通知	梅市府办函〔2022〕144 号
98	梅州市人民政府办公室关于印发梅州市加快推动民宿高质量发展实施方案的通知	梅市府办函〔2022〕151 号
99	梅州市人民政府办公室关于印发梅州市开展“无拖欠农民工工资城市”工作行动方案的通知	梅市府办函〔2022〕152 号
100	梅州市人民政府办公室关于印发梅州市支持国家区域医疗中心建设政策清单的通知	梅市府办函〔2022〕153 号
101	梅州市人民政府办公室关于公布梅州市气象灾害防御重点单位名录（2022 年更新）的通知	梅市府办函〔2022〕154 号
102	梅州市人民政府办公室关于印发梅州市突发火灾事故应急预案的通知	梅市府办函〔2022〕156 号
103	梅州市人民政府办公室关于印发梅州市全面加强药品监管能力建设实施方案的通知	梅市府办函〔2022〕158 号
104	梅州市人民政府办公室关于印发梅州市 12345 政务服务便民热线管理细则的通知	梅市府办函〔2022〕163 号
105	梅州市人民政府办公室关于加快完成 2021 年农产品产地冷藏保鲜设施建设任务的通知	梅市府办函〔2022〕165 号
106	梅州市人民政府办公室关于印发梅州市粮食节约减损实施方案的通知	梅市府办函〔2022〕167 号
107	梅州市人民政府办公室关于印发梅州市首席数据官制度试点实施方案的通知	梅市府办函〔2022〕171 号
108	梅州市人民政府办公室关于印发梅州市加快创建“国家全域旅游示范区”工作方案的通知	梅市府办函〔2022〕173 号
109	梅州市人民政府办公室关于印发梅州市“十四五”新型城镇化实施方案的通知	梅市府办函〔2022〕175 号
110	梅州市人民政府办公室关于印发梅州市市级集中式饮用水水源地突发环境事件应急预案的通知	梅市府办函〔2022〕178 号
111	梅州市人民政府办公室关于进一步加强生猪屠宰监管工作的通知	梅市府办函〔2022〕180 号
112	梅州市人民政府办公室关于公布梅州市市级集中式饮用水水源地风险源名录的通知	梅市府办函〔2022〕185 号

社会调查报告

城乡居民收入翻番 迈向共同富裕 面临机遇挑战

——十八大以来梅州居民收支状况分析

党的十八大以来，梅州市委、市政府坚持以习近平新时代中国特色社会主义思想为指导，全面贯彻落实党的十九大和十九届历次全会精神，深化落实省委“1＋1＋9”工作部署，科学统筹疫情防控和经济社会发展，狠抓“六稳”“六保”，如期打赢脱贫攻坚战，同步全面建成小康社会，实现“十三五”圆满收官、“十四五”良好开局，居民收入稳步提高，民生福祉持续改善。

一、居民收入保持快速增长态势

（一）城乡居民收入稳步攀升，增速快于经济增速

党的十八大以来，随着经济的稳步发展和各项利民惠民政策的实施，梅州城乡居民收入持续增长，居民的“口袋子”不断鼓起来。在面临宏观经济下行压力和新冠疫情等不利因素的影响下，梅州居民收入仍然保持稳定增长的良好态势，总量实现稳步攀升。2021年，梅州居民人均可支配收入26210元，比2012年增加了14283元，增长119.8%，年均增长9.1%，其中，城镇居民人均可支配收入32751元，比2012年增加了16423元，增长100.6%，年均增长8.0%；农村居民人均可支配收入19241元，比2012年增加了10635元，增长123.6%，年均增长9.4%（见图1）。2012—2021年，梅州居民人均可支配收入年均增长9.1%，扣除价格因素（党的十八大以来，年均上涨1.9%），实际增长7.1%。据统计，十年间梅州GDP年均增长为6.6%，居民收入年均增速超过GDP年均增速0.5个百分点。

（二）收入翻番目标提前实现，向共同富裕目标不断迈进

收入是民生之源。如何把收入“蛋糕”做大切好，让百姓共享发展成果，是我们党治国理政的初心和使命，也是奋斗的终极目标。党的十八大报告提出“到2020年实现城乡居民收入翻一番”的奋斗目标。梅州城乡居民收入要翻一番，就是全体居民人均可支配收入在扣除价格因素后，实际收入水平需要比2010年的8994元增长一倍，达到17988元。测算结果显示，2019年梅州全体居民人均可支配收入扣除历年价格因素后，实际收入水平为18585元，提前一年实现收入翻一番的目标。在此基础上，2020年和2021年梅州全体居民人均可支配收入继续增长，实际收入水平分别是2010年的2.1倍和2.9倍，梅州人民的生活水平持续提高，朝着共同富裕的目标不断迈进。

（三）农村居民收入增速快于城镇，城乡收入差距逐渐缩小

党的十八大以来，梅州市脱贫攻坚战取得全面胜利，乡村振兴战略全面实施，各项强农惠农政策措施落实到位，民生领域投入不断加大，农村居民人均可支配收入水平进一步提高，并与城镇居民的收入差距逐步缩小。2012—2021年，除2015年和2017年农村居民收入增速比城镇居民分别低0.5和0.2个百分点，其余年份农村居民收入增速均高于城镇居民（见图2）。2012—2021年，梅州市城乡收入比分别为1.90、1.87、1.84、1.85、1.82、1.82、1.80、1.78、1.72、1.70，十年间城乡收入比缩小0.2，城乡收入差距逐步拉窄，已实

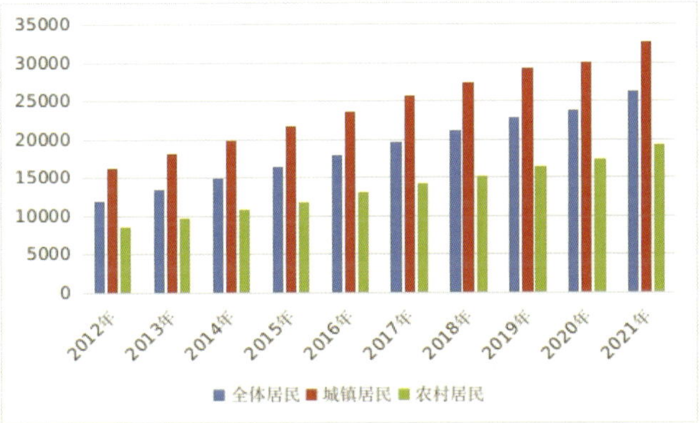

图1 2012—2021年梅州城乡居民人均可支配收入图（单位：元）

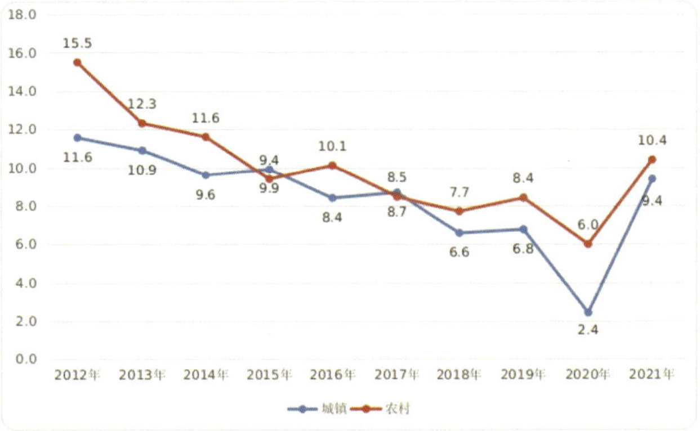

图2 2012—2021年梅州城镇、农村居民人均可支配收入增速图（单位：%）

现乡村振兴战略规划中“2020 年城乡居民收入比低于 2.52”发展目标。

（四）居民收入来源不断拓宽，增收渠道呈现多元化

1. 工资性收入是收入增长的“主引擎”

2021 年，梅州城镇居民人均工资性收入 19934 元，占可支配收入比重为 60.9%，党的十八大以来年均增长 4.6%；农村居民人均工资性收入 9777 元，占可支配收入比重为 50.8%，党的十八大以来年均增长 7.7%。城镇和农村居民人均工资性收入对可支配收入增长贡献率分别为 53.9%和 54.0%（见表 1）。工资性收入在四项收入构成中对可支配收入增长的贡献最大，成为全体居民收入增长的“主引擎”。近年来，梅州始终坚持就业优先战略，认真落实和完善积极的就业政策，促进居民就业和自主创业，就业保持稳定；同时，连续提高最低工资标准、落实多项增资政策，2020 年以来，梅州深入开展“粤菜（客家菜）师傅”“南粤家政”“广东技工”三项工程，有效解决了闲置劳动力就业问题，进一步稳就业、助脱贫、促增收，以上因素共同推动工资性收入稳步增长。

2. 经营净收入增长亮眼

2021 年，梅州城镇居民人均经营净收入 4669 元，占可支配收入比重为 14.3%，党的十八大以来年均增长 12.1%，对可支配收入增长贡献率为 24.2%；农村居民人均经营净收入 4648 元，占可支配收入比重为 24.2%，党的十八大以来年均增长 1.7%，对可支配收入增长贡献率为 7.5%（见表 1）。一是全面落实减税降费，企业总体成本减轻，深化“放管服”改革，加快营商环境综合改革，“数字”政府建设加快推进，投资创业氛围愈加浓厚；二是大力实施乡村振兴战略，农业生产保持稳定，三产融合不断推进，农业产业化、科技化水平显著提高，电商成为农产品重要的销售渠道，从而农村居民收入显著增加。

3. 财产净收入为增长新动力

党的十八大以来，随着居民财产不断增加，居民投资意识不断增强，加上理财渠道的多元化，梅州城镇居民人均财产净收入由 2012 年的 268 元提高到 2021 年的 2103 元，年均增长 25.7%。财产净收入对收入增长的贡献率为 14.8%，在可支配收入中所占比重从 2012 年 1.3%上升到 2021 年的 6.4%（见表 1），成为城镇居民收入增长新的动力和亮点。农村居民财产净收入增长趋势不明显，呈波动趋势，是收入增长中的“短板”。

4. 转移净收入持续稳步提升

梅州通过全面实施乡村振兴战略、攻克贫困堡垒，有力推动了居民转移性收入的增长，且随着转移支付力度不断加大，城乡居民基础养老金和城乡低保标准连年提高，底线民生保障水平进一步提高，转移性收入也随之水涨船高。2021 年，梅州城镇居民人均转移净收入 6045 元，占可支配收入比重为 18.4%，党的十八大以来年均增长 1.8%，对可支配收入增长贡献率为 7.1%；农村居民人均转移净收入 4766 元，占可支配收入比重为 24.7%，党的十八大以来年均增长 15.6%，对可支配收入增长贡献率为 39.5%（见表 1）。

表 1　2012 年、2021 年梅州城镇、农村居民人均可支配收入结构及增速对比统计表

指标名称	2012 年				2021 年				年均增速	
	城镇（元）	占比（%）	农村（元）	占比（%）	城镇（元）	占比（%）	农村（元）	占比（%）	城镇（%）	农村（%）
可支配收入	20348	—	10453	—	32751	—	19241	—	5.4	7.0
一、工资性收入	13245	65.1	5033	48.2	19934	60.9	9777	50.8	4.6	7.7
二、经营净收入	1669	8.2	3986	38.1	4669	14.3	4648	24.2	12.1	1.7
三、财产净收入	268	1.3	140	1.3	2103	6.4	50	0.3	25.7	-10.8
四、转移净收入	5166	25.4	1293	12.4	6045	18.4	4766	24.7	1.8	15.6

二、消费水平不断提高，消费结构优化升级

党的十八大以来，随着消费市场不断完善，消费环境日益优化，社会服务更加全面，居民从吃穿住用等生存型消费的品质，到交通、医疗、教育文化娱乐等发展型、享受型消费的服务水平，都在发生显著的变化，居民生活水平不断提升，消费结构不断优化升级。加上电商平台持续活跃、线上消费加速普及、在线教育需求旺盛，新商业模式和新消费业态的加快发展促进了消费需求的进一步增长。

（一）恩格尔系数呈下降趋势，消费结构优化升级

恩格尔系数是衡量居民生活水平的刻度尺，恩格尔系数的降低，反映了居民消费升级的趋势。党的十八大以来，梅州居民恩格尔系数呈下降趋势（见图 3），城镇居民恩格尔系数从 2012 年的 41.5%逐年下降至 2021 年的 37.7%，农村居民恩格尔系数从 2012 年的 46.0%逐年下降至 2021 年的 40.9%，这充分表明消费结构保持优化升级趋势。其中，2020 年受突发新冠疫情和食品价格上涨因素影响，居民食品消费支出不降反升，恩格尔系数与 2019 年相比略有提升，在疫情得到有效控制，社会经济恢复常态后，梅州居民恩格尔系数继续稳步下降趋势。

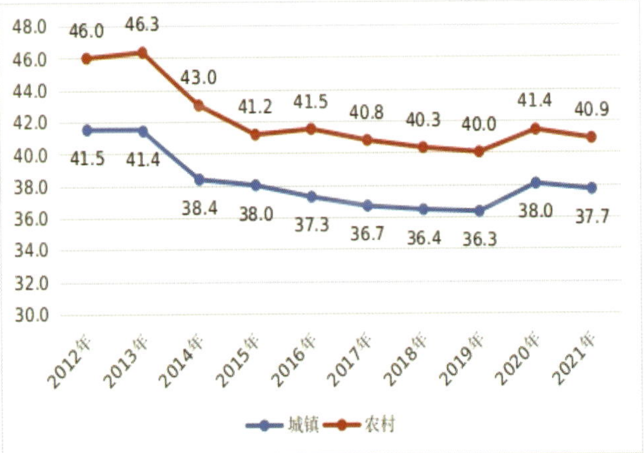

图 3 2012—2021 年梅州城镇、农村恩格尔系数图（单位：%）

（二）农村消费增速高于城镇

党的十八大以来，梅州农村居民生活水平蒸蒸日上，消费质量不断升级，农村居民人均生活消费支出增速整体快于城镇居民。2021 年，梅州城镇居民人均生活消费支出 21415 元，较 2012 年的 13121 元增加了 8294 元，十年间累计增长了 63.2%，年均增速 5.6%。农村居民人均生活消费支出 16285 元，较 2012 年的 6729 元增加了 9556 元，十年间累计增长了 142.0%，年均增速 10.3%。从绝对数上看，城乡居民消费支出虽然存在一定差距，但从增速上看，农村居民消费年均增速比城镇高 4.7 个百分点，同时城乡居民人均消费比由 2012 年的 1.95 缩小至 2021 年的 1.32，农村居民消费能力逐步提升，消费热情不断升温，消费市场潜力进一步得到释放。

（三）改善性和发展型消费支出比重持续增长

党的十八大以来，梅州市大力推进精准扶贫，全面实施“乡村振兴”战略，不断加大教育文化娱乐和医疗卫生事业投入，为居民消费升级奠定坚实基础，以购买改善性住房、建造房屋、休闲文化娱乐及医疗保健等为代表的改善性和发展型消费支出持续增加。十八大以来，梅州居民居住支出呈现快速增长态势。城镇居民居住支出从 2012 年的 1401 元增长至 2021 年的 5038 元，累计增长 259.6%，十年间年均增速为 15.3%。2021 年，全市居民人均居住、教育文化娱乐、医疗保健、其他用品和服务消费支出占消费支出比重分别为 24.1%、8.6%、6.9%和 1.9%，与 2015 年相比，比重分别提高 2.0、0.4、0.4、0.3 个百分点。年均增速分别为 8.9%、8.2%、8.1%、10.9%。

三、居民收支持续增长面临的困难与挑战

（一）收入增长内生动力不足，收入水平低于全国全省平均水平

党的十八大以来，虽然梅州城乡居民收入增速高于经济增长，但受资源禀赋、地理位置等因素制约，梅州经济结构不合理，工业基础薄弱，发展不充分、不平衡问题突出。2012—2021 年，梅州居民人均可支配收入从 11927 元增加到 26210 元，增长 119.7%，年均增长 9.1%，但从当前收入水平看，梅州与全国、全省平均水平仍存在差距。与全省平均水平相比，2021 年梅州居民人均可支配收入（26210 元）未达全省平均水平（44993 元）的 60.0%，未达全国平均水平（35128 元）的 75.0%。梅州居民人均可支配收入仍处于较低水平，在全省也处于靠后位置。从绝对值看，2021 年梅州居民人均可支配收入为 26210 元，在粤北五市中居第 3 位，比韶关、清远分别低 4002 元、2531 元；从增速看，2021 年梅州居民人均可支配收入增速同比增长 9.8%，在粤北五市中居第 4 位，仅比韶关高 0.1 个百分点（见图 4）。

图 4 2021 年全国、全省、山区五市区人均可支配收入及增速图 （单位：元、%）

（二）国内外经济形势和新冠肺炎疫情影响居民消费进一步升级

2020 年以来，受新冠疫情冲击，梅州居民消费受到较大影响，2020 年全市居民人均消费支出同比增长 1.5%，增速比上年同期回落 4.2 个百分点。其中，恩格尔系数在多年连续下降的情况下，呈现回升状态，同比提高 1.6 个百分点。随着疫情得到有效控制，社会经济恢复常态，2021 年梅州市居民人均消费支出同比增长 10.9%，增速比上年同期回升 9.4 个百分点。但受国际形势复杂多变、国际大宗商品价格大幅上涨等影响，企业利润空间被挤占，居民收入预期下降，风险防范意识增强，储蓄意识增加，消费意愿尚未完全恢复，消费市场活力有待进一步释放。

（三）县域间发展不平衡问题突出

党的十八大以来，梅州各县（市、区）城乡居民收入持续增长，但存在县域发展不平衡的问题，不同县（市、区）间的收入差距仍然显著。由于历史政策、产业布局、规划发展等因素影响，梅江区和梅县区工业基础较好，制造业发展较强劲，在各县（市、区）中经济发展最为迅速，其他各县（市）发展相对滞后。2021 年，梅州市居民人均可支配收入为 26210 元，在全市平均水平以上的仅有梅江区、梅县区和蕉岭县，分别为 39502 元、32467 元和 26995 元。其中，大埔、丰顺、五华、平远、蕉岭、兴宁等县（市）居民人均可支配收入比梅江区分别低 17171 元、15793 元、20422 元、14074 元、12507 元和 14041 元，分别为梅江区的 56.5%、60.0%、48.3%、64.4%、68.3%和 64.5%（见表 2）。

表 2 2012—2021 年梅州各县（市、区）全体常住居民人均可支配收入统计表

单位：元

年份	梅州市	梅江区	梅县区	大埔县	丰顺县	五华县	平远县	蕉岭县	兴宁市
2012	11927	20067	14789	10004	10588	9027	11255	12420	11865
2013	13442	22235	16357	11267	11640	10317	12828	13711	13320
2014	14894	24503	18189	12619	13048	11452	14163	15096	14985
2015	1640	26800	20168	13903	14311	12383	15589	16436	16541
2016	17987	29139	22329	15369	15716	13479	16972	17847	18270
2017	19635	31743	24014	16857	17105	14776	18673	19538	19961
2018	21217	33822	25984	18293	18730	15908	20271	21107	21519
2019	22904	36515	28131	19705	20537	16821	21919	22963	22853
2020	23873	37609	29976	20625	21848	17319	23120	24481	23365
2021	26210	39502	32467	22331	23709	19080	25428	26995	25461

四、实现城乡居民生活高质量发展的建议

（一）疫情防控和经济发展"两手抓"，稳住经济基本盘

一是常态化抓好疫情防控。坚持"外防输入、内防反弹"，科学精准做好疫情防控，巩固来之不易的防控成果。二是大力实施就业优先政策。充分发挥就业稳定在居民增收中的基础性作用，建立健全有利于更充分更高质量就业的促进机制，加强就业监测预警和风险防控，切实把失业率控制在合理区间。深入实施"广东技工"等职业技能提升行动，增强劳动者就业技能和水平，克服结构性就业矛盾造成的失业。三是加快构建全民覆盖可持续的社会保障体系，加大基本民生兜底保障力度，精准救助城乡困难群体。

（二）增活力促转型，筑牢实力经济根基

实施强链补链延链强产业行动，加快传统产业转型升级和新兴产业培育力度。推动烟草、电力、电子信息、绿色建材、机电制造等产业高端化、智能化、绿色化改造，助推产业质量变革、效益提升。加强与宁德时代等头部企业合作，建设高端印制电路板生产基地和铜箔新材料产业园。推进稀土精深加工，加快建设稀土应用产品特色产业园。依托广汽零部件产业园和现有企业，着力引进关键零部件企业，促进产业链延伸。推进数字化和制造业融合发展，加快5G产业集聚发展，推动互联网与实体经济深度融合。

（三）补短板强弱项，构建区域发展新格局

一是找准发展亮点，做大做强特色产业。各县（市、区）要因地制宜，发挥比较优势，加快产业谋划、产业布局，集中资源培育主导产业，大力推进"一村一品、一镇一业、一县多园"建设，壮大梅州柚、嘉应茶、客都米、平远橙、兴宁鸽、寿乡水等特色产业。二是要加强跨县域合作，促进合作共赢。结合发展产业的实际情况，以政府合作政策为引导，改善合作环境，优化合作模式等方式，实现优势互补，促进合作共赢，实现经济平衡发展。

（四）抓特色强产业，加快推进乡村振兴

巩固脱贫攻坚成果，大力实施乡村振兴战略，深入推进农业供给侧结构性改革，因地制宜发展富民兴村产业。大力发展农产品精深加工，做大做强梅州柚、嘉应茶、客都米、平远橙、兴宁鸽、寿乡水、蕉岭竹等特色农业。拓展"生态+""旅游+""文化+"等模式，大力发展乡村旅游，培育发展生态休闲农业、文化创意、特色民宿、乡村度假等业态，推动一、二、三产业融合发展。深入开展"千企帮千镇、万企兴万村"行动，大力发展"一村一品、一镇一业"特色经济，通过乡村产业振兴，推动农业发展提质增效，提高农村居民收入水平。

（五）稳预期强保障，带动消费市场扩容提质

一是以需求为导向，做好供给侧改革，提高制造业的创新能力，增加有效供给，满足民生需求。二是加强消费基础设施建设，打通物流堵点，提升购物便利性，提高物流效率，打造优质、舒适的消费环境。三是注重新兴消费热点的培育，创新文化消费项，挖掘体育、养老、家政、教育等消费潜力，大力发展"互联网+社会服务"消费模式，积极发展夜经济、"圩日"经济，激活社会经济活力。四是健全市场监管体系，进一步加大消费者权益保护力度，督促经营者诚信经营，净化消费环境。（国家统计局梅州调查队）

注：1. 2013年起国家统计局推行城乡住户一体化改革，改革后，新口径收入指标为全体居民、城镇居民和农村居民人均可支配收入，支出指标与旧口径有差异；

2. 恩格尔系数是指食品支出总额占个人消费支出总额的比重。

十八大以来，梅州物价温和上涨 居民消费需求得到有效保障

党的十八大以来，面对复杂多变的内外部环境，梅州市委、市政府深入学习贯彻新思想、新理念，坚持稳中求进工作总基调，各项工作取得明显进步，高质量发展态势进一步形成。2012—2021年，梅州居民消费价格总水平（以下简称CPI）总体保持温和上涨态势，各年均完成既定调控目标，居民消费需求得到有效保障，人民群众幸福感、获得感不断增强。

一、党的十八大以来梅州CPI基本走势

党的十八大以来，梅州CPI累计上涨20.3%，年均上涨1.9%，低于同期全市生产总值和城乡居民收入增幅，呈现出平稳上涨、温和可控的良好局面。其中，食品价格累计上涨52.4%，非食品价格累计上涨8.6%；消费品价格累计上涨23.7%，服务价格累计上涨13.9%。

（一）梅州 CPI 总体保持平稳运行态势

党的十八大以来，经济处在增长速度换档期、结构调整阵痛期、前期刺激消化期的三期叠加特殊时期，CPI 也从党的十七大末期（2011 年）的 4.8%明显回落。2012—2021 年，梅州 CPI 同比分别上涨 2.2、1.8、2.4、1.6、2.3、1.5、1.7、3.0、2.1 和 0.1 个百分点，总体呈波动上涨态势（见图 1）。分年度看，梅州 CPI 各年涨幅均不超过 3.0%，CPI 总体保持在合理区间平稳运行态势，显示政府物价调控能力不断增强。

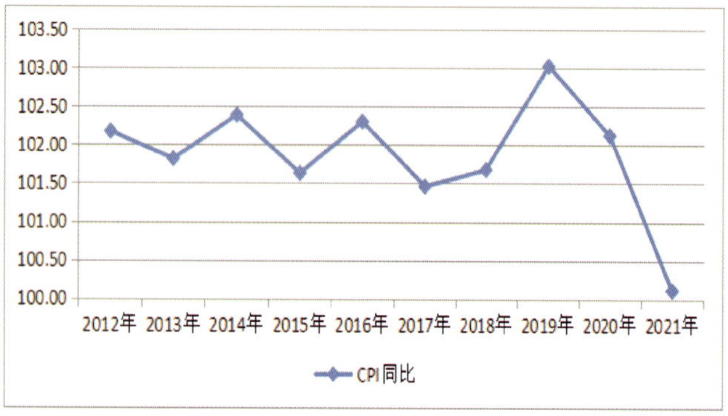

图 1　2012—2021 年梅州 CPI 同比走势图

（二）梅州 CPI 分阶段运行特点较为明显

党的十八大以来，梅州 CPI 月同比分阶段运行特点明显，大致可分为高位回落、曲折上涨、冲高回落和低位运行四个阶段（见图 2）。

图 2　2012 年 1 月至 2021 年 12 月梅州 CPI 月同比走势图

1.高位回落阶段（2012 年 1 月至 2012 年 6 月）。受农业生产资料价格上涨、汽柴油价格上涨、人工成本上涨、猪周期等多重因素综合影响，2012 年初猪肉、牛肉价格处于高位，2012 年上半年有 4 个月 CPI 同比涨幅在 3.0%及以上。随着猪肉价格涨势趋缓，加之国际大宗商品价格逐渐降温，CPI 月同比也从 1 月的 3.7%快速回落至 6 月的 1.7%。

2.曲折上涨阶段（2012 年 7 月至 2019 年 5 月）。由于经济增速与通货膨胀率之间一般存在显著正相关关系，随着全球经济增长放缓，我国经济发展步入“新常态”，经济增速由高速转向中高速，处于稳中趋缓的宏观经济环境中，物价上行的动能也将有所减弱。2012 年 7 月至 2019 年 5 月这 83 个月中，梅州 CPI 月同比涨幅低于 1.0%的月份有 9 个月，涨幅在 1.0%~2.0%（不含 2.0%）的月份有 37 个月，涨幅在 2.0%~3.0%（不含 3.0%）的月份有 30 个月，涨幅在 3.0%及以上的月份有 6 个，仅有 1 个月份同比显示下跌，月同比绝大多数时间处于 1.0%~3.0%的温和上涨区间。

3.冲高回落阶段（2019 年 6 月至 2020 年 8 月）。受非洲猪瘟疫情、节日因素、新冠疫情等多重因素影响，2019 年 6 月至 2020 年 5 月，梅州 CPI 月同比进入短期冲高阶段，有 11 个月同比涨幅在 3.0%及以上，尤其是 2020 年 1 月 CPI 同比涨幅更是高达 6.0%，为党的十八大以来单月同比涨幅最高值。2020 年 6 月后，随着各行各业陆续复工复产、复商复市、复学复课，加之生猪供应不断增加，CPI 月同比稳步回落，2020 年 8 月涨幅回落至 1.1%。

4.低位运行阶段（2020 年 9 月至 2021 年 12 月）。受猪肉价格“跌跌不休”影响，食品价格由上涨区间转入下跌区间；加之受新冠疫情影响，服务行业需求不足，服务价格总体波动下行，导致梅州 CPI 月同比总体处于低位运行状态。2020 年 9 月至 2021 年 12 月这 16 个月里，月同比涨跌幅不超过 1.0%的月份有 11 个，其中 2021 年 11 月同比涨幅最高，为 1.9%；2020 年 11 月同比跌幅最大，为 2.1%。

（三）梅州 CPI 涨幅略低于全国、全省平均水平

党的十八大以来，全国 CPI 累计上涨 22.7%，年均上涨 2.1%；全省 CPI 累计上涨 24.2%，年均上涨 2.2%；梅州 CPI 累计上涨 20.3%，年均上涨 1.9%。梅州 CPI 累计涨幅和年均涨幅分别低于全国平均水平 2.4 和 0.2 个百分点，低于全省平均水平 3.9 和 0.3 个百分点。CPI 年均涨幅按从高到低排序，在山区五市中，梅州与韶关并列第三位（见表 1）。

表 1　2012—2021 年山区五市 CPI 年均涨幅统计表

项　目	广东	清远	河源	韶关	梅州	云浮
CPI 年均涨幅	2.2	2.0	2.0	1.9	1.9	1.8
排名	—	1	1	3	3	5

二、党的十八大以来梅州 CPI 运行特点

（一）食品价格涨多跌少，领涨 CPI

2012—2021 年，梅州食品价格累计上涨 52.4%，年均上涨 4.3%。从年度指数看，党的十八大以来梅州食品价格年涨跌幅分别为 4.7%、3.6%、4.9%、4.3%、7.9%、-2.2%、-0.3%、11.6%、11.1%和-1.6%，涨幅高低值差为 13.8 个百分点。从月同比指数看，有 90 个月食品价格同比保持上涨，其中 2020 年 2 月同比涨幅最高，达 26.3%；2017 年 2 月同比跌幅最大，为 6.1%，月同比涨幅高低值差高达 32.4 个百分点。根据《关于进一步完善梅州市社会救助和保障标准与物价上涨挂钩联动机制的通知》要求，2019 年 4 月至 2020 年 8 月梅州食品价格同比涨幅均达到启动社会救助和保障标准与物价上涨挂钩联动机制的条件。

从涨跌贡献率看，2012—2021 年，食品价格对 CPI 总指数的影响分别为 1.71、1.36、1.88、1.65、1.77、-0.53、-0.06、2.58、2.67 和-0.38 个百分点，对当年 CPI 涨幅的贡献率在 70.0%以上的有 7 个年份。其中，受非洲猪瘟、新冠疫情等因素影响，2020 年食品价格对 CPI 上涨的贡献率高达 125.5%，处于 10 年中最高位。

从小类指数看，组成食品类的各小类价格基本均呈上涨态势。党的十八大以来，牛肉价格累计上涨 117.2%，鲜菜价格累计上涨 83.5%，羊肉价格累计上涨 77.8%，淡水鱼价格累计上涨 71.3%，虾蟹类价格累计上涨 58.8%，猪肉价格累计上涨 54.7%，鸭价格累计上涨 54.2%，鲜果价格累计上涨 45.9%，海水鱼价格累计上涨 45.2%。

（二）服务价格由涨转跌，波动缩小

党的十八大以来，随着人们生活水平的提高及消费观念的转变，服务项目需求不断增加，人工、场地租金等成本也随之增加，梅州服务价格累计上涨 13.9%，年均上涨 1.3%。从年度走势看，2012—2018 年梅州服务价格连续 7 年上涨，同比涨幅分别为 1.3%、1.5%、2.4%、2.9%、2.0%、3.3%和 2.5%；2019—2021 年则由涨转跌，分别下跌 0.2%、1.3%和 1.1%，总体呈倒“W”形态势，波动幅度缩小（见图 3）。

图 3 2012—2021 年梅州服务价格同比指数走势图

从涨跌贡献率来看，2012—2021 年，梅州服务价格对 CPI 总指数的影响分别为 0.31、0.36、0.57、0.71、0.68、1.13、0.88、-0.07、-0.44 和-0.39 个百分点。其中，2012—2018 年，服务价格对 CPI 上涨起拉动作用，贡献率从最初 2012 年的仅有 14.2%一度攀升至 2017 年的 77.2%，随后开始回落，2019 年起转而成为抑制 CPI 上涨的重要因素，抑制作用逐年增强，2021 年其对 CPI 上涨的贡献率达-353.2%。

（三）工业品价格相对稳定，波动扩大

党的十八大以来，随着国家供给侧结构性改革持续向纵深推进，2012—2021 年梅州工业生产者出厂价格指数（PPI）累计上涨 4.1%，年均上涨 0.4%，上游价格上涨逐步传导至下游消费端，带动 CPI 相关工业品价格进入上升通道。党的十八大以来，梅州 CPI 工业品价格累计上涨 3.5%，年均增长 0.3%。

从年度指数看，梅州工业品价格波动运行，波动幅度整体呈扩大趋势，与 PPI 走势具有趋同性（见图 4）。2012—2021 年，梅州工业品价格同比涨跌幅分别为 0.4%、0.3%、-0.2%、-2.0%、-1.0%、2.4%、1.5%、0.3%、-1.2%、3.1%，峰值出现在 2021 年，谷值出现在 2015 年，与同时期 PPI 峰谷值出现时间基本吻合。

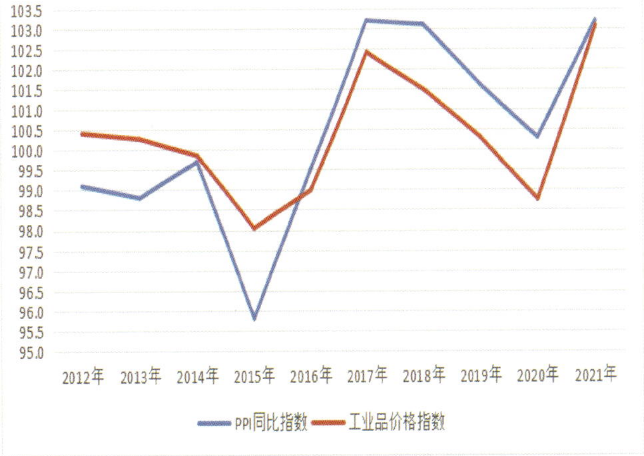

图 4 2012—2021 年梅州 PPI 和工业品价格同比指数走势图

（四）核心CPI运行平稳，涨幅有限

党的十八大以来，梅州核心CPI指数（即扣除食品和能源的物价指数）累计上涨9.3%，年均上涨0.9%。从年度指数看，2012—2019年，梅州核心CPI同比分别上涨0.4%、1.0%、0.9%、1.1%、1.1%、2.2%、1.9%、0.8%，2020年同比持平，2021年则转入下跌区间，同比下跌0.4%。梅州核心CPI呈冲高回落态势，运行总体平稳，涨幅有限，物价整体可控。

三、党的十八大以来梅州CPI运行影响因素分析

（一）稳中趋缓的经济环境是推动CPI温和上涨的内在动力

党的十八大以来，梅州地区生产总值从2012年的744.75亿元增加到2021年的1308.01亿元，地区生产总值成功迈上千亿元大关，但年均增速有所放缓。在积极的财政政策和稳健的货币政策下，央行数次“降准降息”，保持了合理充裕的流动性，为党的十八大以来梅州CPI温和上涨奠定了基础。

（二）不断升级的消费结构对CPI上涨具有推动效应

党的十八大以来，梅州居民人均可支配收入年均增长9.1%，消费能力随之提高，消费结构也随之不断转型升级，消费品市场规模不断扩大，为物价温和上涨提供了动能。党的十八大以来，梅州健身活动价格累计上涨33.4%，旅行社收费价格累计上涨26.3%，在外餐饮价格累计上涨19.8%，电影票价格累计上涨13.2%。

（三）成本上涨成为影响CPI走势波动的重要因素

一方面是用工成本上涨。党的十八大以来梅州最低工资标准涨幅达33.9%，用工成本的增加最终将增加产品生产总成本，进而拉高食品、工业品以及服务项目的价格。党的十八大以来，梅州劳动密集型服务业价格水涨船高，其中家政服务价格累计上涨118.4%，美发价格累计上涨76.8%，衣着服务费价格累计上涨23.0%。另一方面是生产资料成本上涨。党的十八大以来，广东农业生产资料价格累计上涨18.9%，农业生产资料价格多年持续上涨，加大了农业生产成本，增加了农业生产费用，一定程度助推了农产品价格上涨。

（四）有力的政策调控是CPI平稳运行的压舱石

党的十八大以来，政府出台一系列价格改革政策和调价控价措施，进一步理顺了价格体系，对保持市场物价总体稳定发挥了重要作用。医疗卫生领域，全面取消药品加成，开展国家药品集中采购，上调体现医务人员劳动价值的医疗服务价格，公立医院彻底破除“以药补医”的机制，医疗服务项目价格涨跌参半，医疗保健价格累计上涨34.8%。在资源性产品价格改革方面，积极稳妥推进阶梯水价、电价、天然气价等政策，党的十八大以来，水价累计上涨28.4%，电价累计上涨2.4%，管道燃气价格累计下跌1.8%。此外，上调粮食最低收购价格，适时投放储备肉等有力的政府调控举措，在一定程度上有效地抑制物价短时间过快上涨，缓解了因市场物价过快上涨对居民生活特别是低收入居民家庭生活的影响，对物价平稳运行起到了重要作用。

（五）不断开放的市场使得价格竞争更为激烈

一方面，伴随高新技术研发速度加快，产品升级换代速度也在加速，直接导致一些相对陈旧款式产品价格降幅明显，加之随着网络广泛覆盖以及物流下乡的推进，网购因优惠、便捷等优势更加普及化，对传统零售行业造成了巨大冲击，很多企业为抢占更多市场份额掀起价格战，导致市场竞争更趋激烈，家电等工业品消费品价格一直呈稳中下降的走势。党的十八大以来家用器具价格累计下跌12.2%，交通工具价格累计下跌12.5%。另一方面，随着对外开放水平的不断提高，输入性因素对我国物价走势影响愈加明显。以2020—2021年为例，国际大宗商品价格市场波动剧烈，我国输入性通胀压力明显加大，汽油价格由2020年的同比下跌14.1%转为2021年上涨17.3%，柴油价格也由2020年的同比下跌15.3%转为2021年上涨19.1%，汽柴油价格的走高，直接增加了物流运输成本，进而拉高产品价格。在不断开放的市场背景下，输入性通胀对物价的扰动作用明显增强。

（六）突发事件对CPI短期波动影响较大

2016年的猪周期和2018年以来暴发的非洲猪瘟疫情，给生猪产能造成极大影响，供给关系矛盾直接推动猪肉价格不断冲击高位，2016年、2019年和2020年梅州猪肉价格同比分别上涨18.7%、43.4%和50.8%。寒潮、台风等天气变化给鲜菜、鲜瓜果生产、运输带来不利影响，也加剧了短期CPI波动，鲜菜价格从2016年的同比上涨21.9%转为2017年的同比下跌11.9%。此外，2020年突发的新冠疫情给经济带来了严重冲击，特别对航空业、旅游业、餐饮业等服务业影响巨大。2020年3月，梅州飞机票价格环比由上涨转为下降33.3%，波动剧烈。

四、推动梅州 CPI 持续平稳运行的对策建议

（一）加强价格监测，密切关注国内外局势影响

一方面当前俄乌冲突仍未结束，国际局势瞬息万变，原油、天然气、黄金等大宗商品价格走势面临诸多不确定性。另一方面，新冠疫情全球大流行尚未结束，疫情防控形势将直接影响生产、运输、销售等各环节，国内外局势复杂程度使得 CPI 运行面临更多不确定性，需要密切关注新冠疫情和大宗商品等价格走势对 CPI 运行造成的短期和长期影响。

（二）加强舆论监管，合理引导价格预期

随着互联网技术的快速发展，信息发布和传播的渠道更加多元，恶意散播或片面解读价格信息容易引发价格异常波动。此外，价格改革中与居民相关产品的调价信息也会直接影响公众涨价预期。因此，要进一步做好舆论宣传引导工作，发布准确价格信息，及时传递调价政策信号，推动政府、市场与民众间信息的良性互动，使社会大众对价格形势以及政府工作有客观的认识，稳定市场预期。

（三）加强价格监管，完善库存调节

一方面加强市场物价监管，加大查处如疫情期间囤积物资、哄抬物价等不法行为，防止出现借机涨价、恶意炒作等行为，切实维护消费者的合法权益。另一方面要建立完善农产品及部分重要物资存储制度，通过库存调节市场供应，力促 CPI 平稳运行。

（四）价格调控应更加精准、有针对性

价格调控不仅要关注 CPI 总指数，还要观察构成总指数的大类、中类、小类和基本分类指数差异及变化，更要关注部分商品和服务价格变动产生的社会影响。如通常来说，梅州食品价格比非食品价格波动相对更大，其中猪肉、鲜菜等一些商品价格波动特征更加明显，对价格总水平影响也较大。因此，在价格调控中，要提高针对性，做到精准有效调控：一是要灵活运用调控手段，对于市场竞争较为充分的领域，要坚持以市场调节为主，对于市场竞争不够充分的领域，要视情况鼓励和引入竞争，同时加强对重点领域价格的监测、监管，对于波动异常的重点商品和服务价格，要及时启动价格干预；二是要抓住节日、汛期等重要时间节点，提前制定预案，建立、完善储备制度，完善价格调控和应急保障机制，为调节和应对市场供应临时断档的冲击建好“蓄水池”；三是要进一步加强和完善社会救助和保障标准与物价上涨挂钩联动机制等，兜底民生保障，切实降低价格上涨对低收入群体生活的影响。

（国家统计局梅州调查队）

坚持“房住不炒”，梅州房地产市场步入新阶段

——十九大以来房地产市场发展情况分析

党的十九大报告明确提出“房子是用来住的，不是用来炒的”。五年来，梅州各级政府积极贯彻落实党中央、国务院关于房地产市场平稳健康发展决策部署，让住房回归居住属性，保障民众安居乐业。回顾过去五年，梅州房地产行业虽然经历了新冠疫情等风险挑战，但行业整体发展较为迅速，有力推动了城镇建设提质扩容，改善了民众居住环境，助力梅州经济发展。

一、十九大以来梅州房地产市场步入新阶段

党的十九大以来，梅州房地产市场发展迅速。2017—2021 年，梅州商品房总销售面积为 2062.5 万平方米，突破 2000 万平方米，总销售金额为 1260.1 亿元。梅州中心城区扩容提质成效显著，嘉应新区起步区江南新城、梅县新城、芹洋半岛基本建成；县城和中心镇基础设施和公共服务能力稳步提升，全市常住人口城镇化率从 2016 年末的 45.4%提升至 2020 年末的 51.6%。

二、房地产市场阶段性运行特点

从销售面积来看，2017—2021 年梅州商品房市场同比增速分别为 29.0%、-17.7%、-10.2%、8.8%和 -4.3%，呈两增三减震荡走势，其中 2017 年销售面积达 498.8 万平方米，为近五年顶峰。从销售均价来看，梅州商品房市场均价同比涨幅分别为 17.5%、13.0%、-0.6%、-5.0%和-4.6%，均价先涨后跌，其中 2018 年均价上涨至 6488.2 元/平方米，为近五年顶峰（见图 1）。

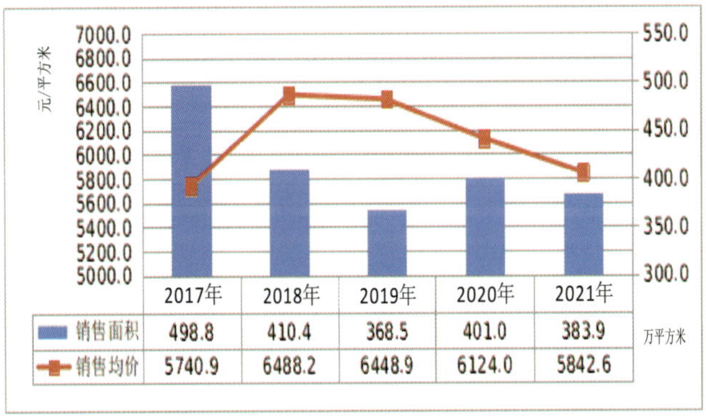

	2017年	2018年	2019年	2020年	2021年
销售面积	498.8	410.4	368.5	401.0	383.9
销售均价	5740.9	6488.2	6448.9	6124.0	5842.6

图 1　十九大以来梅州商品房销售走势图

（一）量价齐升阶段（2017 年）

根据《广东省供给侧结构性改革去库存行动计划（2016—2018 年）》，政府鼓励加大棚改安置和住房保障货币化力度，打通商品房与保障房通道。梅州棚改工作走在全省前列，棚改项目以货币化安置为主，该举措释放了大量的购房需求，让棚改对象群体有较强的房屋购买力。随着多项去库存政策措施的出台实施，梅州房地产市场商品房畅销，去库存效果明显。

2017 年商品房销售面积同比上涨 29.0%，销售均价同比上涨 17.5%。2017 年末，梅州商品房待售面积 197.5 万平方米，远小于销售面积 498.8 万平方米，商品房市场供不应求；房地产开发投资额突破两百亿元，达 218.0 亿元，同比增长 26.4%。

（二）量跌价稳阶段（2018—2019 年）

去库存政策提振了房地产市场销售、降低了商品房库存，但也相对带动了商品房价格上涨。随着全国房价升温，十九大报告强调坚持“房住不炒”的定位，房地产市场调控政策频出。2018 年，国家开发银行总行收回棚改贷款权，降低棚改货币化安置补偿比例，以实物安置为主。梅州棚改项目对本地商品房销售的拉动作用减弱。2018 年，梅州商品房销售面积同比下降 17.7%。

2019 年，房地产市场调控政策继续深入，特别是一、二线城市的限购、限贷政策导致其部分购房需求外溢到三、四线城市。返乡置业人员成为梅州购房群体的主力之一。据梅州部分楼盘经理反映，2019 年国庆、春节等假期销售旺季，楼盘主推返乡置业促销优惠，看房人群中返乡客占一半左右。2019 年，梅州商品房销售面积同比下降 10.2%，降幅收窄 7.5 个百分点。

2018—2019 年，梅州商品房销售面积虽有所下降，但市场依然有一定量的购房需求支撑，商品房待售面积持续减少，且随着前期全国性大型房地产企业布局梅州，品牌楼盘项目陆续开盘销售，梅州商品房均价上涨突破 6000 元/平方米后，维持在 6400 元/平方米左右。

（三）震荡回落阶段（2020—2021 年）

2020—2021 年，梅州商品房销量先涨后降，均价连续下跌。2020 年初，受疫情影响，梅州房地产市场受到较大冲击，恒大地产七五折购房优惠活动拉开了市场促销的序幕，同时随着一系列纾困政策的有效落实，市场逐渐复苏，加之市场价格水平走低，商品房销量增加；2020 年下半年房地产政策收紧，在“三线四档”的融资新规下，部分房企资金流紧张，进一步加大降价促销力度以期回笼资金。2020 年梅州商品房销售面积同比增长 8.8%；销售均价同比下跌 5.0%，房地产市场呈现量升价跌的态势。

2021 年，在疫情局部反复、恒大房地产暴雷、银行房贷政策收紧等多因素影响下，房地产市场信心不足，购买需求有限，市场供大于求，进一步加剧了楼市的价格竞争。2021 年梅州商品房销售面积回落到 400 万平方米以下，同比下降 4.3%；销售均价回落到 6000 元/平方米以下，同比下降 4.6%，楼市量价齐跌，商品房销售速度放缓，待售面积比 2020 年增加 47.0%。

三、未来梅州房地产市场的发展预判

（一）人口红利减弱，影响房地产市场需求

房地产市场发展素有“长期看人口、中期看土地、短期看金融”的说法，人口是房地产市场发展的基础条件。2017 年全国各大城市出台人才新政，放松户籍政策，大力引进以大学生为主体的年轻人口，被称为各城市之间的“抢人大战”。2020 年末梅州户籍总人口 544.0 万人，比 2017 年末下降 1.1%，减少了 6.1 万户籍人口；2020 年末梅州常住人口 387.1 万人，比 2017 年末下降 3.2%，减少了 12.9 万名常住人口，是广东省人口流出较多的城市之一。在生育率下降、人口红利逐渐消失的人口发展转型大背景下，若梅州人口增长持续缓慢，低于 2.1 的正常人口更替水平，且青壮年人口流出问题继续存在，梅州人口总量将增长缓慢甚至出现负增长，届时房地产市场需求将出现萎缩。

（二）城镇化水平较低，房地产市场仍有发展空间

2020 年末，梅州城镇化率为 51.6%，在粤北五市中排名第三，处于中等位置；与全省城镇化率 74.2%相比，处于较低水平。梅州所辖各县（市、区）城镇化发展水平不一，不同区域的人口城镇化水平存在较大差异（见表 1）。其中兴宁市、大埔县、五华县三地的合计常住人口占全市常住人口比重超过 50%，但城镇化率均不到 50.0%。城镇化进程是支撑房地产市场发展的重要因素，目前梅州整体较低的城镇化率有利于房地产的持续发展，特别是人口较多的县域房地产发展空间更足。按照《梅州市新型城镇化规划（2021—2035 年）》，未来梅州将逐步提高城镇化率，带动相关产业发展，增强城镇人口聚集和辐射功能，最终将促进房地产市场的均衡发展。

表1　2020年末梅州各县（市、区）常住人口与城镇人口比重统计表

地区	常住人口（万人）	城镇比（%）
梅州市	387.1	51.6
梅江区	43.6	91.6
蕉岭县	18.4	55.2
丰顺县	47.9	53.1
梅县区	55.7	53.0
平远县	19.0	50.0
兴宁市	77.8	46.9
大埔县	33.0	46.7
五华县	91.7	36.2

（三）楼盘同质化严重，价格竞争愈加激烈

梅州房地产市场在近五年间从供不应求，到供需平衡，再到供大于求，市场的周期性发展带来了遍地林立的房地产楼盘。不同区域的楼盘项目除了地段、配套的基本差异，房源户型设计、楼栋结构、小区园林建设大同小异。相近区域的楼盘同质化更加严重，比如梅县区剑英大道一路楼盘耸立，多数楼盘的主打卖点都是梅县外国语学校的学区房，不同楼盘房源自身的差异性小。一旦有个别楼盘大力促销，其他楼盘不得不跟进降价，否则容易失去市场销售份额，导致资金链紧张。若房地产企业不转变发展思路，长此以往价格竞争只会愈加激烈。

四、助推梅州房地产市场健康发展的建议

（一）利用区域特点提振城市活力，减少人口外流

突出梅州作为广东唯一全域属原中央苏区范围的地级市和全国重点革命老区，依托《广州市对口帮扶梅州市助推老区苏区全面振兴发展规划（2021—2025年）》政策，大力培育发展梅州地区的产业集群，提高居民收入增长幅度，对接融入大湾区1.5小时经济生活圈。同时，利用梅州地处粤闽赣三省交界优势，加快粤闽赣省际交界地区合作，将梅州建设成为粤闽赣苏区对接融入粤港澳大湾区振兴发展先行区，发挥三省交界区域的经济传导、交通传输的功能作用，强化梅州的铜箔、电子和水泥建材等产业优势，形成跨省长产业链条，打造成为人、财、物的聚集流转地，逐渐扭转人口外流趋势，吸引外来人群，提振梅州城市经济活力，拓宽房地产市场需求。

（二）做好人口规划和人才引进，保障房地产市场需求

科学谋划制定梅州人口发展、人才引进及相关配套政策，保障房地产市场持续发展。人口的变化、流动对当地房地产市场需求影响重大。一方面，要保持适度生育水平，全力推行三孩生育政策。据梅州部分楼盘经理反映，改善型住房需求主要源于家庭人口增多，家长为孩子而考虑买房。结合《梅州市人口发展规划（2019—2030年）》，要支持、鼓励育龄妇女生育，保障落实产假制度，减少生育群体的后顾之忧，以此为未来城市发展带来更多正面效应，增加房地产市场的改善型住房需求。另一方面，持续做好梅州急需紧缺人才引进工作，落细落实《梅州市实施“青梅计划”集聚优秀青年人才的若干措施》等政策措施，政府部门牵头、协调搭建创新创业平台，减少个人或企业经营的内生成本，集聚优秀人才，推动创新驱动发展，吸引乡贤、大学生回梅州创业就业，让外来创业、就业人员留得住、住得久，增加本地的房地产市场需求。

（三）推进新型城镇化进程，助推房地产市场稳定发展

国家“十四五”规划指出，要完善新型城镇化战略，提升城镇化发展质量，推进以县城为重要载体的城镇化建设。相关部门结合《梅州市新型城镇化规划（2021—2035年）》，以进一步推进城镇协调发展，提高城镇化率为契机，构建“一核引领、四片联动”的市域发展总体格局，推动县城补短板、强弱项，深挖兴宁、大埔、五华等县域的资源禀赋，打造特色主导产业，发挥房地产行业链条线长、关联度高、带动力强的特点，提高产业聚集度，拉动当地的经济增长，通过房地产行业改善民众的居住条件，增强人口集聚能力和辐射带动能力，发挥房地产行业在城镇化进程中的积极作用。

（四）打造具有梅州山水底蕴特色的房地产行业

据楼盘项目人员反映，在新冠疫情的持续考验下，购房群体更加理性，除了重点关注价格，小区的配套设施和周边环境也是主要考虑因素。一方面，要鼓励房地产企业增强创新意识、服务意识、产品意识，关注市场需求，有的放矢凸显自身的楼盘特色；另一方面，结合《梅州市中心城区公园城市总体布局规划（指引）（2020—2035）》，以城市公园为核心总体布局，号召房地产企业围绕“城市公园”战略部署，致力实现“山水相依、错落有致、林在城中、城在林中、和谐秀美”的建设目标，因地制宜完善楼盘小区的配套设施，减轻项目产品的同质化价格竞争，助力梅州打造“宜居、宜业、宜游”城市范例，优化人居环境，完善城市功能，凸显梅州山清水秀的城市底蕴。

（国家统计局梅州调查队）

责任编辑：陈旭芳　陈映萍

索　引

索引说明：

一、本索引采用主题分析方法，款目按汉语拼音字母（同音字按声调）顺序排列。

二、类目未作索引，分目索引采用黑体字，条目索引采用宋体字。

三、索引款目后的数字表示内容所在的页码，数字后面的拉丁字母（a、b、c）表示栏别（即版面的左、中、右栏）。

四、同一主题的内容在文中多次出现的，在其款目后用不同的页码标明。

五、本索引对“年度关注”“大事记”“人物·荣誉”“名录”“附录”等篇不做内容主题分析。

A

B

C

D

E

F

G

H

I

J

L

M

N

P

Q

R

S

T

W

X

Y

Z